FRIEDRICH SCHLEGEL

KRITISCHE SCHRIFTEN

CARL HANSER VERLAG
MÜNCHEN

Herausgegeben von Wolfdietrich Rasch

ISBN 3 446 11435 1

7.-9. Tausend

3., durch ein Namen- und Begriffsregister erweiterte

Auflage 1971

© 1970 Carl Hanser, München

FRAGMENTE

I

Kritische Fragmente

Man nennt Viele Künstler, die eigentlich Kunstwerke der Natur sind.

Jedes Volk will auf der Schaubühne nur den mittlern Durchschnitt seiner eignen Oberfläche schauen; man müßte ihm denn Helden, Musik oder Narren zum besten geben.

Wenn Diderot im Jakob etwas recht Genialisches gemacht hat, so kömmt er gewöhnlich gleich selbst hinterher und erzählt seine Freude dran, daß es so genialisch geworden ist.

Es gibt so viel Poesie, und doch ist nichts seltner als ein Poem! Das macht die Menge von poetischen Skizzen, Studien, Fragmenten, Tendenzen, Ruinen und Materialien.

Manches kritische Journal hat den Fehler, welcher Mozarts Musik so häufig vorgeworfen wird: einen zuweilen unmäßigen Gebrauch der Blasinstrumente.

Man tadelt die metrische Sorglosigkeit der Goetheschen Gedichte. Sollten aber die Gesetze des deutschen Hexameters wohl so konsequent und allgemeingültig sein, wie der Charakter der Goetheschen Poesie?

Mein Versuch über das Studium der griechischen Poesie ist ein manierierter Hymnus in Prosa auf das Objektive in der Poesie. Das Schlechteste daran scheint mir der gänzliche Mangel der unentbehrlichen Ironie; und das Beste die zuversichtliche Voraussetzung, daß die Poesie unendlich viel wert sei; als ob dies eine ausgemachte Sache wäre.

Eine gute Vorrede muß zugleich die Wurzel und das Quadrat ihres Buchs sein.

Witz ist unbedingt geselliger Geist, oder fragmentarische Genialität.

Man muß das Brett bohren, wo es am dicksten ist.

Es ist noch gar nichts recht Tüchtiges, was Gründlichkeit, Kraft und Geschick hätte, wider die Alten geschrieben worden; besonders wider ihre Poesie.

In dem, was man Philosophie der Kunst nennt, fehlt gewöhnlich eins von beiden; entweder die Philosophie oder die Kunst.

Jedes Gleichnis, was nur lang ist, nennt Bodmer gern homerisch. So hört man auch wohl Witz aristophanisch nennen, an dem nichts klassisch ist als die Zwanglosigkeit und die Deutlichkeit.

Auch in der Poesie mag wohl alles Ganze halb, und alles Halbe doch eigentlich ganz sein.

Der dumme Herr in Diderots Jakob macht dem Künstler vielleicht mehr Ehre, als der närrische Diener. Er ist freilich nur beinah genialisch dumm. Aber auch das war wohl schwerer zu machen, als einen ganz genialischen Narren.

Genie ist zwar nicht Sache der Willkür aber doch der Freiheit, wie Witz, Liebe und Glauben, die einst Künste und Wissenschaften werden müssen. Man soll von jedermann Genie fordern, aber ohne es zu erwarten. Ein Kantianer würde dies den kategorischen Imperativ der Genialität nennen.

Nichts ist verächtlicher als trauriger Witz.

Die Romane endigen gern, wie das Vaterunser anfängt: mit dem Reich Gottes auf Erden.

Manches Gedicht wird so geliebt, wie der Heiland von den Nonnen.

Eine klassische Schrift muß nie ganz verstanden werden können. Aber die, welche gebildet sind und sich bilden, müssen immer mehr draus lernen wollen.

Wie ein Kind eigentlich eine Sache ist, die ein Mensch werden will: so ist auch das Gedicht nur ein Naturding, welches ein Kunstwerk werden will.

Ein einziges analytisches Wort, auch zum Lobe, kann den vortrefflichsten witzigen Einfall, dessen Flamme nun erst wärmen sollte, nachdem sie geglänzt hat, unmittelbar löschen.

In jedem guten Gedicht muß alles Absicht, und alles Instinkt sein. Dadurch wird es idealisch.

Die kleinsten Autoren haben wenigstens die Ähnlichkeit mit dem großen Autor des Himmels und der Erde, daß sie nach vollbrachtem Tagewerke zu sich selbst zu sagen pflegen: »Und siehe, was er gemacht hatte, war gut.«

Die beiden Hauptgrundsätze der sogenannten historischen Kritik sind das Postulat der Gemeinheit und das Axiom der Gewöhnlichkeit. Postulat der Gemeinheit: Alles recht Große, Gute und Schöne ist unwahrscheinlich, denn es ist außerordentlich, und zum mindesten verdächtig. Axiom der Gewöhnlichkeit: Wie es bei uns und um uns ist, so muß es überall gewesen sein, denn das ist ja alles so natürlich.

Die Romane sind die sokratischen Dialoge unserer Zeit. In diese liberale Form hat sich die Lebensweisheit vor der Schulweisheit geflüchtet.

Ein Kritiker ist ein Leser, der wiederkäut. Er sollte also mehr als einen Magen haben.

Sinn (für eine besondere Kunst, Wissenschaft, einen Menschen, usw.) ist dividierter Geist; Selbstbeschränkung, also ein Resultat von Selbstschöpfung und Selbstvernichtung.

Anmut ist korrektes Leben; Sinnlichkeit, die sich selbst anschaut, und sich selbst bildet.

An die Stelle des Schicksals tritt in der modernen Tragödie zuweilen Gott der Vater, noch öfter aber der Teufel selbst. Wie kommts, daß dies noch keinen Kunstgelehrten zu einer Theorie der diabolischen Dichtart veranlaßt hat?

Die Einteilung der Kunstwerke in naive und sentimentale ließe sich vielleicht sehr fruchtbar auch auf die Kunsturteile anwenden. Es gibt sentimentale Kunsturteile, denen nichts fehlt als eine Vignette und ein Motto, um auch vollkommen naiv zu sein. Zur Vignette, ein blasender Postillion. Zum Motto eine Phrasis des alten Thomasius beim Schluß einer akademischen Festrede: Nunc vero musicantes musicabunt cum paucis et trompetis.

Die chemische Klassifikation der Auflösung in die auf dem trocknen und in die auf dem nassen Wege ist auch in der Literatur auf die Auflösung der Autoren anwendbar, die nach Erreichung ihrer äußersten Höhe sinken müssen. Einige verdampfen, andre werden zu Wasser.

Eins von beiden ist fast immer herrschende Neigung jedes Schriftstellers: entweder manches nicht zu sagen, was durchaus gesagt werden müßte, oder vieles zu sagen, was durchaus nicht gesagt zu werden brauchte. Das erste ist die Erbsünde der synthetischen Naturen, das letzte der analytischen.

Ein witziger Einfall ist eine Zersetzung geistiger Stoffe, die also vor der plötzlichen Scheidung innigst vermischt sein mußten. Die Einbildungskraft muß erst mit Leben jeder Art bis zur Sättigung angefüllt sein, ehe es Zeit sein kann, sie durch die Friktion freier Geselligkeit so zu elektrisieren, daß der Reiz der leisesten freundlichen oder feindlichen Berührung ihr blitzende Funken und leuchtende Strahlen oder schmetternde Schläge entlocken kann.

Mancher redet so vom Publikum, als ob es jemand wäre, mit dem er auf der Leipziger Messe im Hotel de Saxe zu Mittage gespeist hätte. Wer ist dieses Publikum? – Publikum ist gar keine Sache, sondern ein Gedanke, ein Postulat, wie Kirche.

Wer noch nicht bis zur klaren Einsicht gekommen ist, daß es eine Größe noch ganz außerhalb seiner eigenen Sphäre geben könne, für die ihm der Sinn durchaus fehle; wer nicht wenigstens dunkle Vermutungen hat, nach welcher Weltgegend des menschlichen Geistes hin diese Größe ungefähr gelegen sein möge: der ist in seiner eignen Sphäre entweder ohne Genie, oder noch nicht bis zum Klassischen gebildet.

Um über einen Gegenstand gut schreiben zu können, muß man sich nicht mehr für ihn interessieren; der Gedanke, den man mit Besonnenheit ausdrücken soll, muß schon gänzlich vorbei sein, einen nicht mehr eigentlich beschäftigen. Solange der Künstler erfindet und begeistert ist, befindet er sich für die Mitteilung wenigstens in einem illiberalen Zustande. Er wird dann alles sagen wollen; welches eine falsche Tendenz junger Genies, oder ein richtiges Vorurteil alter Stümper ist. Dadurch verkennt er den Wert und die Würde der Selbstbeschränkung, die doch für den Künstler wie für den Menschen das Erste und das Letzte, das Notwendigste und das Höchste ist. Das Notwendigste: denn überall, wo man sich nicht selbst beschränkt, beschränkt einen die Welt, wodurch man ein Knecht wird. Das Höchste: denn man kann sich nur in den Punkten und an den Seiten selbst beschränken, wo man unendliche Kraft hat, Selbstschöpfung und Selbstvernichtung. Selbst ein freundschaftliches Gespräch, was nicht in jedem Augenblick frei abbrechen kann, aus unbedingter Willkür, hat etwas Illiberales. Ein Schriftsteller aber, der sich rein ausreden will und kann, der nichts für sich behält und alles sagen mag, was er weiß, ist sehr zu beklagen. Nur vor drei Fehlern hat man sich zu hüten. Was unbedingte Willkür, und sonach Unvernunft oder Übervernunft scheint und scheinen soll, muß dennoch im Grunde auch wieder schlechthin notwendig und vernünftig sein; sonst wird die Laune Eigensinn, es entsteht Illiberalität, und aus Selbstbeschränkung wird Selbstvernichtung. Zweitens: man muß mit der Selbstbeschränkung nicht zu sehr eilen und erst der Selbstschöpfung, der Erfindung und Begeisterung Raum lassen, bis sie fertig ist. Drittens: man muß die Selbstbeschränkung nicht übertreiben.

An dem Urbilde der Deutschheit, welches einige große vaterländische Erfinder aufgestellt haben, läßt sich nichts tadeln als die falsche Stellung. Diese Deutschheit liegt nicht hinter uns, sondern vor uns.

Die Geschichte der Nachahmung der alten Dichtkunst, vornehmlich im Auslande, hat unter andern auch den Nutzen, daß sich die wichtigen Begriffe von unwillkürlicher Parodie und passivem Witz hier am leichtesten und vollständigsten entwickeln lassen.

In der in Deutschland erfundenen und in Deutschland geltenden Bedeutung ist ästhetisch ein Wort, welches, wie bekannt, eine gleich vollendete Unkenntnis der bezeichneten Sache und der bezeichnenden Sprache verrät. Warum wird es noch beibehalten?

An geselligem Witz und geselliger Fröhlichkeit sind wenige Bücher mit dem Roman Faublas zu vergleichen. Er ist der Champagner seiner Gattung.

Die Philosophie ist die eigentliche Heimat der Ironie, welche man logische Schönheit definieren möchte: denn überall, wo in mündlichen oder geschriebenen Gesprächen, und nur nicht ganz systematisch philosophiert wird, soll man Ironie leisten und fordern; und sogar die Stoiker hielten die Urbanität für eine Tugend. Freilich gibts auch eine rhetorische Ironie, welche sparsam gebraucht, vortreffliche Wirkung tut, besonders im Polemischen; doch ist sie gegen die erhabne Urbanität der Sokratischen Muse, was die Pracht der glänzendsten Kunstrede gegen eine alte Tragödie in hohem Stil. Die Poesie allein kann sich auch von dieser Seite bis zur Höhe der Philosophie erheben und ist nicht auf ironische Stellen begründet, wie die Rhetorik. Es gibt alte und moderne Gedichte, die durchgängig im ganzen und überall den göttlichen Hauch der Ironie atmen. Es lebt in ihnen eine wirklich transzendentale Buffonerie. Im Innern die Stimmung, welche alles übersieht, und sich über alles Bedingte unendlich erhebt, auch über eigne Kunst, Tugend oder Genialität: im Äußern, in der Ausführung die mimische Manier eines gewöhnlichen guten italienischen Buffo.

Hippel, sagt Kant, hatte die empfehlungswürdige Maxime, man müsse das schmackhafte Gericht einer launigen Darstellung noch durch die Zutat des Nachgedachten würzen. Warum will Hippel nicht mehr Nachfolger in dieser Maxime finden, da doch Kant sie gebilligt hat?

Man sollte sich nie auf den Geist des Altertums berufen, wie auf eine Autorität. Es ist eine eigene Sache mit den Geistern; sie lassen sich nicht mit Händen greifen und dem Andern vorhalten. Geister zeigen sich nur Geistern. Das Kürzeste und das Bündigste wäre wohl auch hier, den Besitz des alleinseligmachenden Glaubens durch gute Werke zu beweisen.

Bei der sonderbaren Liebhaberei moderner Dichter für griechische Terminologie in Benennung ihrer Produkte erinnert man sich der naiven Äußerung eines Franzosen bei Gelegenheit der neuen altrepublikanischen Feste: que pourtant nous sommes menacés de rester toujours François. – Manche solcher Benennungen der Feudalpoesie können bei den Literatoren künftiger Zeitalter ähnliche Untersuchungen veranlassen wie die, warum Dante sein großes Werk eine göttliche Komödie nannte. – Es gibt Tragödien, die man, wenn einmal etwas Griechisches im Namen sein soll, am besten traurige Mimen nennen könnte. Sie scheinen nach dem Begriff von Tragödie getauft zu sein, der einmal beim Shakespeare vorkommt, aber von großer Allgemeinheit in der modernen Kunstgeschichte ist: eine Tragödie ist ein Drama, worin Pyramus sich selbst umbringt.

Die Römer sind uns näher und begreiflicher als die Griechen; und doch ist echter Sinn für die Römer noch ungleich seltner als der für die Griechen, weil es weniger synthetische als analytische Naturen gibt. Denn auch für Nationen gibts einen eignen Sinn; für historische wie für moralische Individuen, nicht bloß für praktische Gattungen, Künste oder Wissenschaften.

Wer etwas Unendliches will, der weiß nicht, was er will. Aber umkehren läßt sich dieser Satz nicht.

Ironie ist die Form des Paradoxen. Paradox ist alles, was zugleich gut und groß ist.

Eins der wichtigsten Moyens der dramatischen und romantischen Kunst bei den Engländern sind die Guineen. Besonders in der Schlußkadenz werden sie stark gebraucht, wenn die Bässe anfangen recht voll zu arbeiten.

Wie tief doch im Menschen der Hang wurzelt, individuelle oder nationale Eigenheiten zu generalisieren! Selbst Chamfort sagt: »Les vers ajoutent de l'esprit à la pensée de l'homme qui en a quelquefois assez peu; et c'est ce qu'on appelle talent.« – Ist dies allgemeiner französischer Sprachgebrauch?

Witz als Werkzeug der Rache ist so schändlich, wie Kunst als Mittel des Sinnenkitzels.

In manchem Gedicht erhält man stellenweise statt der Darstellung nur eine Überschrift, welche anzeigt, daß hier eigentlich dies oder das dargestellt sein sollte, daß der Künstler aber Verhinderung gehabt habe, und ergebenst um gewogene Entschuldigung bittet.

In Rücksicht auf die Einheit sind die meisten modernen Gedichte Allegorien (Mysterien, Moralitäten) oder Novellen (Aventüren, Intrigen); ein Gemisch, oder eine Verdünnung von diesen.

Es gibt Schriftsteller, die Unbedingtes trinken wie Wasser; und Bücher, wo selbst die Hunde sich aufs Unendliche beziehen.

Ein recht freier und gebildeter Mensch müßte sich selbst nach Belieben philosophisch oder philologisch, kritisch oder poetisch, historisch oder rhetorisch, antik oder modern stimmen können, ganz willkürlich, wie man ein Instrument stimmt, zu jeder Zeit, und in jedem Grade.

Witz ist logische Geselligkeit.

Wenn manche mystische Kunstliebhaber, welche jede Kritik für Zergliederung, und jede Zergliederung für Zerstörung des Genusses halten, konsequent dächten: so wäre potztausend das beste Kunsturteil über das würdigste Werk. Auch gibts Kritiken, die nichts mehr sagen, nur viel weitläuftiger.

Wie die Menschen lieber groß handeln mögen, als gerecht: so wollen auch die Künstler veredeln und belehren.

Chamforts Lieblingsgedanke, der Witz sei ein Ersatz der unmöglichen Glückseligkeit, gleichsam ein kleines Prozent, womit die bankerotte Natur sich für die nicht honorierte Schuld des höchsten Gutes abfinde, ist nicht viel glücklicher als der des Shaftesbury, Witz sei der Prüfstein der Wahrheit, oder als das gemeinere Vorurteil, sittliche Veredlung sei der höchste Zweck der schönen Kunst. Witz ist Zweck an sich, wie die Tugend, die Liebe und die Kunst. Der genialische Mann fühlte, so scheint es, den unendlichen Wert des Witzes, und da die französische Philosophie nicht hinreicht, um dieses zu begreifen, so suchte er sein Höchstes instinktmäßig mit dem, was nach dieser das Erste und Höchste ist, zu verknüpfen. Und als Maxime ist der Gedanke, der Weise müsse gegen das Schicksal immer en état d'épigramme sein, schön und echt zynisch.

Alle klassischen Dichtarten in ihrer strengen Reinheit sind jetzt lächerlich.

Streng genommen ist der Begriff eines wissenschaftlichen Gedichts wohl so widersinnig, wie der einer dichterischen Wissenschaft.

Man hat schon so viele Theorien der Dichtarten. Warum hat man noch keinen Begriff von Dichtart? Vielleicht würde man sich dann mit einer einzigen Theorie der Dichtarten behelfen müssen.

Nicht die Kunst und die Werke machen den Künstler, sondern der Sinn und die Begeisterung und der Trieb.

Es bedürfte eines neuen Laokoon, um die Grenzen der Musik und der Philosophie zu bestimmen. Zur richtigen Ansicht mancher Schriften fehlt es noch an einer Theorie der grammatischen Tonkunst.

Die Poesie ist eine republikanische Rede; eine Rede, die ihr eignes Gesetz und ihr eigner Zweck ist, wo alle Teile freie Bürger sind, und mitstimmen dürfen.

Die revolutionäre Objektivitätswut meiner frühern philosophischen Musikalien hat etwas weniges von der Grundwut, die unter Reinholds Konsulate in der Philosophie so gewaltig um sich griff.

In England ist der Witz wenigstens eine Profession, wenn auch keine Kunst. Alles wird da zünftig, und selbst die roués dieser Insel sind Pedanten. So auch ihre wits, welche die unbedingte Willkür, deren Schein dem Witz das Romantische und Pikante gibt, in die Wirklichkeit einführen, und so auch witzig leben; daher ihr Talent zur Tollheit. Sie sterben für ihre Grundsätze.

Wieviel Autoren gibts wohl unter den Schriftstellern? Autor heißt Urheber.

Es gibt auch negativen Sinn, der viel besser ist als Null, aber viel seltner. Man kann etwas innig lieben, eben weil mans nicht hat: das gibt wenigstens ein Vorgefühl ohne Nachsatz. Selbst entschiedne Unfähigkeit, die man klar weiß, oder gar mit starker Antipathie, ist bei reinem Mangel ganz unmöglich und setzt wenigstens partiale Fähigkeit und Sympathie voraus. Gleich dem Platonischen Eros ist also wohl dieser negative Sinn der Sohn des Überflusses und der Armut. Er entsteht, wenn einer bloß den Geist hat, ohne den Buchstaben; oder umgekehrt, wenn er bloß die Materialien und Förmlichkeiten hat, die trockne harte Schale des produktiven Genies ohne den Kern. Im ersten Falle gibts reine Tendenzen, Projekte, die so weit sind, wie der blaue Himmel, oder wenns hoch kömmt, skizzierte Phantasien: im letzten zeigt sich jene harmonisch ausgebildete Kunst-Plattheit, in welcher die größten engländischen Kritiker so klassisch sind. Das Kennzeichen der ersten Gattung, des negativen Sinns vom Geiste ist, wenn einer immer wollen muß, ohne je zu können; wenn einer immer hören mag, ohne je zu vernehmen.

Leute, die Bücher schreiben und sich dann einbilden, ihre Leser wären das Publikum, und sie müßten das Publikum bilden: diese kommen sehr bald dahin, ihr sogenanntes Publikum nicht bloß zu verachten, sondern zu hassen; welches zu gar nichts führen kann.

Sinn für Witz ohne Witz ist doch schon das Abc der Liberalität.

Eigentlich haben sies recht gern, wenn ein Dichterwerk ein wenig ruchlos ist, besonders in der Mitte; nur muß der Anstand nicht gradezu beleidigt werden, und zuletzt muß alles ein gutes Ende nehmen.

Was in gewöhnlichen guten oder vortrefflichen Übersetzungen verloren geht, ist grade das Beste.

Es ist unmöglich, jemanden ein Ärgernis zu geben, wenn ers nicht nehmen will.

Noten sind philologische Epigramme; Übersetzungen philologische Mimen; manche Kommentare, wo der Text nur Anstoß oder Nicht-Ich ist, philologische Idyllen.

Es gibt einen Ehrgeiz, welcher lieber der Erste unter den Letzten sein will, als der Zweite unter den Ersten. Das ist der alte. Es gibt einen andern Ehrgeiz, der lieber wie Tassos Gabriel:
Gabriel, che fra i primi era il secondo
der Zweite unter den Ersten, als der Erste unter den Zweiten sein will. Das ist der moderne.

Maximen, Ideale, Imperative und Postulate sind jetzt bisweilen Rechenpfenninge der Sittlichkeit.

Mancher der vortrefflichsten Romane ist ein Kompendium, eine Enzyklopädie des ganzen geistigen Lebens eines genialischen Individuums; Werke, die das sind, selbst in ganz andrer Form, wie Nathan, bekommen dadurch einen Anstrich vom Roman. Auch enthält jeder Mensch, der gebildet ist, und sich bildet, in seinem Innern einen Roman. Daß er ihn aber äußre und schreibe, ist nicht nötig.

Zur Popularität gelangen deutsche Schriften durch einen großen Namen, oder durch Persönlichkeiten, oder durch gute Bekanntschaft, oder durch Anstrengung, oder durch mäßige Unsittlichkeit, oder durch vollendete Unverständlichkeit, oder durch harmonische Plattheit, oder durch vielseitige Langweiligkeit, oder durch beständiges Streben nach dem Unbedingten.

Ungern vermisse ich in Kants Stammbaum der Urbegriffe die Kategorie Beinahe, die doch gewiß ebenso viel gewirkt hat in der Welt und in der Literatur, und ebenso viel verdorben, als irgendeine andre Kategorie. In dem Geiste der Naturskeptiker tingiert sie alle übrigen Begriffe und Anschauungen.

Es hat etwas Kleinliches, gegen Individuen zu polemisieren, wie der Handel en detail. Will er die Polemik nicht en gros treiben, so muß der Künstler wenigstens solche Individuen wählen, die klassisch sind, und von ewig dauerndem Wert. Ist auch das nicht möglich, etwa im traurigen Fall der Notwehr: so müssen die Individuen, kraft der polemischen Fiktion, so viel als möglich zu Repräsentanten der objektiven Dummheit und der objektiven Narrheit idealisiert werden: denn auch diese sind, wie alles Objektive, unendlich interessant, wie der höhern Polemik würdige Gegenstände sein müssen.

Geist ist Naturphilosophie.

Manieren sind charakteristische Ecken.

Aus dem, was die Modernen wollen, muß man lernen, was die Poesie werden soll: aus dem, was die Alten tun, was sie sein muß.

Jeder rechtliche Autor schreibt für niemand, oder für alle. Wer schreibt, damit ihn diese und jene lesen mögen, verdient, daß er nicht gelesen werde.

Der Zweck der Kritik, sagt man, sei, Leser zu bilden! – Wer gebildet sein will, mag sich doch selbst bilden. Dies ist unhöflich: es steht aber nicht zu ändern.

Da die Poesie unendlich viel wert ist, so sehe ich nicht ein, warum sie auch noch bloß mehr wert sein soll, wie dies und jenes, was auch unendlich viel wert ist. Es gibt Künstler, welche nicht etwa zu groß von der Kunst denken, denn das ist unmöglich, aber doch nicht frei genug sind, sich selbst über ihr Höchstes zu erheben.

Nichts ist pikanter, als wenn ein genialischer Mann Manieren hat; nämlich wenn er sie hat: aber gar nicht, wenn sie ihn haben; das führt zur geistigen Versteinerung.

Sollte es nicht überflüssig sein, mehr als einen Roman zu schreiben, wenn der Künstler nicht etwa ein neuer Mensch geworden ist? – Offenbar gehören nicht selten alle Romane eines Autors zusammen, und sind gewissermaßen nur ein Roman.

Witz ist eine Explosion von gebundnem Geist.

Die Alten sind weder die Juden, noch die Christen, noch die Engländer der Poesie. Sie sind nicht ein willkürlich auserwähltes Kunstvolk Gottes; noch haben sie den alleinseligmachenden Schönheitsglauben; noch besitzen sie ein Dichtungsmonopol.

Auch der Geist kann, wie das Tier, nur in einer aus reiner Lebensluft und Azote gemischten Atmosphäre atmen. Dies nicht ertragen und begreifen zu können, ist das Wesen der Torheit; es schlechthin nicht zu wollen, der Anfang der Narrheit.

In den Alten sieht man den vollendeten Buchstaben der ganzen Poesie: in den Neuern ahnet man den werdenden Geist.

Mittelmäßige Autoren, die ein kleines Buch so ankündigen, als ob sie einen großen Riesen wollten sehen lassen, sollten von der literarischen Polizei genötigt werden, ihr Produkt mit dem Motto stempeln zu lassen: This is the greatest elephant in the world, except himself.

Die harmonische Plattheit kann dem Philosophen sehr nützlich werden, als ein heller Leuchtturm für noch unbefahrne Gegenden des Lebens, der Kunst oder der Wissenschaft. – Er wird den Menschen, das Buch vermeiden, die ein harmonisch Platter bewundert und liebt; und der Meinung wenigstens mißtrauen, an die mehrere der Art fest glauben.

Ein gutes Rätsel sollte witzig sein; sonst bleibt nichts, sobald das Wort gefunden ist: auch ists nicht ohne Reiz, wenn ein witziger Einfall in soweit rätselhaft ist, daß er erraten sein will: nur muß sein Sinn gleich völlig klar werden, sobald er getroffen ist.

Salz im Ausdruck ist das Pikante, pulverisiert. Es gibt grobkörniges und feines.

Folgendes sind allgemeingültige Grundgesetze der schriftstellerischen Mitteilung: 1) Man muß etwas haben, was mitgeteilt werden soll; 2) man muß jemand haben, dem mans mitteilen wollen darf; 3) man muß es wirklich mitteilen, mit ihm teilen können, nicht bloß sich äußern, allein; sonst wäre es treffender, zu schweigen.

Wer nicht selbst ganz neu ist, der beurteilt das Neue wie alt; und das Alte wird einem immer wieder neu, bis man selbst alt wird.

Die Poesie des einen heißt die philosophische; die des andern die philologische; die des dritten die rhetorische, usw. Welches ist denn nun die poetische Poesie?

Affektation entspringt nicht sowohl aus dem Bestreben, neu, als aus der Furcht, alt zu sein.

Alles beurteilen zu wollen, ist eine große Verirrung oder eine kleine Sünde.

Viele Werke, deren schöne Verkettung man preist, haben weniger Einheit als ein bunter Haufen von Einfällen, die nur vom Geiste eines Geistes belebt, nach einem Ziele zielen. Diese verbindet doch jenes freie und gleiche Beisammensein, worin sich auch die Bürger des vollkommnen Staats, nach der Versicherung der Weisen, dereinst befinden werden; jener unbedingt gesellige Geist, welcher nach der Anmaßung der Vornehmen jetzt nur in dem gefunden wird, was man so seltsam und beinahe kindisch große Welt zu nennen pflegt. Manches Erzeugnis hingegen, an dessen Zusammenhang niemand zweifelt, ist, wie der Künstler selbst sehr wohl weiß, kein Werk, sondern nur Bruchstück, eins oder mehrere, Masse, Anlage. So mächtig ist aber der Trieb nach Einheit im Menschen, daß der Urheber selbst, was er durchaus nicht vollenden oder vereinigen kann, oft gleich bei der Bildung doch wenigstens ergänzt; oft sehr sinnreich und dennoch ganz widernatürlich. Das Schlimmste dabei ist, daß alles, was man den gediegenen Stücken, die wirklich da sind, so drüber aufhängt, um einen Schein von Ganzheit zu erkünsteln, meistens nur aus gefärbten Lumpen besteht. Sind diese nun auch gut und täuschend geschminkt und mit Verstand drapiert: so ists eigentlich um desto schlimmer.

Dann wird anfänglich auch der Auserwählte getäuscht, welcher tiefen Sinn hat für das wenige tüchtig Gute und Schöne, was noch in Schriften wie in Handlungen sparsam hie und da gefunden wird. Er muß nun erst durch Urteil zur richtigen Empfindung gelangen! Geschieht die Scheidung auch noch so schnell: so ist doch der erste frische Eindruck einmal weg.

Was man gewöhnlich Vernunft nennt, ist nur eine Gattung derselben: nämlich die dünne und wäßrige. Es gibt auch eine dicke feurige Vernunft, welche den Witz eigentlich zum Witz macht und dem gediegenen Stil das Elastische gibt und das Elektrische.

Sieht man auf den Geist, nicht auf den Buchstaben: so war das ganze römische Volk, samt dem Senat und samt allen Triumphatoren und Cäsaren, ein Zyniker.

Nichts ist in seinem Ursprung jämmerlicher und in seinen Folgen gräßlicher, als die Furcht, lächerlich zu sein. Daher z. B. die Knechtschaft der Weiber und mancher andre Krebsschaden der Menschheit.

Die Alten sind Meister der poetischen Abstraktion: die Modernen haben mehr poetische Spekulation.

Die Sokratische Ironie ist die einzige durchaus unwillkürliche, und doch durchaus besonnene Verstellung. Es ist gleich unmöglich sie zu erkünsteln, und sie zu verraten. Wer sie nicht hat, dem bleibt sie auch nach dem offensten Geständnis ein Rätsel. Sie soll niemanden täuschen als die, welche sie für Täuschung halten, und entweder ihre Freude haben an der herrlichen Schalkheit, alle Welt zum besten zu haben, oder böse werden, wenn sie ahnden, sie wären wohl auch mit gemeint. In ihr soll alles Scherz und alles Ernst sein, alles treuherzig offen, und alles tief verstellt. Sie entspringt aus der Vereinigung von Lebenskunstsinn und wissenschaftlichem Geist, aus dem Zusammentreffen vollendeter Naturphilosophie und vollendeter Kunstphilosophie. Sie enthält und erregt ein Gefühl von dem unauflöslichen Widerstreit des Unbedingten und des Bedingten, der Unmöglichkeit und Notwendigkeit einer vollständigen Mitteilung. Sie ist die freieste aller Lizenzen, denn durch sie setzt man sich über sich selbst weg; und doch auch die gesetzlichste, denn sie ist unbedingt notwendig. Es ist ein sehr gutes Zeichen, wenn die harmonisch Platten gar nicht wissen, wie sie diese stete Selbstparodie zu nehmen haben, immer wieder von neuem glauben und mißglauben, bis sie schwindlicht werden, den Scherz grade für Ernst, und den Ernst für Scherz halten. Lessings Ironie ist Instinkt; bei Hemsterhuis ists klassisches Studium; Hülsens Ironie entspringt aus Philosophie der Philosophie, und kann die jener noch weit übertreffen.

Milder Witz, oder Witz ohne Pointe, ist ein Privilegium der Poesie, was die Prosa ihr ja lassen muß: denn nur durch die schärfste Richtung auf einen Punkt kann der einzelne Einfall eine Art von Ganzheit erhalten.

Sollte die harmonische Ausbildung der Adligen und der Künstler nicht etwa bloß eine harmonische Einbildung sein?

Chamfort war, was Rousseau gern scheinen wollte: ein echter Zyniker, im Sinne der Alten mehr Philosoph als eine ganze Legion trockner Schulweisen. Obgleich er sich anfänglich mit den Vornehmen gemein gemacht hatte, lebte er dennoch frei, wie er auch frei und würdig starb, und verachtete den kleinen Ruhm eines großen Schriftstellers. Er war Mirabeaus Freund. Sein köstlichster Nachlaß sind seine Einfälle und Bemerkungen zur Lebensweisheit; ein Buch voll von gediegenem Witz, tiefem Sinn, zarter Fühlbarkeit, von reifer Vernunft und fester Männlichkeit, und von interessanten Spuren der lebendigsten Leidenschaftlichkeit, und dabei auserlesen und von vollendetem Ausdruck; ohne Vergleich das höchste und erste seiner Art.

Der analytische Schriftsteller beobachtet den Leser, wie er ist; danach macht er seinen Kalkül, legt seine Maschinen an, um den gehörigen Effekt auf ihn zu machen. Der synthetische Schriftsteller konstruiert und schafft sich einen Leser, wie er sein soll; er denkt sich denselben nicht ruhend und tot, sondern lebendig und entgegenwirkend.

Er läßt das, was er erfunden hat, vor seinen Augen stufenweise werden, oder er lockt ihn, es selbst zu erfinden. Er will keine bestimmte Wirkung auf ihn machen, sondern er tritt mit ihm in das heilige Verhältnis der innigsten Symphilosophie oder Sympoesie.

Voss ist in der Louise ein Homeride: so ist auch Homer in seiner Übersetzung ein Vosside.

Es gibt so viele kritische Zeitschriften von verschiedener Natur und mancherlei Absichten! Wenn sich doch auch einmal eine Gesellschaft der Art verbinden wollte, welche bloß den Zweck hätte, die Kritik selbst, die doch auch notwendig ist, allmählich zu realisieren.

Die ganze Geschichte der modernen Poesie ist ein fortlaufender Kommentar zu dem kurzen Text der Philosophie: Alle Kunst soll Wissenschaft, und alle Wissenschaft soll Kunst werden; Poesie und Philosophie sollen vereinigt sein.

Die Deutschen, sagt man, sind, was Höhe des Kunstsinns und des wissenschaftlichen Geistes betrifft, das erste Volk in der Welt. Gewiß; nur gibt es sehr wenige Deutsche.

Poesie kann nur durch Poesie kritisiert werden. Ein Kunsturteil, welches nicht selbst ein Kunstwerk ist, entweder im Stoff, als Darstellung des notwendigen Eindrucks in seinem Werden, oder durch eine schöne Form, und einen im Geist der alten römischen Satire liberalen Ton, hat gar kein Bürgerrecht im Reiche der Kunst.

War nicht alles, was abgenutzt werden kann, gleich anfangs schief oder platt?

Sapphische Gedichte müssen wachsen und gefunden werden. Sie lassen sich weder machen, noch ohne Entweihung öffentlich mitteilen. Wer es tut, dem fehlt es zugleich an Stolz und an Bescheidenheit. An Stolz: indem er sein Innerstes herausreißt, aus der heiligen Stille des Herzens, und es hinwirft unter die Menge, daß sies angaffen, roh oder fremd; und das für ein lausiges Da capo oder für Friedrichsdor. Unbescheiden aber bleibts immer, sein Selbst auf die Ausstellung zu schicken, wie ein Urbild. Und sind lyrische Gedichte nicht ganz eigentümlich, frei und wahr: so taugen sie nichts, als solche. Petrarca gehört nicht hieher: der kühle Liebhaber sagt ja nichts, als zierliche Allgemeinheiten; auch ist er romantisch, nicht lyrisch. Gäbe es aber auch noch eine Natur, so konsequent schön und klassisch, daß sie sich nackt zeigen dürfte, wie Phryne vor allen Griechen: so gibts doch kein olympisches Publikum mehr für ein solches Schauspiel. Auch war es Phryne. Nur Zyniker lieben auf dem Markt. Man kann ein Zyniker sein und ein großer Dichter: der Hund und der Lorbeer haben gleiches Recht, Horazens Denkmal zu zieren. Aber horazisch ist noch bei weitem nicht sapphisch. Sapphisch ist nie zynisch.

Wer Goethes Meister gehörig charakterisierte, der hätte damit wohl eigentlich gesagt, was es jetzt an der Zeit ist in der Poesie. Er dürfte sich, was poetische Kritik betrifft, immer zur Ruhe setzen.

Die einfachsten und nächsten Fragen, wie: Soll man Shakespeares Werke als Kunst oder als Natur beurteilen? und: Ist das Epos und die Tragödie wesentlich verschieden oder nicht? und: Soll die Kunst täuschen oder bloß scheinen? können nicht beantwortet werden ohne die tiefste Spekulation und die gelehrteste Kunstgeschichte.

Wenn irgend etwas die hohe Idee von Deutschheit rechtfertigen kann, die man hie und da findet: so ists die entschiedne Vernachlässigung und Verachtung solcher gewöhnlich guten Schriftsteller, die jede andre Nation mit Pomp in ihren Johnson aufnehmen würde, und der ziemlich allgemeine Hang, auch an dem, was sie als das Beste erkennen und was besser ist, als daß die Ausländer es schon gut finden könnten, frei zu tadeln, und es überall recht genau zu nehmen.

Es ist eine unbesonnene und unbescheidne Anmaßung, aus der Philosophie etwas über die Kunst lernen zu wollen. Manche fangens so an, als ob sie hofften, hier etwas Neues zu erfahren; da die Philosophie doch weiter nichts kann und können soll, als die gegebnen Kunsterfahrungen und vorhandnen Kunstbegriffe zur Wissenschaft machen, die Kunstansicht erheben, mit Hülfe einer gründlich gelehrten Kunstgeschichte erweitern, und diejenige logische Stimmung auch über diese Gegenstände zu erzeugen, welche absolute Liberalität mit absolutem Rigorismus vereinigt.

Auch im Innern und Ganzen der größten modernen Gedichte ist Reim, symmetrische Wiederkehr des Gleichen. Dies rundet nicht nur vortrefflich, sondern kann auch höchst tragisch wirken. Zum Beispiel, die Champagnerflasche und die drei Gläser, welche die alte Barbara in der Nacht vor Wilhelm auf den Tisch setzt. – Ich möchte es den gigantischen oder den shakespearischen Reim nennen: denn Shakespeare ist Meister darin.

Schon Sophokles glaubte treuherzig, seine dargestellten Menschen seien besser als die wirklichen. Wo hat er einen Sokrates dargestellt, einen Solon, Aristides, so unzählig viele andre? – Wie oft läßt sich nicht diese Frage auch für andre Dichter wiederholen? Wie haben nicht auch die größten Künstler wirkliche Helden in ihrer Darstellung verkleinert? Und doch ist jener Wahn allgemein geworden, von den Imperatoren der Poesie bis zu den geringsten Liktoren. Dichtern mag er auch wohl heilsam sein können, wie jede konsequente Beschränkung, um die Kraft zu kondensieren und zu konzentrieren. Ein Philosoph aber, der sich davon anstecken ließe, verdiente wenigstens deportiert zu werden aus dem Reiche der Kritik. Oder gibt es etwa nicht unendlich viel Gutes und Schönes im Himmel und auf Erden, wovon sich die Poesie nichts träumen läßt?

Die Römer wußten, daß der Witz ein prophetisches Vermögen ist; sie nannten ihn Nase.

Es ist indelikat, sich drüber zu wundern, wenn etwas schön ist, oder groß; als ob es anders sein dürfte.

II

Athenäums-Fragmente

Über keinen Gegenstand philosophieren sie seltner als über die Philosophie.

Kant hat den Begriff des Negativen in die Weltweisheit eingeführt. Sollte es nicht ein nützlicher Versuch sein, nun auch den Begriff des Positiven in die Philosophie einzuführen?

Zum großen Nachteil der Theorie von den Dichtarten vernachlässigt man oft die Unterabteilungen der Gattungen. So teilt sich zum Beispiel die Naturpoesie in die natürliche und in die künstliche, und die Volkspoesie in die Volkspoesie für das Volk und in die Volkspoesie für Standespersonen und Gelehrte.

Was gute Gesellschaft genannt wird, ist meistens nur eine Mosaik von geschliffnen Karikaturen.

Die Pflicht ist Kants Eins und Alles. Aus Pflicht der Dankbarkeit, behauptet er, müsse man die Alten verteidigen und schätzen; und nur aus Pflicht ist er selbst ein großer Mann geworden.

Man hat von manchem Monarchen gesagt: er würde ein sehr liebenswürdiger Privatmann gewesen sein, nur zum Könige habe er nicht getaugt. Verhält es sich etwa mit der Bibel ebenso? Ist sie auch bloß ein liebenswürdiges Privatbuch, das nur nicht Bibel sein sollte?

Wenn junge Personen beiderlei Geschlechts nach einer lustigen Musik zu tanzen wissen, so fällt es ihnen gar nicht ein, deshalb über die Tonkunst urteilen zu wollen. Warum haben die Leute weniger Respekt vor der Poesie?

Der Selbstmord ist gewöhnlich nur eine Begebenheit, selten eine Handlung. Ist es das erste, so hat der Täter immer unrecht, wie ein

Kind, das sich emanzipieren will. Ist es aber eine Handlung, so kann vom Recht gar nicht die Frage sein, sondern nur von der Schicklichkeit. Denn dieser allein ist die Willkür unterworfen, welche alles bestimmen soll, was in den reinen Gesetzen nicht bestimmt werden kann, wie das Jetzt und das Hier, und alles bestimmen darf, was nicht die Willkür andrer und dadurch sie selbst vernichtet. Es ist nie Unrecht, freiwillig zu sterben, aber oft unanständig, länger zu leben.

Wenn das Wesen des Zynismus darin besteht, der Natur vor der Kunst, der Tugend vor der Schönheit und Wissenschaft den Vorzug zu geben; unbekümmert um den Buchstaben, auf den der Stoiker streng hält, nur auf den Geist zu sehen, allen ökonomischen Wert und politischen Glanz unbedingt zu verachten und die Rechte der selbständigen Willkür tapfer zu behaupten: so dürfte der Christianismus wohl nichts anders sein als universeller Zynismus.

Die dramatische Form kann man wählen aus Hang zur systematischen Vollständigkeit, oder um Menschen nicht bloß darzustellen, sondern nachzuahmen und nachzumachen, oder aus Bequemlichkeit, oder aus Gefälligkeit für die Musik, oder auch aus reiner Freude am Sprechen und Sprechenlassen.

Das sicherste Mittel, unverständlich oder vielmehr mißverständlich zu sein, ist, wenn man die Worte in ihrem ursprünglichen Sinne braucht; besonders Worte aus den alten Sprachen.

Die Kantische Philosophie gleicht dem untergeschobnen Briefe, den Maria in Shakespeares Was ihr wollt dem Malvolio in den Weg legt. Nur mit dem Unterschiede, daß es in Deutschland zahllose philosophische Malvolios gibt, die nun die Kniegürtel kreuzweise binden, gelbe Strümpfe tragen und immerfort phantastisch lächeln.

Ein Projekt ist der subjektive Keim eines werdenden Objekts. Ein vollkommnes Projekt müßte zugleich ganz subjektiv und ganz objektiv, ein unteilbares und lebendiges Individuum sein. Seinem Ursprunge nach ganz subjektiv, original, nur grade in diesem Geiste möglich; seinem Charakter nach ganz objektiv, physisch und moralisch notwendig. Der Sinn für Projekte, die man Fragmente aus der Zukunft nennen könnte, ist von dem Sinn für Fragmente aus der Vergangenheit nur durch die Richtung verschieden, die bei ihm progressiv, bei jenem aber regressiv ist. Das Wesentliche ist die Fähigkeit, Gegenstände unmittelbar zugleich zu idealisieren und zu realisieren, zu ergänzen und teilweise in sich auszuführen. Da nun transzendental eben das ist, was auf die Verbindung oder Trennung des Idealen und des Realen Bezug hat: so könnte man wohl sagen, der Sinn für Fragmente und Projekte sei der transzendentale Bestandteil des historischen Geistes.

Es wird manches gedruckt, was besser nur gesagt würde, und zuweilen etwas gesagt, was schicklicher gedruckt wäre. Wenn die Gedanken die besten sind, die sich zugleich sagen und schreiben lassen, so ists wohl der Mühe wert, zuweilen nachzusehen, was sich von dem Gesprochnen schreiben, und was sich von dem Geschriebnen drucken läßt. Anmaßend ist es freilich, noch bei Lebzeiten Gedanken zu haben, ja bekannt zu machen. Ganze Werke zu schreiben ist ungleich bescheidner, weil sie ja wohl bloß aus andern Werken zusammengesetzt sein können, und weil dem Gedanken da auf den schlimmsten Fall die Zuflucht bleibt, der Sache den Vorrang zu lassen und sich demütig in den Winkel zu stellen. Aber Gedanken, einzelne Gedanken sind gezwungen, einen Wert für sich haben zu wollen, und müssen Anspruch darauf machen, eigen und gedacht zu sein. Das einzige, was eine Art von Trost dagegen gibt, ist, daß nichts anmaßender sein kann als überhaupt zu existieren, oder gar auf eine bestimmte selbständige Art zu existieren. Aus dieser ursprünglichen Grundanmaßung folgen nun doch einmal alle abgeleiteten, man stelle sich, wie man auch will.

Viele Werke der Alten sind Fragmente geworden. Viele Werke der Neuern sind es gleich bei der Entstehung.

Nicht selten ist das Auslegen ein Einlegen des Erwünschten oder des Zweckmäßigen, und viele Ableitungen sind eigentlich Ausleitungen. Ein Beweis, daß Gelehrsamkeit und Spekulation der Unschuld des Geistes nicht so schädlich sind, als man uns glauben machen will. Denn ist es nicht recht kindlich, froh über das Wunder zu erstaunen, das man selbst veranstaltet hat?

Die Deutschheit ist wohl darum ein Lieblingsgegenstand der Charakteriseurs, weil eine Nation, je weniger sie fertig, um so mehr ein Gegenstand der Kritik ist und nicht der Historie.

Die meisten Menschen sind, wie Leibnizens mögliche Welten, nur gleichberechtigte Prätendenten der Existenz. Es gibt wenig Existenten.

Folgendes scheinen nächst der vollendeten Darstellung des kritischen Idealismus, die immer das Erste bleibt, die wichtigsten Desiderata der Philosophie zu sein: eine materiale Logik, eine poetische Poetik, eine positive Politik, eine systematische Ethik und eine praktische Historie.

Witzige Einfälle sind die Sprüchwörter der gebildeten Menschen.

Ein blühendes Mädchen ist das reizendste Symbol vom reinen guten Willen.

Prüderie ist Prätension auf Unschuld, ohne Unschuld. Die Frauen müssen wohl prüde bleiben, solange Männer sentimental, dumm und schlecht genug sind, ewige Unschuld und Mangel an Bildung von ihnen zu fordern. Denn Unschuld ist das einzige, was Bildungslosigkeit adeln kann.

Man soll Witz haben, aber nicht haben wollen; sonst entsteht Witzelei, alexandrinischer Stil in Witz.

Es ist weit schwerer, andre zu veranlassen, daß sie gut reden, als selbst gut zu reden.

Fast alle Ehen sind nur Konkubinate, Ehen an der linken Hand, oder vielmehr provisorische Versuche und entfernte Annäherungen zu einer wirklichen Ehe, deren eigentliches Wesen nicht nach den Paradoxen dieses oder jenes Systems, sondern nach allen geistlichen und weltlichen Rechten darin besteht, daß mehrere Personen nur eine werden sollen. Ein artiger Gedanke, dessen Realisierung jedoch viele und große Schwierigkeiten zu haben scheint. Schon darum sollte die Willkür, die wohl ein Wort mitreden darf, wenn es darauf ankommt, ob einer ein Individuum für sich oder nur der integrante Teil einer gemeinschaftlichen Personalität sein will, hier so wenig als möglich beschränkt werden; und es läßt sich nicht absehen, was man gegen eine Ehe à quatre Gründliches einwenden könnte. Wenn aber der Staat gar die mißglückten Eheversuche mit Gewalt zusammenhalten will, so hindert er dadurch die Möglichkeit der Ehe selbst, die durch neue, vielleicht glücklichere Versuche befördert werden könnte.

Niemand beurteilt eine Dekorationsmalerei und ein Altarblatt, eine Operette und eine Kirchenmusik, eine Predigt und eine philosophische Abhandlung nach demselben Maßstabe. Warum macht man also an die rhetorische Poesie, welche nur auf der Bühne existiert, Forderungen, die nur durch hohere dramatische Kunst erfüllt werden können?

Manche witzige Einfälle sind wie das überraschende Wiedersehen zwei befreundeter Gedanken nach einer langen Trennung.

Die meisten Gedanken sind nur Profile von Gedanken. Diese muß man umkehren und mit ihren Antipoden synthesieren. Viele philosophische Schriften, die es sonst nicht haben würden, erhalten dadurch ein großes Interesse.

Die, welche Profession davon gemacht haben, den Kant zu erklären, waren entweder solche, denen es an einem Organ fehlte, um sich von den Gegenständen, über die Kant geschrieben hat, einige Notiz zu verschaffen; oder solche, die nur das kleine Unglück hatten, niemand zu verstehen als sich selbst; oder solche, die sich noch verworrener ausdrückten als er.

Gute Dramen müssen drastisch sein.

Die Philosophie geht noch zu sehr gradeaus, ist noch nicht zyklisch genug.

Jede philosophische Rezension sollte zugleich Philosophie der Rezensionen sein.

Neu oder nicht neu, ist das, wonach auf dem höchsten und niedrigsten Standpunkte, dem Standpunkte der Geschichte und dem der Neugierde, bei einem Werk gefragt wird.

Ein Regiment Soldaten en parade ist nach der Denkart mancher Philosophen ein System.

Kritisch heißt die Philosophie der Kantianer wohl per antiphrasin; oder es ist ein epitheton ornans.

Mit den größten Philosophen geht mirs wie dem Plato mit den Spartanern. Er liebte und achtete sie unendlich, aber er klagt immer, daß sie überall auf halbem Wege stehn geblieben wären.

Die Frauen werden in der Poesie ebenso ungerecht behandelt wie im Leben. Die weiblichen sind nicht idealisch, und die idealischen sind nicht weiblich.

Wahre Liebe sollte ihrem Ursprunge nach zugleich ganz willkürlich und ganz zufällig sein, und zugleich notwendig und frei scheinen; ihrem Charakter nach aber zugleich Bestimmung und Tugend sein, ein Geheimnis und ein Wunder scheinen.

Naiv ist, was bis zur Ironie oder bis zum steten Wechsel von Selbstschöpfung und Selbstvernichtung natürlich, individuell oder klassisch ist oder scheint. Ist es bloß Instinkt, so ists kindlich, kindisch oder albern; ists bloß Absicht, so entsteht Affektation. Das schöne, poetische, idealische Naive muß zugleich Absicht und Instinkt sein. Das

Wesen der Absicht in diesem Sinne ist die Freiheit. Bewußtsein ist noch bei weitem nicht Absicht. Es gibt ein gewisses verliebtes Anschauen eigner Natürlichkeit oder Albernheit, das selbst unsäglich albern ist. Absicht erfordert nicht gerade einen tiefen Kalkül oder Plan. Auch das Homerische Naive ist nicht bloß Instinkt: es ist wenigstens so viel Absicht darin, wie in der Anmut lieblicher Kinder oder unschuldiger Mädchen. Wenn er auch keine Absichten hatte, so hat doch seine Poesie und die eigentliche Verfasserin derselben, die Natur, Absicht.

Es gibt eine eigne Gattung Menschen, bei denen die Begeistrung der Langenweile die erste Regung der Philosophie ist.

Es ist gleich tödlich für den Geist, ein System zu haben, und keins zu haben. Er wird sich also wohl entschließen müssen, beides zu verbinden.

Man kann nur Philosoph werden, nicht es sein. Sobald man es zu sein glaubt, hört man auf, es zu werden.

Es gibt Klassifikationen, die als Klassifikationen schlecht genug sind, aber ganze Nationen und Zeitalter beherrschen, und oft äußerst charakteristisch und wie Zentralmonaden eines solchen historischen Individuums sind. So die griechische Einteilung aller Dinge in göttliche und menschliche, die sogar eine Homerische Antiquität ist. So die römische Einteilung in Zu Haus und Im Kriege. Bei den Neuern redet man immer von dieser und jener Welt, als ob es mehr als eine Welt gäbe. Aber freilich ist bei ihnen auch das meiste so isoliert und getrennt wie ihre Diese und Jene Welt.

Da die Philosophie jetzt alles, was ihr vorkömmt, kritisiert, so wäre eine Kritik der Philosophie nichts als eine gerechte Repressalie.

Die wenigen Schriften, welche gegen die Kantische Philosophie existieren, sind die wichtigsten Dokumente zur Krankheitsgeschichte des gesunden Menschenverstandes. Diese Epidemie, welche in England entstanden ist, drohte einmal sogar die deutsche Philosophie anstecken zu wollen.

Das Druckenlassen verhält sich zum Denken wie eine Wochenstube zum ersten Kuß.

Jeder ungebildete Mensch ist die Karikatur von sich selbst.

Moderantismus ist Geist der kastrierten Illiberalität.

Viele Lobredner beweisen die Größe ihres Abgottes antithetisch, durch die Darlegung ihrer eignen Kleinheit.

Wenn der Autor dem Kritiker gar nichts mehr zu antworten weiß, so sagt er ihm gern: Du kannst es doch nicht besser machen. Das ist eben, als wenn ein dogmatischer Philosoph dem Skeptiker vorwerfen wollte, daß er kein System erfinden könne.

Es wäre illiberal, nicht vorauszusetzen, ein jeder Philosoph sei liberal und folglich rezensibel; ja es nicht zu fingieren, wenn man auch das Gegenteil weiß. Aber anmaßend wäre es, Dichter ebenso zu behandeln; es müßte denn einer durch und durch Poesie und gleichsam ein lebendes und handelndes Kunstwerk sein.

Nur der Kunstliebhaber liebt wirklich die Kunst, der auf einige seiner Wünsche völlig Verzicht tun kann, wo er andre ganz befriedigt findet, der auch das Liebste noch streng würdigen mag, der sich im Notfall Erklärungen gefallen läßt und Sinn für Kunstgeschichte hat.

Die Pantomimen der Alten haben wir nicht mehr. Dagegen ist aber die ganze Poesie jetzt pantomimisch.

Wo ein öffentlicher Ankläger auftreten soll, muß schon ein öffentlicher Richter vorhanden sein.

Man redet immer von der Störung, welche die Zergliederung des Kunstschönen dem Genuß des Liebhabers verursachen soll. So der rechte Liebhaber läßt sich wohl nicht stören!

Übersichten des Ganzen, wie sie jetzt Mode sind, entstehen, wenn einer alles einzelne übersieht und dann summiert.

Sollte es mit der Bevölkerung nicht sein wie mit der Wahrheit, wo das Streben, wie man sagt, mehr wert ist als die Resultate?

Nach dem verderbten Sprachgebrauche bedeutet wahrscheinlich soviel als beinah wahr, oder etwas wahr, oder was noch vielleicht einmal wahr werden kann. Das alles kann das Wort aber schon seiner Bildung nach gar nicht bezeichnen. Was wahr scheint, braucht darum auch nicht im kleinsten Grade wahr zu sein: aber es muß doch positiv scheinen. Das Wahrscheinliche ist der Gegenstand der Klugheit, des Vermögens, unter den möglichen Folgen freier Handlungen die wirklichen zu erraten, und etwas durchaus Subjektives. Was einige Logiker so genannt und zu berechnen versucht haben, ist Möglichkeit.

Die formale Logik und die empirische Psychologie sind philosophische Grotesken. Denn das Interessante einer Arithmetik der vier Spezies oder einer Experimentalphysik des Geistes kann doch nur in dem Kontrast der Form und des Stoffs liegen.

Die intellektuale Anschauung ist der kategorische Imperativ der Theorie.

Ein Dialog ist eine Kette oder ein Kranz von Fragmenten. Ein Briefwechsel ist ein Dialog in vergrößertem Maßstabe, und Memorabilien sind ein System von Fragmenten. Es gibt noch keins, was in Stoff und Form fragmentarisch, zugleich ganz subjektiv und individuell, und ganz objektiv und wie ein notwendiger Teil im System aller Wissenschaften wäre.

Das Nichtverstehen kommt meistens gar nicht vom Mangel an Verstande, sondern vom Mangel an Sinn.

Die Narrheit ist bloß dadurch von der Tollheit verschieden, daß sie willkürlich ist wie die Dummheit. Soll dieser Unterschied nicht gelten, so ists sehr ungerecht, einige Narren einzusperren, während man andre ihr Glück machen läßt. Beide sind dann nur dem Grade, nicht der Art nach verschieden.

Der Historiker ist ein rückwärts gekehrter Prophet.

Die meisten Menschen wissen von keiner andern Würde als von repräsentativer; und doch haben nur so äußerst wenige Sinn für repräsentativen Wert. Was auch für sich gar nichts ist, wird doch Beitrag zur Charakteristik irgendeiner Gattung sein, und in dieser Rücksicht könnte man sagen: niemand sei uninteressant.

Die Demonstrationen der Philosophie sind eben Demonstrationen im Sinne der militärischen Kunstsprache. Mit den Deduktionen steht es auch nicht besser wie mit den politischen: auch in den Wissenschaften besetzt man erst ein Terrain, und beweist dann hinterdrein sein Recht daran. Auf die Definitionen läßt sich anwenden, was Chamfort von den Freunden sagte, die man so in der Welt hat. Es gibt drei Arten von Erklärungen in der Wissenschaft: Erklärungen, die uns ein Licht oder einen Wink geben; Erklärungen, die nichts erklären; und Erklärungen, die alles verdunkeln. Die rechten Definitionen lassen sich gar nicht aus dem Stegreife machen, sondern müssen einem von selbst kommen; eine Definition, die nicht witzig ist, taugt nichts, und von jedem Individuum gibt es doch unendlich viele reale Definitionen. Die notwendigen Förmlichkeiten der Kunstphilosophie arten aus in Etikette und Luxus. Als Legitimation und Probe der Virtuosität haben sie ihren Zweck und Wert, wie die Bravourarien der Sänger und das Lateinschreiben der Philologen. Auch machen sie nicht wenig rhetorischen Effekt. Die Hauptsache aber bleibt doch immer, daß man etwas weiß, und daß man es sagt. Es beweisen oder gar erklären wollen, ist in den meisten Fällen herzlich überflüssig. Der kategorische Stil der Gesetze der zwölf Tafeln und die thetische Methode, wo die reinen Fakta der Reflexion ohne Verhüllung, Verdünnung und künstliche Verstellung wie Texte für das Studium oder die Symphilosophie dastehen, bleibt der gebildeten Naturphilosophie die angemessenste. Soll beides gleich gut gemacht werden, so ist es unstreitig viel schwerer behaupten, als beweisen. Es gibt Demonstrationen die Menge, die der Form nach vortrefflich sind, für schiefe und platte Sätze. Leibniz behauptete, und Wolff bewies. Das ist genug gesagt.

Der Satz des Widerspruchs ist auch nicht einmal das Prinzip der Analyse, nämlich der absoluten, die allein den Namen verdient, der chemischen Dekomposition eines Individuums in seine schlechthin einfachen Elemente.

Subjektiv betrachtet, fängt die Philosophie doch immer in der Mitte an, wie das epische Gedicht.

Grundsätze sind fürs Leben, was im Kabinett geschriebene Instruktionen für den Feldherrn.

Das erste in der Liebe ist der Sinn füreinander, und das Höchste der Glauben aneinander. Hingebung ist der Ausdruck des Glaubens, und Genuß kann den Sinn beleben und schärfen, wenn auch nicht hervorbringen, wie die gemeine Meinung ist. Darum kann die Sinnlichkeit schlechte Menschen auf eine kurze Zeit täuschen, als könnten sie sich lieben.

Es gibt Menschen, deren ganze Tätigkeit darin besteht, immer Nein zu sagen. Es wäre nichts kleines, immer recht Nein sagen zu können, aber wer weiter nichts kann, kann es gewiß nicht recht. Der Geschmack dieser Neganten ist eine tüchtige Schere, um die Extremitäten des Genies zu säubern; ihre Aufklärung eine große Lichtputze für die Flamme des Enthusiasmus; und ihre Vernunft ein gelindes Laxativ gegen unmäßige Lust und Liebe.

Die Kritik ist das einzige Surrogat der von so manchen Philosophen vergeblich gesuchten und gleich unmöglichen moralischen Mathematik und Wissenschaft des Schicklichen.

Der Gegenstand der Historie ist das Wirklichwerden alles dessen, was praktisch notwendig ist.

Die Logik ist weder die Vorrede, noch das Instrument, noch das Formular, noch eine Episode der Philosophie, sondern eine der Poetik und Ethik entgegengesetzte und koordinierte pragmatische Wissenschaft, welche von der Forderung der positiven Wahrheit und der Voraussetzung der Möglichkeit eines Systems ausgeht.

Ehe nicht die Philosophen Grammatiker oder die Grammatiker Philosophen werden, wird die Grammatik nicht, was sie bei den Alten war, eine pragmatische Wissenschaft und ein Teil der Logik, noch überhaupt eine Wissenschaft werden.

Die Lehre vom Geist und Buchstaben ist unter andern auch darum so interessant, weil sie die Philosophie mit der Philologie in Berührung setzen kann.

Immer hat noch jeder große Philosoph seine Vorgänger, oft ohne seine Absicht, so erklärt, daß es schien, als habe man sie vor ihm gar nicht verstanden.

Einiges muß die Philosophie einstweilen auf ewig voraussetzen, und sie darf es, weil sie es muß.

Wer nicht um der Philosophie willen philosophiert, sondern die Philosophie als Mittel braucht, ist ein Sophist.

Als vorübergehender Zustand ist der Skeptizismus logische Insurrektion; als System ist er Anarchie. Skeptische Methode wäre also ungefähr wie insurgente Regierung.

Philosophisch ist alles, was zur Realisierung des logischen Ideals beiträgt, und wissenschaftliche Bildung hat.

Bei den Ausdrücken Seine Philosophie, Meine Philosophie, erinnert man sich immer an die Worte im Nathan: »Wem eignet Gott? Was ist das für ein Gott, der einem Menschen eignet?«

Poetischer Schein ist Spiel der Vorstellungen, und Spiel ist Schein von Handlungen.

Was in der Poesie geschieht, geschieht nie, oder immer. Sonst ist es keine rechte Poesie. Man darf nicht glauben sollen, daß es jetzt wirklich geschehe.

Die Frauen haben durchaus keinen Sinn für die Kunst, wohl aber für die Poesie. Sie haben keine Anlage zur Wissenschaft, wohl aber zur Philosophie. An Spekulation, innerer Anschauung des Unendlichen fehlts ihnen gar nicht; nur an Abstraktion, die sich weit eher lernen läßt.

Daß man eine Philosophie annihiliert, wobei sich der Unvorsichtige leicht gelegentlich selbst mit annihilieren kann, oder daß man ihr zeigt, sie annihiliere sich selbst, kann ihr wenig schaden. Ist sie wirklich Philosophie, so wird sie doch wie ein Phönix aus ihrer eignen Asche immer wieder aufleben.

Nach dem Weltbegriffe ist jeder ein Kantianer, der sich auch für die neueste deutsche philosophische Literatur interessiert. Nach dem Schulbegriffe ist nur der ein Kantianer, der glaubt, Kant sei die Wahrheit, und der, wenn die Königsberger Post einmal verunglückte, leicht einige Wochen ohne Wahrheit sein könnte. Nach dem veralteten Sokratischen Begriffe, da die, welche sich den Geist des großen Meisters selbständig angeeignet und angebildet hatten, seine Schüler hießen und als Söhne seines Geistes nach ihm genannt wurden, dürfte es nur wenige Kantianer geben.

Schellings Philosophie, die man kritisierten Mystizismus nennen könnte, endigt, wie der Prometheus des Aeschylus, mit Erdbeben und Untergang.

Das stillschweigends vorausgesetzte und wirklich erste Postulat aller kantianischen Harmonien der Evangelisten lautet: Kants Philosophie soll mit sich selbst übereinstimmen.

Schön ist, was zugleich reizend und erhaben ist.

Es gibt eine Mikrologie und einen Glauben an Autorität, die Charakterzüge der Größe sind. Das ist die vollendende Mikrologie des Künstlers und der historische Glaube an die Autorität der Natur.

Die Lehren, welche ein Roman geben will, müssen solche sein, die sich nur im ganzen mitteilen, nicht einzeln beweisen und durch Zergliederung erschöpfen lassen. Sonst wäre die rhetorische Form ungleich vorzüglicher.

Die Philosophen, welche nicht gegeneinander sind, verbindet gewöhnlich nur Sympathie, nicht Symphilosophie.

Eine Klassifikation ist eine Definition, die ein System von Definitionen enthält.

Eine Definition der Poesie kann nur bestimmen, was sie sein soll, nicht was sie in der Wirklichkeit war und ist; sonst würde sie am kürzesten so lauten: Poesie ist, was man zu irgendeiner Zeit, an irgendeinem Orte so genannt hat.

Daß es den Adel vaterländischer Festgesänge nicht entweihen kann, wenn sie tüchtig bezahlt werden, beweisen die Griechen und Pindar. Daß aber das Bezahlen nicht allein selig macht, beweisen die Engländer, die wenigstens darin die Alten haben nachahmen wollen. Die Schönheit ist also doch in England nicht käuflich und verkäuflich, wenn auch die Tugend.

Die romantische Poesie ist eine progressive Universalpoesie. Ihre Bestimmung ist nicht bloß, alle getrennten Gattungen der Poesie wieder zu vereinigen und die Poesie mit der Philosophie und Rhetorik in Berührung zu setzen. Sie will und soll auch Poesie und Prosa, Genialität und Kritik, Kunstpoesie und Naturpoesie bald mischen, bald verschmelzen, die Poesie lebendig und gesellig und das Leben und die Gesellschaft poetisch machen, den Witz poetisieren und die Formen der Kunst mit gediegnem Bildungsstoff jeder Art anfüllen und sättigen und durch die Schwingungen des Humors beseelen. Sie umfaßt alles, was nur poetisch ist, vom größten wieder mehrere Systeme in sich enthaltenden Systeme der Kunst bis zu dem Seufzer, dem Kuß, den das dichtende Kind aushaucht in kunstlosen Gesang. Sie kann sich so in das Dargestellte verlieren, daß man glauben möchte, poetische Individuen jeder Art zu charakterisieren, sei ihr Eins und Alles; und doch gibt es noch keine Form, die so dazu gemacht wäre, den Geist des Autors vollständig auszudrücken: so daß manche Künstler, die nur auch einen Roman schreiben wollten, von ungefähr sich selbst dargestellt haben. Nur sie kann gleich dem Epos ein Spiegel der ganzen umgebenden Welt, ein Bild des Zeitalters werden. Und doch kann auch sie am meisten zwischen dem Dargestellten und dem Darstellenden, frei von allem realen und idealen Interesse, auf den Flügeln der poetischen Reflexion in der Mitte schweben, diese Reflexion immer wieder potenzieren und wie in einer endlosen Reihe von Spiegeln vervielfachen. Sie ist der höchsten und der allseitigsten Bildung fähig; nicht bloß von innen heraus, sondern auch von außen hinein; indem sie jedem, was ein Ganzes in ihren Produkten sein soll, alle Teile ähnlich organisiert, wodurch ihr die Aussicht auf eine grenzenlos wachsende Klassizität eröffnet wird. Die romantische Poesie ist unter den Künsten, was der Witz der Philosophie, und die Gesellschaft, Umgang, Freundschaft und Liebe im Leben ist. Andre Dichtarten sind fertig und können nun vollständig zergliedert werden. Die romantische Dichtart ist noch im Werden; ja das ist ihr eigentliches Wesen, daß sie ewig nur werden, nie vollendet sein kann. Sie kann durch keine Theorie erschöpft werden, und nur eine divinatorische Kritik dürfte es wagen, ihr Ideal charakterisieren zu wollen. Sie allein ist unendlich, wie sie allein frei ist und das als ihr erstes Gesetz anerkennt, daß die Willkür des Dichters kein Gesetz über sich leide. Die romantische Dichtart ist die einzige, die mehr als Art und gleichsam die Dichtkunst selbst ist: denn in einem gewissen Sinn ist oder soll alle Poesie romantisch sein.

Werke, deren Ideal für den Künstler nicht ebensoviel lebendige Realität und gleichsam Persönlichkeit hat, wie die Geliebte oder der

Freund, blieben besser ungeschrieben. Wenigstens Kunstwerke werden es gewiß nicht.

Es ist nicht einmal ein feiner, sondern eigentlich ein recht grober Kitzel des Egoismus, wenn alle Personen in einem Roman sich um Einen bewegen wie Planeten um die Sonne, der dann gewöhnlich des Verfassers unartiges Schoßkind ist, und der Spiegel und Schmeichler des entzückten Lesers wird. Wie ein gebildeter Mensch nicht bloß Zweck, sondern auch Mittel ist für sich und für andre, so sollten auch im gebildeten Gedicht alle zugleich Zweck und Mittel sein. Die Verfassung sei republikanisch, wobei immer erlaubt bleibt, daß einige Teile aktiv, andre passiv seien.

Auch solche Bilder der Sprache, die bloß Eigensinn scheinen, haben oft tiefe Bedeutung. Was für eine Analogie, könnte man denken, ist wohl zwischen Massen von Gold oder Silber und Fertigkeiten des Geistes, die so sicher und so vollendet sind, daß sie willkürlich werden, und so zufällig entstanden, daß sie angeboren scheinen können? Und doch fällt es in die Augen, daß man Talente nur hat, besitzt, wie Sachen, die doch ihren soliden Wert behalten, wenn sie gleich den Inhaber selbst nicht adeln können. Genie kann man eigentlich nie haben nur sein. Auch gibt es keinen Pluralis von Genie, der hier schon im Singularis steckt: Genie ist nämlich ein System von Talenten.

Den Witz achten sie darum so wenig, weil seine Äußerungen nicht lang und nicht breit genug sind, denn ihre Empfindung ist nur eine dunkel vorgestellte Mathematik; und weil sie dabei lachen, welches gegen den Respekt wäre, wenn der Witz wahre Würde hätte. Der Witz ist wie einer, der nach der Regel repräsentieren sollte und statt dessen bloß handelt.

Eine Idee ist ein bis zur Ironie vollendeter Begriff, eine absolute Synthesis absoluter Antithesen, der stete sich selbst erzeugende Wechsel zwei streitender Gedanken. Ein Ideal ist zugleich Idee und Faktum. Haben die Ideale für den Denker nicht soviel Individualität wie die Götter des Altertums für den Künstler, so ist alle Beschäftigung mit Ideen nichts als ein langweiliges und mühsames Würfelspiel mit hohlen Formeln, oder ein nach Art der chinesischen Bonzen hinbrütendes Anschauen seiner eignen Nase. Nichts ist kläglicher und verächtlicher als diese sentimentale Spekulation ohne Objekt. Nur sollte man das nicht Mystik nennen, da dies schöne alte Wort für die absolute Philosophie, auf deren Standpunkte der Geist alles als Geheimnis und als Wunder betrachtet, was er aus andern Gesichtspunkten theoretisch und praktisch natürlich findet, so brauchbar und so unentbehrlich ist. Spekulation en detail ist so selten als Abstraktion en gros, und doch sind sie es, die allen Stoff des wissenschaftlichen Witzes erzeugen, sie die Prinzipien der höhern Kritik, die obersten Stufen der geistigen Bildung. Die große praktische Abstraktion macht die Alten, bei denen sie Instinkt war, eigentlich zu Alten. Umsonst war es, daß die Individuen das Ideal ihrer Gattung vollständig ausdrückten, wenn nicht auch die Gattungen selbst streng und scharf isoliert und ihrer Originalität gleichsam frei überlassen waren. Aber sich willkürlich bald in diese, bald in jene Sphäre, wie in eine andre Welt, nicht bloß mit dem Verstande und der Einbildung, sondern mit ganzer Seele versetzen; bald auf diesen, bald auf jenen Teil seines Wesens frei Verzicht tun und sich auf einen andern ganz beschränken; jetzt in diesem, jetzt in jenem Individuum sein Eins und Alles suchen und finden und alle übrigen absichtlich vergessen: das kann nur ein Geist, der gleichsam eine Mehrheit von Geistern und ein ganzes System von Personen in sich enthält, und in dessen Innerm das Universum, welches, wie man sagt, in jeder Monade keimen soll, ausgewachsen und reif geworden ist.

Sollte die Poesie nicht unter andern auch deswegen die höchste und würdigste aller Künste sein, weil nur in ihr Dramen möglich sind?

Wenn man einmal aus Psychologie Romane schreibt oder Romane liest, so ist es sehr inkonsequent und klein, auch die langsamste und ausführlichste Zergliederung unnatürlicher Lüste, gräßlicher Marter, empörender Infamie, ekelhafter sinnlicher oder geistiger Impotenz scheuen zu wollen.

Vielleicht würde eine ganz neue Epoche der Wissenschaften und Künste beginnen, wenn die Symphilosophie und Sympoesie so allgemein und so innig würde, daß es nichts seltnes mehr wäre, wenn mehrere sich gegenseitig ergänzende Naturen gemeinschaftliche Werke bildeten. Oft kann man sich des Gedankens nicht erwehren, zwei Geister möchten eigentlich zusammengehören, wie getrennte Hälften, und nur verbunden alles sein, was sie könnten. Gäbe es eine Kunst, Individuen zu verschmelzen, oder könnte die wünschende Kritik etwas mehr als wünschen, wozu sie überall so viel Veranlassung findet, so möchte ich Jean Paul und Peter Leberecht kombiniert sehen. Gerad alles, was jenem fehlt, hat dieser. Jean Pauls groteskes Talent und Peter Leberechts phantastische Bildung vereinigt, würden einen vortrefflichen romantischen Dichter hervorbringen.

Alle nationale und auf den Effekt gemachte Dramen sind romantisierte Mimen.

Es gibt eine materiale, enthusiastische Rhetorik, die unendlich weit erhaben ist über den sophistischen Mißbrauch der Philosophie, die deklamatorische Stilübung, die angewandte Poesie, die improvisierte Politik, welche man mit demselben Namen zu bezeichnen pflegt. Ihre Bestimmung ist, die Philosophie praktisch zu realisieren, und die praktische Unphilosophie und Antiphilosophie nicht bloß dialektisch zu besiegen, sondern real zu vernichten. Rousseau und Fichte verbieten auch denen, die nicht glauben, wo sie nicht sehen, dies Ideal für chimärisch zu halten.

Die Tragiker setzen die Szene ihrer Dichtungen fast immer in die Vergangenheit. Warum sollte dies schlechthin notwendig, warum sollte es nicht auch möglich sein, die Szene in die Zukunft zu setzen, wodurch die Phantasie mit einem Streich von allen historischen Rücksichten und Einschränkungen befreit würde? Aber freilich müßte ein Volk, das die beschämenden Gestalten einer würdigen Darstellung der bessern Zukunft ertragen sollte, mehr als eine republikanische Verfassung, es müßte eine liberale Gesinnung haben.

Aus dem romantischen Gesichtspunkt haben auch die Abarten der Poesie, selbst die exzentrischen und monströsen, ihren Wert, als Materialien und Vorübungen der Universalität, wenn nur irgend etwas drin ist, wenn sie nur original sind.

Man kann niemand zwingen, die Alten für klassisch zu halten oder für alt; das hängt zuletzt von Maximen ab.

Das goldne Zeitalter der römischen Literatur war genialischer und der Poesie günstiger; das sogenannte silberne in der Prosa ungleich korrekter.

Als Dichter betrachtet, ist Homer sehr sittlich, weil er so natürlich und doch so poetisch ist. Als Sittenlehrer aber, wie ihn die Alten trotz den Protestationen der älteren und bessern Philosophen häufig betrachteten, ist er eben darum sehr unsittlich.

Wie der Roman die ganze moderne Poesie, so tingiert auch die Satire, die, durch alle Umgestaltungen, bei den Römern doch immer eine klassische Universalpoesie, eine Gesellschaftspoesie aus und für den Mittelpunkt des gebildeten Weltalls blieb, die ganze römische Poesie, ja die gesamte römische Literatur, und gibt darin gleichsam den Ton an. Um Sinn zu haben für das, was in der Prosa eines Cicero, Cäsar, Suetonius das Urbanste, das Originalste und das Schönste ist, muß man die Horazischen Satiren schon lange geliebt und verstanden haben. Das sind die ewigen Urquellen der Urbanität.

Klassisch zu leben und das Altertum praktisch in sich zu realisieren, ist der Gipfel und das Ziel der Philologie. Sollte dies ohne allen Zynismus möglich sein?

Die größte aller Antithesen, die es je gegeben hat, ist Cäsar und Cato. Sallust hat sie nicht unwürdig dargestellt.

Der systematische Winckelmann, der alle Alten gleichsam wie Einen Autor las, alles im ganzen sah und seine gesamte Kraft auf die Griechen konzentrierte, legte durch die Wahrnehmung der absoluten

Verschiedenheit des Antiken und des Modernen den ersten Grund zu einer materialen Altertumslehre. Erst wenn der Standpunkt und die Bedingungen der absoluten Identität des Antiken und Modernen, die war, ist oder sein wird, gefunden ist, darf man sagen, daß wenigstens der Kontur der Wissenschaft fertig sei und nun an die methodische Ausführung gedacht werden könne.

Der Agricola des Tacitus ist eine klassisch prächtige, historische Kanonisation eines konsularischen Ökonomen. Nach der Denkart, die darin herrscht, ist die höchste Bestimmung des Menschen, mit Erlaubnis des Imperators zu triumphieren.

Jeder hat noch in den Alten gefunden, was er brauchte oder wünschte; vorzüglich sich selbst.

Cicero war ein großer Virtuose der Urbanität, der ein Redner, ja sogar ein Philosoph sein wollte, und ein sehr genialischer Antiquar, Literator und Polyhistor altrömischer Tugend und altrömischer Festivität hätte werden können.

Je populärer ein alter Autor ist, je romantischer ist er. Dies ist das Prinzip der neuen Auswahl, welche die Modernen aus der alten Auswahl der Klassiker durch die Tat gemacht haben, oder vielmehr immer noch machen.

Wer frisch vom Aristophanes, dem Olymp der Komödie, kommt, dem erscheint die romantische Persiflage wie eine lang ausgesponnene Faser aus einem Gewebe der Athene, wie eine Flocke himmlischen Feuers, von der das Beste im Herabfallen auf die Erde verflog.

Die rohen kosmopolitischen Versuche der Karthager und andrer Völker des Altertums erscheinen gegen die politische Universalität der Römer wie die Naturpoesie ungebildeter Nationen gegen die klassische Kunst der Griechen. Nur die Römer waren zufrieden mit dem Geist des Despotismus und verachteten den Buchstaben; nur sie haben naive Tyrannen gehabt.

Der komische Witz ist eine Mischung des epischen und des jambischen. Aristophanes ist zugleich Homer und Archilochus.

Ovid hat viel Ähnlichkeit mit dem Euripides. Dieselbe rührende Kraft, derselbe rhetorische Glanz und oft unzeitige Scharfsinn, dieselbe tändelnde Fülle, Eitelkeit und Dünnheit.

Das Beste im Martial ist das, was Katullisch scheinen könnte.

In manchem Gedicht der spätern Alten, wie zum Beispiel in der Mosella des Ausonius, ist schon nichts mehr antik, als das Antiquarische.

Weder die attische Bildung des Xenophon, noch sein Streben nach dorischer Harmonie, noch seine Sokratische Anmut, durch die er liebenswürdig scheinen kann, diese hinreißende Einfalt, Klarheit und eigne Süßigkeit des Stils, kann dem unbefangnen Gemüt die Gemeinheit verbergen, die der innerste Geist seines Lebens und seiner Werke ist. Die Memorabilien beweisen, wie unfähig er war, die Größe seines Meisters zu begreifen, und die Anabase, das interessanteste und schönste seiner Werke, wie klein er selbst war.

Sollte die zyklische Natur des höchsten Wesens bei Plato und Aristoteles nicht die Personifikation einer philosophischen Manier sein?

Hat man nicht bei Untersuchung der ältesten griechischen Mythologie viel zu wenig Rücksicht auf den Instinkt des menschlichen Geistes zu parallelisieren und zu antithesieren, genommen? Die Homerische Götterwelt ist eine einfache Variation der Homerischen Menschenwelt; die Hesiodische, welcher der heroische Gegensatz fehlt, spaltet sich in mehrere entgegengesetzte Göttergeschlechter. In der alten Aristotelischen Bemerkung, daß man die Menschen aus ihren Göttern kennen lerne, liegt nicht bloß die von selbst einleuchtende Subjektivität aller Theologie, sondern auch die unbegreiflichere angeborne geistige Duplizität des Menschen.

Die Geschichte der ersten römischen Cäsaren ist wie die Symphonie und das Thema der Geschichte aller nachfolgenden.

Die Fehler der griechischen Sophisten waren mehr Fehler aus Überfluß als aus Mangel. Selbst in der Zuversicht und Arroganz, mit der sie alles zu wissen, ja auch wohl zu können glaubten und vorgaben, liegt etwas sehr Philosophisches, nicht der Absicht, aber dem Instinkt nach: denn der Philosoph hat doch nur die Alternative, alles oder nichts wissen zu wollen. Das, woraus man nur etwas oder allerlei lernen soll, ist sicher keine Philosophie.

Im Plato finden sich alle reinen Arten der griechischen Prosa in klassischer Individualität unvermischt und oft schneidend nebeneinander: die logische, die physische, die mimische, die panegyrische und die mythische. Die mimische ist die Grundlage und das allgemeine Element: die andern kommen oft nur episodisch vor. Dann hat er noch eine ihm besonders eigne Art, worin er am meisten Plato ist, die dithyrambische. Man könnte sie eine Mischung der mythischen und panegyrischen nennen, wenn sie nicht auch etwas von dem Gedrängten und einfach Würdigen der physischen hätte.

Nationen und Zeitalter zu charakterisieren, das Große groß zu zeichnen, das ist das eigentliche Talent des poetischen Tacitus. In historischen Porträten ist der kritische Suetonius der größere Meister.

Fast alle Kunsturteile sind zu allgemein oder zu speziell. Hier in ihren eignen Produkten sollten die Kritiker die schöne Mitte suchen, und nicht in den Werken der Dichter.

Cicero würdigt die Philosophien nach ihrer Tauglichkeit für den Redner: ebenso läßt sich fragen, welche die angemessenste für den Dichter sei. Gewiß kein System, das mit den Aussprüchen des Gefühls und Gemeinsinnes im Widerspruch steht; oder das Wirkliche in Schein verwandelt; oder sich aller Entscheidung enthält; oder den Schwung zum Übersinnlichen hemmt; oder die Menschheit von den äußern Gegenständen erst zusammenbettelt. Also weder der Eudämonismus, noch der Fatalismus, noch der Idealismus, noch der Skeptizismus, noch der Materialismus, noch der Empirismus. Und welche Philosophie bleibt dem Dichter übrig? Die schaffende, die von der Freiheit und dem Glauben an sie ausgeht und dann zeigt, wie der menschliche Geist sein Gesetz allem aufprägt, und wie die Welt sein Kunstwerk ist.

Reine Autobiographien werden geschrieben: entweder von Nervenkranken, die immer an ihr Ich gebannt sind, wohin Rousseau mit gehört; oder von einer derben künstlerischen oder abenteuerlichen Eigenliebe, wie die des Benvenuto Cellini; oder von gebornen Geschichtsschreibern, die sich selbst nur ein Stoff historischer Kunst sind; oder von Frauen, die auch mit der Nachwelt kokettieren; oder von sorglichen Gemütern, die vor ihrem Tode noch das kleinste Stäubchen in Ordnung bringen möchten, und sich selbst nicht ohne Erläuterungen aus der Welt gehen lassen können; oder sie sind ohne weiteres bloß als Plaidoyers vor dem Publikum zu betrachten. Eine große Klasse unter den Autobiographen machen die Autopseusten aus.

Ein Fragment muß gleich einem kleinen Kunstwerke von der umgebenden Welt ganz abgesondert und in sich selbst vollendet sein wie ein Igel.

Die Menge nicht zu achten, ist sittlich; sie zu ehren, ist rechtlich.

Wert ist vielleicht kein Volk der Freiheit, aber das gehört vor das forum Dei.

Nur derjenige Staat verdient Aristokratie genannt zu werden, in welchem wenigstens die kleinere Masse, welche die größere despotisiert, eine republikanische Verfassung hat.

Die vollkommne Republik müßte nicht bloß demokratisch, sondern zugleich auch aristokratisch und monarchisch sein; innerhalb der Gesetzgebung der Freiheit und Gleichheit müßte das Gebildete das

Ungebildete überwiegen und leiten, und alles sich zu einem absoluten Ganzen organisieren.

Kann eine Gesetzgebung wohl sittlich heißen, welche die Angriffe auf die Ehre der Bürger weniger hart bestraft als die auf ihr Leben?

Die Französische Revolution, Fichtes Wissenschaftslehre und Goethes Meister sind die größten Tendenzen des Zeitalters. Wer an dieser Zusammenstellung Anstoß nimmt, wem keine Revolution wichtig scheinen kann, die nicht laut und materiell ist, der hat sich noch nicht auf den hohen weiten Standpunkt der Geschichte der Menschheit erhoben. Selbst in unsern dürftigen Kulturgeschichten, die meistens einer mit fortlaufendem Kommentar begleiteten Variantensammlung, wozu der klassische Text verlorenging, gleichen, spielt manches kleine Buch, von dem die lärmende Menge zu seiner Zeit nicht viel Notiz nahm, eine größere Rolle als alles, was diese trieb.

Altertümlichkeit der Worte und Neuheit der Wortstellungen, gedrungne Kürze und nebenausbildende Fülle, die auch die unerklärlichern Züge der charakterisierten Individuen wiedergibt: das sind die wesentlichen Eigenschaften des historischen Stils. Die wesentlichste von allen ist Adel, Pracht, Würde. Vornehm wird der historische Stil durch die Gleichartigkeit und Reinheit einheimischer Worte von echtem Stamm und durch Auswahl der bedeutendsten, gewichtigsten und kostbarsten; durch groß gezeichneten und deutlich, lieber zu hart als unklar, artikulierten Periodenbau, wie der des Thukydides; durch nackte Gediegenheit, erhabene Eile und großartige Fröhlichkeit der Stimmung und Farbe, nach Art des Cäsar; besonders aber durch jene innige und hohe Bildung eines Tacitus, welche die trocknen Fakta der reinen Empirie so poetisieren, urbanisieren und zur Philosphie erheben, läutern und generalisieren muß, als sei sie von einem, der zugleich ein vollendeter Denker, Künstler und Held wäre, aufgefaßt und vielfach durchgearbeitet, ohne daß doch irgendwo rohe Poesie, reine Philosophie oder isolierter Witz die Harmonie störte. Das alles muß in der Historie verschmolzen sein, wie auch die Bilder und Antithesen nur angedeutet oder wieder aufgelöst sein müssen, damit der schwebende und fließende Ausdruck dem lebendigen Werden der beweglichen Gestalten entspreche.

Man wundert sich immer mißtrauisch, wenn man zu wissen scheint: das und das wird so sein. Und doch ist es grade ebenso wunderbar, daß wir wissen können: das und das ist so; was niemanden auffällt, weil es immer geschieht.

Im Gibbon hat sich die gemeine Bigotterie der engländischen Pedanten für die Alten auf klassischem Boden bis zu sentimentalen Epigrammen über die Ruinen der versunkenen Herrlichkeit veredelt, doch konnte sie ihre Natur nicht ganz ablegen. Er zeigt verschiedentlich, für die Griechen gar keinen Sinn gehabt zu haben. Und an den Römern liebt er doch eigentlich nur die materielle Pracht, vorzüglich aber, nach Art seiner zwischen Merkantilität und Mathematik geteilten Nation, die quantitative Erhabenheit. Die Türken, sollte man denken, hätten es ihm eben auch getan.

Ist aller Witz Prinzip und Organ der Universalphilosophie, und alle Philosophie nichts andres als der Geist der Universalität, die Wissenschaft aller sich ewig mischenden und wieder trennenden Wissenschaften, eine logische Chemie: so ist der Wert und die Würde jenes absoluten, enthusiastischen, durch und durch materialen Witzes, worin Baco und Leibniz, die Häupter der scholastischen Prosa, jener einer der ersten, dieser einer der größten Virtuosen war, unendlich. Die wichtigsten wissenschaftlichen Entdeckungen sind Bonmots der Gattung. Das sind sie durch die überraschende Zufälligkeit ihrer Entstehung, durch das Kombinatorische des Gedankens, und durch das Barocke des hingeworfenen Ausdrucks. Doch sind sie dem Gehalt nach freilich weit mehr als die sich in nichts auflösende Erwartung des rein poetischen Witzes. Die besten sind echappées de vue ins Unendliche. Leibnizens gesamte Philosophie besteht aus wenigen in diesem Sinne witzigen Fragmenten und Projekten. Kant, der Kopernikus der Philosophie, hat von Natur vielleicht noch mehr synkretistischen Geist und kritischen Witz als Leibniz: aber seine Situation und seine Bildung ist nicht so witzig; auch geht es seinen Einfällen wie beliebten Melodien: die Kantianer haben sie tot gesungen; daher kann man ihm leicht Unrecht tun, und ihn für weniger witzig halten, als er ist. Freilich ist die Philosophie erst dann in einer guten Verfassung, wenn sie nicht mehr auf geniale Einfälle zu warten und zu rechnen braucht, und zwar nur durch enthusiastische Kraft und mit genialischer Kunst, aber doch in sicherer Methode stetig fortschreiten kann. Aber sollen wir die einzigen noch vorhandenen Produkte des synthesierenden Genies darum nicht achten, weil es noch keine kombinatorische Kunst und Wissenschaft gibt? Und wie kann es diese geben, solange wir die meisten Wissenschaften nur noch buchstabieren wie Quintaner, und uns einbilden, wir wären am Ziel, wenn wir in einem der vielen Dialekte der Philosophie deklinieren und konjugieren können, und noch nichts von Syntax ahnen, noch nicht den kleinsten Perioden konstruieren können?

A. Sie behaupten immer, Sie wären ein Christ. Was verstehn Sie unter Christentum? – B. Was die Christen als Christen seit achtzehn Jahrhunderten machen oder machen wollen. Der Christianismus scheint mir ein Faktum zu sein. Aber ein erst angefangnes Faktum, das also nicht in einem System historisch dargestellt, sondern nur durch divinatorische Kritik charakterisiert werden kann.

Der revolutionäre Wunsch, das Reich Gottes zu realisieren, ist der elastische Punkt der progressiven Bildung und der Anfang der modernen Geschichte. Was in gar keiner Beziehung aufs Reich Gottes steht, ist in ihr nur Nebensache.

Die sogenannte Staatenhistorie, welche nichts ist als eine genetische Definition vom Phänomen des gegenwärtigen politischen Zustandes einer Nation, kann nicht für eine reine Kunst oder Wissenschaft gelten. Sie ist ein wissenschaftliches Gewerbe, das durch Freimütigkeit und Opposition gegen Faustrecht und Mode geadelt werden kann. Auch die Universalhistorie wird sophistisch, sobald sie dem Geiste der allgemeinen Bildung der ganzen Menschheit irgend etwas vorzieht, wäre auch eine moralische Idee das heteronomische Prinzip, sobald sie für eine Seite des historischen Universums Partei nimmt; und nichts stört mehr in einer historischen Darstellung als rhetorische Seitenblicke und Nutzanwendungen.

Strebt eine Biographie zu generalisieren, so ist sie ein historisches Fragment. Konzentriert sie sich ganz darauf, die Individualität zu charakterisieren: so ist sie eine Urkunde oder ein Werk der Lebenskunstlehre.

Da man immer so sehr gegen die Hypothesen redet, so sollte man doch einmal versuchen, die Geschichte ohne Hypothese anzufangen. Man kann nicht sagen, daß etwas ist, ohne zu sagen, was es ist. Indem man sie denkt, bezieht man Fakta schon auf Begriffe, und es ist doch wohl nicht einerlei, auf welche. Weiß man dies, so bestimmt und wählt man sich selbst unter den möglichen Begriffen die notwendigen, auf die man Fakta jeder Art beziehen soll. Will man es nicht anerkennen, so bleibt die Wahl dem Instinkt, dem Zufall oder der Willkür überlassen, man schmeichelt sich, reine solide Empirie ganz a posteriori zu haben, und hat eine höchst einseitige, höchst dogmatizistische und transzendente Ansicht a priori.

Der Schein der Regellosigkeit in der Geschichte der Menschheit entsteht nur durch die Kollisionsfälle heterogener Sphären der Natur, die hier alle zusammentreffen und ineinandergreifen. Denn sonst hat die unbedingte Willkür in diesem Gebiet der freien Notwendigkeit und notwendigen Freiheit weder konstitutive noch legislative Gewalt, und nur den täuschenden Titel der exekutiven und richterlichen. Der skizzierte Gedanke einer historischen Dynamik macht dem Geiste des Condorcet so viel Ehre, als seinem Herzen der mehr als französische Enthusiasmus für die beinah trivial gewordene Idee der unendlichen Vervollkommnung.

Die historische Tendenz seiner Handlungen bestimmt die positive Sittlichkeit des Staatsmanns und Weltbürgers.

Die Araber sind eine höchst polemische Natur, die Annihilanten unter den Nationen. Ihre Liebhaberei, die Originale zu vertilgen oder wegzuwerfen, wenn die Übersetzung fertig war, charakterisiert den Geist ihrer Philosophie. Eben darum waren sie vielleicht unendlich kultivierter, aber bei aller Kultur rein barbarischer als die Europäer des Mittelalters. Barbarisch ist nämlich, was zugleich antiklassisch und antiprogressiv ist.

Die Mysterien des Christianismus mußten durch den unaufhörlichen Streit, in den sie Vernunft und Glauben verwickelten, entweder zur skeptischen Resignation auf alles nicht empirische Wissen oder auf kritischen Idealismus führen.

Der Katholizismus ist das naive Christentum; der Protestantismus ist sentimentaler und hat außer seinem polemischen revolutionären Verdienst auch noch das positive, durch die Vergötterung der Schrift die einer universellen und progressiven Religion auch wesentliche Philologie veranlaßt zu haben. Nur fehlt es dem protestantischen Christentum vielleicht noch an Urbanität. Einige biblische Historien in ein Homerisches Epos zu travestieren, andre mit der Offenheit des Herodot und der Strenge des Tacitus im Stil der klassischen Historie darzustellen oder die ganze Bibel als das Werk Eines Autors zu rezensieren: das würde allen paradox, vielen ärgerlich, einigen doch unschicklich und überflüssig scheinen. Aber darf irgend etwas wohl überflüssig scheinen, was die Religion liberaler machen könnte?

Da alle Sachen, die recht Eins sind, zugleich Drei zu sein pflegen, so läßt sich nicht absehen, warum es mit Gott grade anders sein sollte. Gott ist aber nicht bloß ein Gedanke, sondern zugleich auch eine Sache, wie alle Gedanken, die nicht bloße Einbildungen sind.

Die Religion ist meistens nur ein Supplement oder gar ein Surrogat der Bildung, und nichts ist religiös in strengem Sinne, was nicht ein Produkt der Freiheit ist. Man kann also sagen: je freier, je religiöser; und je mehr Bildung, je weniger Religion.

Es ist sehr einseitig und anmaßend, daß es grade nur Einen Mittler geben soll. Für den vollkommnen Christen, dem sich in dieser Rücksicht der einzige Spinoza am meisten nähern dürfte, müßte wohl alles Mittler sein.

Christus ist jetzt verschiedentlich a priori deduziert worden: aber sollte die Madonna nicht ebensoviel Anspruch haben, auch ein ursprüngliches, ewiges, notwendiges Ideal wenngleich nicht der reinen, doch der weiblichen und männlichen Vernunft zu sein?

Es gibt eine Poesie, deren Eins und Alles das Verhältnis des Idealen und des Realen ist, und die also nach der Analogie der philosophischen Kunstsprache Transzendentalpoesie heißen müßte. Sie beginnt als Satire mit der absoluten Verschiedenheit des Idealen und Realen, schwebt als Elegie in der Mitte und endigt als Idylle mit der absoluten Identität beider. So wie man aber wenig Wert auf eine Transzendentalphilosophie legen würde, die nicht kritisch wäre, nicht auch das Produzierende mit dem Produkt darstellte und im System der transzendentalen Gedanken zugleich eine Charakteristik des transzendentalen Denkens enthielte: so sollte wohl auch jene Poesie, die in modernen Dichtern nicht seltnen transzendentalen Materialien und Vorübungen zu einer poetischen Theorie des Dichtungsvermögens mit der künstlerischen Reflexion und schönen Selbstbespiegelung, die sich im Pindar, den lyrischen Fragmenten der Griechen und der alten Elegie, unter den Neuern aber in Goethe findet, vereinigen, und in jeder ihrer Darstellungen sich selbst mit darstellen, und überall zugleich Poesie und Poesie der Poesie sein.

Bei der Liebe der alexandrinischen und römischen Dichter für schwierigen und unpoetischen Stoff liegt doch der große Gedanke zum Grunde: daß alles poetisiert werden soll: keineswegs als Absicht der Künstler, aber als historische Tendenz der Werke. Und bei der Mischung aller Kunstarten der poetischen Eklektiker des spätern Altertums, die Forderung, daß es nur Eine Poesie geben solle wie Eine Philosophie.

Im Aristophanes ist die Immoralität gleichsam legal, und in den Tragikern ist die Illegalität moralisch.

Wenn jemand die Alten in Masse charakterisieren will, das findet niemand paradox; und doch, so wenig wissen sie meistens, was sie meinen, würde es ihnen auffallen, wenn man behauptete: die alte Poesie sei ein Individuum im strengsten und buchstäblichsten Sinne des Worts; markierter von Physiognomie, origineller an Manieren und konsequenter in ihren Maximen als ganze Summen solcher Phänomene, welche wir in rechtlichen und gesellschaftlichen Verhältnissen für Personen, ja sogar für Individuen gelten lassen müssen und gelten lassen sollen. Kann man etwas andres charakterisieren als Individuen? Ist, was sich auf einem gewissen gegebnen Standpunkte nicht weiter multiplizieren läßt, nicht ebensogut eine historische Einheit, als was sich nicht weiter dividieren läßt? Sind nicht alle Systeme Individuen, wie alle Individuen auch wenigstens im Keime und der Tendenz nach Systeme? Ist nicht alle reale Einheit historisch? Gibt es nicht Individuen, die ganze Systeme von Individuen in sich enthalten?

Die Komödien des Aristophanes sind Kunstwerke, die sich von allen Seiten sehen lassen. Gozzis Dramen haben einen Gesichtspunkt.

Ein Gedicht oder ein Drama, welches der Menge gefallen soll, muß ein wenig von allem haben, eine Art Mikrokosmus sein. Ein wenig Unglück und ein wenig Glück, etwas Kunst und etwas Natur, die gehörige Quantität Tugend und eine gewisse Dosis Laster. Auch Geist muß drin sein nebst Witz, ja sogar Philosophie, und vorzüglich Moral, auch Politik mitunter. Hilft ein Ingrediens nicht, so kann vielleicht das andre helfen. Und gesetzt auch, das Ganze könnte nicht helfen, so könnte es doch auch, wie manche darum immer zu lobende Medizin, wenigstens nicht schaden.

Magie, Karikatur und Materialität sind die Mittel, durch welche die moderne Komödie der alten Aristophanischen im Innern, wie durch demagogische Popularität im Äußern, ähnlich werden kann und im Gozzi bis zur Erinnerung geworden ist. Das Wesen der komischen Kunst aber bleibt immer der enthusiastische Geist und die klassische Form.

Dantes prophetisches Gedicht ist das einzige System der transzendentalen Poesie, immer noch das höchste seiner Art. Shakespeares Universalität ist wie der Mittelpunkt der romantischen Kunst. Goethes rein poetische Poesie ist die vollständigste Poesie der Poesie. Das ist der große Dreiklang der modernen Poesie, der innerste und allerheiligste Kreis unter allen engern und weitern Sphären der kritischen Auswahl der Klassiker der neuern Dichtkunst.

Die einzelnen Großen stehen weniger isoliert unter den Griechen und Römern. Sie hatten weniger Genies, aber mehr Genialität. Alles Antike ist genialisch. Das ganze Altertum ist ein Genius, der einzige, den man ohne Übertreibung absolut groß, einzig und unerreichbar nennen darf.

Der dichtende Philosoph, der philosophierende Dichter ist ein Prophet. Das didaktische Gedicht sollte prophetisch sein, und hat auch Anlage, es zu werden.

Wer Phantasie oder Pathos oder mimisches Talent hat, müßte die Poesie lernen können, wie jedes andre Mechanische. Phantasie ist zugleich Begeistrung und Einbildung; Pathos ist Seele und Leidenschaft; Mimik ist Blick und Ausdruck.

Wie viele gibt es nicht jetzt, die zu weich und gutmütig sind, um Tragödien sehen zu können, und zu edel und würdig, um Komödien hören zu wollen. Ein großer Beweis für die zarte Sittlichkeit unsers Jahrhunderts, welches die Französische Revolution nur hat verleumden wollen.

Eine eigentliche Kunstlehre der Poesie würde mit der absoluten Verschiedenheit, der ewig unauflöslichen Trennung der Kunst und der rohen Schönheit anfangen. Sie selbst würde den Kampf beider darstellen und mit der vollkommnen Harmonie der Kunstpoesie und Naturpoesie endigen. Diese findet sich nur in den Alten, und sie selbst würde nichts anders sein als eine höhere Geschichte vom Geist der klassischen Poesie. Eine Philosophie der Poesie überhaupt aber würde mit der Selbständigkeit des Schönen beginnen, mit dem Satz, daß es vom Wahren und Sittlichen getrennt sei und getrennt sein solle, und daß es mit diesem gleiche Rechte habe; welches für den, der es nur überhaupt begreifen kann, schon aus dem Satz folgt, daß Ich = Ich sei. Sie selbst würde zwischen Vereinigung und Trennung der Philosophie und der Poesie, der Praxis und der Poesie, der Poesie überhaupt und der Gattungen und Arten schweben und mit der völligen Vereinigung enden. Ihr Anfang gäbe die Prinzipien der reinen Poetik, ihre Mitte die Theorie der besondern eigentümlich modernen Dichtarten, der didaktischen, der musikalischen, der rhetorischen im höhern Sinn usw. Eine Philosophie des Romans, deren erste Grundlinien Platos politische Kunstlehre enthält, wäre der Schlußstein. Flüchtigen Dilettanten ohne Enthusiasmus und ohne Belesenheit in den besten Dichtern aller Art freilich müßte eine solche Poetik vorkommen wie einem Kinde, das bildern wollte, ein trigonometrisches Buch. Die Philosophie über einen Gegenstand kann nur der brauchen, der den Gegenstand kennt oder hat; nur der wird begreifen können, was sie will und meint. Erfahrungen und Sinne kann die Philosophie nicht inokulieren oder anzaubern. Sie soll es aber auch nicht wollen. Wer es schon gewußt hat, der erfährt freilich nichts Neues von ihr; doch wird es ihm erst durch sie ein Wissen und dadurch neu von Gestalt.

In dem edleren und ursprünglichen Sinne des Worts korrekt, da es absichtliche Durchbildung und Nebenausbildung des Innersten und Kleinsten im Werke nach dem Geist des Ganzen, praktische Reflexion des Künstlers bedeutet, ist wohl kein moderner Dichter korrekter als Shakespeare. So ist er auch systematisch wie kein andrer: bald durch jene Antithesen, die Individuen, Massen, ja Welten in malerischen Gruppen kontrastieren lassen; bald durch musikalische Symmetrie desselben großen Maßstabes, durch gigantische Wiederholungen und Refrains; oft durch Parodie des Buchstabens und durch Ironie über den Geist des romantischen Drama, und immer durch die höchste und vollständigste Individualität und die vielseitigste, alle Stufen der Poesie von der sinnlichsten Nachahmung bis zur geistigsten Charakteristik vereinigende Darstellung derselben.

Je mehr die Poesie Wissenschaft wird, je mehr wird sie auch Kunst. Soll die Poesie Kunst werden, soll der Künstler von seinen Mitteln und seinen Zwecken, ihren Hindernissen und ihren Gegenständen gründliche Einsicht und Wissenschaft haben, so muß der Dichter über seine Kunst philosophieren. Soll er nicht bloß Erfinder und Arbeiter, sondern auch Kenner in seinem Fache sein und seine Mitbürger im Reiche der Kunst verstehn können, so muß er auch Philolog werden.

Der Grundirrtum der sophistischen Ästhetik ist der, die Schönheit bloß für einen gegebnen Gegenstand, für ein psychologisches Phänomen zu halten. Sie ist freilich nicht bloß der leere Gedanke von etwas, was hervorgebracht werden soll, sondern zugleich die Sache selbst, eine der ursprünglichen Handlungsweisen des menschlichen Geistes; nicht bloß eine notwendige Fiktion, sondern auch ein Faktum, nämlich ein ewiges transzendentales.

Alle Poesie, die auf einen Effekt geht, und alle Musik, die der exzentrischen Poesie in ihren komischen oder tragischen Ausschweifungen und Übertreibungen folgen will, um zu wirken und sich zu zeigen, ist rhetorisch.

Jeder gute Mensch wird immer mehr und mehr Gott. Gott werden, Mensch sein, sich bilden, sind Ausdrücke, die einerlei bedeuten.

Echte Mystik ist Moral in der höchsten Dignität.

Man soll nicht mit allen symphilosophieren wollen, sondern nur mit denen, die à la hauteur sind.

Einige haben Genie zur Wahrheit; viele haben Talent zum Irren. Ein Talent, dem eine ebenso große Industrie zur Seite steht. Wie zu einem Leckerbissen sind oft zu einem einzigen Irrtum die Bestandteile aus allen Weltgegenden des menschlichen Geistes mit unermüdlicher Kunst zusammengeholt.

Könnte es nicht noch vor Abfassung der logischen Konstitution eine provisorische Philosophie geben; und ist nicht alle Philosophie provisorisch, bis die Konstitution durch die Akzeptation sanktioniert ist?

Je mehr man schon weiß, je mehr hat man noch zu lernen. Mit dem Wissen nimmt das Nichtwissen in gleichem Grade zu, oder vielmehr das Wissen des Nichtwissens.

Was man eine glückliche Ehe nennt, verhält sich zur Liebe wie ein korrektes Gedicht zu improvisiertem Gesang.

Leibniz ließ sich bekanntlich Augengläser von Spinoza machen; und das ist der einzige Verkehr, den er mit ihm oder mit seiner Philosophie gehabt hat. Hätte er sich doch auch Augen von ihm machen lassen, um in die ihm unbekannte Weltgegend der Philosophie, wo Spinoza seine Heimat hat, wenigstens aus der Ferne hinüberschauen zu können!

Warum sollte es nicht auch unmoralische Menschen geben dürfen, so gut wie unphilosophische und unpoetische? Nur antipolitische oder unrechtliche Menschen können nicht geduldet werden.

Jede Philosophie der Philosophie, nach der Spinoza kein Philosoph ist, muß verdächtig scheinen.

Sie jammern immer, die deutschen Autoren schrieben nur für einen so kleinen Kreis, ja oft nur für sich selbst untereinander. Das ist recht gut. Dadurch wird die deutsche Literatur immer mehr Geist und Charakter bekommen. Und unterdessen kann vielleicht ein Publikum entstehen.

Leibniz war so sehr Moderantist, daß er auch das Ich und Nicht-Ich, wie Katholizismus und Protestantismus verschmelzen wollte, und Tun und Leiden nur dem Grade nach verschieden hielt. Das heißt die Harmonie chargieren, und die Billigkeit bis zur Karikatur treiben.

An die Griechen zu glauben, ist eben auch eine Mode des Zeitalters. Sie hören gern genug über die Griechen deklamieren. Kommt aber einer und sagt: hier sind welche; so ist niemand zu Hause.

Vieles was Dummheit scheint, ist Narrheit, die gemeiner ist, als man denkt. Narrheit ist absolute Verkehrtheit der Tendenz, gänzlicher Mangel an historischem Geist.

Leibnizens Methode der Jurisprudenz ist ihrem Zwecke nach eine allgemeine Ausstellung seiner Plane. Er hatte es auf alles angelegt: Praktiker, Kanzellist, Professor, Hofmeister. Das eigne davon ist bloße Kombination des juristischen Stoffs mit der theologischen Form. Die Theodizee ist im Gegenteil eine Advokatenschrift in Sachen Gottes contra Bayle und Konsorten.

Fichtes Wissenschaftslehre ist eine Philosophie über die Materie der Kantischen Philosophie. Von der Form redet er nicht viel, weil er Meister derselben ist. Wenn aber das Wesen der kritischen Methode darin besteht, daß Theorie des bestimmenden Vermögens und System der bestimmten Gemütswirkungen in ihr wie Sache und Gedanken in der prästabilierten Harmonie innigst vereinigt sind: so dürfte er wohl auch in der Form ein Kant in der zweiten Potenz und die Wissenschaftslehre weit kritischer sein, als sie scheint. Vorzüglich die neue Darstellung der Wissenschaftslehre ist immer zugleich Philosophie und Philosophie der Philosophie. Es mag gültige Bedeutungen des Worts kritisch geben, in welchem es nicht auf jede Fichtische Schrift paßt. Aber bei Fichte muß man, wie er selbst, ohne alle Nebenrücksicht nur auf das Ganze sehen und auf das eine, worauf es eigentlich ankommt; nur so kann man die Identität seiner Philosophie mit der Kantischen sehen und begreifen. Auch ist kritisch wohl etwas, was man nie genug sein kann.

Genialischer Scharfsinn ist scharfsinniger Gebrauch des Scharfsinns.

Auf die berühmte Preisfrage der Berliner Akademie der Wissenschaften über die Fortschritte der Metaphysik sind Antworten jeder

Art erschienen: eine feindliche, eine günstige, eine überflüssige, noch eine, auch eine dramatische, und sogar eine sokratische von Hülsen. Ein wenig Enthusiasmus, wenn er auch roh sein sollte, ein gewisser Schein von Universalität verfehlen ihre Wirkung nicht leicht und verschaffen auch wohl dem Paradoxen ein Publikum. Aber der Sinn für reine Genialität ist selbst unter gebildeten Menschen eine Seltenheit. Kein Wunder also, wenn es nur wenige wissen, daß Hülsens Werk eines von denen ist, wie sie in der Philosophie immer sehr selten waren und es auch jetzt noch sind: ein Werk im strengsten Sinne des Worts, ein Kunstwerk, das Ganze aus einem Stück, an dialektischer Virtuosität das nächste nach Fichte, und das eine erste Schrift, die der Veranlassung nach eine Gelegenheitsschrift sein sollte. Hülsen ist seines Gedankens und seines Ausdrucks völlig Meister, er geht sicher und leise; und diese ruhige hohe Besonnenheit bei dem weitumfassenden Blick und der reinen Humanität ist es eben, was ein historischer Philosoph in seinem antiquarischen und aus der Mode gekommenen Dialekt das Sokratische nennen würde; eine Terminologie, die sich jedoch ein Künstler, der so viel philologischen Geist hat, gefallen lassen muß.

Ungeachtet er so eine idyllische Natur ist, hat Fontenelle doch eine starke Antipathie gegen den Instinkt und vergleicht das reine Talent, welches er für unmöglich hält, mit dem ganz absichtslosen Kunstfleiße der Biber. Wie schwer ist es, sich selbst nicht zu übersehn! Denn wenn Fontenelle sagt: La gêne fait l'essence et le merite brillant de la Poesie: so scheints kaum möglich, die französische Poesie mit wenigen Worten besser zu charakterisieren. Aber ein Biber, der Academicien wäre, könnte wohl nicht mit vollkommnerem Unbewußtsein das Rechte treffen.

Gebildet ist ein Werk, wenn es überall scharf begrenzt, innerhalb der Grenzen aber grenzenlos und unerschöpflich ist, wenn es sich selbst ganz treu, überall gleich, und doch über sich selbst erhaben ist. Das Höchste und Letzte ist, wie bei der Erziehung eines jungen Engländers, le grand tour. Es muß durch alle drei oder vier Weltteile der Menschheit gewandert sein, nicht um die Ecken seiner Individualität abzuschleifen, sondern um seinen Blick zu erweitern und seinem Geist mehr Freiheit und innre Vielseitigkeit und dadurch mehr Selbständigkeit und Selbstgenugsamkeit zu geben.

Die Orthodoxen unter den Kantianern suchen das Prinzip ihrer Philosophie vergeblich im Kant. Es steht in Bürgers Gedichten und lautet: »Ein Kaiserwort soll man nicht drehn noch deuteln.«

An genialischem Unbewußtsein können die Philosophen, dünkt mich, den Dichtern den Rang recht wohl streitig machen.

Wenn Verstand und Unverstand sich berühren, so gibt es einen elektrischen Schlag. Das nennt man Polemik.

Noch bewundern die Philosophen im Spinoza nur die Konsequenz, wie die Engländer am Shakespeare bloß die Wahrheit preisen.

Vermischte Gedanken sollten die Kartons der Philosophie sein. Man weiß, was diese den Kennern der Malerei gelten. Wer nicht philosophische Welten mit dem Crayon skizzieren, jeden Gedanken, der Physiognomie hat, mit ein paar Federstrichen charakterisieren kann, für den wird die Philosophie nie Kunst, und also auch nie Wissenschaft werden. Denn in der Philosophie geht der Weg zur Wissenschaft nur durch die Kunst, wie der Dichter im Gegenteil erst durch Wissenschaft ein Künstler wird.

Immer tiefer zu dringen, immer höher zu steigen, ist die Lieblingsneigung der Philosophen. Auch gelingt es, wenn man ihnen aufs Wort glaubt, mit bewundrungswürdiger Schnelligkeit. Mit dem Weiterkommen geht es dagegen langsam genug. Besonders in Rücksicht der Höhe überbieten sie sich ordentlich, wie wenn zwei zugleich auf einer Auktion unbedingte Kommission haben. Vielleicht ist aber alle Philosophie, die philosophisch ist, unendlich hoch und unendlich tief. Oder steht Plato niedriger als die jetzigen Philosophen?

Auch die Philosophie ist das Resultat zwei streitender Kräfte, der Poesie und Praxis. Wo diese sich ganz durchdringen und in eins schmelzen, da entsteht Philosophie; wenn sie sich wieder zersetzt, wird sie Mythologie oder wirft sich ins Leben zurück. Aus Dichtung und Gesetzgebung bildete sich die griechische Weisheit. Die höchste Philosophie, vermuten einige, dürfte wieder Poesie werden; und es ist sogar eine bekannte Erfahrung, daß gemeine Naturen erst nach ihrer Art zu philosophieren anfangen, wenn sie zu leben aufhören. – Diesen chemischen Prozeß des Philosophierens besser darzustellen, womöglich die dynamischen Gesetze desselben ganz ins reine zu bringen und die Philosophie, welche sich immer von neuem organisieren und desorganisieren muß, in ihre lebendigen Grundkräfte zu scheiden und zu ihrem Ursprung zurückzuführen, das halte ich für Schellings eigentliche Bestimmung. Dagegen scheint mir seine Polemik, besonders aber seine literarische Kritik der Philosophie eine falsche Tendenz zu sein; und seine Anlage zur Universalität ist wohl noch nicht gebildet genug, um in der Philosophie der Physik das finden zu können, was sie da sucht.

Absicht bis zur Ironie und mit willkürlichem Schein von Selbstvernichtung ist ebensowohl naiv, als Instinkt bis zur Ironie. Wie das Naive mit den Widersprüchen der Theorie und der Praxis, so spielt das Groteske mit wunderlichen Versetzungen von Form und Materie, liebt den Schein des Zufälligen und Seltsamen und kokettiert gleichsam mit unbedingter Willkür. Humor hat es mit Sein und Nichtsein zu tun, und sein eigentliches Wesen ist Reflexion. Daher seine Verwandtschaft mit der Elegie und allem, was transzendental ist; daher aber auch sein Hochmut und sein Hang zur Mystik des Witzes. Wie Genialität dem Naiven, so ist ernste reine Schönheit dem Humor notwendig. Er schwebt am liebsten über leicht und klar strömenden Rhapsodien der Philosophie oder der Poesie und flieht schwerfällige Massen und abgerißne Bruchstücke.

Die Geschichte von den Gergesener Säuen ist wohl eine sinnbildliche Prophezeiung von der Periode der Kraftgenies, die sich nun glücklich in das Meer der Vergessenheit gestürzt haben.

Wenn ich meine Antipathie gegen das Katzengeschlecht erkläre, so nehme ich Peter Leberechts gestiefelten Kater aus. Krallen hat er, und wer davon geritzt worden ist, schreit, wie billig, über ihn; andre aber kann es belustigen, wie er gleichsam auf dem Dache der dramatischen Kunst herumspaziert.

Der Denker braucht grade ein solches Licht wie der Maler: hell, ohne unmittelbaren Sonnenschein oder blendende Reflexe, und, wo möglich, von oben herab.

Der Ursprung der griechischen Elegie, sagt man, liege in der lydischen Doppelflöte. Sollte er nicht nächstdem auch in der menschlichen Natur zu suchen sein?

Für Empiriker, die sich auch bis zum Streben nach Gründlichkeit und bis zum Glauben an einen großen Mann erheben können, wird die Fichtische Wissenschaftslehre doch nie mehr sein als das dritte Heft von dem philosophischen Journal, die Konstitution.

Wenn nichts zuviel so viel bedeutet als alles ein wenig: so ist Garve der größte deutsche Philosoph.

Heraklit sagte, man lerne die Vernunft nicht durch Vielwisserei. Jetzt scheint es nötiger zu erinnern, daß man durch reine Vernunft allein noch nicht gelehrt werde.

Um einseitig sein zu können, muß man wenigstens eine Seite haben. Dies ist gar nicht der Fall der Menschen, die (gleich echten Rhapsoden nach Platos Charakteristik dieser Gattung) nur für Eins Sinn haben, nicht weil es ihr alles, sondern weil es ihr einziges ist, und immer dasselbe absingen. Ihr Geist ist nicht sowohl in enge Grenzen eingeschlossen; er hört vielmehr gleich auf, und wo er aufhört, geht unmittelbar der leere Raum an. Ihr ganzes Wesen ist wie ein Punkt, der aber doch die Ähnlichkeit mit dem Golde hat, daß er sich zu einem unglaublich dünnen Plättchen sehr weit auseinanderschlagen läßt.

Warum fehlt in den modischen Verzeichnissen aller möglichen Grundsätze der Moral immer das Ridiküle? Etwa weil dieses Prinzip nur in der Praxis allgemein gilt?

Über das geringste Handwerk der Alten wird keiner zu urteilen wagen, der es nicht versteht. Über die Poesie und Philosophie der Alten glaubt jeder mitsprechen zu dürfen, der eine Konjektur oder einen Kommentar machen kann oder etwa in Italien gewesen ist. Hier glauben sie einmal dem Instinkt zu viel: denn übrigens mag es wohl eine Forderung der Vernunft sein, daß jeder Mensch ein Poet und ein Philosoph sein solle, und die Forderungen der Vernunft, sagt man, ziehen den Glauben nach sich. Man könnte diese Gattung des Naiven das philologische Naive nennen.

Das beständige Wiederholen des Themas in der Philosophie entspringt aus zwei verschiedenen Ursachen. Entweder der Autor hat etwas entdeckt, er weiß aber selbst noch nicht recht was; und in diesem Sinne sind Kants Schriften musikalisch genug. Oder er hat etwas Neues gehört, ohne es gehörig zu vernehmen, und in diesem Sinne sind die Kantianer die größten Tonkünstler der Literatur.

Daß ein Prophet nicht in seinem Vaterlande gilt, ist wohl der Grund, warum kluge Schriftsteller es so häufig vermeiden, ein Vaterland im Gebiete der Künste und Wissenschaften zu haben. Sie legen sich lieber aufs Reisen, Reisebeschreibungen, oder aufs Lesen und Übersetzen von Reisebeschreibungen, und erhalten das Lob der Universalität.

Alle Gattungen sind gut, sagt Voltaire, ausgenommen die langweilige Gattung. Aber welches ist denn nun die langweilige Gattung? Sie mag größer sein als alle andern, und viele Wege mögen dahin führen. Der kürzeste ist wohl, wenn ein Werk nicht weiß, zu welcher Gattung es gehören will oder soll. Sollte Voltaire diesen Weg nie gegangen sein?

Wie Simonides die Poesie eine redende Malerei und die Malerei eine stumme Poesie nannte, so könnte man sagen, die Geschichte sei eine werdende Philosophie und die Philosophie eine vollendete Geschichte. Aber Apoll, der nicht verschweigt und nicht sagt, sondern andeutet, wird nicht mehr verehrt, und wo sich eine Muse sehen läßt, wollen sie sie gleich zu Protokoll vernehmen. Wie übel verfährt selbst Lessing mit jenem schönen Wort des geistvollen Griechen, der vielleicht keine Gelegenheit hatte, an descriptive poetry zu denken, und dem es sehr überflüssig scheinen mußte, daran zu erinnern, daß die Poesie auch eine geistige Musik sei, da er keine Vorstellung davon hatte, daß beide Künste getrennt sein könnten.

Wenn gemeine Menschen, ohne Sinn für die Zukunft, einmal von der Wut des Fortschreitens ergriffen werden, treiben sies auch recht buchstäblich. Den Kopf voran und die Augen zu, schreiten sie in alle Welt, als ob der Geist Arme und Beine hätte. Wenn sie nicht etwa den Hals brechen, so erfolgt gewöhnlich eins von beiden: entweder sie werden stätisch oder sie machen linksum. Mit den letzten muß mans machen wie Cäsar, der die Gewohnheit hatte, im Gedränge der Schlacht flüchtig gewordene Krieger bei der Kehle zu packen und mit dem Gesicht gegen die Feinde zu kehren.

Virtuosen in verwandten Gattungen verstehn sich oft am wenigsten, und auch die geistige Nachbarschaft pflegt Feindseligkeiten zu veranlassen. So findet man nicht selten, daß edle und gebildete Menschen, die alle göttlich dichten, denken oder leben, deren jeder aber sich der Gottheit auf einem andern Wege nähert, einander die Religion absprechen, gar nicht um der Partei oder des Systems willen, sondern aus Mangel an Sinn für religiöse Individualität. Die Religion ist schlechthin groß wie die Natur, der vortrefflichste Priester hat doch nur ein klein Stück davon. Es gibt unendlich viel Arten derselben, die sich jedoch von selbst unter einige Hauptrubriken zu ordnen scheinen. Einige haben am meisten Talent für die Anbetung des Mittlers, für Wunder und Gesichte. Das sind die, welche der gemeine Mann, wie es kommt, Schwärmer oder Poeten nennt. Ein andrer weiß vielleicht mehr von Gott dem Vater und versteht sich auf Geheimnisse und Weissagungen. Dieser ist ein Philosoph, und wird, wie der Gesunde von der Gesundheit, nicht viel von der Religion reden, am wenigsten von seiner eignen. Andre glauben an den Heiligen Geist und was dem anhängt, Offenbarungen, Eingebungen usw.; an sonst niemand. Das sind künstlerische Naturen. Es ist ein sehr natürlicher, ja fast unvermeidlicher Wunsch, alle Gattungen der Religion in sich vereinigen zu wollen. In der Ausführung ists damit aber ungefähr, wie mit der Vermischung der Dichtarten. Wer aus wahrem Instinkt zugleich an den Mittler und an den Heiligen Geist glaubt, pflegt schon die Religion als isolierte Kunst zu treiben, welches eine der mißlichsten Professionen ist, die ein ehrlicher Mann treiben kann. Wie müßte es erst einem ergehn, der an alle drei glaubt!

Unter den Menschen, die mit der Zeit fortgehn, gibt es manche, welche, wie die fortlaufenden Kommentare, bei den schwierigen Stellen nicht stillstehn wollen.

Gott ist nach Leibniz wirklich, weil nichts seine Möglichkeit verhindert. In dieser Rücksicht ist Leibnizens Philosophie recht gottähnlich.

Sinn, der sich selbst sieht, wird Geist; Geist ist innre Geselligkeit, Seele ist verborgene Liebenswürdigkeit. Aber die eigentliche Lebenskraft der innern Schönheit und Vollendung ist das Gemüt. Man kann etwas Geist haben ohne Seele, und viel Seele bei weniger Gemüt. Der Instinkt der sittlichen Größe aber, den wir Gemüt nennen, darf nur sprechen lernen, so hat er Geist. Er darf sich nur regen und lieben, so ist er ganz Seele; und wann er reif ist, hat er Sinn für alles. Geist ist wie eine Musik von Gedanken; wo Seele ist, da haben auch die Gefühle Umriß und Gestalt, edles Verhältnis und reizendes Kolorit. Gemüt ist die Poesie der erhabenen Vernunft, und durch Vereinigung mit Philosophie und sittlicher Erfahrung entspringt aus ihm die namenlose Kunst, welche das verworrne flüchtige Leben ergreift und zur ewigen Einheit bildet.

Es ist schön, wenn ein schöner Geist sich selbst anlächelt, und der Augenblick, in welchem eine große Natur sich mit Ruhe und Ernst betrachtet, ist ein erhabener Augenblick. Aber das Höchste ist, wenn zwei Freunde zugleich ihr Heiligstes in der Seele des andern klar und vollständig erblicken und ihres Wertes gemeinschaftlich froh ihre Schranken nur durch die Ergänzung des andern fühlen dürfen. Es ist die intellektuale Anschauung der Freundschaft.

Wenn man ein interessantes philosophisches Phänomen und dabei ein ausgezeichneter Schriftsteller ist, so kann man sicher auf den Ruhm eines großen Philosophen rechnen. Oft erhält man ihn auch ohne die letzte Bedingung.

Philosophieren heißt die Allwissenheit gemeinschaftlich suchen.

Es wäre zu wünschen, daß ein transzendentaler Linné die verschiedenen Ichs klassifizierte und eine recht genaue Beschreibung derselben allenfalls mit illuminierten Kupfern herausgäbe, damit das philosophierende Ich nicht mehr so oft mit dem philosophierten Ich verwechselt würde.

Der gepriesne Salto mortale der Philosophen ist oft nur ein blinder Lärm. Sie nehmen in Gedanken einen erschrecklichen Anlauf und wünschen sich Glück zu der überstandnen Gefahr; sieht man aber nur etwas genau zu, so sitzen sie immer auf dem alten Fleck. Es ist Don Quixotes Luftreise auf dem hölzernen Pferde. Auch Jacobi scheint mir zwar nie ruhig werden zu können, aber doch immer da zu bleiben, wo er ist: in der Klemme zwischen zwei Arten von Philosophie, der systematischen und der absoluten, zwischen Spinoza und Leibniz, wo sich sein zarter Geist etwas wund gedrückt hat.

Es ist noch ungleich gewagter, anzunehmen, daß jemand ein Philosoph sei, als zu behaupten, daß jemand ein Sophist sei: soll das letzte nie erlaubt sein, so kann das erste noch weniger gelten.

Es gibt Elegien von der heroisch kläglichen Art, die man so erklären könnte: es sind die Empfindungen der Jämmerlichkeit bei den Gedanken der Albernheit von den Verhältnissen der Plattheit zur Tollheit.

Von einer guten Bibel fordert Lessing Anspielungen, Fingerzeige, Vorübungen; er billigt auch die Tautologien, welche den Scharfsinn üben, die Allegorien und Exempel, welche das Abstrakte lehrreich einkleiden; und er hat das Zutrauen, die geoffenbarten Geheimnisse seien bestimmt, in Vernunftwahrheiten ausgebildet zu werden. Welches Buch hätten die Philosophen nach diesem Ideal wohl schicklicher zu ihrer Bibel wählen können, als die Kritik der reinen Vernunft?

Leibniz bedient sich einmal, indem er das Wesen und Tun einer Monade beschreibt, des merkwürdigen Ausdrucks: Cela peut aller jusqu'au sentiment. Dies möchte man auf ihn selbst anwenden. Wenn jemand die Physik universeller macht, sie als ein Stück Mathematik und diese als ein Charadenspiel behandelt und dann sieht, daß er die Theologie dazu nehmen muß, deren Geheimnisse seinen diplomatischen und deren verwickelte Streitfragen seinen chirurgischen Sinn anlocken: cela peut aller jusqu'à la philosophie, wenn er noch so viel Instinkt hat als Leibniz. Aber eine solche Philosophie wird doch immer nur ein konfuses, unvollständiges Etwas bleiben, wie der Urstoff nach Leibniz sein soll, der nach Art der Genies die Form seines Innern einzelnen Gegenständen der Außenwelt anzudichten pflegt.

Freundschaft ist partiale Ehe, und Liebe ist Freundschaft von allen Seiten und nach allen Richtungen, universelle Freundschaft. Das Bewußtsein der notwendigen Grenzen ist das Unentbehrlichste und das Seltenste in der Freundschaft.

Wenn eine Kunst die schwarze Kunst heißen sollte, so wäre es die, den Unsinn flüssig klar und beweglich zu machen und ihn zur Masse zu bilden. Die Franzosen haben Meisterwerke der Gattung aufzuweisen. Alles große Unheil ist seinem innersten Grunde nach eine ernsthafte Fratze, eine mauvaise plaisanterie. Heil und Ehre also den Helden, die nicht müde werden, gegen die Torheit zu kämpfen, deren Unscheinbarstes oft den Keim zu einer endlosen Reihe ungeheurer Verwüstungen in sich trägt! Lessing und Fichte sind die Friedensfürsten der künftigen Jahrhunderte.

Leibniz sieht die Existenz an wie eine Hofcharge, die man zu Lehn haben muß. Sein Gott ist nicht nur Lehnsherr der Existenz, sondern er besitzt auch als Regale allein Freiheit, Harmonie, synthetisches Vermögen. Ein fruchtbarer Beischlaf ist die Expedition eines Adelsdiploms für eine schlummernde Monade aus der göttlichen geheimen Kanzlei.

Das Geliebte zu vergöttern ist die Natur des Liebenden. Aber ein andres ist es, mit gespannter Imagination ein fremdes Bild unterschieben und eine reine Vollkommenheit anstaunen, die uns nur darum als solche erscheint, weil wir noch nicht gebildet genug sind, um die unendliche Fülle der menschlichen Natur zu begreifen und die Harmonie ihrer Widersprüche zu verstehn. Laura war des Dichters Werk. Dennoch konnte die wirkliche Laura ein Weib sein, aus der ein nicht so einseitiger Schwärmer etwas weniger und etwas mehr als eine Heilige gemacht hätte.

Die Mathematik ist gleichsam eine sinnliche Logik, sie verhält sich zur Philosophie, wie die materiellen Künste, Musik und Plastik zur Poesie.

Verstand ist mechanischer, Witz ist chemischer, Genie ist organischer Geist.

Man glaubt Autoren oft durch Vergleichungen mit dem Fabrikwesen zu schmähen. Aber soll der wahre Autor nicht auch Fabrikant sein? Soll er nicht sein ganzes Leben dem Geschäft widmen, literarische Materie in Formen zu bilden, die auf eine große Art zweckmäßig und nützlich sind? Wie sehr wäre manchem Pfuscher nur ein geringer Teil von dem Fleiß und der Sorgfalt zu wünschen, die wir an den gemeinsten Werkzeugen kaum noch achten!

Es gab und gibt schon Ärzte, die über ihre Kunst zu philosophieren wünschen. Die Kaufleute allein machen nicht einmal diese Prätension und sind recht altfränkisch bescheiden.

Der Deputierte ist etwas ganz anderes als der Repräsentant. Repräsentant ist nur, wer das politische Ganze in seiner Person, gleichsam identisch mit ihm, darstellt, er mag nun gewählt sein oder nicht; er ist wie die sichtbare Weltseele des Staats. Diese Idee, welche offenbar nicht selten der Geist der Monarchien war, ist vielleicht nirgends so rein und konsequent ausgeführt wie zu Sparta. Die spartanischen Könige waren zugleich die ersten Priester, Feldherren und Präsidenten der öffentlichen Erziehung. Mit der eigentlichen Administration hatten sie wenig zu schaffen; sie waren eben nichts als Könige im Sinne jener Idee. Die Gewalt des Priesters, des Feldherrn und des Erziehers ist ihrer Natur nach unbestimmt, universell, mehr oder weniger ein rechtlicher Despotismus. Nur durch den Geist der Repräsentation kann er gemildert und legitimiert werden.

Sollte nicht das eine absolute Monarchie sein, wo alles Wesentliche durch ein Kabinett im geheimen geschieht, und wo ein Parlament über die Formen mit Pomp öffentlich reden und streiten darf? Eine absolute Monarchie könnte sonach sehr gut eine Art von Konstitution haben, die Unverständigen wohl gar republikanisch schiene.

In den Werken der größten Dichter atmet nicht selten der Geist einer andern Kunst. Sollte dies nicht auch bei Malern der Fall sein; malt nicht Michelangelo in gewissem Sinn wie ein Bildhauer, Raffael wie ein Architekt, Correggio wie ein Musiker? Und gewiß würden sie darum nicht weniger Maler sein als Tizian, weil dieser bloß Maler war.

Die Philosophie war bei den Alten in ecclesia pressa, die Kunst bei den Neuern; die Sittlichkeit aber war noch überall im Gedränge, die Nützlichkeit und die Rechtlichkeit mißgönnen ihr sogar die Existenz.

Sieht man nicht auf Voltaires Behandlung, sondern bloß auf die Meinung des Buchs, das Weltall persiflieren sei Philosophie und eigentlich das Rechte: so kann man sagen, die französischen Philosophen machen es mit dem Candide, wie die Weiber mit der Weiblichkeit; sie bringen ihn überall an.

Grade die Energie hat am wenigsten das Bedürfnis, zu zeigen, was sie kann. Fordern es die Umstände, so mag sie gern Passivität scheinen, und verkannt werden. Sie ist zufrieden, im stillen zu wirken ohne Akkompagnement und ohne Gestikulation. Der Virtuose, der genialische Mensch will einen bestimmten Zweck durchsetzen, ein Werk bilden usw. Der energische Mensch benutzt immer nur den Moment und ist überall bereit und unendlich biegsam. Er hat unermeßlich viel Projekte oder gar keins: denn Energie ist zwar mehr als bloße Agilität, es ist wirkende, bestimmt nach außen wirkende Kraft, aber universelle Kraft, durch die der ganze Mensch sich bildet und handelt.

Die passiven Christen betrachten die Religion meistens aus einem medizinischen, die aktiven aus einem merkantilischen Gesichtspunkte.

Hat der Staat denn ein Recht, Wechsel aus reiner Willkür gültiger zu heiligen als andre Verträge, und dadurch diese ihrer Majestät zu entsetzen?

Der Satan der italienischen und engländischen Dichter mag poetischer sein: aber der deutsche Satan ist satanischer; und insofern könnte man sagen, der Satan sei eine deutsche Erfindung. Gewiß ist er ein Favorit deutscher Dichter und Philosophen. Er muß also wohl auch sein Gutes haben, und wenn sein Charakter in der unbedingten Willkürlichkeit und Absichtlichkeit und in der Liebhaberei am Vernichten, Verwirren und Verführen besteht, so findet man ihn unstreitig nicht selten in der schönsten Gesellschaft. Aber sollte man sich bisher nicht in den Dimensionen vergriffen haben? Ein großer Satan hat immer etwas Ungeschlachtes und Vierschrötiges; er paßt höchstens nur für die Prätensionen auf Ruchlosigkeit solcher Karikaturen, die nichts können und mögen, als Verstand affektieren. Warum fehlen die Satanisken in der christlichen Mythologie? Es gibt vielleicht kein angemeßneres Wort und Bild für gewisse Bosheiten en miniature, deren Schein die Unschuld liebt; und für jene reizend groteske Farbenmusik des erhabensten und zartesten Mutwillens, welche die Oberfläche der Größe so gern zu umspielen pflegt. Die alten Amorinen sind nur eine andre Rasse dieser Satanisken.

Viele der ersten Stifter der modernen Physik müssen gar nicht als Philosophen, sondern als Künstler betrachtet werden.

Der Instinkt spricht dunkel und bildlich. Wird er mißverstanden, so entsteht eine falsche Tendenz. Das widerfährt Zeitaltern und Nationen nicht seltener als Individuen.

Es gibt eine Art von Witz, den man wegen seiner Gediegenheit, Ausführlichkeit und Symmetrie den architektonischen nennen möchte. Äußert er sich satirisch, so gibt das die eigentlichen Sarkasmen. Er muß ordentlich systematisch sein, und doch auch wieder nicht; bei aller Vollständigkeit muß dennoch etwas zu fehlen scheinen, wie abgerissen. Dieses Barocke dürfte wohl eigentlich den großen Stil im Witz erzeugen. Es spielt eine wichtige Rolle in der Novelle: denn eine Geschichte kann doch nur durch eine solche einzig schöne Seltsamkeit ewig neu bleiben. Dahin scheint die wenig verstandne Absicht der Unterhaltung der Ausgewanderten zu gehn. Wunder nimmts gewiß niemand, daß der Sinn für reine Novellen fast nicht mehr existiert. Doch wäre es nicht übel, ihn wieder zu erwecken, da man unter andern die Form der Shakespeareschen Dramen ohne das wohl nie begreifen wird.

Jeder Philosoph hat seine veranlassenden Punkte, die ihn nicht selten real beschränken, an die er sich akkommodiert usw. Da bleiben denn dunkle Stellen im System für den, welcher es isoliert und die Philosophie nicht historisch und im ganzen studiert. Manche verwickelte Streitfragen der modernen Philosophie sind wie die Sagen und Götter der alten Poesie. Sie kommen in jedem System wieder, aber immer verwandelt.

In den Handlungen und Bestimmungen, welche der gesetzgebenden, ausübenden oder richterlichen Gewalt zur Erreichung ihrer Zwecke unentbehrlich sind, kommt oft etwas absolut Willkürliches vor, welches unvermeidlich ist und sich aus dem Begriff jener Gewalten nicht ableiten läßt, wozu sie also für sich nicht berechtigt scheinen. Ist die Befugnis dazu nicht etwa von der konstitutiven Gewalt entlehnt, die daher auch notwendig ein Veto haben müßte, nicht bloß ein Recht des Interdikts? Geschehn nicht alle absolut willkürlichen Bestimmungen im Staat kraft der konstitutiven Gewalt?

Der platte Mensch beurteilt alle andren Menschen wie Menschen, behandelt sie aber wie Sachen und begreift es durchaus nicht, daß sie andre Menschen sind als er.

Man betrachtet die kritische Philosophie immer so, als ob sie vom Himmel gefallen wäre. Sie hätte auch ohne Kant in Deutschland entstehn müssen und es auf viele Weisen können. Doch ists so besser.

Transzendental ist, was in der Höhe ist, sein soll und kann: transzendent ist, was in die Höhe will und nicht kann oder nicht soll. Es wäre Lästerung und Unsinn zu glauben, die Menschheit könne ihren Zweck überschreiten, ihre Kräfte überspringen, oder die Philosophie dürfe irgend etwas nicht, was sie will und also soll.

Wenn jede rein willkürliche oder rein zufällige Verknüpfung von Form und Materie grotesk ist: so hat auch die Philosophie Grotesken wie die Poesie; nur weiß sie weniger darum und hat den Schlüssel zu ihrer eignen esoterischen Geschichte noch nicht finden können. Sie hat Werke, die ein Gewebe von moralischen Dissonanzen sind, aus denen man die Desorganisation lernen könnte, oder wo die Konfusion ordentlich konstruiert und symmetrisch ist. Manches philosophische Kunstchaos der Art hat Festigkeit genug gehabt, eine gotische Kirche zu überleben. In unserem Jahrhundert hat man auch in den Wissenschaften leichter gebaut, obgleich nicht weniger grotesk. Es fehlt der Literatur nicht an chinesischen Gartenhäusern. So zum Beispiel die engländische Kritik, die doch nichts enthält als eine Anwendung der Philosophie des gesunden Menschenverstandes, die selbst nur eine Versetzung der Naturphilosophie und Kunstphilosophie ist, auf die Poesie ohne Sinn für die Poesie. Denn von Sinn für die Poesie findet sich in Harris, Home und Johnson, den Koryphäen der Gattung, auch nicht die schamhafteste Andeutung.

Es gibt rechtliche und angenehme Leute, die den Menschen und das Leben so betrachten und besprechen, als ob von der besten Schafzucht oder vom Kaufen und Verkaufen der Güter die Rede wäre. Es sind die Ökonomen der Moral, und eigentlich behält wohl alle Moral ohne Philosophie auch bei großer Welt und hoher Poesie immer einen gewissen illiberalen und ökonomischen Anstrich. Einige Ökonomen bauen gern, andre flicken lieber, andre müssen immer etwas bringen, andre treiben, andre versuchen alles und halten sich überall an, andre legen immer zurecht und machen Fächer, andre sehen zu und machen nach. Alle Nachahmer in der Poesie und Philosophie sind eigentlich verlaufne Ökonomen. Jeder Mensch hat seinen ökonomischen Instinkt, der gebildet werden muß, so gut wie auch die Orthographie und die Metrik gelernt zu werden verdienen. Aber es gibt ökonomische Schwärmer und Pantheisten, die nichts achten als die Notdurft und sich über nichts freuen als über ihre Nützlichkeit. Wo sie hinkommen, wird alles platt und handwerksmäßig, selbst die Religion, die Alten und die Poesie, die auf ihrer Drechselbank nichts edler ist als Flachshecheln.

Lesen heißt den philologischen Trieb befriedigen, sich selbst literarisch affizieren. Aus reiner Philosophie oder Poesie ohne Philologie kann man wohl nicht lesen.

Viele musikalische Kompositionen sind nur Übersetzungen des Gedichts in die Sprache der Musik.

Um aus den Alten ins Moderne vollkommen übersetzen zu können, müßte der Übersetzer desselben so mächtig sein, daß er allenfalls alles Moderne machen könnte; zugleich aber das Antike so verstehn, daß ers nicht bloß nachmachen, sondern allenfalls wiederschaffen könnte.

Es ist ein großer Irrtum, den Witz bloß auf die Gesellschaft einschränken zu wollen. Die besten Einfälle machen durch ihre zermalmende Kraft, ihren unendlichen Gehalt und ihre klassische Form oft einen unangenehmen Stillstand im Gespräch. Eigentlichen Witz kann man sich doch nur geschrieben denken, wie Gesetze; man muß seine Produkte nach dem Gewicht würdigen, wie Cäsar die Perlen und Edelsteine in der Hand sorgfältig gegeneinander abwog. Der Wert steigt mit der Größe ganz unverhältnismäßig; und manche, die bei einem enthusiastischen Geist und barockem Äußern noch beseelte Akzente, frisches Kolorit und eine gewisse kristallne Durchsichtigkeit haben, die man mit dem Wasser der Diamanten vergleichen möchte, sind gar nicht mehr zu taxieren.

In der wahren Prosa muß alles unterstrichen sein.

Karikatur ist eine passive Verbindung des Naiven und Grotesken. Der Dichter kann sie ebensowohl tragisch als komisch gebrauchen.

Da die Natur und die Menschheit sich so oft und so schneidend widersprechen, darf die Philosophie es vielleicht nicht vermeiden, dasselbe zu tun.

Der Mystizismus ist die mäßigste und wohlfeilste aller philosophischen Rasereien. Man darf ihm nur einen einzigen absoluten Widerspruch kreditieren, er weiß alle Bedürfnisse damit zu bestreiten und kann noch großen Luxus treiben.

Polemische Totalität ist zwar eine notwendige Folge aus der Annahme und Forderung unbedingter Mitteilbarkeit und Mitteilung und kann wohl die Gegner vollkommen vernichten, ohne jedoch die Philosophie ihres Eigentümers hinreichend zu legitimieren, solange sie bloß nach außen gerichtet ist. Nur wenn sie auch auf das Innere angewandt wäre, wenn eine Philosophie ihren Geist selbst kritisierte und ihren Buchstaben auf dem Schleifstein und mit der Feile der Polemik selbst bildete, könnte sie zu logischer Korrektheit führen.

Es gibt noch gar keinen Skeptizismus, der den Namen verdient. Ein solcher müßte mit der Behauptung und Forderung unendlich vieler Widersprüche anfangen und endigen. Daß Konsequenz in ihm vollkommne Selbstvernichtung nach sich ziehen würde, ist nichts Charakteristisches. Das hat diese logische Krankheit mit aller Unphilosophie gemein. Respekt vor der Mathematik und Appellieren an den gesunden Menschenverstand sind die diagnostischen Zeichen des halben unechten Skeptizismus.

Um jemand zu verstehn, der sich selbst nur halb versteht, muß man ihn erst ganz und besser als er selbst, dann aber auch nur halb und grade so gut wie er selbst verstehn.

Bei der Frage von der Möglichkeit, die alten Dichter zu übersetzen, kömmts eigentlich darauf an, ob das treu, aber in das reinste Deutsch Übersetzte nicht etwa immer noch griechisch sei. Nach dem Eindruck auf die Laien, welche am meisten Sinn und Geist haben, zu urteilen, sollte man das vermuten.

Die echte Rezension sollte die Auflösung einer kritischen Gleichung, das Resultat und die Darstellung eines philologischen Experiments und einer literarischen Recherche sein.

Zur Philologie muß man geboren sein, wie zur Poesie und zur Philosophie. Es gibt keinen Philologen ohne Philologie in der ursprünglichsten Bedeutung des Worts, ohne grammatisches Interesse. Philologie ist ein logischer Affekt, das Seitenstück der Philosophie, Enthusiasmus für chemische Erkenntnis: denn die Grammatik ist doch nur der philosophische Teil der universellen Scheidungs- und Verbindungskunst. Durch die kunstmäßige Ausbildung jenes Sinns entsteht die Kritik, deren Stoff nur das Klassische und schlechthin Ewige sein kann, was nie ganz verstanden werden mag: sonst würden die Philologen, an deren meisten man die gewöhnlichsten und sichersten Merkmale der unwissenschaftlichen Virtuosität wahrnimmt, ihre Geschicklichkeit ebenso gern an jedem andern Stoff zeigen als an den Werken des Altertums, für das sie in der Regel weder Interesse noch Sinn haben. Doch ist diese notwendige Beschränktheit um so weniger zu tadeln oder zu beklagen, da auch hier die künstlerische Vollendung allein zur Wissenschaft führen, und die bloß formelle Philologie einer materialen Altertumslehre und einer humanen Geschichte der Menschheit nähern muß. Besser als eine sogenannte Anwendung der Philosophie auf die Philologie im gewöhnlichen Stil derer, welche die Wissenschaften mehr kompilieren als kombinieren. Die einzige Art, die Philosophie auf die Philologie oder, welches noch weit nötiger ist, die Philologie auf die Philosophie anzuwenden, ist, wenn man zugleich Philolog und Philosoph ist. Doch auch ohne das kann die philologische Kunst ihre Ansprüche behaupten. Sich ausschließlich der Entwicklung eines ursprünglichen Triebes zu widmen, ist so würdig und so weise, wie das Beste und das Höchste, was der Mensch nur immer zum Geschäft seines Lebens wählen kann.

Wenn jedes unendliche Individuum Gott ist, so gibts so viele Götter als Ideale. Auch ist das Verhältnis des wahren Künstlers und des wahren Menschen zu seinen Idealen durchaus Religion. Wem dieser innre Gottesdienst Ziel und Geschäft des ganzen Lebens ist, der ist Priester, und so kann und soll es jeder werden.

Niedliche Gemeinheit und gebildete Unart heißt in der Sprache des feinen Umgangs Delikatesse.

Um sittlich zu heißen, müssen Empfindungen nicht bloß schön, sondern auch weise, im Zusammenhange ihres Ganzen zweckmäßig, im höchsten Sinne schicklich sein.

Alltäglichkeit, Ökonomie ist das notwendige Supplement aller nicht schlechthin universellen Naturen. Oft verliert sich das Talent und die Bildung ganz in diesem umgebenden Element.

Das wissenschaftliche Ideal des Christianismus ist eine Charakteristik der Gottheit mit unendlich vielen Variationen.

Ideale, die sich für unerreichbar halten, sind eben darum nicht Ideale, sondern mathematische Phantome des bloß mechanischen Denkens. Wer Sinn fürs Unendliche hat und weiß, was er damit will, sieht in ihm das Produkt sich ewig scheidender und mischender Kräfte, denkt sich seine Ideale wenigstens chemisch und sagt, wenn er sich entschieden ausdrückt, lauter Widersprüche. So weit scheint die Philosophie des Zeitalters gekommen zu sein; nicht aber die Philosophie der Philosophie: denn auch chemische Idealisten haben doch nicht selten nur ein einseitiges mathematisches Ideal des Philosophierens. Ihre Thesen darüber sind ganz wahr, d. h. philosophisch: aber die Antithesen dazu fehlen. Eine Physik der Philosophie scheint noch nicht an der Zeit zu sein, und nur der vollendete Geist könnte Ideale organisch denken.

Ein Philosoph muß von sich selbst reden so gut wie ein lyrischer Dichter.

Gibts eine unsichtbare Kirche, so ist es die jener großen Paradoxie, die von der Sittlichkeit unzertrennlich ist und von der bloß philosophischen noch sehr unterschieden werden muß. Menschen, die so exzentrisch sind, im vollen Ernst tugendhaft zu sein und zu werden, verstehn sich überall, finden sich leicht und bilden eine stille Opposition gegen die herrschende Unsittlichkeit, die eben für Sittlichkeit gilt. Ein gewisser Mystizismus des Ausdrucks, der, bei einer romantischen Phantasie und mit grammatischem Sinn verbunden, etwas sehr Reizendes und etwas sehr Gutes sein kann, dient ihnen oft als Symbol ihrer schönen Geheimnisse.

Sinn für Poesie oder Philosophie hat der, für den sie ein Individuum ist.

Zur Philosophie gehören, je nach dem man es nimmt, entweder gar keine oder alle Sachkenntnisse.

Man soll niemanden zur Philosophie verführen oder bereden wollen.

Auch nach den gewöhnlichsten Ansichten ist es Verdienst genug, um einen Roman berühmt zu machen, wenn ein durchaus neuer Charakter darin auf eine interessante Art dargestellt und ausgeführt wird. Dies Verdienst hat William Lovell unleugbar, und daß alles Nebenwerk und Gerüste darin gemein oder mißglückt ist, wie der große Maschinist im Hintergrunde des Ganzen, daß das Ungewöhnliche darin oft nur ein umgekehrtes Gewöhnliches ist, hätte ihm wohl nicht geschadet: aber der Charakter war unglücklicherweise poetisch. Lovell ist wie seine nur etwas zu wenig unterschiedene Variation Balder ein vollkommner Phantast in jedem guten und in jedem schlechten, in jedem schönen und in jedem häßlichen Sinne des Worts. Das ganze Buch ist ein Kampf der Prosa und der Poesie, wo die Prosa mit Füßen getreten wird und die Poesie über sich selbst den Hals bricht. Übrigens hat es den Fehler mancher ersten Produkte: es schwankt zwischen Instinkt und Absicht, weil es von beiden nicht genug hat. Daher die Wiederholungen, wodurch die Darstellung der erhabenen Langenweile zuweilen in Mitteilung übergehn kann. Hier liegt der Grund, warum die absolute Phantasie in diesem Roman auch von Eingeweihten der Poesie verkannt und als bloß sentimental verachtet werden mag, während dem vernünftigen Leser, der für sein Geld mäßig gerührt zu werden verlangt, das Sentimentale darin keinesweges zusagt und sehr furios dünkt. So tief und ausführlich hat Tieck vielleicht noch keinen Charakter wieder dargestellt. Aber der Sternbald vereinigt den Ernst und Schwung des Lovell mit der künstlerischen Religiosität des Klosterbruders und mit allem, was in den poetischen Arabesken, die er aus alten Märchen gebildet, im ganzen genommen das Schönste ist: die phantastische Fülle und Leichtigkeit, der Sinn für Ironie und besonders die absichtliche Verschiedenheit und Einheit des Kolorits. Auch hier ist alles klar und transparent, und der romantische Geist scheint angenehm über sich selbst zu phantasieren.

Die Welt ist viel zu ernsthaft, aber der Ernst ist doch selten genug. Ernst ist das Gegenteil von Spiel. Der Ernst hat einen bestimmten Zweck, den wichtigsten unter allen möglichen; er kann nicht tändeln und kann sich nicht täuschen; er verfolgt sein Ziel unermüdet, bis er es ganz erreicht hat. Dazu gehört Energie, Geisteskraft von schlechthin unbegrenzter Extension und Intension. Gibt es keine absolute Höhe und Weite für den Menschen, so ist das Wort Größe in sittlicher Bedeutung überflüssig. Ernst ist Größe in Handlung. Groß ist, was zugleich Enthusiasmus und Genialität hat, was zugleich göttlich und vollendet ist. Vollendet ist, was zugleich natürlich und künstlich ist. Göttlich ist, was aus der Liebe zum reinen ewigen Sein und Werden quillt, die höher ist als alle Poesie und Philosophie. Es gibt eine ruhige Göttlichkeit ohne die zermalmende Kraft des Helden und die bildende Tätigkeit des Künstlers. Was zugleich göttlich, vollendet und groß ist, ist vollkommen.

Ob eine gebildete Frau, bei der von Sittlichkeit die Frage sein kann, verderbt oder rein sei, läßt sich vielleicht sehr bestimmt entscheiden. Folgt sie der allgemeinen Tendenz, ist Energie des Geistes und des Charakters, die äußre Erscheinung derselben und was eben durch sie gilt, ihr Eins und Alles, so ist sie verderbt. Kennt sie etwas Größeres als die Größe, kann sie über ihre natürliche Neigung zur Energie lächeln, ist sie, mit einem Worte, des Enthusiasmus fähig, so ist sie unschuldig im sittlichen Sinne. In dieser Rücksicht kann man sagen, alle Tugend des Weibes sei Religion. Aber daß die Frauen gleichsam mehr an Gott oder an Christus glauben müßten als die Männer, daß irgendeine gute und schöne Freigeisterei ihnen weniger zieme als den Männern, ist wohl nur eine von den unendlich vielen gemeingeltenden Plattheiten, die Rousseau in ein ordentliches System der Weiblichkeitslehre verbunden hat, in welchem der Unsinn so ins reine gebracht und ausgebildet war, daß es durchaus allgemeinen Beifall finden mußte.

Der große Haufen liebt Friedrich Richters Romane vielleicht nur wegen der anscheinenden Abenteuerlichkeit. Überhaupt interessiert er wohl auf die verschiedenste Art und aus ganz entgegengesetzten Ursachen. Während der gebildete Ökonom edle Tränen in Menge bei ihm weint, und der strenge Künstler ihn als das blutrote Himmelszeichen der vollendeten Unpoesie der Nation und des Zeitalters haßt, kann sich der Mensch von universeller Tendenz an den grotesken Porzellanfiguren seines wie Reichstruppen zusammengetrommelten Bilderwitzes ergötzen oder die Willkürlichkeit in ihm vergöttern. Ein eignes Phänomen ist es; ein Autor, der die Anfangsgründe der Kunst nicht in der Gewalt hat, nicht ein Bonmot rein ausdrücken, nicht eine Geschichte gut erzählen kann, nur so was man gewöhnlich gut erzählen nennt, und dem man doch schon um eines solchen humoristischen Dithyrambus willen, wie der Adamsbrief des trotzigen, kernigen, prallen, herrlichen Leibgeber, den Namen eines großen Dichters nicht ohne Ungerechtigkeit absprechen dürfte. Wenn seine Werke auch nicht übermäßig viel Bildung enthalten, so sind sie doch gebildet: das Ganze ist wie das Einzelne und umgekehrt; kurz, er ist fertig. Es ist ein großer Vorzug des Siebenkäs, daß die Ausführung und Darstellung darin noch am besten ist; ein weit größerer, daß so wenig Engländer darin sind. Freilich sind seine Engländer am Ende auch Deutsche, nur in idyllischen Verhältnissen und mit sentimentalen Namen: indessen haben sie immer eine starke Ähnlichkeit mit Louvets Polen und gehören mit zu den falschen Tendenzen, deren er so viele hat. Dahin gehören auch die Frauen, die Philosophie, die Jungfrau Maria, die Zierlichkeit, die idealischen Visionen und die Selbstbeurteilung. Seine Frauen haben rote Augen und sind Exempel, Gliederfrauen zu psychologisch-moralischen Reflexionen über die Weiblichkeit oder über die Schwärmerei. Überhaupt läßt er sich fast nie herab, die Personen darzustellen; genug, daß er sie sich denkt und zuweilen eine treffende Bemerkung über sie sagt. So hält ers mit den passiven Humoristen, den Menschen, die eigentlich nur humoristische Sachen sind: die aktiven erscheinen auch selbständiger, aber sie haben eine zu starke Familienähnlichkeit unter sich und mit dem Autor, als daß man ihnen dies für ein Verdienst anrechnen dürfte. Sein Schmuck besteht in bleiernen Arabesken im Nürnberger Stil. Hier ist die an Armut grenzende Monotonie seiner Phantasie und seines Geistes am auffallendsten: aber hier ist auch seine anziehende Schwerfälligkeit zu Hause und seine pikante Geschmacklosigkeit, an der nur das zu tadeln ist, daß er nicht um sie zu wissen scheint. Seine Madonna ist eine empfindsame Küstersfrau, und Christus erscheint wie ein aufgeklärter Kandidat. Je moralischer seine poetischen Rembrandts sind, desto mittelmäßiger und gemeiner; je komischer, je näher dem Bessern; je dithyrambischer und je kleinstädtischer, desto göttlicher: denn seine Ansicht des Kleinstädtischen ist vorzüglich gottesstädtisch. Seine humoristische Poesie sondert sich immer mehr von seiner sentimentalen Prosa; oft erscheint sie gleich eingestreuten Liedern als Episode oder vernichtet als Appendix das Buch. Doch zerfließen ihm immer noch zu Zeiten gute Massen in das allgemeine Chaos.

Mirabeau hat eine große Rolle in der Revolution gespielt, weil sein Charakter und sein Geist revolutionär war; Robespierre, weil er der Revolution unbedingt gehorchte, sich ihr ganz hingab, sie anbetete und sich für den Gott derselben hielt; Buonaparte, weil er Revolutionen schaffen und bilden und sich selbst annihilieren kann.

Sollte der jetzige französische Nationalcharakter nicht eigentlich mit dem Kardinal Richelieu anfangen? Seine seltsame und beinah abgeschmackte Universalität erinnert an viele der merkwürdigsten französischen Phänomene nach ihm.

Man kann die Französische Revolution als das größte und merkwürdigste Phänomen der Staatengeschichte betrachten, als ein fast universelles Erdbeben, eine unermeßliche Überschwemmung in der politischen Welt; oder als ein Urbild der Revolutionen, als die Revolution schlechthin. Das sind die gewöhnlichen Gesichtspunkte. Man kann sie aber auch betrachten als den Mittelpunkt und den Gipfel des französischen Nationalcharakters, wo alle Paradoxien desselben zusammengedrängt sind; als die furchtbarste Groteske des Zeitalters, wo die tiefsinnigsten Vorurteile und die gewaltsamsten Ahndungen desselben in ein grauses Chaos gemischt, zu einer ungeheuren Tragikomödie der Menschheit so bizarr als möglich verwebt sind. Zur Ausführung dieser historischen Ansichten findet man nur noch einzelne Züge.

Die erste Regung der Sittlichkeit ist Opposition gegen die positive Gesetzlichkeit und konventionelle Rechtlichkeit, und eine grenzenlose Reizbarkeit des Gemüts. Kommt dazu noch die selbständigen und starken Geistern so eigne Nachlässigkeit und die Heftigkeit und Ungeschicklichkeit der Jugend, so sind Ausschweifungen unvermeidlich, deren nicht zu berechnende Folgen oft das ganze Leben vergiften. So geschiehts, daß der Pöbel die für Verbrecher oder Exempel der Unsittlichkeit hält, welche für den wahrhaft sittlichen Menschen zu den höchst seltnen Ausnahmen gehören, die er als Wesen seiner Art, als Mitbürger seiner Welt betrachten kann. Wer denkt hiebei nicht an Mirabeau und Chamfort?

Es ist natürlich, daß die Franzosen etwas dominieren im Zeitalter. Sie sind eine chemische Nation, der chemische Sinn ist bei ihnen am allgemeinsten erregt, und sie machen ihre Versuche auch in der moralischen Chemie immer im großen. Das Zeitalter ist gleichfalls ein chemisches Zeitalter. Revolutionen sind universelle, nicht organische, sondern chemische Bewegungen. Der große Handel ist die Chemie der großen Ökonomie; es gibt wohl auch eine Alchemie der Art. Die chemische Natur des Romans, der Kritik, des Witzes, der Geselligkeit, der neuesten Rhetorik und der bisherigen Historie leuchtet von selbst ein. Ehe man nicht zu einer Charakteristik des Universums und zu einer Einteilung der Menschheit gelangt ist, muß man sich nur mit Notizen über den Grundton und einzelne Manieren des Zeitalters begnügen lassen, ohne den Riesen auch nur silhouettieren zu können. Denn wie wollte man ohne jene Vorkenntnisse bestimmen, ob das Zeitalter wirklich ein Individuum oder vielleicht nur ein Kollisionspunkt andrer Zeitalter sei; wo es bestimmt anfange und endige? Wie wäre es möglich, die gegenwärtige Periode der Welt richtig zu verstehen und zu interpungieren, wenn man nicht wenigstens den allgemeinen Charakter der nächstfolgenden antizipieren dürfte? Nach der Analogie jenes Gedankens würde auf das chemische ein organisches Zeitalter folgen, und dann dürften die Erdbürger des nächsten Sonnenumlaufs wohl bei weitem nicht so groß von uns denken wie wir selbst, und vieles, was jetzt bloß angestaunt wird, nur für nützliche Jugendübungen der Menschheit halten.

Eine sogenannte Recherche ist ein historisches Experiment. Der Gegenstand und das Resultat desselben ist ein Faktum. Was ein Faktum sein soll, muß strenge Individualität haben, zugleich ein Geheimnis und ein Experiment sein, nämlich ein Experiment der bildenden Natur. Geheimnis und Mysterie ist alles, was nur durch Enthusiasmus und mit philosophischem, poetischem oder sittlichem Sinn aufgefaßt werden kann.

Wie die Novelle in jedem Punkt ihres Seins und ihres Werdens neu und frappant sein muß, so sollte vielleicht das poetische Märchen und vorzüglich die Romanze unendlich bizarr sein; denn sie will nicht bloß die Phantasie interessieren, sondern auch den Geist bezaubern und das Gemüt reizen; und das Wesen des Bizarren scheint eben in gewissen willkürlichen und seltsamen Verknüpfungen und Verwechslungen des Denkens, Dichtens und Handelns zu bestehn. Es gibt eine Bizarrerie der Begeisterung, die sich mit der höchsten Bildung und Freiheit verträgt und das Tragische nicht bloß verstärkt, sondern verschönert und gleichsam vergöttlicht; wie in Goethes Braut von Korinth, die Epoche in der Geschichte der Poesie macht. Das Rührende darin ist zerreißend und doch verführerisch lockend. Einige Stellen könnte man fast burlesk nennen, und eben in diesen erscheint das Schreckliche zermalmend groß.

Es gibt unvermeidliche Lagen und Verhältnisse, die man nur dadurch liberal behandeln kann, daß man sie durch einen kühnen Akt der Willkür verwandelt und durchaus als Poesie betrachtet. Also sollen alle gebildeten Menschen im Notfalle Poeten sein können, und daraus läßt sich ebensogut folgern, daß der Mensch von Natur ein Poet sei, daß es eine Naturpoesie gebe, als umgekehrt.

Opfre den Grazien, heißt, wenn es einem Philosophen gesagt wird, so viel als: Schaffe dir Ironie und bilde dich zur Urbanität.

Bei manchen, besonders historischen Werken von Umfang, die im einzelnen überall sehr anziehend und schön geschrieben sind, empfindet man dennoch im ganzen eine unangenehme Monotonie. Um dies zu vermeiden, müßte Kolorit und Ton und selbst der Stil sich verändern und in den verschiedenen großen Massen des Ganzen auffallend verschieden sein, wodurch das Werk nicht bloß mannigfaltiger, sondern auch systematischer werden würde. Es leuchtet ein, daß eine solche regelmäßige Abwechslung nicht das Werk des Zufalls sein könne, daß der Künstler hier ganz bestimmt wissen müsse, was er wolle, um es machen zu können; aber es leuchtet auch ein, daß es voreilig sei, die Poesie oder die Prosa Kunst zu nennen, ehe sie dahin gelangt sind, ihre Werke vollständig zu konstruieren. Daß das Genie dadurch überflüssig gemacht werde, steht nicht zu besorgen, da der Sprung vom anschaulichsten Erkennen und klaren Sehen dessen, was hevorgebracht werden soll, bis zum Vollenden immer unendlich bleibt.

Das Wesen des poetischen Gefühls liegt vielleicht darin, daß man sich ganz aus sich selbst affizieren, über Nichts in Affekt geraten und ohne Veranlassung phantasieren kann. Sittliche Reizbarkeit ist mit einem gänzlichen Mangel an poetischem Gefühl sehr gut vereinbar.

Soll denn die Poesie schlechthin eingeteilt sein? oder soll sie die eine und unteilbare bleiben? oder wechseln zwischen Trennung und Verbindung? Die meisten Vorstellungsarten vom poetischen Weltsystem sind noch so roh und kindisch, wie die älteren vom astronomischen vor Kopernikus. Die gewöhnlichen Einteilungen der Poesie sind nur totes Fachwerk für einen beschränkten Horizont. Was einer machen kann, oder was eben gilt, ist die ruhende Erde im Mittelpunkt. Im Universum der Poesie selbst aber ruht nichts, alles wird und verwandelt sich und bewegt sich harmonisch; und auch die Kometen haben unabänderliche Bewegungsgesetze. Ehe sich aber der Lauf dieser Gestirne nicht berechnen, ihre Wiederkunft nicht vorherbestimmen läßt, ist das wahre Weltsystem der Poesie noch nicht entdeckt.

Einige Grammatiker scheinen den Grundsatz des alten Völkerrechts daß jeder Fremde ein Feind sei, in die Sprache einführen zu wollen. Aber ein Autor, der auch ohne ausländische Worte fertig zu werden weiß, wird sich immer berechtigt halten dürfen, sie zu brauchen, wo der Charakter der Gattung selbst ein Kolorit der Universalität fordert oder wünscht; und ein historischer Geist wird sich immer für alte Worte, die so oft nicht bloß mehr Erfahrung und Verstand, sondern auch mehr Lebenskraft und Einheit haben als viele sogenannte Menschen oder Grammatiker, mit Ehrfurcht und Liebe interessieren und sie bei Gelegenheit gern verjüngen.

Ganz ohne Rücksicht auf den Inhalt ist der Fürstenspiegel sehr schätzbar als ein Muster des guten Tons in geschriebner Konversation, wie die deutsche Prosa nur wenige aufzuweisen hat, aus denen der Autor, der die Philosophie und das gesellschaftliche Leben en rapport setzen will, lernen muß, wie man das Dekorum der Konvention zum Anstand der Natur adelt. So sollte eigentlich jeder schreiben können, der Veranlassung findet, etwas drucken zu lassen, ohne darum eben ein Autor sein zu wollen.

Wie kann eine Wissenschaft auf wissenschaftliche Strenge und Vollendung Anspruch machen, die meistens in usum delphini oder nach dem System der gelegenheitlichen Ursachen angeordnet und eingeteilt ist, wie die Mathematik?

Urbanität ist der Witz der harmonischen Universalität, und diese ist das Eins und Alles der historischen Philosophie und Platos höchste Musik. Die Humaniora sind die Gymnastik dieser Kunst und Wissenschaft.

Eine Charakteristik ist ein Kunstwerk der Kritik, ein visum repertum der chemischen Philosophie. Eine Rezension ist eine angewandte und anwendende Charakteristik, mit Rücksicht auf den gegenwärtigen Zustand der Literatur und des Publikums. Übersichten, literarische Annalen sind Summen oder Reihen von Charakteristiken. Parallelen sind kritische Gruppen. Aus der Verknüpfung beider entspringt die Auswahl der Klassiker, das kritische Weltsystem für eine gegebne Sphäre der Philosophie oder der Poesie.

Alle reine uneigennützige Bildung ist gymnastisch oder musikalisch; sie geht auf Entwicklung der einzelnen und auf Harmonie aller Kräfte. Die griechische Dichotomie der Erziehung ist mehr als eine von den Paradoxien des Altertums.

Liberal ist, wer von allen Seiten und nach allen Richtungen wie von selbst frei ist und in seiner ganzen Menschheit wirkt; wer alles, was handelt, ist und wird, nach dem Maß seiner Kraft heilig hält, und an allem Leben Anteil nimmt, ohne sich durch beschränkte Ansichten zum Haß oder zur Geringschätzung desselben verführen zu lassen.

Philosophische Juristen nennen sich auch solche, die neben ihren andern Rechten, die oft so unrechtlich sind, auch ein Naturrecht haben, welches nicht selten noch unrechtlicher ist.

Die Deduktion eines Begriffs ist die Ahnenprobe seiner echten Abstammung von der intellektuellen Anschauung seiner Wissenschaft. Denn jede Wissenschaft hat die ihrige.

Es pflegt manchem seltsam und lächerlich aufzufallen, wenn die Musiker von den Gedanken in ihren Kompositionen reden; und oft mag es auch so geschehen, daß man wahrnimmt, sie haben mehr Gedanken in ihrer Musik als über dieselbe. Wer aber Sinn für die wunderbaren Affinitäten aller Künste und Wissenschaften hat, wird die Sache wenigstens nicht aus dem platten Gesichtspunkt der sogenannten Natürlichkeit betrachten, nach welcher die Musik nur die Sprache der Empfindung sein soll, und eine gewisse Tendenz aller reinen Instrumentalmusik zur Philosophie an sich nicht unmöglich finden. Muß die reine Instrumentalmusik sich nicht selbst einen Text erschaffen? und wird das Thema in ihr nicht so entwickelt, bestätigt, variiert und kontrastiert, wie der Gegenstand der Meditation in einer philosophischen Ideenreihe?

Die Dynamik ist die Größenlehre der Energie, welche in der Astronomie auf die Organisation des Universums angewandt wird. Insofern könnte man beide eine historische Mathematik nennen. Die Algebra erfordert am meisten Witz und Enthusiasmus, nämlich mathematischen.

Der konsequente Empirismus endigt mit Beiträgen zur Ausgleichung der Mißverständnisse oder mit einer Subskription auf die Wahrheit.

Die unechte Universalität ist entweder theoretisch oder praktisch. Die theoretische ist die Universalität eines schlechten Lexikons, einer Registratur. Die praktische entsteht aus der Totalität der Einmischung.

Die intellektualen Anschauungen der Kritik sind das Gefühl von der unendlich feinen Analyse der griechischen Poesie und das von der unendlich vollen Mischung der römischen Satire und der römischen Prosa.

Wir haben noch keinen moralischen Autor, welcher den Ersten der Poesie und Philosophie verglichen werden könnte. Ein solcher müßte die erhabene antiquarische Politik Müllers mit Forsters großer Ökonomie des Universums und mit Jacobis sittlicher Gymnastik und Musik verknüpfen, und auch in der Schreibart den schweren, ehrwürdigen und begeisterten Stil des ersten mit dem frischen Kolorit, der liebenswürdigen Zartheit des zweiten und mit der überall wie ferne Harmonika der Geisterwelt antönenden gebildeten Fühlbarkeit des dritten verbinden.

Rousseaus Polemik gegen die Poesie ist doch nur eine schlechte Nachahmung des Plato. Plato hat es mehr gegen die Poeten als gegen die Poesie; er hielt die Philosophie für den kühnsten Dithyrambus und für die einstimmigste Musik. Epikur ist eigentlicher Feind der schönen Kunst: denn er will die Phantasie ausrotten und sich bloß an den Sinn halten. Auf eine ganz andre Art könnte Spinoza ein Feind der Poesie scheinen, weil er zeigt, wie weit man mit Philosophie und Moralität ohne Poesie kommen kann, und weil es sehr im Geist seines Systems liegt, die Poesie nicht zu isolieren.

Universalität ist Wechselsättigung aller Formen und aller Stoffe. Zur Harmonie gelangt sie nur durch Verbindung der Poesie und der Philosophie: auch den universellsten vollendetsten Werken der isolierten Poesie und Philosophie scheint die letzte Synthese zu fehlen; dicht am Ziel der Harmonie bleiben sie unvollendet stehn. Das Leben des universellen Geistes ist eine ununterbrochne Kette innerer Revolutionen; alle Individuen, die ursprünglichen, ewigen nämlich leben in ihm. Er ist ein echter Polytheist und trägt den ganzen Olymp in sich.

III

Ideen

Die Forderungen und Spuren einer Moral, die mehr wäre als der praktische Teil der Philosophie, werden immer lauter und deutlicher. Sogar von Religion ist schon die Rede. Es ist Zeit, den Schleier der Isis zu zerreißen und das Geheime zu offenbaren. Wer den Anblick der Göttin nicht ertragen kann, fliehe oder verderbe.

Ein Geistlicher ist, wer nur im Unsichtbaren lebt, für wen alles Sichtbare nur die Wahrheit einer Allegorie hat.

Nur durch Beziehung aufs Unendliche entsteht Gehalt und Nutzen. Was sich nicht darauf bezieht, ist schlechthin leer und unnütz.

Die Religion ist die allbelebende Weltseele der Bildung, das vierte unsichtbare Element zur Philosophie, Moral und Poesie, welches gleich dem Feuer, wo es gebunden ist, in der Stille allgegenwärtig wohltut, und nur durch Gewalt und Reiz von außen in furchtbare Zerstörung ausbricht.

Der Sinn versteht etwas nur dadurch, daß er es als Keim in sich aufnimmt, es nährt und wachsen läßt bis zur Blüte und Frucht. Also heiligen Samen streuet in den Boden des Geistes, ohne Künstelei und müßige Ausfüllungen.

Das ewige Leben und die unsichtbare Welt ist nur in Gott zu suchen. In ihm leben alle Geister, er ist ein Abyssus von Individualität, das einzige unendlich Volle.

Laßt die Religion frei, und es wird eine neue Menschheit beginnen.

Der Verstand, sagt der Verfasser der Reden über die Religion, weiß nur vom Universum; die Phantasie herrsche, so habt ihr einen Gott. Ganz recht, die Phantasie ist das Organ des Menschen für die Gottheit.

Der wahre Geistliche fühlt immer etwas Höheres als Mitgefühl.

Ideen sind unendliche, selbständige, immer in sich bewegliche, göttliche Gedanken.

Nur durch Religion wird aus Logik Philosophie, nur daher kommt alles, was diese mehr ist als Wissenschaft. Und statt einer ewig vollen unendlichen Poesie werden wir ohne sie nur Romane haben, oder die Spielerei, die man jetzt schöne Kunst nennt.

Gibt es eine Aufklärung? So dürfte nur das heißen, wenn man ein Prinzip im Geist des Menschen, wie das Licht in unserm Weltsystem ist, zwar nicht durch Kunst hervorbrächte, aber doch mit Willkür in freie Tätigkeit setzen könnte.

Nur derjenige kann ein Künstler sein, welcher eine eigne Religion, eine originelle Ansicht des Unendlichen hat.

Die Religion ist nicht bloß ein Teil der Bildung, ein Glied der Menschheit, sondern das Zentrum aller übrigen, überall das Erste und Höchste, das schlechthin Ursprüngliche.

Jeder Begriff von Gott ist leeres Geschwätz. Aber die Idee der Gottheit ist die Idee aller Ideen.

Der Geistliche bloß als solcher ist es nur in der unsichtbaren Welt. Wie kann er erscheinen unter den Menschen? Er wird nichts wollen auf der Erde, als das Endliche zum Ewigen bilden, und so muß er, mag auch sein Geschäft Namen haben wie es will, ein Künstler sein und bleiben.

Wenn die Ideen Götter werden, so wird das Bewußtsein der Harmonie Andacht, Demut und Hoffnung.

Den Geist des sittlichen Menschen muß Religion überall umfließen, wie sein Element, und dieses lichte Chaos von göttlichen Gedanken und Gefühlen nennen wir Enthusiasmus.

Genie zu haben, ist der natürliche Zustand des Menschen; gesund mußte auch er aus der Hand der Natur kommen, und da Liebe für die Frauen ist, was Genie für den Mann, so müssen wir uns das Goldene Zeitalter als dasjenige denken, wo Liebe und Genie allgemein waren.

Künstler ist ein jeder, dem es Ziel und Mitte des Daseins ist, seinen Sinn zu bilden.

Es ist der Menschheit eigen, daß sie sich über die Menschheit erheben muß.

Was tun die wenigen Mystiker, die es noch gibt? – Sie bilden mehr oder weniger das rohe Chaos der schon vorhandenen Religion. Aber nur einzeln, im kleinen, durch schwache Versuche. Tut es im großen von allen Seiten mit der ganzen Masse, und laßt uns alle Religionen aus ihren Gräbern wecken und die unsterblichen neu beleben und bilden durch die Allmacht der Kunst und Wissenschaft.

Tugend ist zur Energie gewordne Vernunft.

Die Symmetrie und Organisation der Geschichte lehrt uns, daß die Menschheit, solange sie war und wurde, wirklich schon ein Individuum, eine Person war und wurde. In dieser großen Person der Menschheit ist Gott Mensch geworden.

Das Leben und die Kraft der Poesie besteht darin, daß sie aus sich herausgeht, ein Stück von der Religion losreißt und dann in sich zurückgeht, indem sie es sich aneignet. Ebenso ist es auch mit der Philosophie.

Witz ist die Erscheinung, der äußre Blitz der Phantasie. Daher seine Göttlichkeit, und das Witzähnliche der Mystik.

Platos Philosophie ist eine würdige Vorrede zur künftigen Religion.

Der Mensch ist ein schaffender Rückblick der Natur auf sich selbst.

Frei ist der Mensch, wenn er Gott hervorbringt oder sichtbar macht, und dadurch wird er unsterblich.

Die Religion ist schlechthin unergründlich. Man kann in ihr überall ins Unendliche immer tiefer graben.

Die Religion ist die zentripetale und zentrifugale Kraft im menschlichen Geiste, und was beide verbindet.

Ob denn das Heil der Welt von den Gelehrten zu erwarten sei? Ich weiß es nicht. Aber Zeit ist es, daß alle Künstler zusammentreten als Eidgenossen zu ewigem Bündnis.

Das Moralische einer Schrift liegt nicht im Gegenstande, oder im Verhältnis des Redenden zu den Angeredeten, sondern im Geist der Behandlung. Atmet dieser die ganze Fülle der Menschheit, so ist sie moralisch. Ist sie nur das Werk einer abgesonderten Kraft und Kunst, so ist sie es nicht.

Wer Religion hat, wird Poesie reden. Aber um sie zu suchen und zu entdecken, ist Philosophie das Werkzeug.

Wie die Feldherrn der Alten zu den Kriegern vor der Schlacht redeten, so sollte der Moralist zu den Menschen in dem Kampf des Zeitalters reden.

Jeder vollständige Mensch hat einen Genius. Die wahre Tugend ist Genialität.

Das höchste Gut und das allein Nützliche ist die Bildung.

In der Welt der Sprache oder, welches ebensoviel heißt, in der Welt der Kunst und der Bildung, erscheint die Religion notwendig als Mythologie oder als Bibel.

Die Pflicht der Kantianer verhält sich zu dem Gebot der Ehre, der Stimme des Berufs und der Gottheit in uns, wie die getrocknete Pflanze zur frischen Blume am lebenden Stamme.

Ein bestimmtes Verhältnis zur Gottheit muß dem Mystiker so unerträglich sein, wie eine bestimmte Ansicht, ein Begriff derselben.

Nichts ist mehr Bedürfnis der Zeit, als ein geistiges Gegengewicht gegen die Revolution und den Despotismus, welchen sie durch die Zusammendrängung des höchsten weltlichen Interesses über die Geister ausübt. Wo sollen wir dieses Gegengewicht suchen und finden? Die Antwort ist nicht schwer; unstreitig in uns, und wer da das Zentrum der Menschheit ergriffen hat, der wird eben da zugleich auch den Mittelpunkt der modernen Bildung und die Harmonie aller bis jetzt abgesonderten und streitenden Wissenschaften und Künste gefunden haben.

Glaubt man den Philosophen, so ist das, was wir Religion nennen, nur eine absichtlich populäre oder aus Instinkt kunstlose Philosophie. Die Dichter scheinen sie eher für eine Abart von Poesie zu halten, die, ihr eignes schönes Spiel verkennend, sich selbst zu ernsthaft und einseitig nimmt. Doch gesteht und erkennet die Philosophie schon, daß sie nur mit Religion anfangen und sich selbst vollenden könne, und die Poesie will nur nach dem Unendlichen streben und verachtet weltliche Nützlichkeit und Kultur, welches die eigentlichen Gegensätze der Religion sind. Der ewige Friede unter den Künstlern ist also nicht mehr fern.

Was die Menschen unter den andern Bildungen der Erde, das sind die Künstler unter den Menschen.

Gott erblicken wir nicht, aber überall erblicken wir Göttliches; zunächst und am eigentlichsten jedoch in der Mitte eines sinnvollen

Menschen, in der Tiefe eines lebendigen Menschenwerks. Die Natur, das Universum kannst du unmittelbar fühlen, unmittelbar denken; nicht also die Gottheit. Nur der Mensch unter Menschen kann göttlich dichten und denken und mit Religion leben. Sich selbst kann niemand auch nur seinem Geiste direkter Mittler sein, weil dieser schlechthin Objekt sein muß, dessen Zentrum der Anschauende außer sich setzt. Man wählt und setzt sich den Mittler, aber man kann sich nur den wählen und setzen, der sich schon als solchen gesetzt hat. Ein Mittler ist derjenige, der Göttliches in sich wahrnimmt und sich selbst vernichtend preisgibt, um dieses Göttliche zu verkünden, mitzuteilen, und darzustellen allen Menschen in Sitten und Taten, in Worten und Werken. Erfolgt dieser Trieb nicht, so war das Wahrgenommene nicht göttlich oder nicht eigen. Vermitteln und Vermitteltwerden ist das ganze höhere Leben des Menschen, und jeder Künstler ist Mittler für alle übrigen.

Ein Künstler ist, wer sein Zentrum in sich selbst hat. Wem es da fehlt, der muß einen bestimmten Führer und Mittler außer sich wählen, natürlich nicht auf immer, sondern nur fürs erste. Denn ohne lebendiges Zentrum kann der Mensch nicht sein, und hat er es noch nicht in sich, so darf er es nur in einem Menschen suchen, und nur ein Mensch und dessen Zentrum kann das seinige reizen und wecken.

Poesie und Philosophie sind, je nachdem man es nimmt, verschiedne Sphären, verschiedne Formen, oder auch die Faktoren der Religion. Denn versucht es nur, beide wirklich zu verbinden, und ihr werdet nichts anders erhalten als Religion.

Gott ist jedes schlechthin Ursprüngliche und Höchste, also das Individuum selbst in der höchsten Potenz. Aber sind nicht auch die Natur und die Welt Individuen?

Wo die Philosophie aufhört, muß die Poesie anfangen. Einen gemeinen Standpunkt, eine nur im Gegensatz der Kunst und Bildung natürliche Denkart, ein bloßes Leben soll es gar nicht geben; d. h. es soll kein Reich der Roheit jenseits der Grenzen der Bildung gedacht werden. Jedes denkende Glied der Organisation fühle seine Grenzen nicht ohne seine Einheit in der Beziehung aufs Ganze. Man soll der Philosophie zum Beispiel nicht bloß die Unphilosophie, sondern die Poesie entgegensetzen.

Dem Bunde der Künstler einen bestimmten Zweck geben, das heißt ein dürftiges Institut an die Stelle des ewigen Vereins setzen; das heißt die Gemeinde der Heiligen zum Staat erniedrigen.

Ihr staunt über das Zeitalter, über die gärende Riesenkraft, über die Erschütterungen, und wißt nicht, welche neue Geburten ihr erwarten sollt. Versteht euch doch und beantwortet euch die Frage, ob wohl etwas in der Menschheit geschehen könne, was nicht seinen Grund in ihr selbst habe. Muß nicht alle Bewegung aus der Mitte kommen, und wo liegt die Mitte? – Die Antwort ist klar, und also deutet auch die Erscheinungen auf eine große Auferstehung der Religion, eine allgemeine Metamorphose. Die Religion an sich zwar ist ewig, sich selbst gleich und unveränderlich wie die Gottheit; aber eben darum erscheint sie immer neu gestaltet und verwandelt.

Wir wissen nicht, was ein Mensch sei, bis wir aus dem Wesen der Menschheit begreifen, warum es Menschen gibt, die Sinn und Geist haben, andre, denen sie fehlen.

Als Repräsentant der Religion aufzutreten, das ist noch frevelhafter wie eine Religion stiften zu wollen.

Keine Tätigkeit ist so menschlich wie die bloß ergänzende, verbindende, befördernde.

Der Künstler darf ebensowenig herrschen als dienen wollen. Er kann nur bilden, nichts als bilden, für den Staat also nur das tun, daß er Herrscher und Diener bilde, daß er Politiker und Ökonomen zu Künstlern erhebe.

Zur Vielseitigkeit gehört nicht allein ein weitumfassendes System, sondern auch Sinn für das Chaos außerhalb desselben, wie zur Menschheit der Sinn für ein Jenseits der Menschheit.

Wie die Römer die einzige Nation, die ganz Nation war, so ist unser Zeitalter das erste wahre Zeitalter.

Die Fülle der Bildung wirst du in unsrer höchsten Poesie finden, aber die Tiefe der Menschheit suche du bei dem Philosophen.

Auch die sogenannten Volkslehrer, die der Staat angestellt hat, sollen wieder Priester werden und geistlich gesinnt: aber sie können es nur dadurch, daß sie sich an die höhere Bildung anschließen.

Nichts ist witziger und grotesker als die alte Mythologie und das Christentum; das macht, weil sie so mystisch sind.

Grade die Individualität ist das Ursprüngliche und Ewige im Menschen; an der Personalität ist so viel nicht gelegen. Die Bildung und Entwicklung dieser Individualität als höchsten Beruf zu treiben, wäre ein göttlicher Egoismus.

Man redet schon lange von einer Allmacht des Buchstabens, ohne recht zu wissen, was man sagt. Es ist Zeit, daß es Ernst damit werde, daß der Geist erwache und den verlornen Zauberstab wieder ergreife.

Man hat nur so viel Moral, als man Philosophie und Poesie hat.

Die eigentliche Zentralanschauung des Christentums ist die Sünde.

Durch die Künstler wird die Menschheit ein Individuum, indem sie Vorwelt und Nachwelt in der Gegenwart verknüpfen. Sie sind das höhere Seelenorgan, wo die Lebensgeister der ganzen äußern Menschheit zusammentreffen und in welchem die innere zunächst wirkt.

Nur durch die Bildung wird der Mensch, der es ganz ist, überall menschlich und von Menschheit durchdrungen.

Die ursprünglichen Protestanten wollten treuherzig nach der Schrift leben und Ernst machen, und alles andre vernichten.

Religion und Moral sind sich symmetrisch entgegengesetzt, wie Poesie und Philosophie.

Euer Leben bildet nur menschlich, so habt ihr genug getan: aber die Höhe der Kunst und die Tiefe der Wissenschaft werdet ihr nie erreichen ohne ein Göttliches.

Ironie ist klares Bewußtsein der ewigen Agilität, des unendlich vollen Chaos.

Musik ist der Moral verwandter, Historie der Religion: denn Rhythmus ist die Idee der Musik, die Historie aber geht aufs Primitive.

Nur diejenige Verworrenheit ist ein Chaos, aus der eine Welt entspringen kann.

Vergeblich sucht ihr in dem, was ihr Ästhetik nennt, die harmonische Fülle der Menschheit, Anfang und Ende der Bildung. Versucht es, die Elemente der Bildung und der Menschheit zu erkennen, und betet sie an, vor allen das Feuer.

Es gibt keinen Dualismus ohne Primat; so ist auch die Moral der Religion nicht gleich, sondern untergeordnet.

Verbindet die Extreme, so habt ihr die wahre Mitte.

Als schönste Blüte der besondern Organisation ist Poesie sehr lokal; die Philosophie verschiedner Planeten mag nicht so sehr verschieden sein.

Moralität ohne Sinn für Paradoxie ist gemein.

Ehre ist die Mystik der Rechtlichkeit.

Alles Denken des religiösen Menschen ist etymologisch, ein Zurückführen aller Begriffe auf die ursprüngliche Anschauung, auf das Eigentümliche.

Es gibt nur Einen Sinn, und in dem Einen liegen alle; der geistigste ist der ursprüngliche, die andern sind abgeleitet.

Hier sind wir einig, weil wir eines Sinns sind; hier aber nicht, weil es mir oder dir an Sinn fehlt. Wer hat recht, und wie können wir eins werden? Nur durch die Bildung, die jeden besondern Sinn zu dem allgemeinen unendlichen erweitert; und durch den Glauben an diesen Sinn oder an die Religion sind wir es schon jetzt, noch ehe wir es werden.

Jede Beziehung des Menschen aufs Unendliche ist Religion, nämlich des Menschen in der ganzen Fülle seiner Menschheit. Wenn der Mathematiker das unendlich Große berechnet, das ist freilich nicht Religion. Das Unendliche in jener Fülle gedacht, ist die Gottheit.

Man lebt nur, insofern man nach seinen eignen Ideen lebt. Die Grundsätze sind nur Mittel, der Beruf ist Zweck an sich.

Nur durch die Liebe und durch das Bewußtsein der Liebe wird der Mensch zum Menschen.

Nach der Sittlichkeit zu streben ist wohl der schlechteste Zeitvertreib, die Übungen in der Gottseligkeit ausgenommen. Könnt ihr euch eine Seele, einen Geist angewöhnen? – So ists mit Religion und auch mit Moral, die nicht ohne Vermittlung auf die Ökonomie und Politik des Lebens einfließen sollen.

Der Kern, das Zentrum der Poesie, ist in der Mythologie zu finden, und in den Mysterien der Alten. Sättigt das Gefühl des Lebens mit der Idee des Unendlichen, und ihr werdet die Alten verstehen und die Poesie.

Schön ist, was uns an die Natur erinnert und also das Gefühl der unendlichen Lebensfülle anregt. Die Natur ist organisch, und die höchste Schönheit daher ewig und immer vegetabilisch, und das gleiche gilt auch von der Moral und der Liebe.

Ein wahrer Mensch ist, wer bis in den Mittelpunkt der Menschheit gekommen ist.

Es gibt eine schöne Offenheit, die sich öffnet wie die Blume, nur um zu duften.

Wie sollte die Moral bloß der Philosophie angehören, da der größte Teil der Poesie sich auf die Lebenskunst bezieht und auf die Kenntnis der Menschen! Ist sie also unabhängig von beiden und für sich bestehend? Oder ist es etwa mit ihr wie mit der Religion, daß sie gar nicht isoliert erscheinen soll?

Du wolltest die Philosophie zerstören und die Poesie, um Raum zu gewinnen für die Religion und Moral, die du verkanntest: aber du hast nichts zerstören können als dich selber.

Alles Leben ist seinem ersten Ursprunge nach nicht natürlich, sondern göttlich und menschlich; denn es muß aus der Liebe entspringen, wie es keinen Verstand geben kann ohne Geist.

Die einzige bedeutende Opposition gegen die überall aufkeimende Religion der Menschen und der Künstler ist von den wenigen eigentlichen Christen zu erwarten, die es noch gibt. Aber auch sie, wenn die Morgensonne wirklich emporsteigt, werden schon niederfallen und anbeten.

Die Polemik kann nur den Verstand schärfen und soll die Unvernunft vertilgen. Sie ist durchaus philosophisch; der religiöse Zorn und Ingrimm über die Beschränkung verliert seine Würde, wenn er als Polemik erscheint, in bestimmter Richtung auf einen einzelnen Gegenstand und Zweck.

Die wenigen Revolutionärs, die es in der Revolution gab, waren Mystiker, wie es nur Franzosen des Zeitalters sein können. Sie konstituierten ihr Wesen und Tun als Religion; aber in der künftigen Historie wird es als die höchste Bestimmung und Würde der Revolution erscheinen, daß sie das heftigste Inzitament der schlummernden Religion war.

Als Bibel wird das neue ewige Evangelium erscheinen, von dem Lessing geweissagt hat: aber nicht als einzelnes Buch im gewöhnlichen Sinne. Selbst was wir Bibel nennen, ist ja ein System von Büchern. Übrigens ist das kein willkürlicher Sprachgebrauch! Oder gibt es ein andres Wort, um die Idee eines unendlichen Buchs von der gemeinen zu unterscheiden als Bibel, Buch schlechthin, absolutes Buch? Und es ist doch wohl ein ewig wesentlicher und sogar praktischer Unterschied, ob ein Buch bloß Mittel zu einem Zweck, oder selbständiges Werk, Individuum, personifizierte Idee ist. Das kann es nicht ohne Göttliches, und darin stimmt der esoterische Begriff selbst mit dem exoterischen überein; auch ist keine Idee isoliert, sondern sie ist, was sie ist, nur unter allen Ideen. Ein Beispiel wird den Sinn erklären. Alle klassischen Gedichte der Alten hängen zusammen, unzertrennlich, bilden ein organisches Ganzes, sind richtig angesehen nur Ein Gedicht, das einzige, in welchem die Dichtkunst selbst vollkommen erscheint. Auf eine ähnliche Weise sollen in der vollkommnen Literatur alle Bücher nur Ein Buch sein, und in einem solchen ewig werdenden Buche wird das Evangelium der Menschheit und der Bildung offenbart werden.

Alle Philosophie ist Idealismus, und es gibt keinen wahren Realismus als den der Poesie. Aber Poesie und Philosophie sind nur Extreme. Sagt man nun, einige sind schlechthin Idealisten, andre entschieden Realisten: so ist das eine sehr wahre Bemerkung. Anders ausgedrückt heißt es, es gibt noch keine durchaus gebildeten Menschen, es gibt noch keine Religion.

Günstiges Zeichen, daß ein Physiker sogar – der tiefsinnige Baader – aus der Mitte der Physik sich erhoben hat, die Poesie zu ahnden, die

Elemente als organische Individuen zu verehren, und auf das Göttliche im Zentrum der Materie zu deuten!

Denke dir ein Endliches ins Unendliche gebildet, so denkst du einen Menschen.

Willst du ins Innere der Physik dringen, so laß dich einweihen in die Mysterien der Poesie.

Wir werden den Menschen kennen, wenn wir das Zentrum der Erde kennen.

Wo Politik ist oder Ökonomie, da ist keine Moral.

Der erste unter uns, der die intellektuelle Anschauung der Moral gehabt und das Urbild vollendeter Menschheit in den Gestalten der Kunst und des Altertums erkannte und gottbegeistert verkündigte, war der heilige Winckelmann.

Wer die Natur nicht durch die Liebe kennenlernt, der wird sie nie kennenlernen.

Die ursprüngliche Liebe erscheint nie rein, sondern in mannigfachen Hüllen und Gestalten, als Zutrauen, als Demut, als Andacht, als Heiterkeit, als Treue und als Scham, als Dankbarkeit; am meisten aber als Sehnsucht und als stille Wehmut.

Fichte also soll die Religion angegriffen haben? – Wenn das Interesse am Übersinnlichen das Wesen der Religion ist, so ist seine ganze Lehre Religion in Form der Philosophie.

Nicht in die politische Welt verschleudere du Glauben und Liebe, aber in der göttlichen Welt der Wissenschaft und der Kunst opfre dein Innerstes in den heiligen Feuerstrom ewiger Bildung.

In ungestörter Harmonie dichtet Hülsens Muse schöne erhabene Gedanken der Bildung, der Menschheit und der Liebe. Es ist Moral im hohen Sinne; aber Moral von Religion durchdrungen im Übergange aus dem künstlichen Wechsel des Syllogismus in den freien Strom des Epos.

Was sich tun läßt, solange Philosophie und Poesie getrennt sind, ist getan und vollendet. Also ist die Zeit nun da, beide zu vereinigen.

Phantasie und Witz sind dir Eins und Alles! − deute den lieblichen Schein und mache Ernst aus dem Spiel, so wirst du das Zentrum fassen und die verehrte Kunst in höherm Lichte wiederfinden.

Der Unterschied der Religion und Moral liegt ganz einfach in der alten Einteilung aller Dinge in göttliche und menschliche, wenn man sie nur recht versteht.

Dein Ziel ist die Kunst und die Wissenschaft, dein Leben Liebe und Bildung. Du bist, ohne es zu wissen, auf dem Wege zur Religion. Erkenne es, und du bist sicher, das Ziel zu erreichen.

In und aus unserm Zeitalter läßt sich nichts Größeres zum Ruhme des Christentums sagen, als daß der Verfasser der Reden über die Religion ein Christ sei.

Der Künstler, der nicht sein ganzes Selbst preisgibt, ist ein unnützer Knecht.

Kein Künstler soll allein und einzig Künstler der Künstler, Zentral-Künstler, Direktor aller übrigen sein; sondern alle sollen es gleich sehr sein, jeder aus seinem Standpunkt. Keiner soll bloß Repräsentant seiner Gattung sein, sondern er soll sich und seine Gattung auf das Ganze beziehen, dieses dadurch bestimmen und also beherrschen. Wie die Senatoren der Römer sind die wahren Künstler ein Volk von Königen.

Willst du ins Große wirken, so entzünde und bilde die Jünglinge und die Frauen. Hier ist noch am ersten frische Kraft und Gesundheit zu finden, und auf diesem Wege wurden die wichtigsten Reformationen vollbracht.

Wie beim Manne der äußre Adel zum Genie, so verhält sich die Schönheit der Frauen zur Liebesfähigkeit, zum Gemüt.

Die Philosophie ist eine Ellipse. Das eine Zentrum, dem wir jetzt näher sind, ist das Selbstgesetz der Vernunft. Das andre ist die Idee des Universums, und in diesem berührt sich die Philosophie mit der Religion.

Die Blinden, die von Atheismus reden! Gibt es denn schon einen Theisten? Ist schon irgendein Menschengeist der Idee der Gottheit Meister!

Heil den wahren Philologen! Sie wirken Göttliches, denn sie verbreiten Kunstsinn über das ganze Gebiet der Gelehrsamkeit. Kein Gelehrter sollte bloß Handwerker sein.

Der Geist unsrer alten Helden deutscher Kunst und Wissenschaft muß der unsrige bleiben, solange wir Deutsche bleiben. Der deutsche Künstler hat keinen Charakter oder den eines Albrecht Dürer, Kepler, Hans Sachs, eines Luther und Jakob Böhme. Rechtlich, treuherzig, gründlich, genau und tiefsinnig ist dieser Charakter, dabei unschuldig und etwas ungeschickt. Nur bei den Deutschen ist es eine Nationaleigenheit, die Kunst und die Wissenschaft bloß um der Kunst und der Wissenschaft willen göttlich zu verehren.

Vernehmt mich nur jetzt und merket, warum ihr euch nicht verstehen könnt untereinander, so habe ich meinen Zweck erreicht. Ist der Sinn für Harmonie geweckt, dann ist es Zeit, das Eine, was ewig wiedergesagt werden muß, harmonischer zu sagen.

Wo die Künstler eine Familie bilden, da sind Urversammlungen der Menschheit.

Die falsche Universalität ist die, welche alle einzelnen Bildungsarten abschleift und auf dem mittlern Durchschnitt beruht. Durch eine wahre Universalität würde im Gegenteil die Kunst zum Beispiel noch künstlicher werden, als sie es vereinzelt sein kann, die Poesie poetischer, die Kritik kritischer, die Historie historischer und so überhaupt. Diese Universalität kann entstehn, wenn der einfache Strahl der Religion und Moral ein Chaos des kombinatorischen Witzes berührt und befruchtet. Da blüht von selbst die höchste Poesie und Philosophie.

Warum äußert sich das Höchste jetzt so oft als falsche Tendenz? – Weil niemand sich selbst verstehen kann, der seine Genossen nicht versteht. Ihr müßt also erst glauben, daß ihr nicht allein seid, ihr müßt überall unendlich viel ahnden und nicht müde werden, den Sinn zu bilden, bis ihr zuletzt das Ursprüngliche und Wesentliche gefunden habt. Dann wird euch der Genius der Zeit erscheinen und wird euch leise andeuten, was schicklich sei und was nicht.

Wer ein Höchstes tief in sich ahndet und nicht weiß, wie er sichs deuten soll, der lese die Reden über die Religion, und was er fühlte wird ihm klar werden bis zum Wort und zur Rede.

Nur um eine liebende Frau her kann sich eine Familie bilden.

Die Poesie der Dichter bedürfen die Frauen weniger, weil ihr eigenstes Wesen Poesie ist.

Mysterien sind weiblich; sie verhüllen sich gern, aber sie wollen doch gesehen und erraten sein.

In der Religion ist immer Morgen und Licht der Morgenröte.

Nur wer einig ist mit der Welt kann einig sein mit sich selbst.

Der geheime Sinn des Opfers ist die Vernichtung des Endlichen, weil es endlich ist. Um zu zeigen, daß es nur darum geschieht, muß das Edelste und Schönste gewählt werden; vor allen der Mensch, die Blüte der Erde. Menschenopfer sind die natürlichsten Opfer. Aber der

Mensch ist mehr als die Blüte der Erde; er ist vernünftig, und die Vernunft ist frei und selbst nichts anders als ein ewiges Selbstbestimmen ins Unendliche. Also kann der Mensch nur sich selbst opfern, und so tut er auch in dem allgegenwärtigen Heiligtum, von dem der Pöbel nichts sieht. Alle Künstler sind Decier, und ein Künstler werden heißt nichts anders als sich den unterirdischen Gottheiten weihen. In der Begeisterung des Vernichtens offenbart sich zuerst der Sinn göttlicher Schöpfung. Nur in der Mitte des Todes entzündet sich der Blitz des ewigen Lebens.

Trennt die Religion ganz von der Moral, so habt ihr die eigentliche Energie des Bösen im Menschen, das furchtbare, grausame, wütende und unmenschliche Prinzip, was ursprünglich in seinem Geiste liegt. Hier straft sich die Trennung des Unteilbaren am schrecklichsten.

Zunächst rede ich nur mit denen, die schon nach dem Orient sehen.

Du vermutest Höheres auch in mir, und fragst, warum ich eben an der Grenze schweige? – Es geschieht, weil es noch so früh am Tage ist.

Nicht Hermann und Wodan sind die Nationalgötter der Deutschen, sondern die Kunst und die Wissenschaft. Gedenke noch einmal an Kepler, Dürer, Luther, Böhme; und dann an Lessing, Winckelmann, Goethe, Fichte. Nicht auf die Sitten allein ist die Tugend anwendbar; sie gilt auch für Kunst und Wissenschaft, die ihre Rechte und Pflichten haben. Und dieser Geist, diese Kraft der Tugend unterscheidet eben den Deutschen in der Behandlung der Kunst und der Wissenschaft.

Worauf bin ich stolz und darf ich stolz sein als Künstler? – Auf den Entschluß, der mich auf ewig von allem Gemeinen absonderte und isolierte; auf das Werk, was alle Absicht göttlich überschreitet, und dessen Absicht keiner zu Ende lernen wird; auf die Fähigkeit, das Vollendete, was mir entgegen ist, anzubeten; auf das Bewußtsein, daß ich die Genossen in ihrer eigensten Wirksamkeit zu beleben vermag, daß alles, was sie bilden, Gewinn ist für mich.

Die Andacht der Philosphen ist Theorie, reine Anschauung des Göttlichen, besonnen, ruhig und heiter in stiller Einsamkeit. Spinoza ist das Ideal dafür. Der religiöse Zustand des Poeten ist leidenschaftlicher und mitteilender. Das Ursprüngliche ist Enthusiasmus, am Ende bleibt Mythologie. Was in der Mitte liegt, hat den Charakter des Lebens bis zur Geschlechtsverschiedenheit. Mysterien sind, wie schon gesagt, weiblich; Orgien wollen in fröhlicher Ausgelassenheit der männlichen Kraft alles um sich her überwinden oder befruchten.

Eben weil das Christentum eine Religion des Todes ist, ließe es sich mit dem äußersten Realismus behandeln und könnte seine Orgien haben so gut wie die alte Religion der Natur und des Lebens.

Es gibt keine Selbstkenntnis als die historische. Niemand weiß, was er ist, wer nicht weiß, was seine Genossen sind, vor allen der höchste Genosse des Bundes, der Meister der Meister, der Genius des Zeitalters.

Eine der wichtigsten Angelegenheiten des Bundes ist, alle Ungehörigen, die sich unter die Genossen eingeschlichen haben, wieder zu entfernen. Die Stümperei soll nichts mehr gelten.

O wie armselig sind eure – ich meine die besten unter euch – eure Begriffe vom Genie. Wo ihr Genie findet, finde ich nicht selten die Fülle der falschen Tendenzen, das Zentrum der Stümperei. Etwas Talent und ziemlich viel Windbeutelei, das preisen alle und rühmen sich gar wohl zu wissen, das Genie sei inkorrekt, müsse so sein. So ist also auch diese Idee verloren gegangen? – Ist nicht der sinnige Mensch am geschicktesten Geisterwort zu vernehmen? Nur der Geistliche hat einen Geist, einen Genius, und jeder Genius ist universell. Wer nur Repräsentant ist, hat nur Talent.

Wie die Kaufleute im Mittelalter, so sollten die Künstler jetzt zusammentreten zu einer Hanse, um sich einigermaßen gegenseitig zu schützen.

Es gibt keine große Welt als die Welt der Künstler. Sie leben hohes Leben. Der gute Ton steht noch zu erwarten. Er würde da sein, wo jeder sich frei und fröhlich äußerte und den Wert der andern ganz fühlte und begriffe.

Ursprünglichen Sinn fordert ihr vom Denker einmal für allemal, und ein gewisses Maß von Begeisterung verstattet ihr sogar dem Dichter. Aber wißt ihr auch, was das heiße? Ihr habt, ohne es gewahr zu werden, heiligen Boden betreten; ihr seid unser.

Alle Menschen sind etwas lächerlich und grotesk, bloß weil sie Menschen sind; und die Künstler sind wohl auch in dieser Rücksicht doppelte Menschen. So ist es, so war es, und so wird es sein.

Selbst in den äußerlichen Gebräuchen sollte sich die Lebensart der Künstler von der Lebensart der übrigen Menschen durchaus unterscheiden. Sie sind Brahminen, eine höhere Kaste, aber nicht durch Geburt sondern durch freie Selbsteinweihung geadelt.

Was der freie Mensch schlechthin konstituiert, worauf der nicht freie Mensch alles bezieht, das ist seine Religion. Es ist ein tiefer Sinn in dem Ausdruck, dies oder jenes ist sein Gott, oder Abgott, und in andern ähnlichen.

Wer entsiegelt das Zauberbuch der Kunst und befreit den verschloßnen heiligen Geist? – Nur der verwandte Geist.

Ohne Poesie wird die Religion dunkel, falsch und bösartig; ohne Philosophie ausschweifend in aller Unzucht und wollüstig bis zur Selbstentmannung.

Das Universum kann man weder erklären noch begreifen, nur anschauen und offenbaren. Höret nur auf, das System der Empirie Universum zu nennen, und lernt die wahre religiöse Idee desselben, wenn ihr den Spinoza nicht schon verstanden habt, vor der Hand in den Reden über die Religion lesen.

In alle Gestalten von Gefühl kann die Religion ausbrechen. Der wilde Zorn und der süßeste Schmerz grenzen hier unmittelbar aneinander, der fressende Haß und das kindliche Lächeln froher Demut.

Willst du die Menschheit vollständig erblicken, so suche eine Familie. In der Familie werden die Gemüter organisch Eins, und eben darum ist sie ganz Poesie.

Alle Selbständigkeit ist ursprünglich, ist Originalität, und alle Originalität ist moralisch, ist Originalität des ganzen Menschen. Ohne sie keine Energie der Vernunft und keine Schönheit des Gemüts.

Zuerst vom Höchsten redet man durchaus freimütig, völlig sorglos, aber gerade zum Ziel.

Ich habe einige Ideen ausgesprochen, die aufs Zentrum deuten, ich habe die Morgenröte begrüßt nach meiner Ansicht, aus meinem Standpunkt. Wer den Weg kennt, tue desgleichen nach seiner Ansicht, aus seinem Standpunkt.

An Novalis

Nicht auf der Grenze schwebst du, sondern in deinem Geiste haben sich Poesie und Philosophie innig durchdrungen. Dein Geist stand mit am nächsten bei diesen Bildern der unbegriffenen Wahrheit. Was du gedacht hast, denke ich, was ich gedacht, wirst du denken, oder hast es schon gedacht. Es gibt Mißverständnisse, die das höchste Einverständnis nur bestätigen. Allen Künstlern gehört jede Lehre vom ewigen Orient. Dich nenne ich statt aller andern.

ÜBER SHAKESPEARES HAMLET

*Aus Briefen Friedrich Schlegels an seinen Bruder August Wilhelm
vom Juni 1793*

Ich habe gestern abends den Hamlet gelesen. In meiner jetzigen Stimmung war das nichts; das liegt mir nun alles im Sinne, und ich weiß nicht, wie ich das empörte Herz besänftigen soll. Erwarte nur nichts Außerordentliches; was ich sagen werde, wird Dir vielleicht sehr alltäglich und nahliegend, vielleicht eine spitzfindige Grille, vielleicht abenteuerliche Schwärmerei scheinen. Der Gegenstand und die Wirkung dieses Stücks ist die heroische Verzweiflung, d. h. eine unendliche Zerrüttung in den allerhöchsten Kräften. Der Grund seines innren Todes liegt in der Größe seines Verstandes. Wäre er weniger groß, so würde er ein Heroe sein. – Für ihn ist es nicht der Mühe wert, ein Held zu sein; wenn er wollte, so wäre es ihm nur ein Spiel. Er übersieht eine zahllose Menge von Verhältnissen – daher seine Unentschlossenheit. – Wenn man aber so nach Wahrheit frägt, so verstummt die Natur; und solchen Trieben, so strenger Prüfung ist die Welt nichts, denn unser zerbrechliches Dasein kann nichts schaffen, das unsren göttlichen Forderungen Genüge leistete. Das Innerste seines Daseins ist ein gräßliches Nichts, Verachtung der Welt und seiner selbst. – Dies ist der Geist des Gedichts; alles andre nur Leib, Hülle. Und dieser kann seiner Natur nach nur von sehr Wenigen gefaßt werden; so daß es wohl geschehen, daß im Schauspielhause kein einziger von den Spielenden, und auch kein einziger von den Zuschauern etwas von der Sache ahndet. – Unglücklich wer ihn versteht! Unter Umständen könnte dies Gedicht augenblicklichen Selbstmord veranlassen, bei einer Seele von dem zartesten moralischen Gefühl. Ich weiß noch, was es auf mich wirkte, als ich vor anderthalb Jahren es in der erbärmlichsten Vorstellung sahe. Ich war mehrere Tage wie außer mir. – Seine Größe wird vielleicht paradox scheinen; meine Beweise sind sein anerkannter Mut und Verstand; vornehmlich aber eine gewisse Besonnenheit, überhaupt das sicherste Kennzeichen des Helden. Denn wenn wir diesen Ehrennamen wohl mit Zuversicht für jemand in Anspruch nehmen, so fügen wir nicht selten hinzu, z. B. daß er kühl und gelassen unter dem Donner von hundert Kanonen umherwandelte und so frei dachte wie je. – Ich mache Dich auf die Stelle aufmerksam, wo die Leidenschaft nur einen Helden nicht überwältigen konnte, wo er ruft

»hold my heart,
And you, my sinews, grow not instant old«

und dann auf die Szene mit der Mutter, wo der Geist zum zweiten Male erscheint. Mein bester Beweis aber ist seine erhabene Begeisterung für das wenige Gottähnliche, was etwa noch im Menschen wohnt. So z. B. die Stelle in der Szene mit Guildenstern und Rosencrantz »I have at late – man delights not me«. Seine riesenhafte Überlegenheit über alle, die um ihn sind, springt in die Augen. Nur für den, der ihn faßt, werden diese so im dämmernden Hintergrunde schweben; versinkt man nicht ganz in Hamlet, treten diese mehr vor, so ist das Ganze eine Plattheit. Man sollte denken, hier könnten gute Schauspieler viel tun, da es doch von dem Leser viel verlangt, so vieles zu erraten. Man redet von Garrick, und ich erinnre mich noch, daß Schröder ihn doch bedeutend und wie einen denkenden Mann spielte. Allein ich zweifle, daß den Hamlet darzustellen ein Unternehmen für einen sterblichen Mann ist.

Die Begierde seinen Vater zu rächen, der Unwille über seine Mutter ist nur der Anlaß zu Hamlets innerer Zerrüttung, der Grund davon liegt in ihm selbst, in dem Übermaß seines Verstandes (oder vielmehr in der falschen Richtung desselben, und dem Mangel verhältnismäßiger Kraft der Vernunft) und der Inhalt selbst, Verzweiflung, macht ein wahres Ende unmöglich. – Vielleicht habe ich den erhabenen Geist des Werkes ergriffen, aber jetzt fühle ich mein Unvermögen, da ich von der äußern Hülle reden soll. Nur einige Bemerkungen. Die Erscheinung des Geistes gleich im Anfang spannt die ganze Seele, und schärft sie, das feine Wesen zu fassen. – Die Schwäche der Königin, die elende Seele des Königs, die Albernheit des Polonius, die Gemeinheit der übrigen, die Beschränktheit des Einzigen den er schätzt, des

Horatio, alles wird höchst bedeutend durch Hamlets Denkart, und durch seine Stellung. Der Wahnwitz des guten Mädchens, wo die Rührung bis zum Gräßlichen steigt, hat hier einen fürchterlichen Sinn. Alles ist bedeutend, bis auf das platte Geschwätz des Totengräbers. – Der innre Zusammenhang (was ich letzthin Natureinheit nannte) kann nicht vollkommner sein. Aber nur wer das Große in Hamlet fassen kann, wird ihn wahrnehmen. Um mich durch ein Beispiel verständlich zu machen. Hemsterhuis sagt sehr richtig: es galt dem römischen Pöbel für Mord, in der Seele des Brutus aber war es der ewigen Ordnung gemäß. – Im Hamlet scheint alles Äußre wie aus dem Geiste hervorgekeimt. Sonst war bei Shakespeare die äußre Hülle oft ehe da als der Geist, der in eine Geschichte oder Legende, die ihm Anlaß gab, erst hineingebildet wurde, und in vielen seiner Werke sucht man dies, da Geist und Hülle nicht so ganz eins ist, vielleicht auch Romeo, dessen Wesen Du, glaube ich, richtig angegeben hast. Der Ausdruck ›Romantische Melodie‹ ist höchst treffend. Kein Gedicht ist so romantisch und so musikalisch. – Die schöne, schwärmerische Schwermut des Romeo ist ein wesentlicher Zug.

Eine Note zum Hamlet bezieht sich auf eine Legende des Saxo Grammaticus von König Fengo und König Amlethus. Die Tollheit, die Liebe, das Gespräch mit der Mutter, und die Reise nach England sind schon in dieser enthalten. Nur von der letzten könnte man vielleicht vermuten, daß sie nur stehen geblieben sei. – Der Hamlet wird immer schlecht aufgeführt werden, weil keinen Schauspielern die Weisheit zuzutrauen ist, daß sie alle ihre Bedeutung nur vom Hamlet entlehnten: und das ganze besteht aus so zarten Verhältnissen, daß der geringste Mißlaut alles zerstören würde.

Über den Hamlet weiß ich Dir für jetzt nichts mehr zu sagen; zwar ist noch viel zurück, allein ich müßte ihn noch einmal lesen, und das würde mich viel zu sehr stören. Dasselbe trifft bei dem Propertius ein, obschon das, was Du von ihm sagst, mich sehr anzieht, und mir gefällt. Deine Übersetzung aus dem Hamlet finde ich sehr gut, bis auf einige Kleinigkeiten, als ›gnädge Frau‹. Doch weiß ich kein schicklicheres Wort. Und dann eine allgemeine Kritik – vorausgesetzt, daß Du den Hamlet ganz so übersetzen wolltest, und für unsre Nation bestimmtest. Es sind fast in jeder Zeile ungewöhnliche Worte. Du hast Dich beim Dante daran etwas gewöhnt, wo es am rechten Orte war. Du könntest in Gefahr kommen, nur für Gelehrte zu dichten!

ÜBER DAS STUDIUM
DER GRIECHISCHEN POESIE

Vorrede

Eine Geschichte der griechischen Poesie in ihrem ganzen Umfange umfaßt auch die der Beredsamkeit und der historischen Kunst. Die wahrhafte Geschichte des Thukydides ist nach dem richtigen Urteil eines griechischen Kenners zugleich ein schönes Gedicht; und in den Demosthenischen Reden, wie in den Sokratischen Gesprächen ist die dichtende Einbildungskraft zwar durch einen bestimmten Zweck des Verstandes beschränkt, aber doch nicht aller Freiheit beraubt, und also auch der Pflicht, schön zu spielen, nicht entbunden: denn das Schöne soll sein, und jede Rede, deren Hauptzweck oder Nebenzweck das Schöne ist, ist ganz oder zum Teil Poesie. – Sie umfaßt ferner die Geschichte der römischen Poesie, deren Nachbildungen uns nur zu oft für den Verlust der ursprünglichen Werke schadlos halten müssen. – Die Geschichte der griechischen Kritik und die Bruchstücke, welche sich etwa zu einer Geschichte der griechischen Musik und Mimik finden möchten, sind ihr so unentbehrlich als die Kenntnis der ganzen griechischen Göttersage und Sprache in allen ihren Zweigen, und nach allen ihren Umbildungen. In den verborgensten Tiefen der Sitten- und Staatengeschichte muß dasjenige oft erst entdeckt werden, wodurch allein ein Widerspruch, eine Lücke der Kunstgeschichte aufgelöst, ergänzt, die zerstreuten Bruchstücke geordnet, die scheinbaren Rätsel erklärt werden können: denn Kunst, Sitten und Staaten der Griechen sind so innigst verflochten, daß ihre Kenntnis sich nicht trennen läßt. Und überhaupt ist die griechische Bildung ein Ganzes, in welchem es unmöglich ist, einen einzelnen Teil stückweise vollkommen richtig zu erkennen.

Wie unermeßlich die Schwierigkeiten einzelner vielleicht sehr kleiner Teile dieses großen Ganzen sind, darf ich mit Stillschweigen übergehn. Alle Kenner wissen, wieviel Zeit und Anstrengung es oft kostet, nur eine falsche Zeitangabe zu berichtigen, einen Nebenzweig der Göttersage prüfend zu reinigen, die vollständig gesammelten Bruchstücke auch nur eines einzigen Dichters bis zur Reife zu verarbeiten.

Eine vollendete Geschichte der griechischen Poesie aber würde auch nicht etwa dem Gelehrten allein Gewinn bringen und nur dem Geschichtsforscher allein eine bedeutende Lücke in der Geschichte der Menschheit ausfüllen. Sie scheint mir zugleich eine wesentliche Bedingung der Vervollkommnung des deutschen Geschmacks und Kunst, welche in unserm Anteil an der europäischen Bildung nicht die unbedeutendste Stelle einnimmt.

Vielleicht redet die erste Abhandlung mehr vom Modernen, als die Aufschrift dieser Sammlung erwarten läßt, oder zu erlauben scheint. Indessen war es doch nur nach einer nicht ganz unvollständigen Charakteristik der modernen Poesie möglich, das Verhältnis der antiken Poesie zur modernen, und den Zweck des Studiums der klassischen Poesie überhaupt und für unser Zeitalter insbesondre zu bestimmen.

Diese Abhandlung über das Studium der griechischen Poesie ist nur eine Einladung, die alte Dichtkunst noch ernstlicher als bisher zu untersuchen; ein Versuch (die Mängel desselben kann niemand lebhafter empfinden als ich), den langen Streit der einseitigen Freunde der alten und der neuen Dichter zu schlichten und im Gebiet des Schönen durch eine scharfe Grenzbestimmung die Eintracht zwischen der natürlichen und der künstlichen Bildung wieder herzustellen; ein Versuch, zu beweisen, daß das Studium der griechischen Poesie nicht bloß eine verzeihliche Liebhaberei, sondern eine notwendige Pflicht aller Liebhaber, welche das Schöne mit echter Liebe umfassen, aller Kenner, die allgemeingültig urteilen wollen, aller Denker, welche die reinen Gesetze der Schönheit und die ewige Natur der Kunst vollständig zu bestimmen versuchen, sei und immer bleiben werde.

Die kurze Charakteristik der griechischen Poesie in diesem Aufsatze bitte ich, nicht zu prüfen, ohne den Grundriß einer Geschichte der griechischen Poesie, welcher den zweiten Band dieser Sammlung ausmachen wird, damit zu vergleichen. Er enthält die Belege, die nähere Bestimmung und die weitere Ausführung der hier gefällten Urteile.

Die Freunde der modernen Poesie werden die Einleitung der Abhandlung über das Studium der griechischen Poesie nicht als mein Endurteil über die moderne Poesie mißdeuten und sich mit der Entscheidung, daß mein Geschmack einseitig sei, wenigstens nicht übereilen. Ich meine es ehrlich mit der modernen Poesie und habe mehrere moderne Dichter von Jugend auf geliebt, viele studiert, und ich glaube einige zu kennen. – Geübte Denker werden leicht erraten, warum ich diesen Standpunkt wählen mußte. – Gibt es reine Gesetze der Schönheit und der Kunst, so müssen sie ohne Ausnahme gelten. Nimmt man aber diese reinen Gesetze, ohne nähere Bestimmung und Richtschnur der Anwendung, zum Maßstab der Würdigung der modernen Poesie: so kann das Urteil nicht anders ausfallen, als daß die moderne Poesie, die jenen reinen Gesetzen fast durchgängig widerspricht, durchaus gar keinen Wert hat. Sie macht nicht einmal Ansprüche auf Objektivität, welches doch die erste Bedingung des reinen und unbedingten ästhetischen Werts ist, und ihr Ideal ist das Interessante, d. h. subjektive ästhetische Kraft. – Ein Urteil, dem das Gefühl laut widerspricht! Man hat schon viel gewonnen, wenn man sich diesen Widerspruch nicht leugnet. Dies ist der kürzeste Weg, den eigentlichen Charakter der modernen Poesie zu entdecken, das Bedürfnis einer klassischen Poesie zu erklären und endlich durch eine sehr glänzende Rechtfertigung der Modernen überrascht und belohnt zu werden.

Wenn irgend etwas die Unvollkommenheit dieses Versuchs entschuldigen kann, so ist es die innige Wechselwirkung der Geschichte der Menschheit und der praktischen Philosophie, im Ganzen sowohl als in einzelnen Teilen. In beiden Wissenschaften sind noch unermeßliche Strecken Land urbar zu machen. Man mag ausgehn von welcher Seite man will, so müssen Lücken bleiben, welche nur von der andern Seite her ergänzt werden können. Auch ist die Sphäre der antiken und modernen Poesie zusammen genommen so groß, daß man schwerlich in jedem Felde derselben gleich einheimisch sein kann, man müßte denn etwa nirgends recht zu Hause sein. Sind die ersten Grundlinien und äußersten Umrisse nur richtig angelegt: so kann jeder Kunstkenner, der zur Übersicht des großen Ganzen nicht unfähig und auch nur in einem kleinen Teile des ganzen Bezirks recht bekannt ist, von seiner Seite zur näheren Bestimmung und zur weiteren Ausführung beitragen.

Schillers Abhandlung über die sentimentalen Dichter hat, außer daß sie meine Einsicht in den Charakter der interessanten Poesie erweiterte, mir selbst über die Grenzen des Gebiets der klassischen Poesie ein neues Licht gegeben. Hätte ich sie eher gelesen, als diese Schrift dem Druck übergeben war, so würde besonders der Abschnitt von dem Ursprunge und der ursprünglichen Künstlichkeit der modernen Poesie ungleich weniger unvollkommen geworden sein. – Man urteilt einseitig und ungerecht, wenn man die letzten Dichter der alten Kunst wie bisher nur nach den Grundsätzen der objektiven Poesie würdigt. Die natürliche und die künstliche ästhetische Bildung greifen ineinander, und die Spätlinge der antiken Poesie sind zugleich die Vorläufer der modernen. – So treu auch die bukolischen Dichter der sizilischen Schule die rohe Natur nachahmen, so ist doch die Rückkehr von verderbter Kunst zur verlornen Natur der erste Keim der sentimentalen Poesie. Auch wird in den griechischen Idyllen nicht immer das Natürliche, sondern oft schon das Naive, d. h. das Natürliche im Kontrast mit dem Künstlichen, dargestellt, welches nur der sentimentale Dichter darstellt. Je mehr sich die idyllischen Dichter der Römer von der treuen Nachahmung roher Natur entfernen und der Darstellung eines Goldnen Zeitalters der Unschuld nähern, um so weniger sind sie antik, um so mehr sind sie modern. Die Satiren des Horaz sind zwar noch, was die des Lucilius: poetische Ansichten und poetische Äußerungen römischer Urbanität; wie die dorischen Mimen und die sokratischen Dialoge der dorischen und der sokratischen Urbanität. Aber einige ursprünglich römische Oden und Epoden des Horaz (und nicht die schlechtesten!) sind sentimentale Satiren, welche den Kontrast der Wirklichkeit und des Ideals darstellen. Der sentimentale Ton der spätern, von ihrem ursprünglichen Charakter ausgearteten römischen Satire, wie auch nach Schillers treffender Bemerkung des Tacitus und Lukian, ist unverkennbar. Die Elegien der römischen Triumvirn aber sind lyrisch und nicht sentimental. Selbst in denjenigen hinreißenden Gedichten des Properz, wo Stoff und Geist ursprünglich römisch ist, findet sich keine Spur von einer Beziehung auf das Verhältnis des Realen und des Idealen, welche das charakteristische Merkmal der sentimentalen Poesie ist. Doch findet sich in allen, vorzüglich im Tibull, wie in den griechischen Idyllen eine Sehnsucht nach einfacher ländlicher Natur aus Überdruß an der ausgearteten städtischen Bildung. – Äußerst überraschend ist es, daß die griechischen Erotiker in der Anordnung des Ganzen, im Kolorit der Darstellung, in der Manier der Gleichnisse und selbst im Periodenbau durchaus modern sind. Ihr Prinzip ist nicht Streben nach unbestimmtem Stoff und bloßem Leben überhaupt, sondern wie auch im Oppian und noch viel früher in den Sotadischen Gedichten ein subjektives Interesse an einer bestimmten Art von Leben, an einem individuellen Stoff. Man vergleiche den Achilles Tatius zum Beispiel mit einer äußerst mittelmäßigen italienischen oder spanischen Novelle. Nach Absonderung des Nationalen und Zufälligen wird man durch die vollkommenste Gleichheit überrascht werden.

Merkwürdig und bestätigend war es mir, daß in Schillers treffender Charakteristik der drei sentimentalen Dichtarten das Merkmal eines Interesse an der Realität des Idealen in dem Begriff einer jeden derselben stillschweigend vorausgesetzt oder sichtbar angedeutet wird. Die objektive Poesie aber weiß von keinem Interesse, und macht keine Ansprüche auf Realität. Sie strebt nur nach einem Spiel, das so würdig sei als der heiligste Ernst, nach einem Schein, der so allgemeingültig und gesetzgebend sei als die unbedingteste Wahrheit. Eben daher ist auch die Täuschung, deren die interessante Poesie bedarf, und die technische Wahrheit, die ein Gesetz der schönen Poesie ist, so durchaus verschieden. Du mußt an das Goldne Zeitalter, an den Himmel auf Erden wenigstens vorübergehend ernstlich glauben, wenn die sentimentale Idylle dich entzücken soll. Sobald du wahrnimmst, daß der sentimentale Satiriker nur finster träume oder verleumde: mag er noch soviel poetischen Schwung haben, er kann dich nur unterhalten, aber nicht mehr fassen und begeistern.

Es ist äußerst wichtig, dieses charakteristische Merkmal der interessanten Poesie nicht zu übersehn, weil man sonst in Gefahr gerät, das Sentimentale mit dem Lyrischen zu verwechseln. Nicht jede poetische Äußerung des Strebens nach dem Unendlichen ist sentimental: sondern nur eine solche, die mit einer Reflexion über das Verhältnis des Idealen und des Realen verknüpft ist. Wenn das reine, unbestimmte, an keinen einzelnen Gegenstand gefesselte Streben nach dem Unendlichen nicht unter allem Wechsel der Gefühle herrschende Stimmung des Gemüts bleibt, wie in den Bruchstücken der Sappho, des Alkäus, Bakchylides und Simonides, den Pindarischen Gedichten, und dem größten Teil der nach dem Griechischen gebildeten Horazischen Oden, die nicht sentimental, sondern lyrisch sind: so ist keine vollendete lyrische Schönheit möglich. Das allgemeine Streben nach innrer und äußerer Begrenzung, welches das Zeitalter des Ursprungs des griechischen Republikanismus und der lyrischen Poesie der Griechen so charakteristisch unterscheidet, war die erste Äußerung des erwachten Vermögens des Unendlichen. Nur dadurch ward lyrische Anlage zur lyrischen Kunst, die man dem Kallinus, Tyrtäus, Archilochus, Mimnermus und Solon nicht absprechen kann, wenn sich gleich jene erhabene Stimmung und hohe Schönheit in ihren Bruchstücken nicht findet. – Nicht jede poetische Darstellung des Absoluten ist sentimental. Im ganzen Gebiet der klassischen Poesie ist die Darstellung des einzigen Sophokles absolut. Das Absolute wird aber auch z. B. im Äschylus und Aristophanes dargestellt. Jener, wiewohl er sein Ideal nicht erreicht, gewährt eine lebendige Erscheinung unendlicher Einheit; dieser eine lebendige Erscheinung unendlicher Fülle. Die charakteristischen Merkmale der sentimentalen Poesie sind das Interesse an der Realität des Ideals, die Reflexion über das Verhältnis des Idealen und Realen, und die Beziehung auf ein individuelles Objekt der idealisierenden Einbildungskraft des dichtenden Subjekts. Nur durch das Charakteristische, d. h. die Darstellung des Individuellen, wird die sentimentale Stimmung zur Poesie. Die Sphäre der interessanten Poesie wird durch die drei Arten der sentimentalen bei weitem nicht erschöpft; und nach dem Verhältnis des Sentimentalen und Charakteristischen dürfte wohl auch in der interessanten Poesie ein Analogon von Stil stattfinden.

Nun ist es aber selbst nach der Meinung der Majorität der Philosophen ein charakteristisches Merkmal des Schönen, daß das Wohlgefallen an demselben uninteressiert sei; und wer nur zugibt, daß der Begriff des Schönen praktisch und spezifisch verschieden sei, wenn er ihn auch nur problematisch aufstellt und seine Gültigkeit und Anwendbarkeit unentschieden läßt, der kann dies nicht leugnen. Das Schöne ist also nicht das Ideal der modernen Poesie und von dem Interessanten wesentlich verschieden.

Im ganzen Gebiet der ästhetischen Wissenschaften ist die Deduktion des Interessanten vielleicht die schwerste und verwickeltste Aufgabe. Der Rechtfertigung des Interessanten muß die Erklärung der Entstehung und Veranlassung vorangehn. Nachdem die vollendete natürliche Bildung der Alten entschieden gesunken und ohne Rettung ausgeartet war, ward durch den Verlust der endlichen Realität und die Zerrüttung vollendeter Form ein Streben nach unendlicher Realität veranlaßt, welches bald allgemeiner Ton des Zeitalters wurde. Ein und dasselbe Prinzip erzeugte die kolossalen Ausschweifungen der Römer und, nachdem es in der Sinnenwelt seine Hoffnung getäuscht sah, das seltsame Phänomen der neuplatonischen Philosophie und die allgemeine Tendenz jener merkwürdigen Periode, wo der menschliche Geist zu schwindeln schien, nach einer universellen und metaphysischen Religion. Der entscheidende Moment der römischen Sittengeschichte, da der Sinn für schönen Schein und sittliche Spiele ganz verloren ging und das menschliche Geschlecht zur nackten Realität herabsank, ist scharfsinnigen Geschichtsforschern nicht unbemerkt geblieben. Läßt sich nun erweisen, daß auch durch die glücklichste natürliche Bildung, welche der Vervollkommnungsfähigkeit wie der Dauer nach notwendig beschränkt sein muß, der ästhetische Imperativ nicht vollkommen befriedigt werden kann; und daß die künstliche ästhetische Bildung, welche nur auf die völlig aufgelöste natürliche Bildung folgen kann und da anfangen muß, wo jene aufgehört hat, nämlich mit dem Interessanten, manche Stufen durchgehn müsse, ehe sie nach den Gesetzen einer objektiven Theorie und dem Beispiel der klassischen Poesie zum Objektiven und Schönen gelangen könne: so ist eben damit auch bewiesen, daß das Interessante, als die notwendige Vorbereitung zur unendlichen Perfektibilität der ästhetischen Anlage, ästhetisch erlaubt sei. Denn der ästhetische Imperativ ist absolut, und da er nie vollkommen erfüllt werden kann, so muß er wenigstens durch die endlose Annäherung der künstlichen Bildung immer mehr erreicht werden. Nach dieser Deduktion, welche eine eigne Wissenschaft, die angewandte Poetik, begründet, ist das Interessante dasjenige, was provisorischen ästhetischen Wert hat. Zwar hat das Interessante notwendig auch intellektuellen oder moralischen Gehalt: ob aber auch Wert, daran zweifle ich. Das Gute, das Wahre soll getan, erkannt, nicht dargestellt und empfunden werden. Für eine Menschenkenntnis, die aus dem Shakespeare, für eine Tugend, die aus der Heloise geschöpft sein soll, gebe ich nicht viel, so viel Rühmens auch diejenigen davon machen, welche gern recht viel Empfehlungsgründe für die Poesie anhäufen. – Immer aber hat das Interessante in der Poesie nur eine provisorische Gültigkeit, wie die despotische Regierung.

So gefährlich es ist, neue Kunstwörter zu prägen, so schien es mir doch und scheint mir auch noch jetzt durchaus notwendig, die Tragödie des Sophokles und des Shakespeare, Dichtarten, welche sich fast durch alle Merkmale entgegengesetzt sind, durch ein bedeutendes Beiwort zu unterscheiden. Doch scheint mir die Benennung einer philosophischen Tragödie selbst nicht mehr die schicklichste zu sein. Besser wäre es vielleicht, die Tragödie, deren Begriff in der reinen Poetik (nach Anleitung der Kategorien) a priori deduziert wird und deren Beispiel die griechische Dichtart liefert, die objektive; die Shakespearesche Dichtart hingegen, welche aus sentimentalen und charakteristischen Bestandteilen ein absolutes interessantes Ganzes organisiert, die interessante Tragödie zu nennen. Will man fernerhin auch die Dichtart des Corneille, Racine und Voltaire, aus übertriebner Schonung selbst gegen den Eigensinn des Sprachgebrauchs, Tragödie nennen: so könnte man sie durch das Beiwort der französischen unterscheiden, um gleich daran zu erinnern, daß dies nur eine nationelle Anmaßung sei.

Auf den Grundriß einer Geschichte der griechischen Poesie soll, sobald als möglich, eine Geschichte der attischen Tragödie folgen. Sie wird nicht allein den höchsten Gipfel, welchen die klassische Poesie erreicht hat, genau bestimmen müssen, sondern auch die Bildungsstufen ihrer Geschichte am deutlichsten erklären können. Denn wie nach der Meinung des Platonischen Sokrates, was sittliche Vollkommenheit eigentlich sei, in der größern Masse des Staats sichtbarer ist, als im einzelnen Menschen: so sind die Bildungsgesetze der griechischen Kunstgeschichte in der attischen Tragödie, wenn ich mich so ausdrücken darf, mit größerer Schrift ausgeprägt.

Sind die Verhältnisse der griechischen Poesie zur modernen und zur griechischen Bildung überhaupt, ihre Bildungsstufen und Arten, ihre Grenzen und Bildungsgesetze bestimmt: so sind die Umrisse und der Entwurf des Ganzen vollständig verzeichnet.

Diese Sammlung wird in der Folge auch die politische Bildung der klassischen Völker umfassen.

Über das Studium der griechischen Poesie

Es springt in die Augen, daß die moderne Poesie das Ziel, nach welchem sie strebt, entweder noch nicht erreicht hat, oder daß ihr Streben überhaupt kein festes Ziel, ihre Bildung keine bestimmte Richtung, die Masse ihrer Geschichte keinen gesetzmäßigen Zusammenhang, das Ganze keine Einheit hat. Sie ist zwar nicht arm an Werken, in deren unerschöpflichem Gehalt die forschende Bewunderung sich verliert, vor deren Riesenhöhe das erstaunte Auge zurücksinkt; an Werken, deren übermächtige Gewalt alle Herzen hinreißt und besiegt. Aber die stärkste Erschütterung, die reichhaltigste Tätigkeit sind oft am wenigsten befriedigend. Eben die trefflichsten Gedichte der Modernen, deren hohe Kraft und Kunst Ehrfurcht fordert, vereinigen nicht selten das Gemüt nur, um es schmerzlicher wieder zu zerreißen. Sie lassen einen verwundenden Stachel in der Seele zurück, und nehmen mehr als sie geben. Befriedigung findet sich nur in dem vollständigen Genuß, wo jede erregte Erwartung erfüllt, auch die kleinste Unruhe aufgelöst wird; wo alle Sehnsucht schweigt. Dies ist es, was der Poesie unsres Zeitalters fehlt! Nicht eine Fülle einzelner, trefflicher Schönheiten, aber Übereinstimmung und Vollendung, und die Ruhe und Befriedigung, welche nur aus diesen entspringen können; eine vollständige Schönheit, die ganz und beharrlich wäre; eine Juno, welche nicht im Augenblick der feurigsten Umarmung zur Wolke würde. Die Kunst ist nicht deshalb verloren, weil der große Haufe aller derer, die nicht sowohl roh als verkehrt, die mehr mißgebildet als ungebildet sind, ihre Einbildungskraft mit allem, was nur seltsam oder neu ist, willig anfüllen lassen, um nur die unendliche Leerheit ihres Gemüts mit irgend etwas anzufüllen; um der unleidlichen Länge ihres Daseins doch einige Augenblicke zu entfliehn. Der Name der Kunst wird entweiht, wenn man das Poesie nennt: mit abenteuerlichen oder kindischen Bildern spielen, um schlaffe Begierden zu stacheln, stumpfe Sinne zu kitzeln und rohen Lüsten zu schmeicheln. Aber überall, wo echte Bildung nicht die ganze Volksmasse durchdringt, wird es eine gemeinere Kunst geben, die keine anderen Reize kennt, als niedrige Üppigkeit und widerliche Heftigkeit. Bei stetem Wechsel des Stoffs bleibt ihr Geist immer derselbe: verworrne Dürftigkeit. Bei uns hingegen gibt es auch eine bessere Kunst, deren Werke unter denen der gemeinen wie hohe Felsen aus der unbestimmten Nebelmasse einer entfernten Gegend hervortreten. Wir treffen in der neuen Kunstgeschichte hie und da auf Dichter, welche in der Mitte eines versunknen Zeitalters Fremdlinge aus einer höhern Welt zu sein scheinen. Mit der ganzen Kraft ihres Gemüts wollen sie das Ewige, und wenn sie in ihren Werken Übereinstimmung und Befriedigung noch nicht völlig erreichen: so streben sie doch so mächtig nach denselben, daß sie die gerechteste Hoffnung erregen, das Ziel der Poesie werde nicht ewig unerreichbar bleiben, wenn es anders durch Kraft und Kunst, durch Bildung und Wissenschaft erreicht werden kann. Allein in dieser bessern Kunst selbst offenbaren sich die Mängel der modernen Poesie am sichtbarsten. Eben hier, wenn das Gefühl den hohen Wert eines Gedichts anerkannt und das Urteil den Ausspruch des Gefühls geprüft und bestätigt hat, gerät der Verstand in nicht geringe Verlegenheit. In den meisten Fällen scheint das, worauf die Kunst am ersten stolz sein dürfte, gar nicht ihr Eigentum zu sein. Es ist ein schönes Verdienst der modernen Poesie, daß so vieles Gute und Große, was in den Verfassungen, der Gesellschaft, der Schulweisheit verkannt, verdrängt und verscheucht worden war, bei ihr bald Schutz und Zuflucht, bald Pflege und eine Heimat fand. Hier, gleichsam an die einzige reine Stätte in dem unheiligen Jahrhundert legten die wenigen Edlern die Blüte ihres höhern Lebens, das Beste von allem, was sie taten, dachten, genossen und strebten, wie auf einen Altar der Menschheit nieder. Aber ist nicht ebensooft und öfter Wahrheit und Sittlichkeit der Zweck dieser Dichter, als Schönheit? Analysiert die Absicht des Künstlers, er mag sie nun deutlich zu erkennen geben, oder ohne klares Bewußtsein seinem Triebe folgen; analysiert die Urteile der Kenner und die Entscheidungen des Publikums! Beinahe überall werdet ihr eher jedes andre Prinzip als höchstes Ziel und erstes Gesetz der Kunst, als letzten Maßstab für den Wert ihrer Werke stillschweigend vorausgesetzt oder ausdrücklich aufgestellt finden; nur nicht das

Schöne. Dies ist so wenig das herrschende Prinzip der modernen Poesie, daß viele ihrer trefflichsten Werke ganz offenbar Darstellungen des Häßlichen sind, und man wird es wohl endlich, wenngleich ungern, eingestehen müssen, daß es eine Darstellung der Verwirrung in höchster Fülle, der Verzweiflung im Überfluß aller Kräfte gibt, welche eine gleiche, wo nicht eine höhere Schöpferkraft und künstlerische Weisheit erfordert, wie die Darstellung der Fülle und Kraft in vollständiger Übereinstimmung. Die gepriesensten modernen Gedichte scheinen mehr dem Grade als der Art nach von dieser Gattung verschieden zu sein, und findet sich ja eine leise Ahndung vollkommner Schönheit, so ist es nicht sowohl im ruhigen Genuß, als in unbefriedigter Sehnsucht. Ja nicht selten entfernte man sich von dem Schönen um so weiter, je heftiger man nach demselben strebte. So verwirrt sind die Grenzen der Wissenschaft und der Kunst, des Wahren und des Schönen, daß sogar die Überzeugung von der Unwandelbarkeit jener ewigen Grenzen fast allgemein wankend geworden ist. Die Philosophie poetisiert und die Poesie philosophiert: die Geschichte wird als Dichtung, diese aber als Geschichte behandelt. Selbst die Dichtarten verwechseln gegenseitig ihre Bestimmung; eine lyrische Stimmung wird der Gegenstand eines Drama, und ein dramatischer Stoff wird in lyrische Form gezwängt. Diese Anarchie bleibt nicht an den äußern Grenzen stehn, sondern erstreckt sich über das ganze Gebiet des Geschmacks und der Kunst. Die hervorbringende Kraft ist rastlos und unstet; die einzelne wie die öffentliche Empfänglichkeit ist immer gleich unersättlich und gleich unbefriedigt. Die Theorie selbst scheint an einem festen Punkt in dem endlosen Wechsel völlig zu verzweifeln. Der öffentliche Geschmack – doch wie wäre da ein öffentlicher Geschmack möglich, wo es keine öffentlichen Sitten gibt? – die Karikatur des öffentlichen Geschmacks, die Mode, huldigt mit jedem Augenblicke einem andern Abgotte. Jede neue glänzende Erscheinung erregt den zuversichtlichen Glauben, jetzt sei das Ziel, das höchste Schöne, erreicht, das Grundgesetz des Geschmacks, der äußerste Maßstab alles Kunstwertes sei gefunden. Nur daß der nächste Augenblick den Taumel endigt; daß dann die Nüchterngewordnen das Bildnis des sterblichen Abgottes zerschlagen und in neuem erkünstelten Rausch einen andern an seiner Stelle einweihen, dessen Gottheit wiederum nicht länger dauern wird, als die Laune seiner Anbeter! – Dieser Künstler strebt allein nach den üppigen Reizen eines wollüstigen Stoffs, dem blühenden Schmuck, dem schmeichelnden Wohllaut einer bezaubernden Sprache, wenn auch seine abenteuerliche Dichtung Wahrheit und Schicklichkeit beleidigt und die Seele leer läßt. Jener täuscht sich wegen einer gewissen Rundung und Feinheit in der Anordnung und Ausführung mit dem voreiligen Wahne der Vollendung. Ein andrer, um Reiz und Rundung unbekümmert, hält ergreifende Treue der Darstellung, das tiefste Auffassen der verborgensten Eigentümlichkeit für das höchste Ziel der Kunst. Diese Einseitigkeit des italienischen, französischen und engländischen Geschmacks findet sich in ihrer schneidenden Härte in Deutschland beisammen wieder. – Die metaphysischen Untersuchungen einiger weniger Denker über das Schöne hatten nicht den mindesten Einfluß auf die Bildung des Geschmacks und der Kunst. Die praktische Theorie der Poesie aber war bis auf wenige Ausnahmen bis jetzt nicht viel mehr als der Sinn dessen, was man verkehrt genug ausübte: gleichsam der abgezogne Begriff des falschen Geschmacks, der Geist der unglücklichen Geschichte. Sie folgte daher natürlicher Weise jenen drei Hauptrichtungen, und suchte den Zweck der Kunst bald im Reiz, bald in der Korrektheit, bald in der Wahrheit. Hier empfahl sie durch den Stempel ihrer Autorität sanktionierte Werke als ewige Muster der Nachahmung: dort stellte sie absolute Originalität als den höchsten Maßstab alles Kunstwerts auf, und bedeckte den entferntesten Verdacht der Nachahmung mit unendlicher Schmach. Strenge forderte sie in scholastischer Rüstung unbedingte Unterwerfung auch unter ihre willkürlichsten, offenbar törichten Gesetze; oder sie vergötterte in mystischen Orakelsprüchen das Genie, machte eine künstliche Gesetzlosigkeit zum ersten Grundsatz und verehrte mit stolzem Aberglauben Offenbarungen, die nicht selten sehr zweideutig waren. Die Hoffnung, durch Grundsätze lebendige Werke zu erfinden, nach Begriffen schöne Spiele auszuarbeiten, wurde so oft getäuscht, daß an die Stelle des Glaubens endlich eine äußerste Gleichgültigkeit trat. Die Theorie mag es sich selbst zuschreiben, wenn sie bei dem genievollen Künstler wie bei dem Publikum allen Kredit verloren hat! Wie kann sie Achtung für ihre Aussprüche erwarten, Gehorsam gegen ihre Gesetze fordern, da es ihr noch nicht einmal gelungen ist, eine richtige Erklärung von der Natur der Dichtkunst und eine befriedigende Einteilung ihrer Arten zu geben? Da sie sogar über die Bestimmung der Kunst überhaupt mit sich noch nicht hat einig werden können? Ja wenn es auch irgendeine Behauptung gibt, in welcher die Anhänger der verschiedenen ästhetischen Systeme einigermaßen miteinander übereinzustimmen scheinen, so ist es allein die: daß es kein allgemeingültiges Gesetz der Kunst, kein beharrliches Ziel des Geschmacks gebe, oder daß es, falls es ein solches gebe, doch nicht anwendbar sei; daß die Richtigkeit des Geschmacks und die Schönheit der Kunst allein vom Zufall abhange. Und wirklich scheint der Zufall hier allein sein Spiel zu treiben, und als unumschränkter Despot in diesem seltsamen Reiche der Verwirrung zu herrschen. Die Anarchie, welche in der ästhetischen Theorie wie in der Praxis der Künstler so sichtbar ist, erstreckt sich sogar auf die Geschichte der modernen Poesie. Kaum läßt sich in ihrer Masse beim ersten Blick etwas Gemeinsames entdecken, geschweige denn in ihrem Fortgange Gesetzmäßigkeit, in ihrer Bildung bestimmte Stufen, zwischen ihren Teilen entschiedne Grenzen, und in ihrem Ganzen eine befriedigende Einheit. In einer aufeinander folgenden Reihe von Dichtern findet sich keine beharrliche Eigentümlichkeit, und in dem Geiste gleichzeitiger Werke gibt es keine gemeinschaftlichen Verhältnisse. Bei den Modernen ist es nur ein frommer Wunsch, daß der Geist eines großen Meisters, eines glücklichen Zeitalters seine wohltätigen Wirkungen weit um sich her verbreiten möchte, ohne daß deshalb der Gemeingeist die Eigentümlichkeit des einzelnen verwische, seine Rechte kränke, oder seine Erfindungskraft lähme. Jedem großen Originalkünstler pflegt hier, solange ihn noch die Flut der Mode emporträgt, ein zahlloser Schwarm der armseligsten Kopisten zu folgen, bis durch ihre ewigen Wiederholungen und Entstellungen das große Urbild selbst so alltäglich und ekelhaft geworden ist, daß nun an die Stelle der Vergötterung Abscheu oder ewige Vergessenheit tritt. Charakterlosigkeit scheint der einzige Charakter der modernen Poesie, Verwirrung das Gemeinsame ihrer Masse, Gesetzlosigkeit der Geist ihrer Geschichte, und Skeptizismus das Resultat ihrer Theorie. Nicht einmal die Eigentümlichkeit hat bestimmte und feste Grenzen. Die französische und engländische, die italienische und spanische Poesie scheint häufig, wie auf einer Maskerade, ihren Nationalcharakter gegenseitig zu vertauschen. Die deutsche Poesie aber stellt ein beinahe vollständiges geographisches Naturalienkabinett aller Nationalcharaktere jedes Zeitalters und jeder Weltgegend dar: nur der deutsche, sagt man, fehle. Im Grunde völlig gleichgültig gegen alle Form, und nur voll unersättlichen Durstes nach Stoff, verlangt auch das feinere Publikum von dem Künstler nichts als interessante Individualität. Wenn nur gewirkt wird, wenn die Wirkung nur stark und neu ist, so ist die Art, wie, und der Stoff, worin es geschieht, dem Publikum so gleichgültig, als die Übereinstimmung der einzelnen Wirkungen zu einem vollendeten Ganzen. Die Kunst tut das ihrige, um diesem Verlangen ein Genüge zu leisten. Wie in einem ästhetischen Kramladen steht hier Volkspoesie und Bontonpoesie beisammen, und selbst der Metaphysiker sucht sein eignes Sortiment nicht vergebens; nordische oder christliche Epopöen für die Freunde des Nordens und des Christentums; Geistergeschichten für die Liebhaber mystischer Gräßlichkeiten, und irokesische oder kannibalische Oden für die Liebhaber der Menschenfresserei; griechisches Kostüm für antike Seelen, und Rittergedichte für heroische Zungen; ja sogar Nationalpoesie für die Dilettanten der Deutschheit! Aber umsonst führt ihr aus allen Zonen den reichsten Überfluß interessanter Individualität zusammen! Das Faß der Danaiden bleibt ewig leer. Durch jeden Genuß werden die Begierden nur heftiger; mit jeder Gewährung steigen die Forderungen immer höher, und die Hoffnung einer endlichen Befriedigung entfernt sich immer weiter. Das Neue wird alt, das Seltene gemein, und die Stachel des Reizenden werden stumpf. Bei schwächerer Selbstkraft und bei geringerm Kunsttriebe sinkt die schlaffe Empfänglichkeit in eine empörende Ohnmacht; der geschwächte Geschmack will endlich keine andre Speise mehr annehmen als ekelhafte Kruditäten, bis er ganz abstirbt und mit einer entschiednen Nullität endigt. Wenn aber auch die Kraft nicht unterliegt, so bringt es wenig Gewinn. Wie ein Mann von großem Gemüte, dem es aber an Übereinstimmung fehlt, bei dem Dichter von sich selbst sagt:

>»So tauml' ich von Begierde zu Genuß,
> Und im Genuß verschmacht ich nach Begierde«

so strebt und schmachtet die kraftvollere ästhetische Anlage rastlos in unbefriedigter Sehnsucht, und die Pein der vergeblichen Anstrengung steigt nicht selten bis zu einer trostlosen Verzweiflung.

Wenn man diese Zwecklosigkeit und Gesetzlosigkeit des Ganzen der modernen Poesie, und die hohe Trefflichkeit der einzelnen Teile gleich aufmerksam beobachtet: so erscheint ihre Masse wie ein Meer streitender Kräfte, wo die Teilchen der aufgelösten Schönheit, die Bruchstücke der zerschmetterten Kunst, in trüber Mischung sich verworren durcheinander regen. Man könnte sie ein Chaos alles Erhabnen, Schönen und Reizenden nennen, welches gleich dem alten Chaos, aus dem sich, wie die Sage lehrt, die Welt ordnete, eine Liebe und einen Haß erwartet, um die verschiedenartigen Bestandteile zu scheiden, die gleichartigen aber zu vereinigen.

Sollte sich nicht ein Leitfaden entdecken lassen, um diese rätselhafte Verwirrung zu lösen, den Ausweg aus diesem Labyrinthe zu finden? Der Ursprung, Zusammenhang und Grund so vieler seltsamen Eigenheiten der modernen Poesie muß doch auf irgendeine Weise erklärbar sein. Vielleicht gelingt es uns, aus dem Geist ihrer bisherigen Geschichte zugleich auch den Sinn ihres jetzigen Strebens, die Richtung ihrer fernern Laufbahn und ihr künftiges Ziel aufzufinden. Wären wir erst über das Prinzipium ihrer Bildung aufs reine, so würde es vielleicht nicht schwer sein, daraus die vollständige Aufgabe derselben zu entwickeln. – Schon oft erzeugte ein dringendes Bedürfnis seinen Gegenstand; aus der Verzweiflung ging eine neue Ruhe hervor, und die Anarchie ward die Mutter einer wohltätigen Revolution. Sollte die ästhetische Anarchie unsres Zeitalters nicht eine ähnliche glückliche Katastrophe erwarten dürfen? Vielleicht ist der entscheidende Augenblick gekommen, wo dem Geschmack entweder eine gänzliche Verbesserung bevorsteht, nach welcher er nie wieder zurücksinken kann, sondern notwendig fortschreiten muß; oder die Kunst wird auf immer fallen, und unser Zeitalter muß allen Hoffnungen auf Schönheit und Wiederherstellung echter Kunst ganz entsagen. Wenn wir also zuvor den Charakter der modernen Poesie bestimmter gefaßt, das Prinzipium ihrer Bildung aufgefunden und die originellsten Züge ihrer Individualität erklärt haben werden, so werden sich uns folgende Fragen aufdringen:

Welches ist die Aufgabe der modernen Poesie? –
Kann sie erreicht werden? –
Welches sind die Mittel dazu? –

*

Es ist einleuchtend, daß es in strengster und buchstäblicher Bedeutung keine Charakterlosigkeit geben kann. Was man so zu nennen pflegt, wird entweder ein sehr verwischter, gleichsam unleserlich gewordner, oder ein äußerst zusammengesetzter, verwickelter und rätselhafter Charakter sein. Schon jene durchgängige Anarchie in der Masse der modernen Poesie ist doch etwas Gemeinsames; ein charakteristischer Zug, der nicht ohne gemeinschaftlichen innern Grund sein kann. – Wir sind gewohnt, mehr nach einem dunkeln Gefühl als nach deutlich entwickelten Gründen, die moderne Poesie als ein zusammenhängendes Ganzes zu betrachten. Aber mit welchem Recht dürfen wir dies stillschweigend voraussetzen? – Es ist wahr, bei aller Eigentümlichkeit und Verschiedenheit der einzelnen Nationen verrät das europäische Völkersystem dennoch durch einen auffallend ähnlichen Geist der Sprachen, der Verfassungen, Gebräuche und Einrichtungen, in vielen übrig gebliebenen Spuren der frühern Zeit, den gleichartigen und gemeinschaftlichen Ursprung ihrer Kultur. Dazu kommt noch eine gemeinschaftliche, von allen übrigen sehr abweichende Religion. Außerdem ist die Bildung dieser äußerst merkwürdigen Völkermasse so innig verknüpft, so durchgängig zusammenhängend, so beständig in gegenseitigem Einflusse aller einzelnen Teile; sie hat bei aller Verschiedenheit so viele gemeinschaftliche Eigenschaften, strebt so sichtbar nach einem gemeinschaftlichen Ziele, daß sie nicht wohl anders als wie ein Ganzes betrachtet werden kann. Was vom Ganzen wahr ist, gilt auch vom einzelnen Teil: wie die moderne Bildung überhaupt, so ist auch die moderne Poesie ein zusammenhängendes Ganzes. So einleuchtend und entschieden jene Bemerkung aber auch für viele sein mag, so fehlt es doch gewiß nicht an Zweiflern, die diesen Zusammenhang teils leugnen, teils aus zufälligen Umständen und nicht aus einem gemeinschaftlichen Prinzip erklären. Es ist hier nicht der Ort, dies auszumitteln. Genug, es verlohnt sich doch wohl der Mühe, dieser Spur zu folgen und den Versuch zu wagen, ob jene allgemeine Voraussetzung die Prüfung bestehe! – Schon der durchgängige gegenseitige Einfluß der modernen Poesie deutet auf innern Zusammenhang. Seit der Wiederherstellung der Wissenschaften fand unter den verschiedenen Nationalpoesien der größten und kultiviertesten europäischen Völker eine stete Wechselnachahmung statt. Sowohl die italienische als die französische und englische Manier hatte ihre goldne Zeit, wo sie den Geschmack des ganzen übrigen gebildeten Europa despotisch beherrschte. Nur Deutschland hat bis jetzt den vielseitigsten fremden Einfluß ohne Rückwirkung erfahren. Durch diese Gemeinschaft wird die grelle Härte des ursprünglichen Nationalcharakters immer mehr verwischt, und endlich fast gar vertilgt. An seine Stelle tritt ein allgemeiner europäischer Charakter, und die Geschichte jeder nationellen Poesie der Modernen enthält nichts andres, als den allmählichen Übergang von ihrem ursprünglichen Charakter zu dem spätern Charakter künstlicher Bildung. Aber schon in den frühesten Zeiten haben die verschiedenen ursprünglichen Eigentümlichkeiten so viel Gemeinsames, daß sie als Zweige eines Stamms erscheinen. Ähnlichkeit der Sprachen, der Versarten, ganz eigentümlicher Dichtarten! Solange die Fabel der Ritterzeit und die christliche Legende die Mythologie der romantischen Poesie waren, ist die Ähnlichkeit des Stoffes und des Geistes der Darstellungen so groß, daß die nationelle Verschiedenheit sich beinahe in die Gleichheit der ganzen Masse verliert. Der Charakter jener Zeit selbst war einfacher und einförmiger. Aber auch nachdem durch eine totale Revolution die Form der europäischen Welt ganz verändert ward, und mit dem Emporkommen des dritten Standes die verschiedenen Nationalcharaktere mannigfaltiger wurden und weiter auseinander wichen, blieb dennoch ungemein viel Ähnlichkeit übrig. Diese äußerte ihren Einfluß auch auf die Poesie; nicht nur in dem Charakter derjenigen Dichtarten, deren Stoff das bürgerliche Leben ist, und in dem Geiste aller Darstellungen, sondern sogar in gemeinschaftlichen Sonderbarkeiten.

Doch diese Züge würden sich allenfalls aus der gemeinschaftlichen Abstammung und der äußern Berührung, kurz aus der Lage erklären lassen. Es gibt aber noch andre merkwürdige Züge der modernen Poesie, wodurch sie sich von allen übrigen Poesien, welche uns die

Geschichte kennen lehrt, aufs bestimmteste unterscheidet, deren Grund und Zweck nur aus einem gemeinschaftlichen innern Prinzip befriedigend deduziert werden kann. Dahin gehört die äußerst charakteristische Standhaftigkeit, mit der alle europäischen Nationen bei der Nachahmung der alten Kunst geblieben und, durch kein Mißlingen ganz abgeschreckt, oft auf neue Weise zu ihr zurückgekehrt sind. Jenes sonderbare Verhältnis der Theorie zur Praxis, da der Geschmack selbst in der Person des Künstlers wie des Publikums von der Wissenschaft nicht bloß Erklärung seiner Aussprüche, Erläuterung seiner Gesetze, sondern Zurechtweisung verlangte, von ihr Ziel, Richtung und Gesetz der Kunst bestimmt haben wollte. In sich selbst uneins und ohne innern Widerhalt nimmt, so scheint es, der kranke Geschmack zu den Rezepten eines Arztes oder eines Quacksalbers seine Zuflucht, wenn dieser nur durch diktatorische Anmaßung die leichtgläubige Treuherzigkeit zu täuschen weiß. Ferner der schneidende Kontrast der höhern und niedern Kunst. Ganz dicht nebeneinander existieren besonders jetzt zwei verschiedene Poesien nebeneinander, deren jede ihr eignes Publikum hat, und unbekümmert um die andre ihren Gang für sich geht. Sie nehmen nicht die geringste Notiz voneinander, außer, wenn sie zufällig aufeinander treffen, durch gegenseitige Verachtung und Spott, oft nicht ohne heimlichen Neid über die Popularität der einen oder die Vornehmigkeit der andern. Das Publikum, welches sich mit der gröbern Kost begnügt, ist naiv genug, jede Poesie, welche höhere Ansprüche macht, als für Gelehrte allein betimmt, nur außerordentlichen Individuen oder doch nur seltnen festlichen Augenblicken angemessen, von der Hand zu weisen. Ferner das totale Übergewicht des Charakteristischen, Individuellen und Interessanten in der ganzen Masse der modernen Poesie, vorzüglich aber in den spätern Zeitaltern. Endlich das rastlose unersättliche Streben nach dem Neuen, Pikanten und Frappanten, bei dem dennoch die Sehnsucht unbefriedigt bleibt.

Wenn die nationellen Teile der modernen Poesie aus ihrem Zusammenhang gerissen und als einzelne für sich bestehende Ganze betrachtet werden, so sind sie unerklärlich. Sie bekommen erst durch einander Haltung und Bedeutung. Je aufmerksamer man aber die ganze Masse der modernen Poesie selbst betrachtet, je mehr erscheint auch sie als das bloße Stück eines Ganzen. Die Einheit, welche so viele gemeinsame Eigenschaften zu einem Ganzen verknüpft, ist in der Masse ihrer Geschichte nicht sogleich sichtbar. Wir müssen ihre Einheit also sogar jenseits ihrer Grenzen aufsuchen, und sie selbst gibt uns einen Wink, wohin wir unsern Weg richten sollen. Die gemeinsamen Züge, welche Spuren innern Zusammenhanges zu sein schienen, sind seltner Eigenschaften, als Bestrebungen und Verhältnisse. Die Gleichheit einiger vermehrt sich, je mehr wir uns von dem jetzigen Zeitalter rückwärts entfernen; die einiger andern, je mehr wir uns demselben nähern. Wir müssen also nach einer doppelten Richtung nach ihrer Einheit forschen; rückwärts nach dem ersten Ursprunge ihrer Entstehung und Entwicklung; vorwärts nach dem letzten Ziele ihrer Fortschreitung. Vielleicht gelingt es uns auf diesem Wege, ihre Geschichte vollständig zu erklären und nicht nur den Grund, sondern auch den Zweck ihres Charakters befriedigend zu deduzieren.

*

Nichts widerspricht dem Charakter und selbst dem Begriffe des Menschen so sehr, als die Idee einer völlig isolierten Kraft, welche durch sich und in sich allein wirken könnte. Niemand wird wohl leugnen, daß derjenige Mensch wenigstens, den wir kennen, nur in einer Welt existieren könne. Schon der unbestimmte Begriff, welchen der gewöhnliche Sprachgebrauch mit den Worten »Kultur, Entwicklung, Bildung« verbindet, setzt zwei verschiedene Naturen voraus; eine, welche gebildet wird, und eine andre, welche durch Umstände und äußre Lage die Bildung veranlaßt und modifiziert, befördert und hemmt. Der Mensch kann nicht tätig sein, ohne sich zu bilden. Bildung ist der eigentliche Inhalt jedes menschlichen Lebens, und der wahre Gegenstand der höhern Geschichte, welche in dem Veränderlichen das Notwendige aufsucht. So wie der Mensch ins Dasein tritt, wird er mit dem Schicksal gleichsam handgemein, und sein ganzes Leben ist ein steter Kampf auf Leben und Tod mit der furchtbaren Macht, deren Armen er nie entfliehen kann. Innig umschließt sie ihn von allen Seiten und läßt keinen Augenblick von ihm ab. Man könnte die Geschichte der Menschheit, welche die notwendige Genesis und

Progression der menschlichen Bildung charakterisiert, mit militärischen Annalen vergleichen. Sie ist der treue Bericht von dem Kriege der Menschheit und des Schicksals. Der Mensch bedarf aber nicht nur einer Welt außer sich, welche bald Veranlassung, bald Element, bald Organ seiner Tätigkeit werde; sondern sogar im Mittelpunkte seines eignen Wesens hat sein Feind – die ihm entgegengesetzte Natur – noch Wurzel gefaßt. Es ist schon oft bemerkt worden: die Menschheit sei eine zwitterhafte Spielart, eine zweideutige Mischung der Gottheit und der Tierheit. Man hat es richtig gefühlt, daß es ihr ewiger, notwendiger Charakter sei, die unauflöslichen Widersprüche, die unbegreiflichen Rätsel in sich zu vereinigen, welche aus der Zusammensetzung des unendlich Entgegengesetzten entspringen. Der Mensch ist eine aus seinem reinen Selbst und einem fremdartigen Wesen gemischte Natur. Er kann mit dem Schicksal nie reine Abrechnung halten und bestimmt sagen: jenes ist dein, dies ist mein. Nur das Gemüt, welches von dem Schicksal hinlänglich durchgearbeitet worden ist, erreicht das seltne Glück, selbständig sein zu können. Die Grundlage seiner stolzesten Werke ist oft ein bloßes Geschenk der Natur, und auch seine besten Taten sind nicht selten kaum zur Hälfte sein. Ohne alle Freiheit wäre es keine Tat: ohne alle fremde Hülfe keine menschliche. Die zu bildende Kraft aber muß notwendig das Vermögen haben, sich die Gabe der bildenden zuzueignen, das Vermögen, auf die Veranlassung jener sich selbst zu bestimmen. Sie muß frei sein. Bildung oder Entwicklung der Freiheit ist die notwendige Folge alles menschlichen Tuns und Leidens, das endliche Resultat jeder Wechselwirkung der Freiheit und der Natur. In dem gegenseitigen Einfluß, der steten Wechselbestimmung, welche zwischen beiden stattfindet, muß nun notwendiger Weise eine von beiden Kräften die wirkende, die andre die rückwirkende sein. Entweder die Freiheit oder die Natur muß der menschlichen Bildung den ersten bestimmenden Anstoß geben, und dadurch die Richtung des Weges, das Gesetz der Progression und das endliche Ziel der ganzen Laufbahn determinieren; es mag nun von der Entwicklung der gesamten Menschheit oder eines einzelnen wesentlichen Bestandteils derselben die Rede sein. Im ersten Fall kann die Bildung eine natürliche, im letztern eine künstliche heißen. In jener ist der erste ursprüngliche Quell der Tätigkeit ein unbestimmtes

Verlangen, in dieser ein bestimmter Zweck. Dort ist der Verstand auch bei der größten Ausbildung höchstens nur der Handlanger und Dolmetscher der Neigung; der gesamte zusammengesetzte Trieb aber der unumschränkte Gesetzgeber und Führer der Bildung. Hier ist die bewegende, ausübende Macht zwar auch der Trieb; die lenkende, gesetzgebende Macht hingegen der Verstand: gleichsam ein oberstes lenkendes Prinzipium, welches die blinde Kraft leitet und führt, ihre Richtung determiniert, die Anordnung der ganzen Masse bestimmt und nach Willkür die einzelnen Teile trennt und verknüpft.

Die Erfahrung belehrt uns, daß unter allen Zonen, in jedem Zeitalter, bei allen Nationen, und in jedem Teile der menschlichen Bildung die Praxis der Theorie vorangIng, daß ihre Bildung von Natur den Anfang nahm. Und auch schon vor aller Erfahrung kann die Vernunft sicher im voraus bestimmen, daß die Veranlassung dem Veranlaßten, die Wirkung der Rückwirkung, der Anstoß der Natur der Selbstbestimmung des Menschen vorangehn müsse. – Nur auf Natur kann Kunst, nur auf eine natürliche Bildung kann die künstliche folgen. Und zwar auf eine verunglückte natürliche Bildung: denn wenn der Mensch auf dem leichten Wege der Natur ohne Hindernis immer weiter zum Ziele fortschreiten könnte, so wäre ja die Hülfe der Kunst ganz überflüssig, und es ließe sich in der Tat gar nicht einsehen, was ihn bewegen sollte, einen neuen Weg einzuschlagen. Die bewegende Kraft wird sich in der einmal genommenen Richtung fortbewegen, wenn sie sich selbst überlassen bleibt und ein Umschwung von außen ihr nicht eine neue Direktion erteilt. Die Natur wird das lenkende Prinzipium der Bildung bleiben, bis sie dies Recht verloren hat, und wahrscheinlich wird nur ein unglücklicher Mißbrauch ihrer Macht den Menschen dahin vermögen, sie ihres Amtes zu entsetzen. Daß der Versuch der natürlichen Bildung mißglücken könne, ist aber gar keine unwahrscheinliche Voraussetzung: der Trieb ist zwar ein mächtiger Beweger, aber ein blinder Führer. Überdem ist hier in die Gesetzgebung selbst etwas Fremdartiges aufgenommen: denn der gesamte Trieb ist ja nicht rein, sondern aus Menschheit und Tierheit zusammengesetzt. Die künstliche Bildung hingegen *kann* wenigstens zu einer richtigen Gesetzgebung, dauerhaften Vervollkommnung und endlichen, vollständigen Befriedigung führen: weil dieselbe Kraft, welche das Ziel des Ganzen bestimmt, hier zugleich auch die Richtung der Laufbahn bestimmt, die einzelnen Teile lenkt und ordnet.

Schon in den frühesten Zeitaltern der europäischen Bildung finden sich unverkennbare Spuren des künstlichen Ursprungs der modernen Poesie. Die Kraft, der Stoff war zwar durch Natur gegeben: das lenkende Prinzip der ästhetischen Bildung war aber nicht der Trieb, sondern gewisse dirigierende Begriffe[1]. Selbst der individuelle Charakter dieser Begriffe war durch Umstände veranlaßt, und durch die äußre Lage notwendig bestimmt. Daß aber der Mensch nach diesen Begriffen sich selbst bestimmte, den gegebnen Stoff ordnete und die Richtung seiner Kraft determinierte: das war ein freier Aktus des Gemüts. Dieser Aktus ist aber eben der ursprüngliche Quell, der erste bestimmende Anstoß der künstlichen Bildung, welcher also mit vollem Recht der Freiheit zugeschrieben wird. Die Phantasterei der romantischen Poesie hat nicht etwa wie orientalischer Bombast eine abweichende Naturanlage zum Grunde. Es sind vielmehr offenbar abenteuerliche Begriffe, durch welche eine an sich glückliche, dem Schönen nicht ungünstige Phantasie eine verkehrte Richtung genommen hatte. Sie stand also unter der Herrschaft von Begriffen; und so dürftig und dunkel diese auch sein mochten, so war doch der Verstand das lenkende Prinzip der ästhetischen Bildung. – Das kolossalische Werk des Dante, dieses erhabne Phänomen in der trüben Nacht jenes eisernen Zeitalters, ist ein neues Dokument für den künstlichen Charakter der ältesten modernen Poesie. Im einzelnen wird niemand die großen, überall verbreiteten Züge verkennen, die nur aus jener ursprünglichen Kraft gequollen sein können, welche weder gelehrt noch

---

[1] Mögen diese herrschenden Begriffe noch so dunkel und verworren sein, so können und dürfen sie doch mit dem Triebe, als dirigierendem Prinzip der Bildung, nicht verwechselt werden. Beide sind nicht durch Grade, sondern der Art nach voneinander unterschieden. Zwar veranlassen herrschende Begriffe ähnliche Neigungen, und umgekehrt. Dennoch ist die dirigierende Kraft unverkennbar, weil beider Richtung ganz entgegengesetzt ist. Die Tendenz des gesamten Triebes geht auf ein unbestimmtes Ziel; die Tendenz des isolierenden Verstandes geht auf einen bestimmten Zweck. Der entscheidende Punkt ist, ob die Anordnung der ganzen Masse, die Richtung aller Kräfte durch das Streben des gesamten noch ungetrennten Bestrebungs- und Gefühlsvermögen oder durch einen einzelnen Begriff und Absicht bestimmt ist.

gelernt werden kann. Die eigensinnige Anordnung der Masse aber, den höchst seltsamen Gliederbau des ganzen Riesenwerks verdanken wir weder dem göttlichen Barden, noch dem weisen Künstler, sondern den gotischen Begriffen des Barbaren. – Der Reim selbst scheint ein Kennzeichen dieser ursprünglichen Künstlichkeit unsrer ästhetischen Bildung. Zwar kann vielleicht das Vergnügen an der gesetzmäßigen Wiederkehr eines ähnlichen Geräusches in der Natur des menschlichen Gefühlsvermögens selbst gegründet sein. Jeder Laut eines lebenden Wesens hat seinen eigentümlichen Sinn, und auch die Gleichartigkeit mehrerer Laute ist nicht bedeutungslos. Wie der einzelne Laut den vorübergehenden Zustand, so bezeichnet sie die beharrliche Eigentümlichkeit. Sie ist die tönende Charakteristik, das musikalische Porträt einer individuellen Organisation. So wiederholen viele Tierarten stets dasselbe Geräusch, gleichsam um der Welt ihre Identität bekannt zu machen – sie reimen. Es ließe sich auch wohl denken, daß bei einer ungünstigen oder sehr abweichenden Naturanlage ein Volk auch ohne Künstelei an der Ähnlichkeit des Geräusches ein ganz unmäßiges Wohlgefallen fände. Aber nur wo verkehrte Begriffe die Direktion der poetischen Bildung bestimmten, konnte man eine fremde gotische Zierrat zum notwendigen Gesetz, und das kindische Behagen an einer eigensinnigen Spielerei beinahe zum letzten Zweck der Kunst erheben. Eben wegen dieser ursprünglichen Barbarei des Reims ist seine weise Behandlung eine so äußerst seltne und schwere Kunst, daß die bewundernswürdige Geschicklichkeit der größten Meister kaum hinreicht, ihn nur unschädlich zu machen. In der schönen Kunst wird der Reim immer eine fremdartige Störung bleiben. Sie verlangt Rhythmus und Melodie: denn nur die gesetzmäßige Gleichartigkeit in der zwiefachen Quantität aufeinanderfolgender Töne kann das Allgemeine ausdrücken. Die regelmäßige Ähnlichkeit in der physischen Qualität mehrerer Klänge kann nur das Einzelne ausdrücken. Unstreitig kann sie in der Hand eines großen Meisters ungemein viel Sinn bekommen und ein wichtiges Organ der charakteristischen Poesie werden. Auch von dieser Seite bestätigt sich also das Resultat, daß der Reim (nebst der Herrschaft des Charakteristischen selbst) in der künstlichen Bildung der Poesie seine eigentliche Stelle findet.

Es darf uns nicht irre machen, daß dieser Spuren der Künstlichkeit im Anfange der modernen Poesie, im Vergleich gegen die spätere Zeit, doch nur wenige sind. Das große barbarische Intermezzo, welches den Zwischenraum zwischen der antiken und der modernen Bildung anfüllt, mußte erst beendigt sein, ehe der Charakter der letztern recht laut werden konnte. Es blieben zwar Fragmente der alten Eigentümlichkeit genug übrig; aber durch die nationale Individualität der nordischen Sieger wurde dennoch gleichsam ein frischer Zweig auf den schadhaften Stamm gepfropft. Nun mußte freilich die neue Natur erst Zeit haben, zu werden, zu wachsen und sich zu entwickeln, ehe die Kunst sie nach Willkür lenken und ihre Unerfahrenheit an ihr versuchen konnte. Der Keim der künstlichen Bildung war schon lange vorhanden: in einer künstlichen universellen Religion; in dem unaussprechlichen Elende selbst, welches das endliche Resultat der notwendigen Entartung der natürlichen Bildung war; in den vielen Fertigkeiten, Erfindungen und Kenntnissen, welche nicht verloren gingen. Was von der Ernte der ganzen Vorwelt noch vorhanden war, ward den barbarischen Ankömmlingen zuteil. Eine große und reiche Erbschaft, welche sie aber dadurch teuer genug erkauften, daß ihnen die äußerste Unsittlichkeit der in sich selbst versunknen Natur zugleich mit überliefert ward! Das Erdreich mußte erst urbar gemacht werden und kultiviert sein, ehe dieser Keim sich allmählich entwickeln und aus dem Schoße der Barbarei die neue Form langsam ans Licht treten konnte. Überdem hatte der moderne Geist mit den notwendigen Bedürfnissen der Religion und Politik so viel zu schaffen, daß er erst spät an den Luxus des Schönen denken konnte. Daher blieb auch die europäische Poesie so geraume Zeit beinahe ganz national. Es sind neben ihrem Naturcharakter nur einige, zwar unverkennbare, aber doch wenige Spuren des künstlichen Charakters sichtbar.

Zwar äußern dirigierende Begriffe ihren Einfluß auf die ästhetische Praxis: diese sind aber selbst so dürftig, daß sie höchstens für frühe Spuren der künftigen Theorie gelten können. Es existiert noch gar keine eigentliche Theorie, welche von der Praxis abgesondert, und notdürftig zusammenhängend wäre. Späterhin tritt aber die Theorie mit ihrem zahlreichen Gefolge desto herrschsüchtiger hervor, greift immer weiter um sich, kündigt sich selbst als gesetzgebendes Prinzip der modernen Poesie an, und wird als solches auch vom Publikum, wie vom Künstler und Kenner anerkannt. Es wäre eigentlich ihre große Bestimmung, dem verderbten Geschmack seine verlorne Gesetzmäßigkeit, und der verirrten Kunst ihre echte Richtung wiederzugeben. Aber nur wenn sie allgemeingültig wäre, könnte sie allgemeingeltend werden, und von einer kraftlosen Anmaßung sich zum Range einer wirklichen öffentlichen Macht erheben. Wie wenig sie aber bis jetzt gewesen sei, was sie sein sollte, ist schon daraus offenbar, daß sie nie mit sich selbst einig werden konnte. Bis dahin müssen die Grenzen des Verstandes und des Gefühls im Gebiete der Kunst von beiden Seiten beständig überschritten werden. Die einseitige Theorie wird sich leicht noch größere Rechte anmaßen, als selbst der allgemeingültigen zukommen würden. Der entartete Geschmack hingegen wird der Wissenschaft seine eigne verkehrte Richtung mitteilen, statt daß er von ihr eine bessere empfangen sollte. Stumpfe oder niedrige Gefühle, verworrne oder schiefe Urteile, lückenhafte oder gemeine Anschauungen werden nicht nur eine Menge einzelner unrichtiger Begriffe und Grundsätze erzeugen, sondern auch grundschiefe Richtungen der Untersuchung, ganz verkehrte Grundgesetze veranlassen. Daher der zwiefache Charakter der modernen Theorie, welcher das unleugbare Resultat ihrer ganzen Geschichte ist. Sie ist nämlich teils ein treuer Abdruck des modernen Geschmacks, der abgezogene Begriff der verkehrten Praxis, die Regel der Barbarei; teils das verdienstvolle stete Streben nach einer allgemeingültigen Wissenschaft.

Aus dieser Herrschaft des Verstandes, aus dieser Künstlichkeit unsrer ästhetischen Bildung erklären sich alle, auch die seltsamsten Eigenheiten der modernen Poesie völlig.

Während der Periode der Kindheit des dirigierenden Verstandes, wenn der theoretisierende Instinkt ein selbständiges Produkt aus sich zu erzeugen noch nicht imstande ist, pflegt er sich gern an eine gegebne Anschauung anzuschließen, wo er Allgemeingültigkeit – das Objekt seines ganzen Strebens – ahndet. Daher die auffallende Nachahmung des Antiken, auf welche alle europäischen Nationen schon so frühe fielen, bei welcher sie mit der standhaftesten Ausdauer beharrten, und zu der sie immer nach einer kurzen Pause nur auf neue Weise zurückkehrten. Denn der theoretisierende Instinkt hoffte vorzüglich hier sein Streben zu befriedigen, die gesuchte Objektivität zu finden. Der kindische Verstand erhebt das einzelne Beispiel zur allgemeinen Regel, adelt das Herkommen und sanktioniert das Vorurteil. Die Autorität der Alten (so schlecht man sie verstand, so verkehrt man sie auch nachahmte) ist das erste Grundgesetz in der Konstitution des ältesten ästhetischen Dogmatismus, welcher nur die Vorübung zu der eigentlich philosophischen Theorie der Poesie war.

Die Willkür der lenkenden Bildungskunst ist unumschränkt; die gefährlichen Werkzeuge der unerfahrnen sind Scheidung und Mischung aller gegebnen Stoffe und vorhandnen Kräfte. Ohne auch nur zu ahnden, was sie tut, eröffnet sie ihre Laufbahn mit einer zerstörenden Ungerechtigkeit; ihr erster Versuch ist ein Fehler, welcher zahllose andre nach sich zieht, welchen die Anstrengung vieler Jahrhunderte kaum wiedergutmachen kann. Der widersinnige Zwang ihrer törichten Gesetze, ihrer gewaltsamen Trennungen und Verknüpfungen hemmt, verwirrt, verwischt und vernichtet endlich die Natur. Den Werken, welche sie produziert, fehlt es an einem innern Lebensprinzip; es sind nur einzelne durch äußre Gewalt aneinandergefesselte Stücke, ohne eigentlichen Zusammenhang, ohne ein Ganzes. Nach vielfältigen Anstrengungen ist die endliche Frucht ihres langen Fleißes oft keine andre als eine durchgängige Anarchie, eine vollendete Charakterlosigkeit. Die allgemeine Vermischung der Nationalcharaktere, die stete Wechselnachahmung im ganzen Gebiete der modernen Poesie würde zwar schon durch den politischen und religiösen Zusammenhang eines Völkersystems, welches sich durch seine äußre Lage vielfach berührt und aus einem gemeinschaftlichen Stamm entsprungen ist, begreiflich werden können: gleichwohl bekommt sie durch die Künstlichkeit der Bildung einen ganz eigentümlichen Anstrich. Bei einer natürlichen Bildung würden wenigstens gewisse Grenzen der Absonderung wie der Vereinigung entschieden und bestimmt sein. Die Willkür der Absicht allein konnte eine so grenzenlose Verwirrung erzeugen, und endlich jede Spur von Gesetzmäßigkeit vertilgen! Zwar gibt es noch immer so viele Hauptmassen der Eigentümlichkeit, als große kultivierte Nationen. Doch sind die wenigen gemeinsamen Züge sehr schwankend, und eigentlich existiert jeder Künstler für sich, ein isolierter Egoist in der Mitte seines Zeitalters und seines Volks. Es gibt so viele individuelle Manieren als originelle Künstler. Zu manierierter Einseitigkeit gesellt sich die reichste Vielseitigkeit, von der Zeit an, da die rege gewordne Kraft der Natur anfing, ihrer Fülle unter dem Druck des künstlichen Zwanges Luft zu machen. Denn je weiter man von der reinen Wahrheit entfernt ist, je mehr einseitige Ansichten derselben gibt es. Je größer die schon vorhandene Masse des Originellen ist, desto seltner wird neue echte Originalität. Daher die zahllose Legion der nachahmenden Echokünstler; daher genialische Originalität das höchste Ziel des Künstlers, der oberste Maßstab des Kenners.

Der Verstand kann durch zahllose Irrtümer doch endlich eine späte bessere Einsicht teuer erkaufen und sich dann sicher einer dauernden Vervollkommnung nähern. Es ist alsdann unstreitig möglich, daß er den ursprünglichen Nationalcharakter auch rechtmäßig und zu einem höhern Zweck verändern, verwischen und selbst vertilgen könne. Weit unglücklicher noch sind aber diese seine chymischen Versuche in der willkürlichen Scheidung und Mischung der ursprünglichen Künste und reinen Kunstarten. Unvermeidlich wird sein unglücklicher Scharfsinn die Natur gewaltsam zerrütten, ihre Einfachheit verfälschen, und ihre schöne Organisation gleichsam in elementarische Masse auflösen und zerstören. Ob sich aber durch diese künstlichen Zusammensetzungen wirkliche neue Verbindungen und Arten entdecken lassen, ist wenigstens äußerst ungewiß. Wie werden nicht die Grenzen der einzelnen Künste in der Vereinigung mehrerer verwirrt? In einem und demselben Kunstwerke ist die Poesie oft zugleich Despotin und Sklavin der Musik. Der Dichter will darstellen, was nur der Schauspieler vermag; und er läßt Lücken für jenen, die nur er selbst ausfüllen könnte. Die dramatische Gattung allein könnte uns eine reiche Beispielsammlung von unnatürlichen Vermischungen der reinen Dichtarten darbieten. Ich wähle nur ein einziges, aber ein glänzendes Beispiel: durch die Trefflichkeit der Ausführung wird die Monstrosität der Gattung selbst nur desto sichtbarer. Es gibt eine Art moderner Dramen, welche man lyrische nennen könnte. Nicht wegen einzelner lyrischer Teile: denn jedes schöne dramatische Ganze ist aus lauter lyrischen Elementen zusammengesetzt; sondern ein Gedicht in dramatischer Form, dessen Einheit aber eine musikalische Stimmung oder lyrische Gleichartigkeit ist – die dramatische Äußerung einer lyrischen Begeistrung. Keine Gattung wird von schlechten Kennern so häufig und so sehr verkannt als diese: weil die Einheit der Stimmung nicht durch den Verstand eingesehen, sondern nur durch ein zarteres Gefühl wahrgenommen werden kann. Eins der trefflichsten Gedichte dieser Art, der Romeo des Shakespeare, ist gleichsam nur ein romantischer Seufzer über die flüchtige Kürze der jugendlichen Freude; ein schöner Klagegesang, daß diese frischesten Blüten im Frühling des Lebens unter dem lieblosen Hauch des rauhen Schicksals so schnell dahinwelken. Es ist eine hinreißende Elegie, wo die süße Pein, der schmerzliche Genuß der zartesten Liebe unauflöslich verwebt ist. Diese bezaubernde Mischung unauflöslich verwebter Anmut und Schmerzens ist aber eben der eigentliche Charakter der Elegie.

Nichts kann die Künstlichkeit der modernen ästhetischen Bildung besser erläutern und bestätigen, als das große Übergewicht des Individuellen, Charakteristischen und Philosophischen in der ganzen Masse der modernen Poesie. Die vielen und trefflichen Kunstwerke, deren Zweck ein philosophisches Interesse ist, bilden nicht etwa bloß eine unbedeutende Nebenart der schönen Poesie, sondern eine ganz eigne große Hauptgattung, welche sich wieder in zwei Unterarten spaltet. Es gibt eine selbsttätige Darstellung einzelner und allgemeiner, bedingter und unbedingter Erkenntnisse, welche von schöner Kunst ebenso verschieden ist, als von Wissenschaft und Geschichte. Das Häßliche ist ihr oft in ihrer Vollendung unentbehrlich, und auch das Schöne gebraucht sie eigentlich nur als Mittel zu ihrem bestimmten philosophischen Zweck. Überhaupt hat man bisher das Gebiet der darstellenden Kunst zu eng beschränkt, das der schönen Kunst hingegen zu weit ausgedehnt. Der spezifische Charakter der schönen Kunst ist freies Spiel ohne bestimmten Zweck; der der darstellenden Kunst überhaupt die Idealität der Darstellung. Idealisch aber ist eine Darstellung (mag ihr Organ nun Bezeichnung oder Nachahmung sein), in welcher der dargestellte Stoff nach den Gesetzen des darstellenden Geistes gewählt und geordnet, womöglich auch gebildet wird. Wenn es vergönnt ist, alle diejenigen Künstler zu nennen, deren Medium idealische Darstellung, deren Ziel aber unbedingt ist: so gibt es drei spezifisch verschiedene Klassen von Künstlern, je nachdem ihr Ziel das Gute, das Schöne oder das Wahre ist. Es gibt Erkenntnisse, welche durch historische Nachahmung wie durch intellektuelle Bezeichnung durchaus nicht mitgeteilt, welche nur dargestellt werden können; individuelle idealische Anschauungen, als Beispiele und Belege zu Begriffen und Ideen. Auf der andern Seite gibt es auch Kunstwerke, idealische Darstellungen, welche offenbar keinen andern Zweck haben, als Erkenntnis. Ich nenne die idealische Poesie, deren Ziel das philosophisch Interessante ist, didaktische Poesie. Werke, deren Stoff didaktisch, deren Zweck aber ästhetisch, oder Werke, deren Stoff und Zweck didaktisch, deren äußre Form aber poetisch ist, sollte man durchaus nicht so benennen: denn nie kann die individuelle Beschaffenheit des Stoffs ein hinreichendes Prinzip zu einer gültigen ästhetischen Klassifikation sein[1]. Die Tendenz der meisten, trefflichsten und berühmtesten modernen Gedichte ist philosophisch. Ja, die moderne Poesie scheint hier eine gewisse Vollendung, ein Höchstes in ihrer Art erreicht zu haben. Die didaktische Klasse ist ihr Stolz und ihre Zierde; sie ist ihr originellstes Produkt, weder aus verkehrter Nach-

[1] Man redet auch wohl von der angenehmen Kunst als von einer Nebenart der schönen, von der sie doch durch eine unendliche Kluft geschieden ist. Angenehme Redekunst ist mit der schönen Poesie nicht näher verwandt als jede andre sinnliche Geschicklichkeit, welche Plato Kunst zu nennen verbietet und mit der Kochkunst in eine Klasse ordnet. Im allgemeinsten Sinne ist Kunst jede ursprüngliche oder erworbne Geschicklichkeit, irgendeinen Zweck des Menschen in der Natur wirklich auszuführen; die Fertigkeit, irgendeine Theorie praktisch zu machen. Die Zwecke des Menschen sind teils unendlich und notwendig, teils beschränkt und zufällig. Die Kunst ist daher entweder eine freie Ideenkunst oder eine mechanische Kunst des Bedürfnisses, deren Arten die nützliche und die angenehme Kunst sind. – Der Stoff, in welchem das Gesetz des Gemüts ausgeprägt wird, ist entweder die Welt im Menschen selbst, oder die Welt außer ihm, die unmittelbar oder die mittelbar mit ihm verknüpfte Natur. Die freie Ideenkunst zerfällt daher in die Lebenskunst (deren Arten die Sittenkunst und die Staatskunst sind) und in die darstellende Kunst, deren Definition schon oben gegeben ist. Die wissenschaftliche Darstellung – ihr Werkzeug mag nun willkürliche Bezeichnung oder bildliche Nachahmung sein – unterscheidet sich dadurch von der Darstellung der Kunst, daß sie den Stoff, wiewohl sie das Gegebne gleichfalls nach den Gesetzen des darstellenden Geistes ordnet, selten wählt, nie bildet und erfindet. Sie ist mit einem Worte nicht idealisch. Die darstellende Kunst teilt sich in drei Klassen, je nachdem ihr Ziel das Wahre, das Schöne oder das Gute ist. Von den beiden ersten Klassen wird im Text geredet. Mir scheint aber auch die Existenz und spezifische Verschiedenheit

ahmung noch aus irriger Lehre erkünstelt, sondern aus den verborgnen Tiefen ihrer ursprünglichen Kraft erzeugt.

Der große Umfang des Charakteristischen in der ganzen ästhetischen Bildung der Modernen offenbart sich auch in andern Künsten. Gibt es nicht eine charakteristische Malerei, deren Interesse weder ästhetisch, noch historisch, sondern rein physiognomisch, also philosophisch; deren Behandlung aber nicht historisch, sondern idealisch ist? Sie übertrifft sogar an Bestimmtheit der Individualität die Poesie so unendlich weit, wie sie ihr an Umfang, Zusammenhang und Vollständigkeit nachsteht. Selbst in der Musik hat die Charakteristik individueller Objekte ganz wider die Natur dieser Kunst überhandgenommen. Auch in der Schauspielkunst herrscht das Charakteristische unumschränkt. Ein mimischer Virtuose muß an Organisation und Geist gleichsam ein physischer und intellektueller Proteus sein, um sich selbst in jede Manier und jeden Charakter, bis auf die individuellsten Züge, metamorphosieren zu können. Darüber wird die Schönheit vernach-

der dritten Klasse unleugbar. Es gibt, dünkt mich, idealische Darstellungen in der Poesie, deren Ziel und Tendenz weder ästhetisch noch philosophisch, sondern moralisch ist. Es wäre nicht unbegreiflich, daß die Mitteilung sittlicher Güte – ehedem ein integranter Teil der Sokratischen Philosophie –, von der Scholastik verscheucht, ihre Zuflucht zur Poesie genommen hätte. Das Medium, durch welches bei den Griechen die Tugend verbreitet und durch innige Wechselberührung erhöht und vervielfältigt ward, – die Freundschaft oder männliche Liebe ist so gut als nicht mehr vorhanden. Der sittliche Künstler findet nur noch die idealische Darstellung vor, um den angebornen, jedem großen Meister eignen Künstlertrieb, seine Gabe mitzuteilen, seinen Geist im Gemüt seiner Schüler fortzupflanzen, befriedigen zu können. – In einzelnen Fällen sind die Grenzen oft sehr schwer zu bestimmen. Der entscheidende Punkt ist die Anordnung des Ganzen. Der bestimmte Gliederbau eines didaktischen Werks läßt sich am wenigsten verkennen. Ist es die gesetzlichtreie Ordnung eines schönen Spiels, so ist das Werk ästhetisch. Der freie Erguß des sittlichen Gefühls, ohne gefällige Rundung und ohne Streben nach gesetzmäßiger Einheit, würde in der moralischen Poesie stattfinden, zu welcher ich einige berühmte deutsche Werke lieber zählen möchte, als zur philosophischen Klasse. Hemsterhuis redet von einer Philosophie, die dem Dithyrambus ähnlich sei. Was versteht er darunter wohl anders, als den freiesten Erguß des sittlichen Gefühls, eine Mitteilung großer und guter Gesinnungen? Den Simon dieses Philosophen möchte ich eine Sokratische Poesie nennen. Mir wenigstens scheint die Anordnung des Ganzen weder didaktisch, noch dramatisch, sondern dithyrambisch zu sein.

lässigt, der Anstand oft beleidigt, und der mimische Rhythmus vollends ganz vergessen.

Was war natürlicher, als daß das lenkende Prinzipium auch das gesetzgebende, daß das philosophisch Interessante letzter Zweck der Poesie ward? Der isolierende Verstand fängt damit an, daß er das Ganze der Natur trennt und vereinzelt. Unter seiner Leitung geht daher die durchgängige Richtung der Kunst auf treue Nachahmung des einzelnen. Bei höherer intellektueller Bildung wurde also natürlich das Ziel der modernen Poesie originelle und interessante Individualität. Die nackte Nachahmung des einzelnen ist aber eine bloße Kopistengeschicklichkeit, und keine freie Kunst. Nur durch eine idealische Stellung wird die Charakteristik eines Individuums zum philosophischen Kunstwerk. Durch diese Anordnung muß das Gesetz des Ganzen aus der Masse klar hervortreten, und sich dem Auge leicht darbieten; der Sinn, Geist, innre Zusammenhang des dargestellten Wesens muß aus ihm selbst hervorleuchten. Auch die charakteristische Poesie kann und soll daher im einzelnen das Allgemeine darstellen; nur ist dieses Allgemeine (das Ziel des Ganzen und das Prinzip der Anordnung der Masse) nicht ästhetisch, sondern didaktisch. Aber selbst die reichhaltigste philosophische Charakteristik ist doch nur eine einzelne Merkwürdigkeit für den Verstand, eine bedingte Erkenntnis, das Stück eines Ganzen, welches die strebende Vernunft nicht befriedigt. Der Instinkt der Vernunft strebt stets nach in sich selbst vollendeter Vollständigkeit, und schreitet unaufhörlich vom Bedingten zum Unbedingten fort. Das Bedürfnis des Unbedingten und der Vollständigkeit ist der Ursprung und Grund der zweiten Art der didaktischen Gattung. Dies ist die eigentliche philosophische Poesie, welche nicht nur den Verstand, sondern auch die Vernunft interessiert. Ihre eigne natürliche Entwicklung und Fortschreitung führt die charakteristische Poesie zur philosophischen Tragödie, dem vollkommnen Gegensatze der ästhetischen Tragödie. Diese ist die Vollendung der schönen Poesie, besteht aus lauter lyrischen Elementen, und ihr endliches Resultat ist die höchste Harmonie. Jene ist das höchste Kunstwerk der didaktischen Poesie, besteht aus lauter charakteristischen Elementen, und ihr endliches Resultat ist die höchste Disharmonie. Ihre Katastrophe ist tragisch; nicht so ihre ganze Masse: denn die durchgängige Reinheit des

Tragischen (eine notwendige Bedingung der ästhetischen Tragödie) würde der Wahrheit der charakteristischen und philosophischen Kunst Abbruch tun.

Es ist hier nicht der Ort, die noch völlig unbekannte Theorie der philosophischen Tragödie umständlich zu entwickeln. Doch sei es vergönnt, den aufgestellten Begriff dieser Dichtart, welche an sich ein so interessantes Phänomen und außerdem eines der wichtigsten Dokumente für die Charakteristik der modernen Poesie ist, durch ein einziges Beispiel zu erläutern, welches an Gehalt und vollendetem Zusammenhang des Ganzen bis jetzt das trefflichste seiner Art ist. – Man verkennt den Hamlet oft so sehr, daß man ihn stückweise lobt. Eine ziemlich inkonsequente Toleranz, wenn das Ganze wirklich so unzusammenhängend, so sinnlos ist, als man stillschweigend voraussetzt! Überhaupt ist in Shakespeares Dramen der Zusammenhang selbst zwar so einfach und klar, daß er offnen und unbefangnen Sinnen sichtbar und von selbst einleuchtet. Der Grund des Zusammenhanges aber liegt oft so tief verborgen, die unsichtbaren Bande, die Beziehungen sind so fein, daß auch die scharfsinnigste kritische Analyse mißglücken muß, wenn es an Takt fehlt, wenn man falsche Erwartungen mitbringt, oder von irrigen Grundsätzen ausgeht. Im Hamlet entwickeln sich alle einzelnen Teile notwendig aus einem gemeinschaftlichen Mittelpunkt, und wirken wiederum auf ihn zurück. Nichts ist fremd, überflüssig oder zufällig in diesem Meisterstück künstlerischer Weisheit[1]. Der Mittelpunkt des Ganzen liegt im Charakter des Helden. Durch eine wunderbare Situation wird alle Stärke seiner edeln Natur in den Verstand zusammengedrängt, die tätige Kraft aber ganz vernichtet. Sein Gemüt trennt sich, wie auf der Folterbank nach entgegengesetzten Richtungen auseinandergerissen; es zerfällt und geht unter im Überfluß von müßigem Verstand, der ihn selbst noch peinlicher drückt, als alle die ihm nahen. Es gibt vielleicht keine vollkommnere Darstellung der unauflöslichen Disharmonie, welche der

---

[1] Es war mir eine angenehme Überraschung, diesen vollkommnen Zusammenhang durch das Urteil eines großen Dichters anerkannt zu sehn. Äußerst treffend scheint mir alles, was Wilhelm in Goethens Meister darüber und über den Charakter der Ophelia sagt, wahrhaft göttlich seine Erklärung, wie Hamlet wurde. Nur vergesse man auch nicht, was er war.

eigentliche Gegenstand der philosophischen Tragödie[1] ist, als ein so grenzenloses Mißverhältnis der denkenden und der tätigen Kraft, wie in Hamlets Charakter. Der Totaleindruck dieser Tragödie ist ein Maximum der Verzweiflung. Alle Eindrücke, welche einzeln groß und wichtig schienen, verschwinden als trivial vor dem, was hier als das letzte, einzige Resultat alles Seins und Denkens erscheint: vor der ewigen kolossalen Dissonanz, welche die Menschheit und das Schicksal unendlich trennt.

Im ganzen Gebiete der modernen Poesie ist dieses Drama für den ästhetischen Geschichtsforscher eins der wichtigsten Dokumente. In ihm ist der Geist seines Urhebers am sichtbarsten; hier ist, was über die andern Werke des Dichters nur einzeln zerstreut ist, gleichsam ganz beisammen. Shakespeare aber ist unter allen Künstlern derjenige, welcher den Geist der modernen Poesie überhaupt am vollständigsten und am treffendsten charakterisiert. In ihm vereinigen sich die reizendsten Blüten der romantischen Phantasie, die gigantische Größe der gotischen Heldenzeit, mit den feinsten Zügen moderner Geselligkeit, mit der tiefsten und reichhaltigsten poetischen Philosophie. In den beiden letzten Rücksichten könnte es zu Zeiten scheinen, er hätte die Bildung unsers Zeitalters antizipiert. Wer übertraf ihn je an unerschöpflicher Fülle des Interessanten? An Energie aller Leidenschaften? An unnachahmlicher Wahrheit des Charakteristischen? An einziger Originalität? Er umfaßt die eigentümlichsten ästhetischen Vorzüge der Modernen jeder Art im weitesten Umfange, höchster Trefflichkeit

---

[1] Der Gegenstand des Drama überhaupt ist eine aus Menschheit und Schicksal gemischte Erscheinung, welche den größten Gehalt mit der größten Einheit verbindet. Der Zusammenhang des einzelnen kann auf eine doppelte Weise zu einem unbedingten Ganzen vollendet werden. Entweder wird die Menschheit und das Schicksal in vollkommner Eintracht oder in vollkommnem Streit dargestellt. Das letzte ist der Fall in der philosophischen Tragödie. Begebenheit heißt jene gemischte Erscheinung, wenn das Schicksal überwiegt. Das Objekt der philosophischen Tragödie ist daher eine tragische Begebenheit, deren Masse und äußre Form ästhetisch, deren Inhalt und Geist aber philosophisch interessant ist. Das Bewußtsein jenes Streites erregt das Gefühl der Verzweiflung. Man sollte diesen sittlichen Schmerz über unendlichen Mangel und unauflöslichen Streit nie mit tierischer Angst verwechseln: wiewohl die letztre im Menschen, wo das Geistige mit dem Sinnlichen so innigst verwebt ist, sich oft zu jener gesellt.

und in ihrer ganzen Eigentümlichkeit, sogar bis auf die exzentrischen Sonderbarkeiten und Fehler, welche sie mit sich führen. Man darf ihn ohne Übertreibung den Gipfel der modernen Poesie nennen. Wie reich ist er an einzelnen Schönheiten jeder Art! Wie oft berührt er ganz nahe das höchste Erreichbare! In der ganzen Masse der modernen Poesie entspricht vielleicht nichts dem vollkommnen Schönen so sehr als die liebenswürdige Größe, die bis zur Anmut vollendete Tugend des Brutus im Cäsar.

Dennoch wußten viele gelehrte und scharfsinnige Denker nie recht, was sie mit Shakespeare machen sollten. Der inkorrekte Mensch wollte ihren konventionellen Theorien gar nicht recht zusagen. Eine unwiderstehliche Sympathie befreundet nämlich den Kenner ohne Takt und treffenden Blick mit den ordentlichen Dichtern, die zu schwach sind, um ausschweifen zu können. Es ist daher wenig mehr als die Mittelmäßigkeit derjenigen Künstler, die weder warm noch kalt sind, welche unter dem Namen der Korrektheit gestempelt und geheiligt worden ist. Das gewöhnliche Urteil, Shakespeares Inkorrektheit sündige wider die Regeln der Kunst, ist, um wenig zu sagen, sehr voreilig, solange noch gar keine objektive Theorie existiert. Überdem hat ja noch kaum irgendein Theoretiker auch nur versucht, die Gesetze der charakteristischen Poesie und der philosophischen Kunst überhaupt etwas vollständiger zu entwickeln. Es ist wahr, Shakespeare hat, ungeachtet der beständigen Protestationen der Regelmäßigkeit, die Menge immer unwiderstehlich gefesselt. Dennoch zweifle ich, daß sein philosphischer Geist der Menge eigentlich faßlich sein könne. Durch seine sinnliche Stärke fortgerissen, von seiner täuschenden Wahrheit ergriffen, und höchstens durch seine unerschöpfliche Fülle bezaubert, war es vielleicht nur seine körperliche Masse, bei der sie stehen blieben.

Man hat, so scheint es, den richtigen Gesichtspunkt ganz verfehlt. Wer seine Poesie als schöne Kunst beurteilt, der gerät nur in tiefere Widersprüche, je mehr Scharfsinn er besitzt, je besser er den Dichter kennt. Wie die Natur Schönes und Häßliches durcheinander mit gleich üppigem Reichtum erzeugt, so auch Shakespeare. Keins seiner Dramen ist in Masse schön; nie bestimmt Schönheit die Anordnung des Ganzen. Auch die einzelnen Schönheiten sind wie in der Natur nur selten von häßlichen Zusätzen rein, und sie sind nur Mittel eines andern Zwecks; sie dienen dem charakteristischen oder philosophischen Interesse. Er ist oft auch da eckig und ungeschliffen, wo die feinere Rundung am nächsten lag; nämlich um dieses höhern Interesses willen. Nicht selten ist seine Fülle eine unauflösliche Verwirrung und das Resultat des Ganzen ein unendlicher Streit. Selbst mitten unter den heitern Gestalten unbefangner Kindheit oder fröhlicher Jugend verwundet uns eine bittre Erinnerung an die völlige Zwecklosigkeit des Lebens, an die vollkommne Leerheit alles Daseins. Nichts ist so widerlich, bitter, empörend, ekelhaft, platt und gräßlich, dem seine Darstellung sich entzöge, sobald als ihr Zweck dessen bedarf. Nicht selten entfleischt er seine Gegenstände und wühlt wie mit anatomischem Messer in der ekelhaften Verwesung moralischer Kadaver. »Daß er den Menschen mit seinem Schicksale auf die freundlichste Weise bekannt mache«, ist daher wohl eine zu weit getriebne Milderung. Ja eigentlich kann man nicht einmal sagen, daß er uns zu der reinen Wahrheit führe. Er gibt uns nur eine einseitige Ansicht derselben, wenngleich die reichhaltigste und umfassendste. Seine Darstellung ist nie objektiv, sondern durchgängig manieriert: wiewohl ich der erste bin, der eingesteht, daß seine Manier die größte, seine Individualität die interessanteste sei, welche wir bis jetzt kennen. Man hat es schon oft bemerkt, daß das originelle Gepräge seiner individuellen Manier unverkennbar und unnachahmlich sei. Vielleicht kann überhaupt das Individuelle nur individuell aufgefaßt und dargestellt werden. Wenigstens scheinen charakteristische Kunst und Manier unzertrennliche Gefährten, notwendige Korrelaten. Unter Manier verstehe ich in der Kunst eine individuelle Richtung des Geistes und eine individuelle Stimmung der Sinnlichkeit, welche sich in Darstellungen, die idealisch sein sollen, äußern.

Aus diesem Mangel der Allgemeingültigkeit, aus dieser Herrschaft des Manierierten, Charakteristischen und Individuellen, erklärt sich von selbst die durchgängige Richtung der Poesie, ja der ganzen ästhetischen Bildung der Modernen aufs Interessante[1]. Interessant nämlich

---

[1] Auch wo das Schöne am lautesten genannt wird, findet man bei genauer Analyse im Hintergrunde gemeiniglich nur das Interessante. Solange man den Künstler nicht nach dem Ideale der Schönheit, sondern nach dem Begriff der Virtuosität würdigt, sind Kraft und Kunst nur zwei verschiedene Ansich-

ist jedes originelle Individuum, welches ein größeres Quantum von intellektuellem Gehalt oder ästhetischer Energie enthält. Ich sagte mit Bedacht: ein größeres. Ein größeres nämlich als das empfangende Individuum bereits besitzt: denn das Interessante verlangt eine individuelle Empfänglichkeit, ja nicht selten eine momentane Stimmung derselben. Da alle Größen ins Unendliche vermehrt werden können, so ist klar, warum auf diesem Wege nie eine vollständige Befriedigung erreicht werden kann; warum es kein höchstes Interessantes gibt. Unter den verschiedensten Formen und Richtungen, in allen Graden der Kraft äußert sich in der ganzen Masse der modernen Poesie durchgängig dasselbe Bedürfnis nach einer vollständigen Befriedigung, ein gleiches Streben nach einem absoluten Maximum der Kunst. – Was die Theorie versprach, was man in der Natur suchte, in jedem einzelnen Idol zu finden hoffte: was war es anders als ein ästhetisches Höchstes? Je öfter das in der menschlichen Natur gegründete Verlangen nach vollständiger Befriedigung durch das Einzelne und Veränderliche (auf deren Darstellung die Kunst bisher ausschließend gerichtet war) getäuscht wurde, je heftiger und ratloser ward es. Nur das Allgemeingültige, Beharrliche und Notwendige – das Objektive kann diese große Lücke ausfüllen; nur das Schöne kann diese heiße Sehnsucht stillen. Das Schöne (ich stelle dessen Begriff hier nur problematisch auf, und lasse dessen wirkliche Gültigkeit und Anwendbarkeit für jetzt unentschieden) ist der allgemeingültige Gegenstand eines uninteressierten Wohlgefallens, welches von dem Zwange des Bedürfnisses und des Gesetzes gleich unabhängig, frei und dennoch notwendig, ganz zwecklos und dennoch unbedingt zweckmäßig ist. Das Übermaß des Individuellen führt also von selbst zum Objektiven, das Interessante ist die Vorbereitung des Schönen, und das letzte Ziel der modernen Poesie kann kein andres sein als das höchste Schöne, ein Maximum von objektiver ästhetischer Vollkommenheit.

In diesem zweiten Berührungspunkte treffen von neuem die verschiedenen Ströme, in die sich die moderne Poesie seit ihrem Ursprunge

ten eines und desselben Prinzips der ästhetischen Würdigung, und die Anhänger der Korrektheit und der genialischen Originalität sind nicht durch das Prinzip, sondern nur durch die Direktion ihrer Kritik aufs Positive oder aufs Negative verschieden.

spaltete, alle zusammen. Die Künstlichkeit ihrer Bildung enthielt den Grund ihrer Eigenschaften, und wenn die Richtung und das Ziel ihrer Laufbahn den Zweck ihrer Bestrebungen begreiflich macht, so wird der Sinn ihrer ganzen Masse vollständig erklärt und unsre Frage beantwortet sein.

Die Herrschaft des Interessanten ist durchaus nur eine vorübergehende Krise des Geschmacks: denn sie muß sich endlich selbst vernichten. Doch sind die zwei Katastrophen, unter denen sie zu wählen hat, von sehr verschiedner Art. Geht die Richtung mehr auf ästhetische Energie, so wird der Geschmack, der alten Reize je mehr und mehr gewohnt, nur immer heftigere und schärfere begehren. Er wird schnell genug zum Pikanten und Frappanten übergehn. Das Pikante ist, was eine stumpfgewordne Empfindung krampfhaft reizt; das Frappante ist ein ähnlicher Stachel für die Einbildungskraft. Dies sind die Vorboten des nahen Todes. Das Fade ist die dünne Nahrung des ohnmächtigen, und das Schockante, sei es abenteuerlich, ekelhaft oder gräßlich, die letzte Konvulsion des sterbenden Geschmacks[1]. – Wenn hingegen philosophischer Gehalt in der Tendenz des Geschmacks das Übergewicht hat, und die Natur stark genug ist, auch den heftigsten Erschütterungen nicht zu unterliegen: so wird die strebende Kraft, nachdem sie sich in Erzeugung einer übermäßigen Fülle des Interessanten erschöpft hat, sich gewaltsam ermannen und zu Versuchen des Objektiven übergehn. Daher ist der echte Geschmack in unserm Zeitalter weder ein Geschenk der Natur noch eine Frucht der Bildung allein, sondern nur unter der Bedingung großer sittlicher Kraft und fester Selbständigkeit möglich.

*

Die erhabne Bestimmung der modernen Poesie ist also nichts Geringeres als das höchste Ziel jeder möglichen Poesie, das Größte, was

---

[1] Das Schockante hat drei Unterarten: was die Einbildungskraft revoltiert – das Abenteuerliche: was die Sinne empört – das Ekelhafte; und was das Gefühl peinigt und martert – das Gräßliche. Diese natürliche Entwicklung des Interessanten erklärt sehr befriedigend den verschiedenen Gang der bessern und gemeinen Kunst.

von der Kunst gefordert werden und wonach sie streben kann. Das unbedingt Höchste kann aber nie ganz erreicht werden. Das Äußerste, was die strebende Kraft vermag, ist: sich diesem unerreichbaren Ziele immer mehr und mehr zu nähern. Und auch diese endlose Annäherung scheint nicht ohne innere Widersprüche zu sein, die ihre Möglichkeit zweifelhaft machen. Die Rückkehr von entarteter Kunst zur echten, vom verderbten Geschmack zum richtigen scheint nur ein plötzlicher Sprung sein zu können, der sich mit dem steten Fortschreiten, durch welches sich jede Fertigkeit zu entwickeln pflegt, nicht wohl vereinigen läßt. Denn das Objektive ist unveränderlich und beharrlich: sollte also die Kunst und der Geschmack je Objektivität erreichen, so müßte die ästhetische Bildung gleichsam fixiert werden. Ein absoluter Stillstand der ästhetischen Bildung läßt sich gar nicht denken. Die moderne Poesie wird sich also immer verändern. Kann sie sich aber nicht ebensowohl wiederum rückwärts von dem Ziele entfernen? Kann sie dies nicht auch dann noch, wenn sie schon eine bessere Richtung genommen hätte? Sind also nicht alle menschlichen Bemühungen fruchtlos? – Schon im einzelnen ist ja das Schöne eine Gunst der Natur. Wieviel mehr wird es in der Masse immer von einem einzigen Zusammenfluß seltner Umstände abhängen, welchen der Mensch nicht einmal zu lenken, geschweige denn hervorzubringen vermag? Überhaupt können die Ansprüche an die Selbsttätigkeit der Masse, so scheint es, nie mäßig genug sein. Ihre Bildung, ihre Fortschritte und ihr endliches Gelingen bleiben – trauriges Los! – dem Zufall überlassen.

Alle besseren Menschen hassen den Zufall und sein Gefolge in jeder Gestalt. Jene große Aufgabe des Schicksals muß gleichsam ein mächtiges Aufgebot der Aufmerksamkeit und Tätigkeit für alle die sein, welche die Poesie interessiert. Mag die Hoffnung noch so gering, die Auflösung noch so schwer sein: der Versuch ist notwendig! Wer hier gleichgültig und faul bleibt, dem liegt nichts an der Würde der Kunst und der Menschheit. Was hilft die Höhe der Bildung ohne eine feste Grundlage? Was Kraft ohne eine sichre Richtung, ohne Ebenmaß und Gleichgewicht? Was ein Chaos einzelner schöner Elemente ohne eine vollständige, reine Schönheit? Nur die gewisse Aussicht auf eine günstige Katastrophe der Zukunft könnte uns über den jetzigen Zustand der ästhetischen Bildung befriedigen und beruhigen.

Wahr ists, der Gang der modernen Bildung, der Geist unsres Zeitalters und der deutsche Nationalcharakter insbesondre scheinen der Poesie nicht sehr günstig! – »Wie geschmacklos sind doch«, könnte vielleicht mancher denken, »alle Einrichtungen und Verfassungen; wie unpoetisch alle Gebräuche, die ganze Lebensart der Modernen! Überall herrscht schwerfällige Formalität ohne Leben und Geist, leidenschaftliche Verwirrung und häßlicher Streit. Umsonst sucht mein Blick hier eine freie Fülle, eine leichte Einheit. – Heißt es, die edle Kraft der deutschen Vorväter verkennen, wenn man Zweifel hegt, ob die Goten geborne Dichter waren? Oder war auch das barbarische Christentum der Mönche eine schöne Religion? Tausend Beweise rufen euch einstimmig zu: Prosa ist die eigentliche Natur der Modernen. Früherhin ist in der modernen Poesie doch wenigstens gigantische Kraft und phantastisches Leben. Bald aber wurde die Kunst das gelehrte Spielwerk eitler Virtuosen. Die Lebenskraft jener heroischen Zeit war nun verloschen, der Geist entflohn; nur der Nachhall des ehemaligen Sinns blieb zurück. Was ist die Poesie der spätern Zeit, als ein Chaos aus dürftigen Fragmenten der romantischen Poesie, ohnmächtigen Versuchen höchster Vollkommenheit, welche sich mit wachsernen Flügeln in grader Richtung gen Himmel schwingen, und aus verunglückten Nachahmungen mißverstandner Muster? So flickten Barbaren aus schönen Fragmenten einer bessern Welt gotische Gebäude zusammen. So fertigt der nordische Schüler mit eisernem Fleiß mühsam nach der Antike steinerne Gemälde! – Die Menschheit blühte nur einmal und nicht wieder. Diese Blüte war die schöne Kunst. Im herben Winter läßt sich ja kein künstlicher Frühling erzwingen. Der allgemeine Geist des Zeitalters ist überdem aufgelöste Erschlaffung und Sittenlosigkeit. Ihr seid schlecht, und wollt schön scheinen? Euer Innres ist wurmstichig, und euer Äußres soll rein sein? Widersinniges Beginnen! Wo der Charakter entmannt ist, wo es keine eigentliche sittliche Bildung gibt, da sinkt die Kunst natürlich zu einem niedrigen Kitzel zerflossener Üppigkeit herab. – Am hoffnungslosesten ist das Los der deutschen Poesie! Unter den Engländern und Franzosen haben doch wenigstens die Darstellungen des geselligen Lebens ursprüngliche Wahrheit, eigne Bestandheit, lebendigen Sinn und echte Bedeutung. Der Deutsche hingegen kann nicht darstellen, was er gar nicht hat; wenn er es versucht, fällt er in überspannte Träumereien oder in Frost. Zwar entfernt auch den Engländer die eckige Ungeschliffenheit, der stumpfe Trübsinn, die eiserne Hartnäckigkeit, den Franzosen die flache Heftigkeit, der seichte Ungestüm, die abgeschliffne Leerheit ihres einseitigen Nationalcharakters weit genug vom vollkommnen Schönen. Den charakterlosen Deutschen macht aber die kleinliche Umständlichkeit, die verworrne Schwerfälligkeit, die uralte bedächtliche Langsamkeit seines Geistes zu den leichten Spielen der freien Kunst vollends ganz unfähig. Einzelne Ausnahmen beweisen nichts fürs Ganze. Gibt es auch in Deutschland hie und da Geschmack, so gab es auch noch unter dem Nero Römer.«

In solchen und noch schwärzern historischen Rembrandts schildert man mit Farben der Hölle – zwar nicht ohne feierliches Pathos im Vortrag, aber eigentlich leichtsinnig genug – den Geist großer Völker, eines merkwürdigen Zeitalters. Jeder einzelne Zug dieser Darstellung kann wahr sein, oder doch etwas Wahres enthalten: wenn aber die Züge nicht vollständig sind, wenn der Zusammenhang fehlt, so ist das Ganze dennoch falsch. – So ist die höchste ästhetische Erschlaffung in dem Zusammenhange unsres Zeitalters ein offenbar günstiges Symptom der vorübergehenden wohltätigen Krise des Interessanten, welcher nur die schwache Natur unterliegt. Diese Erschlaffung entspringt aus dem gewaltsamsten, oft überspannten Streben; daher steht so oft die größte Kraft dicht neben ihr. Der Fall ist natürlich der Höhe, die Erschlaffung der Anspannung gleich. Die Sittenlosigkeit mag von der Masse wahr sein; doch würde sie die Fortschritte des Geschmacks schwerlich hemmen, welche der sittlichen Bildung leicht zuvoreilen können. Der Geschmack ist ungleich freier von äußrer Gewalt und von verderblicher Ansteckung. Die sittliche Bildung auch der einzelnen wird durch die verführerische Gewalt der Masse viel leichter fortgerissen, durch allgemeinherrschende Vorurteile erstickt, durch äußre Einrichtungen jeder Art gefesselt. Es kann auch nicht von einem glücklichen Nationalcharakter allein abhängen, ob die Poesie der Modernen ihre hohe Bestimmung erreichen werde oder nicht: denn ihre Bildung ist künstlich. Der bessere Geschmack der Modernen soll nicht ein Geschenk der Natur, sondern das selbständige Werk ihrer Freiheit sein. Wenn nur Kraft da ist, so wird es der Kunst endlich gelingen können, die Einseitigkeit derselben zu berichtigen und die höchste Gunst der Natur zu ersetzen. An ästhetischer Kraft fehlt es aber den Modernen nicht, wenn ihr gleich noch eine weise Führung fehlt. Gewiß, ihre poetische Anlage ließe sich wohl in Schutz nehmen. Oder ist die Natur auch gegen die Italiener karg gewesen? Es sind bei den Deutschen noch Erinnrungen übrig, daß der deutsche Geschmack später gebildet wurde. So weit sie die andern kultivierten Nationen Europas im einzelnen übertreffen, so weit stehn sie in Masse zurück. Anspruchslose Erfindsamkeit und bescheidne Kraft aber sind ursprüngliche charakteristische Züge dieser Nation, die sich oft selbst verkennt. Die berüchtigte deutsche Nachahmungssucht mag hie und da wirklich den Spott verdienen, mit dem man sie zu brandmarken pflegt. Im ganzen aber ist Vielseitigkeit ein echter Fortschritt der ästhetischen Bildung, und ein naher Vorbote der Allgemeingültigkeit. Die sogenannte Charakterlosigkeit der Deutschen ist also dem manierierten Charakter andrer Nationen weit vorzuziehen, und erst, wenn die nationale Einseitigkeit ihrer ästhetischen Bildung mehr verwischt und berichtigt sein wird, können sie sich zu der höhern Stufe jener Vielseitigkeit erheben.

Der Charakter der ästhetischen Bildung unsres Zeitalters und unsrer Nation verrät sich selbst durch ein merkwürdiges und großes Symptom. Goethens Poesie ist die Morgenröte echter Kunst und reiner Schönheit. – Die sinnliche Stärke, welche ein Zeitalter, ein Volk mit sich fortreißt, war der kleinste Vorzug, mit dem schon der Jüngling auftrat. Der philosophische Gehalt, die charakteristische Wahrheit seiner spätern Werke durfte mit dem unerschöpflichen Reichtum des Shakespeare verglichen werden. Ja wenn der Faust vollendet wäre, so würde er wahrscheinlich den Hamlet, das Meisterstück des Engländers, mit welchem er gleichen Zweck zu haben scheint, weit übertreffen. Was dort nur Schicksal, Begebenheit – Schwäche ist, das ist hier Gemüt, Handlung – Kraft. Hamlets Stimmung und Richtung nämlich ist ein Resultat seiner äußern Lage; Fausts ähnliche Richtung ist ursprünglicher Charakter. – Die Vielseitigkeit des darstellenden Vermögens dieses Dichters ist so grenzenlos, daß man ihn den Proteus unter den Künstlern nennen und diesem Meergotte gleichstellen könnte, von dem es heißt:

»Erstlich ward er ein Leu mit fürchterlich wallender Mähne,
Floß dann als Wasser dahin, und rauscht' als Baum in den Wolken.«

Man kann daher den mystischen Ausdruck der richtigen Wahrnehmung allenfalls verzeihen, wenn einige Liebhaber ihm eine gewisse poetische Allmacht beilegen, welcher nichts unmöglich sei, und sich in scharfsinnigen Abhandlungen über seine Einzigkeit erschöpfen.

Mir scheint es, daß dieser raffinierte Mystizismus den richtigen Gesichtspunkt verfehle; daß man Goethen sehr Unrecht tue, wenn man ihn auf diese Weise in einen deutschen Shakespeare metamorphosiert. In der charakteristischen Poesie würde der manierierte Engländer vielleicht doch den Vorzug behaupten. Das Ziel des Deutschen ist aber das Objektive. Das Schöne ist der wahre Maßstab, seine liebenswürdige Dichtung zu würdigen. – Was kann reizender sein als die leichte Fröhlichkeit, die ruhige Heiterkeit seiner Stimmung? Die reine Bestimmtheit, die zarte Weichheit seiner Umrisse? Hier ist nicht bloß Kraft, sondern auch Ebenmaß und Gleichgewicht! Die Grazien selbst verrieten ihrem Liebling das Geheimnis einer schönen Stellung. Durch einen wohltätigen Wechsel von Ruhe und Bewegung weiß er das reizendste Leben über das Ganze gleichmäßig zu verbreiten, und in einfachen Massen ordnet sich die freie Fülle von selbst zu einer leichten Einheit.

Er steht in der Mitte zwischen dem Interessanten und dem Schönen, zwischen dem Manierierten und dem Objektiven. Es darf uns daher nicht befremden, daß in einigen wenigen Werken seine eigne Individualität noch zu laut wird, daß er in vielen andern sich nach Laune metamorphosiert, und fremde Manier annimmt. Dies sind gleichsam übriggebliebene Erinnerungen an die Epoche des Charakteristischen und Individuellen. Und doch weiß er, soweit dies möglich ist, selbst in die Manier eine Art von Objektivität zu bringen. So gefällt er sich auch zuzeiten in geringfügigem Stoff, der hie und da so dünne und gleichgültig wird, als ginge er ernstlich damit um – wie es ein leeres Denken ohne Inhalt gibt –, ganz reine Gedichte ohne allen Stoff hervorzubringen. In diesen Werken ist der Trieb des Schönen gleichsam müßig; sie sind ein reines Produkt des Darstellungstriebes allein.

Fast könnte es scheinen, als sei die Objektivität seiner Kunst nicht angeborne Gabe allein, sondern auch Frucht der Bildung, die Schönheit seiner Werke hingegen eine unwillkürliche Zugabe seiner ursprünglichen Natur. Er ist im Fröhlichen wie im Rührenden immer reizend; so oft er will, schön; seltner erhaben. Seine rührende Kraft streift hie und da aus ungestümer Heftigkeit ans Bittre und Empörende, oder aus mildernder Schwächung ans Matte. Gewöhnlich aber ist hinreißende Kraft mit weiser Schonung aufs glücklichste vereinigt. – Wo er ganz frei von Manier ist, da ist seine Darstellung wie die ruhige und heitre Ansicht eines höhern Geistes, die keine Schwäche teilt und durch kein Leiden gestört wird, sondern die reine Kraft allein ergreift und für die Ewigkeit hinstellt. Wo er ganz er selbst ist, da ist der Geist seiner reizenden Dichtung liebliche Fülle und hinreißende Anmut.

Dieser große Künstler eröffnet die Aussicht auf eine ganz neue Stufe der ästhetischen Bildung. Seine Werke sind eine unwiderlegliche Beglaubigung, daß das Objektive möglich und die Hoffnung des Schönen kein leerer Wahn der Vernunft sei. Das Objektive ist hier wirklich schon erreicht, und da die notwendige Gewalt des Instinkts jede stärkere ästhetische Kraft (die sich nicht selbst aufreibt) aus der Krise des Interessanten dahin führen muß: so wird das Objektive auch bald allgemeiner, es wird öffentlich anerkannt, und durchgängig herrschend werden. Dann hat die ästhetische Bildung den entscheidenden Punkt erreicht, wo sie sich selbst überlassen nicht mehr sinken, sondern nur durch äußre Gewalt in ihren Fortschritten aufgehalten, oder (etwa durch eine physische Revolution) völlig zerstört werden kann. Ich meine die große moralische Revolution, durch welche die Freiheit in ihrem Kampfe mit dem Schicksal (in der Bildung) endlich ein entschiedenes Übergewicht über die Natur bekommt. Dies geschieht in dem wichtigen Moment, wenn auch im bewegenden Prinzip, in der Kraft der Masse die Selbsttätigkeit herrschend wird: denn das lenkende Prinzip der künstlichen Bildung ist ohnehin selbsttätig. Nach jener Revolution wird nicht nur der Gang der Bildung, die Richtung der ästhetischen Kraft, die Anordnung der ganzen Masse des gemeinschaftlichen Produkts nach dem Zweck und Gesetz der Menschheit sich bestimmen; sondern auch in der vorhandnen Kraft und Masse der Bildung selbst wird das Menschliche das Übergewicht haben.

Wenn die Natur nicht etwa Verstärkung bekommt, wie durch eine physische Revolution, die freilich alle Kultur mit einem Streich vernichten könnte: so kann die Menschheit in ihrer Entwicklung ungestört fortschreiten. Die künstliche Bildung kann dann wenigstens nicht wie die natürliche in sich selbst zurücksinken. – Es ist auch kein Wunder, daß die Freiheit in jenem harten Kampf endlich den Sieg davonträgt, wenngleich die Überlegenheit der Natur im Anfange der Bildung noch so groß sein mag. Denn die Kraft des Menschen wächst mit verdoppelter Progression, indem jeder Fortschritt nicht nur größere Kräfte gewährt, sondern auch neue Mittel zu fernern Fortschritten an die Hand gibt. Der lenkende Verstand mag sich, solange er unerfahren ist, noch so oft selbst schaden: es muß eine Zeit kommen, wo er alle seine Fehler reichlich ersetzen wird. Die blinde Übermacht muß endlich dem verständigen Gegner unterliegen.– Nichts ist überhaupt so einleuchtend als die Theorie der Perfektibilität. Der reine Satz der Vernunft von der notwendigen unendlichen Vervollkommnung der Menschheit ist ohne alle Schwierigkeit. Nur die Anwendung auf die Geschichte kann die schlimmsten Mißverständnisse veranlassen, wenn der Blick fehlt, den eigentlichen Punkt zu treffen, den rechten Moment wahrzunehmen, das Ganze zu übersehn. Es ist immer schwer, oft unmöglich, das verworrene Gewebe der Erfahrung in seine einfachen Fäden aufzulösen, die gegenwärtige Stufe der Bildung richtig zu würdigen, die nächstkommende glücklich zu erraten.

Den Gang und die Richtung der modernen Bildung bestimmen herrschende Begriffe. Ihr Einfluß ist also unendlich wichtig, ja entscheidend. Wie es in der modernen Masse nur wenige Bruchstücke echter sittlicher Bildung gibt, moralische Vorurteile aber statt großer und guter Gesinnungen allgemein herrschen: so gibt es auch ästhetische Vorurteile, welche weit tiefer gewurzelt, allgemeiner verbreitet und ungleich schädlicher sind, als es dem ersten flüchtigen Blick scheinen möchte. Der allmähliche und langsame Stufengang der Entwicklung des Verstandes führt notwendigerweise einseitige Meinungen mit sich. Diese enthalten zwar einzelne Züge der Wahrheit; aber die Züge sind unvollständig und aus ihrem eigentlichen Zusammenhang gerissen, und dadurch der Gesichtspunkt verrückt, das Ganze zerstört. Solche Vorurteile sind zuweilen zu ihrer Zeit gewissermaßen nützlich und haben eine lokale Zweckmäßigkeit. So wurde durch den orthodoxen Glauben, daß es eine Wissenschaft gebe, die allein zureichend sei, schöne Werke zu verfertigen, doch das Streben nach dem Objektiven aufrecht und standhaft erhalten; und das System der ästhetischen Anarchie diente wenigstens dazu, den Despotismus der einseitigen Theorie zu desorganisieren. Gefährlicher und schlechthin verwerflich sind aber andre ästhetische Vorurteile, welche die fernere Entwicklung selbst hemmen. Es ist die heiligste Pflicht aller Freunde der Kunst, solche Irrtümer, welche der natürlichen Freiheit schmeicheln und die Selbstkraft lähmen, indem sie die Hoffnungen der Kunst als unmöglich, die Bestrebungen derselben als fruchtlos darstellen, ohne Schonung zu bekämpfen, ja womöglich ganz zu vertilgen.

So denken viele: »Schöne Kunst sei gar nicht Eigentum der ganzen Menschheit; am wenigsten eine Frucht künstlicher Bildung. Sie sei die unwillkürliche Ergießung einer günstigen Natur; die lokale Frucht des glücklichsten Klimas; eine momentane Epoche, eine vorübergehende Blüte, gleichsam der kurze Frühling der Menschheit. Da sei schon die Wirklichkeit selbst edel, schön und reizend, und die gemeinste Volkssage ohne alle künstliche Zubereitung bezaubernde Poesie. Jene frische Blüte der jugendlichen Phantasie, jene mächtige und schnelle Elastizität, jene höhere Gesundheit des Gefühls könne nicht erkünstelt und, einmal zerrüttet, nie wieder geheilt werden. Am wenigsten unter der nordischen Härte eines trüben Himmels, der Barbarei gotischer Verfassungen, dem Herzensfrost gelehrter Vielwisserei.«

Vielleicht kann dies unter manchen Einschränkungen wenigstens für einen Teil der bildenden Kunst gelten. Es scheint in der Tat, daß für schöne Plastik der Mangel einer glücklichen Organisation und eines günstigen Klimas weder durch einen gewaltsamen Schwung der Freiheit, noch durch die höchste Bildung ersetzt werden könne. Mit Unrecht und wider alle Erfahrung dehnt man dies aber auch auf die Poesie aus. Wieviel große Barden und glückliche Dichter gab es nicht unter allen Zonen, deren ursprüngliche Feuerkraft durch die ausgesuchteste Unterdrückung nicht erstickt werden konnte? Die Poesie ist eine universelle Kunst: denn ihr Organ, die Phantasie, ist schon ungleich näher mit der Freiheit verwandt, und unabhängiger von äußerm Einfluß. Poesie und poetischer Geschmack ist daher weit korruptibler wie der plastische, aber auch unendlich perfektibler. Allerdings ist die frische Blüte der jugendlichen Phantasie ein köstliches Geschenk der Natur und zugleich das flüchtigste. Schon durch einen einzigen giftigen Hauch entfärbt sich das Kolorit der Unschuld, und welkend senkt die schöne Blume ihr Haupt. Aber auch dann, wenn die Phantasie schon lange durch Vielwisserei erdrückt und abgestumpft, durch Wollust erschlafft und zerrüttet worden ist, kann sie sich durch einen Schwung der Freiheit und durch echte Bildung von neuem emporschwingen und allmählich vervollkommnen[1]. Stärke, Feuer, Elastizität kann sie völlig wieder erreichen; nur das frische Kolorit, der romantische Duft jenes Frühlings kehrt im Herbst nicht leicht zurück.

Sehr allgemein verbreitet ist ein andres Vorurteil, welches der schönen Kunst sogar alle selbständige Existenz, alle eigentümliche Beständigkeit völlig abspricht, ihre spezifische Verschiedenheit ganz leugnet. Ich fürchte, wenn gewisse Leute laut dächten, es würden sich viele Stimmen erheben: »Die Poesie sei nichts andres als die sinnbildliche Kindersprache der jugendlichen Menschheit: nur Vorübung der Wissenschaft, Hülle der Erkenntnis, eine überflüssige Zugabe des wesentlich Guten und Nützlichen. Je höher die Kultur steige, desto unermeßlicher verbreite sich das Gebiet der deutlichen Erkenntnis; das eigentliche Gebiet der Darstellung – die Dämmerung schrumpfe vor dem einbrechenden Licht immer enger zusammen. Der helle Mittag der Aufklärung sei nun da. Poesie – diese artige Kinderei sei für das letzte Jahrzehend unsres philosophischen Jahrhunderts nicht mehr anständig. Es sei endlich einmal Zeit, damit aufzuhören.«

So hat man einen einzelnen Bestandteil der schönen Kunst, einen vorübergehenden Zustand derselben in einer frühern Stufe der Bildung mit ihrem Wesen selbst verwechselt. Solange die menschliche Natur existiert, wird der Trieb zur Darstellung sich regen und die Forderung des Schönen bestehen. Die notwendige Anlage der Menschen, welche,

---

[1] Überhaupt ist die moralische Heilkraft der menschlichen Natur wunderbar stark und dem sonderbaren organischen Vermögen einiger Tierarten nicht ganz unähnlich, deren zähe Lebenskraft auch entrissne Glieder wieder ersetzt und nachtreibt.

sobald sie sich frei entwickeln darf, schöne Kunst erzeugen muß, ist ewig. Die Kunst ist eine ganz eigentümliche Tätigkeit des menschlichen Gemüts, welche durch ewige Grenzen von jeder andern geschieden ist. – Alles menschliche Tun und Leiden ist ein gemeinschaftliches Wechselwirken des Gemüts und der Natur. Nun muß entweder die Natur oder das Gemüt den letzten Grund des Daseins eines gemeinschaftlichen einzelnen Produkts enthalten, oder den ersten bestimmenden Stoß zu dessen Hervorbringung geben. Im ersten Fall ist das Resultat Erkenntnis. Der Charakter des rohen Stoffs bestimmt den Charakter der aufgefaßten Mannigfaltigkeit, und veranlaßt das Gemüt, diese Mannigfaltigkeit zu einer bestimmten Einheit zu verknüpfen und in einer bestimmten Richtung die Verknüpfung fortzusetzen und zur Vollständigkeit zu ergänzen. Erkenntnis ist eine Wirkung der Natur im Gemüt. – Im zweiten Fall hingegen muß das freie Vermögen sich selbst eine bestimmte Richtung geben, und der Charakter der gewählten Einheit bestimmt den Charakter der zu wählenden Mannigfaltigkeit, die jenem Zwecke gemäß gewählt, geordnet und womöglich gebildet wird. Das Produkt ist ein Kunstwerk und eine Wirkung des Gemüts in der Natur. Zur darstellenden Kunst gehört jede Ausführung eines ewigen menschlichen Zwecks im Stoff der äußern mit dem Menschen nur mittelbar verbundenen Natur. Es ist nicht zu besorgen, daß dieser Stoff je ausgehn oder daß die ewigen Zwecke je aufhören werden, Zwecke des Menschen zu sein. – Nicht weniger ist die Schönheit durch ewige Grenzen von allen übrigen Teilen der menschlichen Bestimmung geschieden. Die reine Menschheit (ich verstehe darunter hier die vollständige Bestimmung der menschlichen Gattung) ist nur eine und dieselbe, ohne alle Teile. In ihrer Anwendung auf die Wirklichkeit aber teilt sie sich nach der ewigen Verschiedenheit der ursprünglichen Vermögen und Zustände und nach den besondern Organen, welche diese erfordern, in mehrere Richtungen. Wenn ich hier voraussetzen darf, daß das Gefühlsvermögen vom Vorstellungsvermögen und Begehrungsvermögen spezifisch verschieden sei; daß ein mittlerer Zustand zwischen dem Zwang des Gesetzes und des Bedürfnisses, ein Zustand des freien Spiels und der bestimmungslosen Bestimmbarkeit in der menschlichen Natur ebenso notwendig sei, wie der Zustand gehorsamer Arbeit und beschränkter

Bestimmtheit: so ist auch die Schönheit eine dieser Richtungen und von ihrer Gattung – der ganzen Menschheit, wie von ihren Nebenarten – den übrigen ursprünglichen Bestandteilen der menschlichen Aufgabe, spezifisch verschieden.

Aber nicht bloß die Anlage zur Kunst und das Gebot der Schönheit sind physisch und moralisch notwendig; auch die Organe der schönen Kunst versprechen Dauer. Es muß doch wohl nicht erst erwiesen werden, daß der Schein ein unzertrennlicher Gefährte des Menschen sei? Den Schein der Schwäche, des Irrtums, des Bedürfnisses mag das Licht der Aufklärung immerhin zerstören: der freie Schein der spielenden Einbildungskraft kann darunter nicht leiden. Nur muß man der generellen Forderung der Darstellung und Erscheinung nicht eine spezielle Art der Bildlichkeit unterschieben oder die gewaltsamen Ausbrüche der furchtbaren Leidenschaften wilder Naturmenschen mit dem Wesen der Poesie verwechseln. Allerdings ist es sehr natürlich' und begreiflich, daß auf einer gewissen mittlern Höhe der künstlichen Bildung Grübelei und Vielwisserei jene leichten Spiele der Einbildungskraft lähme und erdrücke, Verfeinerung und Verzärtelung das Gefühl abschleife und schwäche. Durch den Zwang unvollkommner Kunst wird die Kraft des Triebes abgestumpft, seine Regsamkeit gefesselt, seine einfache Bewegung zerstreut und verwirrt. Die Sinnlichkeit und Geistigkeit ist aber im Menschen so innig verwebt, daß ihre Entwicklung zwar wohl in vorübergehenden Stufen, aber auch nur in diesen divergieren kann. In Masse werden sie gleichen Schritt halten, und der vernachlässigte Teil wird über kurz oder lang das Versäumte nachholen. Es hat in der Tat den größten Anschein, daß der Mensch mit der wachsenden Höhe wahrer Geistesbildung auch an Stärke und Reizbarkeit des Gefühls, also an echter ästhetischer Lebenskraft (Leidenschaft und Reiz) eher gewinne als verliere.

Unbegreiflich scheint es, wie man sich habe überreden können, die italienische und französische Poesie, und wohl gar auch die englische und deutsche habe ihr Goldnes Zeitalter schon gehabt. Man mißbrauchte diesen Namen so sehr, daß eine fürstliche Protektion, eine Zahl berühmter Namen, ein gewisser Eifer des Publikums, und allenfalls ein höchster Gipfel in einer Nebensache hinlängliche Ansprüche dazu schienen. Nur war dabei schlimm, daß für das unglückliche silberne, eiserne und bleierne Jahrhundert nichts übrig blieb, als das traurige Los, jenen ewigen Mustern aus allen Kräften vergeblich nachzustreben. Wie kann vom vollkommnen Stil da auch nur die Frage sein, wo es eigentlich gar keinen Stil, sondern nur Manier gibt? Im strengsten Sinne des Worts hat auch nicht ein einziges modernes Kunstwerk, geschweige denn ein ganzes Zeitalter der Poesie den Gipfel ästhetischer Vollendung erreicht. Die stillschweigende Voraussetzung, welche dabei zum Grunde lag: daß es die Bestimmung der ästhetischen Bildung sei, wie eine Pflanze oder ein Tier zu entstehen, allmählich sich zu entwickeln, dann zu reifen, wieder zu sinken, und endlich unterzugehen, – im ewigen Kreislauf immer endlich dahin zurückzukehren, von wo ihr Weg zuerst ausging; diese Voraussetzung beruht auf einem bloßen Mißverständnisse, auf dessen tiefliegenden Quell wir in der Folge stoßen werden.

Bei der Entwicklung einer so kolossalischen und künstlich organisierten Masse, wie das europäische Völkersystem, darf ein partialer Stillstand, oder hie und da ein scheinbarer Rückgang, der Bildung nicht außerordentlich scheinen. Doch ist wahrscheinlich auch da, wo man gewiß glaubt, die Katastrophe sei vorüber und die ästhetische Kraft auf immer erloschen, das Drama bei weitem noch nicht geendigt. Vielmehr scheint die Kraft da wie ein Feuer unter der Asche zu glimmen und nur den günstigen Augenblick zu erwarten, um in eine helle Flamme aufzulodern. Es ist wahrhaft wunderbar, wie in unserm Zeitalter das Bedürfnis des Objektiven sich allenthalben regt; wie auch der Glaube an das Schöne wieder erwacht und unzweideutige Symptome den herannahenden bessern Geschmack verkündigen. Der Augenblick scheint in der Tat für eine ästhetische Revolution reif zu sein, durch welche das Objektive in der ästhetischen Bildung der Modernen herrschend werden könnte. Nur geschieht freilich nichts Großes von selbst, ohne Kraft und Entschluß! Es würde ein sich selbst bestrafender Irrtum sein, wenn wir die Hände in den Schoß legen und uns überreden wollten, der Geschmack des Zeitalters bedürfe gar keiner durchgängigen Verbesserung mehr. Solange das Objektive nicht allgemein herrschend ist, leuchtet dies Bedürfnis von selbst ein. Die Herrschaft des Interessanten, Charakteristischen und Manierierten ist eine wahre ästhetische Heteronomie in der schönen Poesie. So wie in der chaotischen Anarchie der Masse der modernen Poesie alle Elemente der schönen Kunst vorhanden sind, so finden sich in ihr auch alle, selbst die entgegengesetzten Arten des ästhetischen Verderbens, Rohigkeit neben Künstelei, kraftlose Dürftigkeit neben gesetzlosem Frevel. Ich habe mich schon wider die Behauptung eines gänzlichen Unvermögens, einer rettungslosen Entartung ausdrücklich erklärt, und die Höhe der ästhetischen Bildung, die Stärke der ästhetischen Kraft unsers Zeitalters anerkannt. Nur die echte Richtung, die richtige Stimmung fehlt; und nur durch sie und mit ihnen wird jede einzelne Trefflichkeit, welche außer ihrem wahren Zusammenhange sehr leicht äußerst schädlich werden kann, ihren vollen Wert und gleichsam ihre eigentliche Bedeutung erhalten. Dazu bedarf es einer völligen Umgestaltung, eines totalen Umschwunges, einer Revolution.

Die ästhetische Bildung nämlich ist von einer doppelten Art. Entweder die progressive Entwicklung einer Fertigkeit. Diese erweitert, schärft, verfeinert; ja sie belebt, stärkt und erhöht sogar die ursprüngliche Anlage. Oder sie ist eine absolute Gesetzgebung, welche die Kraft ordnet. Sie hebt den Streit einzelner Schönheiten und fordert Übereinstimmung aller nach dem Bedürfnis des Ganzen; sie gebietet strenge Richtigkeit, Ebenmaß und Vollständigkeit; sie verbietet die Verwirrung der ursprünglichen ästhetischen Grenzen und verbannt das Manierierte, wie jede ästhetische Heteronomie. Mit einem Worte: ihr Werk ist die Objektivität.

Die ästhetische Revolution setzt zwei notwendige Postulate als vorläufige Bedingungen ihrer Möglichkeit voraus. Das erste derselben ist ästhetische Kraft. Nicht das Genie des Künstlers allein, oder die originelle Kraft idealischer Darstellung und ästhetischer Energie läßt sich weder erwerben noch ersetzen. Es gibt auch eine ursprüngliche Naturgabe des echten Kenners, welche zwar, wenn sie schon vorhanden ist, vielfach gebildet werden, wenn sie aber mangelt, durch keine Bildung ersetzt werden kann. Der treffende Blick, der sichre Takt, jene höhere Reizbarkeit des Gefühls, jene höhere Empfänglichkeit der Einbildungskraft lassen sich weder lernen noch lehren. Aber auch die glücklichste Anlage ist weder zu einem großen Künstler noch zu einem großen Kenner zureichend. Ohne Stärke und Umfang des sittlichen Vermögens, ohne Harmonie des ganzen Gemüts oder wenigstens eine durchgängige Tendenz zu derselben wird niemand in das Allerheiligste des Musentempels gelangen können. Daher ist das zweite notwendige Postulat für den einzelnen Künstler und Kenner wie für die Masse des Publikums – Moralität. Der richtige Geschmack, könnte man sagen, ist das gebildete Gefühl eines sittlich guten Gemüts. Unmöglich kann hingegen der Geschmack eines schlechten Menschen richtig und mit sich selbst einig sein. Die Stoiker hatten in dieser Rücksicht nicht Unrecht zu behaupten, daß nur der Weise ein vollkommner Dichter und Kenner sein könne. Gewiß hat der Mensch das Vermögen, durch bloße Freiheit die mannigfaltigen Kräfte seines Gemüts zu lenken und zu ordnen. Er wird also auch seiner ästhetischen Kraft eine bessere Richtung und richtige Stimmung erteilen können. Nur muß er es wollen; und die Kraft, es zu wollen, die Selbständigkeit, bei dem Entschluß zu beharren, kann ihm niemand mitteilen, wenn er sie nicht in sich selbst findet.

Freilich ist aber der bloße gute Wille nicht zureichend, so wenig wie die nackte Grundlage zur vollständigen Ausführung eines Gebäudes. Eine entartete und mit sich selbst uneinige Kraft bedarf einer Kritik, einer Zensur, und diese setzt eine Gesetzgebung voraus. Eine vollkommne ästhetische Gesetzgebung würde das erste Organ der ästhetischen Revolution sein. Ihre Bestimmung wäre es, die blinde Kraft zu lenken, das Streitende in Gleichgewicht zu setzen, das Gesetzlose zur Harmonie zu ordnen; der ästhetischen Bildung eine feste Grundlage, eine sichre Richtung, und eine gesetzmäßige Stimmung zu erteilen. Die gesetzgebende Macht der ästhetischen Bildung der Modernen dürfen wir aber nicht erst lange suchen. Sie ist schon konstituiert. Es ist die Theorie: denn der Verstand war ja von Anfang an das lenkende Prinzip dieser Bildung. – Verkehrte Begriffe haben lange die Kunst beherrscht, und sie auf Abwege verleitet; richtige Begriffe müssen sie auch wieder auf die rechte Bahn zurückführen. Von jeher haben auch sowohl die Künstler als das Publikum der Modernen von der Theorie Zurechtweisung und befriedigende Gesetze erwartet und gefordert. Eine vollendete ästhetische Theorie würde aber nicht nur ein zuverlässiger Wegweiser der Bildung sein, sondern auch durch die Vertilgung schädlicher Vorurteile die Kraft von manchen Fesseln befreien, und ihren Weg von Dornen reinigen. Die Gesetze der ästhetischen Theorie haben nur insofern wahre Autorität, als sie von der Majorität der öffentlichen Meinung anerkannt und sanktioniert worden sind. Wenn das Bedürfnis allgemeingültiger Wahrheit Charakter des Zeitalters ist, so ist ein durch rhetorische Künste erschlichnes Ansehn von kurzer Dauer; einseitige Unwahrheiten zerstören sich gegenseitig, und verjährte Vorurteile zerfallen von selbst. Dann kann die Theorie nur durch vollkommne und freie Übereinstimmung mit sich selbst ihren Gesetzen das vollgültigste Ansehn verschaffen und sich zu einer wirklichen öffentlichen Macht erheben. Nur durch Objektivität kann sie ihrer Bestimmung entsprechen.

Gesetzt aber auch, es gäbe eine objektive ästhetische Theorie, welches mehr ist, als wir bis jetzt rühmen können. Reine Wissenschaft bestimmt nur die Ordnung der Erfahrung, die Fächer für den Inhalt der Anschauung. Sie allein würde leer sein – wie Erfahrung allein verworren, ohne Sinn und Zweck – und nur in Verbindung mit einer vollkommnen Geschichte würde sie die Natur der Kunst und ihrer Arten vollständig kennen lehren. Die Wissenschaft bedarf also der Erfahrung von einer Kunst, welche ein durchaus vollkommnes Beispiel ihrer Art, die Kunst kat'exochen, deren besondre Geschichte die allgemeine Naturgeschichte der Kunst wäre. Überdem kommt der Denker nicht frisch und unversehrt zur wissenschaftlichen Untersuchung. Er ist durch die Einflüsse einer verkehrten Erfahrung angesteckt; er bringt Vorurteile mit, welche seiner Untersuchung auch im Gebiete der reinen Abstraktion eine durchaus falsche Richtung erteilen können. Auch bei dem aufrichtigsten Eifer steht es gar nicht in seiner Gewalt, diesen mächtigen Vorurteilen mit einem Male zu entsagen: denn er müßte die reine Wahrheit schon ergriffen haben, um den Ungrund des Irrtums einzusehen und inne zu werden, wie falsch der Gang seiner Methode sei[1]. Er bedarf daher aus einem doppelten Grunde einer vollkommnen Anschauung. Teils als Beispiel und Beleg zu seinem Begriff; teils als Tatsache und Urkunde seiner Untersuchung.

Aber auch die Lücke zwischen Theorie und Praxis, zwischen dem Gesetz und der einzelnen Tat ist unendlich groß. Es wäre wohlfeil,

[1] »Verum est index sui et falsi«, sagt Spinoza.

wenn der Künstler durch den bloßen Begriff vom richtigen Geschmack und vollkommnen Stil das höchste Schöne in seinen Werken wirklich hervorzubringen vermöchte. Das Gesetz muß Neigung werden. Leben kommt nur von Leben; Kraft erregt Kraft. Das reine Gesetz ist leer. Damit es ausgefüllt und seine wirkliche Anwendung möglich werde, bedarf es einer Anschauung, in welcher es in gleichmäßiger Vollständigkeit gleichsam sichtbar erscheine – eines höchsten ästhetischen Urbildes.

Schon der Name der »Nachahmung« ist schimpflich und gebrandmarkt bei allen denen, die sich Originalgenies zu sein dünken. Man versteht darunter nämlich die Gewalttätigkeit, welche die starke und große Natur an dem Ohnmächtigen ausübt. Doch weiß ich kein andres Wort als Nachahmung für die Handlung desjenigen – sei er Künstler oder Kenner –, der sich die Gesetzmäßigkeit jenes Urbildes zueignet, ohne sich durch die Eigentümlichkeit, welche die äußre Gestalt, die Hülle des allgemeingültigen Geistes, immer noch mit sich führen mag, beschränken zu lassen. Es versteht sich von selbst, daß diese Nachahmung ohne die höchste Selbständigkeit durchaus unmöglich ist. Ich rede von jener Mitteilung des Schönen, durch welche der Kenner den Künstler, der Künstler die Gottheit berührt, wie der Magnet das Eisen nicht bloß anzieht, sondern durch seine Berührung ihm auch die magnetische Kraft mitteilt.

Wandelt die Gottheit auch in irdischer Gestalt? Kann das Beschränkte je vollständig, das Endliche vollendet, das Einzelne allgemeingültig sein? Gibt es unter Menschen eine Kunst, welche die Kunst schlechthin genannt zu werden verdiente? Gibt es sterbliche Werke, in denen das Gesetz der Ewigkeit sichtbar wird?

Mit richterlicher Majestät überschaut die Muse das Buch der Zeiten, die Versammlung der Völker. Überall findet ihr strenger Blick nur Rohigkeit und Künstelei, Dürftigkeit und Ausschweifung in stetem Wechsel. Kaum erheitert dann und wann ein schonendes Lächeln über die liebenswürdigen Spiele der kindlichen Unschuld ihren unwilligen Ernst.

Nur bei einem Volke entsprach die schöne Kunst der hohen Würde ihrer Bestimmung.

Bei den Griechen allein war die Kunst von dem Zwange des Bedürfnisses und der Herrschaft des Verstandes immer gleich frei; und vom ersten Anfange griechischer Bildung bis zum letzten Augenblick, wo noch ein Hauch von echtem Griechensinn lebte, waren den Griechen schöne Spiele heilig.

Diese Heiligkeit schöner Spiele und diese Freiheit der darstellenden Kunst sind die eigentlichen Kennzeichen echter Griechheit. Allen Barbaren hingegen ist die Schönheit an sich selbst nicht gut genug. Ohne Sinn für die unbedingte Zweckmäßigkeit ihres zwecklosen Spiels bedarf sie bei ihnen einer fremden Hülfe, einer äußern Empfehlung. Bei rohen wie bei verfeinerten Nichtgriechen ist die Kunst nur eine Sklavin der Sinnlichkeit oder der Vernunft. Nur durch merkwürdigen, reichen, neuen und sonderbaren Inhalt, nur durch wollüstigen Stoff kann eine Darstellung ihnen wichtig und interessant werden.

Schon auf der ersten Stufe der Bildung und noch unter der Vormundschaft der Natur umfaßte die griechische Poesie in gleichmäßiger Vollständigkeit, im glücklichsten Gleichgewicht und ohne einseitige Richtung oder übertriebne Abweichung das Ganze der menschlichen Natur. Ihr kräftiger Wachstum entwickelte sich bald zur Selbständigkeit und erreichte die Stufe, wo das Gemüt in seinem Kampfe mit der Natur ein entschiedenes Übergewicht erlangt; und ihr Goldnes Zeitalter erreichte den höchsten Gipfel der Idealität (vollständiger Selbstbestimmung der Kunst und der Schönheit), welcher in irgendeiner natürlichen Bildung möglich ist. Ihre Eigentümlichkeit ist der kräftigste, reinste, bestimmteste, einfachste und vollständigste Abdruck der allgemeinen Menschennatur. Die Geschichte der griechischen Dichtkunst ist eine allgemeine Naturgeschichte der Dichtkunst; eine vollkommne und gesetzgebende Anschauung.

In Griechenland wuchs die Schönheit ohne künstliche Pflege und gleichsam wild. Unter diesem glücklichen Himmel war die darstellende Kunst nicht erlernte Fertigkeit, sondern ursprüngliche Natur. Ihre Bildung war keine andre als die freieste Entwicklung der glücklichsten Anlage. Die griechische Poesie nahm von der rohesten Einfalt ihren Anfang: aber dieser geringe Ursprung schändet sie nicht. Ihr ältester Charakter ist einfach und prunklos, aber unverdorben. Hier findet ihr weder abgeschmackte Phantasterei, noch verkehrte

Nachahmung eines fremden Nationalcharakters, noch ekzentrische und unübersteiglich fixierte Einseitigkeit. Hier konnte die Willkür verkehrter Begriffe den freien Wuchs der Natur nicht fesseln, ihre Eintracht zerreißen und zerstören, ihre Einfalt verfälschen, den Gang und die Richtung der Bildung verschrauben. Schon frühe unterscheidet sich die griechische Poesie durch ein gewisses Etwas von allen übrigen Nationalpoesien auf einer ähnlichen Stufe der kindlichen Kultur. Gleich weit entfernt von orientalischem Schwulst und von nordischem Trübsinn, voll Kraft, aber ohne Härte, und voll Anmut, aber ohne Weichlichkeit ist sie eben dadurch abweichend, daß sie mehr als jede andre reinmenschlich und dem allgemeinen Gesetze aus eigner freier Neigung getreu ist. Schon in der Kindheit meldet sich ihr hoher Beruf, nicht das Zufällige sondern das Wesentliche und Notwendige darzustellen, nicht nach dem Einzelnen sondern nach dem Allgemeinen zu streben. Auch sie hatte ihren mythischen Ursprung, wie jede freie Entwicklung des Dichtungsvermögens. Während des ersten Zeitalters ihrer Entwicklung schwankte die griechische Poesie zwischen schöner Kunst und Sage. Sie war eine unbestimmte Mischung von Überlieferung und Erfindung, von bildlicher Lehre, Geschichte und freiem Spiel. Aber welch eine Sage? Nie gab es eine geistreichere oder sittlichere. Der griechische Mythus ist – wie der treuste Abdruck im hellsten Spiegel – die bestimmteste und zarteste Bildersprache für alle ewigen Wünsche des menschlichen Gemüts mit allen seinen so wunderbaren als notwendigen Widersprüchen; eine kleine vollendete Welt der schönsten Ahndungen der kindlich dichtenden Vernunft. Dichtung, Gesang, Tanz und Geselligkeit – festliche Freude war das holde Band der Gemeinschaft, welches Menschen und Götter verknüpfte. Und in der Tat war auch der Sinn ihrer Sage, Gebräuche und besonders ihrer Feste, der Gegenstand ihrer Verehrung das echte Göttliche: die reinste Menschheit. In lieblichen Bildern haben die Griechen freie Fülle, selbständige Kraft, und gesetzmäßige Eintracht angebetet.

Durch einen in seiner Art einzigen Zusammenfluß der glücklichsten Umstände hatte die Natur in ihrer Begünstigung für diese Lieblingskinder gleichsam ein Äußerstes getan. Oft wird die menschliche Bildung gleich nach ihrer ersten Veranlassung, während sie noch zu schwach ist, um den harten Kampf mit dem Schicksal glücklich zu bestehen, ohne fernere gütige Pflege wiederum ihrer eignen Schwäche und jedem ungünstigen Zufalle preisgegeben. Ja ein Volk hat noch von Glück zu sagen, wenn es nur durch die Gunst seiner Lage mit Mühe zu einer bedeutenden Höhe einer einseitigen Bildung gelangen kann. Bei den Griechen vereinigte und umfaßte schon die erste Stufe der Bildung dasjenige vollständig, was sonst auch auf der höchsten Stufe nur getrennt und einzeln vorhanden zu sein pflegt. Wie im Gemüte des Homerischen Diomedes alle Kräfte gleichmäßig und in der schönsten Eintracht zu einem vollendeten Gleichgewicht zusammenstimmen: so entwickelte sich hier die ganze Menschheit gleichmäßig und vollständig. Schon im heroischen Zeitalter der mythischen Kunst vereinigt die griechische Naturpoesie die schönsten Blüten der edelsten nordischen und der zartesten südlichen Naturpoesie, und ist die vollkommenste ihrer Art.

Vielen gefällt Homerus, von wenigen aber wird seine Schönheit eigentlich ganz gefaßt. So wie viele Reisende in weiter Ferne suchen, was sie in ihrer Heimat ebensogut und näher finden könnten: so bewundert man nicht selten im Homer allein das, worin der erste der beste nordische oder südliche Barbar, wofern er nur ein großer Dichter ist, ihm gleichkommt. Worin er einzig ist, das wird selten bemerkt, gewöhnlich ganz außer Acht gelassen. Die treue Wahrheit, die ursprüngliche Kraft, die einfache Anmut, die reizende Natürlichkeit sind Vorzüge, welche der griechische Barde vielleicht mit einem oder dem andern seiner indischen oder keltischen Brüder teilt. Es gibt aber andre charakteristische Züge der Homerischen Poesie, welche dem Griechen allein eigen sind.

Ein solcher griechischer Zug ist die Vollständigkeit seiner Ansicht der ganzen menschlichen Natur, welche im glücklichsten Ebenmaß, im vollkommnen Gleichgewicht von der einseitigen Beschränkung einer abweichenden Anlage, und von der Verkehrtheit künstlicher Mißbildung so weit entfernt ist. – Der Umfang seiner Dichtung ist so unbeschränkt, wie der Umfang der ganzen menschlichen Natur selbst. Die äußersten Enden der verschiedensten Richtungen, deren ursprüngliche Keime schon in der allgemeinen Menschennatur verborgen liegen, gesellen sich hier freundlich zueinander, wie im unbefangnen, kindlichen Spiel. Seine heitre und reine Darstellung vereinigt hinreißende Gewalt mit inniger Ruhe, die schärfste Bestimmtheit mit der weichsten Zartheit der Umrisse.

In den Sitten seiner Helden sind Kraft und Anmut im Gleichgewicht. Sie sind stark aber nicht roh, milde, ohne schlaff zu sein, und geistreich ohne Kälte. Achilles, obgleich im Zorn furchtbarer wie ein kämpfender Löwe, kennt dennoch die Tränen des zärtlichen Schmerzens am treuen Busen einer liebenden Mutter; er zerstreut seine Einsamkeit durch die milde Lust süßer Gesänge. Mit einem rührenden Seufzer blickt er auf seinen eignen Fehler zurück, auf das ungeheure der rasche Zorn eines jungen Helden veranlaßt haben. Mit hinreißender Wehmut weiht er die Locke an dem Grabe des geliebten Freundes. Im Arm eines ehrwürdigen Alten, des durch ihn unglücklichen Vaters seines verhaßten Feindes, kann er in Tränen der Rührung zerfließen. Der allgemeine Umriß eines Charakters wie Achilles hätte vielleicht auch in der Phantasie eines Nord- oder Süd-Homerus entstehen können: diese feineren Züge der Ausbildung waren nur dem Griechen möglich. Nur der Grieche konnte diese brennbare Reizbarkeit, diese furchtbare Schnellkraft wie eines jungen Löwen mit so viel Geist, Sitten, Gemüt vereinigen und verschmelzen. Selbst in der Schlacht, in dem Augenblicke, wo ihn der Zorn so sehr fortreißt, daß er, ungerührt durch das Flehen des Jünglings, dem überwundnen Feinde die Brust durchbohrt, bleibt er menschlich, ja sogar liebenswürdig und versöhnt uns durch eine entzückend rührende Betrachtung[1]. Der Charakter des Diomedes ist aber schon in seiner ursprünglichen Zusammensetzung ganz griechisch. In seiner stillen Größe, seiner bescheidnen Vollendung, spiegelt sich der ruhige Geist des Dichters selbst am hellsten und am reinsten.

Die Homerischen Helden, wie den Dichter selbst unterscheidet eine freiere Menschlichkeit von allen nicht-griechischen Heroen und Barden. In jeder bestimmten Lage, jeder einzelnen Gemütsart strebt der Dichter, so viel nur der Zusammenhang verstattet, nach derjenigen sittlichen Schönheit, deren das kindliche Zeitalter unverdorbener Sinnlichkeit fähig ist. Sittliche Kraft und Fülle haben in Homers Dichtung das Übergewicht; sittliche Einheit und Beharrlichkeit sind,

[1] Iliad. XXI. 99 seqq.

wo sie sich finden, kein selbständiges Werk des Gemüts, sondern nur ein glückliches Erzeugnis der bildenden Natur. Aber nicht gewaltige Stärke und sinnlicher Genuß allein weckte und fesselte sein Gemüt. Der bescheidne Reiz stiller Häuslichkeit vorzüglich in der Odyssee, die Anfänge des Bürgersinns, und die ersten Regungen schöner Geselligkeit sind nicht die kleinsten Vorzüge des Griechen.

Vergleicht damit die geistlose Monotonie der barbarischen Chevalerie! Im modernen Ritter der romantischen Poesie ist der Heroismus durch die abenteuerlichsten Begriffe in die seltsamsten Gestalten und Bewegungen so sehr verrenkt, daß selbst von dem ursprünglichen Zauber des freien Heldenlebens nur wenige Spuren übrig geblieben sind. Statt Sitten und Empfindungen findet ihr hier dürre Begriffe und stumpfe Vorurteile; statt freier Fülle verworrne Dürftigkeit, statt reger Kraft tote Masse. Vergleicht sie mit jenen Darstellungen, in denen auch der kleinste Atom von höherm Leben glüht, mit den Homerischen Helden, deren Bildung so echt menschlich ist, wie eine heroische Bildung nur sein kann. In ihrem Gemüte ist die rege Masse nicht getrennt, sondern durchgängig zusammenhängend: Vorstellungen und Bestrebungen sind hier innigst ineinander verschmolzen; alle Teile stimmen im vollkommensten Einklang zusammen, und die reiche Fülle ursprünglicher Kraft ordnet sich mit leichter Ordnung zu einem befriedigenden Ganzen.

Man nennt das oft »Schonung«, die Sinne verzärteln und die Würde der Menschheit dadurch entweihen, daß man keine andere Bestimmung der Kunst anerkennt, als die, der Tierheit zu schmeicheln. Es gibt aber eine andre Eigenschaft gleiches Namens, welche sich scheut, das Gemüt zu verletzen: sittliche Schonung. In nicht-griechischen Poesien wird auch da, wo die zartesten Blüten der feinsten Sinnlichkeit am frischesten duften, auch da, wo die Verfeinerung des Geistes aufs höchste gestiegen ist, dennoch unser Gefühl nicht selten durch ein gewisses Etwas sehr beleidigt. Ja es ist eigentlich wohl kein barbarisches Werk ganz rein von allem, was einen echten griechischen Sinn empören würde. Diese Menschen scheinen gar nicht zu ahnden, daß mit dem Unwillen der Genuß des Schönen sogleich zerstört wird; daß unnütze Schlechtheit der größte Fehler sei, dessen ein Dichter sich schuldig machen kann. Den Musiker, der ohne

Grund mit einer unaufgelösten Dissonanz endigte, würde man tadeln; und dem Dichter, welcher ohne Gefühl für den Einklang des Ganzen das zarte Ohr des Gemüts durch die schreiendsten Mißtöne verletzt, verzeiht man, oder bewundert ihn wohl gar. Im Homer hingegen wird jeder Übelstand vorbereitet und aufgelöst. Durch einen Augenblick von jugendlichem Übermut versöhnt uns Patroklus mit seinem Tode, und was sonst bittrer Unwillen gewesen sein würde, wird nun sanfte Rührung. Der Übermut des Hektors ist eine Vorbereitung seines Falles. Hätte ausschweifender Zorn den Achilles nicht bis zu Augenblicken von Wildheit und Ungerechtigkeit verlockt, so würde seine Kränkung, der Verlust seines Freundes, sein Schmerz, die unwandelbar bestimmte Kürze seines herrlichen Lebens unser Gemüt tief verwunden und mit Bitterkeit anfüllen. Der ruhigen Kraft, der weisen Gleichmütigkeit des Diomedes entspricht die ungemischte und nie getrübte Reinheit seines Glücks und seines unbeneideten Ruhms. Wie der Vater der Götter das Schicksal der Kämpfer auf der entscheidenden Wagschale gedankenvoll abmißt, so läßt Homerus mit künstlerischer Weisheit seine Helden sinken und steigen, nicht nach Laune und Zufall, sondern nach den heiligen Entscheidungen der reinsten Menschlichkeit.

Nur hüte man sich zu denken, das Nachahmungswürdige in der griechischen Poesie sei das Privilegium weniger auserwählter Genies, wie jede trefflichere Originalität bei den Modernen. Das bloß Individuelle würde dann weder nachahmungswürdig, noch dessen völlige Zueignung möglich sein: denn nur das Allgemeine ist Gesetz und Urbild für alle Zeiten und Völker. Die griechische Schönheit war ein Gemeingut des öffentlichen Geschmacks, der Geist der ganzen Masse. Auch solche Gedichte, welche wenig künstlerische Weisheit und geinge Erfindungskraft verraten, sind in demselben Geiste gedacht, entworfen und ausgeführt, dessen Züge wir im Homer und andern Dichtern vom ersten Range nur bestimmter und klarer lesen. Sie unterscheiden sich durch dieselben Eigenheiten, wie die besten, von allen nicht-griechischen Gedichten.

Die griechische Poesie hat ihre Sonderbarkeiten, welche oft exzentrisch genug sind: denn obgleich die griechische Bildung reinmenschlich ist, so kann dennoch die äußre Form sehr abweichend sein; es

Unheil, welches die starrsinnige Anmaßung eines stolzen Königs und vielleicht eben darum sein, weil der Geist dem allgemeingültigen Gesetz so getreu ist. Die meisten dieser ästhetischen Paradoxien sind nur scheinbar und enthalten einen großen Sinn. So das satirische Drama, der Dithyrambus, der lyrische Chor der Dorier, und der dramatische Chor der Athener. Nur aus völliger Unkunde mit der eigentlichen Natur der Kunst und ihrer Arten hat man solche Eigenheiten für bloß individuell gehalten, und sich mit einer historischen Genesis derselben begnügt. Überdem waren die Tatsachen lückenhaft, und solange man die notwendigen Bildungsgesetze der Kunst nicht kennt, wird man in der Geschichte der Kunst im Dunkeln tappen, und keinen Leitfaden haben, vom Bekannten aufs Unbekannte zu schließen. Man analysiere nur den Charakter dieser Anomalien nach Anleitung sichrer Grundsätze und Begriffe vollständig, und man wird, durch das Resultat einer philosophischen Deduktion überrascht, die durchgängige Objektivität der griechischen Poesie auch hier wiederfinden. Selbst in dem Zeitalter, wo ihre ganze Masse sich in mehrere genau bestimmte Richtungen – gleichsam ebensoviele Äste eines gemeinschaftlichen Stammes – spaltete, und ihr Umfang dadurch so sehr beschränkt als ihre Kraft erhöht ward: selbst in der lyrischen Gattung, deren eigentlicher Gegenstand schöne Eigentümlichkeit ist, bewährt sie dennoch ihre beständige Tendenz zum Objektiven durch die Art und den Geist der Darstellung, welche, soweit es die besondern Schranken ihrer eigentümlichen Richtung und ihres Stoffs nur immer erlauben, sich dem rein Menschlichen nähert, das Einzelne selbst zum Allgemeinen erhebt, und im Eigentümlichen eigentlich nur das Allgemeingültige darstellt.

Die griechische Poesie ist gesunken, tief, sehr tief gesunken, und endlich völlig entartet. Aber auch im äußersten Verfall blieben ihr noch Spuren jener Allgemeingültigkeit, bis sie überhaupt aufhörte einen bestimmten Charakter zu haben. So sehr ist die Griechheit nichts andres als eine höhere, reinere Menschheit! Im Zeitalter der gelehrten Dichtkunst gab es weder öffentliche Sitten, noch öffentlichen Geschmack. Die Gedichte der Alexandriner sind ohne eigentliche Sitten, ohne Geist und Leben; kalt, tot, arm und schwerfällig. Statt einer vollkommnen Organisation und lebendiger Einheit des Ganzen sind diese Machwerke nur aus abgerißnen Bruchstücken zusammengeflickt. Sie enthalten nur einzelne schöne Züge, keine vollständige und ganze Schönheit. Aber dennoch enthält ihre fleißige Darstellung in ihrer durchgearbeiteten feinen Bestimmtheit, in ihrer völligen Freiheit von den unreinen Zusätzen der Subjektivität, von den technischen Fehlern monströser Mischung und poetischer Unwahrheit, eine höchste Naturvollkommenheit in ihrer wenngleich an sich tadelhaften Art; ein gewisses klassisches Etwas, welches demjenigen nicht unähnlich ist, was Kenner der griechischen Plastik an Überbleibseln der bildenden Kunst auch aus der schlechtesten Zeit oder von der Hand des mittelmäßigsten Künstlers wahrnehmen. Der schwülstige, überladne Schmuck gehört dem allgemeinen schlechten Geschmack des Zeitalters an. Die Fehler der Ausführung kommen auf die Rechnung des Stümpers. Allein der Geist, in welchem das Werk gedacht, entworfen und ausgebildet wurde, enthält wenigstens Spuren von dem vollkommnen Ideal, welches für alle Zeiten und Völker ein gültiges Gesetz und allgemeines Urbild ist. So findet ihr im Apollonius sehr oft wahrhaft klassische Details, und hie und da trefft ihr auf Erinnerungen an die ehemalige Göttlichkeit der griechischen Dichtkunst. Solche Züge sind die Bescheidenheit des heroischen Jason und seine nachsinnende Stille bei der großen Ausfahrt der Heldenschar, und bei dem Verlust des Herkules; die feine Charakteristik des Telamon, Herkules, Idas und Idmon; das liebliche Spiel des Amor und Ganymedes; die Anmut, welche über die ganze Episode von der Hypsipyle und Medea verbreitet ist. Die schärfere Bestimmtheit, die feinere Zartheit, das noch mehr Durchgearbeitete seines fleißigen Werks, Eigenschaften, welche er vor dem gelehrtesten aller römischen Dichter voraus hat, sind so viele übrig gebliebene Spuren echt griechischer Bildung.

Das Schicksal bildete den Griechen nicht nur zu dem Höchsten, was der Sohn der Natur sein kann; sondern es entzog ihm auch seine mütterliche Pflege nicht eher, als bis die griechische Bildung selbständig und mündig geworden, fremder Hülfe und Führung nicht weiter bedurfte. Mit diesem entscheidenden Schritt, durch den die Freiheit das Übergewicht über die Natur bekam, trat der Mensch in eine ganz neue Ordnung der Dinge; es begann eine neue Stufe der Entwicklung. Er bestimmt, lenkt und ordnet nun seine Kräfte selbst, bildet seine Anlagen nach den innern Gesetzen seines Gemüts. Die Schönheit der Kunst ist nun nicht mehr Geschenk einer gütigen Natur, sondern sein eignes Werk, Eigentum seines Gemüts. Das Geistige bekommt das Übergewicht über das Sinnliche; selbständig bestimmt er die Richtung seines Geschmacks, und ordnet die Darstellung. Er eignet sich nicht mehr bloß das Gegebne zu, sondern er bringt das Schöne selbsttätig hervor. Und wenn der erste Gebrauch der Mündigkeit den Umfang der Kunst durch eine genau bestimmte Richtung beschränkt, so wird dieser Verlust durch die innre Stärke und Hoheit der zusammengedrängten Kraft wieder ersetzt. Das epische Zeitalter der griechischen Poesie läßt sich noch mit andern Nationalpoesien vergleichen. Im lyrischen Zeitalter steht sie allein. Nur sie hat in Masse die Bildungsstufe der Selbständigkeit erreicht; nur in ihr ist das idealische Schöne öffentlich gewesen. So häufig und so glänzend auch in der modernen Poesie die Beispiele sein mögen, so sind es doch nur einzelne Ausnahmen, und die Masse ist weit hinter jener Stufe zurückgeblieben, und verfälscht sogar jene Ausnahmen. Bei dem herrschenden Unglauben an göttlichere Schönheit verliert die verkannte ihre unbefangne Zuversicht, und der Kampf, welcher sie geltend machen soll, entweiht sie nicht weniger wie der menschenfeindliche Stolz, der den Genuß der Mitteilung ersetzen muß. – Von jeher haben viele Völker die Griechen an Fertigkeiten übertroffen, und desfalls die griechische Höhe der eigentlichen Bildung nicht eingesehen. Aber Fertigkeiten sind nur notwendige Zugaben der Bildung, Werkzeuge der Freiheit. Nur Entwicklung der reinen Menschheit ist wahre Bildung. Wo hat freie Menschheit in der Masse des Volks ein so durchgängiges Übergewicht erhalten als bei den Griechen? Wo war die Bildung so echt, und echte Bildung so öffentlich? – In der Tat, kaum gibt es im ganzen Lauf der Menschengeschichte ein erhabneres Schauspiel, als der große Augenblick darbietet, da mit einem Male und gleichsam von selbst, durch bloße Entwicklung der innern Lebenskraft, in den griechischen Verfassungen Republikanismus, in den Sitten Enthusiasmus und Weisheit, in den Wissenschaften, statt der mythischen Anordnung der Phantasie, logischer und systematisierender Zusammenhang, und in den griechischen Künsten das Ideal hervortrat.

Wenn die Freiheit einmal das Übergewicht über die Natur hat, so muß die freie, sich selbst überlaßne Bildung sich in der einmal genommenen Richtung fortbewegen, und immer höher steigen, bis ihr Lauf durch äußre Gewalt gehemmt wird, oder bis sich durch bloße innre Entwicklung das Verhältnis der Freiheit und der Natur von neuem ändert. Wenn der gesamte zusammengesetzte menschliche Trieb nicht allein das bewegende sondern auch lenkende Prinzip der Bildung, wenn die Bildung natürlich und nicht künstlich, wenn die ursprüngliche Anlage die glücklichste, und die äußre Begünstigung vollendet ist: so entwickeln, wachsen und vollenden sich alle Bestandteile der strebenden Kraft, der sich bildenden Menschheit gleichmäßig, bis die Fortschreitung den Augenblick erreicht hat, wo die Fülle nicht mehr steigen kann, ohne die Harmonie des Ganzen zu trennen und zu zerstören.

Trifft nun die höchste Stufe der Bildung in der vollkommensten Gattung der trefflichsten Kunst mit dem günstigsten Augenblick im Strome des öffentlichen Geschmacks glücklich zusammen; verdient ein großer Künstler die Gunst des Schicksals, und weiß die unbestimmten Umrisse, welche die Notwendigkeit vorzeichnete, würdig auszufüllen: so wird das äußerste Ziel schöner Kunst erreicht, welches durch die freieste Entwicklung der glücklichsten Anlage erreichbar ist.

Diese letzte Grenze der natürlichen Bildung der Kunst und des Geschmacks, diesen höchsten Gipfel freier Schönheit hat die griechische Poesie wirklich erreicht. Vollendung heißt der Zustand der Bildung, wenn die innre strebende Kraft sich völlig ausgewickelt hat, wenn die Absicht ganz erreicht ist, und in gleichmäßiger Vollständigkeit des Ganzen keine Erwartung unbefriedigt bleibt. Goldnes Zeitalter heißt dieser Zustand, wenn er einer ganzen gleichzeitigen Masse zukommt. Der Genuß, welchen die Werke des Goldnen Zeitalters der griechischen Kunst gewähren, ist zwar eines Zusatzes fähig, aber dennoch ohne Störung und Bedürfnis – vollständig und selbstgenugsam. Ich weiß für diese Höhe keinen schicklicheren Namen als das höchste Schöne. Nicht etwa ein Schönes, über welches sich nichts Schöneres denken ließe; sondern das vollständige Beispiel der unerreichbaren Idee, die hier gleichsam ganz sichtbar wird: das Urbild der Kunst und des Geschmacks.

Der einzige Maßstab, nach dem wir den höchsten Gipfel der griechischen Poesie würdigen können, sind die Schranken aller Kunst. »Aber wie,« wird man fragen, »ist die Kunst nicht einer schlechthin unendlichen Vervollkommnung fähig? Gibt es Grenzen ihrer fortschreitenden Bildung?«

Die Kunst ist unendlich perfektibel und ein absolutes Maximum ist in ihrer steten Entwicklung nicht möglich: aber doch ein bedingtes relatives Maximum, ein unübersteigliches fixes Proximum. Die Aufgabe der Kunst besteht nämlich aus zweierlei ganz verschiedenartigen Bestandteilen: teils aus bestimmten Gesetzen, welche nur ganz erfüllt oder ganz übertreten werden können, und teils aus unersättlichen, unbestimmten Forderungen, wo auch die höchste Gewährung noch einen Zusatz leidet. Jede wirklich gegebne Kraft ist einer Vergrößerung und jede endliche reale Vollkommenheit eines unendlichen Zuwachses fähig. In Verhältnissen aber findet kein Mehr oder Weniger statt; die Gesetzmäßigkeit eines Gegenstandes kann weder vermehrt noch vermindert werden. So sind auch alle wirklichen Bestandteile der schönen Kunst einzeln eines unendlichen Zuwachses fähig, aber in der Zusammensetzung dieser verschiedenen Bestandteile gibt es unbedingte Gesetze für die gegenseitigen Verhältnisse.

Das Schöne im weitesten Sinne (in welchem es das Erhabne, das Schöne im engern Sinne und das Reizende umfaßt) ist die angenehme Erscheinung des Guten. – Es scheint zwar für jede einzelne Reizbarkeit eine feste Grenze bestimmt zu sein, welche weder der Schmerz noch die Freude überschreiten darf, wenn nicht alle Besonnenheit aufhören und mit dieser selbst der Zweck der Leidenschaft und der Lust verloren gehn soll. Im allgemeinen aber, und ohne besondre Rücksicht läßt sich über jedes gegebne Maß von Energie ein höheres denken. Unter Energie verstehe ich alles, was den gemischten Trieb sinnlich weckt und erregt, um ihm dann den Genuß des reinen Geistigen zu gewähren; die bewegende Triebfeder mag nun Schmerz oder Freude sein. Die Energie ist aber nur Mittel und Organ der idealischen Kunst, gleichsam die physische Lebenskraft der reinen Schönheit, welche die sinnliche Erscheinung des Geistigen veranlaßt und trägt, so wie das freie Gemüt nur im Element einer tierischen Organisation empirisch existieren kann. – Auf gleiche Weise gibt es für jede besondre Empfänglichkeit eine bestimmte Sphäre der Sichtbarkeit, wenn ich so sagen darf, in der Mitte zwischen zu großer Nähe und zu weiter Entfernung. An und für sich aber kann die Erscheinung des Geistigen immer lebhafter, bestimmter und klarer werden. Solange sie Erscheinung bleibt, ist sie einer endlosen Vervollkommnung fähig, ohne je ihr Ziel ganz erreichen zu können: denn sonst müßte das Allgemeine, welches im Einzelnen erscheinen soll, sich in das Einzelne selbst verwandeln. Dies ist unmöglich, weil beide durch eine unendliche Kluft getrennt sind. Auf der andern Seite kann aber auch die Nachahmung des Wirklichen an Vollkommenheit unendlich zunehmen: denn die Fülle jedes Einzelnen ist unerschöpflich, und kein Abbild kann jemals ganz in sein Urbild übergehen. – Daß das Gute oder dasjenige, was schlechthin sein soll, der reine Gegenstand des freien Triebes, das reine Ich nicht als theoretisches Vermögen, sondern als praktisches Gebot; die Gattung, deren Arten Erkenntnis, Sittlichkeit und Schönheit ist; das Ganze, dessen Bestandteile Vielheit, Einheit und Allheit sind[1], in der Wirklichkeit nur beschränkt vorhanden sein kann, darf ich als evident voraussetzen: denn der zusammengesetzte Mensch kann im gemischten Leben sich seiner reinen Natur nur ins Unendliche nähern, ohne sie je völlig zu erreichen.

Alle diese Bestandteile des Schönen – der Reiz, der Schein, das Gute – sind also einer grenzenlosen Vervollkommnung fähig. Für die gegenseitigen Verhältnisse dieser Bestandteile aber gibt es unwandelbare Gesetze. Das Sinnliche soll nur Mittel des Schönen, nicht Zweck der Kunst sein. Hat aber unverdorbne Sinnlichkeit in einer frühen Stufe der Bildung das Übergewicht, so wird Fülle der Zweck des Dichters sein. Es darf der Selbsttätigkeit eigentlich nicht zum Vorwurf gereichen, daß sie sich allmählich entwickeln muß, und nur unter der Vormundschaft der Natur die Stufe selbständiger Selbstbestimmung erreichen kann. Durch die Sinnlichkeit eines Homerus wird das Gesetz nicht übertreten, sondern das Gesetz ist eigentlich noch gar nicht vorhanden. Ist die Kunst aber schon gesetzmäßig gewesen,

[1] Ich muß um die Erlaubnis bitten, diese und einige andre Grundsätze und Begriffe um des Zusammenhanges willen hier nur problematisch vorausschicken zu dürfen, deren Beweis ich in der Folge nicht schuldig bleiben werde.

und hört auf es ferner zu sein, so herrscht dann auch wieder die Fülle, aber auf eine ganz andre Weise. Es ist nicht mehr unverdorbne Sinnlichkeit, sondern üppige Ausschweifung, gesetzlose Schwelgerei. – Jene drei Bestandteile der Schönheit – Mannigfaltigkeit, Einheit und Allheit – sind nichts andres, als ebensoviele Arten, wie der reine Mensch in der Welt zum wirklichen Dasein gelangen kann, verschiedene Berührungspunkte des Gemüts und der Natur. Einzeln betrachtet haben sie alle drei gleichen Wert; eine wie die andre nämlich hat unbedingten, unendlichen Wert. Auch die Fülle ist heilig, und darf in der Vereinigung aller Bestandteile dem Gesetz der Ordnung nicht anders als frei gehorchen: denn die Mannigfaltigkeit ist schon die erste Form des Lebens, nicht roher Stoff, mit dem sie oft verwechselt wird. Die Gesetzesgleichheit soll durch die Ordnung nicht aufgehoben werden, aber doch ist das Gesetz des Verhältnisses der vereinigten Bestandteile der Schönheit unwandelbar bestimmt, und nicht die Mannigfaltigkeit, sondern die Allheit soll der erste bestimmende Grund und das letzte Ziel jeder vollkommnen Schönheit sein. Das Gemüt soll den Stoff und die Leidenschaft, der Geist soll den Reiz überwiegen, und nicht umgekehrt der Geist gebraucht werden, um das Leben zu wecken und den Sinn zu kitzeln. Ein Zweck, den man wohlfeiler erreichen könnte! – Stil bedeutet beharrliche Verhältnisse der ursprünglichen und wesentlichen Bestandteile der Schönheit oder des Geschmacks. Vollkommnen Stil wird man also demjenigen Kunstwerke und demjenigen Zeitalter beilegen können, welches in diesen Verhältnissen das notwendige Gesetz aus freier Neigung ganz erfüllt.

Außer diesem absoluten ästhetischen Gesetz für jeden Geschmack gibt es auch zwei absolute technische Gesetze für alle darstellende Kunst. – Die Bestandteile der darstellenden Kunst, welche das Mögliche mit dem Wirklichen vermischt, sind Versinnlichung des Allgemeinen und Nachahmung des Einzelnen. Für die Vervollkommnung beider Bestandteile ist, wie schon oben erinnert wurde, keine Grenze abgemessen: für ihr Verhältnis aber ist ein unwandelbares Gesetz notwendig bestimmt. Das Ziel der freien darstellenden Kunst ist das Unbedingte; das Einzelne darf nicht selbst Zweck sein (Subjektivität). Widrigenfalls sinkt die freie Kunst zu einer nachahmenden

Geschicklichkeit herunter, welche einem physischen Bedürfnisse oder einem individuellen Zweck des Verstandes dient. Doch ist das Mittel durchaus notwendig, und es muß wenigstens scheinen, frei zu dienen. Objektivität ist der angemessenste Ausdruck für dies gesetzmäßige Verhältnis des Allgemeinen und des Einzelnen in der freien Darstellung. – Überdem ist jedes einzelne Kunstwerk zwar keineswegs an die Gesetze der Wirklichkeit gefesselt, aber allerdings durch Gesetze innrer Möglichkeit beschränkt. Es darf sich selbst nicht widersprechen, muß durchgängig mit sich übereinstimmen. Diese technische Richtigkeit – so würde ich sie lieber nennen als »Wahrheit«[1], weil dieses Wort zu sehr an die Gesetze der Wirklichkeit erinnert und so oft von der Kopistentreue sklavischer Künstler gemißbraucht wird, welche nur das Einzelne nachahmen – darf im Kollisionsfalle selbst die Schönheit zwar nicht beherrschen, aber doch beschränken: denn sie ist die erste Bedingung eines Kunstwerks. Ohne innre Übereinstimmung würde eine Darstellung sich selbst aufheben, und also auch ihren Zweck (die Schönheit) gar nicht erreichen können. Nur wenn das Ganze der vollständigen Schönheit schon getrennt und aufgelöst ist, und ausschweifende Fülle den Geschmack beherrscht, wird die Regelmäßigkeit der Proportion und die Symmetrie dieser Fülle aufgeopfert.

Der Schwäche kostet es keine große Entsagung, nicht auszuschweifen, und wo es an Kraft fehlt, da ist Gesetzmäßigkeit kein sonderliches Verdienst. Ein Gedicht im vollkommnen Stil und von tadelloser Richtigkeit, aber ohne Geist und Leben würde nur eine Armseligkeit ohne allen Wert sein. Aber wenn ein Gedicht mit jener vollkommnen Gesetzmäßigkeit auch die höchste Kraft vereinigt, welche man nur immer von einem menschlichen Künstler erwarten kann, so darf es doch nicht hoffen, das äußerste Ziel erreicht zu haben, wenn der Umfang desselben nicht vollständig, sondern durch die genau bestimmte Richtung einer gewissen zwar schönen aber doch einseitigen Eigentümlichkeit beschränkt ist, wie die dorische Lyrik. Der Dichter darf keine Ansprüche auf Vollendung machen, solange er wie Äschy-

---

[1] In einzelnen Kunstarten kann die technische Richtigkeit selbst eine idealische Abweichung von dem, was in der Wirklichkeit wahr und wahrscheinlich ist, erfordern, wie in der reinen Tragödie oder der reinen Komödie.

lus selbst mehr Erwartungen erregt, als er befriedigt. Nur dasjenige Kunstwerk, welches in der vollkommensten Gattung und mit höchster Kraft und Weisheit die bestimmten ästhetischen und technischen Gesetze ganz erfüllt, den unbegrenzten Forderungen aber gleichmäßig entspricht, kann ein unübertreffliches Beispiel sein, in welchem die vollständige Aufgabe der schönen Kunst so sichtbar wird, als sie in einem wirklichen Kunstwerke werden kann.

Nur da ist das höchste Schöne möglich, wo alle Bestandteile der Kunst und des Geschmacks sich gleichmäßig entwickeln, ausbilden und vollenden: in der natürlichen Bildung. In der künstlichen Bildung geht diese Gleichmäßigkeit durch die willkürlichen Scheidungen und Mischungen des lenkenden Verstandes unwiederbringlich verloren. An einzelnen Vollkommenheiten und Schönheiten kann sie vielleicht die freie Entwicklung sehr weit übertreffen: aber jenes höchste Schöne ist ein gewordnes organisch gebildetes Ganzes, welches durch die kleinste Trennung zerrissen, durch das geringste Übergewicht zerstört wird. Der künstliche Mechanismus des lenkenden Verstandes kann sich die Gesetzmäßigkeit des Goldnen Zeitalters der Kunst der bildenden Natur zueignen, aber seine Gleichmäßigkeit kann er nie völlig wiederherstellen; die einmal aufgelöste elementarische Masse organisiert sich nie wieder. Der Gipfel der natürlichen Bildung der schönen Kunst bleibt daher für alle Zeiten das hohe Urbild der künstlichen Fortschreitung. –

Wir sind gewohnt, ich weiß nicht aus welchen Gründen, uns die Schranken der Poesie viel zu eng zu denken. Wenn die Darstellung nicht bezeichnet, wie die Dichtkunst, sondern wirklich nachahmt oder sich natürlich äußert, wie die sinnlichen Künste, so ist ihre Freiheit durch die Schranken des gegebnen Werkzeuges und des bestimmten Stoffs schon enger begrenzt. Sollten in einer gewissen Kunstart die Schranken des Stoffs sehr eng, das Werkzeug sehr einfach sein, so läßt es sich wohl denken, daß ein begünstigtes Volk eine Höhe in derselben erreicht habe, welche nie übertroffen werden könnte. Vielleicht haben die Griechen in der Plastik diese Höhe wirklich erreicht. Die Malerei und die Musik haben schon freieres Feld; das Werkzeug ist zusammengesetzter, mannigfaltiger und umfassender. Es würde sehr gewagt sein, für sie eine äußerste Grenze der Vervollkommnung festsetzen zu wollen. Wie viel weniger läßt sich eine solche für die Poesie bestimmen, die durch keinen besondren Stoff weder im Umfang noch in der Kraft beschränkt ist? deren Werkzeug, die willkürliche Zeichensprache, Menschenwerk und also unendlich perfektibel und korruptibel ist? – Unbeschränkter Umfang ist der eine große Vorzug der Poesie, dessen sie vielleicht sehr notwendig bedarf, um die durchgängige Bestimmtheit des Beharrlichen, welche die Plastik, und die durchgängige Lebendigkeit des Wechselnden, welche die Musik vor ihr voraushat, zu ersetzen. Beide geben der Sinnlichkeit unmittelbar Anschauungen und Empfindungen; zu dem Gemüte reden sie nur durch Umwege eine oft dunkle Sprache. Sie können Gedanken und Sitten nur mittelbar darstellen. Die Dichtkunst redet durch die Einbildungskraft unmittelbar zu Geist und Herz in einer oft matten und vieldeutig unbestimmten, aber allumfassenden Sprache. Der Vorzug jener sinnlichen Künste, unendliche Bestimmtheit und unendliche Lebendigkeit – Einzelnheit ist nicht sowohl Verdienst der Kunst als entlehntes Eigentum der Natur. Sie sind Mischungen, welche zwischen reiner Natur und reiner Kunst in der Mitte stehn. Die einzige eigentliche reine Kunst ohne erborgte Kraft und fremde Hülfe ist Poesie.

Wenn man verschiedene Kunstarten miteinander vergleicht, so kann nicht von dem größern oder geringern Werte des Zwecks die Rede sein. Sonst wäre die ganze Untersuchung so widersinnig als etwa die Frage: »Ob Sokrates oder Timoleon tugendhafter gewesen sei?« Denn das Unendliche leidet gar keine Vergleichung, und der Genuß des Schönen hat unbedingten Wert. Aber in der Vollkommenheit der verschiedenen Mittel, denselben Zweck zu erreichen, finden Stufen, findet ein Mehr oder Weniger statt. Keine Kunst kann in einem Werke einen so großen Umfang umspannen, wie die Poesie. Aber keine hat auch solche Mittel, Vieles zu Einem zu verknüpfen, und die Verknüpfung zu einem unbedingt vollständigen Ganzen zu vollenden. Die Plastik, die Musik, und die Lyrik stehn in Rücksicht der Einheit eigentlich auf einer Stufe. Sie setzen ein gewisses höchst gleichartiges Mannigfaltiges neben- oder nacheinander, und streben, aus diesem Gesetzten das übrige Mannigfaltige organisch zu entwickeln. – Der Charakter, oder das Beharrliche in Vorstellungen und

Bestrebungen, könnte allein in Gott schlechthin einfach, durch sich selbst bestimmt, und in sich vollendet sein. Im Gebiete der Erscheinung ist seine Einheit nur bedingt; er muß noch ein Mannigfaltiges enthalten, welches nicht durch ihn selbst bestimmt sein kann. Eine wirkliche einzelne Erscheinung wird durch den Zusammenhang der ganzen Welt, zu der sie gehört, vollständig bestimmt und erklärt. Nicht anders verhält es sich mit dem Bruchstück einer bloß möglichen Welt. Der dramatische Charakter wird durch seine Stelle im Ganzen, seinen Anteil an der Handlung vollständig bestimmt. Eine Handlung wird nur in der Zeit vollendet; daher kann der bildende Künstler keine vollständige Handlung darstellen. Wenngleich der plastische Charakter noch so bestimmt ist, so setzt er doch notwendig die Welt, in welcher er eigentlich zu Hause ist, und welche nicht mit dargestellt werden konnte, als schon bekannt voraus. Sollte diese Welt auch die olympische, und die Deutung die leichteste sein: die vollkommenste Statue ist doch nur ein abgerißnes unvollständiges Bruchstück, kein in sich vollendetes Ganzes, und das Höchste, was der Bildner erreichen kann, ist ein Analogon von Einheit. Die Einheit des Lyrikers und Musikers besteht in der Gleichartigkeit einiger aus der ganzen Reihe der zusammenhängenden Zustände herausgehobnen, die übrigen beherrschenden, und in der vollkommnen Unterordnung dieser übrigen unter jene herrschenden. Die notwendige Mannigfaltigkeit und Freiheit setzen der Vollkommenheit dieses Zusammenhanges enge Grenzen, und an Vollständigkeit der Verknüpfung ist hier gar nicht zu denken. Vollständigkeit der Verknüpfung ist der zweite große Vorzug der Poesie. Nur der Tragiker, dessen eigentliches Ziel es ist, den größten Umfang und die stärkste Kraft mit der höchsten Einheit zu verbinden, kann seinem Werke eine vollkommne Organisation geben, dessen schöner Gliederbau auch nicht durch den kleinsten Mangel, den geringsten Überfluß gestört wird. Er allein kann eine vollständige Handlung, das einzige unbedingte Ganze im Gebiete der Erscheinung, darstellen. Eine ganz vollbrachte Tat, ein völlig ausgeführter Zweck gewähren die vollste Befriedigung. Eine vollendete poetische Handlung ist ein in sich abgeschloßnes Ganzes, eine technische Welt.

Die frühern griechischen Dichtarten sind teils an sich unvollkommne Versuche einer noch unreifen Bildung, wie das Epos des mythischen Zeitalters; teils einseitig beschränkte Richtungen, welche die vollständige Schönheit zerspalten und unter sich gleichsam teilen, wie die verschiedenen Schulen des lyrischen Zeitalters. Die trefflichste unter den griechischen Dichtarten ist die attische Tragödie. Alle einzelnen Vollkommenheiten der frühern Arten, Zeitalter und Schulen bestimmt, läutert, erhöht, vereinigt und ordnet sie zu einem neuen Ganzen.

Mit echter Schöpferkraft hatte Äschylus die Tragödie erfunden, ihre Umrisse entworfen, ihre Grenzen, ihre Richtung und ihr Ziel bestimmt. Was der Kühne entwarf, führte Sophokles aus. Er bildete seine Erfindungen, milderte seine Härten, ergänzte seine Lücken, vollendete die tragische Kunst, und erreichte das äußerste Ziel der griechischen Poesie. Glücklicherweise traf er mit dem höchsten Augenblick des öffentlichen attischen Geschmacks zusammen. Er wußte aber auch die Gunst des Schicksals zu verdienen. Den Vorzug eines vollendeten Geschmacks, eines vollkommnen Stils teilt er mit seinem Zeitalter; die Art aber, wie er seine Stelle ausfüllte, seinem Beruf entsprach, ist ganz sein eigen. An genialischer Kraft weicht er weder dem Äschylus noch dem Aristophanes, an Vollendung und Ruhe kommt er dem Homerus und dem Pindarus gleich, und an Anmut übertrifft er alle seine Vorgänger und Nachfolger.

Die technische Richtigkeit seiner Darstellung ist vollkommen, und die Eurhythmie, die regelmäßige Verknüpfung seiner bestimmt und reich gegliederten Werke ist so kanonisch, wie etwa die Proportion des berühmten Doryphorus vom Polyklet. Die reife und ausgewachsne Organisation eines jeden Ganzen ist bis zu einer Vollständigkeit vollendet, welche auch nicht durch die geringste Lücke, nicht durch einen überflüssigen Hauch gestört wird. Notwendig entwickelt sich alles aus Einem, und auch der kleinste Teil gehorcht unbedingt dem großen Gesetz des Ganzen.

Die Enthaltsamkeit, mit welcher er auch dem schönsten Auswuchs entsagt, auch der lockendsten Verführung, das Gleichgewicht des Ganzen zu verletzen, widerstanden haben würde, ist bei diesem Dichter ein Beweis seines Reichtums. Denn seine Gesetzmäßigkeit ist frei, seine Richtigkeit ist leicht, und die reichste Fülle ordnet sich gleichsam von selbst zu einer vollkommnen aber gefälligen Übereinstimmung. Die Einheit seiner Dramen ist nicht mechanisch erzwungen, sondern organisch entstanden. Auch der kleinste Nebenzweig genießt eignes Leben, und scheint nur aus freier Neigung sich an seiner Stelle in den gesetzmäßigen Zusammenhang der ganzen Bildung zu fügen. Mit Lust und ohne Anstoß folgen wir dem hinreißenden Strome, verbreiten uns über die bezaubernde Fläche seiner Dichtung: denn die Schönheit der richtigen, aber einfachen und freien Stellung gibt ihr einen unaussprechlichen Reiz. Das größere Ganze, wie das kleinere, ist in die reichsten und einfachsten Massen bestimmt geschieden, und angenehm gruppiert. Und wie in der ganzen Handlung Kampf und Ruhe, Tat und Betrachtung, Menschheit und Schicksal gefällig wechseln und sich frei vereinigen, wenn bald die einzelne Kraft ihren kühnen Lauf ungehemmt ergießt, bald zwei Kräfte in raschem Wechsel sich kämpfend umschlingen, bald alles Einzelne vor der majestätischen Masse des Chors schweigt: so ist auch noch in dem kleinsten Teil der Rede das Mannigfaltige in leichtem Wechsel und freier Vereinigung.

Hier ist auch nicht die leiseste Erinnrung an Arbeit, Kunst und Bedürfnis. Wir werden das Medium nicht mehr gewahr, die Hülle schwindet, und unmittelbar genießen wir die reine Schönheit. Diese anspruchslose Vollkommenheit scheint, ohne bei ihrer eignen Hoheit zu verweilen oder für den äußern Eindruck zu sorgen, nur um ihrer selbst willen da zu sein. Diese Bildungen scheinen nicht gemacht oder geworden, sondern ewig vorhanden gewesen, oder von selbst entstanden zu sein, wie die Göttin der Liebe leicht und plötzlich vollendet aus dem Meere emporstieg.

Im Gemüte des Sophokles war die göttliche Trunkenheit des Dionysos, die tiefe Erfindsamkeit der Athene, und die leise Besonnenheit des Apollo gleichmäßig verschmolzen. Mit Zaubermacht entrückt seine Dichtung die Geister ihren Sitzen und versetzt sie in eine höhere Welt; mit süßer Gewalt lockt er die Herzen und reißt sie unwiderstehlich fort. Aber ein großer Meister in der seltnen Kunst des Schicklichen, weiß er auch durch den glücklichsten Gebrauch der größten tragischen Kraft die höchste Schonung zu erreichen; gewaltig im Rührenden wie im Schrecklichen, ist er dennoch nie bitter oder gräßlich. – In stetem Schrecken würden wir bis zur Bewußtlosigkeit erstarren, in steter Rührung zerschmelzen. Sophokles hingegen weiß Schrecken und Rührung im vollkommensten Gleichgewicht wohltätig zu mischen, an treffenden Stellen durch entzückende Freude und frische Anmut köstlich zu würzen, und dieses schöne Leben in gleichmäßiger Spannung über das Ganze zu verbreiten.

Wunderbar groß ist seine Überlegenheit über den Stoff, seine glückliche Auswahl desselben, seine weise Benutzung der gegebnen Umrisse. Unter so vielen, vielleicht zahllosen möglichen Auflösungen immer sicher die beste zu treffen, nie von der zarten Grenze zu verirren und selbst unter den verwickeltsten Schranken, mit geschickter Fügung in das Notwendige, seine völlige Freiheit behaupten: das ist das Meisterstück der künstlerischen Weisheit. Auch wenn ein Vorgänger ihm die nächste und beste Auflösung vorweg genommen hatte, wußte er den entrissenen Stoff sich von neuem zuzueignen. Er vermochte nach dem Äschylus in der Elektra neu zu sein, ohne unnatürlich zu werden. Auch den an einzelnen großen Umrissen und glücklichen Veranlassungen reichen, im Ganzen aber ungünstigen und lückenhaften Stoff des Philoktetes wußte er zu einer vollständigen Handlung zu bilden, zu runden und zu ergänzen, welcher es weder an einer leichten Einheit noch an einer völligen Befriedigung fehlt.

Der attische Zauber seiner Sprache vereinigt die rege Fülle des Homerus und die sanfte Pracht des Pindarus mit durchgearbeiteter Bestimmtheit. Die kühnen und großen, aber harten, eckichten und schneidenden Umrisse des Äschylus sind in der Diktion des Sophokles bis zu einer scharfen Richtigkeit, bis zu einer weichen Vollendung verfeinert, gemildert und ausgebildet. – Nur da, wo Erfindsamkeit, Geselligkeit, Beredsamkeit und Schonung gleichsam eingeboren waren; wo die vollständige Bildung die einseitigen Vorzüge der dorischen und ionischen Bildung umfaßte; wo bei der unbeschränktesten Freiheit und Gesetzesgleichheit alles Innre in kecker Gestalt ans Licht treten durfte und durch den lebhaftesten Kampf, die vielseitigste Friktion von außen gewetzt, gereinigt, gerundet und geordnet wurde: nur in Athen war die Vollendung der griechischen Sprache möglich.

Der Rhythmus des Sophokles vereinigt den starken Fluß, die gedrängte Kraft und die männliche Würde des dorischen Stils mit der reichen Fülle, der raschen Weichheit und der zarten Leichtigkeit ionischer oder äolischer Rhythmen.

Das Ideal der Schönheit, welches in allen Werken des Sophokles und deren einzelnen Teilen durchaus herrscht, ist ganz vollendet. Die Kraft der einzelnen wesentlichen Bestandteile der Schönheit ist gleichmäßig, und die Ordnung der vereinigten völlig gesetzmäßig. Sein Stil ist vollkommen. In jeder einzelnen Tragödie, und in jedem einzelnen Fall ist der Grad der Schönheit durch die Schranken des Stoffs, den Zusammenhang des Ganzen, und die Beschaffenheit der besondren Stelle näher bestimmt.

Die sittliche Schönheit aller einzelnen Handelnden ist so groß, als diese Bedingungen jedesmal nur immer verstatten. Alle Taten und Leidenschaften entspringen so weit als möglich aus Sitten oder Charakter, und die besonderen Charaktere, die bestimmten Sitten nähern sich so sehr als möglich der reinen Menschheit. Unnütze Schlechtheit findet sich hier so wenig wie müßiger Schmerz, und auch die leiseste Anwandlung des bittern Unwillens ist aufs strengste vermieden.[1]

Der Begebenheiten, im Gegensatz der Handlungen, sind so wenig als möglich, und diese werden alle aus Schicksal hergeleitet. Der unaufhörliche notwendige Streit des Schicksals und der Menschheit aber wird durch eine andre Art von sittlicher Schönheit immer wieder in Eintracht aufgelöst, bis endlich die Menschheit, soweit es die Gesetze der technischen Richtigkeit verstatten, den vollständigsten Sieg davonträgt. Die Betrachtung, dieser notwendige innre Nachklang jeder großen äußern Tat oder Begebenheit, trägt und erhält das Gleichgewicht des Ganzen. Die ruhige Würde einer schönen Gesinnung schlichtet den furchtbaren Kampf, und lenkt die kühne Übermacht, welche jeden Damm der Ordnung heftig durchbrach, wieder in das milde Gleis des ewig ruhigen Gesetzes. Der Schluß des ganzen Werks gewährt endlich jederzeit die vollste Befriedigung:

---

[1] Die Modernen tappen über die unbedingte Notwendigkeit, eigentliche Natur, und die bestimmten Grenzen der sittlichen Schönheit in Gedichten so sehr im Dunkeln, daß sie lange über den Sinn der einfachen Vorschrift des Aristoteles: »Die Sitten im Gedichte sollen gut, d. h. schön sein« gestritten haben. In der ganzen Masse der modernen Poesie ist der Charakter des Brutus im Cäsar der Shakespeare vielleicht das einzige Beispiel einer sittlichen Schönheit, welche des Sophokles nicht ganz unwürdig sein würde.

denn wenn gleich der äußern Ansicht nach die Menschheit zu sinken scheint, so siegt sie dennoch durch innre Gesinnung. Die tapfre Gegenwehr des Helden kann der blinden Wut des Schicksals zuletzt unterliegen: aber das selbständige Gemüt hält dennoch in allen Qualen standhaft zusammen, und schwingt sich endlich frei empor, wie der sterbende Herkules in den Trachinerinnen.

Alle diese skizzierten Vollkommenheiten der sophokleischen Dichtung sind nicht getrennte und für sich bestehende Eigenschaften, sondern nur verschiedene Ansichten und Teile eines streng verknüpften und innigst verschmolznen Ganzen. Solange das Gleichgewicht der Kraft und Gesetzmäßigkeit in der Bildung noch nicht verloren, solange das Ganze der Schönheit noch nicht zerrissen ist, kann das Einzelne gar nicht auf Unkosten des Ganzen vollkommner sein. Alle einzelnen Trefflichkeiten leihen sich gegenseitig in durchgängiger Wechselwirkung einen höhern Wert. Aus der Vereinigung aller dieser Eigenschaften, in denen ich nur die allgemeinsten Umrisse, gleichsam die äußersten Grenzen seines unerschöpflich reichen Wesens entworfen habe, entspringt die selbstgenugsame Vollendung, die eigne Süßigkeit, welche den Griechen selbst vorzüglich charakteristische Züge dieses Dichters zu sein schienen.

In praktischer Rücksicht sind die Vorzüge der verschiedenen Zeitalter, Dichtarten und Richtungen sehr ungleich, und wiewohl das Nachahmungswürdige in der griechischen Poesie überall verbreitet ist, so vereinigt es sich doch gleichsam in dem Mittelpunkte des Goldnen Zeitalters. In theoretischer Rücksicht hingegen ist die ganze Masse ohngefähr gleich merkwürdig.

Sehr auffallend kontrastiert die einfache Gleichartigkeit der ganzen Masse der griechischen Poesie mit dem bunten Kolorit und der heterogenen Mischung der modernen Poesie.

Die griechische Bildung überhaupt war durchaus originell und national, ein in sich vollendetes Ganzes, welches durch bloße innre Entwicklung einen höchsten Gipfel erreichte, und in einem völligen Kreislauf auch wieder in sich selbst zurücksank. Ebenso originell war auch die griechische Poesie. Die Griechen bewahrten ihre Eigentümlichkeit rein, und ihre Poesie war nicht nur im ersten Anfange, sondern auch im ganzen Fortgange beständig national. Sie war nicht nur in ihrem Ursprunge, sondern auch in ihrer ganzen Masse mythisch: denn im Zeitalter kindlicher Bildung, solange die Freiheit nur durch Natur veranlaßt und nicht selbständig ist, sind die verschiedenen Zwecke der Menschheit nicht bestimmt, und ihre Teile vermischt. Die Sage oder der Mythus ist ja aber eben jene Mischung, wo sich Überlieferung und Dichtung gatten, wo die Ahndung der kindischen Vernunft und die Morgenröte der schönen Kunst ineinander verschmelzen. Die natürliche Bildung ist nur die stete Entwicklung eines und desselben Keims; die Grundzüge ihrer Kindheit werden sich daher über das Ganze verbreiten und durch überlieferte Gebräuche und geheiligte Einrichtungen befestigt bis auf die späteste Zeit erhalten werden. Die griechische Poesie ist von ihrem Ursprunge an, während ihres Fortganges und in ihrer ganzen Masse musikalisch, rhythmisch und mimisch. Nur die Willkür des künstelnden Verstandes kann gewaltsam scheiden, was durch die Natur ewig vereinigt ist. Ein wahrhaft menschlicher Zustand besteht nicht aus Vorstellungen oder aus Bestrebungen allein, sondern aus der Mischung beider. Er ergießt sich ganz, durch alle vorhandnen Öffnungen, nach allen möglichen Richtungen. Er äußert sich in willkürlichen und natürlichen Zeichen, in Rede, Stimme und Gebärde zugleich. In der natürlichen Bildung der Künste, ehe der Verstand seine Rechte verkennt und durch gewaltsame Eingriffe die Grenzen der Natur verwirrt, ihre schöne Organisation zerstört, sind Poesie, Musik und Mimik (welche dann auch rhythmisch ist) fast immer unzertrennliche Schwestern.

Diese Gleichartigkeit nehmen wir nicht nur in der ganzen Masse, sondern auch in den größern und kleinern, koexistenten oder sukzessiven Klassen, in welche das Ganze sich spaltet, wahr. Bei der größten Verschiedenheit der ursprünglichen Dichterkraft und der weisen Anwendung derselben, ja sogar des individuellen Nationalcharakters der verschiedenen Stämme, und der herrschenden Stimmung des Künstlers, sind dennoch in jeder größern Epoche der ästhetischen Bildung die allgemeinen Verhältnisse des Gemüts und der Natur unabänderlich und ohne Ausnahme bestimmt. In derjenigen dieser Epochen, wo der öffentliche Geschmack auf der höchsten Stufe der Bildung stand, und bei der größten Vollkommenheit alle Organe der Kunst sich zugleich am vollständigsten und am freiesten äußern konnten, waren die allgemeinen Verhältnisse der ursprünglichen Bestandteile der Schönheit durch den Geist des Zeitalters entschieden determiniert, und weder der höchste noch der geringste Grad des originellen Genies, oder die eigentümliche Bildung und Stimmung des Dichters konnte eine einzige Ausnahme von dieser Notwendigkeit möglich machen. Während diese koexistenten Verhältnisse schnell wechselten, verbreitete der Geist eines großen Meisters seine wohltätigen Wirkungen durch viele Zeitalter, ohne daß dadurch die Erfindung gelähmt oder die Originalität gefesselt worden wäre. Mit merkwürdiger Gleichheit erhielt sich oft durch eine lange Reihe von Künstlern eine vorzügliche eigentümlich bestimmte Richtung. Dennoch aber ging die durchgängige Tendenz des Individuellen auf das Objektive, so daß das erste den Spielraum des letzten wohl hie und da beschränkte, nie aber seiner gesetzmäßigen Herrschaft sich entzog.

Die verschiedenen Stufen der sukzessiven Entwicklung sondern sich zwar in Masse deutlich und entschieden voneinander ab, aber in dem stetigen Fluß der Geschichte verschmelzen die äußersten Grenzen, wie Wellen des Stromes, ineinander. Desto unvermischter sind die Grenzen der koexistenten Richtungen des Geschmacks und Arten der Kunst. Ihre Zusammensetzung ist durchaus gleichartig, rein und einfach, wie der Organismus der plastischen Natur, nicht wie der Mechanismus des technischen Verstandes. Nach einem ewigen und einfachen Gesetz der Anziehung und der Rückstoßung koalisieren sich die homogenen Elemente, entledigen sich alles Fremdartigen, je mehr sie sich entwickeln, und bilden sich organisch.

Die ganze Masse der modernen Poesie ist ein unvollendeter Anfang, dessen Zusammenhang nur in Gedanken zur Vollständigkeit ergänzt werden kann. Die Einheit dieses teils wahrgenommenen, teils gedachten Ganzen ist der künstliche Mechanismus eines durch menschlichen Fleiß hervorgebrachten Produkts. Die gleichartige Masse der griechischen Poesie hingegen ist ein selbständiges, in sich vollendetes, vollkommnes Ganzes, und die einfache Verknüpfung ihres durchgängigen Zusammenhanges ist die Einheit einer schönen Organisation, wo auch der kleinste Teil durch die Gesetze und den

Zweck des Ganzen notwendig bestimmt, und doch für sich bestehend und frei ist. – Die sichtbare Regelmäßigkeit ihrer progressiven Entwicklung verrät mehr als Zufall. Der größte wie der kleinste Fortschritt entwickelt sich wie von selbst aus der vorhergehenden und enthält den vollständigen Keim der folgenden Stufe. Die sonst auch in der Menschengeschichte oft so tief verhüllten innern Prinzipien der lebendigen Bildung liegen hier offenbar am Tage, und sind selbst der äußern Gestalt mit bestimmter und einfacher Schrift eingeprägt. Wie in der ganzen Masse die homogenen Elemente durch innre Stärke der strebenden Kraft zu einer gesunden Organisation sich freundlich koalisierten; wie der organische Keim durch stete Evolutionen des Bildungstriebes seinen Kreislauf vollendete, glücklich wuchs, üppig blühte, schnell reifte und plötzlich welkte: so auch jede Dichtart, jedes Zeitalter, jede Schule der Poesie.

Die Analogie erlaubt und nötigt uns vorauszusetzen, daß in der griechischen Poesie gar nichts zufällig und bloß durch äußre Einwirkung gewalttätig bestimmt sei. Es scheint vielmehr auch das Geringste, Seltsamste und der ersten Ansicht nach Zufälligste sich aus innern Gründen notwendig entwickelt zu haben. – Der Punkt, von dem die griechische Bildung ausging, war eine absolute Rohigkeit, und ihre kosmische Lage ein Maximum von Begünstigung in Anlagen und Veranlassungen, welches in der ästhetischen Bildung wenigstens nie durch schädliche äußre Einflüsse gestört ward. Diese veranlassenden Ursachen erklären die Herkunft, die eigentümliche Beschaffenheit und die äußern Schicksale der griechischen Poesie. Die allgemeinen Verhältnisse ihrer Teile aber, die Umrisse ihres Ganzen, die bestimmten Grenzen ihrer Stufen und Arten, die notwendigen Gesetze ihrer Fortschreitung erklären sich nur aus innern Gründen, aus der Natürlichkeit ihrer Bildung. Diese Bildung war keine andre als die freieste Entwicklung der glücklichsten Anlage, deren allgemeiner und notwendiger Keim in der menschlichen Natur selbst gegründet ist. – Nie ist die ästhetische Bildung der Griechen weder zu Athen noch zu Alexandrien in dem Sinne künstlich gewesen, daß der Verstand die ganze Masse geordnet, alle Kräfte gelenkt, das Ziel und die Richtung ihres Ganges bestimmt hätte. Im Gegenteil war die griechische Theorie eigentlich ohne die mindeste Gemeinschaft mit der Praxis des

Künstlers und höchstens späterhin die Handlangerin derselben. Der gesamte Trieb war nicht nur das bewegende, sondern auch das lenkende Prinzip der griechischen Bildung.

Die griechische Poesie in Masse ist ein Maximum und Kanon der natürlichen Poesie, und auch jedes einzelne Erzeugnis derselben ist das vollkommenste in seiner Art. Mit kühner Bestimmtheit sind die Umrisse einfach entworfen, mit üppiger Kraft ausgefüllt und vollendet; jede Bildung ist die vollständige Anschauung eines echten Begriffs. Die griechische Poesie enthält für alle ursprünglichen Geschmacks- und Kunstbegriffe eine vollständige Sammlung von Beispielen, welche so überraschend zweckmäßig für das theoretische System sind, als hätte sich die bildende Natur gleichsam herabgelassen, den Wünschen des nach Erkenntnis strebenden Verstandes zuvorzukommen. In ihr ist der ganze Kreislauf der organischen Entwicklung der Kunst abgeschlossen und vollendet, und das höchste Zeitalter der Kunst, wo das Vermögen des Schönen sich am freiesten und vollständigsten äußern konnte, enthält den vollständigen Stufengang des Geschmacks. Alle reinen Arten der verschiedenen möglichen Zusammensetzungen der Bestandteile der Schönheit sind erschöpft, und selbst die Ordnung der Aufeinanderfolge und die Beschaffenheit der Übergänge ist durch innre Gesetze notwendig bestimmt. Die Grenzen ihrer Dichtarten sind nicht durch willkürliche Scheidungen und Mischungen erkünstelt, sondern durch die bildende Natur selbst erzeugt und bestimmt. Das System aller möglichen reinen Dichtarten ist sogar bis auf die Spielarten, die unreifen Arten der unentwickelten Kindheit und die einfachsten Bastardarten, welche sich im versunknen Zeitalter der Nachahmung aus dem Zusammenfluß aller echten vorhandnen erzeugten, vollständig erschöpft. Sie ist eine ewige Naturgeschichte des Geschmacks und der Kunst.

Sie enthält eigentlich die reinen und einfachen Elemente, in welche man die gemischten Produkte der modernen Poesie erst analysieren muß, um ihr labyrinthisches Chaos völlig zu enträtseln. Hier sind alle Verhältnisse so echt, ursprünglich und notwendig bestimmt, daß der Charakter auch jedes einzelnen griechischen Dichters gleichsam eine reine und einfache ästhetische Elementaranschauung ist. Man kann zum Beispiel Goethens Stil nicht bestimmter, anschaulicher und kürzer erklären, als wenn man sagt, er sei aus dem Stil des Homerus, des Euripides und des Aristophanes gemischt.

*

»Aber die griechische Poesie beleidigt ja unsre Delikatesse so oft und so empfindlich! Weit entfernt von der höhern Sittlichkeit unsers verfeinerten Jahrhunderts bleibt sie selbst in ihrer höchsten Vollendung hinter der alten Romanze an Edelmut, Anstand, Scham und Zartheit weit zurück. Wie arm und uninteressant ist nicht die gerühmte Simplizität ihrer ernsthaften Produkte! Der Stoff ist dürftig, die Ausführung monoton, die Gedanken trivial, die Gefühle und Leidenschaften ohne Energie, und selbst die Form nach den strengen Forderungen unsrer höhern Theorie nicht selten inkorrekt. Die griechische Poesie sollte unser Muster sein? Sie, welche den höchsten Gegenstand schöner Kunst – eine edle geistige Liebe – gar nicht kennt?« So werden viele Moderne denken. »Sehr viele lyrische Gedichte besingen die unnatürlichste Ausschweifung, und fast in allen atmet der Geist zügelloser Wollust, aufgelöster Üppigkeit, zerflossener Unmännlichkeit. In der plumpen Possenreißerei der pöbelhaften alten Komödie scheint alles zusammengeflossen zu sein, was nur gute Sitten und gute Gesellschaft empören kann. In dieser Schule aller Laster, wo selbst Sokrates komödiert ward, wird alles Heilige verlacht und alles Große mutwillig verspottet. Nicht nur die frevelhafteste Ausschweifung, sondern sogar weibische Feigheit und besonnene Niederträchtigkeit[1] werden hier mit fröhlichen Farben und in einem täuschend reizenden Lichte leichtsinnig dargestellt. Die Immoralität der neuen Komödie scheint nur weniger schlimm, weil sie schwächer und feiner ist. Allein die Gaunereien lügenhafter Sklaven und intriganter Buhlerinnen, die Ausschweifungen törichter Jünglinge sind bei häufig wechselnden Mischungen die bleibenden und immer wiederkehrenden Grundzüge der ganzen Handlung. Auch im Homer stimmt der unedle Eigennutz seiner Helden, die nackte Art, wie der Dichter ungerechte Klugheit und unsittliche Stärke gleichsam preisend oder

[1] Wie die Charaktere des Dionysos und des Demos in den Fröschen und Rittern des Aristophanes.

doch gleichgültig darstellt, mit der hohen Würde der vollkommenen Epopöe so schlecht überein, als die nicht ganz seltne Gemeinheit des Stoffs und des Ausdrucks, und der rhapsodische Zusammenhang des Ganzen. Der wütenden Tragödie ist nicht nur jedes gräßlichste Verbrechen das willkommenste, sondern in den Sophismen der Leidenschaft wird das Laster auch nach Grundsätzen gelehrt. Wessen Herz empört sich nicht, den Muttermord der Elektra im Sophokles mehr glänzend und verschönernd, als verabscheuend dargestellt zu sehen? Um endlich der bessern Seele jeden innern Widerhalt zu rauben, so schließt gewöhnlich das schreckliche Gemälde im dunkeln Hintergrunde mit der niederdrückenden Ansicht eines allmächtigen und unverständigen, wohl gar neidischen und menschenfeindlichen Schicksals.«

Ehe ich diese interessante Komposition moderner Anmaßung, raffinierter Mißverständnisse und barbarischer Vorurteile in ihre ursprünglichen Elemente analysiere, muß ich einige Worte über die einzigen gültigen objektiven Prinzipien des ästhetischen Tadels voranschicken. Dann wird es nicht schwer sein, den subjektiven Ursprung der konventionellen Prinzipien dieser pathetischen Satire zu deduzieren.

Jede lobende oder tadelnde Würdigung kann nur unter zwei Bedingungen gültig sein. Der Maßstab, nach welchem geurteilt und geschätzt wird, muß allgemein gültig, und die Anwendung auf den kritisierten Gegenstand muß so gewissenhaft treu, die Wahrnehmung so vollkommen richtig sein, daß sie jede Prüfung bestehn können. Außerdem ist das Urteil ein bloßer Machtspruch. Wie unvollständig und lückenhaft unsre Philosophie des Geschmacks und der Kunst noch sei, kann man schon daraus abnehmen, daß es noch nicht einmal einen namhaften Versuch einer Theorie des Häßlichen gibt. Und doch sind das Schöne und das Häßliche unzertrennliche Korrelaten.

Wie das Schöne die angenehme Erscheinung des Guten, so ist das Häßliche die unangenehme Erscheinung des Schlechten. Wie das Schöne durch eine süße Lockung der Sinnlichkeit das Gemüt anregt, sich dem geistigen Genusse hinzugeben: so ist hier ein feindseliger Angriff auf die Sinnlichkeit Veranlassung und Element des sittlichen Schmerzes. Dort erwärmt und erquickt uns reizendes Leben, und selbst Schrecken und Leiden ist mit Anmut verschmolzen; hier erfüllt uns das Ekelhafte, das Quälende, das Gräßliche mit Widerwillen und Abscheu. Statt freier Leichtigkeit drückt uns schwerfällige Peinlichkeit, statt reger Kraft tote Masse. Statt einer gleichmäßigen Spannung in einem wohltätigen Wechsel von Bewegung und Ruhe wird die Teilnahme durch ein schmerzliches Zerren in widersprechenden Richtungen hin und her gerissen. Wo das Gemüt sich nach Ruhe sehnt, wird es durch zerrüttende Wut gefoltert, wo es Bewegung verlangt, durch schleppende Mattigkeit ermüdet.

Der tierische Schmerz ist in der Darstellung des Häßlichen nur Element und Organ des sittlich Schlechten. Dem absoluten Guten ist aber gar nichts Positives, kein absolutes Schlechtes entgegengesetzt, sondern nur eine bloße Negation der reinen Menschheit, der Allheit Einheit und Vielheit. Das Häßliche ist also eigentlich ein leerer Schein im Element eines reellen physischen Übels, aber ohne moralische Realität. Nur in der Sphäre der Tierheit gibt es ein positives Übel – den Schmerz. In der reinen Geistigkeit würde nur Genuß und Beschränkung ohne Schmerz, und in der reinen Tierheit nur Schmerz und Stillung des Bedürfnisses ohne Genuß stattfinden[1]. In der gemischten Natur des Menschen sind die negative Beschränkung des Geistes und der positive Schmerz des Tiers innigst ineinander verschmolzen.

Der Gegensatz reicher Fülle ist Leerheit; Monotonie, Einförmigkeit, Geistlosigkeit. Der Harmonie steht Mißverhältnis und Streit gegenüber. Dürftige Verwirrung ist also dem eigentlichen Schönen im engern Sinne entgegengesetzt. Das Schöne im engern Sinne ist die

[1] Auch das tierische Spiel, in welchem wir freieren Genuß menschlich ahnden, ist vielleicht nur Stillung eines Bedürfnisses – Entledigung der überflüssigen Kraft. – Nur das Vorgefühl des ihm Entgegengesetzten kann dem Lebensvermögen den ersten Anstoß der Bewegung geben, seine Kraft zu regen und zu bestimmen, gleichartigen Lebensstoff zu lieben, und das Fremdartige zu hassen. Ohne Ahndung eines Feindes könnte ein Wesen gar nicht zum Bewußtsein (welches Mannigfaltigkeit und also Verschiedenheit voraussetzt, bei vollkommner Gleichheit aber nicht möglich sein würde) gelangen, viel weniger begehren; es würde in träger Ruhe ewig beharren. Furcht vor der Vernichtung ist der eigentliche Quell des tierischen Daseins. Die tierische Furcht ist nur anders modifiziert, wie die menschliche: der Hoffnung hingegen ist offenbar nur der Mensch allein fähig.

Erscheinung einer endlichen Mannigfaltigkeit in einer bedingten Einheit. Das Erhabne hingegen ist die Erscheinung des Unendlichen; unendlicher Fülle oder unendlicher Harmonie. Es hat also einen doppelten Gegensatz: unendlichen Mangel und unendliche Disharmonie.

Die Stufe der Schlechtheit nämlich wird allein durch den Grad der Negation bestimmt. Die Stufe der Häßlichkeit hingegen hängt zugleich von der intensiven Quantität des Triebes, welchem widersprochen wird, ab. Die notwendige Bedingung des Häßlichen ist eine getäuschte Erwartung, ein erregtes und dann beleidigtes Verlangen. Das Gefühl der Leerheit und des Streits kann von bloßer Unbehaglichkeit bis zur wütendsten Verzweiflung wachsen, wenngleich der Grad der Negation derselbe bleibt, und die intensive Kraft des Triebes allein steigt.

Erhabne Schönheit gewährt einen vollständigen Genuß. Das Resultat erhabner Häßlichkeit (einer Täuschung, welche durch jene Spannung des Triebes möglich ist) hingegen ist Verzweiflung, gleichsam ein absoluter, vollständiger Schmerz. Ferner Unwillen, (eine Empfindung, welche im Reiche des Häßlichen eine sehr große Rolle spielt) oder der Schmerz, welcher die Wahrnehmung einzelner sittlicher Mißverhältnisse begleitet; denn alle sittlichen Mißverhältnisse veranlassen die Einbildungskraft, den gegebnen Stoff zur Vorstellung einer unbedingten Disharmonie zu ergänzen.

In strengstem Sinne des Worts ist ein höchstes Häßliches offenbar so wenig möglich wie ein höchstes Schönes. Ein unbedingtes Maximum der Negation, oder das absolute Nichts, kann so wenig wie ein unbedingtes Maximum der Position in irgendeiner Vorstellung gegeben werden; und in der höchsten Stufe der Häßlichkeit ist noch etwas Schönes enthalten. Ja sogar um das häßlich Erhabne darzustellen und den Schein unendlicher Leerheit und unendlicher Disharmonie zu erregen, wird das größte Maß von Fülle und Kraft erfordert. Die Bestandteile des Häßlichen streiten also untereinander selbst, und es kann in demselben nicht einmal, wie im Schönen, durch eine gleichmäßige, wenngleich beschränkte Kraft der einzelnen Bestandteile, und durch vollkommne Gesetzmäßigkeit der vollständig vereinigten, ein bedingtes Maximum (ein objektives unübertreffliches Proximum) erreicht werden, sondern nur ein subjektives: denn es gibt für jede individuelle Empfänglichkeit eine bestimmte Grenze des Ekels, der Pein, der Verzweiflung, jenseits welcher die Besonnenheit aufhören würde.

Der schöne Künstler aber soll nicht nur den Gesetzen der Schönheit, sondern auch den Regeln der Kunst gehorchen, nicht nur das Häßliche, sondern auch technische Fehler vermeiden. Jedes darstellende Werk freier Kunst kann auf vierfache Weise Tadel verdienen. Entweder fehlt es der Darstellung an darstellender Vollkommenheit; oder sie sündigt wider die Idealität und die Objektivität; oder auch wider die Bedingungen ihrer innern Möglichkeit.

Dem Unvermögen fehlt es an Werkzeugen und an Stoff, welche dem Zweck entsprechen würden. Die Ungeschicklichkeit weiß die vorhandene Kraft und den gegebnen Stoff nicht glücklich zu benutzen. Die Darstellung ist dann stumpf, dunkel, verworren und lückenhaft. Die Verkehrtheit wird die ewigen Grenzen der Natur verwirren, und durch monströse Mischungen der echten Dichtarten ihren eignen Zweck selbst vernichten. Eine zwar gesunde aber noch kindliche Bildung wird in echten aber unvollkommnen Dichtarten ihre richtige Absicht nur anlegen und skizzieren, ohne sie vollständig auszuführen.

Die Darstellung kann im Einzelnen sehr trefflich sein und doch im Ganzen durch innre Widersprüche sich selbst aufheben, die Bedingungen ihrer innern Möglichkeit vernichten und die Gesetze der technischen Richtigkeit verletzen. Unzusammenhang könnte man es nennen, wenn es der unbestimmten Masse eines angeblichen Kunstwerks an eigner Bestandheit und Gesetzen innrer Möglichkeit überhaupt fehlte; wenn das Werk gleichsam grenzenlos, und von der übrigen Natur gar nicht, oder nicht gehörig abgesondert wäre, da es doch eigentlich eine kleine abgeschlossene Welt, ein in sich vollendetes Ganzes sein sollte.

Wider die Idealität der Kunst wird verstoßen, wenn der Künstler sein Werkzeug vergöttert, die Darstellung, welche nur Mittel sein sollte, an die Stelle des unbedingten Ziels unterschiebt, und nur nach Virtuosität strebt: durch Künstelei.

Wider die Objektivität der Kunst, wenn sich bei dem Geschäft allgemein gültiger Darstellung die Eigentümlichkeit ins Spiel mischt, sich leise einschleicht, oder offenbar empört: durch Subjektivität.

Dieser allgemeine Umriß der reinen Arten aller möglichen technischen Fehler enthält die ersten Grundlinien einer Theorie der Inkorrektheit, welche mit der Theorie des Häßlichen zusammengenommen den vollständigen ästhetischen Kriminalkodex ausmacht, den ich bei der folgenden skizzierten Apologie der griechischen Poesie zum Grunde legen werde.

Die griechische Poesie bedarf keiner rhetorischen Lobpreisungen; der Kunstgriff, ihre wirklichen Fehler zu beschönigen oder zu leugnen, ist ihrer ganz unwürdig. Sie verlangt strenge Gerechtigkeit: denn selbst harter Tadel wird ihrer Ehre weniger nachteilig sein, als blinder Enthusiasmus oder tolerante Gleichgültigkeit.

Jeder Verständige wird die Unvollkommenheit der ältesten, die Unechtheit der spätesten griechischen Dichtarten, die kindliche Sinnlichkeit des epischen Zeitalters, die üppige Ausschweifung gegen das Ende des lyrischen und besonders in der dritten Stufe des dramatischen Zeitalters, die nicht selten bittre und gräßliche Härte der ältern Tragödie willig eingestehen. Auf die Schwelgerei, die das sinnlich Angenehme, welches nur Anregung und Element des geistigen Genusses sein sollte, zum letzten Zweck erhob, folgte bald kraftlose Gärung, dann ruhige Mattigkeit, und endlich im Zeitalter der Künstelei und gelehrter Nachahmung die schwerfällige Trockenheit einer toten und aus einzelnen Stücken zusammengeflickten Masse.

Die durchgängige Richtung der gesamten strebenden Kraft ging zwar auf Schönheit von dem Augenblick an, da die Darstellung von der rohen Äußerung eines Bedürfnisses sich zum freien Spiel erhob. Aber die natürliche Entwicklung konnte keine notwendigen Stufen der Bildung überspringen, und nur allmählich fortschreiten. Auch das war natürlich, ja notwendig, daß die griechische Poesie von dem höchsten Gipfel der Vollendung in die tiefste Entartung versank. Der Trieb nämlich, welcher die griechische Bildung lenkte, ist ein mächtiger Beweger, aber ein blinder Führer. Setzt eine Mannigfaltigkeit blinder bewegender Kräfte in freie Gemeinschaft, ohne sie durch ein vollkommnes Gesetz zu vereinigen: sie werden sich endlich selbst zerstören. So auch freie Bildung: denn hier ist in die Gesetzgebung selbst etwas Fremdartiges aufgenommen, weil der zusammengesetzte Trieb eine Mischung der Menschheit und der Tierheit ist. Da die letztere eher zum Dasein gelangt, und die Entwicklung der ersten selbst erst veranlaßt, so hat sie in den frühern Stufen der Bildung das Übergewicht. Sie behielt dieses in Griechenland auch bei der größern Masse der ganz ungebildeten Bürger oder Bürgerinnen gebildeter Völker, und der rohgebliebenen Völkerschaften; und zwar eine Masse, aber nur die kleinere herrschende in der größern beherrschten, wurde mündig und selbständig. Diese größere Masse äußerte beständig eine starke anziehende Kraft, die bessere zu sich herabzuziehn, welche durch den ansteckenden Einfluß durchmischter Sklaven und umgebender Barbaren noch ungemein verstärkt ward. Ohne äußre Gewalt, und sich selbst überlassen, kann die strebende Kraft nie stillstehen. Wenn sie daher in ihrer allmählichen Entwicklung das Zeitalter einer gleichmäßigen, an Kraft beschränkten, aber im Umfang vollständigen und gesetzmäßigen Befriedigung erreicht, so wird sie notwendig größeren Gehalt selbst auf Unkosten der Übereinstimmung begehren. Die Bildung wird rettungslos in sich selbst versinken, und der Gipfel der höchsten Vollendung wird ganz dicht an entschiedene Entartung grenzen. Die lenkende Kunst eines durch vielfache Erfahrung gereiften Verstandes allein hätte dem Gange der Bildung eine glücklichere Richtung geben können. Der Mangel eines weisen lenkenden Prinzips, um das höchste Schöne zu fixieren und der Bildung eine stete Progression zum Bessern zu sichern, ist aber nicht das Vergehn eines einzelnen Zeitalters. Wenn über das, was notwendig, und eigentlich Schuld der Menschheit selbst ist, ein Tadel stattfinden kann, so trifft er die Masse der griechichen Bildung.

Aber dieses allmähliche Entstehen, und dieses Versinken in sich selbst, der ganzen griechischen Bildung, wie der griechischen Poesie, steht gar nicht im Widerspruch mit der Behauptung, daß die griechische Poesie die gesuchte Anschauung sei, durch welche eine objektive Philosophie der Kunst sowohl in praktischer, als in theoretischer Rücksicht erst anwendbar und pragmatisch werden könnte. Denn eine vollständige Naturgeschichte der Kunst und des Geschmacks umfaßt im vollendeten Kreislaufe der allmählichen Entwicklung auch die Unvollkommenheit der frühern und die Entartung der spätern Stufen, in deren steten und notwendigen Kette kein Glied übersprungen werden kann. Der Charakter der Masse ist dennoch

Objektivität, und auch diejenigen Werke, deren Stil tadelhaft ist, sind durch die einfache Echtheit der Anlagen und Grenzen, durch die dreiste Bestimmtheit der reinen Umrisse und die kräftige Vollendung der bildenden Natur einzige, für alle Zeitalter gültige und gesetzgebende Anschauungen. Die kindliche Sinnlichkeit der frühern griechischen Poesie hat mehr gleichmäßigen Umfang und schönes Ebenmaß, als die künstliche Verfeinerung mißbildeter Barbaren, und selbst die griechische Künstelei hat ihre klassische Objektivität.

Es gibt eine gewisse Art der Ungenügsamkeit, welche ein sichres Kennzeichen der Barbarei ist. So diejenigen, welche, nicht zufrieden damit, daß die griechische Poesie schön sei, ihr einen ganz fremdartigen Maßstab der Würdigung aufdringen, in ihren verworrenen Prätentionen alles Objektive und Subjektive durcheinander mischen, und fordern, daß sie interessanter sein sollte. Allerdings könnte auch das Interessanteste noch interessanter sein, und die griechische Poesie macht von diesem allgemeinen Naturgesetz keine Ausnahme. Alle Quanta sind unendlich progressiv, und es wäre wunderbar, wenn unsere Poesie durch die Fortschritte aller vorigen Zeitalter bereichert an Gehalt die griechische nicht überträfe.

Vielleicht ist das Verhältnis des männlichen und des weiblichen Geschlechts im Ganzen bei den Modernen wenigstens etwas glücklicher, die weibliche Erziehung ein klein wenig besser, wie bei den Griechen. Die Liebe war bei den Modernen lange Zeit, zum Teil noch jetzt der einzige Ausweg für jeden freieren Schwung höheren Gefühls, der sonst der Tugend und dem Vaterlande geweiht war. Auch die Dichtkunst der Modernen verdankt dieser günstigen Veranlassung sehr viel. Freilich aber wurde nur zu oft Phantasterei und Bombast der echten Empfindung untergeschoben, und durch häßliche falsche Scham die Einfalt der Natur entweiht. Gewiß ist die sublimierte Mystik und die ordentlich scholastische Pedanterei in der Metaphysik der Liebe vieler moderner Dichter von echter Grazie sehr weit entfernt. Die krampfhaften Erschütterungen des Kranken machen mehr Geräusch, als das ruhige aber starke Leben des Gesunden. – Die innige Glut des treuen Propertius vereinigt wahre Kraft und Zartheit, und läßt viel Gutes vom Kallimachus und Philetas ahnden. Und doch war in seinem Zeitalter an vollkommne lyrische Schönheit schon gar nicht mehr zu denken. Es sind aber Spuren genug vorhanden, um sehr bestimmt vermuten zu können, was und wie viel wir an den Gesängen der Sappho, des Mimnermus und einiger andrer erotischen Dichter aus der Blütezeit der lyrischen Kunst verloren haben. Die sanfte Wärme, die urbane Grazie, die liberale Humanität, welche in den erotischen Darstellungen der neuen attischen Komödie atmete, lebt noch in vielen Dramen des Plautus und Terentius. Was hingegen die Tragödie betrifft, so hatten die Griechen vielleicht recht, den Euripides zu tadeln. Was augenblickliche Ergießung des überschäumenden Gefühls, oder ruhiger Genuß voller Glückseligkeit sein sollte, kann nur durch häßliche, inmoralische und phantastische Zusätze zu einer tragischen Leidenschaft auseinander gereckt werden. In vielen der trefflichsten modernen Tragödien spielt die Liebe nur eine untergeordnete Rolle.

Sollte aber auch wirklich die griechische Poesie durch eine Eigentümlichkeit ihrer sonst so einzig günstigen Lage hier etwas zurückgeblieben sein: so wäre es kein unverzeihliches Verbrechen. Überhaupt verrät es einen kleinlichen Blick, nur am Zufälligen zu kleben und das große Wesentliche nicht wahrzunehmen. Der Künstler braucht gar nicht allen alles zu sein. Wenn er nur den notwendigen Gesetzen der Schönheit und den objektiven Regeln der Kunst gehorcht, so hat er übrigens unbeschränkte Freiheit, so eigentümlich zu sein, als er nur immer will. Durch ein seltsames Mißverständnis verwechselt man sehr oft ästhetische Allgemeinheit mit der unbedingt gebotenen Allgemeingültigkeit. Die größte Allgemeinheit eines Kunstwerks würde nur durch vollendete Flachheit möglich sein. Das Einzelne ist in der idealischen Darstellung das unentbehrliche Element des Allgemeinen. Wird alle eigentümliche Kraft verwischt, so verliert selbst das Allgemeine seine Wirksamkeit. Die schöne Kunst ist gleichsam eine Sprache der Gottheit, welche nach Verschiedenheit der Kunstarten, der Werkzeuge und der Stoffe sich in ebensoviele abgesonderte Mundarten teilt. Wenn der Künstler nur seiner hohen Sendung würdig, wenn er nur göttlich redet, so bleibt ihm die Wahl der Mundart, in der er reden will, völlig frei. Es würde nicht nur unrechtmäßig, sondern auch sehr gefährlich sein, ihn hierin beschränken zu wollen: denn die Sprache ist ein Gewebe der feinsten Beziehungen. Sie muß sogar, so scheint es, ihre Eigenheiten haben, um bedeutend und trefflich zu sein: wenigstens hat man noch keine allgemeine Allerweltssprache, die allen alles wäre, erfinden können. Auch darf der Künstler reden, mit wem er gut findet: mit seinem ganzen Volke, oder mit diesem und jenem, mit aller Welt, oder mit sich allein. Nur muß und soll er, in den menschlichen Individuen, welche sein Publikum sind, sich an die höhere Menschheit und nicht an die Tierheit wenden.

Auch der modernen Poesie würde ihre Individualität unbenommen bleiben, wenn sie nur das griechische Geheimnis entdeckt hätte, im Individuellen objektiv zu sein. Statt dessen will sie ihre konventionellen Eigenheiten zum Naturgesetz der Menschheit erheben. Nicht zufrieden damit, selbst die Sklavin so vieler ästhetischen, moralischen, politischen und religiösen Vorurteile zu sein, will sie auch ihre griechische Schwester in ähnliche Fesseln schlagen.

Wenn die konventionellen Regeln der modernen Dezenz gültige Gesetze der schönen Kunst sind, so ist die griechische Poesie nicht zu retten, und wenn man konsequent sein will, muß man mit ihr verfahren, wie die Mönche mit den Nuditäten der Antike. Die Dezenz aber hat der Poesie gar nichts zu befehlen; sie steht gar nicht unter ihrer Gerichtsbarkeit. Die kecke Nacktheit im Leben und in der Kunst der Griechen und Römer ist nicht tierische Plumpheit, sondern unbefangne Natürlichkeit, liberale Menschlichkeit, und republikanische Offenheit. Das Gefühl echter Scham war bei keinem Volke so einheimisch und gleichsam angeboren, wie bei den Griechen. Der Quell der echten Scham ist sittliche Scheu, und Bescheidenheit des Herzens. Falsche Scham hingegen entspringt aus tierischer Furcht, oder aus künstlichem Vorurteil. Sie gibt sich durch Stolz und Neid zu erkennen. Ihr verstecktes und heuchlerisches Wesen verrät ein tiefes Bewußtsein von innerm Schmutz. Ihre unechte Delikatesse ist die häßliche Schminke lasterhafter Sklaven, der weibische Putz entnervter Barbaren.

Wichtiger scheinen die Einwürfe wider die Moralität der griechischen Poesie. Wer wollte wohl das beschönigen oder für gleichgültig halten, was ein rein gestimmtes Gemüt wirklich verletzen muß? – Nur darf, wer hier mitreden will, nicht so übler Laune sein, daß er etwa an der köstlichen Naivität, mit der die Schelmereien des neugebornen Gottes in dem Hymnus auf den Merkur dargestellt werden, ein Ärgernis nähme! – Offenbar enthält die Anklage einzelne wahre Züge, nur der eigentliche Gesichtspunkt, der wahre Zusammenhang, auf den doch alles ankommt, scheint verfehlt zu sein. – Man unterscheide vor allen Dingen wesentliche und zufällige Sittlichkeit und Unsittlichkeit eines Kunstwerks. Wesentlich ästhetisch unsittlich ist nur das wirklich Schlechte, was erscheint, und dessen Eindruck jedes sittlich gute Gefühl notwendig beleidigen muß. Die Erscheinung des Schlechten ist häßlich, und wesentliche ästhetische Sittlichkeit (Sittlichkeit überhaupt ist das Übergewicht der reinen Menschheit über die Tierheit im Begehrungsvermögen) ist daher ein notwendiger Bestandteil der vollkommenen Schönheit. Die Sinnlichkeit der frühern und die Ausschweifung der spätern griechischen Poesie sind nicht nur moralische, sondern auch ästhetische Mängel und Vergehen. – Es ist aber wahrhaft merkwürdig, wie tief das attische Volk sein eignes Versinken fühlte, mit welcher Heftigkeit die Athener einzelne üppige Dichter – einen Euripides, einen Kinesias – deshalb beschuldigten und haßten; Dichter, die doch nur ihre eignen Wünsche errieten, oder dem starken reißenden Strome der ganzen Masse folgten.

Es gibt griechische Fehler, vor denen die modernen Dichter sehr sicher sind. Eine zahme Kraft durch den gewaltsamsten Zwang in guter Zucht und Ordnung halten, ist eben kein großes Kunststück. Wo aber die Neigungen nicht unbeschränkt frei sind, da kann es eigentlich weder gute noch schlechte Sitten geben. – Wem der mutwillige Frevel des Aristophanes bloß Unwillen erregt, der verrät nicht allein die Beschränktheit seines Verstandes, sondern auch die Unvollständigkeit seiner sittlichen Anlage und Bildung. Denn die gesetzlose Ausschweifung dieses Dichters ist nicht bloß durch schwelgerische Fülle des üppigsten Lebens verführerisch reizend, sondern auch durch einen Überfluß von sprudelndem Witz, überschäumendem Geist, und sittlicher Kraft in freiester Regsamkeit, hinreißend schön und erhaben. Zufällig ästhetisch unsittlich ist dasjenige, dessen Schlechtheit nicht erscheint, was aber seiner Natur nach, unter gewissen subjektiven Bedingungen des Temperaments und der Ideenassoziation Veranlassung zu einer bestimmten unsittlichen Denkart oder Handlung werden kann. – Welches noch so Treffliche könnte nicht durch zufällige

Umstände verderblich werden? Nur der absoluten Nullität geben wir das zweideutige Lob völliger Unschädlichkeit. – Das Kunstwerk ist gar nicht mehr vorhanden, wenn seine Organisation zerstört oder nicht wahrgenommen wird, und die Wirkung des aufgelösten Stoffs geht den Künstler nichts mehr an. Überdem sind wir gar nicht berechtigt, wissenschaftliche Wahrheit von dem Dichter zu erwarten. Der Tragiker kann es oft gar nicht vermeiden, Verbrechen zu beschönigen. Er bedarf starker Leidenschaften und schrecklicher Begebenheiten, und er soll doch schlechthin die Sitten seiner Handelnden so erhaben und schön darstellen, als das Gesetz des Ganzen nur immer erlauben will. Wer aber durch das Beispiel eines Orestes, einer Phädra, zu Verbrechen verleitet wird, der hat wahrlich sich selbst allein so gut die Schuld beizumessen, als wer sich eine üppige Buhlerin, einen geistreichen Betrüger, einen witzigen Schmarotzer der Komödie zum Muster nehmen wollte! Ja der Dichter selbst kann eine unsittliche Absicht haben, und sein Werk dennoch nicht unsittlich sein.

Unstreitig hat die Leidenschaftlichkeit der entarteten Tragödie, der Leichtsinn der Komödie, die Üppigkeit der spätern Lyrik den Fall der griechischen Sitten beschleunigt. Durch die bloße Rückwirkung der darstellenden Kunst wurde die ohnehin schon entschiedene sittliche Entartung der Masse dennoch verstärkt, und sank mit verdoppelter Geschwindigkeit. Dies gehört aber nur für die Gerichtsbarkeit der politischen Würdigung, welche das vollständige Ganze der menschlichen Bildung umfaßt. Die ästhetische Beurteilung hingegen isoliert die Bildung des Geschmacks und der Kunst aus ihrem kosmischen Zusammenhange, und in diesem Reiche der Schönheit und der Darstellung gelten nur ästhetische und technische Gesetze. Die politische Beurteilung ist der höchste aller Gesichtspunkte: die untergeordneten Gesichtspunkte der moralischen, ästhetischen und intellektuellen Beurteilung sind unter sich gleich. Die Schönheit ist ein ebenso ursprünglicher und wesentlicher Bestandteil der menschlichen Bestimmung als die Sittlichkeit. Alle diese Bestandteile sollen unter sich im Verhältnisse der Gesetzesgleichheit (Isonomie) stehn, und die schöne Kunst hat ein unveräußerliches Recht auf gesetzliche Selbständigkeit (Autonomie). Diesem Fundamentalgesetze muß auch die herrschende Kraft, welche das Ganze der menschlichen Bildung lenkt und ordnet, getreu bleiben: sonst vernichtet sie selbst den Grund, worauf sich das Recht ihrer Herrschaft allein stützt. Es ist die Bestimmung des politischen Vermögens, die einzelnen Kräfte des ganzen Gemüts und die Individuen der ganzen Gattung zur Einheit zu ordnen. Die politische Kunst darf zu diesem Zwecke die Freiheit der Einzelnen beschränken, ohne jedoch jenes konstitutionelle Grundgesetz zu verletzen; aber nur unter der Bedingung, daß sie die fortschreitende Entwicklung nicht hemmt und eine künftige vollendete Freiheit nicht unmöglich macht. Sie muß gleichsam streben, sich selbst überflüssig zu machen.

Wie sehr man die Grenzen der poetischen Sphäre zu verkennen pflege, können auch die Anmaßungen der Korrektheit bestätigen. Wenn der kritische Anatom die schöne Organisation eines Kunstwerks erst zerstört, in elementarische Masse analysiert, und mit dieser dann mancherlei physische Versuche anstellt, aus denen er stolze Resultate zieht: so täuscht er sich selbst auf eine sehr handgreifliche Weise: denn das Kunstwerk existiert gar nicht mehr. Es gibt kein Gedicht, aus welchem man auf diese Art nicht innre Widersprüche herausrechnen könnte: aber innre Widersprüche, welche nicht erscheinen, schaden der technischen Wahrheit nicht; sie sind poetisch gar nicht vorhanden. Ältere französische und engländische Kritiker vorzüglich haben ihren Scharfsinn an solche verkehrte Spitzfindigkeiten häufig verschwendet, und ich weiß nicht, ob sich im Lessing nicht noch hie und da Erinnerungen an jene Manier finden sollten. Überhaupt glaube ich, bei aller Achtung vor der Theorie, daß man in der Ausübung mit dem Gefühl des Schicklichen weiter kommt, als mit der Theorie desselben: Die Vermutung, daß die Griechen andern Völkern an jenem Gefühl wohl ein wenig überlegen gewesen sein möchten, muß uns im Tadeln wenigstens sehr vorsichtig machen.

Ebenso unrecht haben die passionierten Freunde der Korrektheit, wenn sie nach dem Prinzip der Virtuosität, ohne Rücksicht auf Schönheit, ein Maximum von Künstlichkeit fordern; oder wenn sie beschränkte, aber nicht unnatürlich gemischte, sondern ursprünglich echte und in ihrer beschränkten Richtung vollendete Dichtarten schlechthin tadeln. Die Kunst ist nur das Mittel der Schönheit, und jede natürliche Dichtart, in welcher dieser Zweck, wenngleich unter gewissen Schranken, erreicht werden kann, ist an ihrer Stelle zweckmäßig. An Maß der Stärke und des Umfangs findet freilich unter den echten Dichtarten ein sehr großer Unterschied statt; aber nur die monströsen Mischungen und die unreifen Arten, wenn sie aus der Schwäche des Künstlers entspringen und nicht in dem notwendigen Stufengang der Bildung gegründet sind, verdienen unbedingten Tadel.

Ein merkwürdiges Beispiel, wie sehr man gegen die unmerklichen aber mächtigen Einflüsse des Subjektiven auf ästhetische Urteile auf der Hut sein müsse, geben auch die gewöhnlichen Einwürfe wider die Sentenzen und vorzüglich wider die Behandlung des Schicksals in der attischen Tragödie. Die wissenschaftliche Bildung der Griechen war im Ganzen sehr weit hinter der unsrigen zurück, und der dramatische Dichter mußte mit Schonung philosophieren, um populär zu bleiben. Daher sind die philosophischen Sentenzen des tragischen Chors fast immer unbestimmt und verworren, sehr oft trivial, und nicht selten grundfalsch. Gewiß ließen sich auch durch einen ähnlichen chymischen Prozeß, wie ich ihn schon oben beschrieben habe, aus manchen von ihnen sittliche Grundirrtümer folgern, welche, wenn sie konsequent durchgeführt würden, mit der reinsten Sittlichkeit nicht verträglich sein würden. Ich muß noch einmal wiederholen, daß alles, was nicht erscheint, jenseits des ästhetischen Horizonts gelegen sei. Auf die Reichhaltigkeit, Richtigkeit und vollendete Bestimmtheit des Gedankens kommt in der Dichtkunst eigentlich gar nichts an. Das philosophische Interesse ist von dem Grade der intellektuellen Bildung des empfangenden Subjekts abhängig, und also lokal und temporell. Nur die Gesinnung muß an sich so erhaben und schön, als die Bedingungen der technischen Richtigkeit erlauben, und an ihrer Stelle vollkommen zweckmäßig sein. Die Rückkehr in sich selbst muß durch ein vorhergegangnes Herausgehn aus sich selbst veranlaßt werden; die Betrachtung muß motiviert sein, und sie muß streben, den Streit der Menschheit und des Schicksals zu schlichten und das Gleichgewicht des Ganzen zu tragen. Daß das schöne Gefühl seine Ahndungen über göttliche Dinge in einer gegebnen Bildersprache äußert, das kann in der Wissenschaft vielleicht unendliches Unheil anstiften, der darstellenden Kunst aber dürfte es wohl eher günstig als nachteilig sein.

Die Behandlung des Schicksals in den Tragödien des Äschylus läßt noch eine größere Eintracht zu wünschen übrig. Im Sophokles aber ist die Befriedigung immer so vollkommen, als es nur sein kann, ohne die dichterische Wahrheit – die innre Möglichkeit – zu vernichten. Ist der endliche Beschluß des Ganzen auch kein glänzender Sieg der Menschheit, so ist es doch wenigstens ein ehrenvoller Rückzug. Aber freilich mischt er nichts in seine Darstellung, was gar nicht dargestellt werden, nicht erscheinen kann. Nicht durch die geglaubte Göttlichkeit der Natur jenseits des ewigen Vorhanges, den kein Sterblicher durchschauen kann, sondern durch die sichtbare Göttlichkeit des Menschen sucht er jeden Mißlaut aufzulösen und eine vollständige Befriedigung zu gewähren. – Das Reich Gottes liegt jenseits des ästhetischen Horizonts, und ist in der Welt der Erscheinung nur ein leerer Schatten ohne Geist und Kraft. In der Tat, der Dichter, welcher es wagt, durch empörende Schlechtheit, oder durch ein empörendes Mißverhältnis des Glücks und der Güte unsern Unwillen zu erregen, und sich dann durch die dürftige Befriedigung, welche der Anblick bestrafter Bosheit gewährt, oder gar durch eine Anweisung auf jene Welt aus dem Handel zu ziehn glaubt, verrät ein Minimum von künstlerischer Weisheit.

*

»Es ist wahr«, könnte man denken, »eine uralte Tradition sagt, und wiederholt noch immer, die Nachahmung der Griechen sei das einzige Mittel, echte schöne Dichtkunst wiederherzustellen. Eine lange Erfahrung hat sie durch die vielfältigsten, sämtlich mißglückten Versuche widerlegt. Man durchlaufe nur in irgendeiner Bibliothek (denn da ist ihre eigentliche Heimat) die große Zahl der künstlichen Nachbildungen, die nach jenen Mustern verfertigt sind. Sie alle sind früher oder später eines kläglichen Todes gestorben, Schattenwesen ohne Bestandheit und eigne Kraft. Grade diejenigen modernen Gedichte, welche mit dem griechischen Stil am schneidendsten kontrastieren, leben und wirken bei allen ihren ekzentrischen Fehlern noch immerfort in jugendlicher Kraft, weil sie voll genialischer Originalität sind.«

Die Schuld liegt nicht an der griechischen Poesie, sondern an der Manier und Methode der Nachahmung, welche notwendig einseitig ausfallen muß, solange nationelle Subjektivität herrscht, solange man nur nach dem Interessanten strebt. Nur der kann die griechische Poesie nachahmen, der sie ganz kennt. Nur der ahmt sie wirklich nach, der sich die Objektivität der ganzen Masse, den schönen Geist der einzelnen Dichter, und den vollkommnen Stil des Goldnen Zeitalters zueignet.

Die Trennung des Objektiven und des Lokalen in der griechischen Poesie ist unendlich schwer. Beides ist nicht in für sich bestehende Massen abgesondert, sondern durchgängig ineinander verschmolzen. Bis in die feinsten Zweige des vielästigen Baums verbreitet sich das Objektive; allenthalben aber ist demselben etwas Individuelles als Element und Organ beigemischt. Bis jetzt hat man nur zu oft das Individuelle der griechischen Formen und Organe nachgemacht. Man hat die Alten modernisiert, indem man das Prinzip des Interessanten auf ihre Poesie übertrug; indem man der griechischen Kunsttheorie oder einzelnen Lieblingsdichtern die Autorität beilegte, welche nur dem Geist der ganzen Masse zukommt, oder wohl eine noch größere Autorität, als überhaupt mit den Rechten des Genies, des Publikums und der Theorie bestehen kann.

Das ältere didaktische Gedicht der Griechen, wie die Theogonien, die Werke der Physiologen und Gnomiker, findet nur im mythischen Zeitalter der Poesie seine eigentliche Stelle. Denn da hat sich die Philosophie vom Mythus, aus dem sie entsprang, noch nicht völlig losgewickelt und bestimmt geschieden; da ist Rhythmus das natürliche Element der Tradition, und poetische Sprache, vor der Bildung der Prosa das allgemeine Organ jeder höhern geistigen Mitteilung. Mit diesem vorübergehenden Verhältnis fällt auch die Natürlichkeit und Rechtmäßigkeit dieser Formen weg, und für das spätere didaktische Gedicht der Griechen im gelehrten Zeitalter der Kunst blieb nur das ganz ungültige Prinzip übrig: die Künstlichkeit des eitlen Virtuosen in schwierigem Stoff absichtlich sehn zu lassen. – Es wird damit nicht die Möglichkeit eines eigentlichen schönen didaktischen Gedichts in gutem Stil – einer idealischen Darstellung eines schönen didaktischen Stoffs in ästhetischer Absicht – geleugnet, und es ist hier nicht der Ort auszumachen, ob einige platonische Gespräche poetische Philosopheme oder philosophische Poeme sind. Aber genug! unter den eigentlich sogenannten didaktischen Gedichten der Griechen gibt es keine solche.

Auch das griechische Epos ist nur eine lokale Form, von der man sich seltsame Dinge weis gemacht hat. Diese unreife Dichtart ist nur in dem Zeitalter an ihrer Stelle, wo es noch keine gebildete Geschichte und kein vollkommnes Drama gibt; wo Heldensage die einzige Geschichte, wo die Menschlichkeit der Götter und ihr Verkehr mit den Heroen allgemeiner Volksglaube ist. Es läßt sich allerdings wohl begreifen, daß ein Volk vor Alter wieder kindisch werden könne: aber nur weil die epische Poesie der Griechen im mythischen Zeitalter eine so hohe Blüte erreicht hatte, haben selbst die epischen Kunststücke der Alexandriner und Römer doch noch einigen Grund und Boden. Poesie und der Mythus war der Keim und Quell der ganzen antiken Bildung, die Epopöe war die eigentliche Blüte der mythischen. – Einen bestimmten Stoff, gebildete Werkzeuge fand selbst der gelehrte Dichter der spätern Zeit schon vor. Die Empfänglichkeit war vorbereitet, alles war organisiert, nichts durfte erzwungen werden. – Die modernen Epopöen hingegen schweben ohne allen Anhalt isoliert im leeren Raume. Große Genies haben herkulische Kraft an den Versuch verschwendet, eine epische Welt, einen glücklichen Mythus aus nichts zu erschaffen. Die Tradition eines Volks – diese nationelle Phantasie – kann ein großer Geist wohl fortbilden und idealisieren, aber nicht metamorphosieren oder aus nichts erschaffen. Die nordische Fabel zum Beispiel gehört unstreitig unter die interessantesten Altertümer: der Dichter aber, welcher sie in Gang bringen wollte, würde entweder allgemein und flach bleiben müssen, oder wenn er individuell und bestimmt sein wollte, in Gefahr geraten, sich selbst kommentieren zu müssen.

Umsonst hoffen wir auf einen Homerus; und warum sollten wir gerade so ausschließend einen Virgilius wünschen, dessen künstlicher Stil vom vollkommnen Schönen so weit entfernt ist? – Alle Versuche, das romantische Gedicht der griechischen und römischen Epopöe ähnlich zu organisieren, sind mißlungen. Tasso ist zum Glück auf halbem Wege stehn geblieben und hat sich von der romantischen

Manier nicht sehr weit entfernt. Und doch sind es nur einzelne Stellen, gewiß nicht die Komposition des Ganzen, welche ihn zum Lieblingsdichter der Italiener machen. Schon ganz frühe gesellt sich zu der gigantischen Größe, zu dem phantastischen Leben des romantischen Gedichts eine leise Persiflage, die oft auch laut genug wird. Dies ist der beständige Charakter dieser Dichtart vom Pulci bis zum Ricciardetto geblieben; und Wieland, der die Gradationen dieser launichten Mischung fast in jedem seiner romantischen Gedichte verschieden, immer überraschend neu und immer glücklich nüanciert hat, ist ihr selbst doch in allen durchgängig treu geblieben. Gewiß war dies nicht zufällig. Die romantische Fabel und das romantische Kostüm hätten in ihrer ursprünglichen Bildung rein- menschlicher und schöner sein müssen, um der glückliche Stoff eines tragischen, schön und einfach geordneten Epos werden zu können. Wie vieles hat Tasso nicht beibehalten, was den Forderungen der modernen Kritiker selbst an eine regelmäßige Epopöe nicht entspricht? – Nur diejenigen Dichter, welche sich aus der gegebnen Sphäre der nationellen Phantasie nicht ganz entfernen, leben wirklich im Munde und im Herzen ihrer Nation. Dichter hingegen, welche ganz willkürlich verfahren, trifft gewöhnlich das traurige Los, in Bibliotheken zu modern, bis sich einmal – seltner Fall! – ein Literator findet, der Sinn fürs Schöne hat und das echte Talent, was hier vergraben wurde, zu finden und zu würdigen weiß. Und sind denn auch die willkürlichsten Versuche geglückt, die romantische Fabel oder die christliche Legende in einen idealischen schönen Mythus zu metamorphosieren? – O nein!

»Naturam expelles furca; tamen usque recurret.«

Es war und blieb unmöglich, der barbarischen Masse eine griechische Seele einzuhauchen. Wenn es dem Wunderbaren, der Kraft, dem reizenden Leben an glücklichem Ebenmaß, an freier Harmonie, kurz an schöner Organisation fehlt, so kann tragische Spannung wohl erregt, aber ohne Monotie und Frost nicht lange genug erhalten und in einfacher Reinheit über ein großes Ganzes gleichmäßig verbreitet werden. Exzentrische Größe hat eine unwiderstehliche Sehnsucht zu dem ihr entgegengesetzten Extrem, und nur durch eine wohltätige Vereinigung mit der Parodie bekommt tragische Phantasterei Haltung und Bestandheit. Die seltsame Mischung des Tragischen und Komischen wird die eigentümliche Schönheit einer neuen, reizenden Zwitterbildung. Diese Zusammensetzung ist auch keineswegs ursprünglich monströs und an sich unerlaubt. Sie bleibt zwar hinter den reinen Arten, vorzüglich der tragischen, an Kraft und Zusammenhang sehr weit zurück: aber keine Form, in welcher der Zweck der darstellenden Kunst – die Schönheit – erreicht werden kann, keine Form, welche nicht mechanisch erkünstelt, sondern durch die plastische Natur organisch erzeugt wurde, ist darum schlechthin verwerflich, weil die Grenzen, welche jede Form beschränken, hier etwas enger gezogen sind. Selbst die Spielart hat zwar geringere Ansprüche, aber dennoch volles Bügerrecht im Reiche der Kunst. Es ist überraschend, wie sehr die reizendste Blüte der modernen Poesie – so verschieden die äußre lokale Form auch sein mag – im wesentlichen Charakter mit einer Spielart der griechischen übereinstimmt. Nach griechischer Technologie ist nämlich die Romanze ein satirisches Epos. Im attischen Drama wurde die ursprüngliche rohe Energie der wirklichen Natur, in welcher die entgegengesetzten Elemente durchgängig ineinander verschmolzen sind, in die tragische und komische Energie getrennt, und diese dann von neuem so gemischt, daß das Tragische ein geringes Übergewicht hatte[1]: denn bei völligem Gleichgewicht würden die beiden entgegengesetzten Kräfte durch ihr Zusammentreffen sich selbst aufheben. Daraus entstand die Spielart der satirischen Dramen, von denen sich nur ein einziges von mittelmäßiger Kunst und in schlechtem Stil erhalten hat. Die dramatischen Skizzen der Dorier haben sich nie zur Stufe jener Trennung erhoben, und der natürliche fröhliche Witz der Dorier war nur subjektiv, lokal und lyrisch, nie objektiv und eigentlich dramatisch. Doch war in der noch gemischten und rohen Energie der dorischen Mimen das Komische überwiegend. Hätten wir noch den Homerischen Margites, einige satirische Dramen des Pratinas oder Äschylus, einige Ergießungen der dorischen Laune in Mimen des Sophron, oder in Rhintonischen Hilarotragödien, so besäßen wir in ihnen wahrscheinlich einen Maß-

---

[1] Nicht sowohl in der Energie, als vorzüglich im Stoff, im Kostüm und in den Organen; daher auch Tragiker, nie Komiker Verfasser der satirischen Dramen waren.

stab der Würdigung, oder wenigstens Veranlassung zu einer interessanten Parallele mit den reizenden Grotesken des göttlichen Meister Ariosto, mit der fröhlichen Magie der Wielandschen Phantasie. – Die ernsthaften Männer, welche den phantastischen Zauber der Romanze zum tragischen Epos idealisieren wollten, haben also das Schickliche verfehlt. Auch hat sich die epische Thalia der Modernen – die romantische Avantüre grausam an ihren Verächtern gerächt: denn sie haben vor den Augen des gesamten Publikums, ohne im mindesten Unrat zu merken, sich selbst komödiert.

Ähnliche Schwierigkeiten wie im Epos hat der Gebrauch des mythischen Stoffs in der Tragödie. – Wo es noch einheimische Fabeln gibt, da ist sie nicht angemessen. Eine fremde oder veraltete hat nur die Wahl zwischen Flachheit und gelehrter Unverständlichkeit. Der historische oder erfundne Stoff fesselt den Dichter und das Publikum ungemein; durch seine schwere Last erdrückt er gleichsam die freie Bildung des Ganzen. Wie vieler Umstände bedarf es nicht, das Publikum nur erst zu orientieren und mit dem unbekannten Fremdling vorläufig bekannt zu machen? – Der griechische Tragiker durfte bei seinem allgemein bekannten Mythus gleich zum Zweck gehn, und die freiere Aufmerksamkeit des Publikums ward von selbst mehr auf die Form gelenkt, klebte nicht so sehr sklavisch an der schweren Masse. Es ist in der Tat eine wahrhaft herkulische Arbeit, einen noch ganz rohen Stoff durchgängig zu poetisieren, den kleinlichen Detail in einfache und große Umrisse zu erweitern, und vorzüglich die unauflösliche Mischung der Natur nach der bestimmten idealischen Richtung der Tragödie zu reinigen. Das notwendige Gleichgewicht zwischen Form und Stoff ist dem modernen Tragiker so unendlich erschwert worden, daß sich beinahe Zweifel regen könnten, ob auch eine eigentlich schöne Tragödie noch möglich sei? – Überdem wird in unsrer künstlichen Bildung jede eigentümliche Richtung verwirrt und verwischt, und doch scheint es notwendig, daß die Natur selbst mit starker Hand dem Dramatiker seine Bahn vorzeichne und ihm die Trennung des Tragischen und Komischen erleichtre. Ich freue mich, auch hier ein deutsches Beispiel anführen zu können, welches große Hoffnungen erregt und alle kleinmütigen Zweifel niederschlägt. Schillers ursprüngliches Genie ist so entschieden tragisch wie etwa der Charakter des Äschylus, dessen kühne Umrisse die bildende Natur in einem Augenblick hoher Begeistrung plötzlich hingeworfen zu haben scheint. Er erinnert daran, daß es den Griechen unmöglich schien, derselbe Dichter könne zugleich Tragödien und Komödien dichten. Zwar ist im Don Carlos das mächtige Streben nach Charakterschönheit und schöner Organisation des Ganzen durch das kolossalische Gewicht der Masse und den künstlichen Mechanismus der Zusammensetzung niedergedrückt, oder doch aufgehalten: aber die Stärke der tragischen Energie beweist nicht nur die Größe der genialischen Kraft, sondern die vollkommne Reinheit derselben zeugt auch von dem Siege, welchen der Künstler über den widerstrebenden Stoff davongetragen hat.

Es ließe sich in der Tat leicht ein Buch über die Verwechslung des Objektiven und Lokalen in der griechischen Poesie schreiben. Ich begnüge mich, zu dem schon Bemerkten nur noch einige kurze Andeutungen hinzuzufügen.

Zur schönsten Blütezeit der griechischen Lyrik lag die Prosa und die öffentliche Beredsamkeit noch in der Wiege. Musik, und eine rhythmische und mythische Dichtersprache waren das natürliche Element für den Erguß schöner männlicher oder weiblicher Empfindungen, und auch das eigentliche Organ festlicher Volksfreude und öffentlicher Begeistrung. – Der lyrische Dichter überhaupt muß wie der griechische seine ursprüngliche Sprache zu reden scheinen; der leiseste Verdacht, daß er vielleicht in einem erborgten Staatskleide glänze, zerstört alle Täuschung und Wirkung. Mag er den Zustand eines einzelnen Gemüts oder eines ganzen Volks darstellen: er muß eine echte Befugnis haben zu reden; der dargestellte Zustand muß nicht durchaus erkünstelt sein, sondern in einem schon bekannten Gegenstande wenigstens eine wahre Veranlassung finden, so unbeschränkt auch die Freiheit des Dichters in der Behandlung desselben bleibt: denn ein durchaus erfundner lyrischer Zustand könnte für sich nur das abgerißne Bruchstück eines Drama sein; er müßte nämlich einem gleichfalls durchaus erfundnen und unbekannten Gegenstande inhärieren, dessen Darstellung schon in die dramatische Sphäre eingreift.

Das alte griechische Epigramm findet nebst dem Apolog seine

eigentliche Stelle im mythischen Zeitalter der Poesie: das spätere hingegen im Zeitalter der Künstelei und des Verfalls.

Wenn das Interesse des Idylls im Stoff und im Kontrast desselben mit der individuellen umgebenden Welt des Publikums liegt, so ist das absolute, schlechthin verwerfliche ästhetische Heteronomie. Überdem ist die epische oder dramatische Ausführung einer ursprünglich lyrischen Stimmung und Begeistrung entweder eine Verkehrtheit des Künstlers, oder ein sichres Kennzeichen von dem allgemeinen Verfall der Kunst überhaupt. Ist von schönen Gemälden des ländlichen und häuslichen Lebens die Rede, so ist Homerus der größte aller Idyllendichter. Die künstlichen Kopien der Natürlichkeit hätte man aber immer den Alexandrinern überlassen mögen.

Vossens Übersetzung des Homer ist ein glänzender Beweis, wie treu und glücklich die Sprache der griechischen Dichter im Deutschen nachgebildet werden kann. Sein Ideal ist unstreitig ebenso reiflich überlegt, als vollkommen ausgeführt. Aber wehe dem Nachahmer der Griechen, der sich durch den großen Übersetzer verführen ließe! Wenn er hier, wo sie am innigsten verschmolzen sind, den objektiven Geist von der lokalen Form nicht zu scheiden weiß, so ist er verloren. Das unsterbliche Werk des größten historischen Künstlers des Modernen, die Schweizergeschichte von Johannes Müller ist im größten römischen Stil entworfen und ausgeführt. Im Einzelnen atmet das Werk durch und durch echten Sinn der Alten: im Ganzen aber verfällt es dennoch wieder ins Manierierte, weil neben dem klassischen Geist auch die antike Individualität affektiert ist. – Klopstock hat in den Grammatischen Gesprächen auf eine andre von der Vossischen ganz verschiedne Art ebenso klar bewiesen, wie viel die deutsche Sprache in der Nachbildung des griechischen und römischen Ausdrucks leisten könne. Die Beispiele sind so mannigfaltig, als jedes in seiner Art bewundernswürdig vollkommen. Ihre einfache Vortrefflichkeit besteht darin, im echtesten, reinsten, kraftvollsten und gefälligsten Deutsch der Ursprache so treu zu sein als möglich. Beide Arten scheinen mir für die allgemeine Verbreitung des echten Geschmacks gleich unentbehrlich. Erst wenn wir von mehrern der größten alten Dichter eine klassische Übersetzung in Vossischer Art und eine in Klopstockscher haben werden, läßt sich ein großer Einfluß und eine durchgängige Umbildung des allgemeinen Geschmacks erwarten.

Man darf der deutschen Sprache zu der, wenngleich entfernten, Ähnlichkeit ihrer rhythmischen Bildung mit dem griechischen Rhythmus Glück wünschen. Nur täusche man sich nicht über die Grenzen dieser Ähnlichkeit! So kann zum Beispiel nach griechischen Grundsätzen ein Hexameter, welcher den Trochäus als wesentlichen Bestandteil aufnimmt, durchaus kein episches Metrum sein, dessen Richtung notwendig ganz unbestimmt sein muß, damit auch seine Dauer ganz unbeschränkt sein könne. Die endlose Bewegung in einer bestimmten Richtung, der epische Gebrauch eines lyrischen Rhythmus, erzeugt notwendig unendliche Monotonie und ermüdet endlich auch die aufmerksamste Teilnahme. – Die musikalischen Prinzipien des antiken Rhythmus scheinen überhaupt von denen des modernen so absolut verschieden, wie der Charakter der griechischen Musik und das griechische Verhältnis der Poesie und Musik von den unsrigen. Sollte auch der griechische Rhythmus unter gewissen Voraussetzungen in einem lokalen Element objektiv sein, so kann doch das Individuelle für uns keine Autorität haben, und am wenigsten die Theorie der griechischen Musiker (allerdings ein unentbehrliches Hülfsmittel zur richtigen Erklärung der Praxis, zum Studium des Rhythmus selbst) unsre Norm sein.

Noch ist ein gewisses unechtes Phantom nicht ganz verschwunden, welches von denen als die eigentliche Klassizität verehrt wird, welche durch ein künstliches Schnitzwerk gedrechselter Redensarten unsterblich zu werden hoffen. Aber nichts ist weniger klassisch als Künstelei, überladner Schmuck, frostige Pracht, und ängstliche Peinlichkeit. Die überfleißigen Werke der gelehrten Alexandriner fallen schon ins Zeitalter des Verfalls und der Nachahmung. Die trefflichsten Produkte der besten Zeit hingegen sind zwar mit Sorgfalt und scharfem Urteil ausgeführt, und auch mit Besonnenheit, aber doch in höchster, ja trunkner Begeistrung entworfen. Die große Zahl der Werke der größten Dramatiker beweiset schon, daß sie nicht ängstlich gedrechselt, sondern frei gedichtet wurden; daß die Länge der Zeit und die Masse der aufgewandten Arbeit nicht der Maßstab für den Wert eines Kunstwerks sei.

Nur einige wenige Ausnahmen unter den modernen Dichtern kann man nach dem Grade der Annäherung zum Objektiven und Schönen würdigen. Im ganzen aber ist noch immer das Interessante der eigentliche moderne Maßstab des ästhetischen Werts. Diesen Gesichtspunkt auf die griechische Poesie übertragen, heißt sie modernisieren. Wer den Homer nur interessant findet, der entweiht ihn. Die Homerische Welt ist ein ebenso vollständiges als leichtfaßliches Gemälde; der ursprüngliche Zauber der Heldenzeit wird in dem Gemüte, welches mit den Zerrüttungen der Mißbildung bekannt ist, ohne doch den Sinn für Natur ganz verloren zu haben, unendlich erhöht; und ein unzufriedner Bürger unsres Jahrhunderts kann leicht in der griechischen Ansicht jener reizenden Einfalt, Freiheit und Innigkeit alles zu finden glauben, was er entbehren muß. Eine solche Werthersche Ansicht des ehrwürdigen Dichters ist kein reiner Genuß des Schönen, keine reine Würdigung der Kunst. Wer sich am Kontrast eines Kunstwerks mit seiner individuellen Welt ergötzt, der travestiert es eigentlich in Gedanken, seine Stimmung mag nun scherzhaft oder auch sehr ernsthaft sein. Am wenigsten darf die Autorität, auf welche nur die vollständige, vollkommne und schöne Anschauung Ansprüche hat, auf die einseitige bloß interessante Ansicht eines Teils derselben übertragen werden.

Nicht dieser und jener, nicht ein einzelner Lieblings-Dichter, nicht die lokale Form oder das individuelle Organ soll nachgeahmt werden: denn nie kann ein Individuum, »als solches«, allgemeine Norm sein. Die sittliche Fülle, die freie Gesetzmäßigkeit, die liberale Humanität, das schöne Ebenmaß, das zarte Gleichgewicht, die treffende Schicklichkeit, welche mehr oder weniger über die ganze Masse zerstreut sind; den vollkommnen Stil des Goldnen Zeitalters, die Echtheit und Reinheit der griechischen Dichtarten, die Objektivität der Darstellung; kurz den Geist des Ganzen – die reine Griechheit soll der moderne Dichter, welcher nach echter schöner Kunst streben will, sich zueignen.

Man kann die griechische Poesie nicht richtig nachahmen, solange man sie eigentlich gar nicht versteht. Man wird sie erst dann philosophisch erklären und ästhetisch würdigen lernen, wenn man sie in Masse studieren wird: denn sie ist ein so innig verknüpftes Ganzes, daß es unmöglich ist, auch nur den kleinsten Teil außer seinem Zusammenhange isoliert richtig zu fassen und zu beurteilen. Ja die ganze griechische Bildung überhaupt ist ein solches Ganzes, welches nur in Masse erkannt und gewürdigt werden kann. Außer dem ursprünglichen Talent des Kunstkenners muß der Geschichtsforscher der griechischen Poesie die wissenschaftlichen Grundsätze und Begriffe einer objektiven Philosophie der Geschichte und einer objektiven Philosophie der Kunst schon mitbringen, um die Prinzipien und den Organismus der griechischen Poesie suchen und finden zu können. Und auf diese kommt doch eigentlich alles an.

Es ist wahr, einige große Dichter der Alten sind auch unter uns beinahe einheimisch; und unter denen, welche leichter gefaßt, und auch isoliert wenigstens einigermaßen verstanden werden konnten, hat das Publikum gewiß aufs glücklichste gewählt. Andre, für deren heterogene Individualität in Form und Organen sich in der ganzen subjektiven Sphäre der Modernen keine Analogie fand, welche ohne Kenntnis der Prinzipien und des Organismus der ganzen griechischen Poesie in Masse durchaus unverständlich bleiben mußten, deren idealische Höhe die Engigkeit auch des bessern herrschenden Geschmacks zu weit übertraf, konnten nicht populär werden. Gewiß nicht für jeden Liebhaber, der vielleicht nur sich allein durch den Genuß des Schönen bilden will, würde eine vollendete Kenntnis der griechischen Kunst möglich oder schicklich sein. Aber von dem Dichter, dem Kenner, dem Denker, dem es ein Ernst ist, echte schöne Kunst nicht bloß zu kennen und zu üben, sondern auch zu verbreiten, darf man es fordern, daß er keine Schwierigkeit, welche ein unentbehrliches Mittel seines Zwecks ist, scheuen soll. – Die Werke des Pindarus, des Äschylus, des Sophokles, des Aristophanes werden nur wenig studiert, weniger verstanden. Das heißt, man ist mit den vollkommensten Dichtarten der griechischen Poesie, mit der Periode des poetischen Ideals, und mit dem Goldnen Zeitalter des griechischen Geschmacks beinahe völlig unbekannt.

Überdem muß auch in der reichhaltigsten Ansicht jener populären Lieblingsdichter ohne eine bestimmte Kenntnis ihres eigentlichen Zusammenhanges, ihrer richtigen Stelle im Ganzen etwas Schiefes übrig bleiben. Homers Gedichte sind der Quell aller griechischen

Kunst, ja die Grundlage der griechischen Bildung überhaupt, die vollkommenste und schönste Blüte des sinnlichsten Zeitalters der Kunst. Nur vergesse man nicht, daß die griechische Poesie höhere Stufen der Kunst und des Geschmacks erreicht hat. – Wenn es für das Unersetzliche einen Ersatz gäbe, so könnte uns Horazius einigermaßen über den Verlust der größten griechischen Lyriker derjenigen Klasse trösten, welche nicht im Namen des Volks die öffentlichen Zustände einer sittlichen Masse darstellten, sondern die schönen Gefühle einzelner Menschen besangen. Zugleich enthält er die köstlichsten von den wenigen ganz eigentümlichen Kunstblüten des echt römischen Geistes, welche auf uns gekommen sind. Dieser »Lieblingsdichter aller gebildeten Menschen« war von jeher ein großer Lehrer der Humanität und liberalen Gesinnungen. Seine Vaterländischen Oden sind ein ehrwürdiges Denkmal hohen Römersinns, und erinnern daran, daß selbst Brutus die Bürgertugend des Dichters achtete. Seine schöne lyrische Moralität ist ursprünglich, oder doch innig und selbsttätig zugeeignet. Aber den meisten seiner Gesänge fehlt es im Schwanken zwischen dem griechischen Urbilde und der römischen Veranlassung an einer leichten Einheit. Auch sollte man auf seine erotischen Gedichte am wenigsten Akzent legen. Zwar finden sich auch in ihnen einzelne Spuren des liebenswürdigen Philosophen, des braven Künstlers: aber im Ganzen sind sie fast immer steif, und auf gut Römisch ein wenig plump. Auch die Wahl der Rhythmen verrät hie und da den Verfall des musikalischen Geschmacks. – Ich kann sogar die übermäßige Bewunderung des Virgilius zwar nicht rechtfertigen, aber doch entschuldigen. Für den Freund des Schönen mag sein Wert gering sein: aber für das Studium des Kunstkenners und Künstlers bleibt er äußerst merkwürdig. Dieser gelehrte Künstler hat aus dem reichen Vorrat der griechischen Dichter mit einer eignen Art von Geschmack die einzelnen Stücke und Züge ausgewählt, sie mit Einsicht aneinander gefügt, und mit Fleiß gefeilt, geglättet und geputzt. Das Ganze ist ein Stückwerk ohne lebendige Organisation und schöne Harmonie, aber er kann dennoch für den höchsten Gipfel des gelehrten künstlichen Zeitalters der alten Poesie gelten. Zwar fehlt ihm die letzte Rundung und Feinheit der Alexandriner, aber durch die frische Römerkraft seines Dichtertalents übertrifft er die kraftlosen Griechen jenes Zeitalters in ihrem eignen Stil sehr weit. Er ist in diesem an sich unvollkommnen Stil zwar nicht schlechthin vollkommen, aber doch der trefflichste.

Der unglücklichste Einfall, den man je gehabt hat, und von dessen allgemeiner Herrschaft noch jetzt viele Spuren übrig sind, war es: der griechischen Kritik und Kunsttheorie eine Autorität beizulegen, welche im Gebiete der theoretischen Wissenschaft durchaus unstatthaft ist. Hier glaubt man den eigentlichen ästhetischen Stein der Weisen zu finden; einzelne Regeln des Aristoteles und Sentenzen des Horaz wurden als kräftige Amulette wider den bösen Dämon der Modernheit gebraucht; und selbst die zerlumpte Dürftigkeit der Adepten erregte erst spät einiges Mißtrauen wider die Echtheit des Geheimnisses.

Der Fehlschluß, von dem man ausging, war mit Hurds Worten: »Die Alten sind Meister in der Komposition; es müssen daher diejenigen unter ihren Schriften, welche zur Ausübung dieser Kunst Anleitung geben, von dem höchsten Werte sein.« Nichts weniger! Der griechische Geschmack war schon völlig entartet, als die Theorie noch in der Wiege lag. Das Talent kann die Theorie nicht verleihn, und nie hat die griechische Theorie den Zweck und das Ideal des Künstlers bestimmt, welcher den Gesetzen des öffentlichen Geschmacks allein gehorchte. Auch eine vollendete Philosophie der Kunst würde zur Wiederherstellung des echten Geschmacks allein nicht hinreichend sein. Die griechischen und römischen Denker waren aber (nach Fragmenten, Nachrichten und der Analogie zu urteilen) so wenig im Besitz eines vollendeten Systems objektiver ästhetischer Wissenschaften, daß nicht einmal der Versuch, der Entwurf, geschweige denn ein stetes Streben nach einem solchen System vorhanden war. Nicht einmal die Grenzen und die Methode waren bestimmt; nicht einmal der Begriff einer allgemeingültigen Wissenschaft des Geschmacks und der Kunst war definiert, ja selbst die Möglichkeit derselben war keineswegs deduziert.

Unleugbar enthalten die kritischen Fragmente der Griechen bedeutende Beiträge zur Erläuterung der griechischen Poesie, und treffliche Materialien für die künftige Ausführung und Vollendung des Systems. Umständliche Zergliederungen, wie etwa die des Dionysius, sind unschätzbar, und auch das kleinste ästhetische Urteil kann sehr großen Wert haben. Die angewandten Begriffe und Bestimmungen bezogen sich auf vollkommne Anschauungen und würden sich aus reiner Wissenschaft gar nicht wieder ersetzen lassen. Die Urteile standen unter der untrüglichen Leitung eines ursprünglich richtig gestimmten Gefühls, und das Vermögen, schöne Darstellung zu empfangen und zu würdigen, war bei den Griechen fast auf eben die Weise vollkommen und einzig, wie das Vermögen, sie hervorzubringen. Überhaupt ist im theoretischen Teile der ästhetischen Wissenschaft der Wert der spätern Kritiker und vorzüglich im Angewandten und Besondren am größten; im praktischen Teile sind die allerallgemeinsten Grundsätze und Begriffe vorzüglich der frühern Philosophen am schätzbarsten.

Der Quell aller Bildung und auch aller Lehre und Wissenschaft der Griechen war der Mythus. Poesie war die älteste und vor dem Ursprunge der Beredsamkeit die einzige Lehrerin des Volks. Die mythische Denkart, daß Poesie im eigentlichen Sinne eine Gabe und Offenbarung der Götter, der Dichter ein heiliger Priester und Sprecher derselben sei, blieb für alle Zeiten griechischer Volksglaube. An ihn schlossen sich die Lehren des Plato und wahrscheinlich auch des Demokrit über musikalischen Enthusiasmus und Göttlichkeit der Kunst an. Überhaupt hatte der populäre (exoterische) Vortrag der griechischen Philosophie ein ganz mythisches Kolorit. So wie sich bei uns häufig der Künstler als Gelehrter und Denker geltend zu machen sucht, weil seine eigentümliche Würde vielleicht vor der Menge wenig gelten würde: so pflegte damals noch der griechische Philosoph sich als Musiker und Poet gleichsam einzuschleichen. Die Platonischen Lehren von der Bestimmung der Kunst sind die trefflichsten griechischen Materialien zur praktischen Philosophie der Kunst, welche sich auf uns erhalten haben. Die praktische Philosophie der ältesten griechischen Denker aber war durchaus politisch; und diese Politik war zwar in den Grundsätzen nichts weniger als die Sklavin der Erfahrung, sondern vielmehr durchaus rational, aber im Vortrage und in der Anordnung schloß sie sich durchgängig an das Gegebne und Vorhandne an. Nie hat eigentlich die griechische Philosophie, wie die griechische Kunst, die Stufe einer vollständigen Selbständigkeit der Bildung erreicht, und im Plato vorzüglich ist die Ordnung der ganzen Masse der einzelnen Philosopheme nicht sowohl von innen bestimmt, sondern vielmehr von außen gebildet und entstanden. Um daher nur Platos Lehre von der Kunst zu verstehen, muß man nicht allein den mythischen Ursprung der griechischen Bildung überhaupt, sondern auch die ganze Masse der politischen, moralischen und philosophischen Bildung der Griechen in ihrem völligen Umfange kennen! – Auch für die Sophisten war nur auf eine andre Weise das öffentlich Geltende die Base, von der alle ihre Lehren, also auch die über das Schöne und die Kunst, immer ausgingen, und der Punkt, wohin sie strebten. – Im Aristoteles ist die theoretische Ästhetik noch in der Kindheit, und die praktische ist schon ganz von ihrer Höhe gesunken. Seine Lehre von der Bestimmung der Kunst im achten Buche der Politik beweist eine liberale Denkart und nicht ganz unwürdige Gesinnungen: aber dennoch ist der Gesichtspunkt schon nicht mehr politisch, sondern nur moralisch. In der Rhetorik aber, und in den Fragmenten der Poetik behandelt er die Kunst nur physisch, ohne alle Rücksicht auf Schönheit, bloß historisch und theoretisch. Wo er gelegentlich ästhetisch urteilt, da äußert er nur einen scharfen Sinn für die Richtigkeit des Gliederbaus des Ganzen, für die Vollkommenheit und Feinheit der Verknüpfung. – Wie häufig sind nicht in ihm, und in den spätern Rhetorikern, einzelne ganz unverständliche oder doch äußerst schwer zu entziffernde besondre Beziehungen auf untergegangne Werke, auf uns ganz unbekannte Dinge? Ja das Ganze ist nicht selten in einer individuellen Rücksicht verfaßt. So ist der Hauptgesichtspunkt, nach welchem Quintilian den Wert der Dichter bestimmt, ihre Tauglichkeit, junge Deklamatoren künstlich schwatzen zu lehren. Die individuelle Veranlassung der kritischen Episteln des Horaz, der ganze Inbegriff ihrer speziellen Beziehungen – ihre kosmische Lage ist uns bald ganz, bald größtenteils unbekannt, und bei vielen wahrscheinlichen oder sinnreichen Hypothesen tappen wir dennoch hie und da völlig im Dunkeln.

Wenn von allumfassender vollendeter Kenntnis der Griechen die Rede ist, so stehen alle Bestandteile derselben in Wechselwirkung, und das Studium der griechischen Kunsttheorie ist allerdings ein integranter Teil des ganzen Studiums der griechischen Bildung überhaupt, oder der ästhetischen Bildung insbesondre. Aber in der Methodenlehre des ganzen Studiums dürfte wohl das der griechischen Kritik eine sehr späte Stelle erhalten. Man muß schon die ganze Masse, den Organismus und die Prinzipien der griechischen Poesie kennen, um die Perlen, welche in den kritischen Schriften der Griechen größtenteils noch ungenutzt verborgen liegen, suchen und finden zu können.

*

Ich bin weit entfernt von den diktatorischen Anmaßungen, den despotischen Reformationen angeblicher Repräsentanten der Menschheit, die so vieles projektieren, wovon keine Silbe in ihren Cahiers steht, so vieles dekretieren, was der öffentliche Volkswille in den Urversammlungen der Menschheit nicht sanktionieren würde. Die Behauptung, daß eine allgemeingültige Wissenschaft des Schönen und der Darstellung und eine richtige Nachahmung der griechischen Urbilder die notwendigen Bedingungen zur Wiederherstellung der echten schönen Kunst sei, ist so wenig willkürlich, daß sie nicht einmal neu ist. Ich begnüge mich mit dem bescheidnen Verdienst, dem Gange der ästhetischen Kultur auf die Spur gekommen zu sein, den Sinn der bisherigen Kunstgeschichte glücklich erraten, und eine große Aussicht für die künftige gefunden zu haben. Vielleicht ist es mir gelungen, einige Dunkelheiten zu erhellen, einige Widersprüche zu lösen, indem ich für jede einzelne auffallende Erscheinung die richtige Stelle im großen Ganzen der ewigen Gesetze der Kunstbildung zu bestimmen suchte. Es kann eine Empfehlung und eine Bestätigung des entworfnen Grundrisses sein, daß nach dieser Ansicht der Streit der antiken und modernen ästhetischen Bildung wegfällt; daß das Ganze der alten und neuen Kunstgeschichte durch seinen innigen Zusammenhang überrascht, und durch seine vollkommne Zweckmäßigkeit völlig befriedigt.

Jedes große, wenngleich noch so exzentrische Produkt des modernen Kunstgenies ist nach diesem Gesichtspunkt ein echter, an seiner Stelle höchst zweckmäßiger Fortschritt, und so heterogen die äußre Ansicht auch sein mag, eigentlich doch eine wahre Annäherung zum Antiken. Die Notwendigkeit des Stufenganges der allmählichen Entwicklung ist keine Apologie der Schwäche, welche hinter dem Maß der schon erreichten Vortrefflichkeit zurückbleibt, aber eine Erklärung und Rechtfertigung für die Mängel und Ausschweifungen des wahrhaft großen Künstlers, der zwar dem Gange der Bildung vielleicht um einige Schritte zuvoreilte und ihre Entwicklung beschleunigte, aber doch nicht ganze Stufen überspringen konnte.

Die Bildungsgeschichte der modernen Poesie stellt nichts andres dar, als den steten Streit der subjektiven Anlage und der objektiven Tendenz des ästhetischen Vermögens, und das allmähliche Übergewicht des letztern. Mit jeder wesentlichen Veränderung des Verhältnisses des Objektiven und des Subjektiven beginnt eine neue Bildungsstufe. Zwei große Bildungsperioden, welche aber nicht isoliert aufeinander folgen, sondern wie Glieder einer Kette ineinander greifen, hat die moderne Poesie schon wirklich zurückgelegt; und jetzt steht sie im Anfange der dritten Periode. In der ersten Periode hatte der einseitige Nationalcharakter in der ganzen Masse der ästhetischen Bildung durchgängig das entschiedenste Übergewicht, und nur hie und da regen sich einige wenige einzelne Spuren von der Direktion ästhetischer Begriffe und der Tendenz zum Antiken. In der zweiten Periode herrschte die Theorie und Nachahmung der Alten in einem großen Teil der ganzen Masse: aber die subjektive Natur war noch zu mächtig, um dem objektiven Gesetz ganz gehorchen zu können; sie war kühn genug, sich unter dem Namen des Gesetzes wiederum einzuschleichen. Die Nachahmung und die Theorie, und mit ihnen der Geschmack und die Kunst selbst blieben einseitig und national. Die darauf folgende Anarchie aller individuellen Manieren, aller subjektiven Theorien und verschiednen Nachahmungen der Alten, und die endliche Verwischung und Vertilgung der einseitigen Nationalität ist die Krise des Übergangs von der zweiten zur dritten Periode. In der dritten wird wenigstens in einzelnen Punkten der ganzen Masse das Objektive wirklich erreicht: objektive Theorie, objektive Nachahmung, objektive Kunst und objektiver Geschmack.

Aber die zweite Periode erstreckte sich nur über einen Teil, die Anfänge der dritten nur über einzelne Punkte der ganzen Masse, und ein bedeutender Teil derselben ist bis jetzt auf der ersten Stufe stehn geblieben, und noch immer ist der Zweck ganzer Dichtarten kein andrer, als eine treue Darstellung des interessantesten nationellen Lebens. So wie nun der Nationalcharakter des europäischen Völkersystems in drei entscheidenden Krisen schon drei große Evolutionen erlebt hat – im Zeitalter der Kreuzzüge, im Zeitalter der Reformation und der Entdeckung von Amerika, und in unserm Jahrhundert: so hat auch die Nationalpoesie der Modernen in drei verschiednen Epochen dreimal geblüht.

Der Zustand der ästhetischen Bildung unsres gegenwärtigen Zeitalters war es, der uns aufforderte, die ganze Vergangenheit zu überschauen. Wir sind nun zu dem Punkt zurückgekehrt, von dem wir ausgingen. Die Symptome, welche die Krise des Übergangs von der zweiten zur dritten Periode der modernen Poesie bezeichnen, sind allgemein verbreitet, und hie und da regen sich schon unverkennbare Anfänge objektiver Kunst und objektiven Geschmacks. Noch war vielleicht kein Augenblick in der ganzen Geschichte des Geschmacks und der Dichtkunst so charakteristisch fürs Ganze, so reich an Folgen der Vergangenheit, so schwanger mit fruchtbaren Keimen für die Zukunft; die Zeit ist für eine wichtige Revolution der ästhetischen Bildung reif. Was sich jetzt nur erraten läßt, wird man künftig bestimmt wissen: daß in diesem wichtigen Augenblick unter andern großen Krisen auch das Los der echten schönen Kunst auf der Waage des Schicksals entschieden wird. Nie würde untätige Gleichgültigkeit gegen das Schöne, oder stolze Sicherheit über das schon Erreichte weniger angemessen sein; nie durfte man aber auch eine größere Belohnung der Anstrengung erwarten als die, welche der künftige Gang der ästhetischen Bildung der Modernen verspricht. Vielleicht werden die folgenden Zeitalter oft zwar nicht mit anbetender Bewundrung, aber doch nicht ohne Zufriedenheit auf das jetzige zurücksehn.

Die ästhetische Theorie hat den Punkt erreicht, von dem wenigstens ein objektives Resultat, es falle nun aus, wie es wolle, nicht weit mehr entfernt sein kann. Nach den pragmatischen Vorübungen des theoretisierenden Instinkts (erste Periode, deren Grundsatz die Autorität war) entstand die eigentliche szientifische Theorie. Ohngefähr zu gleicher Zeit entwickelten und bildeten sich die dogmatischen Systeme der rationalen und der empirischen Ästhetik (zweite

Periode); und die Antinomie der verschiednen manierierten Theorien führte den ästhetischen Skeptizismus (Krise des Übergangs von der zweiten zur dritten Periode) herbei. Diese war die Vorbereitung und Veranlassung der Kritik der ästhetischen Urteilskraft (Anfänge der dritten Periode). Noch ist das Geschäft nichts weniger als beendigt. Die Ästhetiker selbst, welche gemeinschaftlich von den Resultaten der kritischen Philosophie ausgegangen sind, sind weder in den Prinzipien noch in der Methode unter sich einig; und die kritische Philosophie selbst hat ihren hartnäckigen Kampf mit dem Skeptizismus noch nicht völlig ausgestritten. Überhaupt ist, nach der Bemerkung eines großen Denkers, im Praktischen noch viel zu tun übrig. Aber seit durch Fichte das Fundament der kritischen Philosophie entdeckt worden ist, gibt es ein sichres Prinzip, den Kantischen Grundriß der praktischen Philosophie zu berichtigen, zu ergänzen, und auszuführen; und über die Möglichkeit eines objektiven Systems der praktischen und theoretischen ästhetischen Wissenschaften findet kein gegründeter Zweifel mehr statt.

Auch im Studium der Griechen überhaupt und der griechischen Poesie insbesondre steht unser Zeitalter an der Grenze einer großen Stufe. Lange Zeit kannte man die Griechen nur durch das Medium der Römer, das Studium war isoliert und ohne alle philosophischen Prinzipien (erste Periode); dann ordnete und lenkte man das immer noch isolierte Studium nach willkürlichen Hypothesen, oder doch nach einseitigen Prinzipien und individuellen Gesichtspunkten (zweite Periode). Schon studiert man die Griechen in Masse und ohne philosophische Hypothesen, vielmehr mit Vernachlässigung aller Prinzipien (Krise des Übergangs von der zweiten zur dritten Periode). Nur der letzte und größte Schritt ist noch zu tun übrig: die ganze Masse nach objektiven Prinzipien zu ordnen (dritte Periode). Der chaotische Reichtum alles Einzelnen und der Streit der verschiednen Ansichten über das Ganze wird notwendig dahin führen, eine allgemeingültige Ordnung der ganzen Masse zu suchen und zu finden. Zwar kann die Kenntnis der Griechen nie vollendet, und das Studium der griechischen Poesie nie erschöpft werden: doch läßt sich ein fixer Punkt erreichen, welcher den Denker, den Geschichtsforscher, den Kenner und Künstler vor gefährlichen Grundirrtümern, durchaus schiefen Richtungen, und verkehrten Versuchen der Nachahmung sichert.

»Aber du selbst«, könnte man sagen, »hast ja ästhetische Kraft und Moralität als notwendige Postulate der ästhetischen Revolution aufgestellt? Wie läßt sich also über den künftigen Gang der Bildung etwas im voraus bestimmen, da diese vorläufigen Bedingungen selbst von einem glücklichen Zusammenfluß der seltensten Umstände, das heißt vom Ohngefähr abhängen? Wer hat noch der Natur den Handgriff ablernen können, wie sie Genies erzeugt und Künstler hervorbringt? Gewiß läßt sich die seltenste aller Gaben, das ästhetische Genie, auf die Gefahr sie zu verfälschen, durch Bildung ein wenig vervollkommnen, aber nicht erschaffen! Auch im Umfang und in der Kraft der Sittlichkeit scheint es für die meisten Individuen eine ursprüngliche, unübersteigliche Grenze zu geben. Nur wenige selbständige Ausnahmen sind in ihrer Vervollkommnung unbegrenzt. Und scheinen nicht auch diese ihre Selbständigkeit dem seltsamsten Zusammenfluß der glücklichsten Umstände, dem Zufall zu danken? Der stolzen Vernunft des reinen Denkers wird es freilich nicht zusagen, aber aus einer unbefangnen Ansicht der Kunstgeschichte scheint sich das Resultat zu ergeben: die Natur sei im Ganzen neidisch und karg mit ihren köstlichsten Gaben; nur dann und wann, in ihren schönsten Augenblicken, werfe sie nach Laune eine Handvoll echter Künstlerseelen auf ein begünstigtes Land, damit das Licht in dieser Dämmerwelt doch nicht gänzlich verlösche.«

Schlechthin bestimmen läßt sich allerdings nichts über den künftigen Gang der Bildung, wahrscheinlich vermuten sehr viel: Vermutungen, zu denen die Bedürfnisse der Menschheit nötigen, welche die ewigen Gesetze der Vernunft und der Geschichte rechtfertigen und begründen. Als hätten sie mit den Göttern zu Rate gesessen, scheinen jene die geheimen Absichten und Antriebe, nach denen die Natur im Verborgnen handelt, zu wissen. So viel weiß die Wissenschaft und die Geschichte nicht. Doch das weiß sie, daß die Seltenheit des Genies nicht die Schuld der menschlichen Natur ist, sondern unvollkommner menschlicher Kunst, politischer Pfuscherei. Ihr eigner unglücklicher Scharfsinn fesselt die Freiheit der Menschen, und hemmt die Gemeinschaft der Bildung. Wenn demohngeachtet das unterdrückte Feuer sich einmal Luft macht, so wird das als ein Wunder angestaunt. Gebt die Bildung frei und laßt sehn, ob es an Kraft fehlt! Warum hätte auch sonst von jeher selbst die kleinste Gunst des Augenblicks eine so majestätische Fülle schlummernder Kräfte, wie durch einen Zauberschlag ans Licht gerissen?

Die notwendigen Bedingungen aller menschlichen Bildung sind: Kraft, Gesetzmäßigkeit, Freiheit und Gemeinschaft. Erst wenn die Gesetzmäßigkeit der ästhetischen Kraft durch eine objektive Grundlage und Richtung gesichert sein wird, kann die ästhetische Bildung durch Freiheit der Kunst und Gemeinschaft des Geschmacks durchgängig durchgreifend und öffentlich werden. Echte Schönheit muß erst an recht vielen einzelnen Punkten feste Wurzel gefaßt haben, ehe sie sich über die ganze Fläche allgemein verbreiten, ehe die moderne Poesie die zunächst bevorstehende Stufe ihrer Entwicklung: die durchgängige Herrschaft des Objektiven über die ganze Masse, erreichen kann.

Man darf aber nicht etwa mit einigen Bedingungen der ästhetischen Bildung gleichsam warten, bis man mit den andern fertig wäre; sie stehn alle vier in durchgängiger Wechselwirkung. Es ist daher auch jetzt schon nicht zu frühzeitig, alles was die ästhetische Mitteilung hemmen könnte, aus dem Wege zu räumen. Es herrscht besonders unter deutschen Dichtern und Kennern eine sehr gefährliche, eigentlich illiberale Denkart, welche den ursprünglichen deutschen Mangel an Mitteilungsfähigkeit zum Grundsatz sanktioniert. Die erhabene Gelassenheit der deutschen Nation und die neidischen Anfeindungen kleiner Geister erzeugen oft bei verdienstvollen aber eitlen Männern üble Laune, welche sich bis zu einer bösartigen Bitterkeit verhärten kann. Schmollend hüllen sie ihre beleidigten Ansprüche in höhnenden Stolz, verschließen ihr Talent ganz in sich, oder treten nur mit einer sauern Miene ins Publikum. Ihr Gemüt ist so unfähig, sich über die enge Gegenwart zu erheben, daß sie echte Schönheit überhaupt für ein Myster, und die Öffentlichkeit der ästhetischen Bildung für ganz unmöglich halten. Nur durch Geselligkeit wird die rohe Eigentümlichkeit gereinigt und gemildert, erwärmt und erheitert, das innre Feuer sanft ans Licht getrieben, die äußre Gestalt berichtigt und bestimmt, gerundet und geschärft. Unmäßige Einsamkeit hingegen ist die Mutter seltsamer Grillen. Daher die eckichte Härte, der barsche Ton, das finstre Kolorit mancher, sonst trefflicher deutscher Schriftsteller. Dieser Weg kann endlich so weit von der Einfalt der Natur, von dem großen Wesentlichen und echter Schönheit entfernen, daß sich Zweifel regen dürften, ob jene ästhetischen Mysterien nicht etwa ein Orden ohne Geheimnis sein möchten, wo jeder glaubt, der andre wüßte es.

An Mitteilung der Kenntnisse, der Sitten und des Geschmacks sind die Franzosen uns schon seit langer Zeit sehr weit überlegen. Sie können eben dadurch in der öffentlichen Poesie eine höhere Stufe der Vollkommenheit als andere kultivierte Nationen Europas erreichen. Man wird dann das unerwartete Phänomen vermutlich aus der neuen politischen Form erklären wollen, die doch weiter nichts sein kann, als der glückliche äußre Anstoß, welcher die im Stillen lange vorhandne Kraft zur reifen Blüte treibt. – Wo in einem genau bestimmten Nationalcharakter nur einige einzelne schöne Züge vorhanden sind, welche die Grundlinien und Umrisse einer idealischen Ausführung werden können; wo es an musikalischem und poetischem Talent nur nicht ganz fehlt, wo es nur einige ästhetische Bildung gibt: da muß höhere Lyrik von selbst entstehn, sobald es öffentliche Sitten, öffentlichen Willen und öffentliche Neigungen, eine Seele und Stimme der Nation gibt. Die entschiedenste und beschränkteste Einseitigkeit ist der lyrischen Schönheit nicht schlechthin ungünstig, wenn der Mangel an Umfang nur, wie bei den Doriern, durch intensive Kraft und Hoheit ersetzt wird.

Das schöne Drama hingegen erfordert absoluten Umfang der Bildung und völlige Freiheit von nationellen Schranken: Eigenschaften, von denen die Franzosen sehr weit entfernt sind! Es können leicht Jahrhunderte hingehn, ehe sie dieselben erreichen: denn die neue politische Form wird die Einseitigkeit ihres Nationalcharakters nur stärker konzentrieren, und schneidender isolieren. Daher ist die sogenannte französische Tragödie auch ein klassisches Muster der Verkehrtheit geworden. Sie ist nicht nur eine leere Formalität ohne Kraft, Reiz und Stoff, sondern auch ihre Form selbst ist ein widersinniger, barbarischer Mechanismus, ohne innres Lebensprinzip und natürliche Organisation. Der französische Nationalcharakter kann im Roman und in der Komödie, welche sich mit dem bescheidnen Range subjektiver Darstellungen begnügen, sehr interessant und liebenswürdig erscheinen; in der sogenannten Tragödie eines Racine und Voltaire hingegen wird durch eine mißglückte Prätension des Objektiven die ungünstigste Ansicht desselben gleichsam ins Unerträgliche idealisiert. Im steten Wechsel des Widerlichen und des Abgeschmackten ist hier häßliche Heftigkeit und abgeschliffne Leerheit innigst ineinander verschmolzen. – Ohnehin fehlt es den Franzosen wie den Engländern und Italienern (von der Poesie der beiden letzten Nationen ist jetzt wohl am wenigsten zu besorgen, daß sie den Deutschen etwas vorwegnehmen möchten!) an objektiver Theorie und an echter Kenntnis der antiken Poesie. Um nur auf die Spur zu kommen, wie sie den Weg dahin finden könnten, würden sie bei den Deutschen in die Schule gehn müssen. Eine Sache, zu der sie sich wohl schwerlich entschließen werden!

In Deutschland, und nur in Deutschland, hat die Ästhetik und das Studium der Griechen eine Höhe erreicht, welche eine gänzliche Umbildung der Dichtkunst und des Geschmacks notwendig zur Folge haben muß. – Die wichtigsten Fortschritte in der stufenweisen Entwicklung der philosophischen Ästhetik war das rationale und das kritische System. Beide sind durch deutsche Erfinder, jenes durch Baumgarten, Sulzer und andre, dieses durch Kant und seine Nachfolger gestiftet und ausgebildet. Das empirische und skeptische System der Ästhetik war viel mehr ein notwendiger Erfolg vom allgemeinen Gange der Philosophie, als eigentliche Erfindung und Verdienst einiger englischen Schriftsteller. – In der ältern Manier der klassischen Kritik übertrifft unser Lessing an Scharfsinn und an echtem Schönheitsgefühl seine Vorgänger in England unendlich weit. Eine ganz neue und ungleich höhere Stufe des griechischen Studiums ist durch Deutsche herbeigeführt, und wird vielleicht noch geraume Zeit ihr ausschließliches Eigentum bleiben. Statt der vielen Namen, die hier genannt werden könnten, steht nur einer da. Herder vereinigt die umfassendste Kenntnis mit dem zartesten Gefühl und der biegsamsten Empfänglichkeit.

Wer kann noch an der Dichtergabe deutscher Künstler zweifeln, seit der kühne, erfinderische Klopstock der Stifter und Vater der deutschen Poesie ward? Der liberale Wieland sie schmückte und humanisierte? Der scharfsinnige Lessing sie reinigte und schärfte? Schiller ihr stärkre Kraft und höhern Schwung gab? – Durch jeden dieser großen Meister ward die ganze Masse der deutschen Dichtkunst zu neuem Leben allgemein begeistert und strebte mit frischer Kraft immer mächtiger vorwärts. Wie viele andre Dichter folgten jenen ersten Erfindern glücklich und dennoch eigentümlich, oder gingen auch ihren eignen, vielleicht nicht weniger merkwürdigen Gang, welcher nur darum weniger bemerkt ward, weil er mit dem Geist der Zeit und dem Gange der öffentlichen Bildung nicht so gut zusammentraf? Auch Bürgers rühmlicher Versuch, die Kunst aus den engen Büchersälen der Gelehrten und den konventionellen Zirkeln der Mode in die freie lebendige Welt einzuführen und die Ordensmysterien der Virtuosen dem Volke zu verraten, ist nicht ohne den glücklichsten bleibenden Einfluß gewesen.

Welchen weiten Weg haben unsre einzigen bedeutenden Nebenbuhler, die Franzosen, noch zurückzulegen, ehe sie es nur ahnden können, wie sehr sich Goethe den Griechen nähere! Ein andres Zeichen von der Annäherung zum Antiken in der Poesie ist die auffallende Tendenz zum Chor in den höhern lyrischen Gedichten (wie die Götter Griechenlands und die Künstler) Schillers; eines Künstlers, der durch seinen ursprünglichen Haß aller Schranken vom klassischen Altertum am weitesten entfernt zu sein scheint. So verschieden auch die äußre Ansicht, ja manches Wesentliche sein mag, so ist doch die Gleichheit dieser lyrischen Art selbst mit der Dichtart des Pindarus unverkennbar. Ihm gab die Natur die Stärke der Empfindung, die Hoheit der Gesinnung, die Pracht der Phantasie, die Würde der Sprache, die Gewalt des Rhythmus, – die Brust und Stimme, welche der Dichter haben soll, der eine sittliche Masse in sein Gemüt fassen, den Zustand eines Volks darstellen und die Menschheit aussprechen will.

Unter einer ebenso heterogenen Außenheit sind gerade die köstlichsten Stellen der Wielandischen Poesie objektiv komisch und echt griechisch. Mit Überraschung wird der Kenner der attischen Grazie und der echten Komödie hier oft den Aristophanes, öfter den Menander wiederfinden.

Menschen, deren kurzsichtiger Blick jeder großen historischen Ansicht ganz unfähig ist, die im Detail nur Detail wahrnehmen und alles isoliert sehen, wird es nicht an kleinlichen Einreden wider diese große Bestimmung der deutschen Dichtkunst fehlen. Wenn aber ein glücklicher Anstoß die noch schlummernde Mitteilungsfähigkeit des deutschen Geschmacks und der deutschen Kunst plötzlich in elastische Regsamkeit versetzte: so würden selbst die Beobachter, welche nur Fraktur lesen können, mit überraschtem Staunen gewahr werden, daß die Deutschen auch hier die kultiviertesten Nationen Europas im einzelnen an Höhe der Bildung ebensoweit übertreffen, als sie denselben an allgemeiner und durchgreifender Verbreitung der Bildung nachstehn.

Winckelmann redet einmal von den Wenigen, welche noch die griechischen Dichter kennen. Sollten es nicht schon jetzt in Deutschland einige mehr sein? Wird die Zahl derer, welche nach echter Kunst streben, nicht auch ferner noch wachsen? – In dieser Hoffnung konsakriere ich diesen Aufsatz und diese Sammlung allen Künstlern: Wie nämlich die Griechen auch denjenigen Musiker nannten, welcher die sittliche Fülle seines innern Gemüts rhythmisch organisiert und zur Harmonie ordnet, so nenne ich alle die »Künstler«, welche das Schöne lieben.

REZENSIONEN

Condorcets »Esquisse d'un tableau historique des progrès de l'esprit humain«

Ein interessanter Versuch, zu beweisen: die bisherige Geschichte der Menschheit sei ein stetes Fortschreiten gewesen, und der künftige Gang des menschlichen Geschlechts werde ein grenzenloses Vervollkommnen sein. Die Schrift empfiehlt sich durch eine einfache, klare und edle Schreibart; durch ernsten Eifer für Wahrheit und Erkenntnis, durch reines Gefühl für Sittlichkeit, und durch einen edeln Haß der Vorurteile, der Heuchelei, der Unterdrückung und des Aberglaubens.

Diese Skizze gibt (S. 19) »nur die Massen, ohne bei den Ausnahmen zu verweilen, sie deutet nur die Gegenstände und die Resultate an, deren Ausführung und vollständige Beweise das Werk selbst darlegen sollte«. – Sie enthält einen großen Reichtum an neuen und geistreichen Ansichten, treffenden Urteilen und fruchtbaren Gedankenkeimen. Die meisten derselben gehören zwar ins Gebiet der Geschichte selbst, und also auch ihre Prüfung. Doch enthält sie auch einige merkwürdige Andeutungen wissenschaftlicher Prinzipien für die Behandlung der Geschichte der Menschheit. Diese wollen wir hier zur Prüfung ausheben.

Man könnte zwar darauf anwenden, was der Verfasser selbst (S. 108) von einem Gedanken des Aristoteles sagt: »Es war mehr der Fund eines Genies.« Sie sind nicht das Resultat eines bestimmten aus einer festen Grundlage hergeleiteten Räsonnements: weswegen auch der hingeworfene Keim eine isolierte Ansicht geblieben ist und fast gar keine von den reichen Früchten getragen hat, die sich einst aus ihm entwickeln müssen. Aber die Philosophie der Geschichte ist noch so weit davon entfernt, eine Wissenschaft zu sein, daß auch der unvollkommenste Versuch, sie diesem Ziele näher zu bringen, Aufmerksamkeit verdient.

Der Verfasser hat zwar nicht aus Gründen bestimmt gewußt, aber doch richtig gefühlt, daß es Gesetze der menschlichen Geschichte geben müsse. Er sagt S. 309: »Der einzige Grund der Überzeugung in den Naturwissenschaften ist der Gedanke, daß die allgemeinen Gesetze der Erscheinungen notwendig und beharrlich sind; und warum sollte dies Prinzip für die Entwickelung der geistigen und sittlichen Fähigkeiten des Menschen weniger wahr sein?« – S. 3: »Die allmähliche Entwickelung der menschlichen Fähigkeiten der ganzen Gattung ist ewigen Gesetzen unterworfen.« – und S. 12: »Bemerkungen über diese Entwickelung sind der einzige Führer der Untersuchung im ältesten Zeitalter der Geschichte der Menschheit.«

Die Lehre von der künftigen grenzenlosen Vervollkommnung der menschlichen Gattung trägt der Verfasser ganz dogmatisch vor. Er war aber dennoch weder über die Notwendigkeit noch über die Erkennbarkeit der Gesetze der Geschichte aufs Reine gekommen: denn S. 13 *scheint* ihm die »Beharrlichkeit der Naturgesetze für die Fortschritte der künftigen Generationen Gewähr zu leisten«, und S. 309 werden auch unbekannte Gesetze erwähnt. Er unterscheidet zwar einmal (S. 312) die Analyse des Ganges des menschlichen Geistes und der Entwickelung seiner Fähigkeiten von der Erfahrung des Vergangnen und der Beobachtung der bisherigen Fortschritte. Aber sowohl mehrere Andeutungen von Grundsätzen (S. 17, 309, 310), als die Vermischung aller Gründe im Verfahren selbst beweisen, daß er die Erwartung des Ähnlichen, wozu die bloße Wahrnehmung vergangener Erscheinungen ohne Kenntnis ihrer Gesetze veranlaßt, und die Vorherbestimmung des Notwendigen, wozu die Erkenntnis der Gesetze der Erfahrung die Vernunft berechtigt, nicht gehörig unterschieden hat.

Der Begriff der Geschichte ist durchaus unrichtig bestimmt. – »Wenn man (S. 2) sich auf die Erkenntnis der allgemeinen Tatsachen und beharrlichen Gesetze der Entwickelung der menschlichen Fähigkeiten in dem, was sie bei allen verschiedenen Individuen des menschlichen Geschlechts Gemeinsames hat, einschränkt: so trägt diese Wissenschaft den Namen der Metaphysik. Betrachtet man eben diese Entwickelung in Rücksicht auf die Masse der gleichzeitigen und aufeinander folgenden Individuen usw., so ist sie der Gegenstand der

Geschichte.« (S. 3). Nicht dieselbe, sondern eine ganz verschiedene Art der Entwickelung ist Gegenstand der Geschichte und der reinen Wissenschaft. Die letzte hat es nur mit der bloß gedachten Veranlassung des menschlichen Vermögens durch den äußern Anstoß des Schicksals (über den sich der Verfasser [S. 1] ziemlich glücklich ausdrückt) zu tun, mit der das Bewußtsein und die Zeit selbst erst anfängt. Die Geschichte der Menschheit hingegen mit der wirklichen Entwickelung des menschlichen Vermögens in der äußern Welt und in der Zeit. Die beharrlichen Eigenschaften des Menschen sind Gegenstand der reinen Wissenschaft, die Veränderungen des Menschen hingegen, sowohl des einzelnen als der ganzen Masse, sind der Gegenstand einer wissenschaftlichen Geschichte der Menschheit. –

Der Titel des Werks läßt nur eine Geschichte des menschlichen Verstandes erwarten. Nun werden zwar die Fortschritte zur Glückseligkeit (S. 4) und die sittlichen Fähigkeiten des Menschen (S. 20) mit in den Zweck des Werks aufgenommen: aber S. 1, 2 wird das Begehrungsvermögen mit Stillschweigen übergangen, und ohne Beweis vorausgesetzt, das gesamte menschliche Vermögen sei durch das Vorstellungsvermögen und Gefühlsvermögen erschöpft; und überdem sind alle Bemerkungen über die sittliche Bildung (den schwierigsten Teil des Ganzen) so mager und unbedeutend, daß wir nicht dabei verweilen können. Er betrachtet die sittliche Bildung nicht als einen spezifisch verschiednen Bestandteil der gesamten menschlichen Bildung, sondern als einen Anhang der intellektuellen und politischen Bildung (S. 343–345). Der sittliche Zustand keiner Stufe ist mit Bestimmtheit und Sorgfalt angegeben. Überhaupt scheint es an einem klaren und richtigen Begriff von Sitten, sittlicher Vollkommenheit, sittlicher Bildung, durchaus zu fehlen (S. 238). Bei der Charakteristik einer jeden Stufe werden alle Züge einzeln nacheinander aufgezählt, ohne die geringste Spur von Unterscheidung der wesentlichen Bestandteile und der äußern Bedingungen der Bildung; ohne Andeutung des innern Zusammenhanges derselben; ohne vollständige Übersicht aller Bestandteile der Bildung. Ja es fehlt sogar an einem bestimmten und vollständigem Begriff vom Ganzen aller menschlichen Wissenschaften, von dem Zusammenhang der Teile, von den Grenzen der Gattungen, Arten und Unterarten.

Die sukzessive Einteilung ist auf ein falsches Prinzip gegründet. Die Epochen einer wissenschaftlichen Geschichte der Menschheit müssen nicht nach glücklichen äußern Veranlassungen und daraus erfolgten merkwürdigen äußern Revolutionen, sondern nach den notwendigen Stufen der innern Entwickelung eingeteilt werden.

Wie im Ganzen so auch im Einzelnen. Nur einige Beispiele. »Nach den allgemeinen Gesetzen der Entwickelung unsrer Fähigkeiten, sagt der Verfasser (S. 15, 16) sehr wahr, mußten auf jeder Stufe der Bildung gewisse Vorurteile entstehen.« Aber bei der Ausführung vergißt er die Absicht (S. 84): »den Ursprung der Fehler der griechischen Philosophie aus dem natürlichen Gang des menschlichen Geistes zu entwickeln«, und deklamiert bloß (S. 62ff.), nach Art der gemeinen französischen Lockianer, wider die bekannten Fehler der griechischen Physik und dogmatischen Metaphysik. Die große Revolution hingegen, da durch die systematische Tendenz und die logikalische Methode der ältesten ionischen und dorischen Philosophen die Wissenschaft eigentlich zuerst entstand, indem es vorher nur wissenschaftlichen Stoff unter der Herrschaft der Einbildungskraft gab: da der Verstand die Anordnung der Masse und den Gang der Untersuchung selbständig bestimmte: hat er nicht wahrgenommen. – Er schiebt alle nicht reellen Wissenschaften, d. h. wie aus dem Ganzen des Werkes klar genug wird, alle diejenigen Untersuchungen, welche in Lockes engem System keinen Raum finden, beiseite (S. 84). – Er tadelt nicht nur die Kühnheit übersinnlicher Untersuchungen, sondern sogar das Streben nach vollendeter Einheit der Kenntnisse (S. 72): und doch sind selbst jene Fragen nur »vielleicht (S. 76) für immer unbeantwortlich«.

So weit ist der Verfasser in dieser Geschichte der Menschheit selbst hinter den Grundsätzen, die er hie und da angibt, zurückgeblieben. Äußerst selten nur erhebt er sich bis zum notwendigen Gesetz der erklärten Erscheinungen. Gewöhnlich gibt er uns für den ganzen Grund nur eine Veranlassung, oder auch eine erdichtete Ursache. Eine besondre Absicht, ein besondrer Trieb einzelner Menschen ist aber in der Erklärung der Erscheinungen der Geschichte der Menschheit ganz genau das, was eine »qualitas occulta« in der Physik. Wenn man z. B. einen Teil des Skeptizismus bloß aus der Wut, sich durch bizarre Meinungen auszuzeichnen, herleiten will,

(S. 106): so ist es leicht, alles zu erklären. Diese fehlerhafte Methode täuscht uns mit einer scheinbaren Befriedigung, und macht den Denker träge: nur die Voraussetzung, daß alle Erscheinungen notwendig seien, kann dahin führen, den Grund immer mehrerer zu erforschen.

»Seit der Epoche, wo die alphabetische Schrift in Griechenland bekannt wurde«, sagt der Verf. (S. 13), »hat die Philosophie nichts mehr zu erraten; es ist genug, die Tatsachen zu sammeln, zu ordnen, und die nützlichen Wahrheiten zu zeigen, welche aus ihrer Verkettung und aus ihrem Ganzen hervorgehn.« Gewiß ist es »genug«. Möchte doch bald ein Philosoph die Masse der Geschichte *nur* vollständig ordnen! Sie zu ergänzen würde dann leicht sein.

Der Verfasser eilt zu früh, nachdem er die Tatsachen nur flüchtig und lückenhaft gefaßt, kühn aber oft schief kombiniert hat, zu einer willkürlichen Erklärung der isolierten Erscheinungen, und zur Ergänzung des Unbekannten, ehe noch das Bekannte völlig verarbeitet ist. – Wenn die Geschichte der Menschheit einmal ihren Newton finden wird, der mit gleicher Sicherheit den verborgenen Geist des Einzelnen zu treffen und sich in dem unübersehlichen Ganzen zu orientieren weiß; der bei unverrücktem Streben den allgemeinen Gesichtspunkt im Einzelnen zeigen und aus dem Einzelnen den allgemeinen Gesichtspunkt hervorgehen zu lassen, dennoch die Tatsachen nicht verfälscht und verstümmelt, sondern rein und vollständig faßt, sich die scheinbaren Widersprüche nicht verschweigt, sondern die rohe Masse unermüdet so lange durcharbeitet, bis er Licht, Übereinstimmung, Zusammenhang und Ordnung findet: dann wird man in der Vorherbestimmung des künftigen Ganges der menschlichen Bildung (die ich sehr weit entfernt bin, für chimärisch zu halten) sicherer und weiter gehen können, als alle bisherigen Philosophen und der Verfasser selbst.

Inzwischen ist es schon kein geringes Verdienst dieses geistvollen Produkts, das große Resultat – die stete Vervollkommnung der Menschheit – durch historische Gründe (so weit sich überhaupt aus dem, was bisher geschehen ist, auf das, was in der Folge geschehen werde, ein solcher Schluß machen läßt!) zu einem so hohen Grad der Evidenz erhoben zu haben. Die gewöhnlichen Vorurteile sind doch widerlegt; zu einem künftigen vollständigen Beweis sind wenigstens treffliche Beiträge geliefert. Allerdings aber könnte die Deduktion der immer fortschreitenden Ausbildung des Menschengeschlechts, aus der Natur der menschlichen Fähigkeiten und den Gesetzen ihrer Entwickelung (S. 330), bündiger und schärfer sein.

Die Anwendung dieses Gesichtspunkts auf die Geschichte, der historische Beweis, daß die Vergangenheit ein stetes Fortschreiten gewesen sei, kann überhaupt in einer Skizze nur unvollständig ausfallen. Aber diese Skizze ist nicht bloß unvollständig; sondern die ganze Untersuchung hat hier eine schiefe Richtung genommen, die bei der Manier des Verfassers, lückenhaft und isoliert zu erzählen, willkürlich zu kombinieren und zu erklären, um so mehr versteckt bleibt: nämlich die großen Schwierigkeiten, auf deren Beantwortung es eigentlich ankommt, zu leugnen oder doch beiseite zu schieben. Das eigentliche Problem der Geschichte ist die Ungleichheit der Fortschritte in den verschiedenen Bestandteilen der gesamten menschlichen Bildung, besonders die große Divergenz in dem Grade der intellektuellen und der moralischen Bildung; die Rückfälle und Stillstände der Bildung, auch die kleinern partiellen; besonders aber der große totale Rückfall der gesamten Bildung der Griechen und Römer. »Daß die Fortschritte der Sittlichkeit immer die der Aufklärung begleitet haben« (auch in Griechenland, wo die Wissenschaft noch in der Wiege lag, als Sitten, Staat und Kunst schon völlig entartet waren!) wird (S. 94) wider alle Erfahrung behauptet, und gleichwohl eine unermeßliche Verschiedenheit der Fortschritte unsers Zeitalters in der sittlichen und wissenschaftlichen Bildung anerkannt (S. 303), aber freilich nicht erklärt. Die (S. 213, 214) angedeuteten Momente würden nur die besondre Veranlassung, nicht das allgemeine Gesetz der Ungleichheit der Fortschritte der modernen Wissenschaften erklärt haben. – Die Meinung von dem notwendigen Verfall der Menschheit war nicht bloß »das Vorurteil einiger Grammatiker« (S. 133), sondern Stimme des gesamten Altertums, Resultat der ganzen alten Geschichte. – Wieviel mehrere und größere Widersprüche würde der Verfasser erst gesagt haben, wenn ihm seine völlige Unkenntnis der Griechen und Römer bei der Absicht, zu leugnen was er nicht erklären konnte, zu verschweigen was ihn widerlegte, nicht so gute Dienste geleistet hätte.

Hätte er das Problem nicht zu umgehen sondern zu beantworten gesucht, so würden sich Zweifel bei ihm geregt haben: ob die unendliche Perfektibilität (von deren Gültigkeit als Idee Rezensent völlig überzeugt ist) allein ein hinreichendes Prinzip der Geschichte der Menschheit sei? und diese Zweifel hätten ihn zur großen Auflösung führen können. – Überhaupt ist das Darstellen in Masse, das Skizzieren und das Verfertigen historischer Gemälde in der wissenschaftlichen Geschichte der Menschheit eine äußerst gefährliche Sache, und wenigstens für jetzt noch viel zu früh. Kann die Philosophie der Geschichte von der Geschichte selbst nicht ganz getrennt werden, so ist umfassende Gelehrsamkeit und scharfe Kritik, das vollständigste und sorgfältigste Detail, durchaus notwendig.

Ich habe, mit Rücksicht auf die Stelle, die diese Rezension in einem *philosophischen* Journal einnimmt, absichtlich nur die Prinzipien und Methode des Verfassers geprüft, ohne mich über den Wert einzelner trefflicher Materialien zu verbreiten. Doch sei es mir vergönnt, noch auf einige der fruchtbarsten Andeutungen des Verf. aufmerksam zu machen.

Der glückliche Gedanke (S. 12 f.), bis zur Erfindung der alphabetischen Schrift die Tatsachen aus der Geschichte der verschiedenen Völker zusammenzunehmen und daraus die Geschichte eines einzigen hypothetischen Volks zu bilden, ist ein Beispiel einer äußerst sinnreichen historischen Methode, durch welche sich noch große Entdeckungen machen lassen.

Die Stelle (S. 321–323), welche die Gründe der Ungleichheit, der Abhängigkeit und des Elends, und die Mittel der künftigen Gleichheit entwickelt, gehört unter die trefflichsten. Mit Vergnügen bemerke ich wenigstens einen Keim des wichtigen Begriffs der Wechselwirkung der Bildung S. 329, 357. Nur ein Geist, der seinem Zeitalter zuvoreilt, kann (S. 346, 347) »die gänzliche Vertilgung der Vorurteile, welche die selbst dem begünstigten Teile gefährliche Ungleichheit der Rechte beider Geschlechter begründen, unter die wichtigsten bevorstehenden Fortschritte des menschlichen Geschlechts« rechnen.

»Der Augenblick wird also kommen«, heißt es S. 320, »wo die Sonne nur freie Menschen, die keinen andern Herrn als ihre Vernunft anerkennen, bescheinen wird; wo die Despoten und die Sklaven, die Priester und ihre blödsinnigen oder heuchlerischen Anhänger, nur noch in der Geschichte oder auf der Bühne vorhanden sein werden;

wo man sich nicht weiter mit ihnen beschäftigen wird, als um sich durch den Abscheu an ihren Untaten in einer heilsamen Wachsamkeit zu erhalten, damit man die ersten Keime des Aberglaubens und des Despotismus, wenn sie je wieder zu erscheinen wagen sollten, zu ersticken wisse.«

Wer kann der erhabenen Selbständigkeit dieses den Wissenschaften zu früh entrißnen Denkers seine Bewunderung versagen, wenn er an die Situation denkt, in der dies geschrieben wurde? – Noch größer und erhabener ist der Schluß des ganzen Werks:

»Wie sehr gewährt dieses Gemälde des von seinen Ketten befreiten, der Herrschaft des Zufalls und aller Feinde seiner Fortschritte entrißnen, auf der Bahn der Wahrheit, der Sittlichkeit und Glückseligkeit mit festem und sicherem Schritt wandelnden menschlichen Geschlechts dem Philosophen ein Schauspiel, welches ihn über die Irrtümer, Verbrechen und Ungerechtigkeiten, von denen die Erde noch befleckt ist, tröstet? In der Betrachtung dieses Gemäldes empfängt er den Lohn seiner Anstrengung für die Fortschritte der Vernunft, und für die Verteidigung der Freiheit. Er wagt es dann, sie an die ewige Kette der menschlichen Bildungsgeschichte anzuknüpfen, und findet eine echte Belohnung in dem Vergnügen, ein dauerndes Gutes, welches kein Schicksal mehr zerstören kann, bewirkt zu haben. Diese Betrachtung ist für ihn eine Zuflucht, wohin ihn die Erinnerung an seine Feinde nicht verfolgen kann. Hier lebt er in Gedanken mit dem in seine Rechte, wie in die Würde seiner Natur wieder eingesetzten Menschen, und vergißt denjenigen, welchen Habsucht, Furcht oder Neid martern und verderben; hier existiert er eigentlich mit seinen Brüdern in einem Himmel, den seine Vernunft sich zu schaffen wußte, den seine Menschenliebe mit den reinsten Freuden schmückte.«

Schillers Zeitschrift »Die Horen«

II. STÜCK

1. Herr Lorenz Stark. Fortsetzung. Eine fast dramatische Anschaulichkeit und feine Charakterzeichnung. Nur wünschte ich, der Erzäh-

ler wäre so enthaltsam, sich mit dem Darstellen allein zu begnügen, und die Zergliederungen seiner Darstellungen dem Leser zu überlassen. Einige der dargestellten Charaktere, besonders der Sohn, erregen schon beim Anschauen keine wohltätige Empfindung; geschweige, wenn sie zergliedert werden.

2. Versuch über die Dichtungen. Die Übersetzung eines schlechten Originals, womit die berüchtigte Stael ein Bändchen konterrevolutionärer Poesie nach französischer Art begleitete. Die versprochnen Bemerkungen müssen sehr trefflich sein, um einen so wässerigen Text entschuldigen zu können.

3. Fortsetzung der Briefe über Poesie, Silbenmaß und Sprache. Vierter Brief. Nachdem der Verfasser im dritten Briefe die ursprüngliche Anlage der menschlichen Natur zum Rhythmus aus ihrem tierischen Vermögen und geistigen Bedürfnissen abgeleitet und die erste Veranlassung seiner wirklichen Entstehung erklärt hat, bemerkt er im Anfange des vierten, daß, was man vor der Erfindung eines ordnenden Zeitmaßes mit dem Namen Gesang und Tanz beehrt habe, von dem Freudensprunge und dem Geschrei der Tiere nicht wesentlich verschieden sei; daß aber kein Tier die Freiheit seiner leidenschaftlichen Äußerungen durch den Rhythmus beschränke, und daß dieser also aus einer dem Menschen eignen geistigen Beschaffenheit herrühren müsse. – Verderbliches Übermaß der Leidenschaften unterscheidet den ganzen rohen Menschen vom Tier, und Ausschweifungen sind die ersten Äußerungen seiner Vernunftmäßigkeit. Ungezügelte Freiheit ist das höchste Gut des Wilden. Der Mensch hätte also ewig im Stande der Wildheit beharren müssen, wenn die wohltätige Hand der Natur nicht das Bedürfnis zum Rhythmus in seine Natur gepflanzt und ihn dadurch genötigt hätte, den Ausdruck seiner Leidenschaften zu bändigen. Der Ausdruck aber wirkt nach innen zurück, und mildert das Gefühl selbst. Eine treffende Bemerkung! Auf diese mildernde Rückwirkung und bildende Kraft des Rhythmus weiß der Verfasser die Sage vom Orpheus sinnreich zu deuten. Die ganze Stelle ist sehr lesenswert. – Bisher war der Ursprung und die Rückwirkung des Rhythmus nur aus den Anlagen und Bedürfnissen des einzelnen Menschen entwickelt. Aber schon in den frühesten Zeiten des geselligen Standes (und wann lebte der Mensch wohl völlig einsam?)

mußte das Beisammensein einer Anzahl von Menschen in leidenschaftlichem Zustande ein neues Bedürfnis, das eines ordnenden Zeitmaßes der gemeinschaftlichen Äußerungen, erregen, wodurch denn Gesang und Tanz zu einem Bande friedlicher Geselligkeit umgeschaffen ward. (Doch darf man nicht denken, was hier unterschieden wird, sei auch der Zeit nach aufeinander gefolgt; die Menschen hätten erst eine Weile solo gesungen und gesprungen, ehe sie es haufenweise tun lernten: denn wenn Rhythmus entstehen soll, muß der Trieb einen vorübergehenden, beschränkten, eignen Zustand festzuhalten, zu verbreiten und mitzuteilen schon vorhanden, und die Geselligkeit also schon erwacht sein.) Daß aber der gesellschaftliche Gebrauch der rhythmischen Künste allein den in der menschlichen Natur ursprünglich gegründeten Trieb zum Putz erweckt und den Verstand veranlaßt habe, allmählich das Gefallende zu wählen, kann ich nicht zugeben. Schon die bloße Wiederholung desselben Ausdrucks einer Leidenschaft gab der Neigung zum Schmucke Spielraum und mußte sie wecken; diese Wiederholung aber ist in eine notwendige Folge des Hanges, einem Gefühl Dauer zu geben, welcher die Entstehung des Rhythmus veranlaßt. Auch ist Putz, weil er besonnene Wahl voraussetzt, darum nicht auch schon ein Geschäft des Verstandes. Der Wilde wählt nicht nach deutlichen Begriffen, sondern nach deutlichen Gefühlen, nicht um einen bestimmten Zweck zu erreichen, sondern um ein unbestimmtes Verlangen zu befriedigen. Überhaupt fängt die Untersuchung hier an, ein wenig zu eilen. Nach einer vorläufigen Andeutung über die wichtigen Folgen des ersten Aufdämmerns des vorher schlafenden Triebes nach Schönheit für die drei rhythmischen Künste schließt der Brief mit dem Resultat: Die ältesten Gesänge waren von der Art, welche man in der Kunstsprache lyrische Poesie nennt (freilich mehr die erste Äußerung der lyrischen Anlage, die rohen Bestandteile der lyrischen Kunst, als eigentliche Poesie), und wurden immer improvisiert. Die angeführten Gründe sind nicht entscheidend. Vorbereitung läßt sich ohne Absicht nicht denken. Aber nicht alle Absicht ist künstlich; es gibt eine Art von Absicht, welche man kaum dem Tier, gewiß aber selbst dem rohesten Menschen nicht absprechen kann. Und da derselbe sich auch zu andern Handlungen, wozu ihn gleichfalls Bedürfnis treibt, und die er leidenschaftlich verrichtet, vorbereitet, so wüßte ich nicht, warum es mit seinen Gesängen anders sein sollte, wenn sich keine äußeren Gründe dafür finden. – Der Ausdruck ist rein, klar, bestimmt genug, und nicht ohne Anmut, zwar nicht so fröhlich, wie im dritten Brief, aber doch auch nicht gar so trocken, wie der Briefsteller selbst zu fürchten scheint. Die Gedanken gehn, oder lustwandeln vielmehr, den leichten Gang eines ruhigen Gesprächs.

4. Der Ritter von Tourville. Diese gedehnte Erzählung muß verborgne Reize haben, weil sie, wie man sagt, vielen gefällt. Ich bin keiner von diesen vielen: aber ich kann mich doch auch schon darum in keinen Streit mit ihnen einlassen, weil der Ritter von Tourville nicht sowohl einen widrigen, als ganz und gar keinen Eindruck auf mich gemacht hat.

III. STÜCK

1. Elegien von Properz. 10.–16te. Jede nur leidliche, nur bessere Übersetzung eines großen Klassikers ist mir sehr willkommen: denn nicht zufrieden, daß schon einzelne alte Dichter trefflich verdeutscht sind, wünschte ich, daß alle klassischen gut übersetzt, und auch bei uns so allgemein wie bei den Franzosen gelesen werden möchten. Und so war mir denn auch diese, bis eine bessere erscheint, sehr willkommen. Freilich von einer poetischen Übersetzung, der es an Eurhythmie mangelt, darf man die gewissenhafteste Treue und die sorgfältigste Sprache fordern. Hier finden sich oft genug ungebetne Ausschmükkungen, und dann fehlen dafür wieder Züge, welche ein nur nicht allzu nachgiebiger Freund des Alten sich nicht wird rauben lassen. Verse wie:

»Du auch folge der Leiche mit wundentblößetem Busen«
und:

»Deinem Mutwill entschlüpf leichter der üppige Scherz«
muten dem Leser etwas mehr zu, als billig ist. – Zwischen dem vierten und fünften Distichon der 14ten Elegie kann ich keinen Zusammenhang ergründen. Sollte man die beiden Disticha, welche in der Vulgata die letzten der 10ten Elegie sind, hier das 4te und 23te, man mag sie nun zusammen versetzen, wohin man will, voneinander trennen dürfen?

2. Der Ritter von Tourville. Fortsetzung.

3. Über den moralischen Nutzen ästhetischer Sitten. Der Geschmack, meint der Verfasser, könne zwar allerdings durch seinen Einfluß nie etwas Sittliches erzeugen, aber doch die Sittlichkeit des Betragens begünstigen und dem Menschen gleichsam zur Tugend verhelfen, indem er die Neigungen entferne, welche sie hindern, und diejenigen erwecke, welche ihr günstig sind. Er lehre die rohen Ausbrüche der Natur bändigen, seine Leidenschaften beherrschen, und unter die Gesetze des Anstands fügen. Er könne der wahren Moralität in keinem Fall schaden, sei aber der Legalität unsres Betragens im höchsten Grade beförderlich. Unsre Moralität sei zufällig, und unzuverlässig. Solle die Weltordnung bestehn, so müsse der Mensch durch Religion und ästhetische Gesetze gebunden werden. – Die Legalität hat ganz und gar keinen moralischen, aber wohl unbedingten politischen Wert. Daß ästhetische Sitten den zivilisierten Menschen Beherrschung der Leidenschaften lehren und dadurch zur Tugend vorbereiten können, ist unleugbar. Aber eben dieselben verführen ihn auch, immer scheinen zu wollen, was er nicht ist, und erwecken also allerdings auch böse Neigungen. – Für das Bestehen der Weltordnung aber lassen wir die Vorsehung sorgen! Der Mensch kann dem Allmächtigen nicht ungestraft ins Handwerk pfuschen und muß über jeden Eingriff in Gottes Amt eigne Pflichten versäumen, und heilige Rechte verletzen. Nichts ist ungeschickter und verderblicher in der praktischen Philosophie, als die Nützlichkeit des unbedingt Notwendigen zu preisen und zu erörtern.

4. Szenen aus Romeo und Julie von Shakespeare. Den Freund des Shakespeare, welcher den Dichter bisher nur in prosaischen Übersetzungen lesen, aber doch lieben konnte, wird diese treue metrische Übersetzung einiger der schönsten Szenen aus Romeo in ein frohes Erstaunen setzen, wie über die plötzlich eröffnete Aussicht in eine neue Welt. Gelehrtere Kenner des Englischen werden die überwundnen Schwierigkeiten noch besser zu schätzen wissen, wie unsereiner. Erhalten wir einen deutschen Shakespeare, wie ihn diese Probe verspricht, so bin ich der erste, welcher die Urschrift den Schriftgelehrten überläßt, oder doch wenigstens nur für das seltnere Nachschlagen und fürs Studium zurücklegt. Denn in der Muttersprache rückt doch alles

vertraulicher heran, und die geringste Fremdheit stört unvermeidlich den unmittelbaren Genuß.

IV. STÜCK

1. Benvenuto Cellini. Ein Auszug aus der eignen Lebensbeschreibung eines merkwürdigen italienischen Künstlers, welcher im 16ten Jahrhundert lebte. Diese äußerst lebendige Darstellung wird jedem, der sich gern an nackter Natürlichkeit ergötzt, eine köstliche Unterhaltung gewähren. Äußerst merkwürdig ist dieser Charakter als echter Repräsentant der damaligen italienischen Menschennatur und Sitten; als solcher wird er uns hier auch wohl nur aufgestellt.

2. Etwas über William Shakespeare bei Gelegenheit Wilhelm Meisters. Gedankengang und Ausdruck wie in den Briefen über Poesie; nur ist die Sprache wärmer und kräftiger, und die Übergänge sind kühner. Bei der so gefällig dramatisierten Auslegung und Beurteilung des Shakespeare in Wilhelm Meisters Lehrjahren erinnert sich der Verfasser an die vielen kritischen Pfuscher, welche sich so oft und so sehr an Shakespeare versündigt haben (denn der gotische Sophokles ist unter den modernen Dichtern, was Aristophanes unter den alten klassischen: der Prüfstein, welcher den seichten Kunstschwätzer und den echten Kenner unterscheidet), mit so viel Unwillen, daß er sich zu einem kleinen Ausfall gegen die Kritik selbst hinreißen läßt und sogar das gemeine Vorurteil beschönigt, als störe sie den Genuß. Wenn sich die Kritik nur auf ursprüngliche Anlagen und wesentliche Gesetze des menschlichen Geistes gründet, so wird sie ihren vollen Wert behalten, die Kritiker mögen sich samt und sonders so verächtlich machen, wie sie wollen. Die Kritik ist weit mehr als eine bloße ästhetische Auslegungskunst, zu der sie hier herabgewürdigt wird; obgleich im edelsten Sinne des Worts, für die Kunst, den großen Sinn schöpferischer Werke rein und vollständig mit scharfer Bestimmtheit zu fassen und zu deuten: denn dieser Sinn ist oft tief verborgen, und bedarf eines Auslegers. Es gibt nämlich in den Werken des Genius eine Art von Unergründlichkeit, welche von der Verworrenheit kraftloser und ungeschickter Künstler durchaus verschie-

den ist, welcher mit der größten Klarheit bestehen kann und, wie die Unergründlichkeit der Natur, bloß aus der Unerschöpflichkeit des innern eignen Lebens entspringt. Aber auch in diesem höheren Sinne ist die ästhetische Auslegungskunst nur ein einziger, und nicht der wichtigste, auch nicht der seltenste (wiewohl an sich sehr seltne) Bestandteil des kritischen Genies, dessen einziges Geschäft es ist, den Wert oder Unwert poetischer Kunstwerke zu bestimmen. Um dies zu können, muß man freilich alle Schönheiten derselben mit Liebe ganz empfinden, ihren Geist gefaßt haben, und gültige Grundsätze richtig anwenden. Die Wirkungen aber der Kunstwerke zu erklären ist die Sache des Psychologen, und geht den Kritiker gar nichts an.

Meisters Gedanken über den Hamlet findet der Verfasser durchaus treffend, und erinnert nur bei Gelegenheit des Geistes etwas über die kleinen poetischen Lizenzen, die ein Dichter sich mit den Absichten eines andern herausnehmen durfte. Nur die eine große poetische Lizenz hat er vergessen, daß Goethe den Shakespeare überhaupt mildert. Goethe schwelgt viel zu sehr im Genusse seines vollendet schönen Selbst (wenigstens nach der im Meister herrschenden Stimmung), als daß er die schreienden Härten, die empörenden Nacktheiten des zu aufrichtigen Shakespeare ertragen könnte und sich nicht verhüllen müßte. Er ist auch wohl zu sehr Dichter, als daß er sich seiner Schöpferkraft ganz entäußern und mit der treuen Enthaltsamkeit eines bescheidnen Forschers die Werke eines andern Dichters erklären könnte. (So fremdartig ist im Grunde auch der kleine Teil des kritischen Geschäfts, welcher nach des Verfassers Bemerkung noch am ersten einige Ähnlichkeit mit dem Wirken des dramatischen Genius selbst zu haben scheint! Man möchte beinahe fragen: wer ist ungeschickter Gedichte, zu beurteilen, als ein Dichter?) Wie sollte diese harmonische Ruhe zu der erhabnen Verzweiflung stimmen, welche so sehr die Seele des Hamlet ist, daß derjenige, bei dem jenes Gefühl nie bis zur Begeisterung stieg, das merkwürdigste aller modernen Dramen schwerlich verstehn kann? Wie Goethe den Werther schrieb, da ersetzte jenen Mangel die Jugend, ihre wehmütigen Ahnungen, ihre weissagenden Tränen. Nachher ließ ihn das Geschick, zu nachsichtig, mit seinem Genius allein. – Auch dem, was hier über den Charakter des Hamlet, über den Sinn des ganzen Werks und seine Ähnlichkeit mit Goethens Faust gesagt wird, muß ich mehr Schärfe und Klarheit wünschen; so willkommen mir auch die einzelnen Bemerkungen über die Bedeutung des Fortinbras, und weiter unten über Hamlets Prosa waren. Die Ähnlichkeit der beiden Gedichte entspringt ganz und gar nicht aus der Ähnlichkeit der beiden Helden, welche nicht verschiedner voneinander sein können. Fausts unersättliche Begier, die gleich zur Tat wird, will das Unendliche in der Sinnenwelt selbst gleichsam mit Händen greifen, entbrennt nach jeder kurzen Täuschung nur ungestümer und reißt ihn selbst und alle seine übrigen herrlichen Kräfte von Abgrund zu Abgrund mit sich fort. Dem zarten Hamlet fehlt es zwar nicht an Kraft: sonst könnte er seine königliche Mutter nicht durch die Dolche seiner Rede zermalmen, seine Geliebte nicht mit kalter Besonnenheit wahnsinnig foltern, und, wenn ihn die Laune anwandelt, seine ungeheure Überlegenheit so drückend fühlen lassen; andrer kleinen Heldenzüge und der selbständigen Festigkeit und Tiefe seines ganzen Wesens zu geschweigen. Er handelt nicht, weil sein großer aber unglücklich gerichteter Verstand seine Kraft bindet, untätig und für den ersten allgemeinen Blick unsichtbar macht. Er vereinigt tiefe Vernunft und scharfen Verstand mit Witz und Geist; er kennt die Menschen und die Menschheit; er weiß, möchte ich sagen, alles, nur das nicht, was man zunächst braucht. Er hat die Fäden verloren, wodurch er das Unendliche mit dem Endlichen verknüpfen und das, was sein soll, mit dem, was ist, in Übereinstimmung bringen könnte; daher steht er still, obgleich er will, was er soll, und kann, was er will, und hört noch lebend auf zu leben. Seine großen Kräfte sind feindlich gegeneinander gerichtet, hemmen sich gegenseitig, und heben sich auf. – Der Haupteindruck, das Herz beider Gedichte ist: daß alles Wirkliche nichtswürdig, und alles Würdige und Göttliche leer und wesenlos sei; nicht etwa bloß ein müßiger Gedanke, als bloße Aufgabe für den Verstand des Forschers, als Keim ruhiger Betrachtungen, sondern zugleich der tiefste und lebendigste Schmerz, welchen die anschaulichste Darstellung dieses Gedankens erregen kann. Das ist die Ähnlichkeit beider Dramen: ihre Verschiedenheit liegt in der Verschiedenheit der Hauptmittel zu diesem Endzweck, der beiden Helden selbst. Hamlet muß seiner Natur nach langsam vergehn, und wie von selbst aufhören: Faust hingegen muß mit Krachen zur Hölle herabstürzen. Das ist denn freilich prächtiger und auch poetischer! Um die Ausführung aber Klopstockisch zu vergleichen: so dürfen wir, wenn wir die Kraft und Kunst, welche den Hamlet vollendete, auf hundert schätzen, die, welche den Faust entwarf, nicht wohl über sieben ansetzen.

Wilhelms Übersetzung war, nach einigen Bruchstücken zu urteilen, prosaisch. Dies gibt Gelegenheit, nach einer kurzen Übersicht der bisherigen deutschen Übersetzungen Shakespeares und ihrer Wirkungen, das Bedürfnis einer neuen metrischen Übersetzung fühlbar zu machen. – »Man darf kühnlich behaupten, daß Shakespeare nächst den Engländern keinem Volke so eigentümlich angehört, wie den Deutschen, weil er von keinem im Original und in der Kopie so viel gelesen, so tief studiert, so warm geliebt und so einsichtsvoll bewundert wird. Und dies ist nicht etwa eine vorübergehende Mode; es ist nicht, daß wir uns auch einmal zu dieser Form dramatischer Poesie bequemt hätten, wie wir immer vor andern Nationen geneigt und fertig sind, uns in fremde Denkarten und Sitten zu fügen. Nein, er ist uns nicht fremd: wir brauchen keinen Schritt aus unserm Charakter herauszugehn, um ihn ganz unser nennen zu dürfen. Was er sich hie und da erlaubt, findet bei uns am leichtesten Nachsicht, weil uns eine gewisse gezierte Ängstlichkeit doch nicht natürlich ist, wenn wir sie uns auch anschwatzen lassen; die Ausschweifungen seiner Phantasie und seines Gefühls (gibt es anders dergleichen) sind gerade die, denen wir selbst am meisten ausgesetzt sind, und seine eigentümlichen Tugenden gelten einem edlen Deutschen unter allen am höchsten. In allem, was aus seiner Seele geflossen, lebt und spricht altväterliche Treuherzigkeit, männliche Gediegenheit, bescheidne Größe, unverlierbare heilige Unschuld, göttliche Milde.« – Das: »nächst den Engländern« ist wohl viel zu wenig gesagt: denn wenn die Engländer auch wirklich nicht unfähig sein sollten, den Shakespeare zu verstehen und mit Einsicht zu bewundern, so sind doch unstreitig die Deutschen ungleich geschickter dazu. Und nur die Deutschen können ihn ganz nutzen, wegen der Allgemeinheit des Geschmacks und aller der Eigenschaften, um derentwillen ich sie ein kritisches Volk nennen möchte; nur sie dürfen es wagen, über seinen Wert zu entscheiden.

»Soll und kann Shakespeare nur in Prosa übersetzt werden, so müßte es allerdings bei den bisherigen Bemühungen so ziemlich sein Bewenden haben. Allein er ist ein Dichter, auch in der Bedeutung, da man diesen Namen an den Gebrauch des Silbenmaßes knüpft. Wenn es nun möglich wäre, ihn treu und zugleich poetisch nachzubilden? Schritt vor Schritt dem Buchstaben des Sinnes zu folgen, und doch einen Teil der unzähligen, unbeschreiblichen Schönheiten, die nicht im Buchstaben liegen, die wie ein geistiger Hauch über ihm schweben, zu erhaschen? Es gilt einen Versuch. Bildsamkeit ist der ausgezeichnetste Vorzug unserer Sprache, und sie hat in dieser Art schon vieles geleistet, was andern Sprachen mißglückt, oder weniger gelungen ist. Man muß an nichts verzweifeln.« – Von den prosaischen Übersetzungen des Shakespeare gilt ganz besonders, was Lessing von allen prosaischen Übersetzungen englischer Dichter sagt: »Daß der Gebrauch der kühnsten Tropen und Figuren, außer einer gebundenen kadenzierten Wortfügung, uns an Besoffene denken läßt, die ohne Musik tanzen.« »Die Poesie des Stils (sagt unser Verfasser S. 101) kann ohne geordnete Verhältnisse der Bewegung gar nicht bestehn. Der wiederkehrende Rhythmus ist der Pulsschlag ihres Lebens. Nur dadurch, daß die Sprache sich diese sinnlichen Fesseln anlegen läßt und sie gefällig zu tragen weiß, erkauft sie die edelsten Vorrechte, die innere höhere Freiheit von allerlei irdischen Obliegenheiten. Soll das Silbenmaß im Drama nicht stattfinden, so muß es ja bei der schlichtesten Prosa sein Bewenden haben. Denn sonst wird unvermeidlich eine sogenannte poetische Prosa entstehen, und poetische Prosa ist nicht nur überhaupt sehr unpoetisch, sondern vollends im höchsten Grade undialogisch. Sie hat die natürliche Leichtigkeit der Prosa verloren, ohne die künstliche der Poesie wiederzugewinnen, und wird durch ihren Schmuck nur belastet, nicht wirklich verschönert. Ohne Flügel, um sich kühn in die Lüfte zu heben, und zu anmaßend für den gewöhnlichen Gang der Menschenkinder, fährt sie, unbeholfen und schwerfällig, wie der Vogel Strauß, zwischen Fliegen und Laufen über dem Erdboden hin.« – Mit den triftigsten Gründen verteidigt der Verfasser den Gebrauch des Silbenmaßes im Drama überhaupt, selbst nach den Grundsätzen derjenigen Poesie, welche noch bloß die charakteristische Nachahmung interessanter Wirklichkeit ist, und insbesondre die Mischung von Poesie und Prosa in Shakespeares Dialog. Er trägt dabei gelegentlich eine Theorie des poetischen Dialogs vor, welche viel neue Wahrheiten enthält, und zu der sich wohl, solange man die Poesie nur aus jenem Gesichtspunkte betrachtet, nicht viel hinzusetzen läßt. – Betrachtet man aber die Poesie als eine schöne Kunst, als das notwendige Mittel, um das unbedingte Gebot der Schönheit zu erfüllen, so gehört die Notwendigkeit des Metrums und seines allgemeinen Gebrauchs unter die wenigen Wahrheiten, über die in der Wissenschaft selbst kein Zweifel mehr stattfindet, mag es auch in den Köpfen einzelner Vernünftler noch so sehr dämmern. Da nun Schönheit wirklich Ziel und Gesetz der antiken Poesie war, so wünschte ich, der Verfasser hätte uns keine Veranlassung zu dem Argwohn gegeben, er hielte den allgemeinen Gebrauch des Silbenmaßes bei den Alten nicht für eine wesentliche Eigenschaft der klassischen Kunst, sondern für Zufall und Notbehelf. Hier muß ich noch einen Irrtum rügen: »Das Ansehn der Alten (sagt der Verfasser S. 91) soll nichts mehr gelten, als die Gründe, welche sie selbst bei dem oder jenem Verfahren für sich hatten.« Ist dies wahr, so kann das Ansehn der Alten überhaupt gar nichts gelten: denn was ist bekannter, als daß die alten Künstler nicht nach wissenschaftlichen Grundsätzen dichteten und sich um die Meinungen der Philosophen gar nicht bekümmerten? Daß ihre theoretischen Versuche in der Philosophie der Kunst sich nie auch nur von ferne der Wissenschaftlichkeit genähert haben? Die alten Dichter taten in gewissem Sinn alles aus Notwendigkeit und nichts aus Wahl. – Bei dem gemeinen Haufen war und ist das Ansehn der Alten nichts anders als ein blindes Vorurteil für das heilige Herkommen, welches man mit Recht gänzlich verwarf. Aber ließe es sich nicht denken, daß ein prüfender Altertumsforscher (wenn es etwa einen solchen gäbe), weil er, was die Natur die alten Dichter lehrte, sehr oft mit den Kunstgesetzen der reinen Vernunft wunderbar übereinstimmend fand, weil er die Gründe einsieht, warum diese Übereinstimmung möglich und wirklich war, dieselbe nun auch da vermutete, wo sie nicht gleich einleuchtet? daß er sich wenigstens nicht übereilte, eine allgemeine Eigenschaft der Klassiker für eine bloß zufällige Abweichung zu erklären: besonders wenn es einen Gegenstand beträfe, über den die Meinungen der Denker noch nicht bis zur Wissenschaft (welches viel sagen will) gediehen wären?

Den Schluß machen einige Bemerkungen über die Schwierigkeiten, Gesetze und Freiheiten einer nach diesen Grundsätzen entworfnen Übersetzung des Shakespeare.

Schleiermachers »Reden über die Religion«

Wir glauben diese kritischen Ansichten nicht würdiger eröffnen zu können, als mit den soeben erschienenen Reden über die Religion, weil gewiß seit langer Zeit über diesen Gegenstand aller Gegenstände nicht größer und herrlicher ist geredet worden. Doch warum rede ich vergleichungsweise? Religion in dem Sinne, wie der Verfasser sie nimmt, ist, etwa einen unverstandenen Wink Lessings[1] abgerechnet, eines von denen Dingen, die unser Zeitalter bis auf den Begriff verloren hat, und die erst von neuem wieder entdeckt werden müssen, ehe man einsehen kann, daß und wie sie auch in alten Zeiten in anderer Gestalt schon da waren. Der Leser mag ja vergessen, was er etwa von sogenannter Religionsphilosophie der Kantianer weiß, und weder Moral noch populär gemachte Exegese und Dogmatik erwarten.

Wie der Gegenstand, so ist auch die Behandlung des Buchs nicht gewöhnlich. Es sind Reden, die ersten der Art, die wir im Deutschen haben, voll Kraft und Feuer und doch sehr kunstreich, in einem Stil, der eines Alten nicht unwürdig wäre. Es ist ein sehr gebildetes und auch ein sehr eigenes Buch; das eigenste, was wir haben, kann nicht eigner sein. Und eben darum, weil es im Gewande der allgemeinsten Verständlichkeit und Klarheit so tief und so unendlich subjektiv ist, kann es nicht leicht sein, darüber zu reden, es müßte denn ganz oberflächlich geschehen sollen, oder auf eine ebenso subjektive Weise ge-

---

[1] Ich meine die Stellen vom dritten Weltalter in der »Erziehung des Menschengeschlechts«, wo unter andern die merkwürdigen Worte stehn: »Ja es wird kommen das neue ewige Evangelium« usw.; von welcher Stelle, wie von mancher andern, Lessings Freunde uns unstreitig bald sagen werden, daß er sie unmöglich im Ernst meinen konnte.

schehen dürfen: denn von der Religion läßt sich nur mit Religion reden. Und dazu muß ich mir denn, wenigstens was die Form betrifft, die Erlaubnis erbitten. Ich will meine Meinung über das Buch sagen, weil ich in dem Fall bin, es ganz zu verstehn und also zu wissen, daß es ein sehr außerordentliches Phänomen ist, und daß wohl nicht viele mit mir in gleichem Falle sein werden. Ich glaube dies für jetzt wenigstens (denn das Buch ist von denen, die nicht leicht jemals erschöpft werden, und auch ich werde noch oft darauf zurückkommen müssen) vorläufig nicht besser tun zu können, als indem ich dem Leser im Auszuge mitteile, was ich in zwei Briefen an zwei verschiedene Freunde darüber schrieb, von denen der eine ganz füglich keineswegs im Maß der Bildung, wohl aber in der Irreligion als Repräsentant der hochheiligen Majorität aller Gebildeten, der andere aber als Repräsentant der kleinen unbedeutenden Minorität der Religiösen gelten kann. Daher muß ich den Leser bitten, auch das zu verzeihen, daß diese Briefe in Ton und Geist ungleich individueller sein werden, als sonst in literarischer Korrespondenz gewöhnlich ist.

An den ersten schrieb ich ungefähr so:

Lieber gottloser Freund! Du sollst das Buch, welches ich Dir hier schicke, vor allen Dingen lesen, dann wollen wir weiter darüber reden. Du siehst schon am Titel, daß Du es lesen mußt von Rechts wegen. Denn es lautet ja an die gebildeten Verächter der Religion. Du wirst finden, daß der Autor Eure Verachtung oft mit lebhafter Dankbarkeit erwidert. Doch was mich betrifft, so will ich Deinen Beruf, es zu lesen, lieber in Deine Bildung setzen als in Deine Verachtung, wie ich Dir auch das Buch mehr wegen der Bildung empfehle, die es hat, als wegen der Religion. Du siehst also, daß ich nicht gesonnen bin, grau für schwarz und weiß zu geben, wie Du mir und andern, welche Du Dilettanten der Religion nennst, Schuld gibst. Gern erlaube ich es, daß Du nach Deiner Art die seltsame Erscheinung mit dem fröhlichen Spott der Zuneigung – aus dessen spielenden Wellen alles Heilige nur schöner hervorglänzt – begrüßest, aber ich fordere dagegen, daß Du die angebotene Erweiterung des innern Daseins mit ganzem Ernst ergreifest: denn mit ganzem Ernst bietet sie auch der Redner dar. Ich meine gewiß nicht den Ton, sondern den innern Charakter des Buchs. Nimm es wie Du willst mit den darin enthaltenen Ansprüchen auf

Universalität; ja Du magst das zu den äußerlichen Umgebungen rechnen, deren es hier so viele gibt, und einstweilen vermuten, die Begrenzung des Geistes, den Du hier kennen lernen kannst, sei so absolut, wie sie bei großen Virtuosen oft zu sein pflegt. Was aber die Virtuosität in seiner Sphäre betrifft, so darfst Du Deine Erwartungen noch so hoch spannen, Du wirst sie nicht getäuscht finden. Was sich so ankündigt, das gilt kraft dieser Ankündigung selbst. Der Verfasser hat es nun eben nicht – konstruiert, daß die Religion ursprünglich und ewig eine eigentümliche Anlage der Menschheit und ein selbständiger Teil der Bildung sei. Vielleicht konnte er das auch nicht wollen. Aber durch die Bildung, mit der er sie behandelt, hat er sie zur Mitbürgerin im Reiche der Bildung konstituiert.

Das Gebildete finde ich vorzüglich darin, daß hier alle die Zufälligkeiten, mit denen die jetzigen Anhänger einer höhern Mystik sie aufputzen zu müssen glauben, und zu überladen pflegen, hier so ganz vernachlässigt und verachtet sind, und doch das große Wesentliche der Religion und des Christentums in einfacher Glorie immer herrlicher strahlt. Aber auch im Äußern. Richte Dein Auge auf den Stil, und sage mir, ob Dir neben der herrschenden Schreiberei unsrer Stilisten nicht auch so zumute dabei wird, als sähest Du nach der aufgedunsenen Manier eines Rubens wieder den kräftigen braunen Farbenton und die großen Formen der besten Italiener. In dieser Rücksicht empfehle ich Dir besonders die erste und die dritte Rede. Aber wie schön sind auch die andern gebaut? Wie groß hebt sich die zweite mit immer neuem Anflug? Wie majestätisch wölbt sich die vierte gleich der Kuppel eines Tempels? Wie wunderbar entwickelt sich die letzte aus sich selbst immer größer und wirft am Schluß ein neues Licht auf das Ganze zurück? –

Doch das alles siehst Du ja ohne Zweifel ebenso gut und besser als ich. Nur noch eins. Ist es Dir nun einmal nicht gegeben, die Religion für ein Wesen eigner Art und eignen Ursprungs anzuerkennen, so setze das ganz beiseite, und halte Dich an den Sinn, worin ich doch gewiß nicht irre: denn ich weiß es, daß Du durch diese Reden oft, ja überall dein Innerstes berührt und angeregt fühlen wirst. Überlaß Dich mit freiwilliger Hingebung diesem seltenen Eindruck, und nenne dann das Buch, wie es Dir gefällt, meinetwegen einen Roman. Ja ich würde das insofern gar nicht mißbilligen, weil Du Dir dadurch die für Dich absolute Subjektivität dieser Erscheinung am besten konstituieren kannst. Und ist nicht eine anziehende Darstellung der eigensten und tiefsten Menschheit das, was wir an den besten Romanen oft bei einem hohen Grade von entschiedner Unpoesie so sehr rühmen? Und hier wirst Du noch überdem eine Ansicht des Christentums finden, die sich in der Musik der Gefühle, besonders des allerheiligsten der Wehmut, eher zur Schönheit neigt. Bedenke nur, welche himmlische Gabe des Friedens dieses Buch für so manche liebenswürdige Menschen werden kann, die nun einmal weder von dem Christentum noch von der Bildung des Zeitalters ablassen können, weil sie es nicht wollen können. Ja es kann und muß, wirst du selbst sagen, ihr Innres, wo bisher zwei Mächte unfreundlich und einzeln gegeneinander standen, in Harmonie bringen oder, wie ich es lieber ansehn und ausdrükken möchte, sie auf eine indirekte Weise von fern der Religion näherführen. Und wenn es erlaubt ist, in eine fremde Seele etwas auszusprechen, was nur aus dem Innersten und der eigensten Wahl hervorgehn kann, so würde ich sagen, er muß für viele unter ihnen und grade von den besten und edelsten Naturen der wahre Mittler sein können.

Willst Du das Buch nun so subjektiv ansehn, wie ich Dir auf den äußersten Fall vorschlage, so betrachte die Religion des Verfassers bloß als den Brennpunkt in seinem Innersten, wo die Strahlen alles Großen und Schönen, was er etwa in andern Sphären noch haben und kennen mag, zusammenfallen. Daher darf es Dich auch nicht wundern, daß er diese andern angebornen Eigenheiten des Menschen, die Poesie, die Philosophie oder Moral bisweilen ziemlich übel und nicht mit der gehörigen Religiosität zu behandeln scheint: denn wenn man ihnen erst den innersten Geist aussaugt, so ist das, was übrig bleibt, in der Tat von geringem Wert. Die offenherzige Abneigung gegen die Poesie wird Dir zuerst auffallen; laß Dich aber ja nicht dadurch täuschen, so wenig wie durch das scheinbare gute Vernehmen mit der Philosophie. Ja von diesen Reden möchte ichs fast mit Zuversicht behaupten, daß sie den irreligiösesten Dichtern und Künstlern noch eher zusagen werden, als den religiösesten Philosophen. Und je öfter ich sie lese, je mehr Poesie finde ich darin, versteht sich unbewußte. Im Grunde aber mag wohl das Verhältnis gegen die eine so freundschaftlich sein wie gegen die andre; und so hat der Verfasser die Gesetzesgleichheit der Bildung, die er in allen einleitenden Stellen zu verheißen scheint, gewissermaßen durch die Tat anerkannt. Hierin nimm ihn ja beim Wort, sobald Du Deinen angenommenen subjektiven Standpunkt verlassen und in den seinigen eingehn willst. Denn was der Redner gibt und als Religion konstituiert, ist keineswegs eine Harmonie des Ganzen (von deren Möglichkeit sogar hier nicht einmal die Frage sein kann); sondern eine, um etwas Bestimmtes zu nennen, der Moral gleichnamige Größe.

Daß beide gänzlich voneinander geschieden werden sollen, hat er, soviel ich weiß, zuerst so absolut gefordert; und das ist dann einer von den Punkten, wo es sich zeigt, daß der Redner ganz gegen Jacobi ist, mit dem er nach einer allgemeinen Ansicht auf dasselbe auszugehn scheinen könnte. Denn auch Jacobi will, wie der Redner, das Dasein der Religion (nicht dieser oder jener, noch weniger einer allgemeinen Religion, die also gar keine wäre, sondern der Religion schlechthin) offenbaren und andeuten. Wie es die Absicht seiner philosophischen Schriften ist, zu zeigen, daß die isolierte Philosophie ohne Religion das Innerste der Menschheit zerstöre, so ists die ähnliche Tendenz seiner Romane, mit der Poesie zu verfahren, und wie er dort erst alle Philosophie auf Spinozismus reduziert, so weiß er auch hier von keiner andern Poesie als vom Werther, und muß alles, was ihm so erscheinen soll, erst die Gestalt annehmen. Dies ist freilich eine subjektive Ansicht; doch an dieser Zufälligkeit würde sich gewiß niemand sehr stoßen, der im Wesentlichen mit ihm einstimmte. Wohl aber der, welcher Religion für das eigentliche Organ hielte, um sich über das Zeitalter zu erheben und die Opposition gegen dasselbe zu konzentrieren, daran, daß alle Winke, die uns Jacobi über sein Eigentliches und Eigenstes gibt, auf eine etwas dürftige und mittelmäßige Mystik schließen lassen, daß alle Spuren und Äußerungen von Religion bei ihm so sehr das schwächliche Gepräge dieses gebrechlichen Zeitalters verraten, in dem alle Religion gänzlich erloschen ist, bis auf wenige Funken, die vielleicht hie und da noch schlummern unter dem Aschenhaufen der Mode, der kameralistischen Politik und der diesen nachgebildeten Aufklärung und Erziehung.

Nicht wahr, ich habe hier eine Saite berührt, wo Du von ganzem

Herzen einstimmst, mags Religion heißen oder Irreligion, oder wie es will? Du wirst sie auch beim Verfasser oft herrlich berührt finden, und so müssen Eure Geister, Ihr mögt Euch stellen wie Ihr wollt, wenigstens durch gemeinsamen Krieg in Frieden miteinander sein; zu meiner nicht geringen Freude.«

Das ist nun so ziemlich meine exoterische und also – mit Rücksicht auf die angeredeten Verächter und den repräsentativen Charakter des Freundes Nr. 1 – irreligiöse Meinung über dieses Buch; obgleich es sein kann, daß sich eine oder die andre religiöse Ansicht eingeschlichen hat. Nur muß ich noch zur Ergänzung anfügen, daß ich in der Sphäre des Verfassers durchaus einig mit ihm bin, und nichts anders wünschte wie es ist; also eben darum nicht über ihn urteilen kann, es müßte denn durch die Tat geschehn. Auch liegt es in der Natur der Sache, daß folgender zweiter Brief sehr mißverständlich und bei weitem nicht so verständlich sein wird, wie der erste, weil das, was er enthält, mehr zur esoterischen Ansicht gehört.

»Sieh auch hier, mein Geliebter, noch ein unerwartetes Zeichen des fernher nahenden Orients! Das ist es wenigstens für mich und wird es bleiben, während es für Dich, solange es Dich nur polemisch affiziert, vielleicht das letzte bedeutende Phänomen der Irreligion sein kann. Ich wünsche sehr, daß Du tief eindringst, magst Du denn auch noch so sehr dagegen sein; und ich fürchte nur, Du wirst Dich an der Form stoßen und, die Manier klein findend, das Ganze beiseit legen wollen, ehe Du es kennst. Und das ist sie doch wahrlich nicht, wenn es auch einzelne Ansichten auf eine indirekte Weise sein mögen.

Es mag Dich auf mannigfache Weise feindlich und freundlich bewegen; dazu ist es eben da. Nur durchdringen sollst Du Dich damit, nur übersehen darfst Du es nicht. Übrigens werde ich nichts dagegen einwenden, wenn Du finden solltest, daß sich neben der Religion in diesem polemischen Kunstwerk ein ununterbrochener Strom von Irreligion durch das Ganze hinzieht; ungefähr ebenso wie sich nach der Darstellung des Verfassers an jede wahre Kirche sogleich eine falsche ansetzt. Und diese Behauptung würde eigentlich nichts weiter sein, als eine Reflexion über das Werk im Geist des Werks selbst aus dem polemischen Mittelpunkt. Dir wird diese am meisten auffallen, wo sich die Rede der Natur und Physik nähert, und da erscheint sie doch nur als Mangel. Ich hingegen finde sie an den Stellen, welche sich den Grenzen der Moral nähern, und die Keime einer positiven Immoralität der Ansicht enthalten – welche Ansicht durchaus künstlich und nach der Hauptstelle, die Dir im Gedächtnisse sein wird, aus dem zuvor von aller Religion entkleideten Rigorismus und der praktischen Konsequenz und Kultur gemischt ist –, und am anstößigsten war mir anfänglich die unheilige Form von Virtuosität in der Religion. Doch gehört dies und manches andre, woran Du Dich stoßen wirst, nur zu dem Epideiktischen und Exoterischen, wie Du sehn mußt, sobald Du die Hauptstelle von der Polemik in der fünften Rede in ihrer ganzen Tiefe gefaßt hast. Woher kann aber bei diesem Geiste auch nur eine scheinbare Irreligion einfließen, wenn diese gleich ihrem Ursprunge nach religiös ist (wie sie es hier sein muß) und also zuletzt in Religion sich auflöset? – Soviel ich sehn kann, nur dadurch, daß er die lebendige Harmonie der verschiedenen Teile der Bildung und Anlagen der Menschheit, wie sie sich göttlich vereinigen und trennen, nicht ganz ergriffen hat. Da muß es ihm fehlen; er hat sich aus Willkür und um der Virtuosität willen nicht auf gleiche, aber doch ähnliche Weise begrenzt, wie wir oft durch Natur und Genie die Poesie oder Philosophie begrenzt sehn, wo denn auch in den höchsten Erscheinungen ein Rest von Unpoesie oder Unphilosophie bleibt.

Ich rechne alles das zu den Vorzügen des Werks, da ich es durchaus als Inzitament für die Religionsfähigen betrachte. – Sieh weg von jenen Äußerlichkeiten, und der religiöse Charakter des Redners ist durchaus schön und groß. Er ist ein Hierophant, der die, welche Sinn und Andacht haben, mit Sinn und Andacht immer tiefer in das Heilige einführt, und so viel Heiliges er auch zeigt, doch immer noch Heiligeres zurückbehält. Er redet, um (als μαρτυρ) zu zeugen für die Religion gegen das Zeitalter. Ergriffen und gerührt hat mich die Einfalt und Kraft der Innigkeit, mit der er dies an einigen Stellen bekennt, deren moralische Erhabenheit ganz rein ist von allem, was stören könnte.

Es kann Dir nach Anleitung jener Stelle von der Polemik nicht schwer werden, die entscheidenden Punkte in dieser Ansicht zu fassen; z. B. die Undarstellbarkeit der Religion, die rein negative Ansicht der

Gottheit, die Notwendigkeit der Vermittlung und die Natürlichkeit der Wehmut. Du kannst nun freilich in diesen Stücken nicht so vollkommen wie ich beistimmen: denn für mich ist das Christentum und die Art, wie es eingeleitet und das, was ewig bleiben soll in ihm, gesetzt wird, mit das größte im ganzen Werk. Du wirst aber doch den Zusammenhang erraten, und im Fall Du noch außerdem überall den Mangel von etwas Wesentlichem ahnden solltest, so bedenke, daß, was in einer so zusammenhängenden und vollendet ausgebildeten Denkart zu fehlen scheint, wenn es fehlt, nur darum fehlen kann, weil es fehlen muß. Für jetzt, nicht für immer, denn bei diesem Sinn für Historie muß der Geist weiter kommen und noch so künstlich verwickelte Schranken endlich zerreißen.

Und über Mangel wirst Du Dich doch auf keinen Fall zu beklagen haben. Wenigstens ich bekenne Dir gern, daß unendlich viel durch dieses Buch in mir angeregt ist. Und weißt Du andre Pole der Religion als die Religion selbst und das Universum?«

Tiecks Übersetzung des Don Quixote von Cervantes

Die bisher in Deutschland gangbare Übersetzung des Don Quixote war ganz spaßhaft zu lesen, nur fehlte – die Poesie, sowohl die in Versen als die der Prosa; und somit der Zusammenhang des Werks, in dem eben nicht viel mehr, aber auch nicht weniger Zusammenhang ist wie in einer Komposition der Musik oder der Malerei. Don Quixotes schöner Jähzorn und hochtrabende Gelassenheit verlor oft die feinsten Züge, und Sancho nähert sich dem niedersächsischen Bauer.

Ein Dichter und vertrauter Freund der alten romantischen Poesie wie Tieck muß es sein, der diesen Mangel ersetzen und den Eindruck und Geist des Ganzen im Deutschen wiedergeben und nachbilden will. Er hat den Versuch angefangen, und der erste Teil seiner Übersetzung zeigt zur Genüge, wie sehr es ihm gelingt, den Ton und die Farbe des Originals nachzuahmen und, soweit es möglich ist, zu erreichen. Auch viele Stellen von denen, die fast unübersetzlich scheinen können, sind überraschend glücklich ausgedrückt. Doch ist die Übersetzung keineswegs im einzelnen ängstlich treu, obgleich sie es in Rücksicht auf das Kolorit des Ganzen auf das gewissenhafteste zu sein strebt. Daher ist in den Gedichten der Nachbildung des Silbenmaßes, welches beim Cervantes immer so bedeutsam ist, lieber etwas von der Genauigkeit des Sinns aufgeopfert. Was man hierin von dem Übersetzer hoffen dürfe, sieht man aus dem meisterhaft übersetzten Gedichte S. 417. Auch in dem Gedicht des Chrysostomus ist der Ton des Ganzen sehr gut getroffen. Die Prosa scheint, je weiter das Werk fortrückt, immer ausgebildeter und spanischer zu werden; auch die einzelnen Härten werden seltner.

Es fragt sich also nur, ob der Leser wird in den Gesichtspunkt des Übersetzers eingehn wollen, ob er sich mit einem Worte entschließen kann, den Don Quixote auch noch in andern Stunden als denen der Verdauung zu lesen, welcher bekanntlich alles, was nicht zu lachen macht, vorzüglich ernsthafte oder gar tragische Poesie, so leicht nachteilig wird. Wir wollen ihn also mit ebensoviel Nachdruck als Ergebenheit gebeten haben, den Cervantes für einen Dichter zu halten, der zwar im ersten Teile des Don Quixote die ganze Blumenfülle seiner frischen Poesie aus des Witzes buntem Füllhorn in einem Augenblicke fröhlicher Verschwendung mit einem Male ausgeschüttet zu haben scheint; der aber doch auch noch andre ganz ehr- und achtbare Werke erfunden und gebildet hat, die dereinst wohl ihre Stelle im Allerheiligsten der romantischen Kunst finden werden. Ich meine die liebliche und sinnreiche Galatea, wo das Spiel des menschlichen Lebens sich mit bescheidner Kunst und leiser Symmetrie zu einem künstlich schönen Gewebe ewiger Musik und zarter Sehnsucht ordnet, indem es flieht. Es ist der Blütekranz der Unschuld und der frühsten noch schüchternen Jugend. Der dunkelfarbige Persiles dagegen zieht sich langsam und fast schwer durch den Reichtum seiner sonderbaren Verschlingungen aus der Ferne des dunkelsten Norden nach dem warmen Süden herab und endigt freundlich in Rom, dem herrlichen Mittelpunkt der gebildeten Welt. Es ist die späteste, fast zu reife, aber doch noch frisch und gewürzhaft duftende Frucht dieses liebenswürdigen Geistes, der noch im letzten Hauch Poesie und ewige Jugend atmete. Die Novelas dürfen gewiß keinem seiner Werke nachstehn. Wer nicht einmal sie göttlich finden kann, muß den Don Quixote durchaus falsch verstehn. Daher sollten sie auch zunächst nach diesem übersetzt werden. Denn übersetzen und lesen muß man alles oder nichts von diesem unsterblichen Autor.

Da man schon anfängt, den Shakespeare nicht mehr für einen rasend tollen Sturm- und Drangdichter, sondern für einen der absichtsvollsten Künstler zu halten, so ist Hoffnung, daß man sich entschließen werde, auch den großen Cervantes nicht bloß für einen Spaßmacher zu nehmen, da er, was die verborgne Absichtlichkeit betrifft, wohl ebenso schlau und arglistig sein möchte, wie jener, der, ohne von ihm zu wissen, sein Freund und Bruder war, als hätten sich ihre Geister in einer unsichtbaren Welt überall begegnet und freundliche Abrede genommen.

Nur noch eine Bemerkung über die Prosa des Cervantes, von der ich schon vorhin erwähnte, daß auch Poesie in ihr sei, und daß der Übersetzer ihren Charakter sehr glücklich nachgebildet habe. Ich glaube, es ist die einzige moderne, welche wir der Prosa eines Tacitus, Demosthenes oder Plato entgegenstellen können. Eben weil sie so durchaus modern, wie jene antik, und doch in ihrer Art ebenso kunstreich ausgebildet ist. In keiner andern Prosa ist die Stellung der Worte so ganz Symmetrie und Musik; keine andre braucht die Verschiedenheiten des Stils so ganz, wie Massen von Farbe und Licht; keine ist in den allgemeinen Ausdrücken der geselligen Bildung so frisch, so lebendig und darstellend. Immer edel und immer zierlich bildet sie bald den schärfsten Scharfsinn bis zur äußersten Spitze, und verirrt bald in kindlich süße Tändeleien. Darum ist auch die spanische Prosa dem Roman, der die Musik des Lebens phantasieren soll, und verwandten Kunstarten so eigentümlich angemessen, wie die Prosa der Alten den Werken der Rhetorik oder der Historie. Laßt uns die populäre Schreiberei der Franzosen und Engländer vergessen, und diesen Vorbildern nachstreben!

Versteht sich, die spanische Prosa des Cervantes. Denn dieser war wohl auch hierin einzig. Die Prosa seines Zeitgenossen Lope de Vega ist roh und gemein; die des wenig spätern Quevedo schon durch das Übertriebene herbe und hart, und von einer kaum genießbaren Künstlichkeit.

Jacobis »Woldemar«

»Daß es ein Vermögen der Göttlichkeit im Menschen gebe, wiewohl er bis tief in das Innere seines Wesens abhängig und gebrechlich ist, und sein mußte; daß Gott kein leerer Wahn sei« ist das große Thema dieses philosophischen Romans, der bis in seine zartesten Teile von dem leisesten sittlichen Gefühl, von dem innigsten Streben nach dem Unendlichen beseelt ist. Das Dasein eines uneigennützigen Triebes, einer reinen Liebe zu enthüllen, ist Hauptabsicht oder Nebenabsicht mehrerer Werke Jacobis, der kein Philosoph von Profession, sondern von Charakter ist. In diesem, teils abhandelnden, teils darstellenden Werke offenbart er nun wo nicht den besten, doch einen großen Teil von allem, was er je über den Charakter jener freien Kraft, ihre möglichen und natürlichen Verirrungen und über ihre einzig wahre Richtung wahrgenommen, empfunden, gedacht und geahnet hat, denen, die das Genie der Liebe und der Tugend haben – den Geistersehern.

Wahr ists, man kann niemand Freiheit eingießen, der den Keim dazu nicht in sich trägt. Aber der Keim bedarf eines äußern Anstoßes, der ihn mächtig reize, seine Hülle zu zersprengen; er bedarf Pflege und Nahrung. Wo könnte er diese besser finden als in Werken, in welchen das göttliche Prinzip des Menschen in lebendiger Wirksamkeit, ja in seinen individuellsten Äußerungen dargestellt wird? In Werken, wo die Dichtung die Ideen nur wie eine leichte Hülle zu umschweben scheint und den unsichtbaren Gott allenthalben durchschimmern läßt? Ein solches Werk ist Woldemar!

Es ist ein großes Verdienst dieser und mehr oder weniger aller Jacobischen Schriften, daß sie dem Unglauben an Tugend und an allen Ideen so kräftig entgegenstreben. »Jede Erhabenheit des Charakters kommt von überschwenglicher Idee«, und praktische Kraft und Gültigkeit der Ideen ist unnachlässige, vorläufige und subjektive Bedingung aller Philosophie. – Es ist nicht zu ändern, daß alle, die ganz an der Erde kleben, glauben, man wolle sie zum besten haben, wenn man ihnen von Ideen redet, wie der alte Hornich, wenn man sein Gefühl in Anspruch nahm. Ein andrer Unglaube ist aus der Philosophie entsprungen und hat selbst diejenigen, welche zwar der höchsten Begeisterung fähig sind, aber jede Überspannung hassen, mißtrauisch und furchtsam gemacht. Die Majorität der Vernünftler war nämlich durchaus unfähig, sich nicht bloß mit dem Kopfe, sondern auch mit dem Herzen zu Ideen zu erheben. Sie leugneten, was über ihren Horizont war; und konsequente Denker, die auf einem zu niedrigen Standpunkt standen und doch nichts unerklärt lassen wollten, bahnten ihnen den Weg. So gelang es ihnen, die Gemeinheit einigermaßen zu systematisieren und zu sanktionieren, indem sie alle Mittelmäßigen zu einer unsichtbaren Kirche vereinigten. Die Häupter der Gemeinde gehen nun wie Feuerherren umher, und wo sie etwas wittern, was wie Enthusiasmus aussieht, schreien sie: Mystizismus! Schwärmerei! – Durch Gründe die Angriffe des entschiednen Skeptikers vollständig zu besiegen, maßt sich Jacobi gar nicht einmal an: aber ein Werk wie Woldemar wird jeden, der fähig ist, das Höchste zu lieben und zu wollen, durch die Tat lebendig überzeugen, daß diese Liebe kein Gedicht und kein Traum sei. Wenn dadurch auch nur einer jener edlen Mißtrauischen Zuversicht gewinnt, so ist das kein kleiner Gewinn für die Menschheit.

Jacobis lebendige Philosophie ist ein reifes Resultat seiner individuellen Erfahrung, und eine entschiedene Gegnerin jener toten Philosophie, welche nur mit Buchstaben, den »Gespenstern des ehemals Wirklichen«, ein Gewerbe treibt, eine Form, welche ihren Geist überlebt hat, der Schlamm und die Grundsuppe menschlicher Erkenntnis ist, und »aus dem geilsten Mißbrauch des Vermögens willkürlicher Bezeichnung entsprang«. – Die gänzliche Trennung und Vereinzelung der menschlichen Kräfte, welche doch nur in freier Vereinigung gesund bleiben können, ist die eigentliche Erbsünde der modernen Bildung. Der allgemein verbreitete und ungeheure Unfug kalter Vernünftler ohne Sinn, Herz und Urteil liegt am Tage, und selbst unsere größten Denker sind nicht ganz frei von Abgötterei mit der Vernunft. Gegen solche despotische Eingriffe nimmt Jacobi die Rechte des Herzens in Schutz und macht die große Wahrheit einleuchtend, daß »die Tugend sich nicht erklügeln lasse«. In dieser polemischen Rücksicht können Jacobis Schriften sehr günstig wirken, da die Natur ohnehin dafür gesorgt hat, daß sein Vernunfthaß in unserem Zeitalter wenigstens keine allgemeine Epidemie werden kann.

Diese neue Ausgabe des Woldemar ist ein erfreulicher Beweis, wie empfänglich das deutsche Publikum für Ideen ist, und eine Bestätigung, wie sorgfältig der Verfasser seine Werke zu feilen, wie geschickt er sie auszubilden versteht; denn alle seine Änderungen sind auch Verbesserungen.

Gleich vorn sind die vielen Mottos, die sich sonst vor dem Eingange des Heiligtums drängten, wie Schweizer an der Pforte eines Schlosses paradieren, sämtlich verabschiedet. So auch das statt Vorrede zum zweiten Teil, und die Dedikation »an den alten Freund, an den Mächtigen, der ihm einst liebend, zürnend, drohend zurief: nicht länger zu gaffen, sondern in die eigenen Hände zu schauen, die Gott auch gefüllt hätte mit Kunst und allerlei Kraft«. Die hinzugekommene, vorläufige Charakteristik Woldemars ist voll der wichtigsten Aufschlüsse nicht bloß über ihn, sondern über den Geist und die Entstehung des ganzen Werks. »Heftig ergriff sein Herz alles, wovon es berührt wurde, und sog es in sich mit langen Zügen. Sobald sich Gedanken in ihm bilden konnten, wurde jede Empfindung in ihm Gedanke, und jeder Gedanke wieder Empfindung. Was ihn anzog, dem folgte seine ganze Seele; darin verlor er jedesmal sich selbst« usw. »So kam er seinem Gegenstande immer näher; so entfernte, in gleichem Maße, sein Gegenstand sich immer mehr von ihm.« Durch eine zweckmäßige Versetzung, durch die Erklärung und Geschichte von Hornichs Haß gegen Woldemar, welcher sich beim Tokadille zuerst entwickelt, und auf Veranlassung eines kalekutischen Hahns die höchste Blüte erreicht, und durch das Tischgespräch bei Dorenburg ist das Ganze ungleich deutlicher, runder und vollständiger geworden: hätte der Künstler dazu nur nicht solcher Figuranten bedurft, wie der widerliche Alkam und der unbedeutende Sidney. Dieser Engländer ist durchaus nichts als ein Schüler des trefflichen Thomas Reid und Fergusons, durch dessen Versuch über die Geschichte der bürgerlichen Gesellschaft Woldemar zuerst zur »Feuertaufe« gelangte, »da ihn bisher nicht nur die neuern Weisheitslehrer, sondern auch die großen Alten nur mit Wasser getauft hatten«. Sehr merkwürdig hingegen ist der Charakter Hornichs, der, wiewohl ihr entschiedener Gegenfüßler, doch nicht ohne Familienähnlichkeit mit der heiligen Gemeinde ist. Auch dieser alte Wechsler ist auf seine Weise besessen: er schwärmt für das Philistertum, und seine knechtische Vergötterung des Buchstabens möchte sich auch gern aufschwingen. – Daß Henriettens Tränen bei Vorlesung von Woldemars Brief, das mehrmalige Wechseln ihrer Farbe und die endlich bleibende Blässe weggelassen sind, ist gut, aber nicht hinreichend. Denn wiewohl die großen Beiden ihren erhabenen Abscheu, sich

> »Wie es im Menschengeschlecht der Männer und Weiber
> Gebrauch ist«,

zu vereinigen, beständig im Munde führen, so sind doch nicht wenig Züge stehen geblieben, welche diesen Beteuerungen widersprechen, und nur aus Geschlechtsliebe entspringen und auf Ehe abzielen können. – Vieler kleiner Änderungen nicht zu erwähnen, wird im zweiten Bande, außer einigen für die Deutlichkeit vorteilhaften Zusätzen, auch der Plutarch in den Familienkonvent, wo über das Herz des gefallnen Woldemar eine medizinische Konsultation gehalten wird, mit etwas mehr Vorbereitung eingeführt. Da Biederthal glücklicherweise eine Abschrift von Woldemars Auszug besitzt, so braucht die arme Henriette, die nur eben ohnmächtig war und während der ganzen Sitzung eine lange Rede nach der andern aus dem Stegreife gehalten hat, das dicke Buch nicht mehr so lange auf dem Schoße zu haben.

Es gehört eine vertraute Bekanntschaft mit dem Buche dazu, um alle Widersprüche, um die Vermischung des Vortrefflichen mit dem Gefährlichen und Widrigen darin ganz einzusehn, obgleich von beidem auch auf den ersten Blick so manches auffällt. Notwendig ist es, das eine vom andern strenge zu scheiden: denn mit dem bloßen Streben nach dem Unendlichen ist die Sache doch gar nicht getan. Ein Werk kann bei dieser hohen Tendenz dennoch durch und durch unlauter und verkehrt sein, und wer, was er als Unphilosophie und Unschicklichkeit erkennt, zu beschönigen sucht, ist unwürdig, daß man auf sein Urteil achte, oder weiß nicht, was er will. So gern man auch schonen möchte, darf man sich hier doch durchaus keine Halbheit erlauben: denn es sind eben nur die Würdigsten, welche ein genialisches Werk wie Woldemar verführen und an den Rand des Abgrunds locken kann. Spott über den Unzusammenhang des Ganzen und das Ungeschick im einzelnen kann niemand beleidigen, der das Werk aus der Nähe betrachtet und fest ins Auge gefaßt hat.

Man gerät in nicht geringe Verlegenheit, wenn man sich über den eigentlichen Charakter, die höchste Absicht und das endliche Resultat des Ganzen strenge Rechenschaft geben will. Und doch kann man es nicht richtig würdigen, ohne hierüber im reinen zu sein. Betrachtet man es, nach einem Wink in der Vorrede über den Unterschied desselben vom Allwill, als ein poetisches Kunstwerk: so fehlt es an einem befriedigenden Schluß, und Woldemars reuige »Zerknirschung läßt immer noch einen ganz unerträglichen Nachgeschmack« zurück. Was kann empörender sein, als seine Selbstverachtung, sein Schwindel vor den Tiefen seines Herzens? Die Erzählung endigt mit einer unaufgelösten Dissonanz. Woldemars Innres und Äußres ist unheilbar zerrüttet. Nach einer solchen Reue kann er sich wohl zum Gehorsam eines guten Knechts, aber nie zur Würde eines freien Mannes erheben. Sein Verhältnis mit Henrietten ist eigentlich zerrissen. Sie ist nicht seine Freundin mehr: er hat eines andern Vertrauten über sie nötig, als sie selbst, und wirft sich an Biederthals Busen. Die Freundschaft, mit der W.'s Gemütsruhe steht und fällt, muß vollends brechen oder verhallen. Nicht zu erwähnen, wie peinlich, häßlich und also unpoetisch fast alle dargestellten Situationen, Charaktere und Leidenschaften sind: so wäre das Unnatürliche der Hauptbegebenheit, welches wir jeden Augenblick empfinden, in einem Gedicht eine unersetzliche Störung. Woldemars und Henriettens Mißverständnis konnte gar nicht stattfinden, wenn nur so viel Zutrauen, so viel Delikatesse in ihnen wäre, als zu dem Bestehen auch des gemeinsten bloß gesellschaftlichen Verhältnisses erforderlich ist. Sie reden zwar unaufhörlich von hohen Idealen der Freundschaft und erörtern das förmlich, worüber sich wahrhaft delikate Menschen stillschweigend verstanden haben würden, die eigentliche Natur ihres Verhältnisses: wo hingegen die schnellste Offenheit notwendig war, bei scheinbaren oder wahren Beleidigungen, brüten sie einsam und schmollen mißtrauisch. Die gegenseitige Aufklärung kann sie nicht geheilt haben, sie muß ihre Empfindlichkeit nur noch wunder machen: seine leidenschaftliche Ängstlichkeit und ihre jungfräuliche Zurückhaltung sind eine unversiegliche Quelle neuer Mißverständnisse und werden endlich auch die arglose Allwina anstecken müssen. Auch Henriette und Allwina müssen früher oder später zugrunde gehen. Für W. konnte es nicht schwer sein, die Freundschaft für Henrietten mit der Neigung für Allwinen zu vereinigen. Ein Weib zu lieben, gleich als wäre sie ein Mann: von einem Freunde geliebt zu werden mit weiblicher Nachsicht und Anbetung; das war es eben, was sein verzarteltes Herz begehrte, und wobei es in seinem Falle keiner besondern Reinheit und Festigkeit der Gesinnung bedurfte. Diese fielen allein auf das Teil jener beiden. Er achtete nicht auf die Möglichkeit, daß die Natur seinem Eigensinne entgegenarbeiten und sich in irgendeiner spätern Stunde höhere Ansprüche, andere Wünsche in den Busen seiner beiden Geliebten regen könnten. Er gab es zu, daß Henriette einen Teil ihres Selbsts vernichtete, um sein Ideal ganz zu erfüllen. Denn was soll nun Henriette eigentlich sein? Was können wir anders annehmen, als daß sie eigentlich dazu organisiert war, unter der gefälligen Gestalt eines Weibes geschlechtlos zu sein; und wen mag sie dann noch interessieren? – Oder daß sie Eines entbehrt, um das Andere zu genießen. Es sei, daß dieser Zustand nicht Spannung war: aber wird er darum dauernd sein? Ein Augenblick kann sie die Entbehrung schmerzlich empfinden lassen. Ich rede hier nicht von einer schnellen Einwirkung der Leidenschaft oder der Sinne. Aber wenn Henriette wirklich Weib ist, so kann sie der Sehnsucht, ein eignes Kind an die Brust zu drücken, um so weniger entgehn, da sie täglich Zeuge von mütterlicher Glückseligkeit sein muß; sie kann am ersten von ihr überrascht werden bei dem Anblick eines Kindes auf Allwinens Schoß: hier muß das Mitgefühl ahnen, daß es an eignes Gefühl nicht reicht. Wird ihr forthin nicht die bisherige Wonne ihres Lebens unfruchtbar dünken? – Wenn wir so manche Züge, die in Henrietten auf das Mädchen deuten, ihre Betroffenheit über W.'s Lachen, ihr Verschweigen, ihre Schüchternheit, ihre sie so ganz überwältigende Angst zusammenrechnen, so erscheint sie in der Tat als ein Opfer W.'s. – Und Allwina? Es ist vorauszusehen, daß sie sich ausbilden, ihr Geist sich stärken und Bestimmtheit gewinnen wird. Ihr kindliches Hinaufschauen zu Henrietten muß sich mit den Jahren in Gleichheit verlieren. Bisher hatte sie von der Hand ihrer Freunde alles genommen, wie sie es ihr gaben; sie hätte sich wohl durch ihre Unschuld selbst zur Unnatur verleiten lassen: aber eben ihr unbefangner Sinn wird bald ahnen, daß Woldemar ihr, wie es zuletzt wirklich geschieht, etwas verbergen muß, und ihr reiferes Gefühl, das notwendig mit erhöhtem Bewußtsein verknüpft ist, dagegen auflehnen. Wenn dann auch eigentliche Eifersucht fern von ihr bleibt, muß sich nicht Mißtrauen und Unruhe ihrer bemächtigen?

Natürlich müssen sich viele Widersprüche aus einem Verhältnisse ergeben, welches in seiner ersten Anlage durchaus ein Widerspruch ist, den alle Kunst des Verfassers nicht heben, ja nicht einmal verstecken konnte. Henriettens Freundschaft soll keine Liebe sein, und ist doch offenbar nichts andres. »Das schüchterne, bescheidne Mädchen, welches zu seinem eigensten Dasein bisher nicht hatte gelangen können, und es nun im fortgesetzten, vertraulichen Umgange mit einem erfahrnen, in sich schon bestimmten Freunde erwirbt, der ihren besten Ideen und Empfindungen – den einsamen, verschlossenen – Freiheit, Bestätigung, unüberwindliche Gewißheit verschaffte« – hat eine starke Anlage zur Ehe, ist aber zur Freundschaft, welche sich nicht auf gegenseitige Abhängigkeit gründen darf und von jeder Beziehung auf Bedürfnisse so rein als möglich erhalten werden muß, nicht selbständig genug. Ihr ganzes Wesen wird durch ein Bedürfnis angezogen und an den Mann gefesselt, der ihr Haltung, Richtung und Einheit geben und wieder von ihr nehmen soll. Ihre Seele sucht ihn zu umfassen, wird sich auf ihn beschränken und kann nur in der innigsten Vereinigung mit ihm vollständige Befriedigung finden. Jenes Streben ist eigentliche, weibliche Liebe, und diese innigste Vereinigung durch alle himmlischen und irdischen Bande, wo zwei durch gegenseitige Bedürfnisse und Abhängigkeit ein Ganzes werden und bleiben, nichts anders als Ehe. Ein Weib, welches einen Mann »über alles liebt«; – »aus ihm ihr bestes Dasein – alles Dasein nimmt«; – »ohne ihn nicht leben möchte – und – nicht leben könnte«: ist in ihrem Herzen seine Gattin.

Um Woldemars Freundin sein zu können, ist Henriette zu sehr – Weib und Mädchen. Zwar könnte es wohl eine Freundschaft zwischen einem Manne und einer Frau geben, die durch ihre Leidenschaftlichkeit der eigentlichen Liebe ähnlich schiene, und doch wesentlich von ihr verschieden wäre. Nur müßte der Mann, um einer solchen Freundschaft fähig zu sein, kein sinnlicher, eitler, durch und durch gebrechlicher Woldemar, sondern Herr seiner selbst sein. Die Frau müßte sich und in ihren Kindern leben, erheben können und fähig sein, Ideen nicht nur über den Horizont der Weiber, die nur in ihrem Geliebten tätig zu lieben, nicht bloß müßig darüber zu räsonnieren; denn Freundschaft ist ja eben eine gemeinschaftliche Liebe, Wechselbegeisterung; sondern auch reif und sicher über die Bedürfnisse und Besorgnisse des Mädchens erhaben sein. – Henriette ist so sehr Jungfrau, daß die bloße Magie ihres Umgangs sogar die beiden muntern, jungen Weiber wieder in Jungfrauen verwandeln kann; so wie ein rechter Prophet alles, was er berührt, in Offenbarungen und Seher umbildet. Henriette verschweigt Woldemarn das Versprechen, das sie sich hat abnötigen lassen. Sehr jungfräulich mag das sein; aber es ist ganz und gar nicht freundschaftlich: und man muß Woldemarn recht geben, daß er sich dadurch von ihr »getrennt fühlt«.

Mit »Bruder Heinrich« hätte selbst der mißtrauische Woldemar zu solchen Mißverständnissen nicht kommen können. Sie sind selbst für den Zuschauer so quälend, daß er sich wohl jedes Mittel gefallen ließe, welches ihnen auf einmal ein Ende machen könnte, wäre es auch nur jenes populäre, welches schon die homerische Kirke dem Odysseus vorschlägt:

»Auf dann, stecke das Schwert in die Scheide dir; laß dann
zugleich uns
Unser Lager besteigen, damit wir, beide vereinigt
Durch das Lager der Liebe, Vertraun zueinander gewinnen.«

Ohne Gewalt würden sie freilich wohl alle beide nicht dahin zu bringen sein, da sie jeden, der ihnen nur von fern ansinnt, zu tun, was ihnen Blutschande und Sünde wider die Natur scheint, so schnöde anlassen und so innig bemitleiden. »Der Nebel« wäre dann wohl zerstreut, aber zugleich auch der ganze Roman eher geendigt, als er noch angefangen hätte. Auf W.'s und H.'s gegenseitiger Unheiratbarkeit (bei einer so außerordentlichen Sache darf man sich auch wohl ein außerordentliches Wort erlauben) beruht das Ganze: mit ihr steht und fällt die Einzigkeit ihres Einverständnisses und Mißverständnisses. Da der Dichter sie nicht motivieren konnte, war er genötigt, sie zu postulieren, und durch schneidende Machtsprüche die Fragen, welche er nicht zu beantworten vermochte, abzuweisen. Ein leidiger Notbehelf! Denn er mag auch einen noch so hohen Trumpf darauf setzen, so wird ihm doch niemand aufs Wort glauben: »daß die Freuden der Gattin und Mutter sich im Mitgefühl höher schwingen als im eignen«. – Schade ists, daß H.'s Liebenswürdigkeit unter ihrer Einzigkeit sehr leiden mußte! Es fällt dadurch ein Schein von gemeiner Prüderie auf sie. Vorausgesetzt, daß Henriette Woldemarn wirklich liebt: so ist die Art, mit der sie ihm entsagt, und ihr Entschluß, »den Tanten zum Exempel zu leben«, sehr liebenswürdig und auch sehr weiblich: denn daß ein Mädchen von zarter Seele bei der geringsten Veranlassung, eben aus Liebe dem Besitz ihres Geliebten entsagt, ist gar nicht unnatürlich.

Woldemar hat sehr recht, wenn er sagt: »Wir wurden Freunde, wie Personen von einerlei Geschlecht es nie werden können«; wenn er aber hinzusetzt: »und Personen von verschiedenem es vielleicht nie waren«, so ist das nur eine leere Anmaßung, wozu ihn allein die Wut, einzig zu sein, verführen konnte. Die Tendenz, ihr Wesen, ihre Taten und ihre Verhältnisse für sich und untereinander außerordentlich, seltsam, sonderbar und unbegreiflich zu finden, ist eine charakteristische Familienähnlichkeit der Jacobischen Menschen. Keiner ist aber von diesem Hange so ganz besessen wie Woldemar. Er kann auch nicht einmal einen umgeworfenen Korb mit seiner Freundin aus dem Quark heben, ohne sich in Anbetung ihrer (und also auch seiner) Einzigkeit zu ergießen. – Wahrlich, es vergeht nicht leicht ein Tag, an dem nicht solche Freundschaften unter Personen von verschiedenem Geschlecht zu ganzen Hunderten angefangen, vollendet, oder auch durch fremde und eigne Schuld gestört werden: denn nichts ist gemeiner, als eben diese Mischung von Kraft und Schwäche, von echter Liebe und echter Selbstsucht. Auch jene Freiheit mordende, grenzenlose Hingebung, welche Jacobi so oft, bald unmittelbar bald mittelbar, als die schönste weibliche Tugend anpreiset, wiewohl eben sie die Wurzel der Tugend selbst vernichtet, ist gar nichts Seltnes: die gewöhnliche Eigenschaft aller Frauen, die gutgeartet sind, ohne sich zur Selbständigkeit erheben zu können. Das ist es, was W. von seinem Freunde wie von seiner Gattin verlangt; und sein angeblich unerhörtes Ideal von Freundschaft wird nur zu oft in gemeinen Ehen realisiert; innigste Vereinigung auf Kosten der Selbständigkeit: man könnte es eine übertriebene Ehe nennen.

Nichts ist ungeschickter, »Vertrauen auf die Macht der Liebe« einzuflößen, als Woldemars Beispiel: denn in einem solchen Herzen muß die Liebe, ihr Gegenstand sei welcher er wolle, ihre edle einfache Natur verwandeln, und ein fressender Schaden werden. Die erste der beiden Sentenzen, mit denen das Werk schließt, kann also durchaus das nicht sein, wofür sie doch so deutlich gegeben wird, Resultat des Ganzen. Aber auch die zweite: »Wer sich auf sein Herz verläßt, ist ein Tor«, ist keine richtigere Folgerung, als die Nutzanwendung so mancher äsopischen und unäsopischen Fabel: obgleich so vieles unmittelbar, das übrige wenigstens mittelbar sich auf sie zu beziehen und um ihrentwillen da zu sein scheint. Sollte sie auch nur rhetorisch bewiesen werden, so mußte W. Kraft haben, und bloß aus Selbstgenügsamkeit fallen. Der Fall eines Menschen, dem man die Gebrechlichkeit so bald ansieht, befremdet und betrübt uns nicht sonderlich. »Woldemar kann«, auch uns Lesern, »das nicht ersparen, daß wir ihn verachten müssen«, und seine Strafe gerecht finden, ohne darum besser von der Knechtschaft zu denken.

Es wird zwar mitunter viel Übels von W. gesagt: aber ohne daß es dem Künstler damit ein rechter Ernst gewesen sein kann; denn er hat uns Achtung und Teilnahme für ihn geben wollen, und beides ist er nicht wert. Dorenburg nennt W. einen geistigen Wollüstling. So ist es auch mit ihm, aber in einem höhern Grade, als Jacobi es gewollt haben kann: denn jene feine Wollust macht ihn zum groben Egoisten. So genießt er Allwinen, die Lais seiner Seele, liebt sie nicht: es ist wirklich empörend, wie er sich noch freuen darf, daß er sie nur besitze, ohne von ihr besessen zu werden. So braucht er Henrietten, »daß sie ihm seinen alten Traum von Freundschaft deute«, zur »Bestätigung, daß seine Weisheit kein Gedicht sei«, liebt sie nicht. So steht er da, hingegeben der Befriedigung, die beide ihm gewähren, und läßt sich anwehen von erquickenden, balsamischen Lüften im geistigen wie im physischen Sinn. Die Beschaffenheit W.'s verbreitet ihren widrigen Einfluß auf das Schönste im Buch. Das Zarteste selbst wird undelikat, weil es uns seine selbstische Befriedigung malt: so die schöne Schilderung von Allwinens Liebe und Hingebung; so die Art, wie beide Freundinnen sich bemühn, dem Weichling das Leben zu versüßen und ihm jeden Anstoß aus dem Wege zu räumen. Wir können nicht umhin zu glauben, daß es demjenigen an wahrer Kraft fehlt, der andre soviel für sich tun läßt, der eines solchen Zauberkreises bedarf, um darin zu existieren. – Seine Lieben, die soviel Not mit ihm haben, tragen indessen auch in etwas die Schuld. Warum bestehen sie so hartnäckig darauf, ihn zu vergöttern, da sie doch wissen, daß eitel Hochmut und Lüste in ihm sind? Es ist ein großes Übel, wenn ein Mensch zum Schoßkinde der ihn zunächst Umgebenden geworden ist; oft hat er es nur seinen Unarten zu danken, und es vermehrt diese dann. Eigentlich nimmt der Verfasser selbst Anteil an diesem Verzärteln: Woldemar ist auch sein Liebling und der gemeinschaftliche Mittelpunkt, um den sich alles dreht, mehr als der Zusammenhang des Ganzen erfordern oder auch nur erlauben dürfte. Alle übrigen scheinen nur um seinetwillen da zu sein; wenn sie nicht für ihn handeln oder leiden, so ratschlagen sie über sein Seelenheil. Wie müßte die Kenntnis davon, die man dem, den sie betrifft, nie ganz entziehn kann, einen gesunden Menschen stören, ihm so lästig fallen? Woldemar würde sie nur in seiner Eitelkeit bestätigen, und noch tiefer in Spekulationen über sich selbst verwickeln, zu denen er schon so geneigt ist. Dieses Grübeln ist das beste Mittel, einen ohnehin kranken Geist ganz zu schwächen und zu verderben, wie beständiges Medizinieren den Körper entnervt. Kein Wunder, wenn der Patient zuletzt so gefährlich wird, daß die beratschlagende Familie sich stillschweigends permanent erklären muß, wie ein Senat, wenn das Vaterland in Gefahr ist. Das Pedantische dieser Szene würde recht anschaulich werden, wenn man eine Zeichnung dazu machen wollte: man nähme die Figuren und setzte sie um einen Tisch, wie im Orbis pictus, über den ein Auge im Dreieck schwebt. Vielleicht erläuterte dieses sogar manche Dunkelheiten.

Ein entscheidender Beweis für W.'s Schwäche ist die Leere des Mannes, die in seinen Briefen, dem schwächsten Teile des Werks, vorzüglich sichtbar wird. Was sich vom Genuß der schönen Natur »einsalzen und in Rauch aufhängen läßt, ist so schwach und so schwindelnd!« Woldemar aber, der nur da rastlos tätig erscheint, wo man nicht den geringsten Widerstand findet, in den Räumen der Einbildungskraft, macht sich ein angelegentliches Geschäft daraus, seine Gefühle aufs sorgfältigste zu registrieren. Er geht in seinen häufigen

Naturbeschreibungen gleichsam auf die Jagd nach himmlischen Empfindungen aus. Sein armes Herz kann nur im Irrtum genießen. Mühsam muß er erst das Tote um sich her beleben, um durch eine künstliche Täuschung seine Empfindungen hervorzulocken, die doch nur trübe und tropfenweise rinnen. Er ist genötigt, die Einzelheiten der schönen Natur so aufzuzählen, daß die Darstellung eines Tages, eines Auftritts oft mehr die Geschichte des Wetters als des Herzens ist: überall tritt ihm nur der unfruchtbare Begriff des Unendlichen entgegen, dessen eingebildeter Genuß so undarstellbar ist, als es selbst. Durch das lange Ausspinnen einer einförmigen Verzückung mußte auch ein genialischer Schriftsteller in gemeine Empfindelei versinken: denn nur diese kann »Pappeln das süße Schrecken der angenehmsten Empfindung durchfahren« und den »Unermeßlichen zu sich ins Gras lagern« lassen. Welche innre Fülle offenbart sich dagegen in Werthers Verkehr mit der Natur; er mag sie nun mit der warmen Liebe eines jungen Künstlers umfassen, oder das Drängen seiner Brust an ihrem Busen aushauchen, oder für seine Leidenschaften gefährliche Nahrung aus ihr saugen!

Ein so verfehlter Held, wie W., tut sehr wohl, sich lieber unter das Joch irgendeines Gehorsams zu beugen, als sich kraft seines sittlichen Genies zum allgemeinen Gesetzgeber für die Kunst des Guten zu konstituieren. Daraus ergibt sich denn die Nutzanwendung: »Wer sich auf ein eigensinniges, verzarteltes Herz verläßt, ist ein Tor.«

Das Poetische ist im Woldemar offenbar nur Mittel: denn wenn ein Werk nicht selten die höchsten Erwartungen des Schönheitsgefühls und des Kunstsinnes befriedigt, öfter aber und grade in der Zusammensetzung des Ganzen die ersten Gesetze des Geschmacks beleidigt, so darf man voraussetzen, daß Schönheit und Kunst hier nicht vernachlässigt, sondern einem höhern Zwecke mit Bedacht aufgeopfert sei; auch nennt Jacobi die Absicht des Werks eine philosophische. Betrachten wir nun den Woldemar nach dieser Andeutung als ein philosophisches Kunstwerk: so ist die Häßlichkeit des Hauptcharakters, die folternde Peinlichkeit der Situationen und die Dissonanz am Schluß kein Tadel; selbst die Unwahrscheinlichkeit der Hauptbegebenheit ist verzeihlich, wenn dies nur auf die Evidenz des endlichen Resultats keinen Einfluß hat: denn der Naturkündiger braucht keinen

Ekel zu schonen, und der Wißbegierige muß auch den Anblick sezierter Kadaver ertragen können: aber wir erwarten dann auch eine vollständige philosophische Einheit, welche nur aus der durchgängigen Beziehung auf ein befriedigendes philosophisches Resultat entspringen kann. Darnach suchet man im Woldemar vergebens; und da die Art durch die Einheit und den letzten Zweck bestimmt wird, so ist er, streng genommen, kein philosophisches Kunstwerk: denn jene triviale Bemerkung kann doch unmöglich für ein philosophisches Resultat gelten. Wie könnte sie überhaupt das Ziel einer solchen Laufbahn sein? Wie einem solchen Aufwand von Tiefsinn, Scharfsinn, Geist, Beobachtung und Studium lohnen? Es wäre, als wollte man eine Feder durch einen Kran mühsam emporwinden. – Die große Ungleichheit des Werts der einzelnen philosophischen Stücke bestätigt die Vermutung, daß auch die Philosophie hier nur als Mittel gebraucht werde. Findet man in einem und demselben Werke neben Stellen, die des größten Denkers würdig wären, Mißverständnisse, Übereilungen, Verworrenheiten, die man einem gemeinen nur gesunden Kopfe nicht verzeihn würde: so muß man voraussetzen, daß Wahrheit und Wissenschaft hier nicht letzter Zweck sei, sondern einer höhern Absicht mit Bedacht aufgeopfert werde.

Aber welche Art von Einheit ist denn nun in dem sonderbaren Werk, welches sich unter keine Kategorie bringen läßt, in dem man indessen doch einen gewissen Zusammenhang so unleugbar fühlt?

Offenbar nur eine Einheit des Geistes und des Tons; eine individuelle Einheit, welche um so begreiflicher wird, je mehr man mit dem Charakter und der Geschichte des Individuums, das sie hervorbrachte, bekannt ist. Daß die vom Verfasser selbst sehr bestimmt aufgestellte angeblich philosophische Absicht: »Menschheit, wie sie ist, erklärlich oder unerklärlich, aufs gewissenhafteste vor Augen zu legen« so objektiv klingt, darf uns nicht irre machen: denn wenn es auch nicht der erste Blick auf das Werk selbst lehrte, so würde es schon aus der Erläuterung und Entstehungsgeschichte jener Absicht in der Vorrede zum Allwill erhellen: daß hier unter »Menschheit« nur die Ansicht eines Individuums von derselben verstanden werde; und daß es also eigentlich heißen sollte: »Friedrich-Heinrich-Jacobiheit, wie sie ist, erklärlich oder unerklärlich, aufs gewissenhafteste vor Augen zu legen.«

Wer also den Geist des Woldemar verstehen will, soweit dies möglich ist, muß Jacobis sämtliche Schriften, und in ihnen den individuellen Charakter, und die individuelle Geschichte seines Geistes studieren. – Vielleicht findet man hier noch mehr, als man suchte; sichere Auskunft nämlich über eine Einheit der Tendenz im Woldemar, auf die man zwar, solange man ihn isoliert betrachtet, einigermaßen raten, aber auch nur raten kann. Es ist, als ob das Buch gegen das Ende dem Leser verstohlen zuwinkte und sich gleichsam zu ihm neigte, um ihm »das rechte – ins Ohr zu sagen«; oder auch nur mit bedeutendem Blick und leisem Fingerzeig auf einen geheimen einzig sichern Pfad nach »jener Freistätte der Weisheit, wo der Mensch dasselbe will, und nicht will«, deute, wohin »keine offene Heerstraße« führen kann.

Zwar pflegen Jacobis Werke überhaupt, wenn sie den Uneingeweihten durch mancherlei Irrwege endlich bis an die Schwelle des Allerheiligsten geführt haben, sich gern in ein rätselhaftes Schweigen zu verlieren, oder einige in ein imposantes Dunkel gehüllte Worte hinzuwerfen; doch hat er einigemal, vorzüglich in polemischen Schriften, wenigstens mit mehr Klarheit und Umständlichkeit die letzten Resultate seiner Philosophie enthüllt: denn gleich jenem alten Proteus scheint auch er nur gezwungen Rede zu stehn und zu weissagen. Soviel er aber auch noch verschweigen mag, so hat er sich doch über die erste Veranlassung seines Philosophierens so offenherzig, und über die letzten Gründe seiner Philosophie so bestimmt geäußert, daß über das herrschende Prinzip derselben gar kein Zweifel übrig bleibt.

Die erste subjektive Bedingung alles echten Philosophierens ist – Philosophie im alten Sokratischen Sinne des Worts: Wissenschaftsliebe, uneigennütziges, reines Interesse an Erkenntnis und Wahrheit: man könnte es logischen Enthusiasmus nennen: der wesentlichste Bestandteil des philosophischen Genies. Nicht was sie meinen, unterscheidet den Philosophen und den Sophisten: sondern wie sies meinen. Jeder Denker, für den Wissenschaft und Wahrheit keinen unbedingten Wert haben, der ihre Gesetze seinen Wünschen nachsetzt, sie zu seinen Zwecken eigennützig mißbraucht, ist ein Sophist; mögen diese Wünsche und Zwecke so erhaben sein, und so gut scheinen, als sie wollen.

Der elastische Punkt, von dem Jacobis Philosophie ausging, war nicht ein objektiver Imperativ, sondern ein individueller Optativ. – Schon in seiner Kindheit konnte er sich mit Vorstellungen von Ewigkeit und Vernichtung bis zur Ohnmacht und Verzweiflung ängstigen. Die Liebe zum Unsichtbaren, Göttlichen war der herrschende Affekt im Busen des feurigen und ebenso weichherzigen Jünglings: die Seele seines Lebens. Ohne diese Liebe schien es ihm unerträglich zu leben, auch nur Einen Tag. Das Unsichtbare war ihm nicht Triebfeder und Leitfaden wackrer Tätigkeit: sondern »der volle wirkliche Genuß des Unsichtbaren« war das Ziel seines ganzen Wesens. Von Natur geneigt, in sich zu versinken und in eignen Vorstellungen zu schwelgen, konnte er zuerst nur durch Mißtrauen in seine Liebe und Zweifel an der Realität ihres Gegenstandes bewogen werden, sich aus sich selbst herauszureißen, und nach außen hin tätig zu sein, wo man jeden Schritt vorwärts erkämpfen muß. Er kann die Schwierigkeiten, die er dabei fand, nicht schlimm genug beschreiben; und auch nachher war es fast immer ein Angriff oder eine Aufmunterung von außen, wodurch er zu äußrer Tätigkeit gleichsam gezwungen ward. »Ursprüngliche Gemütsart, Erziehung und Mißhandlung herzloser Menschen vereinigten sich, ihm ein quälendes Mißtrauen gegen sich selbst einzuflößen.« Dies mußte ihn in seinem Glauben irre, und über seine Lieblingsgegenstände ungewiß machen. – »Jene Liebe zu rechtfertigen«, sagt er von sich selbst: darauf ging alles sein Dichten und Trachten: und so war es auch allein der Wunsch, mehr Licht über ihren Gegenstand zu erhalten, was ihn zu Wissenschaft und Kunst mit einem Eifer trieb, der von keinem Hindernis ermattete. – Das klarste Geständnis, daß er die Philosophie nur brauchte, (wie W. Henrietten) zur Bestätigung, »daß seine Weisheit kein Gedicht sei«, brauchte!

Wenn die wissenschaftliche Untersuchung nicht von der gerechten Voraussetzung, daß Wahrheit sein soll, ausgeht, mit dem festen Entschluß und der Kraft, sie zu nehmen, wie sie gefunden wird, sondern von einer trotzigen Forderung, daß dies und jenes wahr sein soll: so muß sie mit Unglauben und Verzweiflung, oder mit Aberglauben und Schwärmerei endigen, je nachdem der Untersucher mehr Mut hat, der Erfahrung oder der Vernunft Hohn zu sprechen. Es ist kein Wunder, wenn das widersinnig endet, was widersinnig anfing. Wer von der Philosophie verlangt, daß sie ihm eine Julia machen soll, der wird früher oder später zu der sublimen Sentenz des Romeo beim Shakespeare:

»Hang up philosophy!
Unless philosophy can make a Juliet«

kommen müssen.

Ist der Denker, während er sie suchte, seiner Julia untreu geworden und hat die Philosophie selbst lieb gewonnen: so überwältigen ihn die Widersprüche, in die er sich verwickeln mußte; er wird ein Skeptiker, ein bedauernswürdiger Märtyrer der Wahrheit; liebt er aber seine Julia von ganzer Seele, und macht sich nichts aus der Wahrheit: so darf er nur durch einen dreisten Machtspruch den Zweifeln Stillschweigen gebieten; er wird glücklich, und hängt die Philosophie.

Jacobi mußte die philosophierende Vernunft hassen: da der konsequente Dogmatismus nach seiner Überzeugung dem Gegenstande seiner Liebe sogar die Möglichkeit absprach, der kritische Idealismus hingegen, so wie er ihn verstand oder mißverstand, demselben nur einen Schatten von Realität übrig ließ, mit dem er sich nicht begnügen konnte; und doch zeigte ihm die philosophierende Vernunft keinen andern Ausweg. Auch unterscheidet er den Glauben, welchen er als Fundament alles Wissens aufstellt, sorgfältig von jedem Fürwahrhalten aus Vernunftgründen; setzt diese wunderbare Offenbarung dem natürlichen Wissen entgegen. Er trennt die Philosophie von der herabgesetzten Vernunft und behauptet, Philosophie überhaupt sei nichts anders, als was die seinige wirklich ist: der in Begriffe und Worte gebrachte Geist eines individuellen Lebens. Aber nur wenn Streben nach Wahrheit und Wissenschaft die Seele dieses Lebens ist, kann der Geist desselben philosophisch genannt werden, ohne jedoch darum eine Philosophie zu sein: keineswegs hingegen, wenn er, um einen Lieblingswunsch zu befriedigen, die konstitutionellen Gesetze, denen sich jeder Denker durch die Tat (wie der Bürger durch den Eintritt in den Staat) unterwirft und unterwerfen muß, ohne Scheu übertritt. – Der polemische Teil der Jacobischen Schriften hat großen philosophischen Wert: er hat die Lücken, die Folgen, den Unzusammenhang nicht bloß dieses oder jenes Systems, sondern auch der herrschenden Denkart des Zeitalters mit kritischem Geist und mit der hinreißenden Beredsamkeit des gerechten Unwillens aufgedeckt; das letzte vorzüglich im Kunstgarten und in einigen Stellen des Allwill. Auch hat er, obgleich er sich nie über den Standpunkt der gemeinen Reflexion erhob, doch unbekanntere Regionen derselben betreten und beschrieben; und der kritische Philosoph, welcher das Vergnügen genießt, das Wahre, was seine Apokalypsen etwa enthalten, deduzieren zu können, muß sich nur hüten, dies Verdienst nicht über die Gebühr zu schätzen. Seine positive Glaubenslehre aber kann durchaus nicht für philosophisch gelten. Wäre es ihm nicht bloß und allein darum zu tun gewesen, seine Liebe, gleichviel wie, zu befriedigen: so würde er gegen die Vernunft wenigstens das Mitleiden eines großmütigen Siegers bewiesen haben, nachdem er auf ihre Unkosten zum Ziele gelangt war. Er hätte sich unmöglich bei Widersinnigkeiten, wie eine Anschauung des Unendlichen, und eine Anschauung, welche das Zeichen ihrer Objektivität mit sich führt, und also gleichsam gestempelt sein muß, beruhigen können: beides liegt in der Tatsache des Unbedingten als dem Fundament des Wissens. (Die zweite Widersinnigkeit trifft eigentlich jede Elementarphilosophie, welche von einer Tatsache ausgeht. – Was Jacobi dafür anführt: »daß jeder Erweis schon etwas Erwiesenes voraussetze«, gilt nur wider diejenigen Denker, welche von einem einzigen Erweis ausgehn. Wie wenn nun aber ein von außen unbedingter, gegenseitig aber bedingter und sich bedingender Wechselerweis der Grund der Philosophie wäre?) Er hätte es nicht über sich gewinnen können, offenbare Widersprüche, Fehlschlüsse und Zweideutigkeiten durch genialischen Tiefsinn in einzelnen Stellen, durch die vorteilhafteste Beleuchtung und sogar durch Autoritäten vor seinen eignen und vor fremden Augen zu verstecken und zu beschönigen. War es etwa Furcht, was ihn zurückhielt, weiterzuforschen? Sonst wäre es fast unbegreiflich, wie die Bemerkung: »daß die sogenannte Offenbarung nur in Absicht auf uns unmittelbar sei, weil wir das eigentliche Mittelbare davon nicht erkennen«, ihm nicht Veranlassung wurde, sich auf einen höhern Standpunkt der Reflexion zu erheben. – Solche Mittel, ein so unversöhnlicher Haß gegen die philosophierende Vernunft, verraten schon Mangel an Zuversicht. Auch scheint ihm der Grund alles Wissens etwas gar Ungewisses; und er vermochte seine Zweifel nur zu zerschneiden, durchaus nicht zu lösen. Die Wahrheit läßt sich nun einmal nicht ertrotzen; und wer seine Vernunft betäubte, um nur glauben zu dürfen, was sein Herz begehrte, endigt, wie billig, mit Mißtrauen gegen die geliebte Wahrheit selbst. Wer alle Hoffnung auf die unmittelbare Tatsache einer reinen Liebe in seinem Innern baut, muß in Unglauben, Verzweiflung und Ekel ohne Maß versinken, sooft Leidenschaft oder Trägheit dem göttlichen Teil seines Wesens etwas hartnäckiger widerstreben; ja sooft er übler Laune, sich und andre anzuschwärzen geneigt ist.

Die allmählich entstandne Gedankenmasse eines so beschaffnen, mit dem Herzen gleichsam zusammengewachsnen Kopfes konnte durchaus nur darstellend mitgeteilt werden; und diese Darstellung geriet im ganzen genommen so vortrefflich, daß sie leicht mehr wert sein dürfte, als das Dargestellte selbst. Zwar ist der noch kein Dichter, welcher nur die Personen einer einzigen Familie ähnlich porträtieren kann: durch die auch unter den größten Künstlern so seltne Gabe, wahre Weiblichkeit in ihren zartesten Eigenheiten täuschend nachzuahmen und die leisesten Regungen des sittlichen Gefühls tiefer, inniger und äußerst reizbarer Seelen rein und klar darzustellen, kann dieses so beschränkte, bloß nachbildende praktische Vermögen indessen doch wohl den Namen eines poetischen Talents verdienen. Jacobis echt prosaischer Ausdruck aber ist nicht bloß schön, sondern genialisch; lebendig, geistreich; kühn und doch sicher wie der Lessingsche; durch einen geschickten Gebrauch der eigentümlichen Worte und Wendungen aus der Kunstsprache des Umgangs, durch sparsame Anspielungen auf die eigentliche Dichterwelt ebenso urban wie dieser, aber seelenvoller und zarter. Dieses Genialische entspringt aus eben dem innigen Verkehr der miteinander verwebten und ineinander fließenden Empfindungen und Gedanken, welches eine sehr charakteristische Eigenschaft seines Wesens war, und sogar das lenkende Prinzip seines philosophischen Studiums wurde; indem er sich nur an diejenigen Denker anschloß, welche jene Lebendigkeit alles Geistigen und Geistigkeit alles Lebendigen entweder selbst besaßen, wie Hemsterhuis, Plato, und auf andre Weise auch Lessing und Spinoza, oder durch ihre Meinungen begünstigten, wie Leibniz. Denn was ist Genie anders, als die gesetzlich freie innige Gemeinschaft mehrerer Talente? – Aber freilich war die Verfassung seines

Innern nicht echt republikanisch: darum ist er auch nur genialisch, kein Genie. Das theologische Talent herrschte mit unumschränktem Despotismus über das philosophische und poetische, die ihm Sklavendienste tun mußten, und konstituierte sich aus eigner Vollmacht zum allgemeinen Gesetzgeber und Genie. – Jacobis genialischer Ausdruck kann fragmentarisch scheinen; er läßt oft den Leser eben dann im Stiche, wann seine Wißbegierde bis zum Heißhunger gereizt ist; grade, wann die Erzählung oder Untersuchung »dem Lichte nachzieht, welches sich selbst, und auch die Finsternis erhellt«, wird es nicht selten vor lauter Helligkeit so dunkel, daß man nicht die Hand vor den Augen sehen kann; da regnets dann Gedankenstriche, Ausrufungszeichen, Absätze und vielfache Verschiedenheit der Schrift: aber wenn einer der größten Meister in Prosa seine Zuflucht zu dem Mißbrauch nimmt, womit die Letzten des schreibenden Volks ihre Blöße zu bedecken pflegen: so vermute ich eher eine ohnehin wahrscheinliche absichtliche Verheimlichung des Allerheiligsten, oder Unvollendung der Gedanken, als Unvermögen und Ungeschick der Darstellung.

Eben diese Lebendigkeit seines Geistes macht aber auch die Immoralität der darstellenden Werke Jacobis so äußerst gefährlich. Es ist nicht bloß müßige Spekulation, deren auch noch so immoralische Resultate dem wahrheitliebenden Philosophen nie zum Verbrechen gemacht werden können: denn Wahrheitsliebe ist die eigentliche Sittlichkeit des Denkers. Nein, in ihnen lebt, atmet und glüht ein verführerischer Geist vollendeter Seelenschwelgerei, einer grenzenlosen Unmäßigkeit, welche trotz ihres edlen Ursprungs alle Gesetze der Gerechtigkeit und der Schicklichkeit durchaus vernichtet. Die Gegenstände wechseln; nur die Abgötterei ist permanent. – Aller Luxus endigt mit Sklaverei: wäre es auch Luxus im Genuß der reinsten Liebe zum heiligsten Wesen. So auch hier; und welche Knechtschaft ist gräßlicher, als die mystische? Jede förmliche Knechtschaft hat doch Grenzen; jene ist eine bodenlose Tiefe; unendlich, wie das Ziel, nach dem sie strebt, und die Verkehrtheit, aus der sie entspringt. – Andacht, ehrfurchtsvolles Vertrauen auf den Allgerechten, liebevoller Dank zu dem Allgütigen ist der reinste Erguß und der schönste Lohn höherer Sittlichkeit. Aber auch bei diesem, und ganz vorzüglich bei diesem

Genuß, ist sparsame Mäßigung und strenge Wachsamkeit notwendig, damit, was nur kurze Erfrischung nach getaner Arbeit sein sollte, nicht in Müßiggang ausarte, und die natürliche Trägheit des Menschen die Willenskraft nicht heimlich umstricke und unterjoche. – Zwar kann die Tugend, wie der Glanz des Lichts durch Spiegel, durch die Rückwirkung ihres eignen Produkts bestätigt und verstärkt werden: aber es ist doch schon äußerst gefährlich, Religion als Mittel der Sittlichkeit und Krücke des gebrechlichen Herzens zu gebrauchen. Der Weichling vollends, welcher anbetende Liebe als das eigentliche Geschäft seines Lebens treibt, und kein andres Gesetz anerkennt, muß mit seiner bequemen Tugend, welche weder gerecht noch tätig zu sein braucht, endlich allen Begriff von Willen verlieren und selbst vernichtet in die Knechtschaft fremder oder eigner Laune sinken.

Das Quantum seiner Glaubensfähigkeit bestimmt nach Jacobis Lehre den Wert des Menschen; und Glaube ist Sympathie mit dem Unsichtbaren. Da er, trotz der schönen Lobreden auf die angebliche Freiheit, den Willen leugnet, indem er ihn teils mit dem vernünftigen Instinkt für identisch, teils für einen »Ausdruck des göttlichen Willens«, für einen »Funken aus dem ewigen, reinen Lichte«, für eine »Kraft der Allmacht«, für einen »Abdruck des göttlichen Herzens in dem Innersten unsres Herzens« erklärt: so kann seine Sittlichkeit nur Liebe oder Gnade sein; auch scheint er von keiner Tugend zu wissen, welche Gesetze ehrte, und sich in Taten bewiese.

Nur lasse man sich durch die scheinbare Anerkennung eines kategorischen Imperativs der Sittlichkeit nicht verleiten, von seiner Moral günstiger zu urteilen: denn aus einem vernünftigen Instinkte, von dem dort allein die Rede ist, läßt sich durchaus nur ein kategorischer Optativ herleiten. Jener Ausdruck hat hier also einen ganz andern Sinn, als in Kants Schriften. Überhaupt muß der philosophische Kritiker sich durch einen Anschein von Ähnlichkeit im Jacobi mit dem, was er etwa für philosophische Orthodoxie hält, ja nicht täuschen lassen. Erlaubt man sich, einzelne Äußerungen aus ihrem Zusammenhange zu reißen, so ist es nicht schwer, jedes System, welches man will, in ihm zu finden. Umfaßt man aber alle seine Äußerungen, so dürfte wohl die vereinigende Gewalt aller Spartanischen Harmosten und die verbindende Geschicklichkeit aller Homerischen Diaskeuasten nicht hinreichend sein, diese Gedankenmasse mit sich selbst, oder mit einem leidlich konsequenten System in philosophische Übereinstimmung zu bringen. – Nur eine Philosophie, welche auf einer notwendigen Bildungsstufe des philosophischen Geistes ein Höchstes ganz oder beinahe erreichte, darf man systematisieren, und durch weggeschnittene Auswüchse und ausgefüllte Lücken in sich zusammenhängender und ihrem eignen Sinn getreuer machen. Eine Philosophie hingegen, welche nicht etwa bloß in ihrer Veranlassung, Ausbildung und Anwendung individuell und lokal, sondern deren Grund, Ziel, Gesetze und Ganzheit selbst nicht philosophisch sondern persönlich sind, läßt sich nur charakterisieren.

Sehr wichtig für die Charakteristik der Jacobischen Philosophie ist es, den Faden zu verfolgen, welcher sich durch alle Empfindungen und Gedanken, welche sein Innres nacheinander regierten, hinschlingt; wie sie sich auseinander entwickelten und aneinander ketteten. Mit merkwürdiger Gleichförmigkeit kehrt derselbe Gang in allen darstellenden und abhandelnden Werken Jacobis wieder, wo er sich selbst folgte, und die Anordnung des Ganzen nicht durch die polemische Beziehung bestimmt ward; und selbst dann sieht man noch Bruchstücke und Spuren jenes natürlichen nur gestörten Ganges. Man vergleiche zum Beispiel nur die Gedankenfolge in der Abhandlung über die Freiheit mit der im Woldemar, wo der Faden freilich am sichtbarsten ist.

Hier nur einige Grundzüge. Das Streben nach dem Genuß des Unendlichen mußte gewiß einen Hang zur beschaulichen Einsamkeit erzeugen, der durch die Seelenlosigkeit der Umgebenden leicht verstärkt werden konnte. Versunken in sich selbst, mußte der nach Ewigkeit Lechzende bald zum Bewußtsein eines göttlichen Vermögens, eines uneigennützigen Triebes, einer reinen Liebe in seinem Innern gelangen; seine Empfindungen davon in Begriffe auflösen und diese Begriffe nach seiner ursprünglichen Unmäßigkeit, die immer Alles in Einem Wirklichen suchte, ins Unendliche erweitern. Daher die Lehre von der gesetzgebenden Kraft des moralischen Genies, von den Lizenzen hoher Poesie, welche Heroen sich wider die Grammatik der Tugend erlauben dürften. Gefährlicher Indifferentism gegen alle Formen. Mystizism der Gesetzesfeindschaft. Daher die Liebe zum Altertum, an dem er nur die Natürlichkeit und den lebendigen Zusammenhang des Verstandes und des Herzens kennen und schätzen konnte: denn für das Klassische, Schickliche und Vollendete, für gesetzlich freie Gemeinschaft fehlte es diesem Modernen durchaus an Sinn. Daher ein Ideal von Freundschaft, welches bald Bedürfnis werden und ihn in die Welt zurücktreiben mußte. Sie konnte einem solchen Herzen nicht anders als schrecklich erscheinen, etwa wie Silly sie darstellt. Hoffnung unbedingter Vereinigung. Vergötterung der Weiblichkeit, wegen der reinen Sittlichkeit der weiblichen Triebe, und des Hanges zu grenzenloser Hingebung; ebenso empörend, wie vorher die Verachtung wegen vermeinter Unfähigkeit zur Begeisterung der Liebe. Täuschung jener Hoffnung. Nichtigkeit aller menschlichen Liebe. Verzweiflung. Unendliche Verachtung. Rückkehr zur Einsamkeit und Liebe zu Gott. Der allgemeine Ton, der sich über das Ganze verbreitet, und ihm eine Einheit des Kolorits gibt, ist Überspannung: eine Erweiterung jedes einzelnen Objekts der Liebe oder Begierde über alle Grenzen der Wahrheit, der Gerechtigkeit und der Schicklichkeit ins unermeßliche Leere hinaus. – Das Streben nach dem Unendlichen sei die herrschende Triebfeder in einer gesunden, tätigen Seele: eine Reihe großer Handlungen wird das Resultat sein. Gebt ihr noch ein ebenso mächtiges Streben nach Harmonie, und das Vermögen dazu: so wird das Gute und das Schöne sich mit dem Großen und Erhabnen zu einem vollständigen Ganzen vermählen. Setzt aber jenes Streben nach dem Unendlichen ohne das Vermögen der Harmonie in eine Seele, deren Sinnlichkeit höchst rege und zart, aber gleichsam unendlich verletzbar ist: und sie wird ewig die glückliche Vereinigung des Entgegengesetzten, ohne welche die größte wie die kleinste Aufgabe der menschlichen Bestimmung nicht erfüllt werden kann, verfehlen; sie wird zwischen der verschlossensten Einsamkeit und der unbedingtesten Hingebung, zwischen Hochmut und Zerknirschung, zwischen Entzücken und Verzweiflung, zwischen Zügellosigkeit und Knechtschaft ewig schwanken.

Wenn man, was S. 250 T. II von dem überschwenglichen Gegenstande überschwenglicher Liebe gesagt wird, mit den beiden Sentenzen am Schluß vergleicht: so ist es, als würden sie durch ein plötzliches Licht von oben erhellt, oder vielmehr von einem heiligen

Strahlenglanz wie umglänzt. Die Vergleichung mit allen andern Jacobischen Schriften setzt diese Vermutung außer allen Zweifel: denn es herrscht in ihnen nicht etwa bloß eine zufällige und bedeutungslose Vorliebe für die Terminologie der vornehmen Mystik einiger genialischer Christianer, sondern dieselbe ernstliche Tendenz auf eine unbedingte Hingebung in die Gnade Gottes.

Woldemar ist also eigentlich eine Einladungsschrift zur Bekanntschaft mit Gott, und das theologische Kunstwerk endigt, wie alle moralischen Debauchen endigen, mit einem Salto mortale in den Abgrund der göttlichen Barmherzigkeit.

Büschings und von der Hagens »Sammlung deutscher Volkslieder«

Je mehr auch in unserm wie in jedem gelehrten Zeitalter durch die Masse des Studiums die kindlichen Blüten des leichten Volksgesanges erdrückt werden und ein wieder erstandenes Volk dichtender Grammatiker uns leider so oft statt der Troubadours und Homeriden gelten muß, je mehr Dank verdienen diejenigen, welche es sich zum Geschäft machen, diese ursprünglichen Stimmen der Erinnerung und des unmittelbaren Dichtergefühls der Vergessenheit zu entreißen. – Ein großes Verdienst erwarb sich daher Herder, als er durch seine Volkslieder den deutschen Sinn aus den mit Schmuck und Zierat überladenen Kunstgärten der gelehrten oder vornehmen modischen Dichtkunst in das Freie zurückführte, und auf die einfache Schönheit und Bedeutung dieser unscheinbaren Naturgewächse aufmerksam machte; nur war seine Sammlung, da sie die Blüten so vieler Nationen umfassen sollte, für das Deutsche viel zu unvollständig. Es erschienen zwar seit der Zeit immer mehrere Beiträge, ja auch Sammlungen deutscher Volkslieder; das vorzüglichste blieb aber nur in dem Kreise der Literatoren, ohne an das größere Publikum gelangen zu können. Die von Arnim und Brentanosche Sammlung zuerst war es, die alle früheren zu umfassen strebte, und die Herausgeber derselben haben das Verdienst, manches schöne Volkslied, das noch ganz unbekannt, oder doch nur sehr wenig verbreitet war, der Vergessenheit entrissen zu haben. Wenn nur auch die Sorgfalt der Behandlung und der Auswahl dem Reichtum einigermaßen entspräche! wenn nur nicht so manches Schlechte mit aufgenommen, so manches Eigne und Fremdartige eingemischt wäre, und die bei einigen Liedern sichtbare willkürliche Veränderung nicht bei dem größten Teil der Leser ein gerechtes Mißtrauen auch gegen die übrigen einflößen müßte.

Zwei Abwege sind bei dem Volksliede vorzüglich zu vermeiden: der erste ist der einer gesuchten Seltsamkeit; denn da man leicht bemerken kann, daß besonders die ältern unter den Volksliedern sich nicht selten durch etwas wunderlich Abgerissenes, halb Rätselhaftes auszeichnen, wodurch ihre rührende Kraft und der ihnen eigene Reiz noch erhöht wird, so setzen einige das Wesen des Volksliedes vorzüglich in diese Unverständlichkeit, die sie nun nicht bloß lassen, wo sie sich etwa schon findet, sondern geflissentlich aufsuchen, und nie genug davon haben können, welches leicht zum Abgeschmackten führen kann. Dieser Abweg findet natürlich nur bei den willkürlich ändernden Sammlern statt, oder bei denen, welche die Art und Weise des Volksliedes in eignen Gedichten absichtlich nachbilden zu können vermeinen. Auf diesem Abwege glauben wir die Sammlung von Arnim und Brentano einigemal betroffen zu haben. Der andre Abweg ist noch einfacher, da man das Rohe und Gemeine, aber auch das Unbedeutende, ganz Alltägliche, mit dem Volksmäßigen verwechselt, und weil in Spinnstuben, Wachstuben und Schneiderherbergen vielleicht mitunter ein würklich schönes Lied gehört wird, voraussetzt, es müsse nun auch alles, was an den erwähnten Orten gesungen und gepfiffen wird, unfehlbar ein wahrhaftes Volkslied sein. Auf diesem Abwege finden wir die gegenwärtige Sammlung, leider! sehr oft. Indessen wollen wir gerne alles, was auch diese Sammlung Gutes und Lobenswertes hat, mit Lob erwähnen. Vollkommnen Beifall geben wir den Grundsätzen, welche die Herausgeber S. VIII und IX aufstellen:

»Wir machten uns bei dem, was wir aus Schriften aufnahmen, die gewissenhafteste Treue zur Pflicht; wir geben alles, wie wir es fanden, nur in allgemein lesbarer und verständlicher Gestalt, durch Hinzufügung oder Berichtigung der Interpunktion und Orthographie, und der notwendigen Verneuung ganz veralteter Formen und Worte; doch auch dies letzte nach bestimmten Grundsätzen und mit Erhaltung vieles Altertümlichen, das an dergleichen Urkunden am ehsten wieder zu verjüngen ist. Auch die metrische Form haben wir, außer bei gar zu großen Ungleichheiten und offenbaren Fehlern, nicht korrekter gemacht. Noch weniger aber haben wir diese Lieder durch Auslassungen, Zusätze, Überarbeitung und Umbildung versetzen, Fragmente ergänzen, oder gar ganz eignes Machwerk dabei einschwärzen wollen; dies ist, aufs gelindeste, eine poetische Falschmünzerei, wofür die Historie keinen Dank weiß. Wer Lust zu solchen Dingen hat, dem lassen wir es allerdings auch frei, und es muß uns freuen, wenn er etwas Treffliches daraus hervorbringt, wer es aber immerhin tut, der sollte es doch wenigstens sagen, oder so tun, daß kein Zweifel darüber bleibt.

Bei vielen Liedern lagen uns verschiedene oft sehr abweichende Exemplare vor, und da blieb freilich unser Urteil die letzte Instanz; wir können uns aber das beruhigende Zeugnis geben, daß wir alle uns zu Gebote stehenden Mittel angewendet haben, uns durch eine gründliche Kritik vor Willkürlichkeit zu bewahren.« –

Es hat diese Sammlung auch das Verdienst, manche Lieder, die sich schon bei Herder, Gräter, Elwert oder in der von Arnim- und Brentanoschen Sammlung finden, vollständiger und berichtigt, mit andern Lesarten, oder in die ursprüngliche Mundart hergestellt, zu geben, wie Annchen von Tharau, No. 75, hier plattdeutsch abgedruckt ist. Unter denen Liedern, welche den Verfassern von auswärts mitgeteilt wurden, schienen uns die schweizerischen Kühreigen No. 99 vorzüglich merkwürdig; der Kodex der Minnesinger zu Kolmar verdient nach der Probe No. 50 die größte Aufmerksamkeit und eine nähere Bekanntmachung. Die flamländischen und französischen Lieder fanden wir fast ohne Ausnahme unter aller Kritik, wir müßten denn höchstens No. 10 der flamländischen ausnehmen. Unter den übrigen, die noch keine der andern Sammlungen enthielt, erwähnen wir noch als vorzügliche Stücke No. 4 und 88, aus einem alten Buche in Herrn Eschenburgs Bibliothek; 62 nach einem fliegenden Blatt, und 65 aus Herrn Nikolais handschriftlichem Vorrat. Hier wären wir aber mit unserm Verzeichnis schon ziemlich am Ende; einige ältere Lieder, wie das Minnelied von Walther von der Vogelweide No. 34, und der edle Möringer No. 44, stehen wie edle Fremdlinge da, unter der übrigen so schlechten Gesellschaft, und wir wünschen nur, daß die Melodien, für deren sorgfältige Aufbewahrung die Herrn Herausgeber bemüht waren, den Beifall der Musikkenner, deren Prüfung wir sie überlassen, in einem so hohen Grade erhalten mögen, daß die Armutseligkeit der Gedichte dadurch verdeckt und entschuldigt werden kann. Oftmals sind die Herausgeber selbst auch bemüht, durch eine bedeutende Beziehung in der Erklärung ihren Liedern einen höhern Wert zu leihen, als man sonst wohl darin suchen würde; über das Mailied No. 30, welches Kinder in der Gegend von Speyer im Frühling beim Herumtragen einer großen Brezel sangen, wird bemerkt, daß: »die Erwähnung eines goldnen Tisches auf ein rohes Zeitalter, die Erwähnung gebackner Fische aber auf die Nähe des Rheins hindeute; in dem Ganzen sei heidnische Mythologie, oder Vergötterung der Natur ausgedrückt, und dramatisch dargestellt.«

Das Lied 115:

> Eene, meene, mieken, Mäken,
> Hät en Metzer, will die stäken,
> Hätt en Stock un will die schlån.
> kumm will'n beid' na England gåhn.
> Engelland is togeschlåten ... usw.

stamme, wegen der merkwürdigen Erwähnung von England, vielleicht noch aus den Zeiten der Wanderungen der Angeln und Sachsen nach Britannien!

Das zuletzt angeführte Gedicht gehört schon zu denen, welche die Herausgeber selbst aus dem Munde des Volks in ihrer Gegend aufgezeichnet und gesammelt haben. Die meisten derselben verdanken wir der Uckermark, einigen Bewohnern der Pommerschen Grenze, und den Milchmädchen in der Priegnitz. Um nun in Augenschein zu nehmen, was es da für Blüten gibt, führen wir eins der eigentümlichsten kürzern Stücke ganz an:

> Wiegenlied
> Puthöneken, Puthöneken,
> Wat deiß in unsen Går'n?
> Du plückst uns all de Blömkens aff,

> Du måkst et all to groff.
> Mamaken, de wärd kiewen,
> Papaken, de wärd schlån;
> Puthöneken, Puthöneken,
> Wat deiß in unsen Går'n.

Den Charakter dieses merkwürdigen kleinen Gedichts würden wir in der neuesten Manier der Charakteristik etwa so bestimmen: wunderbar einschläfernd; durchaus die kindliche Hühnerfreude; dabei eine leise Erinnerung an den Sokrates, zu dessen Zeiten man dem heidnischen Aeskulap noch Hähne opferte. – Wenn aber die Herrn Herausgeber dem artigen Puthöneken seine gebührende Stelle nicht mißgönnten, so begreifen wir nicht, warum sie gegen andre ebenso merkwürdige Gebilde der dasigen Naturpoesie spröder waren; ungern vermißten wir jenes bettelhaft zufriedene, in lustiger Armut sich selbst genießende:

> Hänschen saß im Schornstein
> Und flickte seine Schuh –

ferner das schreckhaft aus dem Sumpf klagende:

> Unk, unk, unk,
> Vor Zeiten war ich jung,
> Hätt' ich einen Mann genommen
> Wär' ich nicht in Teich gekommen.

Vor allen, das kindlich, fratzenhaft erfreuliche:

> Schnecke, fifecke
> Steck deine vier Hörner heraus usw.

und jenes schon kunstreichere:

> Ringe, Ringe, Rosenkranz.
> Setz ein Töpfchen Wasser bei;
> Morgen woll'n wir waschen,
> Große Wäsche,
> Kleine Wäsche,
> Kikiriki.

wo die Steigerung aus dem anfangs ganz gelinden Waschgefühl bis zu einer endlich sich selbst überspringenden Lustigkeit in der Tat göttlich durchgeführt ist. Vorzüglich hätten wir aber von der Gründlichkeit der Herrn Herausgeber eine durchgreifende kritische Untersuchung erwartet über die Verschiedenheit der Lesart in jenem berühmten, zwar nur kurzen, aber gewiß einem der schönsten Lieder aus des Knaben Wunderhorn:

> Maikäfer flieg
> Der Vater ist im Krieg,
> Die Mutter ist im Pulverland,
> Und Pulverland ist abgebrannt.

über welches Gedicht, in Rücksicht der streitigen Lesart, vielleicht nur von Pommern her ganz befriedigender Aufschluß erwartet werden kann.

Freilich würde, was die Lieder dieser Gattung betrifft, der Reichtum selbst eine Art von Hindernis verursachen; dieser Reichtum ist so groß, daß wenn die Herrn Herausgeber sich mit ebenso sorgfältigen Sammlern in mehreren Gegenden Deutschlands verbinden wollten, wir gar nicht zweifeln, daß ihr Vorrat bald für einige starke Foliobände zureichen würde; es wäre auch so leicht keine Gefahr, daß da eine Abnahme gespürt werden möchte, denn es vergeht wohl kein blauer Montag, an dem nicht in größern und kleinern Städten des ehemaligen heil. römischen Reichs zusammengerechnet einige hundert solche Lieder gedichtet werden. Und sollte dies alles noch nicht zureichen, so können wir einen leichten und unfehlbaren Handgriff angeben, wo es an Volksliedern, die man sammeln könnte, gebrechen sollte, dergleichen selbst in beliebiger Menge zu machen: man nehme das erste beste Gedicht von Gellert oder Hagedorn, und lasse es von einem Kinde von vier oder fünf Jahren auswendig lernen; es wird gewiß an romantischen Verwechslungen und Verstümmlungen nicht fehlen, und man darf dieses Verfahren nur etwa drei- bis viermal wiederholen, so wird man zu seinem Erstaunen statt des ehrlichen alten Gedichts, aus dem Goldenen Zeitalter, ein vortreffliches Volkslied nach dem neuesten Geschmack vor sich sehen. Manche der eigentümlichsten und wunderbarsten unter den neuesten Volksliedern verdanken einem ähnlichen Verfahren des Zufalls oder der Absicht ihre geheimnisvoll natürliche Entstehung.

Wir glauben indessen, es würde für das Publikum sowohl, als auch für die Herrn Herausgeber selbst geratener sein, wenn sie, statt ferner noch solche Volkslieder zu sammeln, irgendeine der in der Vorrede angekündigten Unternehmungen ausführten. Wenn ihre Wahl diesmal nicht glücklicher und ihre Ernte nicht ergiebiger ausfiel, so bedauern wir dies um so mehr, da wir weit entfernt sind, die Neigung der Herrn Herausgeber zu der vaterländischen Volkspoesie an sich tadelnswert zu finden, und der eine derselben, der Herr von der Hagen, durch seine verdienstvolle Bearbeitung des Liedes der Nibelungen seine Kenntnisse und sein Talent für die Bearbeitung unsrer ältern Literatur schon auf das gültigste bewährt hat. – Eine erklärende Sammlung von den historischen und politischen Kriegs- und Siegsliedern, wie sie die Vorrede ankündigt, würde eine wesentliche Lücke unsrer Literatur ausfüllen. Eine nähere Bekanntmachung des Kämpe Wisers und anderer alten dänischen Liederbücher würde um so wünschenswerter sein, da sie bis jetzt nur wenigen Literatoren bekannt sind. Nicht so würden wir zu einer Übersetzung der englischen oder der spanischen Romanzen raten; sie könnte nur dann einen Wert haben, wenn sie zu derjenigen Vollendung und Vollkommenheit durchgeführt würde, für die uns die vortrefflichen Dichterübersetzungen, die wir besitzen, den Maßstab geben: das dürfte aber, besonders für die englischen Romanzen, wohl zu dem schwersten gehören, was sich in der Art versuchen oder wagen ließe. Zweckmäßig aber wäre ein korrekter Abdruck des kleinen spanischen Romancero, und eine Auswahl der ältesten, besten und eigensten, wahrhaft poetischen, oder historisch merkwürdigen englischen Lieder, in einigen Bänden, da der Sammlungen von Percy bis auf Pinkerton, und die neuesten, so gar viele sind; an Liebhabern der spanischen und der engländischen Sprache fehlt es ja in Deutschland nicht. Oder möchten die Herrn Herausgeber ihre Bemühungen lieber der ältern vaterländischen Literatur widmen, wo noch so manches unbearbeitet und unbenutzt der völligen Vergessenheit entgegenschlummert, so würden wir ihnen den Hans Sachs empfehlen; dieses ist ein rechter Volksdichter von allgemein anerkannter Vortrefflichkeit. Ein zweckmäßiger Auszug aus seinen Werken wäre sehr zu wünschen, da der einzige bis jetzt gemachte Versuch der Art nicht fortgesetzt worden, auch nicht sehr in Umlauf gekommen ist; und hier hätten die Herrn Herausgeber dann eine reiche und bessere Gelegenheit, ihre Kenntnis der Sprache und der vaterländischen Altertümer und Sittengeschichte in erklärenden Anmerkungen sehen zu lassen.

»*Goethes Werke*« nach der Cottaschen Ausgabe von 1806

Erster bis vierter Band

Erster Band. Lieder. Vermischte Gedichte. Balladen und Romanzen. Elegien. Episteln. Epigramme. *Zweiter und dritter Band.* Wilhelm Meisters Lehrjahre. *Vierter Band.* Die Laune des Verliebten. Die Mitschuldigen. Die Geschwister. Mahomet. Tancred. Elpenor, Fragment.

Es ist keine leichte Aufgabe, die Werke eines Dichters, der ein Menschenalter hindurch so bedeutend und mächtig auf seine Zeitgenossen gewirkt hat, ich will nicht sagen zu beurteilen und ihnen ihr wahres Verhältnis in der Bildungsgeschichte der Kunst und des Zeitalters zu bestimmen, sondern auch nur auf eine solche Weise über sie zu reden, welche den Leser wirklich fördert, ihm manches im Einzelnen verständlicher macht und im Ganzen der höhern Erkenntnis des wahren Wesens der Poesie näherführt. Es gehört ein Entschluß, ja eine Art von Selbstverleugnung dazu. Zwar wenn der Beurteiler zu seinen andern Vorzügen auch noch den der Jugend und Unerfahrenheit besitzt, so geht es beträchtlich leichter vonstatten. Er wird sich alsdann vor allen Dingen ein philosophisches System, es sei nun über die Dichtkunst und Schönheit überhaupt, oder über eine besondre Art derselben, über die Tragödie, den Roman, usw. ersinnen. Jener unversiegliche Strom, welcher der akademischen Jugend nacheinander Kategorien und Ideale, Polaritäten und Indifferenzen, naives Genie und absolutes Wissen mit gleicher Ergiebigkeit lieferte, wird es ihm an Materialien dazu niemals fehlen lassen. Er genießt das unbeschreibliche Vergnügen, seine kleine Theorie in embryonischer

Gestalt gleich in der Freude des ersten Empfängnisses vorzutragen. Der Dichter und sein Werk müssen sich schon darnach fügen; bleibt ja eine beträchtliche Lücke, so wird sie durch ungemessene Lobsprüche ausgefüllt, oder wenigstens um so minder fühlbar sein, je mehr der unbefangene Geist in sich selbst und in die glücklich entdeckte Übereinstimmung versunken und in das Wesen eines Andern einzudringen unfähig ist. Wie aber, wenn der Beurteiler jene beneidenswerte literarische Unschuld unwiederbringlich verloren hat, wenn es ihm nicht mehr möglich ist, die Urteile und Ansichten der Anders- oder auch der Gleichgesinnten zu vergessen, wenn er selbst in der Literatur befangen ist, wenn er vielleicht einen beträchtlichen Teil seines Lebens mit dem Zeitalter in freundlicher und in feindlicher Berührung verlebte; wenn er sich endlich durch sorgfältige Beobachtung überzeugt hat, daß es grade die ästhetischen Beurteilungen sind, oder überhaupt die in den letztern Jahren wieder mehr als je herrschend gewordene Wut nach wissenschaftlichen Formeln und leeren Paradoxien, wodurch bei einer von Natur tief fühlenden Nation das lebendige poetische Gefühl täglich mehr abgestumpft und verschwemmt wird! Was soll er dann tun? Soll er das Beste, Bedeutendste und Edelste mit Stillschweigen übergehen, das Mittelmäßige, wie es etwa die eignen kleinen Zwecke erfordern, begünstigen und beschützen, das Erbärmliche aber lobpreisen, um sich das angenehme Gefühl zu verschaffen, daß sein Einfluß wohl hinreichend sei, auch dem, was an sich nichts ist, einen Schein des Daseins zu verleihen? Eine solche nach Absicht und Gelegenheit bestimmte Kritik überlassen wir andern, und wenden unser betrachtendes Kunststudium lieber gleich zu dem Vortrefflichen und Wichtigsten, was die Zeit eben darbietet, zu dieser neuen Ausgabe von Goethes sämtlichen Werken.

Es sei uns vergönnt, zuerst unsre Freude über diese Erscheinung in Beziehung auf den gesamten Zustand der deutschen Poesie überhaupt und die Fortschritte derselben in den zunächst verflossenen Jahren kund zu geben. In der Tat, seit Schiller durch sein letztes vortreffliches Werk, Wilhelm Tell, noch die vorigen übertraf und krönte, war die Ausbeute der deutschen Literatur für Poesie nicht sehr reich. Zwar fehlte es nicht an mancherlei neuen Erscheinungen. Tieck, und was A. W. Schlegel aus dem Spanischen übersetzte, fanden mehrere Nachahmer, denen man gewiß nicht allen das Dichtertalent absprechen kann; nur daß sie uns die romantische Schönheit des spanischen Dramas in einer gar zu diminutiven Gestalt wiedergaben. Neben den spanischen fehlte es auch nicht an griechischen, ja an wahrhaft hypergriechischen ebenso verfehlten und ebenso gehaltleeren tragischen Dramoletts, da die Versuche und die Äußerungen mehrerer Dichter von verschiedenen Seiten her zusammentrafen, um den alten Wunsch nach der Wiederherstellung der griechischen Tragödie, ganz in der strengsten Form, sogar die Chöre mit eingerechnet, von neuem zu beleben. Es liegt in der Natur der Sache, daß der Nachahmer eher den mißlungnen Versuch als das vollendete Werk des Meisters zu seinem Vorbilde wählen wird. Was schon auf der Spitze steht, und gefährlich an den äußersten Grenzen schwebt, wird er noch übertreiben wollen; bis der redliche Kunstfreund nur gar zu deutlich inne wird, wo das Verfehlte auch schon in dem ersten noch aus wahrem Dichtergefühl hervorgehenden, nur in den Mitteln irrenden Streben lag, der gleichgültige Leser aber, ohne viel zu unterscheiden, alles unter der Benennung der Abgeschmacktheit der neuen Zeit zusammenwirft.

Es fehlte auch nicht an Versuchen, die große Lücke, welche Schillers Verlust auf der deutschen Bühne ließ, auszufüllen, Versuche, an denen bis jetzt der gute Wille wohl am meisten zu loben war. Sogar aus Polen, von den alten heidnischen Preußen, und aus der Rumpelkammer geheimer Gesellschaften und ihrer vielbedeutenden Zeremonien wurden die Ingredienzien zu jenem dramatischen Allerlei herbeigesucht, worin man das wahre Geheimnis des romantischen Schauspiels ergriffen zu haben wähnte. Unzählig endlich war auch in den letzten Jahren die Menge der neu auftretenden, durchaus genialischen Kunstjünger, die innigst überzeugt von der Schädlichkeit des Studiums für das wahre Genie, den Nahrungsstoff ihrer Originalität, denn ganz ohne solchen mag sie doch auch nicht bleiben, nur in den berühmtesten Schriftstellern und Werken des letzten Dezenniums suchten, und jeden neuen Gedanken wie eine beliebte Melodie so lange abzujagen verstehen, bis er den Geist wohl aufgeben muß. Diese Gattung ist unvergänglich, nur hat auch sie ihre Zeiten, wo sie sichtbarer wird, andre, wo sie wieder in das Dunkel zurücktritt.

Zwar ließen mitten in dieser Verwirrung noch einzelne, früher bekannte Dichter ihre Stimme wieder vernehmen, aber unser Publikum ist so sehr gewohnt, Meisterwerke auf Meisterwerke in einer stetigen Reihe folgen zu sehen, daß ein Schriftsteller, der nicht von Messe zu Messe mit einem gewichtigen Bande auftritt, gar leicht in Vergessenheit oder wohl gar in Gefahr gerät, nach einer neuerdings beliebten Formel, für nunmehr tot, und so gut als gestorben, erklärt zu werden.

Wie dem auch sei: manche, die am meisten Beruf gehabt hätten zu reden, schwiegen wirklich. Von Goethe war in einer Reihe der letzten Jahre Eugenie das einzige größere Werk, was erschien, aber unvollendet blieb.

Desto erfreulicher ist diese neue Ausgabe von Goethes Werken, die uns ohne Zweifel manches ganz Neue geben, manches Ältere in noch reinerer Gestalt, oder auch in derselben, aber durch die Gesellschaft des Neuen mit erneuert, wiederbringen wird; und kann uns die Erscheinung derselben auf jeden Fall in der immer mehr verbreiteten Liebe zu einem Dichter, der sehr oft weniger nach dem allgemeinen Beifall strebte, als vielmehr die selbst erkannten Grundsätze ohne Rücksicht zu befolgen bemüht war, einen schönen Beweis von den Fortschritten des Kunstsinns in Deutschland gewähren.

Des Neuen, was die ältere Ausgabe nicht enthielt und was auch noch sonst nicht gedruckt war, ist in den vorliegenden vier Bänden nur wenig; wir glauben dem Wunsche des Lesers zu entsprechen, wenn wir unsre Anzeige nicht bloß auf dieses beschränken. Das Urteil der Nation über einen klassischen Schriftsteller, besonders einen Dichter, kann nur allmählich reifen und sich bilden. So viel Treffendes und Geistvolles auch schon über die Werke des Verfassers und seinen Dichtergeist im Allgemeinen gesagt worden ist, so glauben wir doch keineswegs, daß das Urteil über ihn schon vollendet, ein durchaus richtiger Begriff von ihm und seinen Werken schon vorhanden wäre. Die Zeit erst kann einen solchen zur Reife bringen, nicht der Einzelne muß ihn allein entscheidend festsetzen wollen; aber ihn an unserm Teil mit entwickeln zu helfen, das werden wir in diesen Blättern versuchen.

Sehr zweckmäßig beginnt die ganze Sammlung mit den Liedern, den lyrischen Gedichten, und dem Meister; denn wenn uns kein andres Werk des Verfassers so genau und so vielseitig mit den Ansichten desselben von der Welt und der Kunst, ja mit den Grundsätzen und Absichten, nach denen er seine Werke bildete, bekannt macht, als der genannte Roman, so finden wir dagegen in den Liedern Ihn Selbst, sein eigenstes Wesen nach allen Verschiedenheiten besonderer Stimmungen und Zustände fast noch klarer und in der verschiedenartigsten Mannigfaltigkeit ausgesprochen.

Es liegt dies ganz in der Natur der Sache. Das lyrische Gedicht, das Lied, ist die freieste Äußerung der Poesie; und wenn wir bei größeren poetischen Werken, besonders wenn dieselben nicht unser ganzes Wesen leidenschaftlich oder begeistert ergreifen und mit sich fortreißen, sondern durch die ruhige Behandlungsart auch uns in die Stimmung gesammelter Betrachtung und besonnener Aufmerksamkeit versetzen; wenn wir bei solchen Werken nur gar zu leicht von dem poetischen Eindruck selbst auf den Gegenstand des Gedichts, auf die Grundsätze, Vorbilder und Zwecke des Künstlers, auf die Gesetze und die Idee der Gattung, welcher das Werk angehört, hinübergleiten, so ist das Lied dagegen ganz rein von solchen fesselnden Beziehungen. Frei von den Gesetzen der Kunst wie von den Beschränkungen der gemeinen Wirklichkeit, tönt die Stimme des Liedes aus der geheimnisvollen Tiefe des Menschengeistes und der Poesie hervor; abgerissen und einzeln, ja rätselhaft für den Verstand, dem Gefühl aber deutlich, und so bestimmt, daß, wo ein solcher Ton einmal eindrang, er für immer in der Seele bleibt, und wo er auch zu schlummern scheint, durch die leiseste Erregung doch leicht wieder hervorgerufen und als derselbe, der alte von ehemals, wieder erkannt wird.

Freilich, welches Schöne und Freie suchte nicht der bloß mechanische Bildungstrieb in seine Sphäre herab zu ziehen und durch wohlgemeinte Vervielfältigung zu entadeln und zu entseelen! Man glaube nicht, daß wir hiermit bloß und allein auf die nie versiegenden Nachahmungen oder Ergießungen der unberufenen Sängerzunft zielen; etwas Ähnliches widerfährt wohl auch dem wahren Künstler, der in andern Rücksichten auf eine hohe, auf die erste Stufe mit Recht gestellt wird. Wir könnten berühmte Dichter nennen, die es nicht erst ihren Nachahmern überlassen haben, ihre Melodien zu Tode zu singen. Es geschieht diese Entseelung des Liedes um so leichter, je mehr der Dichter eine gleichmäßig bestimmte, künstlichere oder gar ausländische Form erwählt. Der Ausdruck wird alsdann meistens charakterlos, allgemein und kalt, wo doch oft ein sehr wahres und tiefes Gefühl zum Grunde lag; oder er wird, wo die Eigentümlichkeit dennoch hindurchbricht, als Manier erscheinen.

Von den Gedichten des Verfassers in elegischem Silbenmaß werden wir nachher noch insbesondere reden; von den andern vermischten Gedichten aber und eigentlichen Liedern glauben wir ohne Übertreibung sagen zu dürfen, daß jedes derselben ein Wesen eigner Art, jedes derselben ganz eigentümlich sei; diesen einfachen Lobspruch würden wir vielleicht nur wenigen unter den erwähltesten Dichtern aller Zeiten zugestehen.

Der Verfasser hat die lyrischen Gedichte des ersten Bandes unsrer Sammlung unter die Rubriken Lieder, vermischte Gedichte, Romanzen und Balladen eingeteilt. Man denke sich die Seele des Dichters wie einen reichen Grund, wo neben der hochanstrebenden und reich entfalteten Zeder auch manche unscheinbare Gewächse und Gesträuche den Boden schmücken, deren Anmut oder Eigenheit den Sinnigen nicht minder erfreut, und wo in der Fülle oft manches zurückgedrängt wird und in der halben Entfaltung stehen bleibt. Was auf diese Art fragmentarisch von dem Dichter hervorgebracht wird oder, wenn man lieber will, in ihm entsteht, ist darum noch nicht immer ein Lied; denn es ist nicht genug, daß dieses aus einer besondern Stimmung des Dichters hervorgegangen sei, es muß sich auch von der Seele des Dichters ablösen und ein unabhängiges Leben in sich tragen, um zur Sage werden und im Munde des Gesanges die Jahrhunderte durchwandeln zu können. Ganz bestimmt ist also der Unterschied zwischen vermischten Gedichten, fragmentarischen, subjektiven Ergießungen des Dichters und Liedern, den objektiven Stimmen der innern Poesie, wenn uns anders dieser Ausdruck vergönnt ist; denn auch das Gefühl hat seine Tiefen und ewig bleibenden Grundzüge, welche sich wie ein Sagenstrom durch alle Zeiten hindurchziehen. Der Unterschied selbst ist bestimmt; doch gibt es einzelne Gedichte genug, die zwischen dem gar nicht mehr an dem Dichter klebenden, ganz in sich selbst klaren und beseelten Liede, das Aller Eigentum ist, und der bloß persönlichen Ergießung ungewiß und unentschieden in der Mitte schweben.

Nun bliebe noch die Grenze zwischen dem Liede und der Romanze festzusetzen; aber ohne uns hier in allgemeine Untersuchungen zu verlieren, dürfen wir wohl behaupten, daß dieser Unterschied, in dem vorliegenden Fall wenigstens, nicht immer ganz bestimmt und überall anwendbar ist. Ein Lied, das sich an irgendeine Volksmelodie anschließt, das nicht in der eignen Person gedichtet ist, sondern in irgendeiner mehr oder minder aus der romantischen Sage entlehnten, besonders wenn in diesem mythischen Hintergrund irgendeine Geschichte andeutend vorausgesetzt oder wohl gar teilweise erzählt wird, nähert sich durch diese Bedingungen stufenweise immer mehr der Romanze und geht endlich ganz in dieselbe über, wie des Schäfers Klagelied oder das Bergschloß. Weit entfernt, dieses für eine unvollkommne Mittelgattung zu halten, glauben wir vielmehr, daß diejenigen Lieder oder Romanzen die vollkommensten sind, von denen es schwer sein würde, zu entscheiden, ob sie das eine oder das andre seien, weil sich beide Elemente, die tiefe Eigenheit des Gefühls und die geheimnisvolle Andeutung der Phantasie, nach Art des Volks und der alten Sage so innig durchdrungen haben, daß sie nicht mehr geschieden werden können. Umfaßt ja doch der Name des Liedes in seinem ursprünglichen Sinne den erzählenden Dichtergesang ebensowohl als den des bloßen Gefühls.

Wir erlauben uns daher, für unsre Ansicht einer andern Einteilung zu folgen; wir nehmen die objektiven Lieder gleich mit zu den Romanzen, und rechnen dagegen noch außer den vermischten Gedichten auch manche Stücke, welche der Verfasser mit zu diesen gestellt hat, zu den bloß persönlichen Gelegenheitsgedichten und unfertig gebliebenen Dichtungsfragmenten.

Unter den früher bekannten Liedern würden wir dem König von Thule, dem Sänger, dem Fischer, und nächstdem dem Erlkönig den Preis zuerkennen. Lieder wie diese sind es vorzüglich, die, wenn anders die jetzige Dichtkunst irgend Unvergängliches hervorbringen mag, im lebendigen Munde des Gesanges als ein Eigentum des gesamten Volks die Jahrhunderte überdauern mögen, während der Roman vom Geiste der Zeit, die Bühne von der äußern Lage der Nation, die höhere Dichtkunst von Religion und Philosophie abhängig ist. Ja wenn die Frage davon ist, ob eine Nation mitten unter allen prosaischen Verhältnissen und Beschränkungen der jetzigen Zeit doch noch eine Erinnerung von Poesie besitze, so wird es vorzüglich darauf ankommen, ob sie einen reichen Vorrat, einen zureichenden Zyklus solcher Lieder besitze. Da sich jetzt so viele Freunde der Poesie mit der Aufsuchung alter Volkslieder beschäftigen, so wäre es erwünscht, wenn einer oder der andre, dem die Hülfsmittel dazu bei Handen sind, uns belehrte, welches alte Bruchstück, welcher Zug der Sage etwa bei dem einen oder dem andern jener Lieder dem Dichter vorgeschwebt haben kann. Das Verdienst desselben würde dadurch gewiß nicht gemindert werden, sondern unstreitig in noch erhöhtem Lichte erscheinen. Auch Bürger hat trotz der Einseitigkeit seines Sinnes, und der Übertriebenheit seiner Behandlungsart, große unleugbare Verdienste um das Volkslied, dessen Tiefe zu erforschen er redlich bestrebt war. Stolbergs Romanzen sind leichter, geflügelter, und darstellender; besonders zeichnen sie sich durch den ritterlichen Adel aus. Goethe aber behauptet wohl vor allen den Vorzug der Mannigfaltigkeit und der Tiefe. Einen magischen Reiz gibt seinen Liedern das Abgerißne, Geheimnisvolle, Rätselhafte des Gedankens oder der Geschichte, bei der vollkommensten äußern Klarheit. Freilich kann dies, sobald es mit Bewußtsein geschieht, gar bald in absichtliche Seltsamkeit ausarten, die denn auch bei den Nachahmern und Nachäffern Goethes im Volksliede in so reichem Maße und in der vollen Begleitung aller nachfolgenden Verkehrtheit angetroffen wird. Bei Goethe selbst aber sind die schönsten Lieder durchgängig bis zur vollkommensten Klarheit durchgeführt, und nur einige der minder vollkommnen sind auf dem Wege dahin stehen geblieben. Wie viele andre könnten neben den erwähnten Liedern noch mit Ruhm genannt werden! Heidenröslein, das Veilchen, der untreue Knabe, sind jedem bekannt; das Blümlein Wunderschön ist so zart spielend, als liebevoll herzlich. Der Junggesell und der Mühlbach spricht uns wunderbar musikalisch an; ja wenn wir zu so vielen vortrefflichen der früheren den Reichtum der in dieser Ausgabe neu hinzugekommen, wenn wir die Verschiedenheit aller und die Vortrefflichkeit der einzelnen betrachten, so möchten wir uns beinah zu dem Ausspruch berechtigt halten: daß Goethe wohl in keiner Art der Poesie einen höheren, oder auch nur einen gleichen Grad der Vollkommenheit erreicht habe, als in den

Liedern, wenn nicht anders ein so bestimmter und bedingter Lobspruch schon geeignet ist, von Unverständigen als Tadel mißdeutet zu werden.

Unter den neu hinzugekommenen zog uns vorzüglich an des Schäfers sehnsüchtiges Klagelied; noch mehr aber das alte, verfallne Bergschloß. Diesen beiden Liedern gibt das magische Dunkel einen eignen Reiz. In dem Hochzeitslied scheint uns die Dunkelheit mehr ganz lokal und persönlich, als romantisch zu sein; doch ist die Fülle der Phantasie darin, welche auch der Vers angemessen ausdrückt. Zur vollendetsten Klarheit durchgedrungen ist das Lied: Vanitas! vanitatum vanitas! dem wir nur eine einfachere Überschrift wünschten; ein ergötzliches Beispiel echt deutschen Volkswitzes! Voll froher Laune und Lustigkeit ist auch Ritter Curts Brautfahrt, das würdige Stiftungslied, und der unvergleichliche Rattenfänger. Vor allen würde die Kriegserklärung den Preis der Anmut und Lieblichkeit davontragen, wenn die nachfolgenden Strophen mit den beiden ersten von gleicher Schönheit wären. Wir haben einigemal bemerkt, daß die Lieder des Verfassers, aus einem sehr gefühlvollen und romantischen Aufluge im Anfange, gegen das Ende mehr in das Prosaische und Ironische herabsinken; wie dies auch unsers Bedünkens in den ältern schönen Liedern: Willkommen und Abschied, Neue Liebe, neues Leben, der Fall ist.

Dieses wären nun die vortrefflichsten unter den eigentlichen Liedern. Noch sind einige Romanzen zurück: der Wandrer und die Pächterin, dessen Beziehung ganz persönlich sein mag; die Walpurgisnacht, wo nur die allzu prosaische Erklärung des bekannten Volksaberglaubens wohl durch keine, auch noch so dichterische Behandlung der Poesie angeeignet werden konnte; die Braut von Korinth, die sich durch die hohe Vollkommenheit der Darstellung bei einem widerstrebenden Stoff, und der Gott und die Bajadere, die sich, wo nicht durch die innere Tiefe, indem der eigentliche schöne Sinn der indischen Sage ganz darin verfehlt ist, doch wenigstens, von dem Stoff und dessen dichterischem Verständnis abgesehen, durch die äußere musikalische Fülle empfiehlt. Wir haben dieser letzten beiden nicht neben den andern eigentlichen Liedern erwähnen wollen, weil sie aus einer fremden Mythologie entlehnt sind, oder auf eine weniger bekannte Besonderheit des alten griechischen Volksglaubens sich beziehen. Wie weit es auch in andern Gattungen der Poesie vergönnt sein mag, um sich zu greifen und auch die entlegenere und ganz fremde Sage in ihren Kreis zu ziehen: von dem Liede fordern wir, daß es deutsch sei.

Wir gehen nun zu der zweiten ungleich zahlreichern Klasse der persönlichen Gelegenheitsgedichte und vermischten dichterischen Fragmente über. Viele derselben sind wohl als wahre eigentliche Lieder gemeint, und es nur deswegen nicht völlig geworden, weil sie nicht ganz aus dem Dichter herausgetreten und nicht objektiv geworden, sondern nur subjektiv verständlich, oder nach Gelegenheit auch ganz unverständlich geblieben sind. Für die größere Zahl aber besonders derer, die der Verfasser unter den Namen der vermischten Gedichte zusammengestellt hat, dürfte der richtigste Gesichtspunkt wohl der sein, wenn wir sie als den ersten Ansatz der Gedichte im elegischen Silbenmaß betrachten. Hieher zählen wir besonders die ganze Reihe der reimfreien Monodien in mythischen Sinnbildern, unter denen Prometheus an Reichtum des Gedankens die erste Stelle einnimmt. Je abweichender, je ausgesetzter dem Tadel die in diesen Fragmenten herrschende Ansicht der Dinge ist, je mehr wünschten wir, daß sie vollkommen ausgesprochen und entfaltet, und alle die Bruchstücke in ein Ganzes verbunden sein möchten.

Unter den neu hinzugekommenen, vermischten subjektiven Liedern empfehlen sich: Zum neuen Jahr, Tischlied, Generalbeichte, Dauer im Wechsel und die glücklichen Gatten durch ihre Klarheit und frohe Laune. Mehr nur individuell scheint der Nachtgesang. In dem Dithyrambus ist der Gegensatz der mit Klarheit besonnenen und der bacchisch begeisterten Dichter mit starken Farben dargestellt, und auch bloß so genommen das Fragment nicht ohne Wert, doch mag der Dichter auch noch einen andern Sinn damit verbunden haben. Das begeisterte Gedicht Weltseele erregt um so mehr den Wunsch nach einer vollständigen poetischen Darstellung der Naturansicht des Dichters, je weniger es diese ganz klar ausspricht.

Das Sonett ist ein Wort recht zu seiner Zeit; eine vortreffliche Parodie der vielen holprichten und sinnlosen Sonette, womit uns die letzten Jahre, seit A. W. Schlegel diese Gattung wieder einführte, die

Schar der Nachahmer überschwemmt hat. Sonderbar ist es, wie der Instinkt dieser Unermüdlichen immer auf das Kleine, das Einzelne und auf diejenigen Formen geht, die dem Vereinzeln günstig sind. An den ungleich schwerern Terzinen haben sich ebenso viele nicht versehen; dagegen welche Überschwemmung von Sonetten! Ebenso ging es mit den alten Silbenmaßen. An umfassenden Gedichten in Hexametern haben wir, wenn wir auch die bloß philologischen Arbeiten und die ganz mißlungenen Versuche mitzählen, einen so großen Überfluß eben nicht; dagegen welche Anzahl von sinnreichen und sinnlosen, witzigen und aberwitzigen Distichen!

Wir schließen mit der allgemeinen Bemerkung, daß alle diese vermischten Gedichte und Lieder auf einem gemeinschaftlichen Grunde ruhen, welches zugleich das eigentliche Wesen des Volksliedes bildet; dieses ist aber die tiefe Eigenheit des Gefühls, verwebt mit abgerissenen Andeutungen der höchsten Phantasie. Es gibt noch ein ganz andres Element oder, wenn man will, eine andre Gattung der lyrischen Dichtkunst; wenn dieselbe nämlich nicht aus einem besondern, sondern in seiner alles mit fortreißenden Kraft gemeinschaftlichem Gefühle hervorgeht, und sich durch Würde und Ernst und Begeisterung auch äußerlich gleich unterscheidend ankündigt. Diesen Ton haben mehrere deutsche Dichter angegeben, am meisten Klopstock, obwohl in ungünstigen Formen und Verhältnissen; ganz durchgeführt hat ihn noch keiner. Aus begreiflichen Gründen: das Volkslied kann als die letzte Erinnerung an die ehemalige Poesie noch fortdauern, auch bei einem, den äußeren Verhältnissen nach, ganz zerstörten Zustande; zu begeisterten Nationalgesängen bedarf es aber außer dem Dichter noch andrer Verhältnisse, und zum wenigsten einer mitfühlenden Nation.

Gegen die Elegien war anfangs viel Einrede von Seiten der strengen Sittlichkeit; wenn aber dem Dichter nichts zu sagen erlaubt wäre, als was sich in Gegenwart junger Frauenzimmer sagen läßt, so möchte wohl überhaupt keine Poesie möglich sein, am wenigsten aber eine wie die der Alten. Nach diesem Grundsatze müßte man denn auch die Übersetzungen der klassischen Dichter, mit geringer Ausnahme, für etwas ganz Unerlaubtes erklären. Im allgemeinen ist der Sinnenreiz in der Poesie da, wo er absichtlich gesucht wird und vielleicht gar der Mangel an eigentümlicher Erfindung, an sonstiger Kunst und Phantasie, durch ein so schlechtes Surrogat unedel ersetzt werden soll, wie dieses bei manchen modernen Sinnlichkeitsdichtern wohl der Fall ist, im höchsten Grade verwerflich und verdammungswürdig. Die jugendliche Anmut der Gefühle und alles sinnlich Reizende aber, an der rechten Stelle, die es im Leben einnimmt, und in dem bescheidnen Maße eines gebildeten Gefühls, darf man der Poesie, als einer darstellenden Kunst, nicht ganz entziehen wollen, ohne ihr eigentliches Wesen, als volles Lebensgemälde der Phantasie, mit zu vernichten. Es ist eine zarte Grenze hier, worauf das sittliche Ebenmaß beruht, und nicht in der Pedanterie des Schicklichen, die sich an ein einzelnes Wort oder Bild hängt, um irgendein Ärgernis zu finden. In der poetischen Absicht selbst sind die großen Dichter des Altertums vielleicht strenger, wenigstens reiner und unbefangener als die neuern Poeten; aber im Stil und Ausdruck war ihnen eine freiere Grenze gezogen. Am sonderbarsten dünkte es uns daher, diesen moralischen Einwurf auch von solchen zu hören, die da glaubten, daß unsrer Poesie durch Nachbildungen der alten Dichter vorzüglich geholfen und geraten sei, und ihr doch einen wenngleich sehr mäßigen Gebrauch der antiken Freiheit nicht vergönnten. Noch gibt es eine andere mehr aus der Geschichte der deutschen Literatur hergenommene Antwort auf diesen Tadel. Nachdem die Lohensteinische Schule in eine spielende Üppigkeit entartet war, die nur zu oft in das wirklich Unsittliche, ja Schmutzige überging, so suchten nun Klopstock und die Gleichgesinnten mit allem Ernst die Würde der deutschen Poesie wieder herzustellen, nur daß sie dabei leider in das entgegengesetzte Extrem einer zu einförmigen Würde und durchgehenden Feierlichkeit gerieten. Sollte die deutsche Poesie nicht ganz in dieser Monotonie untergehen, so mußte sie sich wieder auf eine freiere Weise bewegen, und aus den unermessenen Regionen des Himmels wieder auf die Fluren der Erde zurückkehren. Es fehlte auch nicht an Schriftstellern, welche dem Sinnenreiz, den Klopstock verschmäht hatte, ausschließend oder vorzüglich nachjagten, aber auf eine durchaus prosaische Art. Auf eine poetische Weise geschah es vorzüglich durch Goethe, den wir in dieser Rücksicht nicht bloß in der Elegie, sondern auch in vielen andern Werken als den vollkommnen und notwendigen Gegensatz Klopstocks für das Ganze der deutschen Literatur betrachten. Denn daß eine ganze Literatur, oder auch nur alle Poesie einer Nation sich immerfort in jener einförmigen Würde und dem feierlichen Ernst fortbewegen und darauf beschränkt bleiben solle, wie Klopstock den Ton so hoch und streng angegeben hatte, das wird niemand verlangen wollen, oder auch nur selbst irgend wünschenswert finden können.

Die sämtlichen Goethischen Gedichte in elegischem Silbenmaß kann man aus einem zwiefachen Gesichtspunkte beurteilen. Entweder als einzelne lyrische Gedichte, oder aber, indem man sie alle zusammennimmt und sie als ein zusammenhängendes Ganzes betrachtet. Unter dem ersten Gesichtspunkte, als lyrische Gedichte, würden wir sie sehr weit unter die gelungensten Lieder des Dichters setzen. Sie sind weniger eigen und unmittelbar, es ist nicht dieses frische Gefühl, diese Lebendigkeit darin. Am nächsten kommen darin den Liedern wohl Alexis und der neue Pausias, überhaupt die in dieser Abteilung zusammengestellten. In den Römischen Elegien finden wir dagegen weit mehr Unebenheiten und Disharmonisches. Das Geheimnisvolle der Phantasie aber fehlt in allen, muß schon der Form und der Gattung nach fehlen; denn das Rätselhafte in den Weissagungen des Bakis gehört wohl mehr der subjektiven Unverständlichkeit individueller Zuneigungen und Abneigungen an, deren wir auch bei den persönlichen Gelegenheitsgedichten erwähnten. Dieser geheimnisvolle Reiz der Phantasie bewirkt es wohl, wenn wir mehr Poesie in der Art finden, wie die Sehnsucht nach Italien in dem schönen Liede: Kennst du das Land, wo die Zitronen blühn? u. s. w. ausgedrückt ist, als in dem wirklichen Besitz und ruhigen Genuß des kunst- und naturbeglückten Landes, wie ihn alle diese Römischen Elegien und Venetianischen Epigramme schildern. Ja man kann wohl voraussehen, daß manche der schönsten Goethischen Lieder vielleicht nach vielen Jahren noch im Munde des Gesanges leben werden, während diese antiken Nachbildungen nur als eine vielleicht notwendige, aber vorübergegangene Stufe der Bildung in der deutschen Kunstgeschichte ihre Stelle finden werden.

In diesem Sinne würden wir ungefähr urteilen, wenn wir diese Elegien als einzelne lyrische Gedichte in Vergleich mit den andern lyrischen Gedichten und Liedern unsers Dichters betrachteten. Als

Nachbildungen des Antiken aber betrachtet, verdienen sie gewiß alle die Lobsprüche, welche man ihnen in dieser Rücksicht erteilt hat. Der größte Unterschied dürfte sein, daß in den Römischen Elegien, wo man am bestimmtesten an die Triumvirn der alten Elegie erinnert wird, hier und da ein Anhauch von Parodie, ein leiser komischer Anstrich beigemischt ist, der sich bei den Alten nicht findet, der sich aber ganz natürlich einstellt, wenn man nicht in der eignen Weise und Sitte, sondern in einer halb in Ernst, halb zum Spiel angenommenen Maske redet. Sollen aber lyrische Gedichte antike Nachbildungen sein? Oder müssen sie nicht vielmehr ihrer Entstehung nach ganz aus dem Innern des Dichters hervorgehen, in der äußern Erscheinung aber nicht fremd und gelehrt, sondern durchaus national sein, wenn sie auch wieder in das Innere eingreifen sollen?

Dieses ist der Punkt, auf den es eigentlich ankommt. Wir glauben, man müsse alle diese Elegien und Epigramme nicht als einzelne Gedichte, ein jedes für sich, sondern sie alle als ein zusammenhängendes Ganzes betrachten, dem nur die letzte Einheit und Verknüpfung fehlt, um wirklich und in der Tat Ein Werk zu sein, welches dann weit mehr von der didaktischen, als von der lyrischen Art sein würde. Mehrere der ohnehin schon verknüpften Reihen von Epigrammen oder Massen von Elegien erhalten ihren gemeinschaftlichen Mittelpunkt durch die Beziehung auf Italien. Es atmet in allen ein und derselbe Geist; es dürfte das Individuelle, welches ohnehin nur schwach angedeutet ist, nur noch etwas mehr entfernt, es dürften die allgemeinen Ansichten, welche einzeln überall hervorblicken, in der Metamorphose der Pflanzen aber wie in einen Kern zusammengedrängt sind, nur gleichmäßiger entwickelt und entfaltet sein, so würden wir ein Lehrgedicht vor uns sehen, welches uns die Ansicht des Dichters von der Natur und der Kunst, ihrem Leben und ihrer Bildung, einmal vollständig darstellend, von jedem anderen, älteren oder neuen Lehrgedicht durchaus verschieden sein, an Würde und Gehalt der Poesie aber gewiß keinem andern größern dramatischen oder epischen Werke unsers Dichters nachstehen würde. Ein solches Ganzes scheint uns in diesen gehaltvollen Gedichten im Keime zu liegen, und dieses offenbar das Ziel zu sein, nachdem sie mehr oder weniger alle streben.

Es scheint sonderbar, etwas andres von dem Dichter zu begehren, als das, was er uns wirklich gibt und darbietet. Wenn man aber geistigen Hervorbringungen nicht einen falschen Wert leihen, sondern ihnen ihren wahren Wert erhalten will, so ist es notwendig zu zeigen, wohin sie eigentlich streben, gesetzt auch, daß dieses Streben nicht ganz bis zur vollkommensten Gestaltung äußerlich durchgeführt wäre. Aus diesem Gesichtspunkt angesehen erhält auch die gewählte Form des antiken Silbenmaßes ein ganz neues Licht. Wir hoffen überhaupt nicht, daß man unsre obigen Äußerungen so mißverstanden haben könnte, als ob wir den Gebrauch des antiken Silbenmaßes der Elegie entweder überhaupt, oder in dem vorliegenden Falle, ganz verwerflich fänden. Um die deutsche Sprache aus der Gemeinheit, in der sie noch in der ersten Hälfte des achtzehnten Jahrhunderts durch alte Vernachlässigung und die Verwirrung des Zeitgeistes versunken war, herauszuarbeiten, gab es zunächst wohl kein wirksameres Mittel als jene Nachbildungen der strengsten Kunstformen, wozu ihre Bildsamkeit selbst reichen Anlaß gab, und wodurch so manche Meister sich ein unvergängliches Verdienst um sie erworben haben. Als notwendige Bildungsstufe der deutschen Sprache und Kunst müssen diese gelehrten Nachbildungen zum mindesten gewiß in ihrem Wert bleiben. Aus dem gleichen Grunde ist auch die späterhin erfolgte Nachbildung der kunstreichen romantischen Silbenmaße der Italiener und Spanier als eine kaum entbehrliche, wenngleich auch nur vorübergehende Bildungsstufe der deutschen Poesie unsrer Zeit zu betrachten; um nur erst das Gefühl für den Zauber des Reims und des romantischen Gesanges, für alle diese magischen Anklänge der Phantasie, und ihre sinnreiche Verschlingung in den mannigfaltigsten Kunstformen wieder anzuregen; wohin schon das Bedürfnis selbst leiten mußte, grade als Gegensatz der früherhin vorherrschenden antiken Trockenheit. Wollte man nun aber sagen, es seien der Studien und der vorläufigen Bildung endlich jetzt genug, die Poesie müsse nun anfangen, und es sei nichts mehr zu wünschen und nichts mehr an der Zeit, als daß diejenigen, die dazu vorzüglich berufen sind, uns endlich einmal statt aller Nachbildungen der fremden eine deutsche Poesie geben, so läßt sich dagegen für den vorliegenden Fall folgendes mit Recht erwidern: möge sich die deutsche Poesie deutscher Weisen und Formen bedienen, in allen Arten und Werken, die zunächst auf die ganze Nation wirken sollen; aber der Umfang der Dichtkunst ist nicht so eng zu beschränken, es gibt Ausnahmen, es gibt Fälle, wo Stil und Silbenmaß der Alten durch das innere Wesen des Gedichtes selbst notwendig gefordert werden. Der Reim ist in der deutschen Sprache einheimisch, ist ihr eingeboren und wesentlich. Der Reim aber, obwohl die schönste Zierde der Poesie, ist nicht mit allen Kraftäußerungen derselben verträglich; es gibt eine Poesie der Wahrheit, wenn uns dieser Ausdruck vergönnt ist; sie ist es, ohne dramatische Handlung, Leidenschaft und Verwicklung, ja ohne alles Spiel der Phantasie, bloß durch die heitere und gediegene Anschauung, durch die wahrhaft poetische Ansicht der Dinge. Das eben verstehen wir unter dem Lehrgedicht, und diesen hohen Begriff desselben hatten wir im Sinn, indem wir die Vermutung aufstellten, die elegischen Studien unsers Dichters neigen sich nach dieser Seite hin. Für ein solches Lehrgedicht aber, welches in der Fülle der gediegensten Wahrheit selbst des Sinnbildlichen nicht bedürfte, oder doch nur mit einer leisen Andeutung desselben sich begnügte, würde die spielende Umhüllung des Reims vielleicht nicht immer und überall so angemessen sein, als die gediegene Schönheit und kraftvolle Würde des alten Hexameters, oder der Elegie. Auf diese Weise läßt sich vielleicht die noch fernere Beibehaltung des antiken Silbenmaßes in unsrer Poesie wenigstens für einzelne Fälle noch am besten begründen und herleiten.

Überhaupt sollte man niemals an dem einzelnen Gedichte eines wahren Künstlers die Wahl des Silbenmaßes tadeln, mag man auch im allgemeinen über das Silbenmaß selbst und das Verhältnis desselben zur Natur und ferneren Bildung unsrer Sprache denken, wie man will; denn der wahre Künstler wird seiner Form, auch der weniger günstigen, doch Meister, so wie des Stoffes, und es verschmilzt alles zu einem Ganzen, wo sich nun nicht mehr trennen und scheiden läßt, und das man ganz beiseite setzen oder so nehmen muß, wie es nun einmal ist. Für das Individuelle in den elegischen Werken unsers Dichters ist dieses Silbenmaß, grade wie es hier behandelt worden, denn auch so anpassend, als ob es recht eigentlich dazu gebildet wäre, so daß sich schwerlich eine andre ebenso angemeßne Form auch nur in Gedanken ersinnen ließe. Es hat das elegische Silbenmaß, wenn es, so wie hier, nicht in der größten Strenge behandelt wird, etwas so angenehm

Gefälliges und Nachlässiges, daß es bei der harmonischen Weichheit, die ihm doch von seinem Ursprung her bleibt, recht dazu gemacht scheint, jene selbstgenießende Behaglichkeit auszudrücken, welche, als Grundton der mannigfaltig wechselnden Empfindungen, die allgemeine Stimmung der meisten dieser Gedichte ist.

Die rigoristische Prüfung des Silbenmaßes nach den Gesetzen der alten Rhythmik überlassen wir andern Beurteilern, sowie auch die Vergleichung der verschiedenen Lesarten der ältern und der neuen Ausgabe; nur eine fiel uns nach der bloßen Erinnerung so sehr auf, daß wir sie im Vorbeigehen bemerken:

»Dichten ist ein lustig Metier«

wo es sonst hieß:

»Dichten ist ein lustiges Handwerk«

und wir dem Dichter nicht beistimmen können, daß er dem Silbenmaße die ganze Zierlichkeit und Anmut des Ausdrucks aufzuopfern wählte.

Nur eine allgemeine Bemerkung über das elegische Silbenmaß, so wie es sich in deutscher Sprache offenbart, sei uns noch zum Schlusse vergönnt. Wenn es nicht strenge, sondern freier und lose behandelt wird, wie es hier der Fall ist, so zerfällt es meistens in einzelne Distichen, und auch diese haben viel Einförmiges; es neigt daher zum Vereinzeln, und sinkt aus der anfänglichen Würde oft ins Gemeinere. Wird aber nach dem Vorbilde der Alten einer kunstreichen Verschlingung der Verse und Perioden, und der größten rhythmischen Mannigfaltigkeit und Strenge nachgestrebt, so sehen wir kaum, wie der Abweg eines durchaus gelehrten und schweren Stils wird zu vermeiden sein. Man könnte vielleicht eine oder die andere Elegie von A. W. Schlegel anführen, zum Beweise, daß auch bei größerer metrischen Strenge die Klarheit des Stils in diesem Silbenmaß erhalten werden könne; aber es kann dieses Gelingen wohl nur als eine besondere Ausnahme, nicht als eine allgemeine Regel angesehen werden.

Dürften wir unsrer Stimme also einiges Gewicht im Rate der sterblichen Götter und Heroen unsrer Kunst beimessen, so würden wir den Wunsch äußern, die Meister der Sprache möchten, wenn ihnen die alten Silbenmaße denn einmal unentbehrlich sind, lieber dem weitern Anbau des Hexameters ihre Kraft zuwenden, als dem anfangs gefälligen und einschmeichelnden elegischem Silbenmaß, das sich aber bald als ein gefährlich abwärts führendes und unheilbar widerstrebendes für die deutsche Sprache offenbart. Daß ein solches Lehrgedicht, dessen Idee wir anzudeuten versucht, in hexametrischem Rhythmus ebenso würdig und mannigfaltig als im elegischen sich darstellen könne, wird jeder gern zugeben. Nur zwischen diesen beiden Silbenmaßen kann da die Wahl, nur von diesen die Rede sein; denn der Fall, daß ein wahres Bedürfnis des Gebrauchs aller der vielen lyrischen und dramatischen Silbenmaße der Griechen sich begründen ließe, wird wohl nie eintreten. Der wahre Künstler mag sich, wie hier und da einzeln geschehen ist, durch einen vorübergehenden Versuch damit bekannt machen; die weitere Ausführung dieses Fehlgriffs und der vollständige Mißbrauch desselben aber sollte den Neulingen überlassen bleiben, die um das andere unbekümmert, nach der Schwierigkeit der äußern Form zuerst haschen; oder jenen rhythmischen Philologen, bei deren halsbrechenden metrischen Versuchen, wenn sie kühn durchgeführt sind, es immer lehrreich bleibt zu sehen, wie sich unsre edle Sprache zu der methodischen Mißhandlung gebärdet.

Doch schon zu viel haben wir uns der Episoden und der Rückblicke auf den allgemeinen Zustand der deutschen Poesie erlaubt; wir haben noch über Wilhelm Meisters Lehrjahre zu reden, über die noch manches zu sagen ist, so sehr wir auch vieles als bekannt voraussetzen, und um so eher voraussetzen können, da dieses Buch jetzt nicht bloß als ein vortrefflicher Roman, sondern überhaupt als eines der reichhaltigsten und geistvollsten Werke, welche die deutsche Literatur besitzt, allgemein anerkannt und verehrt wird, und auch schon mehrere ausführliche Beurteilungen und Charakteristiken desselben vorhanden sind; wie ich selbst eine solche, im frischen Gefühl des ersten Eindrucks, bald nach der Erscheinung des Werkes selbst, aus mannigfacher Anschauung und Durchdenkung desselben in allen seinen Einzelheiten und dem Gliederbau des Ganzen, vor einer Reihe von Jahren versucht habe.

Wenn wir fragen, warum die Größe der Wirkung, welche die Werke unsers Dichters hervorgebracht haben, nicht allemal der Größe der darin erscheinenden poetischen Kraft ganz entsprach, so scheint uns der Grund davon keinesweges, wie einige frühere Beurteiler glauben möchten, einzig und allein in der poetischen Unempfänglichkeit des Publikums zu liegen, noch weniger in der Unfähigkeit der deutschen Sprache, wie der Dichter selbst in einem bekannten Epigramme zu verstehen gibt; gehört er ja selbst nebst Klopstock zu denjenigen, welche die alte Anmut und die angeborne Naturfülle der edeln Sprache aus der Verworrenheit und Mißgestalt, in die sie geraten war, zum Teil wenigstens wieder entdeckten und von neuem ans Licht stellten. Wir finden den Grund jenes, eine lange Zeit hindurch sogar nicht, und vielleicht auch jetzt noch nicht ganz angemessenen Erfolges unsers Dichters darin, daß er die Größe seiner Kraft zu oft in bloße Skizzen, Umrisse, Fragmente, kleinere, bloß zum Versuch oder zum Spiel gebildete Werke vereinzelt, und selbst zersplittert hat; er zeigt sich auch in dieser Eigenschaft als der Gegensatz Klopstocks, der alle Kraft seines Geistes und seines Lebens auf ein einziges großes Zentralwerk wandte, in dessen Begriff leider nur gleich von Anfang Bestimmungen und Bedingungen aufgenommen waren, die ein vollkommnes Gelingen unmöglich machten.

Sooft Goethe aber seine Kraft nicht selbst teilte, sooft er seinen Reichtum mehr zusammendrängte, war auch die Wirkung entsprechend. Tasso und Egmont haben Schillers Talent von neuem geweckt und zur Kunst gesteigert, haben uns den Anfang eines Theaters verschafft. Der Meister aber hat auf das Ganze der deutschen Literatur sichtbar wie wenige andere Erscheinungen gewirkt, und recht eigentlich Epoche gemacht, indem er dieselbe mit der Bildung und dem Geist der guten und schlechten Gesellschaft in Berührung setzte, und die Sprache nach einer ganz neuen Seite hin mehr bereicherte, als es vielleicht in irgendeiner Gattung durch ein einzelnes Werk auf einmal geschehen ist. Das Verdienst des Stils in diesem Werke ist von der Art, daß vielleicht nur derjenige, der sich aus der immer fortschreitenden Erforschung und Ausbildung der Sprache ein eignes Geschäft gemacht hat, die ganze Größe desselben zu würdigen imstande ist. Aber auch an Reichtum der Erfindung, an Sorgfalt der Ausführung und besonders an Fülle der innern Durchbildung geht der Meister vielleicht jedem andern Werke unsers Dichters vor, keines ist in dem Grade ein Werk.

Anfangs war auch gegen dieses Buch viel Einrede; zuerst von Seiten der Sittlichkeit, und der darin dargestellten zum Teil schlechten Gesellschaft. Was den ersten Punkt anbetrifft, so erinnern wir nochmals an die zu einförmige Feierlichkeit der Klopstockischen Art und Ansicht der Dinge, und das Bedürfnis einer nicht so gar eng beschränkten Freiheit für die Entwicklung der Poesie. Besonders hat der Meister darin ein großes Verdienst, daß er das deutsche Auge mehr geübt hat, die Poesie nicht bloß da zu erblicken, wo sie in aller Pracht und Würde erhaben einherschreitet, sondern auch in der nächsten und gewöhnlichsten Umgebung ihre verborgenen Spuren und flüchtigen Umrisse gewahr zu werden. Der Meister gehört dem Anschein und der äußern Form nach zu der gewöhnlichen Gattung der Romane, und doch ist die Ansicht, und noch mehr die Darstellungsart, selbst da, wo das Werk gegen die Poesie, eigentlich aber nur gegen eine Art derselben, gegen die Poesie des Gefühls und der Liebe, zu streiten scheint, eine durchaus poetische; und wenn der gewiß poetisch gemeinte Werther in seinen nächsten Folgen und Nachbildungen gleich wieder in das ganz Prosaische herabgezogen ward, so war in dem Werke selbst schon dafür gesorgt, daß dieses dem Meister nicht widerfahren konnte.

Was die gute oder schlechte Gesellschaft betrifft, so hätte man sich erinnern mögen, daß von Fielding, Scarron und Lesage, ja von dem spanischen Alfarache und Lazarillo an, des Don Quixote nicht einmal zu erwähnen, Männer, die zum Teil mit der besten und edelsten Gesellschaft ihrer Zeit sehr wohl bekannt waren und in ihr lebten, doch die wunderlich gemischte, oder gar die schlechte, als günstiger für komische Abenteuer und vielleicht überhaupt als reicher für die Phantasie, mit Absicht in solchen Dichtungen gewählt haben.

Am meisten Einrede aber war gegen die Form des Werks, dessen Gestalt sich so ganz an die des gewöhnlichen Romans anschloß und nachher doch die darauf gegründeten Erwartungen keinesweges befriedigte, sondern vielmehr absichtlich zu täuschen schien. Der Tadel traf den Anfang des Werks, am meisten aber den Schluß desselben. Uns schien vielmehr die Gelindigkeit dieses Anfangs eine Schönheit zu sein, und wer in einem Werke nach der Hand auch wohl die Weise, wie es gearbeitet und gebildet worden, zu erkennen weiß, der mochte leicht sehen, daß der Dichter den Schluß und die letzte Masse keinesweges sparsam und geizig abgefertigt, sondern vielmehr mit allem Reichtum, so gut der Stoff ihn nur darbot und der Gegenstand es zuließ, ausgestattet, und alle Kunst daran verwendet und aufgeboten hatte. Bleibt hier also dennoch etwas Disharmonisches für das Gefühl vieler Leser, wie dies denn wirklich auch bei solchen der Fall ist, denen man den poetischen Sinn durchaus nicht absprechen kann, so muß der Grund davon viel tiefer liegen als bloß in der äußern Form. Sollten wir in Rücksicht auf diese etwas tadeln oder als minder vollendet auszeichnen, so würden wir eher in der Mitte des Werks, da wo der Übergang von dem Leben bei Serlo und Aurelie zu dem auf Lotharios Schloß gesucht wird, hier und da etwas Ungleiches, Lückenhaftes, oder nur gewaltsam und willkürlich Verknüpftes bemerken. Doch kann auch dieses nur von einigen Übergängen gelten; die Darstellung Aureliens und Serlos ist in ihrer Art gewiß nicht minder vortrefflich als die des komischen Schauspielertreibens im Schlosse des Grafen, die wohl selbst dem eigensinnigsten Sinne nichts zu wünschen übrig läßt.

Worin liegt denn aber der Grund des Zwiespaltes, der so vielen, die sich stark von dem Werk angezogen fühlten und sich ganz mit demselben durchdrungen hatten, doch zuletzt übrigblieb und sie wieder davon zurückstieß? Einige haben geglaubt, ihn in der Ungunst zu finden, mit der Gefühl und Liebe hier behandelt werden, in der anscheinenden Parteilichkeit des Dichters für den kalten Verstand, und haben das Ganze deshalb einer durchaus antipoetischen Richtung beschuldigt. Diese Ansicht aber trifft den eigentlichen Punkt, unsers Erachtens, nicht, und ist auch nicht ohne Einschränkung wahr. Erstlich hat es seine vollkommne objektive Richtigkeit und Wahrheit, daß eine solche Liebe, ein solches Gefühl wie das der untergehenden Personen, in einer solchen Welt und Umgebung wie diese hier ohne Rettung untergehen mußten; und es wird der Verstand hier auch keinesweges als das Höchste und Letzte dargestellt, sondern vielmehr als etwas allein ganz Unzulängliches, Einseitiges und Dürftiges. Dasjenige aber, was als das Höchste und Erste aufgestellt wird, die Bildung, ist, wie sehr auch der Verstand darin überwiegen mag, doch gewiß auch nicht ohne das andre Element des empfänglichen Sinns zu denken, offenbar also als ein Mittleres zwischen Gefühl und Verstand gemeint, was sie beide umfaßt. Diese Bildung nun, so wenig sie ganz vollständig in dem Werke entwickelt ist, muß unstreitig als eine durchaus künstlerische, ja poetische, aufgefaßt werden, und es streitet wohl nicht mit der Absicht des Verfassers, wenn wir uns den bloß angedeuteten Umriß dieses Begriffs durch jenen Geist künstlerischer Bildung ergänzen, der auch andre, besonders aber die antiken Gedichte des Verfassers beseelt. So kann man denn gewiß nicht behaupten, die Absicht des Verfassers sei gegen die Poesie gerichtet, ob man gleich allenfalls sagen könnte: es sei ein Roman gegen das Romantische, der uns auf dem Umweg der modernen Empfindsamkeit und Schwäche zur antiken Gediegenheit und Würde, oder wenigstens zu dem Begriff davon zurückführen soll. Aber es kommt weniger darauf an, die sonderbaren Eigentümlichkeiten des Werks unter einer auffallenden Formel zu fassen, als vielmehr den eigentlichen Punkt des Streits zu treffen, woran es liegt, daß so viele vorzügliche Menschen, welche die andern Werke unsers Dichters wohl zu empfinden und zu schätzen wissen, sich von diesem mit einer bleibenden Abneigung getrennt fühlen. Die Antwort auf diese Frage, soweit sie sich beantworten läßt, scheint uns folgende zu sein: Bildung ist der Hauptbegriff, wohin alles in dem Werke zielt und wie in einen Mittelpunkt zusammengeht; dieser Begriff aber ist gerade so, wie er sich hier vor uns entfaltet, ein sehr vielsinniger, vieldeutiger und mißverständlicher. Jene innere Bildung, welcher die alten Weisen der Griechen ihr äußeres Leben ganz widmeten und aufopferten, ging streng und unerbittlich auf ein Ewiges, auf ein mehr oder minder richtig erkanntes Unsichtbares. Diese Bildung gedeiht nur in abgeschiedener Einsamkeit, wo sie diejenigen stets gesucht haben, die sich zu ihr berufen fühlten; und hier ist es nicht sowohl der Mensch selbst, der künstliche Versuche mit sich anstellt und sich selbst bilden will, sondern die Idee, die Gottheit, der er sich ergab, ist es, die ihn bildet oder von der er sich bilden und bestimmen läßt. Es gibt aber noch eine andre, mehr äußerliche und gesellige Bildung, die nicht eine so hohe Richtung und Würde hat, oft sogar in etwas ganz Leeres sich auflöst. Was sehen wir überhaupt in dem Menschenleben vor uns? Die meisten werden durch allerlei Neigungen und Meinungen durcheinander getrieben, ohne daß sich da eine bedeutende Kraft oder ein tieferer Zweck zeigte; etwa irgendein Genuß oder Spiel wird etwas heftiger ergriffen, und nur einige feststehende Grundsätze und Gesetze halten die verworrne Masse glücklicherweise noch in einer leidlichen Ordnung. Andre sehen wir sodann durch leidenschaftliche Liebe wenigstens vorübergehend in ein ganz anderes, höheres und kraftvolleres Dasein emporgerissen, noch andre aber durch Ruhmbegierde und Herrschsucht zu ungeheuren Anstrengungen dauerhaft angetrieben, oder durch den nie versiegenden Trieb der Erkenntnis im Stillen noch inniger beseelt und bereichert; welcher Trieb der Erkenntnis wieder auf der einen Seite nah verwandt ist mit der Neigung zur Abgeschiedenheit und zum Unsichtbaren, woraus jene innere Bildung hervorgeht, deren wir oben erwähnten, auf der andern Seite aber verwandt mit dem hervorbringenden Bildungstrieb des Künstlers. In allen diesen Gestalten sehen wir Leben, und eben darum sprechen sie unser Mitgefühl leicht an, wo wir sie nur irgend kraftvoll dargestellt finden, sei es in der Wirklichkeit oder im Bilde. So wie es nun aber etwas Widersinniges und deshalb Lächerliches hat, wenn ein leidenschaftliches Streben, des eignen Zwecks vergessend, sich wie der Geiz nur auf die Mittel wirft, so ist das Streben der jungen Gemüter nach sogenannter Bildung, da sie auf ihren Fähigkeiten und Empfindungen herumprobieren, welches wohl die rechte sein möchte, meistenteils mehr eine vorläufige Anstalt zum Leben, als selbst Leben, so wie das Stimmen der Instrumente vor der Musik. Ein Mann hingegen, der mit stärkerer Kraft gefährlichere Versuche mit seinem Innern anstellt, gerät unfehlbar in den Fall desjenigen, der, statt sich eine zweckmäßige Bewegung zu verschaffen, an seiner eigenen Gesundheit experimentiert, allerlei Arzneien durcheinander nimmt und sich dadurch am Ende eine wirkliche Krankheit oder doch ein entschiedenes Übelbefinden zuzieht. Das behagliche zurückschauende Gefühl aber solcher Alten, die sich selbst als durchgehends gebildet und vollendet vorkommen, weil sie die mannigfaltigsten Anregungen von allen Seiten her auf dem Wege ihres Lebens erfuhren, ist mit dem Gefühl des Reisenden zu vergleichen, der nach überstandener Durchschüttelung endlich, wenn auch nicht an das Ziel seiner Reise, doch in einem sichern Wirtshause anlangt. In dem weniger würdigen Sinn ist der Begriff der

Bildung offenbar an einigen komischen Stellen des Meister genommen, besonders da, wo das Mißlingen geschildert ist, welches dem Streben des liebenswürdigen Jünglings in der Schauspielerwelt zuteil werden mußte; und wenn der Genius des Werks die einzelnen Gestalten nicht immer bloß mit einer sanften Ironie zu umschweben, sondern schonungslos oft seine eignen Hervorbringungen zu zerstören scheint, so ist dadurch nur der natürliche Erfolg jener Bildungsexperimente mit sich und mit andern der Wahrheit gemäß dargestellt. Wie leicht aber würde derjenige, der den höhern, ja den höchsten Begriff der Bildung dem Werke absprechen wollte, durch das Ganze sowohl, als durch viele einzelne Stellen desselben zu widerlegen sein! Daß wahre und falsche Bildung in dem Buche oft so nah aneinander grenzen, so ganz ineinander verfließen, dürfte auch kein Tadel sein, denn es ist dies die eigentliche Beschaffenheit der Art von feinern Gesellschaft, die hier dargestellt werden soll. Die falsche Vielseitigkeit in dem bloßen Streben nach dem äußern Vielerlei ist vielleicht, wenigstens für Deutschland, das einzige Allgemeine dieser gesellschaftlichen Bildung, die übrigens viel Willkürliches hat und größtenteils auf der Meinung beruht; und wer hat nicht irgendeinen großen oder kleinen Zirkel gesehen, der sich durch eine gegenseitige, stillschweigende Verabredung und gleichsam harmonische Einbildung vollkommen überzeugt hatte, er sei einer der Hauptmittelpunkte der großen Welt, während andre vielleicht noch sogar den Adel der Sitte vermißten, der eine Gesellschaft erst zur guten macht!

Doch wir fürchten den Leser durch diese Ausführlichkeit zu ermüden, und wir würden sie uns kaum erlaubt haben, wenn nicht einerseits von einem Mißverständnis die Rede wäre, was ganz geeignet ist, bei der jüngern Welt den Geist einer falschen Vielseitigkeit und des eingebildeten Scheins zu erregen, und andrerseits von dem innersten Zusammenhange und der eigentlichen Einheit eines so geistreichen Werks als das vorliegende. Wir glauben aber wenigstens das Resultat unserer Zweifel mit vollkommner Deutlichkeit in eine Bemerkung zusammenfassen zu können, wenn es uns vergönnt ist, einen Wink, der in dem Werke selbst vorkommt, dazu zu benutzen. Hätte es dem Verfasser gefallen, Lotharios Lehrjahre, deren im Vorbeigehen als eines vorhandenen Manuskripts erwähnt wird, dem Meister einzuverleiben, oder als Fortsetzung darauf folgen zu lassen, so würde aller Mißverstand, und damit wahrscheinlich auch aller Tadel, weggefallen sein; denn das ist der einzige Einwurf, welchen die Unzufriedenen mit einigem Schein gegen dieses Werk machen können, daß es seinen eignen Hauptbegriff nicht ganz vollständig ausspricht und entfaltet. An einem Charakter wie Lothario würde es sich, wie an einem kraftvollen und reichen Beispiel erst zeigen, ob es neben den Lehrjahren des Künstlers auch noch Lehrjahre des Menschen, eine Kunst zu leben, und eine Bildung zu dieser Kunst geben könne, nach den hier aufgestellten Ansichten und Grundsätzen vom Leben nämlich, und ganz in dem Sinn, den diese Begriffe bei dem Verfasser haben, welcher Sinn an der Bildungsgeschichte der übrigen Personen sich nicht vollständig entwickeln konnte; denn der Charakter der schönen Seele ist teils zu einseitig, teils zu abweichend von dem übrigen Geiste des Buchs, Wilhelm selbst aber bei aller Liebenswürdigkeit zu schwach und unselbständig.

Noch vor einem andern Mißverstand glauben wir das vortreffliche Werk bewahren zu müssen, das in seiner Verbindung von Darstellung und Kunstansicht den besten Kommentar zu den übrigen Werken unsers Dichters gibt, und den Geist desselben vollständiger vielleicht als jedes andre abspiegelt. Es besteht dieses Mißverständnis darin, daß man den Roman zu einer Gattung der Poesie macht, und sich dadurch zu Vergleichungen verführen läßt, die immer unstatthaft sind und den wahren Gesichtspunkt durchaus verrücken, weil jeder Roman ein ganz eigentümliches und sozusagen persönliches Werk, ja eigentlich ein abgesondertes Individuum für sich ist, und grade darin das Wesen desselben besteht. So denkt man sich z. B. den Künstlerroman noch als eine Unterart der ganzen Gattung; dahin gehören denn Ardinghello, der Sternbald, ja auch wohl der Meister. Wir geben es zu, daß es Kunstansichten gibt, die in einem wissenschaftlichen oder geschichtlichen Werke nicht in der Art entwickelt werden können, und nicht so an ihrer Stelle sind, als in einem Werke der Darstellung, doch aber der Theorie und Kritik zu nah verwandt, als daß sie sich dem metrischen Ausdruck fügen könnten. Es muß also das Werk alsdann ein darstellendes, aber doch ganz oder zum Teil ein in Prosa darstellendes sein, und die Notwendigkeit der Form des Romans ist damit für diesen einzelnen Fall begründet. Der Roman behauptet aber dennoch seine individuellen Rechte; wie wenig die oben genannten Romane eine Vergleichung zulassen, wie inkommensurabel sie sind, leuchtet wohl jedem ein, und das würden und könnten sie doch nicht sein, wenn der Künstlerroman wirklich eine Gattung oder die Unterart einer solchen wäre. Wir wollen ein Beispiel anführen, wodurch es noch deutlicher werden wird, inwiefern dieser falsche Gattungsbegriff das Urteil mißleitet. Halten wir den Künstlerroman für eine bestimmte Gattung und beurteilen wir nach diesem Begriff den Sternbald, so werden wir unfehlbar mehr historische Ausführlichkeit und Begründung von demselben fordern, wozu das gewählte Zeitalter so reiche Gelegenheit darbot, und den Mangel derselben für einen Fehler halten. Es ist sehr möglich, daß ein andrer Dichter einen Roman in derselbigen Zeit und ähnlicher Umgebung hervorbringen und ausbilden könnte, der ungleich geschichtlicher wäre. Am Sternbald würde diese Gründlichkeit und gelehrte Behandlung aber grade das Eigentümliche und Persönliche zerstören, also das Beste und das eigentliche Wesen desselben, diese ihm eigne Anmut und Lieblichkeit, die sich so leicht bewegt, wie man im Frühling die erfrischende Blumenluft ohne alle weitere Kritik einatmet.

Der Meister darf um so weniger als ein Künstlerroman betrachtet werden, da die Kunstansicht des Verfassers an der gewählten deutschen Schauspielerwelt, ungefähr nach den Sitten und dem Zustande in den sechziger, siebziger und achtziger Jahren, unmöglich einen Träger fand, der sie ganz zu fassen und ganz auszusprechen vermochte; und wie bald wird der Künstler im Meister über dem Menschen vergessen! Und wenn dieser Roman in der mittlern Region einigemal sich denjenigen anzunähern scheint, die vorzüglich auf Unterhaltung durch lustige und seltsame Abenteuer ausgehen, wohin so viele besonders der ältern Romane seit dem Don Quixote zu zielen pflegen: so trifft er in der letzten Hälfte und gegen das Ende wieder mehr zusammen mit denen, die, dem Ernst und Tiefsinn des deutschen Charakters gemäß, sogar die Metaphysik und Religionsgefühle zum Gegenstande des Romans gemacht haben, wie Jung Stilling oder Jacobi; nur daß hier freilich auch die geistigsten Beziehungen in der klarsten Anschaulichkeit uns vor Augen treten.

Es mag sein, daß der Dichter selbst in einer gelegentlichen Äußerung den Roman als eine Gattung zu erkennen und aufzustellen scheint; die eigentümliche Natur des Werks bleibt darum doch, was sie ist. Ja es liegt vielleicht in der ganzen empirisch künstlerisch auf die Bildungsgeschichte der Poesie ausschließlich gegründeten Methode unsers Dichters selbst ein Grund, daß er Formen der Dichtkunst, die wir für bloß historische und vorübergehende halten, als ewige allgemeine Gattungen betrachtet und behandelt, wie es wohl auch mit der Elegie der Fall sein mag, die wir eigentlich nicht ganz als eine solche anerkennen möchten. Ja es wäre möglich, daß dem Künstler, bei Hervorbringung und Ausführung des Meisters selbst, Werke in Rücksicht auf die äußere Form als Vorbilder vorgeschwebt hätten, die dieser Ehre auf keine Weise würdig scheinen dürften; dieses ist um so weniger von Bedeutung, je mehr unser Dichter fast überall zwar an fremde Formen sich anschließt und sie in einem gewissen Sinne nachbildet, aber mit so selbsttätiger Aneignung, daß die Nachbildung vielmehr eine durchgehende innere Umwandlung genannt werden kann. Vielleicht erklärt sich das, was an einigen Stellen des Buchs den Schein der Willkürlichkeit hervorbringt, am besten aus dieser Art, wie die äußere Form desselben entstanden sein mag, indem alles dieses nur auf die einmal als gültig angenommene Form berechnet, und nicht aus der Idee des Werkes selbst hervorgegangen, sondern derselben nur äußerlich angefügt war, so wie im Werther hingegen trotz der anscheinenden Formlosigkeit das Werk darin doch einfacher und leichter zu fassen ist, daß alles in demselben aus der innern Einheit desselben hervorgeht.

Übrigens aber welch ein Abstand zwischen beiden Geisteserzeugnissen! Werther erhebt sich nur in einigen einzelnen Stellen sehr bestimmt und weit über das Zeitalter, aus welchem er hervorging, mit dessen Denkart und Schwäche er im Ganzen doch wieder zusammenfällt, und selbst größtenteils mit darin befangen ist. Dagegen wir im Meister die ganze Verworrenheit desselben mit allem, was ihm von alter Vernachlässigung geblieben und zufällig geworden war, und was es schon an kaum noch sichtbaren gärenden Bewegungen für Keime eines Neuen enthält, so objektiv ergriffen sehen, daß man schwerlich eine reichere und wahrhaftere Darstellung dieser Zeit erwarten, oder auch nur begehren kann; denn das darf man bei der Betrachtung des Meisters durchaus nicht vergessen, daß, obwohl keine bestimmten Orte genannt sind, und auch keine Jahreszahl erwähnt wird, doch eine ganz bestimmte Zeit gemeint und geschildert sei. Dieses sind, den Andeutungen des Werks zufolge, wenn wir die früheren Begebenheiten und die Bildungsgeschichte der ältern Personen mit hinzunehmen, etwa die sechziger, siebziger und achtziger Jahre, bis nach dem Amerikanischen Kriege. Was diese Zeit für seinen Zweck geben konnte, hat der Dichter auf das reichste genutzt und gespendet. Wenn wir nun z. B. in Herrmann und Dorothea eine sanftere Ironie, eine gleichmäßiger verbreitete Wärme des Gefühls antreffen, als im Meister, so mag dieses zum Teil von der harmonischen Mitwirkung der äußern Poesie des Verses herrühren; die größere und freiere Ansicht des Lebens aber, die uns aus demselben anspricht, kommt zum Teil wenigstens auf Rechnung der regeren und lebensreichern Zeit, auf die jenes schöne Gedicht sich bezieht.

Schon dieser Zeit wegen, auf welche der Meister sich bezieht, würden wir nicht gern eine Vergleichung desselben mit dem Don Quixote anstellen, wenn wir auch nicht schon überhaupt alle solche Vergleichungen für durchaus unstatthaft und verkehrt hielten. Der Don Quixote findet, wir mögen nun auf den Reichtum der Erfindung, den Adel der Sprache und Behandlung, oder auf die kunstreiche Vollendung sehen, nur weniges in der Literatur aller Zeiten und Nationen, was ihm an die Seite gestellt werden könnte. Getrauten wir uns nun auch die Vorliebe für unsern Dichter an einem so großen Maßstabe mit dem vollkommensten Erfolg durchzuführen, so würde dies doch nur auf Unkosten der Zeit geschehen können; denn der Roman ist oftmals, wie das epische Gedicht, nicht bloß das Werk des Künstlers und seiner Absicht, sondern das gemeinschaftliche Erzeugnis des Dichters und des Zeitalters, dem er sich und sein Werk widmet. Nun würde es aber keinen andern als einen sehr niederschlagenden Eindruck machen können, wenn wir die Bildung der gemischten höheren Gesellschaft, wie dieselbe in dem bezeichneten Zeitraume in Deutschland beschaffen war, mit dem Sitten- und Geistesadel der spanischen Nation, so wie sich derselbe unter Philipp dem Zweiten und Philipp dem Dritten, obgleich schon damals den Keim des Verfalls in sich tragend, doch noch herrlich darstellte, nach der Fülle der historischen Wahrheit ins Licht setzen wollten.

Überhaupt dürfte uns diese Vergleichung zwischen dem Meister und Don Quixote leicht ganz irreführen. Zwar findet sich der Kontrast zwischen dem eingebildeten Ziele, welchem der spanische Ritter nachstrebt, und dem was ihm wirklich begegnet, in vielen der spätern Romane wieder, und wenn Cervantes hier und da im Don Quixote an seine eigene jugendliche Täuschung und an die ritterliche Schwärmerei, mit der er selbst den Kriegesstand noch unerfahren ergriffen haben mochte, gedacht hat, so ließe sich vielleicht auch etwas Ähnliches unter andern Verhältnissen im Meister bemerken. Aber dieses ist nur eine oberflächliche Ähnlichkeit; beide Werke sind dennoch im Grunde wesentlich unähnlich, ja sie gehören einer ganz verschiedenen Poesie an. Der Don Quixote ist durchaus romantisch, ja trotz der Ironie, an der es auch im Ariost nicht fehlt, ein Rittergedicht zu nennen; und wenn ein Dichter noch jetzt sein Leben darauf verwenden wollte, mit dem Ariost um den Kranz der romantischen Dichtkunst zu wetteifern, so würden wir ihm raten, den Cervantes nicht weniger wie den Ariost selbst als liebliches Vorbild und unerschöpflich belehrenden Kunstgefährten seiner Phantasie gegenwärtig zu erhalten; denn wenn Cervantes freilich hier und da noch komischer, noch witziger ist als der sinnreiche Italiener, so übertrifft er den Ariost auch in dem ernstern Elemente der romantischen Dichtkunst bei weitem an Tiefe und Adel, an Kunst und Fülle der Erfindung.

Der Meister aber, in seiner Verbindung und Vermischung von darstellender Kunst und Künstleransicht und Bildung, gehört auch in dieser Hinsicht durchaus schon der modernen Kunst an, die von der romantischen wesentlich geschieden und wie durch eine große Kluft getrennt ist. Ein unterscheidendes Merkmal der modernen Dichtkunst ist ihr genaues Verhältnis zur Kritik und Theorie, und der bestimmende Einfluß der letzteren. Zwar kannten auch wohl die romantischen Dichter die großen Autoren des Altertums, und schon von Boccaccio und Petrarca an kann man einzelne Beispiele verfehlter Nachbildungen und irriger Kombinationsversuche anführen. Aber in denjenigen Werken, wodurch die beiden genannten eigentlich ihre Stelle in der Geschichte der Poesie behaupten, nahmen sie Inhalt und

Form des Werks bis auf das Einzelne des Ausdrucks ganz aus ihrem eignen und dem sie umgebenden Leben, auf das auch sie wieder lebendig einwirkten. Höchstens die allgemeine Idee eines edeln und gediegenen Stils und der gebildeten Form eines durchaus organischen und vollendeten Werks entlehnten sie von den Alten, oder bestätigten sich darin durch das Studium derselben. Auch noch im Ariost, Camoens, Tasso, Cervantes, Calderon war der Geist und das Leben des Rittertums und des Mittelalters zu kraftvoll und rege, als daß ihnen Aristoteles und die Schule der Alten, als Vorbild und Regel, irgend hätte schaden oder sie irreleiten können. Nun folgte aber ein anderes Geschlecht von Menschen, und auch von Dichtern, welche letztere wir nun nicht mehr zu den romantischen zählen können, und als die modernen, bis ein treffenderes Beiwort gefunden ist, von ihnen unterscheiden. In Corneille und Racine ist die Herrschaft und der schädliche Einfluß des alten Studiums, so wie es damals war, und der falschen Kritik ganz deutlich. Wir möchten darum keinesweges dem ersten die tragische Kraft des Genies, dem andern das harmonische Gefühl des Schönen in der Poesie absprechen, ungeachtet sie größtenteils Grundsätze und ein System befolgten, dessen Irrigkeit zu erweisen nicht schwer sein dürfte. Viel tiefer in das innerste Wesen der höheren Poesie sind unstreitig Milton, noch mehr aber Klopstock eingedrungen; doch wird man auch hier entschiedene Mißgriffe der Form, durch falsche Nachbildung und falsches Studium, nicht leugnen können. Die Last der Gelehrsamkeit, noch mehr aber der Glanz so vieler mit Recht bewunderten Vorbilder, konnte das Genie, das jetzt nur die Wahl hatte zwischen roher Formlosigkeit und gründlichem Studium, wohl blenden, verwirren, mißleiten, hemmen, aber unterdrücken konnten sie es nicht. In Goethe, dem sich Schiller, obwohl auf einem andern Wege, in dieser Hinsicht anschloß, fing die Poesie zuerst wieder an, ihren Flug freier und siegreich zu erheben, und das Studium nicht mehr als eine Fessel zu tragen, sondern als Werkzeug zu gebrauchen. Wenn aber die geschichtliche Kenntnis der eignen Kunst und die reiche Erbschaft so vieler Zeitalter auch dem Dichter wie jedem andern Künstler viele Vorteile gewähren, so ist die Gefahr einzelner, falscher Verbindungen, Nachbildungen und Fehlgriffe auch durch die letzten Fortschritte noch nicht ganz beseitigt, und es muß das vornehmste Augenmerk der Kritik sein, die Abwege zu bezeichnen, auf denen das Genie oft seine schönste Kraft an eine falsch berechnete Absicht nutzlos verschwendet. Zwei allgemeine Abwege begleiten diese moderne Poesie, die unter dem Einfluß der Kritik steht, notwendig, und werden unfehlbar noch lange fortdauern. Der erste ist der einer bloß grammatischen Poesie, oder Verskunst, die von solchen herrührt, welche sich wegen ihrer Sprachkünstlichkeit und Künstelei für Dichter halten; und da ein Extrem immer das entgegengesetzte herbeizuführen pflegt, so stellen wir daneben den zweiten Abweg der alles Studium verwerfenden, ja verabscheuenden, ihr Heil in der rohen Formlosigkeit suchenden, seinwollenden Volks- und Naturdichter. Diese Verirrungen werden, wie gesagt, noch lange fortdauern, es sind aber doch nur Nebenerscheinungen, die zur Seite liegen; die Poesie selbst und ihre Geschichte wird durch alle Zeiten von den Künstlern gebildet, bei denen Studium und Genie in Eintracht wirken.

Diese kurze Erörterung, glaubten wir, würde unsre eigentliche Ansicht von Meisters Lehrjahren erst recht deutlich machen. Mit der Entstehung und Geschichte des Romans aber, der sich durch beide Epochen der romantischen und der modernen Poesie hindurch fortgehend entwickelte, hat es folgendes Bewandtnis. Der Roman entstand ursprünglich bloß aus der Auflösung der Poesie, da die Abfasser sowohl als die Leser der Ritterbücher, der metrischen Fesseln müde, die Prosa bequemer fanden. Der Inhalt blieb lange noch abenteuerlich, doch näherte auch er sich immer mehr dem Prosaischen; da das Lesen zur Unterhaltung besonders nur in den höheren und müßigen Ständen stattfand, so ward der gesellschaftliche Sinn und jedesmal vorherrschende Geschmack der Zeit für den Roman bestimmend. Er diente besonders im achtzehnten Jahrhundert der gesellschaftlichen Mode, und ward endlich durch die Verhältnisse des Buchhandels zur literarischen Manufaktur, in welcher letzten Rücksicht er besonders in England wohl den höchsten Grad der mechanischen Vollkommenheit erreicht hat. Die zahllose, selbst die geprüfteste Geduld des Literators übersteigende Menge aller dieser seit fünf oder sechs Jahrhunderten erzeugten Produkte hat wenig oder nichts mit der Poesie zu tun. Aber so unbegrenzt und allumfassend ist das Wesen der Poesie, daß der Dichter gleichsam zum Beweise, daß dieselbe an keinen Gegenstand und an keine äußere Form und Bedingung gebunden sei, oft seine höchsten Hervorbringungen dieser, dem Anschein nach, formlosen Form einverleibte und in ihr niederlegte. Und wenn es einzelne Fälle gibt, wo man denken möchte, der Dichter hätte seinem Werke ebensogut oder noch besser auch den äußern Schmuck der Poesie leihen mögen, so gibt es andre, wo die Wahl der Prosa durch das eigentümliche Wesen und die innere Idee des Werks ganz notwendig bedingt ist. Und eben weil beide, der Roman so wie das Lehrgedicht, eigentlich außerhalb der natürlichen Grenzen der Poesie liegen, so sind es keine Gattungen, sondern jeder Roman, jedes Lehrgedicht, das wahrhaft poetisch ist, bildet ein eignes Individuum für sich; so wie aus einem ähnlichen Grunde die ihnen eben darum etwas verwandte epische Dichtung, weil sie die Wurzel und den Ursprung aller Poesie enthält, auch ihre eigne Art von Formlosigkeit hat, wenigstens durchaus keine so bestimmte Theorie und so feste Grundsätze haben kann, als die dramatische Dichtkunst wohl leidet und für die sichere Ausbildung des Theaters sogar erheischt. Die alten Tragödien sind, sozusagen, nur verschiedene Exemplare einer und derselben Idee, variierende Ausdrücke für ein und dasselbe Thema, und dasselbe gilt sogar mit einigen Einschränkungen auch von dem romantischen Drama, während Dantes Werk und Don Quixote einzeln in der Geschichte der Poesie dastehen, und uns die ganz individuelle Beschaffenheit des Lehrgedichts und des Romans im hellsten Lichte anschaulich vor Augen stellen.

So lasse man denn auch den Meister als ein in seiner Art einziges Individuum für sich bestehen, und enthalte sich aller für die meisten Leser verwirrenden Vergleichungen, deren das vortreffliche Werk zu seinem Lobe ohnehin nicht bedarf. Der romantische Dichter hat ein durchaus poetisches Leben, in dem er selbst wurzelt und ganz davon durchdrungen ist, von allen Seiten her zur Umgebung, worin sich seine Phantasie wie in einem befreundeten Element leicht und gefällig bewegen kann. Dieses war selbst bei dem Cervantes noch der Fall, ungeachtet seine Dichtung schon auf jenen Zwiespalt einer unpoetisch gewordnen Wirklichkeit mit der altritterlichen Phantasie eingeht. In dem neuern Roman aber ist es nicht bloß dieser innere

Zwiespalt und prosaische Gegensatz, der mit in die Poesie aufgenommen, ihr einverleibt und durch den Zauber der Darstellung selbst in Poesie verwandelt werden soll; sondern es ist die ganze verwickelte moderne Verstandeswelt, mit allen ihren kleinlichen Einzelnheiten, wie sie aus den vielfach die Phantasie erdrückenden oder doch störenden Verhältnissen des gesellschaftlichen Lebens hervorgeht, an welcher der Dichter seinen poetischen Sinn bewähren und an so widerstrebendem Stoff siegreich durchführen, oder ihn in andren, an sich ganz prosaisch gestimmten Naturen von unten herauf anregen und entwickeln soll.

Bei Gelegenheit der neuen Ausgabe hätten wir unserseits wohl gewünscht, der Verfasser hätte eine Anzahl der vielen ausländischen, besonders französischen Worte weggenommen, die uns als geringe, aber doch immer störende Flecken an dem reinen Glanz dieser sonst so vollkommnen Sprache erscheinen. Wir bescheiden uns gern, daß dieses einer von den Punkten sei, die sich nicht so leicht durch ein allgemeines Gesetz entscheiden lassen; wir sehen die größten Meister der Sprache in diesem Stücke ganz verschiedene Grundsätze befolgen. Man halte es daher mehr für eine Anfrage, als für einen Tadel, wenn wir ein Verzeichnis der im Meister gebrauchten ausländischen und französischen Worte hersetzen. Produzieren, determinieren, rezitieren, reduzieren, Inspiration, Sensation, Disproportion, Komposition, personifizieren, qualifizieren, korrigieren, Illusion, Operationen, konzentrieren, existieren, variieren und unzählige andre, sind in der Büchersprache aufgenommen; wenn sie aber in einer Abhandlung, wo nicht unentbehrlich, doch unschädlich sind, sollte ein darstellendes Werk sie nicht lieber eher vermeiden, als beinahe aufsuchen und im Übermaß anwenden? Unter denen, die mehr der Gesellschaftssprache angehören, wie Equipage, Engagement, Negligé, Mantille, logieren, arrangieren, applaudieren, Route, Douceur, respektieren, Kalkül, sekundieren, traktieren für bewirten, undelikat, Indiskretion, Konferenzen, Dislokationsplan, imponieren, assekurieren, paradieren, repräsentieren, Sukkurs, Gage, Details, Sozietät, – sind doch nur sehr wenige, die sich nicht leich und ganz ungezwungen durch deutsche Worte geben ließen. Wir bemerken noch aus mehreren andern: honorabel, Konfidenz, Kondeszendenz, brouilliert, Sagazität, soutenieren und Mystifikationen, welches letzte wohl nicht einmal in der Gesellschaftssprache aufgenommen ist, deren Geist und Art im ganzen der darstellende Dichter wohl ausdrücken mag, ohne ihre sprachwidrigen Unarten mit aufzunehmen. Haben doch Meisters Lehrjahre von dieser Seite grade ein so großes Verdienst, indem sie die Schriftsprache unermeßlich bereicherten, durch eine Menge der glücklichsten Ausdrücke und Wendungen für gesellschaftliche Beziehungen und Ansichten, für die vorher entweder gar keine Bezeichnung vorhanden, oder doch in keinem gedruckten Buche anzutreffen war, und der Meister selbst ist in unzähligen Stellen der beste Beweis, wie wenig die französischen Worte zur Wahrheit der Darstellung gesellschaftlicher Begebenheiten und Gespräche wesentlich notwendig und unentbehrlich sind. Je mehr nun aber die Sprache im Meister sich über die gewöhnliche Gesellschaftssprache durch Sorgfalt und Bildung erhebt, je mehr scheint uns die erwähnte Einmischung, obwohl an sich vielleicht geringfügig, eine kleine Störung in der sonst so vollendeten Gleichmäßigkeit zu verursachen. Worte wie schwadronieren, oder Redensarten, wie: der Kavalier fand Approbation, mein Renommée zu menagieren, würden uns in manchem andern Buche gar nicht einmal bemerklich werden; aber im Meister, in Goethes Sprache, fallen sie dem Gefühl auf. Man wird sagen, daß oft in dem mit Fleiß gewählten fremden Wort ein besondrer Ausdruck liege; aber es wird sich schwerlich irgendeine Stelle auffinden lassen, wo dieses nicht auch, wie an so unzählig vielen andern Stellen, in dem reinsten Deutsch sich hätte erreichen und sagen lassen, ohne zu der barbarischen Avantage ausländischer Redensphrasen seine Zuflucht nehmen zu müssen.

Der vierte Teil dieser neuen Ausgabe enthält einige kleinere dramatische Werke, und die Übersetzungen nach Voltaire. Betrachte und beurteile der Leser, was derselbe enthält, mit eben dem Gefühle, was er haben würde, wenn ein großer Künstler ihn in seine Werkstätte einführen wollte, und ihn nun zuvor noch einige Augenblicke im Vorsaale verweilen ließe, wo neben einigen guten Kopien etwa noch ein Versuch des Künstlers selbst, aber aus seiner frühesten Jugendzeit, ein zierlich ausgeführtes Stück, aber nur scherzhaften Inhalts nach der gewöhnlichen Natur, endlich einige idealische Umrisse, die aber Fragment geblieben, aufgestellt wären.

Das Schäferspiel, die Laune des Verliebten, erhält sein Interesse wohl vorzüglich durch die Zeit, aus welcher es herrühren mag, und durch die Art von Ähnlichkeit, die es, bei sehr verschiedener Form und Behandlungsart dem Inhalt nach, mit dem anmutigen Singspiel Erwin und Elmire hat. Das Fragment eines Trauerspiels, Elpenor, worin besonders der Knabe schön dargestellt ist, hat einige Geistesverwandtschaft mit der Iphigenie; auch der Stil scheint uns größtenteils derselbe, nur nicht so vollkommen.

In dem Mahomet und Tancred wird der beurteilende Franzose ohne Zweifel noch hier und da Stellen finden, wo er glauben wird, daß seinem Autor der Vorzug gebühre, und ihm Unrecht geschehen sei. Wir dürfen aber wohl auch auf die Einstimmung fast aller deutschen Leser rechnen, wenn es uns scheint, als hätte der Dichter in vielen Stellen und Reden beider Stücke, besonders des Mahomet, das Original, durch Weglassung zu empörender Gedanken oder zu harter Ausdrücke, im Einzelnen nicht wenig gemildert und veredelt, oder ihm durch kleine Zusätze sehr glücklich nachgeholfen. Es könnte die Beurteilung nun auf Voltaire selbst gerichtet und untersucht werden, ob die strengere französische Partei, die ihn als tragischen Dichter ganz verwerflich findet, recht habe; oder ob die immer noch sehr starke Zahl derer richtiger urteilt, die seine Tragödie vorzüglich wegen des Romantischen, was sie darin finden, lieben, verteidigen, und sehr hoch stellen. Für beide Ansichten wäre hier Anlaß genug und ein schlagendes Beispiel, um die eine wie die andere geltend zu machen; denn eine unwürdigere und widersinnigere Entstellung eines in seiner Kraft großen und in jedem Sinne welthistorischen Charakters hat der Parteigeist nicht leicht zum Behuf seiner Absichten hervorgebracht, als diesen Mahomet. Dem Tancred aber fehlt vielleicht nur noch etwas von dem äußern Glanz der Phantasie, so würde er für eine recht gute romantische Tragödie gelten können, wo die Motive der Ehre und der Liebe sehr wirksam angewandt sind.

Doch da unser Dichter mit beiden Trauerspielen keine verwandelnde Umgestaltung vorgenommen, sondern nur eine freie und hier und da verbessernde Übersetzung davon gegeben hat, so würde die weitere Analyse dieses Gegenstandes uns über den Umkreis der gegenwärtigen kritischen Betrachtung hinausführen.

GEORG FORSTER

Fragment einer Charakteristik der deutschen Klassiker

Über nichts wehklagt der Deutsche mehr als über Mangel an Deutschheit. »Wir haben siebentausend Schriftsteller«, sagt Georg Forster, »und noch gibt es in Deutschland keine öffentliche Meinung.« In der Tat, wenn die Sache nicht einmal in Regensburg in Anregung gebracht und allen Untertanen ein Nationalcharakter von Reichs wegen befohlen wird, oder wenn es nicht etwa einem Sophisten der Reinholdischen Schule gefällt, die allgemeingültigen Prinzipien der Deutschheit allgemein geltend zu machen: so hat es allen Anschein, daß die Deutschheit noch geraume Zeit nur ein gutherziges Postulat oder ein trotziger und verzagter Imperativ bleiben werde.

Über notwendige Übel soll man nicht jammern. Ebensowenig fruchtet neidische Anfeindung der Nachbarn, kindisch erkünstelte Selbstvergötterung und eigensinnige Verbannung des Fremden, welches so oft ein wesentlicher Bestandteil zu der neuen Mischung ist, durch welche wir allein noch zu eigener Vortrefflichkeit gelangen können. Selbst die an sich rühmliche und nützliche Erneuerung kann den Zweck nicht erreichen, welchen die meisten doch wohl dabei gehabt haben mögen. Was mit unsrer jetzigen Bildung, denn in dieser allein besteht doch unser eigentümlicher Wert, gar keinen Zusammenhang mehr hat, ist nicht bloß alt, sondern veraltet. Alle echte, eigne und gemeinschaftliche Bildung, welche noch irgend in Deutschland gefunden wird, ist, wenn ich so sagen darf, von heute und gestern, und ward fast allein durch Schriften entwickelt, genährt und unter den Mittelstand, den gesundesten Teil der Nation, verbreitet. Das allein ist Deutschheit; das ist die heilige Flamme, welche jeder Patriot hell und stark zu erhalten und zu vermehren an seinem Teil streben sollte! Jeder klassische Schriftsteller ist ein Wohltäter seiner Nation, und hat gerechte Ansprüche auf ein öffentliches Ehrendenkmal.

Ein Denkmal: aber nicht eben in Erz oder Marmor, auch kein Panegyrikus. Das schönste Denkmal für einen schriftstellerischen Künstler ist: daß sein eigentlicher Wert öffentlich anerkannt wird; daß alle einer allgemeinen Ausbildung Fähige immer wieder mit Liebe und Andacht von ihm lernen; daß einige die Eigentümlichkeit seiner Geisteswerke bis auf die feinsten Züge durchforschen und verstehen lernen.

Es will verlauten: Wir hätten keine klassischen Schriftsteller, wenigstens nicht in Prosa. Einige habens laut gesagt: aber tölpisch. Andere wollen den gemeinen Mann das Untere der Karten nicht sehen lassen, und reden leise. Wenn wir nur recht viel klassische Leser hätten: einige klassische Schriftsteller, glaube ich, fänden sich noch wohl. Sie lesen; viel und vieles: aber wie und was? Wie viele gibt es denn wohl, welche, auch nachdem der Reiz der Neuheit ganz vorüber ist, zu einer Schrift, die es verdient, immer von neuem zurückkehren können, nicht um die Zeit zu töten, noch um Kenntnisse von dieser oder jener Sache zu erwerben, sondern um sich den Eindruck durch die Wiederholung schärfer zu bestimmen und um sich das Beste ganz anzueignen? Solange es daran fehlt, muß ein reifes Urteil über geschriebene Kunstwerke unter die seltensten Seltenheiten gehören. Daß einsichtsvolle Bemerkungen über Bilder, Gemälde und Produkte der Musik verhältnismäßig so ungleich häufiger sind, entspringt gewiß größtenteils daher, daß hier die Dauer des Stoffs und der lebendigere Reiz schon von selbst zur öfteren Wiederholung einladet.

Es soll Philosophen geben, welche glauben: wir wüßten noch gar nicht, was Poesie eigentlich sei. Dann könnten wir auch durchaus gar nicht wissen, was Prosa ist: denn Prosa und Poesie sind so unzertrennliche Gegensätze wie Leib und Seele. Vielleicht auch nicht, was klassisch. Und jenes unbesonnene Todesurteil über den Genius der deutschen Prosa wäre also um vieles zu voreilig.

Zwar in einem gewissen Sinne, der wohl der eigentliche und ursprüngliche sein mag, haben alle Europäer keine klassischen Schriftsteller zu befürchten. Ich sage, befürchten: denn schlechthin unübertreffliche Urbilder beweisen unübersteigliche Grenzen der Vervollkommnung. In dieser Rücksicht könnte man wohl sagen: der Himmel behüte uns vor ewigen Werken. Aber die Menschheit reicht weiter als das Genie. Die Europäer haben diese Höhe erreicht. Es kann fernerhin kein schriftstellerischer Künstler so nachahmungswürdig werden, daß er nicht einmal veralten und überschritten werden müßte. Der reine Wert jedes Einzelnen wirkt ewig mit fort: aber die Eigentümlichkeit auch des Größten verliert sich in dem Strome des Ganzen. Wenn wir aber unter klassischen Schriften einer Nation nur solche verstehen, die in irgendeiner nachahmungswürdigen Eigenschaft noch nicht übertroffen sind, bis dahin also Urbilder bleiben sollen: so haben die Deutschen deren so gut wie die übrigen gebildeten Völker Europas. Auch solche, die eigentlich der Nation angehören und durch ihre Allgemeinheit in Gehalt und Geist ein eigentümliches, bleibendes Gemeingut aller bildungsfähigen Mitbürger einer Sprache sind; wenngleich weniger wie andre Nationen. Sollen nämlich klassische Schriften es nicht bloß für diese oder jene Zunft, sollen sie allgemeine Urbilder sein: so muß die Bildung, welche sie mitteilen, nicht bloß eine echte, aber einseitige, und bei gewissen Grenzen schlechthin stillstehende oder wohl gar umkehrende, sondern eine ganz allgemeine und fortschreitende sein; so muß ihre Richtung und Stimmung den Gesetzen und Forderungen der Menschheit entsprechen.

Auch in Prosa. Ja, eigentlich künstlerische Schriften sind wohl in unserm Zeitalter weit weniger geschickt, ein gemeinsames Eigentum aller gebildeten und bildungsfähigen Menschen zu sein. Zwar wirkt jene liebliche Naturpoesie, welche vielmehr ein freies Gewächs als ein absichtliches Kunstwerk ist, auf alle, die nur allgemeinen Sinn haben, auch ohne besonders ausgebildetes Kunstgefühl; und auch der Roman geht darauf aus, die geistige, sittliche und gesellschaftliche Bildung wieder mit der künstlerischen zu vereinigen. Aber jene zarten Pflanzen wollen nicht auf jedem Boden wild wachsen, noch die Verpflanzung ertragen, oder in Treibhäusern gedeihen. Der höfliche Sprachgebrauch nennt auch vieles Poesie, was weder schönes Naturgewächs noch schönes Kunstwerk, sondern bloße Äußerung und Befriedigung eines rohen Bedürfnisses ist. Sie ist allgemein, aber nicht im guten Sinne; nämlich, sie arbeitet für die große Mehrheit der Bildungslosen. Und der Roman ist in der Regel wie ein lockrer Gesell, der unglaublich geschwind lebt, alt wird und stirbt. Überhaupt kann jede menschliche Kraft nur durch entschiedne Absonderung von allen übrigen zu echter Bildung gedeihen: jede solche Trennung des ganzen Menschen aber ist nicht für alle; sie erfordert mehr und leistet weniger, als zu einer allgemeinen Bildung notwendig ist.

Unter allen eigentlichen Prosaisten, welche auf eine Stelle in dem Verzeichnis der deutschen Klassiker Anspruch machen dürfen, atmet keiner so sehr den Geist freier Fortschreitung wie Georg Forster. Man legt fast keine seiner Schriften aus der Hand, ohne sich nicht bloß zum Selbstdenken belebt und bereichert, sondern auch erweitert zu fühlen. In andern, auch den besten deutschen Schriften, fühlt man Stubenluft. Hier scheint man in frischer Luft, unter heiterm Himmel, mit einem gesunden Mann, bald in einem reizenden Tal zu lustwandeln, bald von einer freien Anhöhe weit umherzuschauen. Jeder Pulsschlag seines immer tätigen Wesens strebt vorwärts. Unter allen noch so verschiednen Ansichten seines reichen und vielseitigen Verstandes bleibt Vervollkommnung der feste, durch seine ganze schriftstellerische Laufbahn herrschende Grundgedanke; ohngeachtet er darum nicht jeden Wunsch der Menschheit für sogleich ausführbar hielt.

Fesseln, Mauern und Dämme waren nicht für diesen freien Geist. Aber nicht der Name der Aufklärung und Freiheit, nicht diese oder jene Form war es, woran er hing. Er erkennt und ehrt in seinen Schriften jeden Funken vom echten Geist gesetzlicher Freiheit, wo er ihn auch trifft: in unumschränkten Monarchien, wie in gemäßigten Verfassungen und Republiken; in Wissenschaften und Werken, wie in sittlichen Handlungen; in der bürgerlichen Welt, wie in der Erziehung und deren Anstalten. Er redet für die Öffentlichkeit der bürgerlichen Rechtspflege so warm, wie gegen den gelehrten Zunftzwang und das Berufen auf das Wort des Meisters. Auch das Vorurteil sollte nicht mit Gewalt bekämpft werden. Mit edlem, männlichem Eifer widersetzte er sich in der köstlichen Schrift *Über Proselytenmacherei* der verfolgungssüchtigen Beschränktheit handwerksmäßiger Aufklärer, welche selbst in der Dämmerung tappen. Ihm stand es an, zu sagen: »Frei sein, heißt Mensch sein.«

Bei jener rührenden Schilderung in den *Ansichten*, wie er, nach einer Trennung von zwölf Jahren, das Meer, gleich einem alten Freunde, zum ersten Male wieder begrüßt habe, sagt er die merkwürdigen Worte: »Ich sank gleichsam unwillkürlich in mich selbst zurück, und vor meiner Seele stand das Bild jener drei Jahre, die ich auf dem Ozean zubrachte und die mein ganzes Schicksal bestimmten.« – Für seinen Geist war die Weltumseglung vielleicht die wichtigste Hauptbegebenheit seines Lebens: dagegen die Trennung von Deutschland auf seine letzten Schriften keinen bedeutenden Einfluß gehabt, wohl aber, wider Recht und Billigkeit, auf die Beurteilung selbst der früheren. – War seine Reise mit Cook wirklich der Urkeim, aus welchem sich jenes freie Streben, jener weite Blick vielleicht erst später völlig entwickelte: so möchte man wünschen, daß junge Wahrheitsfreunde statt der Schule häufiger eine Reise um die Welt wählen könnten; nicht etwa nur, um die Verzeichnisse der Pflanzen zu bereichern, sondern um sich selbst zur echten Lebensweisheit zu bilden.

Eine solche Erfahrung bei solchen ursprünglichen Anlagen, einer offnen Empfänglichkeit, einem nicht gemeinen Maß analytischer Vernunft, und stetem Streben nach dem Unendlichen, mußte in der Seele des Jünglings den Grund zu jener Mischung und steten Verwebung von Anschauungen, Begriffen und Ideen legen, welche die Geisteswerke des Mannes so merkwürdig auszeichnete. Immer achtete er den Wert einer universellen Empfänglichkeit und lebendiger Eindrücke aus der Anschauung des Gegenstandes ganz so hoch, wie er es verdient. Wenn in seiner Darstellung gleich die Ordnung oft umgekehrt ist: so war für seinen Geist doch immer eine äußre Wahrnehmung das Erste, gleichsam der elastische Punkt. Er geht vom Einzelnen aus, weiß es aber bald ins Allgemeine hinüberzuspielen, und bezieht es überall aufs Unendliche. Nie beschäftigt er die Einbildungskraft, das Gefühl oder die Vernunft allein: er interessiert den ganzen Menschen. Alle Seelenkräfte aber in sich und andern gleich sehr und vereinigt auszubilden, das ist die Grundlage der echten Popularität, welche nicht bloß in konsequenter Mittelmäßigkeit besteht.

Dieses Weitumfassende seines Geistes, dieses Nehmen aller Gegenstände im großen und ganzen gibt seinen Schriften etwas wahrhaft Großartiges und beinah Erhabnes. Nur freilich nicht für diejenigen, welche das Erhabne allein in heroischen Phrasen erblicken können. Stelzen liebte Forster nicht, brauchte sie auch nicht. Er schreibt, wie man in der edelsten, geistreichsten und feinsten Gesellschaft am besten spricht.

Seine Werke verdienen ihre Popularität durch die echte Sittlichkeit, welche sie atmen. – Viele deutsche Schriften handeln von der Sittlichkeit: wenige sind sittlich. Wenige vielleicht in höherm Maße wie Forsters; in ihrer Gattung wenigstens keine. Zwar strengere Begriffe zu haben, ist wohlfeil, wenn es bloß Begriffe sind. Was er wußte, meinte und glaubte, war in Saft und Blut verwandelt. Wie in allen Stücken, so auch in diesem wird man Buchstaben und Namen ohne den Geist in Forsters Schriften vergeblich suchen. Überall zeigt sich in ihnen eine edle und zarte Natur, reges Mitgefühl, sanfte und billige Schonung, warme Begeisterung für das Wohl der Menschheit, eine reine Gesinnung, lebhafter Abscheu alles Unrechts. Wenn sein Unwille sich zuweilen bei geringen Anlässen unverhältnismäßig lebhaft äußert: so kann doch das seltne Übermaß sittlicher Reizbarkeit an einem Erdensohne immer noch für einen schönen Fehler gelten. Dabei findet man seine Denkart fester, strenger und männlicher als die beinah weibliche Milde seines Wesens, die gleich beim ersten Blick so sehr auffällt, vermuten ließ. Ein lebendiger Begriff von der Würde des Menschen ist in seinen Schriften gleichsam überall gegenwärtig. Dieser, und nicht jenes lügenhafte Bild des Glücks, das so lange am Ziele der menschlichen Laufbahn stand, »ist ihm die oberste Richtschnur aller sittlichen Urteile und der echte Wegweiser des Lebens«, wie sich doch von dem Ton des Zeitalters und der ausländischen Philosophie, in dem und durch die er seine wissenschaftliche Bildung zuerst empfing, erwarten ließ. Nach diesem echt sittlichen Grundbegriff betrachtete er auch die Gegenstände der bürgerlichen Welt. Zwar könnte er nach einzelnen Stellen besonders etwas früherer Schriften zu behaupten scheinen, allgemeine Beglückung sei der Zweck des Staats. Nimmt man seine Gedanken aber, wie man überall bei ihm tun muß, im großen und ganzen: so ergibt sich, daß nichts seinem Kopfe und Herzen mehr widerstehen konnte als die Lehre, der einsichtsvollere Herrscher dürfe die Untertanen zwingen, nach seiner Willkür glücklich zu werden. Dieses erhellt besonders aus dem Aufsatz *Über die Beziehung der Staatskunst auf das Glück der Menschheit*. Er ist fest überzeugt, daß auch die edelste Absicht unrechtmäßige Gewalt nicht beschönigen könne. Den freien Willen der einzelnen Bürger erklärt er, als notwendige Bedingung ihrer sittlichen Vervollkommnung, für das Heiligste.

Freilich treibt er die Sittlichkeit nicht so handwerksmäßig wie manche Erziehungskünstler und Meister der reinen Vernunft, welche sich nun einmal mit der ganzen Schwere ihres Wesens darauf gelegt haben. Der gesellschaftliche Schriftsteller, welcher die gesamte Menschheit umfassen soll, darf eine einzige wesentliche Anlage derselben nicht so einseitig auf Unkosten der übrigen ausbilden, wie es dem eigentlichen Sittenlehrer und Sittenkünstler von Rechts wegen erlaubt ist. Forster erkennt einen Wert, auch jenseits der Gesetze des Katechismus, und hält echte Größe, trotz aller Ausschweifungen, für Größe. Der erste Keim dieser natürlichen, aber seltnen Urteilsart lag schon in seiner allgemeinen Vielseitigkeit, scheint sich jedoch erst später ganz entfaltet zu haben.

Seine Anbetung unerreichbarer und in ihrer Art einziger Vortrefflichkeit kann schwärmerisch scheinen. Ja, man könnte ihm wirkliche Grundsätze der geistigen Gesetzlosigkeit aufzeigen, wenn jeder Zweifel, jeder Einfall, jede Wendung ein Grundsatz wäre. Nur darf man nicht jeden übertriebenen Ausdruck gleich für ein Kennzeichen weichlicher Hingebung erklären; wiewohl er sich dem Genuß der schönen Natur leidend hingab und hier die Zergliederung des Eindrucks für des Genusses Grenze hielt. Vielleicht nicht mit Unrecht. Seine bestimmte und bedingte Würdigung großer Menschen und Menschenwerke aber, die man nicht wie Natur genießen soll, ist ein Beweis von selbsttätiger Rückwirkung. Es darf nicht für Schwärmerei gelten, demjenigen einen unbedingten Wert beizulegen, was nur diesen oder gar keinen haben kann; oder an menschliche Größe überhaupt zu glauben und zum Beispiel die Sittlichkeit der übergesetzlichen Handlungen des Brutus und Timoleon anzuerkennen.

Auch muß man nie über einzelne Worte mit ihm mäkeln. Leser, welche nicht dann und wann durch einen Hauch beleidigt werden und über ein Wort mäkeln können, sind gewiß auch für die Schönheiten von der feineren Art stumpf. Nur soll man nicht alle Gegenstände durchs Mikroskop betrachten. Man sollte sich ordentlich kunstmäßig üben, ebensowohl äußerst langsam mit steter Zergliederung des Einzelnen, als auch schneller und in einem Zuge zur Übersicht des Ganzen lesen zu können. Wer nicht beides kann und jedes anwendet, wo es hingehört, der weiß eigentlich noch gar nicht zu lesen. Man darf mit Grund voraussetzen, daß Forster oft auch mit polemischer Nebenabsicht gegen die herrschende Mikrologie und Unempfänglichkeit für genialische Größe den Ton hoch angab. Denn bei seiner Vielseitigkeit konnte ihm die »Rückseite des schönen Gepräges« selten ganz entgehen. Er kannte zum Beispiel die Grenzen von Gibbons Wert recht wohl, ohngeachtet er seine Verkleinerer so unwillig straft. Denn nichts konnte ihn mehr aufbringen als eine solche Verkennung des echten Verdienstes, welche neben der Beschränktheit und Verkehrtheit auch üblen Willen verrät. Wenn er diese Saite berührt, so bekommt seine sonst so friedliche und milde Denkart und Schreibart ordentlich schneidende Schärfe und polemischen Nerv. Edler, rühmlicher Eifer für alles Große, Gute und Schöne! Und ohne alle einseitige Vorliebe für eine Lieblingsgattung. Bereitwillig huldigte er dem echten Genie jeder Art. Franklin und Mirabeau, der Schauspieler Iffland und der sokratische Hemsterhuis, Raffael, Cook und Friedrich der Große fanden in einem und demselben Manne einen doch nicht oberflächlichen Bewunderer.

Wenn die sittliche Bildung alle Wollungen, Begehrungen und Handlungen umfaßt, deren Quelle und Ziel die Forderung ist, alles Zufällige in uns und außer uns durch den ewigen Teil unsres Wesens zu bestimmen und demselben zu verähnlichen: so gehört dazu auch vornehmlich diejenige freie Handlung, durch welche der Mensch die Welt zur Gottheit adelt. Auch bei Forster ging der gegebne Glaube voraus und veredelte sich erst später in einen freien, dem er aber nie untreu ward. Er verabscheute auch hier die Geistesknechtschaft und haßte die geistliche Verfolgungssucht, samt ihrem gehässigen Unterschiede zwischen Orthodoxie und Heterodoxie. Der gänzliche Mangel an Schönheitsgefühl und die marklose Schwäche des Charakters, welche sich in der Frömmigkeit nur allzu vieler Gläubigen zeigt, konnte ihm keine Achtung einflößen. Er hielt das Schwelgen in himmlischen Gefühlen sehr richtig für entmannende Seelenunzucht, aber er glaubte standhaft an die Vorsehung. Es ist nicht bloß die unendliche Lebenskraft der allerzeugenden und allnährenden Natur, über die er sich oft mit der Begeistrung ihrer geweihtesten Priester, eines Lukrez oder Buffon, in Bewunderung ergießt. Auch die Spuren von dem Endzweck einer allgütigen Weisheit verfolgt er in der umgebenden Welt und in der Geschichte der Menschheit mit wahrer Liebe und mit jener nicht bloß gesagten, sondern tief gefühlten Andacht, welche einige Schriften von Kant und Lichtenberg so anziehend macht.

Aber nicht bloß diese und jene Ansicht, sondern die herrschende Stimmung aller seiner Werke ist echt sittlich. Sie ist es von der jungfräulichen Scheu vor dem ersten Fehltritt und der erbaulichen Nutzanwendung in *Dodds Leben*, welches man nicht ohne das Lächeln der Zuneigung über seine jugendliche Arglosigkeit lesen kann, bis zu seinen merkwürdigsten Empfindungen und Gedanken über die furchtbarste aller Naturerscheinungen der sittlichen Welt, welche, außer dem Anschein der größten weltbürgerlichen Wichtigkeit, schon durch ihre Einzigkeit und an Ausschweifungen jeder Art ergiebige Größe die vollste Teilnahme seines Beobachtungsgeistes an sich ziehn mußte, in den *Parisischen Umrissen* und in den letzten *Briefen*.

Was soll man an diesen Briefen mehr bewundern und lieben? Den Scharfsinn? Den großen Blick? Die rührende Herzlichkeit des Ausdrucks? Die unerschütterliche Rechtlichkeit und Redlichkeit der Denkart? Oder die sanfte, milde Äußerung des tiefsten, oft Verzweiflung scheinenden Unmuts? – Am achtungswürdigsten ist es vielleicht, daß bei einem Anblick, wo hohle Vernünftler, wie der Pöbel, sobald es über eigne Gefahr und Klugheit hinausgeht, nur über das Unglück zu deklamieren pflegen, wo Menschen, die nur gutartig, nicht sittlich sind, sich höchstens bis zum Mitgefühl mit der leidenden Tierheit erheben, er nur um die Menschheit trauert, und allein über die sittlichen Greuel zürnt, deren Anblick sein Innres zerriß. Das ist echte Männlichkeit.

Wenn die rückständigen Briefe diesen entsprechen: so wird die deutsche Literatur durch die vollständigere Sammlung der Forsterschen Briefe, zu der bei Bekanntmachung der letzten Hoffnung gegeben ward, mit einem in jeder Rücksicht lehrreichen, köstlichen und in seiner Art einzigen Werke bereichert werden.

Man hat es unbegreiflich gefunden, daß die *Parisischen Umrisse* parisisch sind, daß sie Farbe des Orts und der Zeit verraten; und unverzeihlich, daß der denkende Beobachter das Unvermeidliche notwendig fand. Es ist nicht bloß von den armen Sündern die Rede, welche Forsters Schriften nach seinen bürgerlichen Verhältnissen beurteilt haben. Menschen, deren erstes und letztes Prinzipium alles Meinens und Handelns, deren Gott die Wetterfahne ist, verdienen kaum Erwähnung, geschweige denn zergliedernde Widerlegung. Selbst von gebildeten, denkenden Männern erwartet man oft vergebens, daß ihnen der himmelweite Unterschied zwischen der Sittlichkeit eines Menschen und der Gesetzmäßigkeit seiner Handlungen geläufig wäre. Sogar ein, wie es scheint, rechtlicher, aber wenigstens hier oberflächlicher Beurteiler hat die *Umrisse* unsittlich, die letzten *Briefe* leichtsinnig gefunden. Und es ließ sich doch mit einem einzigen Blick auf den ganzen schriftstellerischen Forster erkennen, daß man hier kein Wort genauer nehmen dürfe, als wir es im raschen Gedränge des Lebens und im lebhaften Gespräch zu nehmen pflegen. »Ist es nicht Torheit«, sagt er einmal in den *Ansichten*, »die Schriftsteller richten zu wollen wegen einzelner Empfindungen eines Augenblicks, wo man vielmehr ihre Offenherzigkeit, das Herz des Menschen aufzudecken, bewundern sollte? Die schnellen tausendfachen Übergänge in einer empfänglichen Seele zählen zu wollen, die sich unaufhörlich jagen, wenn Gegenstände von außen oder durch ihre lebhafte Phantasie hervorgerufen, auf sie wirken, wäre wirklich verlorne Mühe.«

Für ein Lehrgebäude mag die gänzliche Freiheit auch von den geringsten Widersprüchen die wesentlichste Haupttugend sein. An dem einzelnen ganzen Menschen aber im handelnden und gesellschaftlichen Leben entspringt diese Gleichförmigkeit und Unveränderlichkeit der Ansichten in den meisten Fällen nur aus blinder Einseitigkeit und Starrsinn, oder wohl gar aus gänzlichem Mangel an eigner freier Meinung und Wahrnehmung. Ein Widerspruch vernichtet das System; unzählige machen den Philosophen dieses erhabenen Namens nicht unwürdig, wenn er es nicht ohnehin ist. Widersprüche können sogar Kennzeichen aufrichtiger Wahrheitsliebe sein und jene Vielseitigkeit beweisen, ohne welche Forsters Schriften nicht sein könnten, was sie doch in ihrer Art sein sollen und müssen.

Mannigfaltigkeit der Ansichten scheint flüchtigen oder an Lehrgebäude gewöhnten Beobachtern gern gänzlicher Mangel an festen Grundbegriffen. Hier war es aber wirklich leicht, diejenigen wahrzunehmen, welche unter dem Wechsel der verschiedensten Stimmungen und selbst bei entgegengesetzten Standpunkten, in den *Umrissen* wie in den *Briefen*, unveränderlich bleiben. Und welche Grundbegriffe sind es, an denen Forster so standhaft aushielt? – Die unerschütterliche Notwendigkeit der Gesetze der Natur und die unvertilgbare Vervollkommnungsfähigkeit des Menschen: die beiden Pole der höhern politischen Kritik! Sie herrschen allgemein in allen seinen politischen Schriften, welche deshalb um so mehr Wert für uns haben müssen, da auch viele unsrer besseren Geschichtskünstler nur wie Staatsmänner die Klugheit einzelner Entwürfe und Handlungen würdigen, zu wenig Naturforscher sind. Die gründlichsten Naturrechtslehrer hingegen sind oft im Gebiet der Erfahrung am meisten fremd, in deren Labyrinth man sich doch nur an dem Leitfaden jener Begriffe finden lernt.

In dem Wesentlichsten, dem Gesichtspunkt, sind also diese hingeworfnen *Umrisse* ungleich historischer, als manches berühmte und bändereiche Werk über die Französische Revolution. Über einzelne Äußerungen kann natürlich jeder, der die Zeitungen inne hat, jetzt Forstern eines Bessern belehren. Der Wert seiner treffendsten und feinsten Beobachtungen aber kann nur von wenigen erkannt werden, weil ihre Gegenstände zugleich sehr geistig und sehr umfassend sind. Ist seine Ansicht aber auch durchaus schief und unwahr: so ist sie doch nicht unsittlich. Dieselben Verbrechen und Greuel, welche dem beobachtenden Naturforscher mit Recht nur für eine Naturerscheinung galten, empörten sein sittliches Gefühl. Nirgends hat er nur versucht, sie wegzuvernünfteln; oft selbst in den *Umrissen* laut anerkannt. Auch konnte ihm wohl die leichte Bemerkung nicht entgehen, daß der stete Anblick vergossenen Menschenbluts, Menschen, die nur zahm, nicht sittlich sind, fühllos und wild mache. Nur mußte er es freilich beschränkt finden, daß so viele in der reichhaltigsten aller Naturerscheinungen nur allein das wahrnehmen wollten. Hatte er so ganz Unrecht zu glauben, daß man vieles zu voreilig den Handelnden zurechne, was aus der Verkettung der Umstände hervorging? Doch war er nicht von denen, welche die Naturnotwendigkeit bis zum Unsittlichen anbeten, und im dumpfen Hinbrüten über ein hohles Gedankenbild von unerklärlicher Einzigkeit endlich selbst zu forschen aufhören. Er unterschied das Zufällige und sagt ausdrücklich: »Was die Leidenschaften hier unter dem Mantel der unerbittlichen Notwendigkeit gewirkt haben mögen, wird der Vergeltung nicht entgehen.« Welche Eigenschaften sind es denn, die er am meisten rühmt, deren Annäherung er wahrzunehmen glaubt, hofft oder wünscht? – Vaterlandsliebe, allgemeine Entsagung, große Selbstverleugnung, Unabhängigkeit von leblosen Dingen, Einfalt in den Sitten, Strenge der Gesetze. – Darf man auf den endlichen Umsturz des allgemeinen herrschenden Egoismus auch nicht einmal hoffen? Oder ist vielleicht schon das ein Verbrechen, daß die Französische Revolution samt allen ihren Greueln Forstern den festen Glauben an die Vorsehung dennoch nicht zu entreißen vermochte? Daß er es, was von diesem Glauben unzertrennlich ist, mit der Beobachtung der Weltbegebenheiten im großen und ganzen hielt?

Daß er auch hier die »Rückseite des Gepräges« kannte, läßt schon jene Vielseitigkeit seines Geistes erwarten, womit er unter anderem in der merkwürdigen Stelle einer frühern Schrift, nachdem er die engländische Verfassung soeben mit Wärme gepriesen hat, auf »den Gesichtspunkt deutet, aus welchem ihre Vorzüge zu unendlich kleinen Größen hinabsinken«. Die gleichzeitigen letzten *Briefe* beweisen es. Denn wahr ists, in den *Umrissen* sucht er alles zum Besten zu kehren. Auch nimmt er bis auf die geringsten Kleinigkeiten absichtlich die Person und den Ton eines französischen Bürgers an. Das letzte ist nur eine schriftstellerische Wendung, um lebhafter zu polemisieren: denn in den letzten *Briefen* redet ein echter Weltbürger deutscher Herkunft. Überhaupt liebte er es auch in allgemeinen Abhandlungen nicht, allein zu lehren. Seine dramatisierende Einbildungskraft schuf sich gern Gegner, wenn er einen Gegenstand von mehr als einer Seite beleuchten wollte. Und nicht zum Schein: er lieh ihnen starke Gründe und lebhaften Vortrag. Diese Manier seines Geistes kann man unter andern auch in dem Aufsatz *Über die Beziehung der Staatskunst auf das Glück der Menschheit* studieren.

Wenn man nicht gar leugnen will, daß es für einige Gegenstände verschiedne Gesichtspunkte gebe: so muß man auch zugeben, daß ein redlicher Forscher solche Gegenstände absichtlich aus entgegengesetzten Standorten betrachten dürfe.

In Rücksicht auf die alles zum Besten kehrende, im großen und ganzen nehmende Art zu sehen und zu würdigen, sind, so paradox es auch klingen mag, die Kritischen Annalen der englischen Literatur die beste Erklärung und Rechtfertigung der *Parisischen Umrisse*. Sie herrscht auch hier, und mit Recht; denn nichts ist unhistorischer als bloße Mikrologie, ohne große Beziehungen und Resultate. Doch nie greift er zu solchen Lizenzen, wie sich Philosophen der alten und neuen Zeit und solche, die des Namens gewiß nicht am unwürdigsten sind, in der Erklärung heiliger Dichter und alter Offenbarungen erlaubt haben. Es war nicht Zufall. Er wußte recht gut um die »Lindigkeit, mit der er hier das kritische Zepter führte«. Man vergleiche nur einige seiner eigentlichen Rezensionen mit den ungleich milderen Urteilen in jenen allgemeinen Übersichten; zum Beispiel die von Robertsons Werk über Indien. Viele sind mehr Anzeigen als Beurteilungen; einige beweisen, daß er auch streng würdigen konnte, und daß er in jenen Jahrbüchern nicht bloß aus Charakter, sondern aus Grundsatz so mild urteilt. Aus diesem Gesichtspunkt muß man auch einige Äußerungen über verschiedene Gegenstände der deutschen Literatur nehmen, deren schwache Seiten er übrigens sehr gut kannte.

Solche Kritischen Annalen in großem Stil und Gesichtspunkt wären eins der dringendsten, aber schwerer zu befriedigenden Bedürfnisse der deutschen Literatur. Die Deutschen sind ein rezensierendes Volk; und in den sämtlichen Werken eines deutschen Gelehrten wird man eine Sammlung von Rezensionen ebenso zuversichtlich suchen, als eine Auswahl von Bonmots in denen eines Franzosen: aber wir kennen fast nur die mikrologische Kritik, welche sich mit einer mehr historischen Ansicht nicht verträgt. Die allzu große Nähe des besondern Gegenstandes, worauf die Seele jedes einzelnen, als auf ihren Zweck, sich konzentriert, verbirgt ihr auch des Ganzen Zusammenhang und Gestalt. Vielleicht sind beide Arten von Kritik gleich notwendig; gewiß aber sind sie subjektiv und objektiv durchaus verschieden, und sollten daher immer ganz getrennt bleiben. Es ist nicht angenehm, da, wo man gründlich, ja mikrologisch zergliedernde Prüfung erwartete, wenn etwa ein Günstling an die Reihe kommt, mit weltbürgerlichen Phrasen und den Manieren der Historie abgefertigt zu werden.

Ebenso widersinnig ist es, wenn man ohne Vorkenntnis der einzelnen Schrift eines Autors rezensierend zu Leibe geht, für den vielleicht eben darum, weil er Charakter hat, nur durch wiederholtes

Studium aller seiner aus und in einem Geist gebildeten Werke der eigentliche Gesichtspunkt gefunden werden kann, auf den doch alles ankommt. Auch ohne Leidenschaft oder üblen Willen muß das Urteil dann wohl grundschief ausfallen. Nur das Gemeine verkennt man selten. Es wäre endlich Zeit, dem Gegenstand, welchen die Beurteiler so lange nur seitwärts angeschielt haben, auch einmal von vorn grade ins Auge zu schauen.

Es ist das allgemeine und unvermeidliche Schicksal geschriebner Gespräche, daß ihnen die Zunftgelehrten übel mitspielen. Wie breit und schwerfällig haben sie zum Beispiel von jeher die Sokratische Ironie mißdeutet und mißhandelt, auf die man anwenden könnte, was Plato vom Dichter sagt: Es ist ein zartes, geflügeltes und heiliges Ding Auch Forster kennt die feinste Ironie, und von groben Händen wird sich der flüchtige Geist seiner geschriebenen Gespräche nie greifen lassen. Denn das sind alle seine Schriften fast ohne Ausnahme; ohnerachtet der Ausdruck noch lange nicht so abgerissen, hingeworfen und keck ist, wie in ähnlichen Geisteswerken der lebhafteren Franzosen: sondern periodischer, wie es einem Deutschen ziemt.

Es verlohnt sich wohl der Mühe, Forsters Schriften nicht zu verkennen. Wenige deutsche sind so allgemein geliebt. Wenige verdienen es noch mehr zu werden. Sie vollständig zergliedern, hieße den Begriff eines in seiner Art vortrefflichen gesellschaftlichen Schriftstellers entwickeln. Und in weltbürgerlicher Rücksicht stehen diese, deren Bestimmung es ist, alle wesentlichen Anlagen des Menschen anzuregen, zu bilden und wieder zu vereinigen, obenan. Diese für das ganze Geschlecht, wie für Einzelne unbedingt notwendige Wiedervereinigung aller der Grundkräfte des Menschen, welche in Urquell, Endziel und Wesen eins und unteilbar, doch verschieden erscheinen und getrennt wirken und sich bilden müssen, kann und darf auch nicht etwa aufgeschoben werden, bis die Vervollkommnung der einzelnen Fertigkeiten durchaus vollendet wäre; das hieße, auf ewig. Sie muß mit dieser zugleich, als gleich heilig, und zu gleichen Rechten, verehrt und befördert werden; wenn auch nicht durch dieselben Priester. Weltbürgerliche, gesellschaftliche Schriften sind also ein ebenso unentbehrliches Mittel und Bedingnis der fortschreitenden Bildung, als eigentlich wissenschaftliche und künstlerische. Sie sind die echten

Prosaisten; wenn wir nämlich unter Prosa die grade allgemeine Heerstraße der gebildeten Sprache verstehn, von welcher die eigentümlichen Mundarten des Dichters und des Denkers nur notwendige Nebenwege sind.

Die allgemeine Vorliebe für Forsters Schriften ist ein wichtiger Beitrag zu einer künftigen Apologie des Publikums gegen die häufigen Winke der Autoren, daß das Publikum sie, die Autoren, nicht wert sei. Jeder, vom Größten zum Geringsten, meint auf das wehrlose Geschöpf unritterlich und unbarmherzig losschlagen zu müssen. Mehrere haben ihm sogar ins Ohr gesagt, was der Gottesleugner bei Voltaire dem höchsten Wesen: »Ich glaube, du existierst nicht.« – Indessen stehen doch nicht bloß einzelne Leser auf einer hohen Stufe, wo sie der Schriftsteller nicht gar viele antreffen möchten. Selbst das große, allgemein verachtete Publikum hat nicht selten, wie auch hier, durch die Tat richtiger geurteilt als diejenigen, welche die Fabrikate ihres Urteilstriebes öffentlich ausstellen. – Freilich mögen viele wohl nur blättern, um die Zeit zu töten oder um doch auch zu hören und mitsprechen zu können. Die Gründlicheren hingegen lesen oft zu kaufmännisch. Sie sind unzufrieden mit einer Schrift, wenn sie nicht am Ende sagen können: Valuta habe bar und richtig empfangen. Kaum können Autoren, die sich nur durch bedingtes Lob geehrt finden, seltner sein wie Leser, die ohne Passivität bewundern und dem in seiner bestimmten Art Vortrefflichen die Abweichungen und Beschränkungen verzeihen können, ohne die es doch nicht sein würde, was es Gutes und Schönes ist, und sein soll.

Je vortrefflicher etwas in seiner Art ist, je mehr ist es auf sie beschränkt. Fordert von Forsters Schriften jede eigentümliche Tugend ihrer Gattung; nur nicht auch die aller übrigen. An der vornehmsten kommt kein andrer deutscher Prosaist ihm auch nur nahe: an Weltbürgerlichkeit, an Geselligkeit. Keiner hat in der Auswahl der Gegenstände, in der Anordnung des Ganzen, in den Übergängen und Wendungen, in Ausbildung und Farbe, so sehr die Gesetze und Forderungen der gebildeten Gesellschaft erfüllt und befriedigt wie er. Keiner ist so ganz gesellschaftlicher Schriftsteller wie er. Lessing selbst, der Prometheus der deutschen Prosa, hat seine genialische Behandlung sehr oft an einen so unwürdigen Stoff verschwendet, daß er scheinen könnte, ihn aus echtem Virtuoseneigensinn eben deswegen gewählt zu haben.

Wie in einem streng wissenschaftlichen und eigentlich künstlerischen Werke vieles sein muß, was der gebildeten Gesellschaft gleichgültig oder anstößig ist: so darf auch das gesellschaftliche Werk nach jenem Maßstabe in Gehalt und Ausdruck vieles zu wünschen übrig lassen, und kann doch in seiner Art klassisch, korrekt und selbst genialisch sein.

Die meisten können sich das Klassische gar nicht denken ohne Meilenumfang, Zentnerschwere und Äonendauer. Sie fordern die Tugend ihrer Lieblingsgattung auch von allen übrigen. Sie könnens nicht begreifen, daß ein Gartenhaus anders gebaut werden müsse wie ein Tempel. – Einen Tempel baut man auf Felsengrund; alles von Marmor, aus dem gediegensten und vornehmsten Stoff; den festen Gliederbau des einfachen und großen Ganzen in Verhältnissen, welche nach tausend Jahren so richtig und schön sind wie heute. Also auch umfassende Werke geschichtlicher Kunst, die einigen das Höchste scheinen, was der menschliche Geist zu bilden vermag. In einem solchen würde freilich der lose Zusammenhang des immer verwebten Besondern und Allgemeinen in Forsters Schriften schlaff und unwürdig scheinen. Manches, was hier an seiner Stelle eben das Beste ist, wie die Einleitungen zu *Cook, der Entdecker, Botanybay* und dem Aufsatz über Nordamerika, würde dort ein unverzeihlich üppiger Auswuchs sein.

Noch eher leidlich ist jene Verkehrtheit wohl, wenn sie aus einseitiger Liebhaberei für eine besondre Art entspringt. Oft sind es aber gewiß die nämlichen, die Forstern, als zu leicht für sie, zurückschieben, welche auch Winckelmanns und Müllers Meisterwerke wegen der Schwerfälligkeit vernachlässigen. Sie wollen Rosen vom Eichbaum pflücken, und wehklagen, daß man aus Rosenstöcken keine Kriegsschiffe zimmern könne:

»– – unkundig dessen, was möglich
Sei, und was nicht: auf welcherlei Art die Gewalt einem jeden
Sei umschränkt, und wie fest ihm die scharfe Grenze gesteckt sei.«

Dem Vorurteil, daß solche leichten gesellschaftlichen Werke, deren Leichtigkeit nicht selten die Frucht der größten Kunst und Anstrengung ist, überhaupt nicht dauern könnten, widerspricht die Geschichte besonders derjenigen alten Urschriften, die immer noch neu sind. Die zarten Gewebe der Sokratischen Muse zum Beispiel, an die wir uns in einer Charakteristik der Forsterschen Schriften wohl erinnern dürfen, haben viele Jahrhunderte wirksam gelebt, und sind nach einem langen Winterschlaf wieder zu neuer Jugend erwacht, während so manche schwere Arbeit in dem Strom der Zeit untersank.

Aber ich möchte das doch zweifelhafte und ominöse Merkmal der Unsterblichkeit am liebsten ganz aus unserm Begriff vom Klassischen entfernt wissen. Möchten doch Forsters Schriften recht bald so weit übertroffen werden, daß sie überflüssig und nicht mehr gut genug für uns wären; daß wir sie von Rechts wegen antiquieren könnten!

Bis jetzt aber ist er in den wesentlichsten Eigenschaften eines klassischen Prosaisten noch nicht übertroffen; in andern kann er mit den Besten verglichen werden. Jene Eigenschaften sind um so nachahmungswürdiger, da es dieselben sind, welche am sichersten allgemein wirken und doch im Deutschen am seltensten und am schwersten erreicht werden können. Forster bewies auch darin seine universelle Empfänglichkeit und Ausbildung, daß er französische Eleganz und Popularität des Vortrags und engländische Gemeinnützigkeit mit deutscher Tiefe des Gefühls und des Geistes vereinigte. Er hatte sich diese ausländischen Tugenden wirklich ganz zugeeignet. Alles ist aus einem Stück in seinen Schriften, und hat deutsche Farbe. Denn er blieb ein Deutscher; noch zuletzt in Paris fühlte er seine Deutschheit sehr bestimmt.

Will man nur das Fehlerfreie korrekt nennen: so sind alle vom Weibe Gebornen notwendig inkorrekt:

»So ist es jetzt, so war es zuvor, und so wird es stets sein.«

Ist aber jedes Werk korrekt, welches dieselbe Kraft, die es hervorbrachte, auch wieder rückwirkend durchgearbeitet hat, damit sich Innres und Äußres entspreche: so darf man in Forsters Schriften auch nur jene gesellschaftliche Korrektheit suchen, welche die glänzende Seite der französischen Literatur und in ihr einheimisch ist. Man wird sie auch in Forsters Schriften nicht vermissen: er hatte sie an der Quelle studiert. Sie ist es, die, wie sich auch an manchem französischen Produkt bewährt, an echt künstlerischen oder wissenschaftlichen Werken oft eben das Beste abschleifen würde. Einige deutsche Autoren hätten daher nicht versuchen sollen, was doch vergeblich war: sie da zu erreichen, wo sie nicht hingehört: denn Anmut läßt sich nicht errechnen, noch eine ungesellige Natur durch Zwang plötzlich verwandeln.

Zwar verliert sich sein Ausdruck je zuweilen ins Spitzfindige und Geschrobene. Das ist nicht Affektation, wie es mir scheint: sondern es entsprang lediglich aus dem arglosen und herzlichen Bestreben, sich ganz und offen mitzuteilen und auch das Unaussprechliche auszusprechen. Wenn er hie und da seine Andacht lauter verrichtet, als es Sitte ist: so darf uns das wohl ein Lächeln abnötigen. Nur beklage ich den, welcher diese liebenswürdige kleine Schwachheit von jener eigentlichen Schminke nicht unterscheiden kann, in der eine tief verderbte Seele auch vor sich selbst im Spiegel ihres Innern erscheinen muß! – Vorzüglich finden sich solche Gezwungenheiten, worein auch wohl sonst natürliche und nicht ganz unbeholfne Menschen im Anfange eines Gesprächs aus gegründeter Furcht vor dem Platten zu verfallen pflegen, in den Einleitungen und Eingängen, oder wo er seines Tons noch nicht ganz Meister war. So ist weit mehr Koketterie in dem Aufsatz *Über Leckereien* sichtbar, als in den *Erinnerungen*, die von ähnlicher Manier und Farbe der Schreibart, aber ungleich vollendeter sind. Dieses Werk, in der ganzen deutschen Literatur das einzige seiner Art, übertrifft alle übrigen an Glanz des Ausdrucks, an feiner Ironie und an verschwenderischem Reichtum überraschend glücklicher Wendungen. Und doch war es keine leichte Aufgabe, sich hier zwischen Szylla und Charybdis durchzuwinden, nie die Aufrichtigkeit zu beleidigen, und doch keine Schicklichkeit zu verletzen! – Gewiß aber ist in Forsters Schriften nur sehr weniges, was nicht in der besten Gesellschaft gesagt werden dürfte. Der Ausdruck ist edel, zart, gewählt und gesellig. Er läßt uns oft wie ein heller Kristall auf den reinen Grund seiner Seele blicken.

Der Gehalt eines gesellschaftlichen Schriftstellers darf ebensowenig nach streng wissenschaftlichem und künstlerischem Maßstabe gewürdigt werden wie der Ausdruck. Der gesellschaftliche Schriftsteller ist schon von Amts wegen gleichsam verpflichtet, wie ich weiß nicht welcher Magister seine Dissertation überschrieb, von allen Dingen, und noch von einigen andern, zu handeln. Er kann gar nicht umhin, ein Polyhistor zu sein. Wer nirgends fremd ist, kann auch nirgends ganz angesiedelt sein. Man kann nicht zugleich auf Reisen sein und seinen Acker bestellen. – Auch wird der freie Weltbürger sich schwerlich in eine enge Gilde einzunften lassen.

Kenner und Nichtkenner haben Forsters Kunsturteile vielfältig hart, und zwar im einzelnen getadelt. Man hätte lieber kürzer und strenger geradezu gestehen sollen, daß ihm eigentliches Kunstgefühl für die Darstellungen des Schönen, welches einer isolierten Ausbildung durchaus bedarf, ganz fehle; auch in der Poesie. Keine Vollkommenheit der Darstellung konnte ihn mit einem Stoff aussöhnen, der sein Zartgefühl verletzte, seine Sittlichkeit beleidigte oder seinen Geist unbefriedigt ließ. Immer bewunderte und liebte er im Kunstwerk den großen und edlen Menschen, die erhabene oder reizende Natur. Denn wie tief und lebendig das von jenem Kunstgefühl wesentlich verschiedne Naturgefühl in ihm war, davon geben viele unnachahmlich wahre Ergießungen in seinen Schriften vollgültiges Zeugnis. Auch für schöne dichterische Naturgewächse hatte er viel Sinn. Das beweist schon die Art, wie er eins der köstlichsten, die *Sakontala*, auf vaterländischen Boden verpflanzte.

Als eigentümliche Ansicht dagegen ist Forsters Kunstlehre sehr interessant; schon darum, weil sie so ganz eigen und selbst gefühlt ist; vornehmlich aber, weil sie ihren Gegenstand aus dem notwendigen Gesichtspunkt der gebildeten Gesellschaft betrachtet, welche es nie weit genug in der Kennerschaft bringen wird, um über den künstlerischen Wert, die Gerechtsame und Forderungen der Sittlichkeit und des Verstandes zu vergessen. So wird der gesellschaftliche Mensch im wesentlichen immer denken; und als die deutlich ausgesprochne Stimme einer so ursprünglichen und ewigen Klasse der freien Natur hat Forsters Kunstansicht einen sehr allgemeinen, bleibenden Wert. Jenes allgepriesene Kunstgefühl aber dürfte ein Rigorist selbst bei vielen vermissen, die stets Gedichte schreiben; bei vielen, die, was jene gearbeitet haben, wenn es gedruckt ist, erläutern.

Die wesentlichen Grundgesetze derjenigen künstlerischen Sittlichkeit, ohne welche der Künstler auch in der Kunst sinken und seine künstlerische Würde und Selbständigkeit verlieren muß, hat Forster nicht nur mit der Wärme eigner Empfindung vorgetragen, sondern auch, insofern er selbst ein Künstler war, treu befolgt. Er durfte sagen: »Der Künstler, der nur für Bewunderung arbeitete, ist kaum noch Bewunderung wert.« – »Ihn muß vielmehr, nach dem Beispiele der Gottheit, der Selbstgenuß ermuntern und befriedigen, den er sich in seinen eignen Werken bereitet. Es muß ihm genügen, daß in Erz, in Marmor, auf der Leinwand oder in Buchstaben eine große Seele zur Schau liegt. Hier fasse, wer sie fassen kann!«

Auch von der Kunst selbst hatte er so hohe, würdige Begriffe, wie sich mit jener gesellschaftlichen Vielseitigkeit nur immer vertragen. Solche herrschen auch in dem Aufsatz: *Die Kunst und das Zeitalter*. Die darin entworfene Ansicht der Griechen, die er vorzüglich von seiten der urbildlichen und unerreichbaren Einzigkeit ihrer Kunst faßte, mag, im ganzen genommen, unter den oberflächlichen leicht am richtigsten treffen. Bei seiner ursprünglich naturwissenschaftlichen und gesellschaftlichen Bildung, bei seinem herrschenden Grundgedanken von Fortschreitung und Vervollkommnung bleibt es eine herrliche Bestätigung seiner unglaublich großen Vielseitigkeit, daß er die Begriffe von urbildlicher Schönheit und unerreichbar einziger Vollendung so lebendig auffassen und seinem Wesen gleichsam ganz einverleiben konnte; ohngeachtet er die lähmende Idee des Unverbesserlichen mit Recht verabscheute und behauptete, »daß, wenn ein solches Unding, wie ein vollkommnes System, möglich wäre, die Anwendung desselben für den Gebrauch der Vernunft dennoch gefährlicher als jedes andere werden müßte«. – Das einzelne aber in jener Ansicht der Griechen sollte man ihm um so weniger strenge auf die Waage legen, da es ohnehin eine allgemeine Liebhaberei der deutschen Autoren ist, die Geschichte des Altertums zu erfinden; auch solcher, die in der gesellschaftlichen Natur ihrer Schriften durchaus keine Entschuldigung finden können.[1] – Warum will man doch alles von allen fordern! Soll die Philologie als strenge Wissenschaft und

---

[1] Auch solcher, die sich ausdrücklicher zu Altertumslehren aufwarfen. Moritz zum Beispiel würde vortrefflich über die Alten geschrieben haben, wenn er sie gekannt hätte: aber es fehlt nur wenig, daß er sie gar nicht kannte.

echte Kunst getrieben werden: so erfordert sie eine ganz eigene Organisation des Geistes, nicht minder als die eigentliche Philosophie, bei der man es doch endlich einzusehn anfängt, daß sie nicht für jedermann ist.

Unleugbar aber war Forster ein Künstler im vollsten Sinne des Worts, wenn man es nur überhaupt in seiner Gattung sein kann. Selbst das wirkliche Gespräch kann ein Kunstwerk sein, wenn es durch gebildete Fertigkeit zur höchsten Vollendung in seiner Art geführt wird und in Stoff und Gestalt ursprünglichen, geselligen Sinn und Begeisterung für die höchste Mitteilung verrät. Ein Kunstwerk: ebensogut wie das auch vorübereilende Schauspiel, der Gesang, welcher selbst verhallend nur in der Seele bleibt, und der noch flüchtigere Tanz. Von einem solchen Gespräch kann gelten, was Forster so köstlich von der Vergänglichkeit gesagt hat, »welche der Schauspielkunst mit jenen prachtvollen Blumen gemein ist, deren Fülle und Zartheit alles übertrifft, die in einer Stunde der Nacht am Stengel der Fackeldistel prangen, und noch vor Sonnenaufgang verwelken«. Wer es vollends versucht, dem schönen Gespräch, dieser flüchtigsten aller Schöpfungen des Genius, durch die Schrift Dauer zu geben, muß eine ungleich größere Gewalt über die Sprache, dieses unauslernbarste und eigensinnigste aller Werkzeuge, besitzen, indem er die Nachhülfe der mitsprechenden Gebärde, Stimme und Augen entbehrt. Auch muß er, um die Bestandteile, die er aus dem Leben nahm oder die in seiner dramatisierenden Einbildungskraft von selbst entstanden, zu ergänzen und zu ordnen, mehr oder weniger auch erfinden, absichtlich darstellen, dichten.

Wenn aufrichtige und warme Wahrheits- und Wissenschaftsliebe, freier Forschungsgeist und stete Erhebung zu Ideen, wenn ein großer Reichtum der verschiedenartigsten Sachkenntnisse, die vielseitigste Empfänglichkeit und rückwirkende Selbsttätigkeit eines hellen Verstandes, feine Beobachtungsgabe, Entwicklungsfertigkeit, gesunde Vernunft, ein nicht bloß kühn, sondern auch treffend verbindender Witz, bei einem hohen Maß geistiger Mitteilungsfähigkeit, kurz, wenn die wesentlichsten Vorzüge der echten Lebensweisheit auf diesen schönen Namen hinreichende Ansprüche geben: so war Forster ein Philosoph.

Seine Gründlichkeit in den Naturwissenschaften, wo er wohl die ausgebreitetsten und genauesten Sachkenntnisse besitzen mochte, überlasse ich der Beurteilung der Kenner. Seine hervorspringendsten Eigenschaften, die große Übersicht, der Blick ins Ganze, der feine Beobachtungsgeist, glänzen hier unstreitig nicht minder wie überall sonst. Durch seine weltbürgerliche und geistvolle Behandlung und Darstellung hat er die Naturwissenschaften in die gebildete Gesellschaft eingeführt. Durch vielfache Verwebung mit andern wissenschaftlichen Ansichten hat er sie, wo nicht erweitert, doch verschönert; wie hinwiederum das Interessante seiner politischen Schriften durch ihren naturwissenschaftlichen Anstrich ungemein erhöht wird. Forster hat auch das Verdienst um deutsche Kultur, daß er zur Verbreitung einer zweckmäßigen Lektüre in Reisebeschreibungen, die im ganzen genommen doch ungleich nahrhafter ist als die der gewöhnlichen Romane, so viel wirkte.

Indessen würde es mir doch eine unerklärliche Ausnahme vom Charakter seines Geistes scheinen, wenn er grade nur hier die Fähigkeit einer ganz wissenschaftlichen, durchgreifenden und streng durchgeführten Methode besessen hätte, die sich sonst nirgends zeigt. Denn so voll seine Schriften auch sind von geistigen Keimen, Blüten und Früchten: so war er doch kein eigentlicher Vernunftkünstler; auch würdigte er die Spekulation aus einem kosmopolitischen Gesichtspunkt. Er ist nicht von denen, die mit schneidender Schärfe, in senkrechter Richtung grade auf den Mittelpunkt ihres Gegenstandes losdringen und, ohne zu ermatten, auch die längste Reihe der allgemeinsten Begriffe fest aneinanderketten und -gliedern können.

Ihm fehlte das Vermögen, sein Innres bestimmt zu trennen und sein ganzes Wesen wiederum in eine Richtung zusammenzudrängen und ausdauernd auf einen Gegenstand beschränken zu können; ja überhaupt die gewaltige Selbständigkeit der schöpferischen Kraft, ohne die es unmöglich ist, ein großes wissenschaftliches, künstlerisches oder geschichtliches Werk zu vollenden.

Doch möchte ich darum das Genialische seinen Schriften nicht absprechen, wenn diejenigen Produkte genialisch sind, wo das Eigentümlichste zugleich auch das Beste ist; wo alles lebt und auch im kleinsten Gliede der ganze Urheber sichtbar wird, wie er, um es zu bilden, ganz wirksam sein mußte; wie bei Forsters Werken so offenbar der Fall ist. Denn Genie ist Geist, lebendige Einheit der verschiedenen natürlichen, künstlichen und freien Bildungsbestandteile einer bestimmten Art. Nun besteht aber das Eigentümliche eben nicht in diesem oder jenem einzelnen Bestandteil oder in dem bestimmten Maß desselben: sondern in dem Verhältnis aller. Grade diese ursprünglichen und erworbenen Fähigkeiten mußten in diesem Maß und in dieser Mischung zusammentreffen, damit unter dem beseelenden Hauch des Enthusiasmus, welchen allein weder Natur noch Kunst dem freien Menschen geben können, etwas in seiner Art so Vortreffliches entstehen konnte. Eine so glückliche Harmonie ist eine wahre Gunst der Natur; unlernbar und unnachahmlich.

Dieselbe gesellige Mitteilung befreundete also noch die einfachsten Bestandteile seines innersten Daseins, welche in seinen Schriften lebt und immer ein unter den mannigfachsten Gestalten oft wiederkehrender Lieblingsbegriff seines Geistes war. Man könnte diese gesellige Wendung seines Wesens selbst noch in dem glänzend günstigen Lichte zu erkennen glauben, worin er den Stand erblickt, welchen der Austausch sinnlicher Güter vorzüglich veranlaßt und begünstigt, den Verkehr auch der geistigen Waren und Erzeugnisse, in sich, am freiesten und gleichsam in der Mitte aller übrigen Stände auszubilden und in der umgebenden Welt zu befördern. Die Verwebung und Verbindung der verschiedenartigsten Kenntnisse, ihre allgemeinere Verbreitung selbst in die gesellschaftlichen Kreise hielt er für den eigentümlichsten Vorzug unsers Zeitalters und für die schönste Frucht des Handelns. In dem tätigen Gewühl einer großen Seestadt erblickt er ein Bild der friedlichen Vereinigung des Menschengeschlechtes zu gemeinsamen Zwecken des frohen, tätigen Lebensgenusses. Die Wiedervereinigung endlich aller wesentlich zusammenhangenden, wenngleich jetzt getrennten und zerstückelten Wissenschaften zu einem einzigen unteilbaren Ganzen erscheint ihm als das erhabenste Ziel des Forschers.

ÜBER LESSING

Lessings schriftstellerische Verdienste sind schon mehr als einmal der Gegenstand eigner beredter Aufsätze gewesen. Ein paar dieser Aufsätze, welche viele treffende und feine Bemerkungen enthalten, rühren von zwei der achtungswürdigsten Veteranen der deutschen Literatur her. Ein Bruder, der Lessingen aufrichtig liebte und ihn lange mit der Treue der Bewunderung beobachtet hatte, widmete der Beschreibung seiner Schicksale, Verhältnisse und Eigentümlichkeiten ein umständliches Werk. Wenige Schriftsteller nennt und lobt man so gern als ihn: ja es ist eine fast allgemeine Liebhaberei, gelegentlich etwas Bedeutendes über Lessing zu sagen. Wie natürlich: da er, der eigentliche Autor der Nation und des Zeitalters, so vielseitig und so durchgreifend wirkte, zugleich laut und glänzend für alle, und auf einige tief. Daher ist denn auch vielleicht über kein deutsches Genie so viel Merkwürdiges gesagt worden; oft aus sehr verschiednen, ja entgegengesetzten Standpunkten, zum Teil von Schriftstellern, welche selbst zu den geistvollsten oder zu den berühmtesten gehören.

Dennoch darf ein Versuch, Lessings Geist im ganzen zu charakterisieren, nicht für überflüssig gehalten werden. Eine so reiche und umfassende Natur kann nicht vielseitig genug betrachtet werden, und ist durchaus unerschöpflich. Solange wir noch an Bildung wachsen, besteht ja ein Teil, und gewiß nicht der unwesentlichste, unsers Fortschreitens eben darin, daß wir immer wieder zu den alten Gegenständen, die es wert sind, zurückkehren, und alles Neue, was wir mehr sind oder mehr wissen, auf sie anwenden, die vorigen Gesichtspunkte und Resultate berichtigen und uns neue Aussichten eröffnen. Der gewöhnlichen Behauptung: es sei schon alles gesagt, die so scheinbar ist, daß sie von sich selbst gilt (denn so wie Voltaire sie ausdrückt, wird sie schon beim Terenz gefunden), muß man daher in Rücksicht auf

Gegenstände dieser Art vorzüglich, ja vielleicht in Rücksicht auf alle, von denen immer die Rede sein wird, die gerade widersprechende Behauptung entgegensetzen: Es sei eigentlich noch nichts gesagt; nämlich so, daß es nicht nötig wäre, mehr, und nicht möglich, etwas Besseres zu sagen.

Was Lessingen insbesondere betrifft: so sind überdem erst seit kurzem die Akten vollständig geworden, nachdem man nun alles, was zur nähern Bekanntschaft mit dem großen Manne irgend nützlich sein mag, hat drucken lassen. Jene, welche gleich im ersten Schmerz über seinen Verlust schrieben, entbehrten viele wesentliche Dokumente, unter andern die unendlich wichtige Briefsammlung. Beide beschränkten ihre Betrachtungen nur auf einige Zweige seiner vielseitigen Tätigkeit; der eine richtete seine Absicht auf ein bestimmtes, nicht auf das ganze Publikum; der andre schwieg geflissentlich über manches, oder verweilte nicht lange dabei. Gewiß nicht ohne Grund: aber Rücksichten, welche damals notwendig waren, sind es vielleicht jetzt nicht mehr.

Lessing endlich war einer von den revolutionären Geistern, die überall, wohin sie sich auch im Gebiet der Meinungen wenden, gleich einem scharfen Scheidungsmittel, die heftigsten Gärungen und gewaltigsten Erschütterungen allgemein verbreiten. In der Theologie wie auf der Bühne und in der Kritik hat er nicht bloß Epoche gemacht, sondern eine allgemeine und dauernde Revolution allein hervorgebracht, oder doch vorzüglich veranlaßt. Revolutionäre Gegenstände werden selten kritisch betrachtet. Die Nähe einer so glänzenden Erscheinung blendet auch sonst starke Augen, selbst bei leidenschaftsloser Beobachtung. Wie sollte also die Menge fähig sein, sich dem stürmischen Eindruck nicht ganz hinzugeben, sondern ihn mit der geistigen Gegenwirkung aneignend aufzunehmen, wodurch allein er sich zum Urteil bilden kann? Der erste Eindruck literarischer Erscheinungen aber ist nicht bloß unbestimmt: er ist auch selten reine Wirkung der Sache selbst, sondern gemeinschaftliches Resultat vieler mitwirkender Einflüsse und zusammentreffender Umstände. Dennoch pflegt man ihn ganz auf die Rechnung des Autors zu setzen, wodurch dieser nicht selten in ein durchaus falsches Licht gestellt wird. Der allgemeine Eindruck wird auch bald der herrschende; es bildet sich ein blinder Glauben, eine gedankenlose Gewohnheit, welche bald heilige Überlieferung und endlich beinah unverbrüchliches Gesetz wird. Die Macht einer öffentlichen und alten Meinung zeigt ihren Einfluß auch auf solche Männer, welche selbständig urteilen könnten; der Strom zieht auch sie mit fort, oft ohne daß sie es nur gewahr werden. Oder wenn sie sich widersetzen, so geraten sie dann in das andere Extrem, alles unbedingt zu verwerfen. Der Glaube wächst mit dem Fortgang, der Irrtum wird fest durch die Zeit und irrt immer weiter, die Spuren des Besseren verschwinden, vieles und vielleicht das Wichtigste sinkt ganz in Vergessenheit. So bedarf es oft nur eines geringen Zeitraums, um das Bild von seinem Originale bis zur Unkenntlichkeit zu entfernen, und um zwischen der herrschenden Meinung über einen Schriftsteller, und dem was ganz offenbar in seinem Leben und in seinen Werken daliegt, dem was er selbst über sich urteilte und der Art, wie er überhaupt die Dinge der literarischen Welt ansah und maß, den schneidensten Widerspruch zu erzeugen. Die, welche, wenn auch nicht in der Religion, doch in der Literatur den alleinseligmachenden Glauben zu besitzen wähnen, wird dieser Widerspruch zwar selten in ihrer behäglichen Ruhe stören: aber jeder Unbefangne, dem er sich plötzlich zeigt, muß billig darüber erstaunen.

Überraschung und Erstaunen waren, das muß ich gestehen, jedesmal meine Empfindungen, wenn ich eine Zeitlang ganz in Lessings Schriften gelebt hatte und nun absichtlich oder zufällig wieder auf irgend etwas geriet, wobei ich mich alles dessen erinnerte, was ich etwa schon über die Art, wie man Lessing gewöhnlich bewundert und nachahmt, oder zu bewundern und nachzuahmen unterläßt, gesammelt und beobachtet hatte.

Ja gewiß, auch Lessing würde, wo nicht überrascht, doch etwas befremdet werden und nicht ganz ohne Unwillen lächeln, wenn er wiederkehrte und sähe, wie man nur die Vortrefflichkeiten nicht müde wird an ihm zu preisen, die er immer streng und ernst von sich ablehnte, nur diejenigen unter seinen zahlreichen Bemühungen und Versuchen mit einseitiger und ungerechter Vorliebe fast allein zu zergliedern und zu loben, von denen er selbst am wenigsten hielt, und von denen wohl eigentlich vergleichungsweise am wenigsten zu sagen ist, während man das Eigenste und das Größte in seinen Äußerungen, wie es scheint, gar nicht einmal gewahr werden will und kann! Er würde doch erstaunen, daß gerade die poetischen Mediokristen, literarischen Moderantisten und Anbeter der Halbheit, welche er, solange er lebte, nie aufhörte eifrigst zu hassen und zu verfolgen, es haben wagen dürfen, ihn als einen Virtuosen der goldnen Mittelmäßigkeit zu vergöttern, und ihn sich ausschließend gleichsam zuzueignen, als sei er einer der ihrigen! Daß sein Ruhm nicht ein ermunternder und leitender Stern für das werdende Verdienst ist, sondern als Ägide gegen jeden mißbraucht wird, der etwa in allem, was gut ist und schön, zu weit vorwärts gehn zu wollen droht! Daß träger Dünkel, Plattheit und Vorurteil unter der Sanktion seines Namens Schutz suchen und finden! Daß man ihn und einen Addison, von dessen Zahmheit, wie ers nennt, er so verächtlich redet (wie er denn überhaupt nüchterne Korrektheit ohne Genie beinah noch mehr geringschätzt, als billig ist) zusammenpaaren mag und darf, wie man etwa *Miss Sara Sampson* und *Emilia Galotti* und *Nathau den Weiseu* in einem Atem und aus einem Tone bewundert, weil es doch sämtlich dramatische Werke sind!

Auch er würde, wenn sein Geist in neuer Gestalt erschiene, von seinen eifrigsten Anhängern verkannt und verleugnet werden, und könnte ihnen gar leicht großes Ärgernis geben. Denn wenn der heilige Glauben nicht wäre, und der noch heiligere Namen, so dürfte Lessing doch wohl für manchen, der jetzt auf seiner Autorität vornehm ausruht, an seine Einfälle glaubt, die Größe seines Geistes für das Maß des menschlichen Vermögens, und die Grenzen seiner Einsicht für die wissenschaftlichen Säulen des Herkules hält, welche überschreiten zu wollen ebenso gottlos als töricht sei, nichts weiter sein, als ein ausgemachter Mystiker, ein sophistischer Grübler und ein kleinlicher Pedant.

Es ist nicht uninteressant, der allmählichen Entstehung und Ausbildung der herrschenden Meinung über Lessing nachzuforschen und sie bis in ihre kleinsten Nebenzweige zu verfolgen. Die Darstellung derselben in ihrem ganzen Umfange, mit andern Worten, die Geschichte der Wirkungen, welche Lessings Schriften auf die deutsche Literatur gehabt haben, wäre hinreichender Stoff für eine eigene Abhandlung. Hier wird es genug und zweckmäßiger sein, nur das Resultat einer solchen Untersuchung aufzustellen, und die im ganzen herrschende Meinung, nebst den wesentlichsten Abweichungen einzelner Gattungen, mit der Genauigkeit, die ein mittlerer Durchschnitt erlaubt, im allgemeinen positiv und negativ zu bestimmen, und durch kurz angedeutete Gegensätze in ein helleres Licht zu setzen.

Völlig ausgemacht ist es nach dem einmütigen Urteil aller, daß Lessing ein sehr großer Dichter sei. Seine dramatische Poesie hat man unter allen seinen Geistesprodukten am weitläufigsten und detailliertesten zergliedert, und auf alles, was sie betrifft, legt man den wichtigsten Akzent. Läse man nicht die Werke selbst, sondern nur was über sie gesagt worden ist: so dürfte man leicht verführt werden zu glauben, die *Erziehung des Menschengeschlechts* und die *Freimaurergespräche* stehen an Bedeutung, Wert, Kunst und Genialität der *Miss Sara Sampson* weit nach.

Auch das ist ausgemacht, daß Lessing ein unübertrefflich einziger, ja beinah vollkommener Kunstkenner der Poesie war. Hier scheinen das Ideal und der Begriff des Individuums fast ineinander verschmolzen zu sein. Beide werden nicht selten verwechselt, als völlig identisch. Man sagt oft nur: ein Lessing, um einen vollendeten poetischen Kritiker zu bezeichnen. So redet nicht bloß jedermann, so drückt sich auch ein Kant, ein Wolf aus; Häupter der philosophischen und der philologischen Kritik, welchen man daher den Sinn für Virtuosität in jeder Art von Kritik nicht absprechen wird; beide an Liebe und Kunst, der Wahrheit auch in ihren verborgensten Schlupfwinkeln nachzuspüren, an schneidender Strenge der Prüfung bei biegsamer Vielseitigkeit Lessingen nicht unähnlich.

Auch darin ist man einig, daß man seine Universalität bewundert, welche dem Größten gewachsen war, und es doch auch nicht verschmähte, selbst das Kleinste durch Kunst und Geist zu adeln. Einige, vorzüglich unter seinen nächsten Bewunderern und Freunden, haben ihn desfalls für ein Universalgenie, dem es zu gering gewesen wäre, nur in Einer Kunst oder Wissenschaft groß, vollendet und einzig zu sein, erklärt, ohne sich diesen Begriff recht genau zu bestimmen, oder über die Möglichkeit dessen, was sie behaupteten, strenge Rechenschaft zu geben. Sie machen ihn nicht ohne einige Vergötterung gleichsam zu einem Eins und Alles, und scheinen oft zu glauben, sein Geist habe wirklich keine Schranken gehabt.

Witz und Prosa sind Dinge, für die nur sehr wenige Menschen Sinn haben, ungleich weniger vielleicht, als für kunstmäßige Vollendung und für Poesie. Daher ist denn auch von Lessings Witz und von Lessings Prosa gar wenig die Rede, ungeachtet doch sein Witz vorzugsweise klassisch genannt zu werden verdient, und eine pragmatische Theorie der deutschen Prosa wohl mit der Charakteristik seines Stils gleichsam würde anfangen und endigen müssen.

Noch weniger ist natürlich bei dem allgemeinen Mangel an Sinn für sittliche Bildung und sittliche Größe, bei der modischen, nichts unterscheidenden Verachtung der Ästhetiker gegen alles, was moralisch heißen will oder wirklich ist, der schwächlichen Schlaffheit, der eigensinnigen Willkürlichkeit, drückenden Kleinlichkeit und konsequenten Unvernunft der konventionellen und in der Gesellschaft wirklich geltenden Moral auf der einen Seite, und dem Borniertismus abstrakter und buchstäbelnder Tugendpedanten und Maximisten auf der andern, von Lessings Charakter die Rede; von den würdigen männlichen Grundsätzen, von dem großen freien Stil seines Lebens, welches vielleicht die beste praktische Vorlesung über die Bestimmung des Gelehrten sein dürfte; von der dreisten Selbständigkeit, von der derben Festigkeit seines ganzen Wesens, von seinem edeln vornehmen Zynismus, von seiner heiligen Liberalität; von jener biedern Herzlichkeit, die der sonst nicht empfindsame Mann in allem, was Kindespflicht, Brudertreue, Vaterliebe und überhaupt die ersten Bande der Natur und die innigsten Verhältnisse der Gesellschaft betrifft, stets offenbart, und die sich auch hie und da in Werken, welche sonst nur der Verstand gedichtet zu haben scheint, so anziehend und durch ihre Seltenheit selbst rührender äußert; von jenem tugendhaften Haß der halben und der ganzen Lüge, der knechtischen und der herrschsüchtigen Geistesfaulheit; von jener Scheu vor der geringsten Verletzung der Rechte und Freiheiten jedes Selbstdenkers; von seiner warmen, tätigen Ehrfurcht vor allem, was er als Mittel zur Erweiterung der Erkenntnis und insofern als Eigentum der Menschheit betrachtete; von seinem reinen Eifer in Bemühungen, von denen er selbst am besten wußte, daß sie nach der gemeinen Ansicht fehlschlagen und nichts fruchten würden, die aber, in diesem Sinne getan, mehr wert sind wie jeder Zweck; von jener göttlichen Unruhe, die überall und immer nicht bloß wirken, sondern aus Instinkt der Größe handeln muß, und die auf alles, was sie nur berührt von selbst, ohne daß sie es weiß und will, zu allem Guten und Schönen so mächtig wirket.

Und doch sind es grade diese Eigenschaften und so viele andre ihnen ähnliche noch weit mehr als seine Universalität und Genialität, um derentwillen man es nicht mißbilligen mag, daß ein Freund die erhabene Schilderung, welche Cassius beim Shakespeare vom Cäsar macht, auf ihn anwandte:

> Ja, er beschreitet, Freund, die enge Welt
> Wie ein Kolossus, und wir kleinen Leute,
> Wir wandeln unter seinen Riesenbeinen
> Und schaun umher nach einem schnöden Grab.

Denn diese Eigenschaften kann nur ein großer Mann besitzen, der ein Gemüt hat, das heißt, jene lebendige Regsamkeit und Stärke des innersten, tiefsten Geistes, des Gottes im Menschen. Man hätte daher nicht so weit gehn sollen, zu behaupten, es fehle ihm an Gemüt, wie sie's nennen, weil er keine Liebe hatte. Ist denn Lessings Haß der Unvernunft nicht so göttlich wie die echteste, die geistigste Liebe? Kann man so hassen ohne Gemüt? Zu geschweigen, daß so mancher, der ein Individuum oder eine Kunst zu lieben glaubt, nur eine erhitzte Einbildungskraft hat. Ich fürchte, daß jene unbillige Meinung um so weiter verbreitet ist, je weniger man sie laut gesagt hat. Einige Phantasten von der borniertten und illiberalen Art, welche gegen Lessing natürlich so gesinnt sein müssen, wie etwa der Patriarch gegen einen Alhafi oder gegen einen Nathan gesinnt sein würde, scheinen ihm wegen jenes Mangels sogar die Genialität absprechen zu wollen. – Es ist hinreichend, diese Meinung nur zu erwähnen.

Die bibliothekarische und antiquarische Mikrologie des wunderlichen Mannes und seine seltsame Orthodoxie weiß man nur anzustaunen. Seine böse Polemik beklagt man fast einmütig recht sehr, sowie auch, daß der Mann sogar fragmentarisch schrieb, und trotz alles Anmahnens nicht immer lauter Meisterwerke vollenden wollte. –

Seine Polemik insonderheit ist, ungeachtet sie überall den Sieg davongetragen hat, und man es auch da, wo es allerdings einer tiefern historischen Untersuchung und kritischen Würdigung bedurft hätte, vorzüglich in Sachen des Geschmacks, bei seiner bloß polemischen Entscheidung hat bewenden lassen, dennoch selbst so völlig vergessen, daß es vielleicht für viele, welche Verehrer Lessings zu sein glauben, ein Paradoxon sein würde, wenn man behauptete, der *Anti-Götze* verdiene nicht etwa bloß in Rücksicht auf zermalmende Kraft der Beredsamkeit, überraschende Gewandtheit und glänzenden Ausdruck, sondern an Genialität, Philosophie, selbst an poetischem Geiste und sittlicher Erhabenheit einzelner Stellen, unter allen seinen Schriften den ersten Rang. Denn nie hat er so aus dem tiefsten Selbst geschrieben, als in diesen Explosionen, die ihm die Hitze des Kampfs entriß, und in denen der Adel seines Gemüts im reinsten Glanz so unzweideutig hervorstrahlt. Was könnten und würden auch wohl die Verehrer der von Lessing immer so bitter verachteten und verspotteten Höflichkeit und Dezenz, »für welche die Polemik überhaupt wohl weder Kunst noch Wissenschaft sein mag«, zu einer Polemik sagen, gegen welche sie selbst Fichtes Denkart friedlich und seine Schreibart milde nennen müßten? Und das in einem Zeitalter, wo man nächst der Mystik nichts so sehr scheut als Polemik, wo es herrschender Grundsatz ist, fünf grade sein zu lassen und die Sache ja nicht so genau zu nehmen, wo man alles dulden, beschönigen und vergessen kann, nur strenge rücksichtslose Rechtlichkeit nicht? Wenn diese Lessingsche Polemik nicht glücklicherweise so vergessen, viele seiner besten Schriften nicht so unbekannt wären, daß unter hundert Lesern vielleicht kaum einer bemerken wird, wie ähnlich die Fichtische Polemik der Lessingschen sei, nicht etwa in etwas Zufälligem, im Kolorit oder Stil, sondern grade in dem, was das wichtigste ist, in den Hauptgrundsätzen, und in dem was am meisten auffällt, in einzelnen schneidenden und harten Wendungen.

Lessings Philosophie, welche freilich wohl unter allen Fragmenten, die er in die Welt warf, am meisten Fragment geblieben ist, da sie in einzelnen Winken und Andeutungen, oft an dem unscheinbarsten Ort andrer Bruchstücke, über alle seine Werke der letztern, und einige der mittlern und ersten Epoche seines geistigen Lebens zerstreut liegt; seine Philosophie, welche für den Kritiker, der ein philosophischer Künstler werden will, dennoch sein sollte, was der Torso für den bildenden Künstler: Lessings Philosophie scheint man nur als Veranlassung der Jacobischen, oder gar nur als Anhang der Mendelssohnschen zu kennen! Man weiß nichts davon zu sagen, als daß er die Wahrheit und Untersuchung liebte, gern stritt und widersprach, sehr gern Paradoxen sagte, gewaltig viel Scharfsinn besaß, Dummköpfe mitunter ein wenig zum besten hatte, an Universalität der Kenntnisse und Vielseitigkeit des Geistes Leibnizen auffallend ähnelte, und gegen das Ende seines Lebens leider ein Spinozist wurde!

Von seiner Philologie erwähnt man, daß er in der Konjekturalkritik, welche der Gipfel der philologischen Kunst sei, ungleich weniger Stärke besitze, als man wohl erwarten möge, da er doch in der Tat einige der zu dieser Wissenschaft erforderlichen und ersprießlichen Geistesgaben von der Natur erhalten hätte.

Was die Mediokristen sich von der nachahmungswürdigen Universalkorrektheit des weisen nüchternen Lessing eingebildet haben, ist schon erwähnt worden. Diese haben denn auch natürlich seine dramaturgischen und sonst zur Poetik und Theorie der Dichtarten gehörigen Fragmente und Fermente, die er wohl selbst so nannte, fixiert und zu heiligen Schriften und symbolischen Büchern der Kunstlehre erkieset.

Dies sind wohl ungefähr die hauptsächlichsten Gesichtspunkte und Rubriken, nach welchen man von Lessing überhaupt etwas geurteilt oder gemeint hat. Wie alles das, was er in jedem dieser Fächer sein soll oder wirklich war, wohl zusammenhängen mag, welcher gemeinsame Geist alles beseelt, was er denn eigentlich im Ganzen war, sein wollte und werden mußte: darüber scheint man gar nichts zu urteilen und zu meinen. Geht man sonst bei seiner Charakteristik ins einzelne: so geschieht dies nicht etwa nach den verschiedenen Stufen seiner literarischen Bildung, den Epochen seines Geistes, und mit der Unterscheidung des eignen Stils und Tons eines jeden, noch nach den vorherrschenden Richtungen und Neigungen seines Wesens, nach den verschiedenen Zweigen seiner Tätigkeit und Einsicht: sondern nach den Titeln seiner einzelnen Schriften, die man nicht selten (oft mit Übergehung der wichtigsten und bei weitläuftiger Zergliederung der dramatischen Jugendversuche) nach nichtsbedeutenden Gattungsnamen registermäßig zusammenpaart; da doch jedes seiner meisten und besten Werke ein literarisches Individuum für sich, ein Wesen eigner Art ist, »was aller Grenzscheidung der Kritik spottet« und oft weder Vorgänger noch Nachfolger hat, womit es in eine Rubrik gebracht werden könnte.

Da ich, was Lessing betrifft, Lessingen und seinen Werken mehr glaube als seinen Beurteilern und Lobrednern: so kann ich nicht umhin, diese Ansichten und Meinungen, insofern sie Urteile sein sollen, nicht bloß wegen dessen, was sie im ganzen unterlassen, sondern auch wegen des Positiven, was sie im einzelnen enthalten, ihrer Form und ihrem Inhalte nach zu mißbilligen.

Es ist gewiß löblich, daß man Lessingen gelobt hat und noch lobt. Man kann in diesem Stücke auf die rechte Weise des Guten auch wohl nicht so leicht zu viel tun; und was wäre kleinlicher, als einem Manne von der ersten seltensten Größe seinen Ruhm mit ängstlichem Geiz darzuwiegen? Aber was wäre auch ein Lob ohne die strengste Prüfung und das freieste Urteil? Zum wenigsten Lessings durchaus unwürdig; so wie alle unbestimmte Bewunderung und unbedingte Vergötterung, welche, wie auch dieses Beispiel wieder bestätigen kann, durch Einseitigkeit gegen ihren Gegenstand selbst so leicht ungerecht werden kann.

Man sollte doch nun auch einmal den Versuch wagen, Lessingen nach den Gesetzen zu kritisieren, die er selbst für die Beurteilung großer Dichter und Meister in der Kunst vorgeschrieben hat; ob nicht vielleicht eine solche Kritik die beste Lobrede für ihn sein dürfte: ihn so zu bewundern und ihm so nachzufolgen, wie er wollte, daß man es mit Luthern halten sollte, mit dem man ihn wohl in mehr als einer Rücksicht vergleichen könnte.

Jene Vorschriften sind folgende. »Einen elenden Dichter tadelt man gar nicht; mit einem mittelmäßigen verfährt man gelinde; gegen einen großen ist man unerbittlich.« »Wenn ich Kunstrichter wäre, wenn ich mir getraute, das Kunstrichterschild aushängen zu können, so würde meine Tonleiter diese sein: Gelinde und schmeichelnd gegen den Anfänger; mit Bewunderung zweifelnd, mit Zweifel bewundernd gegen den Meister; abschreckend und positiv gegen den Stümper; höhnisch gegen den Prahler; und so bitter als möglich gegen den Kabalenmacher.«

Über Luther redet er so: »Der wahre Lutheraner will nicht bei

Luthers Schriften, er will bei Luthers Geist geschützt sein« usw. Überhaupt war unbegrenzte Verachtung des Buchstabens ein Hauptzug in Lessings Charakter.

Freimütigkeit ist die erste Pflicht eines jeden, der über Lessing öffentlich reden will. Denn wer kann wohl den Gedanken ertragen, daß Lessing irgendeiner Schonung bedürfte? Oder wer möchte wohl seine Meinung über den Meister der Freimütigkeit nur furchtsam zu verstehn geben, und angstvoll halb reden, halb schweigen? Und wer, der es könnte, darf sich einen Verehrer Lessings nennen? Das wäre Entweihung seines Namens!

Wie sollte man auf das kleine Ärgernis Rücksicht nehmen, was etwa zufällig daraus entstehen könnte, da er selbst das ärgste Ärgernis für nichts als »einen Popanz hielt, mit dem gewisse Leute gern allen und jeden Geist der Prüfung verscheuchen möchten«? Ja er hielt es sogar für äußerst verächtlich, »daß sich niemand die Mühe zu nehmen pflegt, sich den Geckereien, welche man vor dem Publikum und mit dem Publikum so häufig unternimmt, entgegenzustellen, wodurch sie mit dem Lauf der Zeit das Ansehn einer sehr ernsthaften, heiligen Sache gewinnen. Da heißt es dann über tausend Jahren: ›Würde man denn in die Welt so haben schreiben dürfen, wenn es nicht wahr gewesen wäre? Man hat diesen glaubwürdigen Männern damals nicht widersprochen, und ihr wollt ihnen jetzt widersprechen?‹« Obgleich der große Menschenkenner in dieser Stelle eigentlich von Geckereien ganz andrer Art redet: so ist doch alles auch sehr anwendbar auf die Geckereien, von denen hier die Rede ist. Denn Geckerei darf es doch wohl zum Beispiel genannt werden, wenn man Lessing zum Ideal der goldnen Mittelmäßigkeit, zum Helden der seichten Aufklärung, die so wenig Licht als Kraft hat, erheben will? – »Wenn es ein wenig zu beißend gesagt sein sollte – wozu hilft das Salz, wenn man nicht damit salzen soll?«

Auch ist gewiß eine solche Freimütigkeit nicht notwendig fruchtlos: denn wenn es auch sehr wahr ist, was Lessing ebenso richtig als scharfsinnig bemerkt hat, »daß bis jetzt in der Welt noch unendlich mehr übersehen als gesehen worden ist«: so ist denn doch nicht minder richtig, daß »bei den Klugen keine Verjährung stattfindet«. Diese notwendige Freimütigkeit würde bei mir, wenn diese Eigenschaft mir auch nicht überhaupt natürlich wäre, doch schon aus der Unbefangenheit, mit der ich Lessings Schriften und ihre Wirkungen kennenlernte, haben folgen müssen. Eine Wahrnehmung, ein Widerspruch, der uns überrascht hat, wird ganz natürlich so wiedergegeben, wie er empfangen wurde. Auch sollte es mich freuen, wenn alle diejenigen, welche Lessing immer zitieren, ohne seinen Geist, ja oft ohne seine Schriften gründlich zu kennen, meine eigentümliche und für sie paradoxe Ansicht von ihm ihrer Mißbilligung und Abneigung wert halten wollten, oder sich ebensowenig darin finden könnten wie Lessings Pedanterie, Orthodoxie, Mikrologie und Polemik.

Jene Unbefangenheit ward mir dadurch möglich, daß ich nicht Lessings Zeitgenosse war, und also weder mit noch wider den Strom der öffentlichen Meinung über ihn zu gehn brauchte. Sie ward noch erhöht durch den glücklichen Umstand, daß mich Lessing erst spät und nicht eher anfing zu interessieren, als bis ich fest und selbständig genug war, um mein Augenmerk auf das Ganze richten, um mich mehr für ihn und den Geist seiner Behandlung als für die behandelten Gegenstände interessieren und ihn frei betrachten zu können. Denn solange man noch am Stoff klebt, solange man in einer besondern Kunst und Wissenschaft, oder in der gesamten Bildung überhaupt, noch nicht durch sich selbst zu einer gewissen Befriedigung gelangt ist, welche dem weitern Fortschreiten so wenig hinderlich ist, daß dieses vielmehr erst durch sie gesichert wird; solange man noch rastlos nach einem festen Stand und Mittelpunkt umhersucht: so lange ist man noch nicht frei, und noch durchaus unfähig, einen Schriftsteller zu beurteilen. Wer die Dramaturgie zum Beispiel etwa in der illiberalen Absicht liest, die Regeln der dramatischen Dichtkunst aus ihr zu erfahren, oder durch dieses Medium über die Poetik des Aristoteles Gewißheit zu erhalten und ins reine zu kommen: der hat sicher noch gar keinen Sinn für die Individualität und Genialität dieses seltsamen Werks. Ich erinnere mich noch recht gut, daß ich unter andern den Laokoon, trotz dem günstigen Vorurteil und trotz dem Eindruck einzelner Stellen, ganz unbefriedigt und daher ganz mißvergnügt aus der Hand legte. Ich hatte das Buch nämlich mit der törichten Hoffnung gelesen, hier die bare und blanke und felsenfeste Wissenschaft über die ersten und letzten Gründe der bildenden Kunst und ihr Verhältnis zur Poesie zu finden, welche ich begehrte und verlangte. Solange der Grund fehlte, war ich für einzelne Bereicherungen nicht empfänglich, und Erregungen der Wißbegier brauchte ich nicht. Mein Lesen war interessiert und noch nicht Studium, d. h. uninteressierte, freie, durch kein bestimmtes Bedürfnis, durch keinen bestimmten Zweck beschränkte Betrachtung und Untersuchung, wodurch allein der Geist eines Autors ergriffen und ein Urteil über ihn hervorgebracht werden kann. So gings mir mit mehreren Schriften Lessings. Doch habe ich diese Sünde, wenn es eine ist, reichlich abgebüßt. Denn seitdem mein Sinn für Lessing, wie ein Schwärmer oder ein Spötter es ausdrücken würde, zum Durchbruch gekommen und mir ein Licht über ihn aufgegangen ist, sind seine sämtlichen Werke, ohne Ausnahme des geringsten und unfruchtbarsten, ein wahres Labyrinth für mich, in welches ich äußerst leicht den Eingang, aus dem ich aber nur mit der äußersten Schwierigkeit den Ausweg finden kann. Die Magie dieses eignen Reizes wächst mit dem Gebrauch, und ich kann der Lockung selten widerstehn. Ja ich muß über mich selbst lächeln, wenn ich mir vorstelle, wie oft ich ihr schon seit der Zeit, wo ich den Gedanken faßte, das Mitteilbarste von dem, was ich über Lessing gesammelt und aufgeschrieben hatte, drucken zu lassen, unterlegen, die Bände von neuem durchgelesen, vieles für mich bemerkt und für mich geschrieben, darüber aber immer den beabsichtigten Druck weiter hinausgeschoben, oft gänzlich vergessen habe. Denn das Interesse des Studiums überwog hier das Interesse der öffentlichen Mitteilung, welches immer schwächer ist, so sehr, daß ich ohne einen kategorischen Entschluß wohl immer an einem Aufsatz über Lessing nur gearbeitet haben würde, ohne ihn jemals zu vollenden.

Dieses Studium und jene Unbefangenheit allein können mir den sonst unersetzlichen Mangel einer lebendigen Bekanntschaft mit Lessing einigermaßen ersetzen. Ein Autor, er sei Künstler oder Denker, der alles, was er vermag oder weiß, zu Papiere bringen kann, ist zum mindesten kein Genie. Es gibt ihrer, die ein Talent haben, aber ein so beschränktes, so isoliertes, daß es ihnen ganz fremd läßt, als ob es nicht ihr eigen, als ob es ihnen nur angeheftet oder geliehen wäre. Von dieser Art war Lessing nicht. Er selbst war mehr wert, als alle seine Talente. In seiner Individualität lag seine Größe. Nicht bloß aus den

Nachrichten von seinen Gesprächen, nicht bloß aus den, wie es scheint, bisher sehr vernachlässigten Briefen, deren einer oder der andere für den, welcher nur Lessingen im Lessing sucht und studiert, und Sinn hat für seine genialische Individualität, mehr wert ist als manches seiner berühmtesten Werke: auch aus seinen Schriften selbst möchte man fast vermuten, er habe das lebendige Gespräch noch mehr in der Gewalt gehabt als den schriftlichen Ausdruck, er habe hier seine innerste und tiefste Eigentümlichkeit noch klarer und dreister mitteilen können. Wie lebendig und dialogisch seine Prosa ist, bedarf keiner Auseinandersetzung. Das Interessanteste und das Gründlichste in seinen Schriften sind Winke und Andeutungen, das Reifste und Vollendetste Bruchstücke von Bruchstücken. Das beste, was Lessing sagt, ist was er, wie erraten und erfunden, in ein paar gediegenen Worten voll Kraft, Geist und Salz hinwirft; Worte, in denen, was die dunkelsten Stellen sind im Gebiet des menschlichen Geistes, oft wie vom Blitz plötzlich erleuchtet, das Heiligste höchst keck und fast frevelhaft, das Allgemeinste höchst sonderbar und launig ausgedrückt wird. Einzeln und kompakt, ohne Zergliederung und Demonstration, stehen seine Hauptsätze da, wie mathematische Axiome; und seine bündigsten Räsonnements sind gewöhnlich nur eine Kette von witzigen Einfällen. Von solchen Männern mag eine kurze Unterredung oft lehrreicher sein und weiter führen als ein langes Werk! Ich wenigstens könnte die Befriedigung des feurigen Wunsches, grade diesen Mann sehen und sprechen zu dürfen, vielleicht mit Entsagung auf den Genuß und den Vorteil von irgendeinem seiner Werke an meinem Teil erkaufen wollen! Bei der Unmöglichkeit, dieses Verlangen erfüllt zu sehn, muß ich mich wohl mit der erwähnten Unbefangenheit und Freimütigkeit zu trösten suchen.

Wenn aber auch die letzte noch so groß wäre: so würde ich es doch kaum wagen, meine Meinung über Lessing öffentlich zu sagen, wenn ich sie nicht im ganzen durch Lessings Maximen verteidigen und im einzelnen durchgängig mit Autoritäten und entscheidend beweisenden Stellen aus Lessing belegen könnte; so unendlich verschieden ist meine Ansicht Lessings von der herrschenden.

Man meint zum Beispiel nicht nur, sondern man glaubt sogar entschieden zu wissen, daß Lessing einer der größten Dichter war; und ich zweifle sogar, ob er überall ein Dichter gewesen sei, ja ob er poetischen Sinn und Kunstgefühl gehabt habe. Dagegen brauche ich aber auch zu dem, was er selbst über diesen Punkt sagt, nur sehr weniges hinzuzufügen.

Die Hauptstelle steht in der Dramaturgie. »Ich bin«, sagt er in dem äußerst charakteristischen Epilog der Dramaturgie, eines Werks, welches, darin einzig in seiner Art, von einer merkantilischen Veranlassung und von dem Vorsatz einer wöchentlichen Unterhaltung ausgeht und, ehe man sichs versieht, den populären Horizont himmelweit überflogen hat, und um alle Zeitverhältnisse unbekümmert, in die reinste Spekulation versunken, mit raschem Lauf auf das paradoxe Ziel eines poetischen Euklides lossteuert, dabei aber auf seiner exzentrischen Bahn so individuell, so lebendig, so Lessingisch ausgeführt ist, daß man es selbst ein Monodrama nennen könnte: – »Ich bin«, sagt er hier, »weder Schauspieler noch Dichter.

Man erweiset mir wohl manchmal die Ehre, mich für den letztern zu erkennen. Aber nur, weil man mich verkennt. Aus einigen dramatischen Versuchen, die ich gewagt habe, sollte man nicht so freigebig folgern. Nicht jeder, der den Pinsel in die Hand nimmt und Farben verquistet, ist ein Maler. Die ältesten von jenen Versuchen sind in den Jahren hingeschrieben, in welchen man Lust und Tüchtigkeit so gern für Genie hält. Was in den neuern Erträgliches ist, davon bin ich mir sehr bewußt, daß ich es einzig und allein der Kritik zu verdanken habe. Ich fühle die lebendige Quelle nicht in mir, die sich durch eigene Kraft emporarbeitet, durch eigene Kraft in so reichen, so frischen, so reinen Strahlen aufschießt: ich muß alles durch Druckwerk und Röhren in mir heraufpressen. Ich würde so arm, so kalt, so kurzsichtig sein, wenn ich nicht einigermaßen gelernt hätte, fremde Schätze bescheiden zu borgen, an fremdem Feuer mich zu wärmen und durch die Gläser der Kunst mein Auge zu stärken. Ich bin daher immer beschämt und verdrießlich geworden, wenn ich zum Nachteil der Kritik etwas las oder hörte. Sie soll das Genie ersticken: und ich schmeichelte mir, etwas von ihr zu erhalten, was dem Genie sehr nahe kömmt. Ich bin ein Lahmer, den eine Schmähschrift auf die Krücke unmöglich erbauen kann.

Doch freilich; wie die Krücke dem Lahmen wohl hilft, sich von einem Orte zum andern zu bewegen, aber ihn nicht zum Läufer machen kann: so auch die Kritik. Wenn ich mit ihrer Hülfe etwas zustande bringe, welches besser ist, als es einer von meinen Talenten ohne Kritik machen würde: so kostet es mir so viel Zeit, ich muß von andern Geschäften so frei, von unwillkürlichen Zerstreuungen so ununterbrochen sein, ich muß meine ganze Belesenheit so gegenwärtig haben, ich muß bei jedem Schritt alle Bemerkungen, die ich jemals über Sitten und Leidenschaften gemacht, so ruhig durchlaufen können, daß zu einem Arbeiter, der ein Theater mit Neuigkeiten unterhalten soll, niemand ungeschickter sein kann als ich.«

Man hat diese wichtige Stelle, welche meines Erachtens der Text zu allem, was sich über Lessings Poesie sagen läßt, ist und bleiben muß, bisher zwar keineswegs übersehen. Nur hat man nicht sehn oder nicht einsehn wollen, was darin gesagt, und was dadurch entschieden und über allen Zweifel erhoben wird.

Vergebens würde man sich die Stärke jener Äußerung durch die Voraussetzung zu entkräften suchen, er sei höflich gewesen, und habe es nicht so gar ernstlich gemeint. Dem widerspricht nicht nur der offne, freie, biedre Charakter dieser Stelle, sondern auch der Geist und Buchstabe vieler andern, wo er mit der äußersten Verachtung und Verabscheuung wider den falschen Anstand und die falsche Bescheidenheit redet. Nichts stritt so sehr mit seinem innersten Wesen, als ein solches Gemisch von verhaltner Selbstsucht und Gewohnheitslüge. Das beweisen alle seine Schriften.

Wie freimütig, ja wie dreist er auch das Gute, was er von sich hielt, sagen zu müssen und zu können glaubte, mögen zwei Stellen aus demselben Stück der Dramaturgie mit jener in Erinnrung bringen, welche den Inhalt jener bestätigen und erläutern; deren eine überdem ganz vorzüglich ins Licht setzt, wie Lessing über seine Kritik selbst urteilte; und deren andere an ihrem äußerst kecken Tone jenes Bewußtsein von Genialität, wenn auch nicht grade von poetischer, verrät, welches sich im ganzen Epilog der Dramaturgie kundgibt.

»Seines Fleißes«, sagt er, »darf sich jedermann rühmen: ich glaube die dramatische Dichtkunst studiert zu haben; sie mehr studiert zu haben als zwanzig, die sie ausüben. Auch habe ich sie so weit ausgeübt, als es nötig ist, um mitsprechen zu dürfen: denn ich weiß wohl, so wie der Maler sich von niemanden gern tadeln läßt, der den Pinsel ganz und gar nicht zu führen weiß, so auch der Dichter. Ich habe es wenigstens versucht, was er bewerkstelligen muß, und kann von dem, was ich selbst nicht zu machen vermag, doch urteilen, ob es sich machen läßt. Ich verlange auch nur eine Stimme unter uns, wo so mancher sich eine anmaßt, der, wenn er nicht dem oder jenem Ausländer nachplaudern gelernt hätte, stummer sein würde als ein Fisch.« –

Nachdem er davon geredet hat, wie er gestrebt habe, den Wahn der deutschen Dichter, den Franzosen nachahmen heiße soviel als nach den Regeln der Alten arbeiten, zu bestreiten, fügt er hinzu:

»Ich wage es, hier eine Äußerung zu tun, man mag sie doch nehmen, wofür man will: Man nenne mir das Stück des großen Corneille, welches ich nicht besser machen wollte. Was gilt die Wette?

Doch nein; ich wollte nicht gern, daß man diese Äußerung für Prahlerei nehmen könne. Man merke also wohl, was ich hinzusetze: Ich werde es zuverlässig besser machen – und doch lange kein Corneille sein – und doch lange noch kein Meisterstück gemacht haben. Ich werde es zuverlässig besser machen; und mir doch wenig darauf einbilden dürfen. Ich werde nichts getan haben, als was jeder tun kann, der so fest an den Aristoteles glaubt wie ich.«

Zugegeben, daß Lessing so über seine Poesie dachte, wie er sich äußert: ist es ausgemacht, könnte man einwenden, daß er sich selbst gekannt habe?

Ganz und im strengsten Sinn kennt niemand sich selbst. Von dem Standpunkt der gegenwärtigen Bildungsstufe reflektiert man über die zunächst vorhergegangne, und ahnet die kommende: aber den Boden, auf dem man steht, sieht man nicht. Von einer Seite hat man die Aussicht auf ein paar angrenzende: aber die entgegengesetzte Scheibe des beseelten Planeten bleibt immer verdeckt. Mehr ist dem Menschen nicht gegönnt. Wenn aber das Maß der Selbstkenntnis durch das Maß der Genialität, der Vielseitigkeit und der Ausbildung bestimmt wird: so wage ichs zu behaupten, daß Lessing, obgleich er nicht fähig gewesen wäre, sich selbst zu charakterisieren, sich doch in einem vorzüglichen Grade selbst kannte, und grade kein Departement seines Geistes so gut kannte als seine Poesie. Seine Poesie verstand er durch seine Kritik, die ebenso alt und mit jener schwesterlich aufgewachsen war. Um seine Kritik so zu verstehen, hätte er früher philosophieren oder später kritisieren müssen. Für die Philosophie war seine Anlage zu groß und zu weit, als daß sie je hätte reif werden können; wenigstens hätte er das höchste Alter erreichen müssen, um nur einigermaßen zum Bewußtsein derselben zu gelangen. Vielleicht hätte er aber auch noch außerdem etwas haben müssen, was ihm ganz fehlte, nämlich historischen Geist, um aus seiner Philosophie klug werden zu können und sich seiner Ironie und seines Zynismus bewußt zu werden: denn niemand kennt sich, insofern er nur er selbst und nicht auch zugleich ein andrer ist. Je mehr Vielseitigkeit also, desto mehr Selbstkenntnis; und je genialischer, desto konsequenter, bestimmter, abgeschnittner und entschiedner in seinen Schranken.

Die Anwendung auf Lessing macht sich von selbst. Und in keinem Fach hatte Lessing so viel Erfahrung, Gelehrsamkeit, Studium, Übung, Anstrengung, Ausbildung jeder Art, als grade in der Poesie. Keins seiner Werke reicht in Rücksicht auf künstlerischen Fleiß und Feile an *Emilia Galotti*, wenn auch andre mehr Reife des Geistes verraten sollten. Überhaupt sind wohl wenige Werke mit diesem Verstande, dieser Feinheit, und dieser Sorgfalt ausgearbeitet. In diesem Punkte und in Rücksicht auf jede andre formelle Vollkommenheit des konventionellen Drama muß *Nathan* weit nachstehn, wo selbst die mäßigsten Forderungen an Konsequenz der Charaktere und Zusammenhang der Begebenheiten oft genug beleidigt und getäuscht werden.

In *Emilia Galotti* sind die dargestellten Gegenstände überdem am entferntesten von Lessings eignem Selbst; es zeigt sich kein unkünstlerischer Zweck, keine Nebenrücksicht, die eigentlich Hauptsache wäre. Wichtige Umstände bei Lessing, dessen roheste dramatische Jugendversuche schon fast immer eine ganz bestimmte philosophisch-polemische Tendenz haben; der nach Mendelssohns Bemerkung zu den Porträtdichtern gehört, denen ein Charakter um so glücklicher gelingt, je ähnlicher er ihrem Selbst ist, von dem sie nur einige Variationen zu Lieblingscharakteren von entschiedner auffallender Familienähnlichkeit ausbilden können.

Emilia Galotti ist daher das eigentliche Hauptwerk, wenn es darauf ankömmt zu bestimmen, was Lessing in der poetischen Kunst gewesen, wie weit er darin gekommen sei. Und was ist denn nun diese bewunderte und gewiß bewundrungswürdige *Emilia Galotti*? Unstreitig ein großes Exempel der dramatischen Algebra. Man muß es bewundern, dieses in Schweiß und Pein produzierte Meisterstück des reinen Verstandes; man muß es frierend bewundern, und bewundernd frieren; denn ins Gemüt dringts nicht und kanns nicht dringen, weil es nicht aus dem Gemüt gekommen ist. Es ist in der Tat unendlich viel Verstand darin, nämlich prosaischer, ja sogar Geist und Witz. Gräbt man aber tiefer, so zerreißt und streitet alles, was auf der Oberfläche so vernünftig zusammenzuhängen schien. Es fehlt doch an jenem poetischen Verstande, der sich in einem Guarini, Gozzi, Shakespeare so groß zeigt. In den genialischen Werken des von diesem poetischen Verstande geleiteten Instinkts enthüllt alles, was beim ersten Blick so wahr, aber auch so inkonsequent und eigensinnig wie die Natur selbst auffällt, bei gründlicherem Forschen stets innigere Harmonie und tiefere Notwendigkeit. Nicht so bei Lessing! Manches in der *Emilia Galotti* hat sogar den Bewunderern Zweifel abgedrungen, die Lessing nicht beantworten zu können gestand. Aber wer mag ins Einzelne gehn, wenn er mit dem Ganzen anzubinden Lust hat und beinah nichts ohne Anmerkung vorbeigehn lassen könnte? Doch hat dieses Werk nicht seinesgleichen und ist einzig in seiner Art. Ich möchte es eine prosaische Tragödie nennen. Sonderbar, aber nicht eben interessant ists, wie die Charaktere zwischen Allgemeinheit und Individualität in der Mitte schweben!

Kann ein Künstler wohl kälter und liebloser von seinem vollendetsten und künstlichsten Werke reden, als Lessing bei Übersendung dieser kalten *Emilia* an einen Freund? »Man muß«, sagt er, »wenigstens über seine Arbeiten mit jemand sprechen können, wenn man nicht selbst darüber einschlafen soll. Die bloße Versicherung, welche die eigne Kritik uns gewährt, daß man auf dem rechten Wege ist und bleibt, wenn sie auch noch so überzeugend wäre, ist doch so kalt und unfruchtbar, daß sie auf die Ausarbeitung keinen Einfluß hat.« Und bald darauf gar: »Ich danke Gott, daß ich den ganzen Plunder nach und nach wieder aus den Gedanken verliere.«

Mir welchem gehaltnen Enthusiasmus, und in jeder Rücksicht wie ganz anders redet er dagegen vom *Nathan*! zum Beispiel in folgender Stelle: »Wenn man sagen wird, daß ein Stück von so eigner Tendenz nicht reich genug an eignen Schönheiten sei: so werde ich schweigen, aber mich nicht schämen. Ich bin mir eines Ziels bewußt, unter dem man auch noch viel weiter mit allen Ehren bleiben kann. – Noch kenne ich keinen Ort in Deutschland, wo dieses Stück schon jetzt aufgeführt werden könnte. Aber Heil und Glück dem, wo es zuerst aufgeführt wird.« Ebenso auch in einigen andern Stellen, die wegen dessen, was sie über den polemischen Ursprung und die philosophische Tendenz des Stücks enthalten, sogleich angeführt werden sollen.

Nathan kam aber freilich aus dem Gemüt und dringt wieder hinein; er ist vom schwebenden Geist Gottes unverkennbar durchglüht und überhaucht. Nur scheint es schwer, ja fast unmöglich, das sonderbare Werk zu rubrizieren und unter Dach und Fach zu bringen. Wenn man auch mit einigem Recht sagen könnte, es sei der Gipfel von Lessings poetischem Genie, wie *Emilia* seiner poetischen Kunst; wie denn allerdings im *Nathan* alle dichterischen Funken, die Lessing hatte – nach seiner eigenen Meinung waren es nicht viele – am dichtesten und hellsten leuchten und sprühen: so hat doch die Philosophie wenigstens gleiches Recht, sich das Werk zu vindizieren, welches für eine Charakteristik des ganzen Mannes eigentlich das klassische ist, indem es Lessings Individualität aufs tiefste und vollständigste, und doch mit vollendeter Popularität darstellt. Wer den *Nathan* recht versteht, kennt Lessing.

Dennoch muß er immer noch mit den Jugendversuchen und den übrigen prosaischen Kunstdramen Lessings in Reih und Glied aufmarschieren, ungeachtet der Künstler selbst, wie man sieht, die eigene Tendenz des Werks, und auch seine Unzweckmäßigkeit für die Bühne, die doch bei allen übrigen Dramen sein Ziel war, so klar eingesehen und gesagt hat.

Mehr besorgt um den Namen als um den Mann, und um die Registrierung der Werke als um den Geist, hat man die nicht minder komischen als didaktischen Fragen aufgeworfen: ob *Nathan* wohl zur didaktischen Dichtart gehöre, oder zur komischen, oder zu welcher andern; und was er noch haben oder nicht haben müßte, um dies und jenes zu sein oder nicht zu sein. Dergleichen Problemata sind von ähnlichem Interesse wie die lehrreiche Untersuchung, was wohl geschehen sein würde, wenn Alexander gegen die Römer Krieg geführt hätte. *Nathan* ist, wie mich dünkt, ein Lessingisches Gedicht; es ist Lessings Lessing, das Werk schlechthin unter seinen Werken in dem vorhin bestimmten Sinne; es ist die Fortsetzung vom *Anti-Götze*, Numero zwölf. Es ist unstreitig das eigenste, eigensinnigste und sonderbarste unter allen Lessingischen Produkten. Zwar sind sie fast alle, jedes ein ganz eigenes Werk für sich und wollen durchaus mit der Sinnesart aufgenommen, beobachtet und beurteilt werden, welche in Saladins Worten so schön ausgedrückt ist:

> – Als Christ, als Muselmann: gleichviel!
> Im weißen Mantel oder Jamerlonk;
> Im Turban oder deinem Filze: wie
> Du willst! Gleichviel! Ich habe nie verlangt,
> Daß allen Bäumen eine Rinde wachse.

Aber für keines ist dem Empfänger der Geist dieses erhabenen Gleichviel so durchaus notwendig wie für Nathan.

»In den Lehrbüchern«, sagt Lessing, »sondre man die Gattungen so genau ab, als möglich: aber wenn ein Genie höherer Absichten wegen mehrere derselben in einem und demselben Werke zusammenfließen läßt, so vergesse man das Lehrbuch und untersuche bloß, ob es diese Absichten erreicht hat.«

Über diese Absichten und die merkwürdige Entstehung dieses vom Enthusiasmus der reinen Vernunft erzeugten und beseelten Gedichts finden sich glücklicherweise in Lessings Briefen einige sehr interessante und wirklich klassische Stellen. Man darf wohl sagen: wenn kein Werk so eigen ist, so ist auch keins so eigen entstanden.

Man konnte es Lessing natürlich nicht verzeihen, daß er in der Theologie bis zur Eleganz und im Christianismus sogar bis zur Ironie gekommen war. Man verstand ihn nicht, also haßte, verleumdete und verfolgte man ihn aufs ärgste. Dabei hatte er nun vollends die Schwäche, jedes ungedruckte Buch, welches ihm ein Mittel zur Vervollkommnung des menschlichen Geistes werden zu können schien, als ein heiliges Eigentum der Menschheit zu ehren, und wenn ihm der arme Fündling gar den Finger gedrückt hatte, sich seiner mit Zärtlichkeit, ja mit Schwärmerei anzunehmen. Man weiß es sattsam, wie die *Fragmente* auf die Masse der Theologen gewirkt und auf den isolierten Herausgeber zurückgewirkt haben!

In der höchsten Krise dieser Gärung schreibt er am 11. August des Jahres 1778: »Da habe ich diese Nacht einen närrischen Einfall gehabt. Ich habe vor vielen Jahren einmal ein Schauspiel entworfen, dessen Inhalt eine Art Analogie mit meinen gegenwärtigen Streitigkeiten hat, die ich mir damals wohl nicht träumen ließ. – Ich glaube, daß sich alles sehr gut soll lesen lassen und ich gewiß den Theologen einen ärgern Possen damit spielen will, als noch mit zehn Fragmenten.«

Die Idee des *Nathan* stand also mit einem Male ganz vor seinem Geiste. Alle seine andern genialischen Werke wuchsen ihm erst unter der Hand, bildeten sich während der Arbeit; erst dann zeigte sich weit von der ersten Veranlassung, was ihm das Liebste und an sich das Interessanteste war, und nun Hauptsache wurde.

»Mein Nathan«, sagt er, »ist ein Stück, welches ich schon vor drei Jahren vollends aufs reine bringen und drucken lassen wollte. Ich habe es jetzt nur wieder vorgenommen, weil mir auf einmal beifiel, daß ich, nach einigen kleinen Veränderungen des Plans, dem Feinde auf einer andern Seite damit in die Flanke fallen könne. – Mein Stück hat mit den jetzigen Schwarzröcken nichts zu tun; und ich will ihm den Weg nicht selbst verhauen, endlich doch einmal aufs Theater zu kommen, wenn es auch erst nach hundert Jahren wäre. Die Theologen aller geoffenbarten Religionen werden freilich innerlich darauf schimpfen; doch dawider sich öffentlich zu erklären, werden sie wohl bleiben lassen.«

Ein aufmerksamer Beobachter der bücherschreibenden Offenbarungsschwärmerei wird die letzte Äußerung prophetisch finden können: was aber die Beziehung des Stücks auf das damals Jetzige betrifft, so fehlt doch dem Patriarchen eigentlich nur eine beigedruckte kleine Hand mit gerecktem Zeigefinger, um eine Persönlichkeit zu sein, wie auch schon die burleske Karikatur des Charakters andeutet; und an einem andern Orte nennt er selbst das Ganze geradezu einen dramatischen Absprung der theologischen Streitigkeiten, die damals bei ihm an der Tagesordnung standen und seine eigene Sache schlechthin geworden waren.

Können Verse ein Werk, welches einen so ganz unpoetischen

Zweck hat, etwa zum Gedichte machen; und noch dazu solche Verse? – Man höre, wie Lessing darüber spricht: »Ich habe wirklich die Verse nicht des Wohllauts wegen gewählt« – (eine Bemerkung, auf die mancher vielleicht auch ohne diesen Wink hätte fallen können) – »sondern weil ich glaubte, daß der orientalische Ton, den ich doch hie und da angeben müsse, in der Poesie zu sehr auffallen würde. Auch erlaube, meinte ich, der Vers immer einen Absprung eher, wie ich ihn jetzt zu meiner anderweitigen Absicht bei aller Gelegenheit ergreifen muß.«

Man kanns nicht offner und unzweideutiger sagen, wie es mit der dramatischen Form des *Nathan* stehe, als es Lessing selbst gesagt hat. Mit liberaler Nachlässigkeit, wie Alhafis Kittel oder des Tempelherrn halb verbrannter Mantel, ist sie dem Geist und Wesen des Werks übergeworfen und muß sich nach diesem biegen und schmiegen. Von einzelnen Inkonsequenzen und von der Subordination der Handlung, ihrer steigenden Entwicklung und ihres notwendigen Zusammenhanges, ja selbst der Charaktere ists unnötig, viel zu sagen. Die Darstellung überhaupt ist weit hingeworfner wie in *Emilia Galotti*. Daher treten die natürlichen Fehler der Lessingschen Dramen stärker hervor und behaupten ihre alten, schon verlornen Rechte wieder. Wenn die Charaktere auch lebendiger gezeichnet und wärmer koloriert sind wie in irgendeinem andern seiner Dramen: so haben sie dagegen mehr von der Affektation der manierierten Darstellung, welche in *Minna von Barnhelm*, wo die Charaktere zuerst anfangen, merklich zu Lessingisieren, Nachdruck und Manier zu bekommen, und eigentlich charakteristisch zu werden, am meisten herrscht, in *Emilie Galotti* hingegen schon weggeschliffen ist. Selbst Alhafi ist nicht ohne Prätention dargestellt; welche ihm freilich recht gut steht, – denn ein Bettler muß Prätentionen haben, sonst ist er ein Lump –, dem Künstler doch aber nicht nachgesehn werden kann. Und dann ist das Werk so auffallend ungleich wie sonst kein Lessingsches Drama. Die dramatische Form ist nur Vehikel; und Recha, Sitta, Daja sind wohl eigentlich nur Staffelei: denn wie ungalant Lessing dachte, das übersteigt alle Begriffe.

Der durchgängig zynisierende Ausdruck hat sehr wenig vom orientalischen Ton, ist wohl nur mit die beste Prosa, welche Lessing geschrieben hat, und fällt sehr oft aus dem Kostüm heroischer Personen. Ich tadle das gar nicht: ich sage nur, so ists; vielleicht ists ganz recht so. Nur wenn *Nathan* weiter nichts wäre, als ein großes dramatisches Kunstwerk, so würde ich Verse wie den:

»Noch bin ich völlig auf dem Trocknen nicht«

im Munde der Fürstin bei der edelsten Stimmung und im rührendsten Verhältnis schlechthin fehlerhaft, ja recht sehr lächerlich finden.

Die hohe philosophische Würde des Stücks hat Lessing selbst ungemein schön mit der theatralischen Effektlosigkeit oder Effektwidrigkeit desselben kontrastiert; mit dem seinem Ton eignen pikanten Gemisch von ruhiger inniger tiefer Begeisterung und naiver Kälte. »Es kann wohl sein«, sagt er, »daß mein Nathan im ganzen wenig Wirkung tun würde, wenn er auf das Theater käme, welches wohl nie geschehen wird. Genug, wenn er sich mit Interesse nur lieset, und unter tausend Lesern nur Einer daraus an der Evidenz und Allgemeinheit seiner Religion zweifeln lernt.«

Natürlich hat sich denn auch die logische Zunft das exzentrische Werk (welches seine außerordentlich große Popularität, die ein Vorurteil dagegen erregen könnte, wohl nur seiner polemischen und rhetorischen Gewalt verdankt, und dem Umstande, daß es den allgemeinen Horizont nie zu überschreiten scheint, wie auch dem, daß doch sehr viele ein wenig Sinn haben für Lessing, wenn auch sehr wenige viel) ebensowohl zuzueignen gesucht, wie die poetische; und sicher nicht mit minderm Rechte.

Der eine Meister der Weltweisheit meint, *Nathan* sei ein Panegyrikus auf die Vorsehung, gleichsam eine dramatisierte Theodizee der Religionsgeschichte. Zu geschweigen, wie sehr es Lessings strengem Sinn für das rein Unendliche widerspricht, den Rechtsbegriff auf die Gottheit anzuwenden: so ist dies auch äußerst allgemein, unbestimmt und nichtssagend. Ein andrer Virtuose der Dialektik hat dagegen gemeint: Die Absicht des *Nathan* sei, den Geist aller Offenbarung verdächtig zu machen, und jedes System von Religion, ohne Unterschied, als System, in einem gehässigen Lichte darzustellen. Der Theismus, sobald er System, sobald er förmlich werde, sei davon nicht ausgeschlossen. – Allein auch diese Erklärung würde, wenn man sie aus ihrem polemischen Zusammenhang reißen und einen dogmatischen Gebrauch davon machen wollte, den Fehler haben, daß sie das Werk, welches eine Unendlichkeit umfaßt, auf eine einzige allzubestimmte und am Ende ziemlich triviale Tendenz beschränken würde.

Man sollte überhaupt die Idee aufgeben, den *Nathan* auf irgendeine Art von Einheit bringen oder ihn in eine der vom Gesetz und Herkommen geheiligten Fakultäten des menschlichen Geistes einzäunen und einzunften zu können: denn bei der gewaltsamen Reduktion und Einverleibung möchte doch wohl immer mehr verloren gehn, als die ganze Einheit wert ist. Was hilfts auch, wenn sich auch alles, was *Nathan* doch gar nicht bloß beweisen, sondern lebendig mitteilen soll, – denn das Wichtigste und Beste darin reicht doch weit über das, was der trockne Beweis allein vermag, – mit mathematischer Präzision in eine logische Formel zusammenfassen ließe? *Nathan* würde seine Stelle nichtsdestoweniger auf dem gemeinschaftlichen Raine der Poesie und Moral behalten, wo sich Lessing früh gefiel, und auf dem er schon in den Fabeln spielte, die als Vorübung zu Nathans Märchen von den drei Ringen, welches vollendet hingeworfen, bis ins Mark entzückend trifft, immer wieder überrascht, und wohl so groß ist, als ein menschlicher Geist irgend etwas machen kann, Achtung verdienen und beinah Studien genannt zu werden verdienen, weil sie zwar nicht die Kunst, aber doch den Künstler weiter brachten, wenn auch weit über seine anfängliche Absicht und Einsicht. Es lebt und schwebt doch ein gewisses heiliges Etwas im *Nathan*, wogegen alle syllogistischen Figuren, wie alle Regeln der dramatischen Dichtkunst, eine wahre Lumperei sind. Ein philosophisches Resultat oder eine philosophische Tendenz machen ein Werk noch nicht zum Philosophem: ebensowenig wie dramatische Form und Erdichtung es zum Poem machen. Ist *Ernst und Falk* nicht dramatischer wie manche der besten Szenen im *Nathan*? Und die Parabel an Götze über die Wirkung der *Fragmente* ist gewiß eine sehr genialische Erdichtung, deren Zweck und Geist aber dennoch so unpoetisch, oder wie man jetzt in Deutschland sagt, so unästhetisch wie möglich ist.

Muß ein Werk nicht die Unsterblichkeit verdienen oder vielmehr schon haben, welches von allen bewundert und geliebt, von jedem aber anders genommen und erklärt wird? Doch bleibts sehr wunderbar, oder, wie mans nehmen will, auch ganz und gar nicht wunderbar, daß bei dieser großen Verschiedenheit von Ansichten, bei dieser Menge von mehr charakteristischen als charakterisierenden Urteilsübungen, noch niemand auf den Einfall oder auf die Bemerkung geraten ist, daß *Nathan* beim Lichte betrachtet zwei Hauptsachen enthält, und also eigentlich aus zwei Werken zusammengewachsen ist. Das erste ist freilich Polemik gegen alle illiberale Theologie, und in dieser Beziehung nicht ohne manchen tieftreffenden Seitenstich auf den Christianismus, dem Lessing zwar weit mehr Gerechtigkeit widerfahren ließ, als alle Orthodoxen zusammengenommen, aber doch noch lange nicht genug: weil sich im Christianismus theologische Illiberalität, wie theologische Liberalität, alles Gute und alles Schlechte dieses Fachs am kräftigsten, mannigfachsten und feinsten ausgebildet hat; ferner Polemik gegen alle Unnatur, kindische Künstelei und durch Mißbildung in sich oder in andern erzeugte Dummheit und alberne Schnörkel im Verhältnisse des Menschen zu Gott: das alles mußte Lessings geistreiche Natürlichkeit tief empören, und die Patriarchen hatten seinen Abscheu noch zu erhöhen, seinen Ekel zu reizen gewußt. Aber nicht einmal die Religionslehre im *Nathan* ist rein skeptisch, polemisch, bloß negativ, wie Jacobi in der angeführten Stelle behaupten zu wollen scheinen könnte. Es wird im *Nathan* eine, wenn auch nicht förmliche, doch ganz bestimmte Religionsart, die freilich voll Adel, Einfalt und Freiheit ist, als Ideal ganz entschieden und positiv aufgestellt; welches immer eine rhetorische Einseitigkeit bleibt, sobald es mit Ansprüchen auf Allgemeingültigkeit verbunden ist; und ich weiß nicht, ob man Lessing von dem Vorurteil einer objektiven und herrschenden Religion ganz frei sprechen darf, und ob er den großen Satz seiner Philosophie des Christianismus, daß für jede Bildungsstufe der ganzen Menschheit eine eigene Religion gehöre, auch auf Individuen angewandt und ausgedehnt, und die Notwendigkeit unendlich vieler Religionen eingesehen hat. Aber ist nicht noch etwas ganz anders im *Nathan*, auch etwas Philosophisches, von jener Religionslehre, an die man sich allein gehalten hat, aber noch ganz Verschiednes, was zwar stark damit zusammenhängt, aber doch auch wieder ganz weit davon liegt, und vollkommen für sich bestehn kann? Dahin zielen vielleicht so manche Dinge, die gar nicht bloß als zufällige Beilage und Umgebung erscheinen, dabei von der polemischen Veranlassung und Tendenz am entferntesten und doch so gewaltig akzentuiert sind wie der Derwisch, der so fest auftritt, und Nathans Geschichte vom Verlust der sieben Söhne und von Rechas Adoption, die jedem, der welche hat, in die Eingeweide greift. Was anders regt sich hier, als sittliche Begeisterung für die sittliche Kraft und die sittliche Einfalt der biedern Natur? Wie liebenswürdig und glänzend erscheint nicht selbst des Klosterbruders (der wenigstens mitunter aktiv und Mit-Hauptperson wird, dahingegen der Tempelherr so oft nur passiv und bloß Sache ist) fromme Einfalt, deren rohes Gold sich mit den Schlacken des künstlichen Aberglaubens nicht vermischen kann? Was tuts dagegen, daß der gute Klosterbruder einigemal stark aus dem Charakter fällt? Es folgt daraus bloß, daß die dramatische Form für das, was *Nathan* ist und sein soll, ihre sehr großen Inkonvenienzen haben mag, obgleich sie Lessingen sehr natürlich, ja notwendig war. *Nathan der Weise* ist nicht bloß die Fortsetzung des *Anti-Götze*, Numero zwölf: er ist auch und ist ebensosehr ein dramatisiertes Elementarbuch des höheren Zynismus. Der Ton des Ganzen, und Alhafi, das versteht sich von selbst; Nathan ist ein reicher Zyniker von Adel; Saladin nicht minder. Die Sultanschaft wäre keine tüchtige Einwendung: selbst Julius Cäsar war ja ein Veteran des Zynismus im großen Stil; und ist die Sultanschaft nicht eigentlich eine recht zynische Profession, wie die Möncherei, das Rittertum, gewissermaßen auch der Handel und jedes Verhältnis, wo die künstelnde Unnatur ihren Gipfel erreicht, eben dadurch sich selbst überspringt und den Weg zur Rückkehr nach unbedingter Naturfreiheit wieder öffnet? Und ferner: Alhafis derber Lehrsatz:

> »Wer
> Sich Knall und Fall ihm selbst zu leben, nicht
> Entschließen kann, der lebet andrer Sklav
> Auf immer«

und Nathans goldnes Wort:

> »Der wahre Bettler ist
> Doch einzig und allein der wahre König!« –

stehn sie etwa bloß da, wo sie stehn? Oder spricht nicht ihr Geist und Sinn überall im ganzen Werke zu jedem, der sie vernehmen will? Und sind dieses nicht die alten heiligen Grundfesten des selbständigen Lebens? Nämlich für den Weisen heilig und alt, für den Pöbel an Gesinnung und Denkart aber ewig neu und töricht.

So paradox endigte Lessing auch in der Poesie, wie überall! Das erreichte Ziel erklärt und rechtfertigt die exzentrische Laufbahn; *Nathan der Weise* ist die beste Apologie der gesamten Lessingschen Poesie, die ohne ihn doch nur eine falsche Tendenz scheinen müßte, wo die angewandte Effektpoesie der rhetorischen Bühnendramen mit der reinen Poesie dramatischer Kunstwerke ungeschickt verwirrt und dadurch das Fortkommen bis zur Unmöglichkeit unnütz erschwert sei.

Ganz klein und leise fing Lessing wie überall so auch in der Poesie an, wuchs dann gleich einer Lawine; erst unscheinbar, zuletzt aber gigantisch.

So schrieb ich vor beinah vier Jahren, mit der vorläufigen Absicht, den Namen des verehrten Mannes von der Schmach zu retten, daß er allen schlechten Subjekten zum Symbol ihrer Plattheit dienen sollte; und mit der tieferen, ihn wegzurücken von der Stelle, wohin ihn nur Unverstand und Mißverstand gestellt hatte, ihn aus der Poesie und poetischen Kritik ganz wegzuheben und hinüberzuführen in jene Sphäre, wohin ihn selbst die Tendenz seines Geistes immer mehr zog, in die Philosophie, und ihn dieser, die seines Salzes bedurfte, zu vindizieren. Ich bin zufrieden mit dieser Absicht, zum Teil auch mit dem, was ich getan habe, sie zu erreichen. Nur vollenden kann ich jetzt nicht auf die Art, wie ich damals angefangen habe. Laßt mich also den Faden neu anknüpfen mit einem auch

Etwas das Lessing gesagt hat.

Wenn kalte Zweifler selbst prophetisch sprechen,
 Die klaren Augen nicht das Licht mehr scheuen,
 Seltsam der Wahrheit Kraft in ihren Treuen

> Sich zeigt, den Blitz umsonst die Wolken schwächen:
> Dann wahrlich muß die neue Zeit anbrechen,
> Dann soll das Morgenrot uns doch erfreuen,
> Dann dürfen auch die Künste sich erneuen,
> Der Mensch die kleinen Fesseln all zerbrechen.
> »Es wird das neue Evangelium kommen«,
> So sagte Lessing, doch die blöde Rotte
> Gewahrte nicht der aufgeschlossnen Pforte.
> Und dennoch, was der Teure vorgenommen
> Im Denken, Forschen, Streiten, Ernst und Spotte,
> Ist nicht so teuer wie die wengen Worte.

Das ist es, das macht ihn mir so wert; und wenn er nichts Bedeutendes gesagt hätte als dies eine Wort, so müßte ich ihn schon darum ehren und lieben. Und grade er mußte es sagen, er, der ganz im klaren Verstande lebte, der fast ohne Phantasie war, außer im Witz, er mußte es sagen, mitten aus der dicht umgebenden Gemeinheit heraus, wie eine Stimme in der Wüste. –

Es sollte nun dem Plane gemäß in diesem Versuch der ausführlichere Beweis folgen, auch die Meinung sei irrig, Lessing für einen Kunstrichter zu halten; gegründet auf das Faktum, daß es ihm an historischem Sinn und an historischer Kenntnis der Poesie fehlte. Und wie ist Einsicht auch bei kritischem Geiste in diesem Gebiete möglich, wenn es so ganz an Gefühl und Anschauung gebricht?

Wer bedarf noch des Beweises, daß die Franzosen keine Dichter haben und keine gehabt haben, man müßte denn etwa Buffon und vielleicht Rousseau so nennen wollen? Und doch kann, was Lessing gegen Corneille oder Voltaire sagt, nicht für Kritik gelten, wegen jener Mängel; soll es aber Polemik sein, so hat er bessere aufzuweisen, auch dürfte der Gegenstand eine andre fordern, nicht so schwerfällig vielleicht in den Anstalten zum Zweck, aber poetischer in der Form.

Hört doch endlich auf, an Lessing nur das zu rühmen, was er nicht hatte und nicht konnte, und immer wieder seine falsche Tendenz zur Poesie und Kritik der Poesie, statt sie mit Schonung zu erklären und durch die Erklärung zu rechtfertigen, sie nur von neuem in das grellste

Licht zu stellen. Und wenn ihr denn einmal nur bei dem stehenbleiben wollt, was wirklich in ihm zur Reife gekommen und ganz sichtbar geworden ist, so laßt ihn doch, wie er ist, und nehmt sie, wie ihr sie findet, diese Mischung von Literatur, Polemik, Witz und Philosophie.

Diese Mischung eben war es, die mich schon frühe zu ihm zog und mich noch an ihn fesselt.

Ich möchte den Charakter derselben auf meine Weise ausdrücken, und meine Neigung dazu. Wie kann es besser geschehen, als durch eine Anthologie eigner Gedanken, die im Innern und Äußern dahin zielen?

Es sei ein gefälliges Totenopfer für den Unsterblichen, den ich mir frühe zum Leitstern erkor.

Laßt auch mich der Sitte folgen, die immer allgemeiner wird, allegorische Namen zu lieben, und wenn andre euch Blüten oder Früchte in köstlichen Gefäßen reichen, diese fragmentarische Universalität ganz einfach *Eisenfeile* nennen, um so durch ein Symbol noch an das Zerstückelte der, wie es scheinen möchte, formlosen Form zu erinnern und doch zugleich die innere Natur des Stoffs treffend genug zu bezeichnen ...

Und so nehmt denn mit und ohne Ironie, was euch eben so dargeboten wurde; und haltet nur getrost die eine oder andre dieser kombinatorischen Anregungen eures ernstlichsten Nachdenkens würdig. Scheint euch diese Anforderung zu schwer und mancher der hingeworfnen Gedanken zu leicht: so zieht, wenn es möglich ist, in gewissenhafte Erwägung, daß vielleicht einiges mit Absicht so leicht sei, um denjenigen, für den auch das Schwere gesagt ist, in die joviale Stimmung zu versetzen und darin zu erhalten, in der es den Sterblichen am ersten vergönnt ist, das imponderable Gewicht des wahren Ernstes und der ernsten Wahrheit zu empfinden; des wahren Ernstes, der in so vielen Fällen auch der wahre Scherz zu sein pflegt.

Ihr merkt schon an der feierlichen Wendung, daß es meine Absicht sei, euch ein kritisches Lebewohl zu sagen.

Nicht daß ich gesonnen wäre, die rühmlich geführten Waffen der Ironie im Tempel der Polemik aufzuhängen und den Kampfplatz andern zu überlassen. Nein, ich werde es mir nicht versagen, mit den

Werken der poetischen und der philosophischen Kunst wie bisher so auch ferner für mich und für die Wissenschaft zu experimentieren. Aber ich werde diese Beschäftigung, die meine Idiosynkrasie mir zum Gesetz macht, von nun an auf die beiden Zwecke einer Geschichte der Dichtkunst und einer Kritik der Philosophie durchaus beschränken. Die letzte wird zum Teil Polemik sein müssen: so daß also auch von dieser Seite meine Bekehrung nicht als vollständig angesehn werden kann. Die Resignation wird vorzüglich nur darin bestehen, daß ich es der neuen Zeit und allem, was ihr angehört, von nun an überlassen werde, sich selbst zu kritisieren; ein Geschäft, das sie wahrscheinlich mit ebensoviel Kraft und Mut, als Lust und Laune betreiben wird, wie so manches andre von größerm Gewicht; es müßte denn sein, daß die Muse der Komödie es anders lenkte und auch von mir ein kleines Opfer leichter Saturnalien forderte.

Ich habe den Beschluß dieses Bruchstücks zu einer Vorrede des Ganzen bestimmt; denn es sollte der Natur der Sache gemäß mehr eine Nachrede als eine Vorrede sein. Aber werdet ihr auch eine Reihe von Studien für ein Ganzes halten wollen, bloß deswegen, weil sie von Einem Geist beseelt, und in diesem nicht ohne Zusammenhang entstanden sind? Dies bleibe euch und eurer unbedingten Willkür überlassen. Jene Einheit des Geistes aber kann ich nachweisen; in der unverkennbaren Tendenz aller jener Versuche und in der unwandelbaren Maxime.

Diese Tendenz ist: trotz eines oft peinlichen Fleißes im einzelnen – seines Fleißes, sagt Lessing, darf sich jedermann rühmen – dennoch alles im ganzen nicht sowohl beurteilend zu würdigen, als zu verstehen und zu erklären.

Daß man im Kunstwerke nicht bloß die schönen Stellen empfinden, sondern den Eindruck des Ganzen fassen müsse: dieser Satz wird nun bald trivial sein, und unter die Glaubensartikel gehören. Weiter noch gehn die Philosophen, und fordern, ja versuchen, sich selbst und andre im ganzen zu verstehen, mag der Autor auch dieses Ganze, den gemeinsamen Geist in einen noch so geistlosen Buchstaben gehüllt und in eine sehr komplizierte Reihe vieler, vielleicht etwas konfuser Schriften zerstreut haben. Aber auch das genügt mir bei weitem noch nicht; und ich denke, wenn ihr es wirklich erkannt habt, daß man das Werk nur im System aller Werke des Künstlers ganz verstehe, so werdet ihr es über kurz oder lang auch wohl anerkennen müssen, daß nur der den Geist des Künstlers kennt, der diejenigen gefunden hat, auf die er sich, äußerlich vielleicht durch Nationen und Jahrhunderte getrennt, unsichtbar dennoch bezieht, mit denen er ein Ganzes bildet, von dem er selbst nur ein Glied ist; werdet es anerkennen müssen, daß dieser organische Zusammenhang aller das Genie von dem bloßen Talent unterscheidet, welches eben dadurch, daß es isoliert ist, sich als falsche Tendenz der Kunst und der Menschheit verrät. So muß auch das Einzelne der Kunst, wenn es gründlich genommen wird, zum unermeßlichen Ganzen führen! Oder glaubt ihr in der Tat, daß wohl alles andre ein Gedicht und ein Werk sein könne, nur die Poesie selbst nicht? –

Wollt ihr zum Ganzen, seid ihr auf dem Wege dahin, so könnt ihr zuversichtlich annehmen, ihr werdet nirgends eine natürliche Grenze finden, nirgends einen objektiven Grund zum Stillstande, ehe ihr nicht an den Mittelpunkt gekommen seid. Dieser Mittelpunkt ist der Organismus aller Künste und Wissenschaften, das Gesetz und die Geschichte dieses Organismus. Diese Bildungslehre, diese Physik der Phantasie und der Kunst dürfte wohl eine eigne Wissenschaft sein, ich möchte sie Enzyklopädie nennen: aber diese Wissenschaft ist noch nicht vorhanden.

Und eben weil sie noch nicht vorhanden ist, diese Wissenschaft, darf ich für meine im Geist derselben entworfnen kritischen Versuche und Bruchstücke die ernstlichste Aufmerksamkeit und Teilnahme fordern. Denn ihr mögt nun simple bloß passive Leser sein, oder was mir wahrscheinlicher ist, angehende Kritiker und also reagierende Leser, so werdet ihr in ihnen, wenn ihr es nur suchen wollt, nicht weniges finden können, was euch über den eigentlichen Sinn eures Geschäfts selbst entweder ein wahres Licht geben, oder doch den Schein des falschen Lichts vernichten kann.

Nur das eine will ich noch über jene Enzyklopädie sagen. Entweder hier ist die Quelle objektiver Gesetze für alle positive Kritik oder nirgends. Und wenn dem so ist, so kann, das folgt unmittelbar, wahre Kritik gar keine Notiz nehmen von Werken, die nichts beitragen zur Entwicklung der Kunst und der Wissenschaft; ja es ist sonach eine wahre Kritik auch nicht einmal möglich von dem, was nicht in Beziehung steht auf jenen Organismus der Bildung und des Genies, von dem, was fürs Ganze und im Ganzen eigentlich nicht existiert.

Es kann der Fall sein, daß man sich des Beweises dieser Nichtexistenz und Nullität nicht überheben darf; und damit ist die Notwendigkeit der Polemik auf eine Weise deduziert, die, weil sich jene einzelnen Fälle und das Dringende derselben sehr evident machen lassen, auf eine verhältnismäßig allgemeine Einstimmung rechnen darf. Mir aber ist die Polemik noch weit mehr als das, weit mehr als nur ein notwendiges Übel; wenn sie ist, wie sie sein soll, so ist sie mir das Siegel von der lebendigsten Wirksamkeit des Göttlichen im Menschen, der Prüfstein eines reifen Verstandes. Sollte es nicht der Anfang aller Erkenntnis sein, das Gute und das Böse zu unterscheiden? So ist wenigstens mein Glaube; und wenn ich sehe, daß ein Mann in seiner eigentümlichen Sphäre sich nur mit einer leichten und oberflächlichen Toleranz begnügt und nicht das Herz hat, irgend etwas Ausgezeichnetes unbedingt zu verwerfen und als böses Prinzip zu setzen, so muß ich meiner Denkart gemäß denken, er sei noch eben nicht im klaren, wenn er auch, was die äußere Erscheinung betrifft, vor lauter Klarheit leuchten sollte.

Rechtfertigen kann ich diesen Glauben hier nicht und diese Polemik; aber ich denke, meine Philosophie und mein Leben werden es. Hier kann ich vor der Hand nur die absolute Subjektivität alles dessen, was sich darauf bezieht, anerkennen, und euch selbst die Maxime sagen, die mich leitete, um es euch dadurch auf den Fall, daß ihr mich verstehen wollt, ganz leicht zu machen. Es ging mein Bestreben nicht sowohl dahin, die große Menge der schwachen Subjekte, die in jeder Sphäre der Kunst ihre nichtige Tätigkeit zwecklos treibt, zu annihilieren, als vielmehr die Scheidung des guten und des bösen Prinzips bis auf die höchsten Stufen der Kraft und der Bildung fortzusetzen: denn dazu fand ich mich besonders berufen. Daher sind oft vielleicht grade dieselben die mit reifem Bedacht gewählten Gegenstände meiner Polemik, welche für andre, die es weniger genau nehmen, Ideale der Nachbildung sein können. Eben daher lernte ich mit Ironie bewundern.

Jene Maxime werde ich auch ferner befolgen, und um so weniger ist es nötig, noch etwas darüber zu sagen. Um aber die Anerkennung der erwähnten Subjektivität desto entschiedner zu sanktionieren, schließe ich das Ganze mit dem subjektivsten, was es geben kann, mit einem bloßen Gedicht.

Nur von Lessing zuvor noch einige Worte, wiewohl auch das Gedicht ihn mit angeht, und die Stelle, die er darin einnimmt, den Grad und die Art der Ehrfurcht, die ich für ihn hege, besser als alles andre auszudrücken vermögen wird.

Und warum ehre ich denn nun den Mann so hoch, dem ich vieles ganz abspreche, was andre einzig an ihm loben?

Ich werde es euch sehr kurz und sehr deutlich sagen können, und solltet ihr dennoch wie bisher über Unverständlichkeit klagen, so hoffe ich euch wenigstens klar zu machen, daß es nicht am Ausdruck, sondern an der Sache liegt. Übrigens bleibt mir auf diesen Fall nur der fromme Wunsch, daß ihr doch einmal anfangen möchtet, das Verstehen zu verstehen; so würdet ihr inne werden, daß der Fehler gar nicht da liegt, wo ihr ihn sucht, und würdet euch nicht mehr mit solchen konfusen Begriffen und leeren Phantomen täuschen.

Ich ehre Lessing wegen der großen Tendenz seines philosophischen Geistes und wegen der symbolischen Form seiner Werke. Wegen jener Tendenz finde ich ihn genialisch; wegen dieser symbolischen Form gehören mir seine Werke in das Gebiet der höhern Kunst, da eben sie – nach meiner Meinung – das einzige entscheidende Merkmal derselben ist.

Wenn ihr versuchen wollt, Autoren oder Werke zu verstehen, d. h. sie in Beziehung auf jenen großen Organismus aller Kunst und Wissenschaft genetisch zu konstruieren, so werdet ihr bemerken, daß es vier Kategorien gibt, in die sich alles scheidet, was ihr bei einer solchen Konstruktion Charakteristisches in dem Phänomen der Kunstwelt findet; vier Begriffe, unter die sich das alles fügt: Form und Gehalt, Absicht und Tendenz. Aber nicht alle diese Kategorien sind auf jedes Werk, auf jeden Autor anwendbar.

Alle Gedanken eines Spinoza, eines Fichte könnt ihr auf einen einzigen Zentralgedanken reduzieren, und diese über die allgepriesne Konsequenz ebensoweit erhabne als ganz von ihr verschiedne Identität des ganzen Stoffs kann euch lehren, daß dieser hier die Hauptsache sei, wenn ihr die Bemerkung hinzunehmt, daß die Form selbst bei jedem dieser beiden kühnsten und vollendetsten Denker nur ein Ausdruck, Symbol und Widerschein des Inhalts ist, nämlich des Wesentlichen, des einen und unteilbaren Mittelpunkts des Ganzen. Darum ist die Form des einen die der Substanz und Permanenz, Gediegenheit, Ruhe und Einheit, die des andern Tätigkeit, Agilität, rastlose Progression, kurz der diametrale Gegensatz der ersten. Nach Absicht im Ganzen kann man nur bei einem Jacobi oder Kant fragen, weil diese keine Tendenz haben, oder welches ebensoviel sagt, eine absolut falsche; eine Tendenz, die, mag es durch den verwickelten krummen Gang, der solchen Naturen eigen ist, noch so künstlich verhüllt und dem gemeinen Auge tief verborgen sein, zuletzt einzig und allein auf dasjenige sich beziehn läßt, was für den Philosophen durchaus keine Realität hat. Dergleichen Naturen habt ihr verstanden, wenn ihr aus der Komplexion der Nebenabsichten, an denen sie so reich zu sein pflegen, die Zentralabsicht des Ganzen gefunden habt; wo sich dann oft das Phantom von selbst in sein Nichts auflösen würde. Nicht so bei jenen Großen. Da könnt ihr in einzelnen Werken vielleicht Absichten sehr klar und rein ausgedrückt finden. Im Ganzen werdet ihr aber nie eine Absicht nachweisen und begründen können als die, das, was ihre Tendenz ist, unbedingt darzustellen oder unbedingt mitzuteilen. Da ist also die Tendenz alles.

Desgleichen bei Lessing, der den Spinoza liebte, wenn es gleich nicht möglich war, daß er ihn, ehe der Gegensatz seiner Ansicht entdeckt war, vollkommen verstehen und in diesem Sinne Spinozist sein konnte. Er liebte Spinoza, und Fichte muß ihn, seiner Denkart und seinen Grundsätzen gemäß, ehren. Das ist das beste Lob für Lessings Anlage zur Spekulation. Da er nicht zu jenen großen Erfindern gezählt werden kann, da er nur die Skizze eines vortrefflichen Philosophen blieb, so kann auch bei ihm nicht von dem Stoff, dem System seiner Gedanken die Rede sein. Desto mehr aber von der Form.

Zuvor muß ich nur eins erinnern. Was ihr in den philosophischen Büchern von der Kunst und von der Form gesagt findet, reicht ungefähr hin, um die Uhrmacherkunst zu erklären. Von höherer Kunst und Form findet ihr auch nirgends nur die leiseste Ahndung, so wenig wie einen Begriff von Poesie.

Das Wesen der höhern Kunst und Form besteht in der Beziehung aufs Ganze. Darum sind sie unbedingt zweckmäßig und unbedingt zwecklos, darum hält man sie heilig wie das Heiligste und liebt sie ohne Ende, wenn man sie einmal erkannt hat. Darum sind alle Werke Ein Werk, alle Künste Eine Kunst, alle Gedichte Ein Gedicht. Denn alle wollen ja dasselbe, das überall Eine, und zwar in seiner ungeteilten Einheit. Aber eben darum will auch jedes Glied in diesem höchsten Gebilde des menschlichen Geistes zugleich das Ganze sein, und wäre dieser Wunsch wirklich unerreichbar, wie uns jene Sophisten glauben machen wollen, so möchten wir nur lieber gleich das nichtige und verkehrte Beginnen ganz aufgeben. Aber er ist erreichbar, denn er ist schon oft erreicht worden, durch dasselbe, wodurch überall der Schein des Endlichen mit der Wahrheit des Ewigen in Beziehung gesetzt und eben dadurch in sie aufgelöst wird: durch Allegorie, durch Symbole, durch die an die Stelle der Täuschung die Bedeutung tritt, das einzige Wirkliche im Dasein, weil nur der Sinn, der Geist des Daseins entspringt und zurückgeht aus dem, was über alle Täuschung und über alles Dasein erhaben ist.

Gebt der gemeinen Kunst soviel Würde und soviel Anmut als ihr wollt: es wird nie die höhere daraus werden. Oder glaubt ihr, daß ein mächtiger Baum aus Hülsen ohne Kern und Kraft emporwachsen könne? –

Und ihr mögt noch so sehr auf die Absonderung der Natur und der Kunst dringen: auf jenem falschen Wege wird es euch in Ewigkeit nicht gelingen.

Für die höhere Kunst und ihren Begriff existiert diese Schwierigkeit gar nicht. Sie ist selbst Natur und Leben und schlechthin eins mit diesen; aber sie ist die Natur der Natur, das Leben des Lebens, der Mensch im Menschen; und ich denke, dieser Unterschied ist für den, der ihn überhaupt wahrnimmt, wahrlich bestimmt und entschieden genug. Sollte aber dennoch jemand einen bestimmtern fordern zu müssen glauben, so wird er, was er fordert und glaubt, schwerlich sich selbst klarzumachen imstande sein.

Jedes Gedicht, jedes Werk soll das Ganze bedeuten, wirklich und in der Tat bedeuten, und durch die Bedeutung und Nachbildung auch wirklich und in der Tat sein, weil ja außer dem Höheren, worauf sie deutet, nur die Bedeutung Dasein und Realität hat.

Habt ihr diese symbolische Form noch nie wahrgenommen, habt ihr noch nie unterschieden, ob ein Werk nach dem vegetabilischen oder nach dem animalischen Organismus konstruiert sei, könnt ihr nicht wenigstens die Farbe und den Farbenton in einem Gedicht empfinden: so laßt es nur mit der Poesie, oder glaubt wenigstens ohne Scheu und Rücksicht, daß euch noch einiges in diesem Gebiet, dessen Umfang nie ein Sterblicher ermessen wird, neu und unbekannt sei: denn das, was ich erwähnt habe, ist gerade das Erste und Letzte, das Wesentliche und Höchste; damit nimmt der Begriff der höhern Kunst seinen Anfang.

Diese Kunst ist nur Eine. Darum fordre ich auch von dem philosophischen Werk eine symbolische Form; und denkt nur nicht, daß es mir an Beispielen fehlen würde, sie nachzuweisen. Ich könnte Philosophen anführen, bei denen alles kreisförmig ist; andre, die nur im Schema der Triplizität konstruieren können; auch Ellipsen wollte ich aufzeigen und noch manches andre, was euch nur ein Spiel meines Witzes scheinen würde. Ich begnüge mich zu bemerken, daß die bis jetzt vorhandnen philosophischen Formen mathematischer Art sind.

So auch Lessings Form, die ihr selbst vielleicht für die höchste in dieser Sphäre anerkennen werdet.

Man nennt das Paradoxe zuzeiten exzentrisch. Es ist überhaupt eine löbliche Maxime, die Aussprüche des Gemeinsinns mit Absicht buchstäblicher zu nehmen, als sie gemeint sind; und grade hier ist es ganz besonders der Fall.

Gibt es wohl ein schöneres Symbol für die Paradoxie des philosophischen Lebens, als jene krummen Linien, die mit sichtbarer Stetigkeit und Gesetzmäßigkeit forteilend immer nur im Bruchstück erscheinen können, weil ihr eines Zentrum in der Unendlichkeit liegt?

Eine solche transzendente Linie war Lessing, und das war die primitive Form seines Geistes und seiner Werke.

Am klarsten und faßlichsten findet ihr sie in *Ernst und Falk,* seinem gebildetsten, vollendetsten Produkt. Habt ihr sie da verstanden, so werdet ihr sie auch wohl in der *Erziehung des Menschengeschlechts* sehen; und auch, in einem größern Maßstabe sogar, aber mit den störenden Zusätzen eines nichtigen Stoffs oder einer falschen Tendenz, im ganzen *Anti-Götze*, als Ein Werk betrachtet, und in der Dramaturgie; im größten Maßstabe aber in dem Ganzen seiner literarischen Laufbahn.

Dieselbe Form grade ist die des Plato; und ihr werdet keinen einzelnen Dialog und keine Reihe von Dialogen verständlich konstruieren können, als nach jenem Symbol.

Was soll man zu dem Manne sagen, den sein Genie mitten aus dieser Gemeinheit und dieser Fülle von falschen Tendenzen grade in der Form des Ganzen der Höhe des erhabensten Philosophen und des kunstreichsten Redekünstlers näherte?

LESSINGS GEIST AUS SEINEN SCHRIFTEN

Vorreden und Nachschriften zu einer Auswahl aus Lessings Werken

An Fichte

Der philosophische Geist, worunter ich neben der freien immer weiter strebenden Untersuchung auch die grade Aufrichtigkeit und Kühnheit des Forschers verstehe, ist an sich selbst unstreitig von unschätzbarem Werte. Für die Welt aber, für das Ganze, wird er alsdenn erst recht bleibend wirksam und nützlich, wann seine Wirkungen durch das Vorhandensein einer strengwissenschaftlichen Philosophie gesichert und begründet worden. Sonst müssen seine schönsten Resultate sich bald in die allgemeine Masse verlieren und vergessen werden.

Und dieses ist der Grund, warum ich Ihnen, verehrungswürdiger Freund, vor allen andern den gegenwärtigen Versuch zuschreibe, Lessings Geist und Gedanken ihrem Gange und ihrer Entstehung gemäß darzustellen, so viel als möglich mit seinen eignen Worten, und nur wo es unentbehrlich schien, mit einigen eignen Erklärungen über die Bedeutung und den Standpunkt des Zusammengestellten begleitet.

Nicht also weil Lessing, wiewohl in ganz andern Verhältnissen und bei Gelegenheit ganz andrer Gegenstände, dennoch nach dem gleichen Ziele gestrebt zu haben scheint wie Sie: Gründlichkeit nämlich, und Freimütigkeit der Untersuchung in allen Teilen des Wissens zu verbreiten. Nicht weil er Ihnen in diesem Sinne vorgearbeitet hat, nicht weil Sie, wie ich weiß, sein Streben und seine Gesinnung ehren, das Geistvolle in seiner eigentümlichen Manier mehr als viele andre zu schätzen und zu lieben wissen, richte ich das wenige, was ich in dieser Vorrede zu sagen habe, zunächst an Sie; sondern deswegen, weil ich dadurch zugleich meine Überzeugung an den Tag zu legen Gelegenheit erhalte, daß solche Miszellen und Fragmente von Philosophie, als Lessing in einer ungünstigen und seichten Epoche der Literatur seine Laufbahn beginnend, unter dem Druck vieler ungünstigen Umstände arbeitend und nur allzu frühzeitig seiner Nation entrissen, allein zu hinterlassen vermochte, erst dadurch ihren vollen Wert erhalten, wenn in derselben Literatur auch dasjenige vorhanden ist, was ihnen fehlt, oder was sie nur stillschweigend voraussetzen. Nur da, wo auch die ersten Prinzipien des Wahren, deren Entdeckung oder Wiederherstellung das Zeitalter vorzüglich Ihnen verdankt, in einer streng wissenschaftlichen Methode der Philosophie gelehrt werden, sind auch die freieren Produktionen und Resultate des bloß natürlichen philosophischen Geistes an ihrer Stelle.

Für überflüssig aber können diese nie gehalten werden, wären auch die Prinzipien des Wissens noch so deutlich dargestellt, die Methode noch so sehr vervollkommnet. Denn das Wissen ist, wie bekannt, nicht ein bloßer Mechanismus, sondern geht nur aus dem eignen freien Denken hervor. Dazu entschließen sich die Menschen nicht leicht, sie müssen dazu gebildet werden; es muß die in Trägheit schlummernde Kraft ihres Geistes auf mancherlei Weise erweckt, gereizt und erregt werden. Ein mühsames und schwieriges Geschäft, was aber, so oft auch der schlechte Erfolg abschrecken mag, dennoch nie aufgegeben werden darf, weil es notwendig ist; denn was frommte die Fülle des von andern vielleicht ehemals Gedachten, wenn die Kraft des Denkers selbst nicht immer von neuem rege und tätig wird? Auf welchen Wegen allein sie auch jenes sich anzueignen und Vorteil davon zu ziehen vermag. – Wenigstens auf der gegenwärtigen Stufe der geistigen Ausbildung kann es nicht befremdend und nicht überflüssig scheinen, wenn der Freund der Philosophie auf alle nur immer ersinnlichen Mittel denkt, alle nur irgend möglichen Wege einschlägt, auf denen sich hoffen läßt, dem Geiste der Menschen beizukommen und sie endlich aus ihrem Schlummer wecken zu können. Freiere Formen sind dazu meistens wirksamer als die ganz strenge Methode, weil diese als schon vorhanden voraussetzt, wozu fast alle erst gebildet werden müssen.

Schwerlich aber sind noch andre deutsche Schriften besser geeignet, diesen Geist des Selbstdenkens zu erregen und zu bilden, als die Lessingschen. Selbst daß er, in einigen Fächern besonders, sich anfangs noch an diesen oder jenen Aberglauben der vergangenen Epoche der deutschen Literatur anschließt, ist in dieser Rücksicht kein Tadel.

Nichts lehrt besser, für uns selbst den rechten Weg zu finden, als wenn wir sehen, wie ein tätig strebender Geist sich allmählich aus den Vorurteilen herausarbeitet, die er, weil sie bei denen, die er für die bessern hielt, allgemein gelten, auf Glauben angenommen hatte.

Diese ganz spezifische Kraft, das Selbstdenken zu erregen, haben die Lessingschen Schriften und Gedanken nicht durch ihren Inhalt allein, sondern auch durch ihre Form. Und ich gestehe, daß diese und der vortreffliche Stil nicht wenig dazu beigetragen haben, mich zu dieser Arbeit zu bestimmen. Wir haben im Deutschen, obgleich schon einige Werke der Dichtkunst als vollendete auch in der Sprache angeführt werden können, bis jetzt nur äußerst wenig vortrefflich in Prosa Geschriebenes. Desto höher soll man dieses wenige halten, und desto vielfacher es zum weitern Anbau der Sprache benutzen.

Es würde mich nicht Wunder nehmen, wenn einige dem Purismus sehr Ergebene in Lessings Stil zu viel ausländische Wörter, oder auch manche aus dem lebhaften Gesprächston des wirklichen Lebens entlehnte Wendung und Phrase nicht edel genug finden sollten. Dagegen aber ist folgendes zu erinnern.

Der Unterschied der Prosa und der Poesie besteht darin, daß die Poesie darstellen, die Prosa nur mitteilen will. Zwar wie überall, so gibt es auch hier für das Entgegengesetzte einen Punkt, wo die Grenzen sich ineinander verlieren. Im Gespräch, im dialogischen Kunstwerke zum Beispiel, ist es eigentlich die gegenseitige Gedankenmitteilung der Redenden, welche selbst der Gegenstand der Darstellung ist. – Dargestellt wird das Unbestimmte, weshalb auch jede Darstellung ein Unendliches ist; mitteilen aber läßt sich nur das Bestimmte. Und nicht das Unbestimmte, sondern das Bestimmte ist es, was alle Wissenschaften suchen. In der höchsten aller Wissenschaften aber, die nicht irgend etwas einzelnes Bestimmtes lehren soll, sondern das Bestimmen selbst überhaupt zu bestimmen hat, ist es eben deswegen nicht hinreichend, das Gedachte schon fertig zu geben. Es will diese Wissenschaft nicht dieses oder jenes Gedachte, sondern das Denken selbst lehren; darum sind ihre Mitteilungen notwendigerweise auch Darstellungen, denn man kann das Denken nicht lehren, außer durch die Tat und das Beispiel, indem man vor jemandem denkt, nicht etwas Gedachtes mitteilt, sondern das Denken in seinem Werden und

Entstehen ihm darstellt. Eben darum aber kann der Geist dieser Wissenschaft nur in einem Werke der Kunst vollständig deutlich gemacht werden.

Die Grenzen verlieren sich ineinander, aber die Gattungen bleiben dennoch ewig geschieden, und aus jenem so einfach scheinenden Unterschiede, daß die Prosa etwas Bestimmtes mitteilen, die Poesie aber das Unbestimmte darstellen will, ließen sich leicht alle übrigen herleiten. Für die Mitteilung bestimmter Gedanken ist ein bestimmtes System von Worten oder eine Terminologie sehr angemessen, wo die Bedeutungen ganz fixiert sind, wie sonst nur in den toten Sprachen, daher auch alle Terminologie aus diesen vorzüglich gewählt wird. Jedoch auch die ausländische Sprache nimmt für diesen Zweck in einem gewissen Grade die Natur einer toten an; und wenn gleich der freie, universelle Schriftsteller keinen Grund hat, die Terminologie einer Wissenschaft, eines Systems, ganz und gar zu adoptieren und sich darauf zu beschränken, so würde es doch auch eine zwecklose Produktion sein, ein oft vielleicht tief bedeutendes, kühn treffendes Wort zu verwerfen, weil es irgendeiner Terminologie angehört. Besonders wenn, wie das bei Lessing der Fall fast immer ist, der behandelte Gegenstand ohnehin schon einen nicht ganz ununterrichteten Leser voraussetzt. Die Mitteilung muß gesellig sein; lebendig also, und energisch der Stil, in einem gewissen Sinne der ganze Vortrag dramatisch. Es muß nicht sein, wie wenn einer für sich allein doziert, sondern wie ein Gespräch; der Leser muß sich überall angesprochen fühlen; der Gang der Gedanken muß nicht ängstlich Schritt vor Schritt weiter schleichen, sondern mit rascher Kraft immer weiter um sich greifen. Und auch im einzelnen müssen die Worte und Wendungen durch ein kühnes Bild, eine treffende Anspielung, durch Witz und Feuer die Kraft, das Leben des Geistes zugleich verkündigen und erregen.

Lessings Stil besitzt alle diese Eigenschaften in einem ganz eminenten Grade; das wird jeder gern zugeben. Und gewiß tragen die vielen aus der Sprache des wirklichen Lebens aufgenommenen Konversationswendungen nicht wenig dazu bei. Ob in einem einzelnen Falle irgendein Bild, eine Wendung nur kühn, oder nicht edel sei, darüber dürfte sich nur im Einzelnen und aus dem Einzelnen nach dem Gefühl des Verständigen entscheiden lassen, allgemeine Regeln hingegen wenig oder nichts fruchten. Sehr selten indessen dürften diese Fälle sein. Dergleichen Wendungen aus falscher Würde gänzlich vermeiden zu wollen, das würde gerades Weges zum Kostbaren und Steifen führen, was einige selbst unsrer guten Schriftsteller so unlesbar macht. Überhaupt muß in dieser freieren Gattung universeller Schriften manches erlaubt sein, was es in Werken der Darstellung nicht sein würde. Die Darstellung bleibt ewigen Gesetzen streng unterworfen; im wirklichen Gespräch nehmen wir es ja auch nicht so genau; wenn es nur interessant ist, was gesagt wird, wenn es nur auf eine geistvolle und angenehme Art gesagt wird, so lassen wir übrigens jedem dabei seine eigene Manier; den objektiven Stil behalten wir uns vor, von eigentlichen Kunstwerken zu fordern.

Indessen ist es doch nicht die Sprache und der Witz allein, dieses Kolorit der Universalität, was aus der geistvollen Mischung jener dem Anschein nach heterogenen Bestandteile hervorgeht; es ist nicht der auch bei ganz trocknen Gegenständen der Untersuchung einverleibte lebendige dramatische, dialektische und dialogische Geist allein, was Lessings Schriften so genialisch auszeichnet und ihnen eine so wunderbare Kraft gibt – sondern dieses liegt noch weit mehr in der Form des Ganzen; wenn anders trotz der anscheinenden Formlosigkeit desselben mit Recht Form genannt wird, was den Geist des Ganzen ausdrückt durch eine eigentümliche Verknüpfungsart des Einzelnen, die diesem unbeschadet auch wohl anders sein könnte. Die Folge der Gedanken ist es, was über eine prosaische Schrift, besonders der freiern Art, im ganzen entscheidet und den Grad bestimmt, in welchem sie wirken und eingreifen, anziehen und interessieren kann. Wie vortrefflich zum Beispiel sind mehrere Schriften der alten Philosophen, besonders die Platonischen, recht eigentlich dazu eingerichtet, das Selbstdenken zu erregen. Ein Widerspruch gegen ein geltendes Vorurteil, oder was irgend sonst die angeborne Trägheit recht kräftig wecken kann, macht den Anfang; denn geht der Faden des Denkens in stetiger Verknüpfung unmerklich fort, bis der überraschte Zuschauer, nachdem jener Faden mit einem Male abreißt oder sich in sich selbst auflöste, plötzlich vor einem Ziele sich findet, das er gar nicht erwartet hatte; vor sich eine grenzenlose weite Aussicht, und sieht er zurück auf die zurückgelegte Bahn, auf die deutlich vor ihm liegende Windung des Gesprächs, so wird er inne, daß es nur ein Bruchstück war aus einer unendlichen Laufbahn.

Ganz etwas Ähnliches erreicht Lessing, eine ganz ähnliche Wirkung haben seine Schriften auf einem andern Wege durch Mittel, die, wie natürlich, von jenen sehr verschieden sind; der Erfolg aber ist derselbe. Darum hat, was er schrieb, eine so eigne Magie, und darum ist er den vortrefflichsten Schriftstellern beizuzählen: weil er nicht bloß im einzelnen genialische Gedanken hatte, sondern der Gang seines Denkens selbst genialisch und genieerregend war.

Die Form aber dieses Ganzen kann man so beschreiben. Er geht überall aus von einem gegebenen lebhaften Interesse, seien es nun geschnittne Steine, oder Schauspiel, oder Freimaurerei, was grade der Zufall an die Tagesordnung gebracht hatte; er wußte schon überall höhere Ideen anzuknüpfen. Dieses Interesse faßt er in seiner größten Lebhaftigkeit auf, und beginnt von da aus zu schaffen, zu wirken und um sich zu greifen. Lebhafte Widerlegung der geltenden Vorurteile, neue Beispiele, wo von Theorie die Rede ist, spekulative Ansichten, wo man nur vom Einzelnen zu hören erwartete, erregen und erhalten überall das Leben, die Mannigfaltigkeit und das Interesse. Immer tiefer dringt sein Denken ein, immer weiter greift es um sich; fand man schon in seinen ersten Schritten Paradoxie, so tritt er weiterhin mit einer ganz andern kühnern, wirklich so zu nennenden auf. Überall aber, im Ganzen wie im Einzelnen dieses Ganges, zeigt sich eine ihm ganz eigentümliche Kombination der Gedanken, deren überraschende Wendungen und Konfigurationen sich besser wahrnehmen als definieren lassen. Wenn er auch da, wo er des Faches ganz Meister war, in dem angefangenen Wege nicht zu einem befriedigenden Schluß kommen konnte, so ward ein kühner Sprung in eine andere Gattung genommen und eine Auflösung gegeben von einer ganz andern Seite her, wo man es gar nicht erwartete; wie er seiner theologischen Laufbahn durch den *Nathan* aufs herrlichste die Krone aufsetzte.

In dieser die letzte Hälfte seines schriftstellerischen Lebens anfüllenden theologischen Laufbahn ist, wie der Geist am reifsten, der Stil am geistvollsten und kräftigsten, so auch jene Form am vollkommensten deutlich und klar.

Denn daß dieselbe nicht in jeder der einzelnen Abhandlungen oder der Bücher, die oft unter zufälligen Rücksichten abgefaßt wurden, sehr oft auch unvollendet blieben; daß sie überhaupt nicht so im Einzelnen zu suchen sei, versteht sich von selbst, da es ja die innere Form seines Denkens selbst war. In jeder Gedankenreihe aber, in jeder Gedankenmasse eines bestimmten Faches, was sein ganzes Interesse an sich zog, wird diese Form unstreitig gefunden werden, um so mehr vielleicht, je mehr von den überflüssigen Äußerlichkeiten und störenden Zufälligkeiten hinweggenommen worden ist; welches zu tun, ich in gegenwärtigem Werke einen Versuch gemacht habe.

Vom Wesen der Kritik

Alles was Lessing getan, gebildet, versucht und gewollt hat, läßt sich am füglichsten unter den Begriff der Kritik zusammenfassen; ein Begriff, der, so mannigfaltig und weitverbreitet auch die Tätigkeit seines Geistes war, dennoch vollkommen hinreichen kann zur gemeinschaftlichen Übersicht derselben, wenn man, ihm seine alte Würde wiedergebend, ihn so umfassend nimmt, wie er ehedem genommen ward.

Lessings poetische Bestrebungen sind zu betrachten als Beispielsübungen für seine Prinzipien der Poetik und Dramaturgie; in der Philosophie aber, demjenigen Gebiete, für welches ihn eigentlich die Tendenz seines Geistes bestimmte, war er durchaus nicht Systematiker und Sektenstifter, sondern Kritiker. Prüfung, freimütige und sorgfältige Prüfung der Meinungen andrer, Widerlegung manches gemeingeltenden Vorurteils, Verteidigung und Wiederanregung dieser oder jener alten, oft schon vergeßnen Paradoxie, das war die Form, in welcher er seine eignen Meinungen in diesem Fach, meistens nur indirekt, vorzutragen pflegte.

Die große Masse seiner andern Schriften, antiquarischer, dramaturgischer, grammatischer, und eigentlich literarischer Untersuchungen, gehört selbst nach dem gemeineren Begriffe hierher; und ich weiß nicht, ob nicht auch alle Polemik wenigstens als eine der Kritik sehr nah verwandte Gattung betrachtet werden sollte.

Aber eben weil diese Wissenschaft oder Kunst, die wir Kritik nennen, so viel umfaßt, ihr Gebiet aber, so weit sich überhaupt nur die redenden Künste und die Sprachen erstrecken, zu verbreiten pflegt, ist es unumgänglich notwendig, den Begriff derselben genauer zu bestimmen, welches am besten geschehen kann, indem wie uns an ihren Ursprung erinnern.

Die Griechen, von denen wir selbst den Namen der Kritik überkommen haben, sind es, welche sie zuerst erfunden und gestiftet und zugleich auf den höchsten Gipfel beinah der Ausbildung und Vollkommenheit gebracht haben. Nachdem das Zeitalter der großen Poeten vorüber war, ging bei ihnen doch der Sinn für Poesie nicht völlig unter. Bei der großen Anzahl der schriftlichen Denkmale, welche teils ihre innre Merkwürdigkeit, teils eine sehr umfassende Liebhaberei erhalten hatte, und immer noch fort erhielt, wurde es bald eine Wissenschaft, sie nur alle zu kennen, besonders aber sie zu überschauen, welches ohne eine bestimmte Anordnung nicht möglich war; die Art, wie die Gedichte auf die Nachwelt gekommen waren, und wie Bücher damals vervielfältigt wurden, gab auch demjenigen Scharfsinn, der sich lieber auf ein einzelnes Werk beschränken als in das große Ganze verlieren mochte, Beschäftigung; die kleinern und größern Lücken und Zusätze aus den ältern Nachrichten zu folgern, aus Vergleichungen mehrerer Handschriften zu sammeln, oder aus dem Zusammenhange zu erraten und nach vielfach wiederholten Prüfungen und Vergleichungen endlich mit Gewißheit zu bestimmen, auch nur für ein einzelnes Werk, das wurde nun ein jahrelanges weitläuftiges Geschäft, zu groß oft, um von Einem vollendet werden zu können.

Dieses beides, die Auswahl der klassischen Schriftsteller, welche das Ganze der griechischen Poesie und Literatur in eine deutliche Ordnung stellen sollte, und zweitens die Behandlung der verschiedenen Lesarten, blieben immerfort die Angeln der alten Kritik. Es mag sein, daß sie das letzte Geschäft durchaus nicht so unverbesserlich vollendet hat, als das erste; es mag sein, daß durch die Auswahl der klassischen Werke manches, was uns merkwürdig sein würde, nicht auf uns gekommen ist, weil es außer diesem Zyklus lag. Das Prinzip aber, nach welchem sie dabei verfuhren, ist durchaus das richtige; indem sie nicht das fehlerfreie, meistens nur das, was keine Kraft hat zum Ausschweifen, für vortrefflich, für gebildet und ewiger Nachbildung würdig hielten, sondern was in seiner Gattung als das Erste, Höchste oder Letzte am kräftigsten angelegt oder am kunstreichsten vollendet war, mochte es übrigens dem beschränkten Sinne noch so viel Anstoß geben. Und vortrefflich war die Methode ihres Studiums; ein unaufhörliches, stets von neuem wiederholtes Lesen der klassischen Schriften, ein immer wieder von vorn angefangnes Durchgehen des ganzen Zyklus: nur das heißt wirklich lesen; nur so können reife Resultate entstehen und ein Kunstgefühl, und ein Kunsturteil, welches allein durch das Verständnis des Ganzen der Kunst und der Bildung selbst möglich ist.

Freilich hatten sie dabei einen sehr großen Vorteil; das Kunstgefühl war bei den Griechen sehr allgemein, und die Kritiker durften meistens nur die allgemeinen Urteile, die sie schon vorfanden, bestätigen und erklären; nur hie und da hat ihre Willkür daran geändert, nur im einzelnen haben Nebenrücksichten das Kunstgefühl auf einen Abweg geleitet; und nur über geringere Bestimmungen konnte ein Streit oder Verschiedenheit des Urteils stattfinden; im ganzen aber war man einig, was das Kunsturteil und die Prinzipien betrifft. Wie natürlich; die griechische Literatur und Poesie war ein vollkommen in sich geschloßnes Ganzes, wo es nicht schwer sein konnte, die Stelle zu finden, die das Einzelne im Ganzen einnehme. Der poetische Sinn ging nie völlig bei dieser Nation verloren. Die Art aber, wie seit Erfindung der Buchdruckerei und Verbreitung des Buchhandels durch eine ungeheure Masse ganz schlechter und schlechthin untauglicher Schriften der natürliche Sinn bei den Modernen verschwemmt, erdrückt, verwirrt und mißleitet wird, fand damals noch gar nicht statt. Nicht, als hätte sich nicht unter der Menge der alten Dichter auch wohl einer erhalten, der mittelmäßig war, oder nach etwas ganz Falschem strebte, von dem wahren Wege sich weit verirrte. Allein die Majorität der erhaltenen allgemein gelesenen und immer wieder bearbeiteten Werke war doch in der Tat vortrefflich. Die weniger guten waren nur die Ausnahmen, und daher auch unter diesen wohl keins so ganz bildungslos und kunstlos, wie es nur da möglich wird, wo eine gute Schrift eine höchst seltne Ausnahme, absolute Schlechtigkeit aber in der Regel ist.

Ganz anders schon war es bei den Römern, obwohl ihre Kritik nur von den Griechen angenommen, der griechischen ganz und gar nachgeformt war. Denn eben dieser Umstand schon, diese Einführung einer fremden Bildung und Poesie mußte eine weite Kluft zwischen dem gelehrten und ungelehrten Gefühl veranlassen. Und unter den römischen Gelehrten war sogar diese Frage, inwieweit das Griechische unbedingt nachzubilden, oder auch das Einheimische beizubehalten sei, der Gegenstand eines nie ganz entschiedenen Streites, der doch nichts Geringeres als die Prinzipien selbst der Literatur betraf. In diesem Stücke ist das Verhältnis der Römer schon dem unsrigen ähnlicher. Übrigens aber war der Geist dieser Nation zu praktisch, als daß sie mehr als einige große Gelehrte hätte haben können, die auch bald ohne Nachfolger blieben. Besonders war ihre Poesie zu neuen Ursprungs, zu arm, und hörte, da sie erzwungen war, bald ganz wieder auf.

An einer reichen Poesie fehlte es nun zwar in der romantischen Poesie den Modernen nicht. Es war aber diese Poesie so ganz unmittelbare Blüte des Lebens, daß sie ganz an dieses geknüpft war, und mit dem Untergange der Verfassung und Sitten, besonders in Deutschland, zugleich mit untergehen mußte. Es waren meist Ritter und Fürsten, welche sie übten; seltner Geistliche, welche doch nur etwa im Gegensatz jener Gelehrte genannt werden können. So war es in Deutschland, Spanien, dem südlichen und nördlichen Frankreich. Nur in Italien waren die drei ersten großen Dichter zugleich Gelehrte, freilich von wie beschränkten Hülfsmitteln, aber doch mehr Gelehrte als irgendeiner unter jenen früheren romantischen Erfindern, zugleich Dichter und die ersten Wiederhersteller der alten Literatur. Und auch nur die italienische Poesie jener ältern Zeit ist geblieben und in stets lebendiger Wirksamkeit erhalten. Die provenzalischen Gesänge, die altfranzösischen Erfindungen, und die herrlichen Werke altdeutscher Dichtkunst sind verschollen, und die fast unbekannt gewordne Poesie harret meist noch im Staube der Büchersammlungen auf einen Befreier. Da der Geist und das Leben, aus welchem die romantische Poesie hervorging, verschwunden und zerstört war, ging auch diese Poesie selbst unter, und mit ihr zugleich auch aller Sinn dafür, weil hier nicht wie in Griechenland auf das Zeitalter der Dichtung ein

Zeitalter der Kritik folgte; um, da die Kraft neue Schönheit hervorzubringen nicht mehr vorhanden war, wenigstens die alte auf die Nachwelt zu bringen. Der frühe, schnelle und in einigen Ländern wenigstens völlige Untergang der romantischen Poesie (und mit ihr des richtigen Gefühls für das einheimische Leben und die Erinnerung der Vorfahren) aus Mangel an Kritik, und die Folge dieses Mangels, Vernachlässigung und Verwilderung der Muttersprache, macht die Wichtigkeit und den Wert dieser dem Anschein nach mit geringfügigen Untersuchungen mehr aus Liebhaberei spielenden als ernstlich beschäftigten Kunst nur allzudeutlich. In der Tat kann keine Literatur auf die Dauer ohne Kritik bestehen, und keine Sprache ist vor Verwilderung sicher, wo sie nicht die Denkmale der Poesie erhält und den Geist derselben nährt. So wie in der Mythologie die gemeinsame Quelle und der Ursprung für alle Gattungen des menschlichen Dichtens und Bildens zu suchen, so wie Poesie der höchste Gipfel des Ganzen ist, in deren Blüte sich der Geist jeder Kunst und jeder Wissenschaft, wenn sie vollendet, endlich auflöst: so ist die Kritik der gemeinschaftliche Träger, auf dem das ganze Gebäude der Erkenntnis und der Sprache ruht.

Aus Mangel an gründlicher Gelehrsamkeit und Kritik also haben wir Neuern, und besonders wir Deutschen, unsre Poesie und mit ihr die alte der Nation angemeßne Denkart verloren. Zwar an Gelehrsamkeit fehlte es nicht in Europa, seit die flüchtigen Griechen ihre Schätze verbreitet hatten, römisches Recht eingeführt, die Buchdruckerei erfunden und Universitäten gestiftet waren. Da aber diese Gelehrsamkeit so ganz und gar eine nur ausländische war, so ward die Muttersprache nur noch mehr vernachlässigt; die poetische Anschauung aber war nun schon so gänzlich verloren, daß es diesen Gelehrten, die denn oft auch weiter nichts waren als Gelehrte, gleich an der ersten und wesentlichsten Bedingung zur Kritik fehlte. Das zeigte sich recht sichtbar in den ersten Versuchen, diese poetische Anschauung wieder zu erschwingen und ein Urteil über ästhetischen Wert oder Unwert fällen zu können. Denn als man nun doch allmählich auch Philosophie mit der Gelehrsamkeit verbinden wollte, und so die allgemeinen Begriffe von Schönheit und Kunst anzuwenden versuchte, oft ohne recht zu unterscheiden, wo sie passen könnten oder nicht; da auch manches der Art in den Schriften der Alten sich vorfand, was wenigstens als Tradition wirkend einen dunkeln Glauben und allerlei Versuche der Anwendung erregen mußte: so zeigte sichs doch gleich an der ersten Frucht dieses Bestrebens, aus welchem absoluten Mangel an Kunstsinn, aus welcher Entfernung von aller Poesie man sich ihr wieder zu nähern suchte. Denn nur über einzelne Stellen wagte man ein Urteil, stritt über ihren Wert oder Unwert bis in ein Detail, wo alles Gefühl aufhört, und suchte den Grund des Vergnügens über solche Stellen nicht sowohl aus der Natur der Seele physikalisch zu erklären, als vielmehr aus einigen ziemlich leeren Abstraktionen darüber, oft nicht ohne die gewaltsamsten Spitzfindigkeiten, herzuleiten. Die erste Bedingung alles Verständnisses, und also auch das Verständnis eines Kunstwerks, ist die Anschauung des Ganzen. An diese war nun bei jener der wahren diametral entgegengesetzten Methode nicht zu denken, und es kam endlich so weit, daß man die Dichter nur auf solche Stellen las, die man poetische Gemälde nannte, und deren Regeln man ordentlich in ein System brachte. In diese Epoche fällt die erste Stufe der Lessingschen Laufbahn und Kritik; und wiewohl seine Ästhetik noch durchaus an diese falsche Tendenz erinnert, so darf man doch, ohne die Schwäche der ersten Schritte dieses großen Geistes mehr als billig zu erheben, folgendes zum Lobe derselben sagen. Selbst in denjenigen seiner ersten ästhetischen Ansichten, die bloß auf Erklärung des Kunstvergnügens nach der zergliedernden Psychologie der Wolffischen Schule gehen, – einer Erklärungsart des Kunstphänomens, bei welcher zuerst willkürlich vorausgesetzt wird, die Sinne seien vernünftig, sodann aber auch die Vernunft selbst, damit sie ja nicht wieder ins Unvernünftige falle, für vollkommen eigennützig gehalten wird – selbst in diesem schwächsten Versuch seines ersten Denkens wird man nicht ohne Vergnügen den Unterschied einer größern Strenge gewahr; es wird fast alles auf den Begriff der Realität zurückgeführt, als den einzig reellen; und mancher möchte schon hier einen ersten Keim der nachherigen Philosophie Lessings finden, die sich zunächst an den strengsten und konsequentesten Realismus anschloß.

Übrigens zeigt es sich in dieser Tendenz noch ganz besonders, wie fremd den Menschen die Poesie geworden war; das Kunstgefühl war ihnen ein Phänomen, das sie vor allen Dingen zu begreifen und zu erklären wünschten; wodurch aber weder das Verständnis der Kunst eröffnet, noch auch der Dichter selbst gefördert wird. In neuerer Zeit hat man, besonders seit Kant, einen andern Weg eingeschlagen, und durch Zurückführung eines jeden besondern ästhetischen Gefühls auf das Gefühl des Unendlichen oder die Erinnerung der Freiheit wenigstens die Würde der Poesie gerettet. Für die Kritik aber ist damit immer nicht viel gewonnen, solange man den Kunstsinn nur erklären will, statt daß man ihn allseitig üben, anwenden und bilden sollte. Hätte man auch, wie sich eine Physik des Auges und des Ohres für den Maler und Musiker teils denken läßt, teils auch schon in einzelnen Datis und Ideen wenigstens dem Keime nach vorhanden ist, eine ähnliche Wissenschaft für die Poesie, die aber eben darum, weil dieses die umfassendere Kunst ist, nicht Ästhetik sein dürfte, auch nicht Phantastik, weil diese wieder zu allgemein im Grunde mit dem Begriff der Philosophie als einer Wissenschaft des Bewußtseins zusammenfallen würde, sondern etwa Pathetik sein müßte: eine richtige Einsicht in das Wesen des Zornes, der Wollust usw., zu deren Aufstellung aber unstreitig die physikalische Theorie des Menschen und der Erde noch viel zu unvollkommen ist; so würde eine solche Wissenschaft zwar als Teil der Physik eine sehr reelle Wissenschaft sein, schwerlich aber dem Dichter zur Ausübung helfen, oder seine Natur verändern können. Kunstbildung wenigstens würde nicht dadurch entstehen, und für die Kritik würde dies Bestreben verloren sein.

Aber Lessings Geist war nicht gemacht, eine falsche Tendenz bis ans Ende zu verfolgen. Kühn ging er von einem zum andern über, in unregelmäßiger Laufbahn, viele Systeme so wie sehr verschiedene Fächer der Literatur durchschneidend. Frühe schon äußert sich bei ihm neben der psychologischen Erklärung das Streben, die Gattungen der Kunst streng zu scheiden, ja ihren Begriff mit wissenschaftlicher Präzision zu bestimmen. Es ist herrschend in seinen antiquarischen wie in seinen dramaturgischen Versuchen, und es hat ihn nie verlassen. Ein vortreffliches Bestreben, wodurch erst eigentlich der Grund gelegt wird zur bessern Kritik, welche uns die alte, verlorne, wiederherstellen soll. Bei den Alten war der Unterschied der Gattungen jedem aus der Anschauung deutlich; die Gattungen hatten sich frei entwickelt, aus dem Wesen der Kunst und der Dichtkunst überhaupt, und aus dem der griechischen, und blieben meist ihrem Charakter selbst in Abweichungen noch unverkennbar und unwandelbar treu. In dem größern Ganzen aber der Poesie aller alten und neuen Völker, was bei uns allmählich Gegenstand der Kritik werden soll, sind der Gattungen zu viele und diese zu mannigfaltig modifiziert, als daß das bloße Gefühl ohne einen ganz bestimmten Begriff hinreichend sein könnte. Und in Rücksicht der damals, da Lessing schrieb und anfing zu schreiben, herrschenden Ansichten, so zeigte sich die ungeheure Unkunst der allgemeinen Denkart auch darin, daß man von jedem alles forderte, und so gar keinen Begriff hatte, daß, wie jedes Ding, so auch jedes Werk nur in seiner Art und Gattung vortrefflich sein soll, oder sonst ein wesenloses Allgemeinding wird, dergleichen so manche in der modernen Literatur sind. –

So mancher Berichtigung also auch Lessings Begriffe von der Kunst bedürfen mögen, so führte doch seine Ästhetik wenigstens auf den rechten Weg; denn die Sonderung der Gattungen führt, wenn sie gründlich vollendet wird, früher oder später zu einer historischen Konstruktion des Ganzen der Kunst und der Dichtkunst. Diese Konstruktion und Erkenntnis des Ganzen aber ist von uns als die eine und wesentlichste Grundbedingung einer Kritik, welche ihre hohe Bestimmung wirklich erfüllen soll, aufgestellt worden.

Die andre war die Absonderung des Unechten; aber dieses Element muß freilich in der Anwendung auf die einheimische Literatur eine ganz andre Gestalt gewinnen. Was aus alten Zeiten erhalten worden, ist durch äußere Bedingungen mehr vor Verfälschungen gesichert gewesen; dagegen aber ist die Masse des Falschen und Unechten, was in der Bücherwelt, ja auch in der Denkart der Menschen die Stelle des Wahren und Echten einnimmt, gegenwärtig ungeheuer groß. Damit nun wenigstens Raum geschafft werde für die Keime des Bessern, müssen die Irrtümer und Hirngespinste jeder Art erst weggeschafft werden. Dieses kann man füglich mit Lessing Polemik nennen, der diese Kunst sein ganzes Leben hindurch, besonders in der letzten Hälfte, trefflich geübt hat.

Die bis hieher gegebene historische Entwickelung des Begriffs der Kritik umfaßt zugleich Lessings schriftstellerische Laufbahn, und fällt zusammen mit den verschiedenen Epochen seines Geistes. Überall aber wird man auch jene ursprüngliche sogenannte Philologie bemerken, jenes regsame Interesse für alles, was nur irgend literarisch interessant sein kann, selbst das, was nur darum noch dem eigentlichen Literator oder Bibliothekar interessant ist, weil es irgend einmal interessiert hat. Mit Vergnügen wird man hie und da Spuren gewahr von der sorgfältigsten Aufmerksamkeit auf die deutsche Sprache, und eine immer noch seltne, damals aber noch seltnere Bekanntschaft mit den alten Denkmalen derselben. Zu dem Heldenbuche hatte er schon früh einen großen Kommentar geschrieben, dessen Verlust sehr zu beklagen ist; und noch spät und mitten unter dem Drang ganz andrer Beschäftigungen waren die epischen Romane vom heiligen Gral und von der Tafelrunde ihm ein Gegenstand der Forschung.

Das ist es eben. Sein Geist war nicht in die enge Sphäre andrer Gelehrten gebannt, die nur im Lateinischen oder Griechischen Kritiker sind, in jeder andern Literatur aber wahre Unkritiker, weil sie fremd darin sind und ohne Einsicht. Lessing hingegen behandelte alles mit kritischem Geiste: Philosophie und Theologie nicht minder als Dichtkunst und Antiquitäten. Das Klassische behandelte er oft mit der Leichtigkeit und Popularität, in der man sonst nur von dem Modernen zu reden pflegt, und das Moderne prüfte er mit der Strenge und Genauigkeit, die man ehedem nur bei Behandlung der Alten notwendig fand. Er studierte, wie erwähnt, die einheimische alte Literatur, und war doch mit der ausländischen neueren bekannt genug, um wenigstens den Weg richtig anzuzeigen, wohin man sich zu lenken und was man zu studieren habe: die ältere englische Literatur nämlich, statt der bis auf ihn prädominierenden französischen, und dann die italienische und spanische.

So umfassend aber seine Kritik war, so ist sie doch durchaus populär, ganz allgemein anwendbar. Wenn ein allumfassender Gelehrter mit großem Geiste, wie Sir William Jones, nicht bloß das Gebäude der Dichtkunst, sondern das ganze Gewebe aller Sprachen durch die Kette der Verwandtschaften bis zu ihrem Ursprunge verfolgt, die verborgene Werkstätte zuerst enthüllend; wenn ein Wolf mit unvergleichlichem Scharfsinn durch das Labyrinth aller Vorurteile, Zweifel, Mißverständnisse, grundlosen Annahmen, Halbheiten und

Übertreibungen, gröbere und unmerklich feinere Verfälschungen und Verwitterungen der Zeit, zum größten Vergnügen des Forschers endlich durchdringt bis zur Quelle und zur wahren Entstehung des ältesten Kunstdenkmals der kunstreichen Nation des Altertums, so ist es in der Natur der Sache gegründet, daß nur wenige an diesen Untersuchungen teilnehmen können und teilnehmen sollen. Es ist genug, wenn es einige Kritiker dieser esoterischen Art in einem Zeitalter gibt, und einige wenige, die sie verstehen.

Der Geist der Lessingschen mehr populären Kritik aber liegt ganz in dem Kreise des allgemein Verständlichen. Er sollte überall verbreitet sein in dem ganzen Umkreise der Literatur; denn nichts ist so groß und nichts ist so anscheinend geringfügig in der Literatur, worauf er nicht anwendbar wäre; dieser freimütig untersuchende, überall nach richtigen Kunstbegriffen strebende, es immer strenger nehmende, und doch sich so leicht bewegende Geist, besonders aber jene billige Verachtung und Wegräumung des Mittelmäßigen oder des Elenden.

Für Deutschland insonderheit wäre dies ganz vorzüglich angemessen und wünschenswert. Wir sind eine gelehrte Nation, diesen Ruhm macht uns niemand streitig, und wenn wir nicht durch Gelehrsamkeit und Kritik unsrer Literatur, die größtenteils erst noch entstehen soll, eine sichre Grundlage geben, so fürchte ich, werden wir bald auch das wenige verlieren, was wir bis jetzt schon haben.

Jetzt noch einige Worte, um zum Beschluß dieser Einleitung wenigstens anzudeuten, wie man sich den Begriff der Kritik noch genauer und wissenschaftlicher zu bestimmen habe, als in der bis hieher gegebenen Geschichtsentwickelung geschehen konnte. Man denke sich die Kritik als ein Mittelglied der Historie und der Philosophie, das beide verbinden, in dem beide zu einem neuen Dritten vereinigt sein sollen. Ohne philosophischen Geist kann sie nicht gedeihen; das gibt jeder zu; und ebensowenig ohne historische Kenntnis. Die philosophische Läuterung und Prüfung der Geschichte und Überlieferung unstreitig Kritik: aber eben das ist ebenso unstreitig auch jede historische Ansicht der Philosophie. Es versteht sich von selbst, daß hier nicht die Kompilationen der Meinungen und Systeme gemeint sein können, die man wohl so nennt. Eine Geschichte der Philosophie, wie die, von welcher hier die Rede ist, könnte auch wohl nur ein System, nur einen Philosophen zum Gegenstande haben. Denn nichts Leichtes ist es, die Entstehung auch nur eines Gedankensystems und die Bildungsgeschichte auch nur eines Geistes richtig zu fassen, und wohl der Mühe wert, wenn es ein origineller Geist war. Es ist nichts schwerer, als das Denken eines andern bis in die feinere Eigentümlichkeit seines Ganzen nachkonstruieren, wahrnehmen und charakterisieren zu können. In der Philosophie ist dies bis jetzt bei weitem am schwersten, liege es nun daran, daß ihre Darstellung bis jetzt weniger vollkommen ist als die der Dichter, oder sei es im Wesen der Gattung selbst gegründet. Und doch kann man nur dann sagen, daß man ein Werk, einen Geist verstehe, wenn man den Gang und Gliederbau nachkonstruieren kann. Dieses gründliche Verstehen nun, welches, wenn es in bestimmten Worten ausgedrückt wird, Charakterisieren heißt, ist das eigentliche Geschäft und innere Wesen der Kritik. Man mag nun die gediegenen Resultate einer historischen Masse in einen Begriff zusammenfassen, oder aber einen Begriff nicht bloß zur Unterscheidung bestimmen, sondern in seinem Werden konstruieren, vom ersten Ursprung bis zur letzten Vollendung, mit dem Begriff zugleich die innere Geschichte des Begriffs gebend: beides ist eine Charakteristik, die höchste Aufgabe der Kritik und die innigste Vermählung der Historie und Philosophie.

Zu den »Bruchstücken aus Briefen«

Vorerinnerung

Lessings Briefe enthalten nicht nur in der frühern Zeit die ersten Anfänge und Versuche seines Nachdenkens über Leidenschaft und Darstellung, sondern auch in der spätern, besonders manche vertrauliche Äußerung über die wahre Absicht seiner theologischen Streitschriften. Da nun jene Gedanken nie völlig ausgeführt worden, seine Ästhetik überhaupt immer nur ein Versuch und Bruchstück geblieben ist, die eigentliche Tendenz und Absicht aber seiner theologischen Schriften so allgemein verkannt zu werden pflegt, so sind diese Briefe schon deswegen ein fast unentbehrliches Hülfsmittel des richtigen Verständnisses seines Geistes, die beste Vorrede zu einer Darstellung desselben. Daß sie auch noch außer dem Erwähnten manches andre enthalten, was seine Gedanken und Meinungen in diesem oder jenem Stücke am besten zu erkennen gibt, oder am deutlichsten erklärt, daß sich mit einem Worte die Eigentümlichkeit dieses Geistes hier sehr deutlich zu erkennen gibt, das versteht sich von selbst, und einzig auf diesen Zweck bedacht, haben wir bei der Anordnung und Auswahl nur darauf Rücksicht genommen; alles aber, was nicht der Wißbegier, sondern der Neugier allein Nahrung geben kann, weggelassen.

Um aber diese Briefe nicht unbillig zu beurteilen, um Lessingen nicht hie und da Unrecht zu tun, ist es notwendig, sich lebhaft in die Zeit der deutschen Literatur zu versetzen, in der sie geschrieben wurden, – oder vielmehr der deutschen Nichtliteratur. Denn einen größern Verfall der Literatur, eine größere Nullität und Gemeinheit hat es nie in Deutschland gegeben als die, aus der sich Lessing herausarbeiten mußte, und sich wirklich zum Erstaunen herausgearbeitet hat.

Es sei vergönnt, einen Augenblick in die Geschichte zurück zu gehen, um in den Ereignissen der vergangnen Zeitalter und in ihren Folgen die Gründe aufzufinden, warum die Deutschen in der Mitte des achtzehnten Jahrhunderts so ganz in Gemeinheit versunken waren.

Es erfreut sich diese Nation einer Sprache, die schon in den frühesten Zeiten zur Poesie gebildet war, wie die herrlichen Denkmale altdeutscher Dichtkunst beweisen. Den Ruhm der gelehrtesten, der unterrichtetsten hat ihr nie eine andre streitig gemacht. Man sollte denken, damit wären die Grundbedingungen einer blühenden Literatur gegeben; und erstaunt fragt man nun: wie kam es denn, daß die Deutschen dennoch keine Literatur hatten?

Die Antwort liegt in folgendem, doch werde ich, um sie geben zu können, etwas weit ausholen müssen.

Die eigentliche Blütezeit der deutschen Sprache und Dichtkunst fällt in das zwölfte und dreizehnte Jahrhundert. Damals hatte die deutsche Sprache eine Allgemeinheit der Ausbildung, eine Kraft und Fülle und zugleich eine Weichheit und Süßigkeit, welche sie schwerlich so bald wieder erreichen wird. Es war freilich vorzüglich nur die Dichtkunst unter den redenden Künsten, welche da geübt ward;

aber eine Dichtkunst, welche die deutsche Sage ebensowohl umfaßte, als die provenzalischen Erfindungen, und auch das gegenwärtige Leben selbst in herrlichen Gesängen und Lehrgedichten durch ihre Schönheit von neuem belebte. Nach dem Fall der großen Kaiser des Hohenstaufischen Hauses, da bürgerliche Kriege ohne Ende die Verfassung zerrissen, ging auch jene Poesie zu Grunde. Und da sie nicht mehr geübt wurde, mußte sie auch bald in Vergessenheit geraten; denn hier war keine Gelehrsamkeit und Kritik vorhanden, welche, wie in Griechenland, da die alte Poesie mit der Verfassung und den Sitten der Nation zugleich untergegangen war, die Stelle der Poesie einigermaßen ersetzen, wenigstens die alten Reichtümer derselben treu hätte bewahren können. Zwar es fehlte auch in Deutschland damals nicht an Gelehrten jeder Art, besonders späterhin gegen die Zeit der Reformation; aber eher war alles andre der Gegenstand ihrer Untersuchung als Poesie, und vollends einheimische, vaterländische Poesie. Dichtkunst und Gelehrsamkeit waren getrennt, eine Trennung, die jederzeit Barbarei zur Folge haben muß. Dazu kam nun noch, daß die deutsche Sprache von Natur so ganz ausschließend zur Poesie sich neigt, daß die Prosa in derselben nur sehr spät und sehr mühsam hat entstehen können und lange sehr unvollkommen hat bleiben müssen; ein Mißverhältnis, welches noch jetzt nicht ins Gleichgewicht gekommen ist. Derselbe Fall ist es mit der griechischen Sprache; von Natur ganz poetisch, hat ihr die Prosa nur durch fortgesetzte Anstrengung abgezwungen werden können. Aber durch gemeinschaftliche, vielseitige, und doch in sich selbst zusammengedrängte Ausbildung und Übung ist in jeder vortrefflichen Sprache doch, was so äußerst schwer für sie war, endlich vollkommen erreicht worden. In Deutschland aber konnte dies nicht der Fall sein, da die Gelehrten daselbst, der allgemeinen Sitte von Europa folgend, lateinisch schrieben. In Italien, in Spanien mochte dies weniger schaden, da die Sprachen dieser Länder, in ihrer ersten Anlage schon prosaisch, in ihrer Ausbildung dadurch nicht sehr gehemmt wurden und, früh genug, Beispiele vortrefflicher Prosa in der vulgaren Sprache aufzuweisen hatten. In Deutschland hatte es wichtigere Folgen: nur durch von allen Seiten gemeinschaftlich unternommene und ununterbrochen fortgesetzte Bestrebungen hätte das mögen erreicht werden, was nun nicht erreicht wurde, weil es zu groß war, und zu schwer, um durch eine einzelne abgerißne Bestrebung erreicht werden zu können.

Man halte dies nicht für unwichtig; wie ganz anders würde es um gewisse Dinge stehen, wie viel früher würde der deutsche Geist wiederum erwacht sein, wenn Kepler und Leibniz deutsch geschrieben hätten! Was den letzten insonderheit betrifft, so würde es für ihn selbst wenigstens von dem größten Vorteil gewesen sein. Unmöglich hätte er die einzelnen göttlich lichten Gedanken, die er hatte, in ein solches Meer von Halbheiten verschwemmen können, wenn nicht das barbarisierte Latein der Schule und die seichte Beschaffenheit der französischen Hofsprache es getan hätten. Hätte er deutsch geschrieben, so würde mit dieser männlichen und großen Sprache vielleicht auch seine Art und sein Verfahren größer und freimütiger, gründlicher und rechtschaffener, er selbst aber Lessingen etwas ähnlicher geworden sein.

Das Größte, was in Rücksicht auf Sprache seit dem Untergange jener alten Dichtkunst hervorgebracht worden, sind Böhmes theosophische Werke. Diese aber würden gar nicht vorhanden sein, hätten gar nicht entstehen können, ohne Luthers Bibelübersetzung, die also wenigstens durch den Erfolg gerechtfertigt ist. An einzelnen großen Geistern jeder Art hat es überhaupt in Deutschland in keinem Jahrhundert gefehlt; und man darf wohl sagen, daß oftmals hier in Einem vereinigt war, was bei andern Nationen unter Hunderte verteilt ist. Doch war das alles nur einzeln, und blieb ohne Folgen. Die alte Dichtkunst war verloren und vergessen, die Ausbildung der Prosa gleichsam schon vor ihrer Entstehung gehindert, und immer mehr und mehr zerstörte die Nation sich selber. Eine Zerrüttung und ein Bürgerkrieg folgte dem andern, und da die Reformation endlich durch die unglückliche Wendung, welche sie nahm, die Trennung der Nation gleichsam auf ewig sanktionierte, da ganze Provinzen in eingebildeter Freiheit sich losrissen, um endlich, wie es sich voraussehen ließ, unter fremdes Joch zu sinken; da Ausländer jeder Art sich einnisteten; da die Fürsten selbst nach ausländischen Besitzungen und Verbindungen strebend, die vaterländischen Sitten vergaßen; was war natürlicher und unvermeidlicher, als daß die Sprache selbst entarten und verwildern mußte? Auch da noch, selbst aus der letzten

Verwüstung des greuelvollen dreißigjährigen Krieges hob der deutsche Genius sein Haupt, wiewohl an Kraft gebrochen, noch siegreich empor; auch damals noch hatten wir Dichter, wie Fleming, Weckherlin, Opitz: Dichter, auf die jedes Zeitalter stolz sein könnte. Aber auch diese und ihr edles Bestreben, in wenig Menschenaltern war es mit verschlungen in den allgemeinen Abgrund von Vergessenheit, und verloren in die Öde, die übrig blieb, nachdem die Verwüstung vollendet war.

Zu verwundern ist es noch, daß wenigstens auf Schulen und Universitäten Gelehrsamkeit sich erhielt, obgleich die Gründlichkeit durch barbarische Unwissenheit der eignen Sprache und Sprachschätze verunziert ward. Aber so überlebt oft eine einzelne Stiftung das Jahrhundert, aus dem sie entsprang, und bleibt allein stehen wie eine Ruine besserer Zeiten. Barbarisch mußte, aus den angegebenen Gründen, die ganze Zeit der deutschen Literatur sein, von dem Untergange der alten Dichtkunst bis zu der neuen Literatur und Poesie, die erst jetzt nicht sowohl entstanden, als zu entstehen im Begriff ist. Aber auch in dieser ungeheuern barbarischen Zwischenzeit bewährte sich die Größe des deutschen Geistes in einzelnen weit über ihr Jahrhundert hervorragenden Männern, die dieser Nation eigentümliche Wissenschaftlichkeit und Gründlichkeit aber in der vortrefflichen Einrichtung der Universitäten und Schulen. Der Vorzüglichkeit dieser Institute danken wir es vorzüglich, daß es möglich gewesen ist, uns von dem Übel zu befreien, was noch weit schlimmer war, als alle bis jetzt erwähnten: die vom Auslande her einbrechende Wasserflut allgemeiner Seichtigkeit, das Übel des französischen Geschmacks. Nicht als wäre er hier erfunden worden, aber doch am meisten ausgebreitet und sanktioniert. –

Es war damals überhaupt eine unglückliche Zwischenzeit in der Poesie und Literatur, selbst bei denen Nationen, deren Sprache durch die größten Dichter am schönsten gebildet worden ist. Die alte romantische Poesie hatte ausgeblüht; es entstand durch die Bekanntschaft mit dem Altertum, was in mittelmäßigen Köpfen den Sinn für die romantische Poesie um so schneller zu ersticken pflegte, ein Bestreben, dasselbe nachzuahmen; ein Bestreben, das notwendig nur ein dürftiger stümperhafter Versuch bleiben mußte. Denn nur aus einer durchdringenden, ganz umfassenden Kenntnis des griechischen Altertums, verbunden mit einer ebenso gründlichen des romantischen Wesens, kann eine dauerhafte und gründliche Nachahmung, oder vielmehr Wiederbelebung und Einverleibung der großen Ideen des Altertums in unser eignes Wesen hervorgehen. Diese Bedingungen aber fehlten damals ganz, oder sie waren doch nur einzeln vorhanden, und zwar oft nur bei solchen, die keine Dichter waren, wo es also fruchtlos blieb. Die letzten schwächsten italienischen und spanischen Dichter wandeln daher schon auf dem Irrwege, der durch die Franzosen zur Heeresstraße gemacht ist; man kann sagen, sie sind im französischen Geschmack geschrieben. In Frankreich nun war das große Ziel der italienischen Politik, unbedingte Herrschaft, früher und vollkommner erreicht, als in irgendeinem andern Lande; um das Meisterwerk zu vollenden, fiel man darauf, auch die Sprache und die Denkart der Menschen zu despotisieren. Man vereinigte alle Gelehrte, Schriftsteller, Künstler und Dichter, beschützte, belohnte, und ehrte sie, um desto sicherer über sie zu herrschen. Der Stoff bequemte sich herrlich dazu; die Geschichte zeigte das Vorbild des Augustus, der seine Römer, um ihnen die Republik vergessen zu machen, auch mit Literatur und Protektion unterhalten und sein Zeitalter damit so trefflich getäuscht hatte, daß er selbst von den nachfolgenden dafür vergöttert wurde. Da man Schriftsteller und Dichter verlangte, konnte es in einer so zahlreichen und lebhaften Nation daran nicht fehlen, die sich von jeher bereitwilliger als jede andre dem Wunsche eines geliebten Herrschers fügte; und so entstand nun das, was die Franzosen das Zeitalter Ludwig des Vierzehnten nennen: als eine Epoche der Literatur betrachtend, was vielmehr ein wohlausgeführter Plan einer sehr unsittlichen Politik war. Von solchen unechten Nachahmungen des völlig mißverstandnen, oder nur ganz oberflächlich, obenhin aufgefaßten und gar nicht begriffnen Altertums, wie sich bei Italienern, Spaniern, Engländern einzelne als falsche Tendenz der Einzelnen finden, ist hier ein ganz vollständig ausgebildetes System; eine Unterwürfigkeit und Beschränkung der Sprache, in der es fast unmöglich ist, etwas Großes und Kühnes zu sagen; eine Auswahl vortrefflicher Schriftsteller, deren Vortrefflichkeit genau nach ihrer Unterwürfigkeit unter eben jene Irrtümer abgemessen ist; diese selbst als Grundsätze festgestellt, gelehrt, ausgebreitet, und immer wieder gelehrt; und dabei, um das Ganze in sich zu beschließen, die feste Einbildung, daß dies das einzig Rechte, nichts anders der Mühe wert sei, – ein unerhörter Dünkel, daß die Welt noch niemals etwas so Vortreffliches gesehen und gehört habe, als diesen guten Geschmack, wie man es nannte.

Auch auswärts fand dieses Übel Eingang, da politisches Übergewicht und andre Gründe schon allmählich die französische Sprache an die Stelle gebracht hatten, die sonst die spanische und die italienische einnahmen, in die diplomatischen Geschäfte und an die Höfe der Fürsten. Und was ist es sehr zu verwundern! wer recht an sich selbst glaubt, der findet leicht auch andre, die an ihn glauben; je inhaltsleerer der Glaube ist, desto leichter kann er oft epidemisch werden. In Deutschland war der Raum wenigstens leer, denn eine eigne Literatur gab es hier nicht, da die alte vergessen war; an Tätigkeit und gutem Willen fehlte es nicht, der Buchhandel war organisiert, und so war man denn gutmütig genug, sich jene französischen Torheiten aufbürden zu lassen, und allerlei Art Werke des guten Geschmacks wuchsen in allen Provinzen des römischen Reichs auf wie die Pilze. Schwer dürft' es sein, ja fast unmöglich, Worte zu finden, welche die Leerheit und Verkehrtheit, und besonders auch die Gemeinheit dieses ganzen Wesens hinlänglich darstellen und deutlich machen könnten. Die letzte äußerte sich besonders auch durch einen elenden Provinzialismus, wodurch die damalige deutsche Literatur noch unter die französische hinabsank, die doch wenigstens eins war und eben durch diese Einheit als Phänomen der Nationalität einiges historische Interesse behält. In Deutschland hatte man schon die Dichter des siebzehnten Jahrhunderts zu einer schlesischen Schule gemacht, weil die meisten Schlesier waren; dann kamen die Schweizer und wollten auch eine Sekte für sich sein; freilich die bessern, gründlichern, aber doch auch Sekte. Dann die Obersachsen, die sich einbildeten, allein richtig Deutsch zu reden; so wie auch jetzt wohl noch hie und da einer es selbst in der Literatur nicht vergessen kann, daß er ein Schwabe ist, oder ein Preuße, oder dergleichen etwas.

Mitten in dieser Gemeinheit nun, wuchs Lessing auf. Er hat das Joch zuerst abgeschüttelt, er hat der herrschenden Gemeinheit tapfer widerstrebt, hat das französische Geschmacksgespenst kräftig in sein Nichts zusammengerüttelt und die ersten Keime zur besser ndeutschen Literatur ausgeworfen. Seine Denkart in diesem Stücke ist ganz klar, und was er überhaupt mit der deutschen Literatur vorhatte. Die Nachahmung der französischen Irrtümer wollte er ganz und gar vernichten. Das Zeitalter Ludwig des Vierzehnten war ihm lächerlich, aber das Altertum ehrte er von Herzensgrunde und wollte die wahrhaft auf Einsicht gegründete Nachbildung und Wiederbelebung desselben herbeiführen, unter den Neuern aber die weniger bekannte, und doch ungleich reichere Literatur der Engländer, Italiener und Spanier in der unsrigen bekannt machen. Eine große und würdige Absicht; aber eben weil das Streben zu groß war für einen Menschen, zu groß vielleicht für die vereinten Kräfte eines Menschenalters, konnte es nur ein Streben bleiben. Nur den Grundriß konnte Lessing entwerfen zu einer bessern deutschen Literatur; nur die ersten Anfänge, die ersten Linien ziehen. Und unter welchen Hindernissen, unter welchen abschreckenden Umständen, begann er dies rühmliche Werk!

Als er auftrat, gab es neben den Französischgesinnten nichts als Wolffianer: Professoren, die einige wenige gute, oft aber grade von ihm nicht verstandne Lichtblicke in einer unabsehlichen und unendlichen Fülle eines unaussprechlich unlateinischen Latein ableierten (derselbe zähe Stoff, aus dem nachher die Kantianer entstanden sind); oder aber populäre Schriftsteller, die in einem Deutsch, das nur aus Gallizismen und Anglizismen bestand, mit erlernter Seichtigkeit und steifer Eleganz sich brüsteten. Als die Zeiten sich änderten, und diese Krisis überstanden war, was bot da in Lessings letzter Lebenshälfte die deutsche Literatur ihm für Früchte dar? – Die Kraftgenies, und die Aufklärer! – Die Kraftgenies: in dem Worte beinah liegt schon alles. Und wenn einer darunter war, von dem sich voraussehen ließ, daß er ein großer Künstler werden würde, einer oder der andre, der nicht ohne Anlage war, so konnte doch die ganze Tendenz Lessingen eben nicht sehr tröstlich sein; die meisten wollten einiges nur halbverstandne Gute mit eben der Wut und Roheit durchsetzen, mit der jetzt ein Pöbelhaufen verdorbner Zeitungsschreiber, Speichellecker und Verleumder alles Edle und Vortreffliche in der Literatur anzutasten sich nicht entblödet. Hatte Lessing darum die Freiheit verkündigt, um

sie so zur Fratze verunstaltet zu sehen? Natürlich genug war das Übel;
auf lange Knechtschaft und Niederträchtigkeit folgt eine scheusälige
ungestaltete Freiheit. Doch war dies wenigstens ein Übel sthenischer
Art, nur indirekte Schwäche. Ganz rein erschien diese in dem leeren
Treiben der Aufklärer, die Lessing so herzlich verachtete: in dieser
ausgebildeten Schwächlichkeit eben schon ganz die Vorläufer der
süßlichen Humanisten. Auch die äußere Lage war schlimm genug.
Ein neuer bürgerlicher Krieg, der sieben Jahre lang die gebildetsten
und der Bildung günstigsten Provinzen Deutschlands verwüstete,
ward, so tief war die Nation schon gesunken, nicht einmal mehr für
einen Bürgerkrieg gehalten, sondern für einen Krieg der Preußen
und Österreicher; sie hatten es vergessen, daß sie Deutsche sind. Und
da man nun hoffte, der einzige große Fürst, dessen ausgezeichneter
Verstand es erwarten ließ, dessen Staatsinteresse sogar es zu fordern
schien, daß er gründliche Gelehrsamkeit und Wissenschaft mit Ernst
befördern würde, sollte Hand ans Werk legen: da war er ganz und
gar mit dem Übel des französischen Geschmacks behaftet. Ja er gab
sogar durch persönliche Begünstigung der Freigeisterei nicht wenig
Veranlassung zur Entstehung des Aufklärerwesens. Dieses Übel war
zwar auch aus Frankreich gekommen, doch zuerst entstanden in England, dem sonderbaren Lande, welches alles Gute und Böse, was jede
europäische Nation überstehen zu müssen scheint, einige Jahrhunderte
früher erlebt hat, als die andern. In England mußte der protestantischen Religion bald eine ähnliche Philosophie nachfolgen; eine
populäre Philosophie, die sich freigeisterisch nannte, weil sie nicht
von Gelehrsamkeit beschwert war, und Dünkel genug hatte; die
französische Literatur, da sie von der nicht so scharfsehenden Politik
späterer Regenten Freiheit genug erhielt, zu dem guten Geschmack,
auf den ihre richtiger denkenden Stifter sie eingeschränkt hatten, dieses
heterogene Bestandteil hinzuzutun, ward dadurch um nichts gebes-
sert; ja was dort nur eine oft gut gemeinte Gemeinheit war, ward
hier, wo die Sittenlosigkeit im Gefolge des Despotismus herrschend
nur auf das Losungswort harrte, alle Scham und Scheu abzuwerfen,
bald zur gräßlichsten Unsittlichkeit verarbeitet. Die Deutschen aber
der vorigen Zeit nahmen eben beides mit gleicher Gutmütigkeit auf
und an, ohne Arges zu ahnden.

Alles dies ist und sei nur gesagt, um zu erklären, warum alles, was Lessing tat, bildete, schrieb und wollte, nur Tendenz geblieben ist, Versuch und Bruchstück; nur Tendenz bleiben konnte.

Dieses aber nicht zu vergessen, ist von der äußersten Wichtigkeit. Denn es bestimmt den eigentlichen Standpunkt, aus welchem seine Schriften beurteilt werden müssen. Ganz anders ist unsrer Meinung nach ein Schriftsteller zu beurteilen einer eben erst werdenden, aus der Gemeinheit sich eben erst emporarbeitenden Literatur, anders der einer schon reifen und der höchsten Bildung fähigen. Bei dem Schriftsteller der ersten Art wird alles auf die Frage ankommen: welches war seine Tendenz? Strebte er durchaus und unverrückt nach dem Guten? oder neigte er sich anfangs noch zum Gemeinen und Schlechten, hing er in einigen Stücken etwa immer daran, oder sank er gar, nachdem er eine kurze Zeit dem Bessern nachtrachtete, ermattet wieder in dem ganzen Umfang seines Wesens in die Plattheit zurück, und machte mit dem Pöbel gemeine Sache? Wie manchen deutschen Autoren ist dies begegnet, die ihrer Anlage nach zu den bessern gehören zu müssen schienen, denen es aber an Kraft oder Mut, und an rechtschaffnem Willen dazu fehlte! Wie wenige würden die Probe ganz bestehen! Lessing aber geht rein wie Gold aus dieser Feuerprobe hervor. Er kann als Vorbild angeführt werden, wie man immer weiter schreiten, immer strenger werden, immer unerbittlicher das Schlechte verfolgen soll. Ist nun aber die Tendenz des Schriftstellers einer erst werdenden Literatur untadelhaft, so ist das nächste, wonach gefragt werden muß: die Kraft, womit er das, wonach er trachtete, durchzusetzen und die Hindernisse, die ihn hemmen wollen, aus dem Wege zu räumen weiß.

Was kömmt es dabei auf die Form an? Mag es doch eine Form sein, welche es will, oder auch ganz und gar keine, wenn nur Keime des Bessern ausgestreut, wenn nur kräftig nach dem Rechten gestrebt, und vor allen Dingen, wenn nur der Irrtum ohne Schonung vernichtet wird! – So ganz anders also ist der Standpunkt der Beurteilung einer erst werdenden Literatur nach der Richtigkeit und Strenge der Tendenz und nach dem Maß der Energie, und der Standpunkt der Beurteilung einer schon reifen Literatur, von der man vollendete Werke fordert, deren Wert und Bestandheit in der Kunst und Künstlichkeit besteht: in der ausgebildetsten Form und demnächst im Stil, um zu prüfen, ob, was seiner Absicht und auch seiner innern Form und Konstruktion nach, ewig zu sein verdient, auch der Sprache nach sich eine lange Dauer versprechen darf. Vielleicht ist dieser Standpunkt der Beurteilung anwendbar auf eins oder das andre Werk der deutschen Literatur; gewiß aber nur auf wenige. Zu Lessings Zeit noch auf gar keines, besonders auf keines der seinigen, in denen allen einzig und allein die hohe Tendenz und die Absicht zu ehren, und die Kraft, keines aber für ein ganz vollendetes Kunstwerk zu achten ist.

Dieses muß uns fest im Auge bleiben für die Beurteilung des Ganzen seiner Schriften und Bruchstücke. Aber auch in Rücksicht manches Einzelnen dürfen wir nicht vergessen, daß derjenige, welcher zuerst die Fessel eines Vorurteils abwirft, meistens diese Fessel selbst zuvor getragen hat; und daß auch dann noch, wenn man die Grundsätze, nach denen man mißleitet worden war, schon ganz durchschaut und ganz verworfen hat, zwar nicht der Denkart selbst, aber doch in manchem minder Wesentlichen, Spuren der Mißleitung sichtbar sein können. Jeder muß seinem Zeitalter den Tribut entrichten.

Ich erinnere dies nur deswegen, weil ich besorge, nicht etwa bloß in diesen Bruchstücken aus Briefen, sondern in der ganzen Sammlung werden einige bloß in der Literatur der Alten, der romantischen Dichtkunst oder den besten Schriften der neuesten Zeit Lebende manches einzelne Wort hie und da nicht edel genug, vielleicht trivial, oder gar noch ein wenig mit den Irrtümern behaftet finden, unter denen Lessing aufwuchs, und die er im Ganzen so kräftig abschüttelte.

Man versetze sich aber nur recht lebhaft in diese Epoche, diese sieben magren Jahre der deutschen Literatur, so wird man im Ganzen über die Freiheit und Kraft dieses Geistes erstaunen müssen, wie er sein Haupt über sein Zeitalter emporhob, und es nicht mehr nötig finden, im einzelnen an ihm zu mäkeln.

In Lessings Zeitalter und Umgebung aber sich lebhaft zu versetzen, dazu sind seine Briefe sehr gut, aus denen ich nur, was in Rücksicht auf ihn oder auf die deutsche Literatur interessieren kann, gewählt habe. Wer sie aufmerksam liest, wird sich manches dabei selbst sagen, was hier weitläuftiger auseinanderzusetzen oder allzunah zu beleuchten mir weder der Raum verstattet, noch auch notwendig oder schicklich schien.

Nachschrift

Man kann sich bei der Durchlesung dieser Briefe eines traurigen Nachgefühls nicht erwehren. Das Los dieses vortrefflichen Mannes war kein glückliches Los. Nicht daß er verfolgt wurde; er war rechtschaffen und freimütig, er mußte gehaßt werden. Nicht daß auch er durch die Bedürftigkeit beschränkt ward, unter der nicht bloß der Stand der Gelehrten, sondern überhaupt jeder nützliche Stand mehr oder weniger in einem Zeitalter leiden muß, in welchem ein unseliger Wucher und Schwindelgeist der herrschende ist und der allein geehrte, edler Fleiß aber darben muß; dieses war notwendig und ein allgemeines Übel. Aber daß er so allein stand, deswegen ist er zu beklagen! Er, mit seinem großen, edlen Streben, und nun in dieser Umgebung! Nicht als ob nicht einer oder der andre unter seinen jugendlichen Freunden im Grunde des Herzens es wohl auch so gut meinte wie Lessing, nur nicht so die Kraft hatte, sich loszureißen; nicht als ob er nicht in der spätern Zeit seines Lebens mit mehr als einem verdienten Gelehrten in Verbindung gewesen wäre, dem er sich in seinem Fache hätte mitteilen können. Aber in seinem eigentlichen Tun und Streben stand er doch ganz allein; kein gleichgesinntes Wirken begegnete freundlich ergänzend dem seinigen, die frohe Aussicht des Gelingens bestätigend! Schwer lastete auf ihm allein die ganze Last dessen, was er wollte und erkannte; er entbehrte, was für den Mann das höchste Gut des Lebens ist. Nur Klopstock und Winckelmann standen neben ihm: auf gleicher Höhe, aber jeder allein, schroff und abgeschlossen für sich. Jene, ganz nur auf Eins gerichtet, entbehrten dabei nicht so viel als Lessing, ein immer weiter eilender, alles bewegender, verbindender und geselliger Geist, dem Veränderung und Mitteilung ein Bedürfnis war; wir können uns das kaum mehr denken, wie er verlassen war, und allein auf sich selber ruhte.

O wie ist er zu bewundern, daß er dennoch so viel geleistet, so viel gewirkt hat, so viel Keime ausgestreut des Bessern; daß er nicht den

Mut verloren und die Lust; daß er sich nicht, kalt verachtend das entartete Geschlecht, in Stillschweigen zurückzog, sondern auf eine bessere Nachwelt kühnlich vertrauend immer tätig blieb. Für uns hat er gelebt und geschrieben; so laßt uns denn auch in seiner Gesinnung weiter leben, dem gleichen Berufe folgend, fortsetzen, was er nur anfangen konnte, und was keiner vollenden wird! –

Zu den »Antiquarischen Versuchen«

Vorerinnerung

Die berühmte Gruppe des Laokoon war der Punkt, von welchem Lessings antiquarische Kunstforschung anhebt. Er kommt oft darauf zurück, und benamte daher sogar das, was er zuerst von seinen Versuchen in diesem Fache öffentlich mitteilte, nach dieser bewundrungswürdigen Antike.

Daß dieses Werk von einer ergreifenden Kraft und Wahrheit sei, daß ungeheure Schwierigkeiten darin überwunden, und es mit ebenso tiefem Verstande gedacht, als höchst meisterhaft ausgeführt sei: darüber sind alle einig. Auch haben die Einsichtsvollen besonders die Anmut nicht genug bewundern können, mit welcher der an sich schreckliche Gegenstand, ohne doch der Wahrheit und Kraft Abbruch zu tun, mildernd dargestellt ist. Dieses liegt nicht nur darin, daß alles Abscheuliche vermieden ist, sondern auch in dem positiven Reiz, welcher die Weichheit der Umrisse über das Ganze ausgießt, und in der Verteilung des Ausdrucks. Während Schrecken und Schmerz in dem jüngeren Sohne ganz hingegeben hülflos und ohnmächtig ist, schaut der Ältere voll Mitgefühl auf den Vater, dessen kräftige Natur durch die rasche Gegenwehr den ganzen Reichtum des herrlich ausgebildeten Körpers ins Spiel setzt und dem Künstler dadurch nicht wenig Gelegenheit gegeben hat, durch die kunstreichste Behandlung des Nackten seine Kenntnis und seine Größe zu zeigen. Dieses reiche Spiel der gebildetsten Kraft ist an dem männlich schönen Leibe des gegenstrebenden Vaters so hervorspringend, daß der Künstler sogar, um die Harmonie des Ganzen nicht durch den zu großen

Abstand ganz kindischer und knabenhafter Körper neben einem in höchster Vollkommenheit ausgebildeten zu stören, genötigt gewesen ist, die Körper der Knaben etwas ausgebildeter, männlich entwickelter und ins Einzelne artikulierter zu machen, als es ihrem Alter nach in der Regel stattfinden mag, wodurch allerdings der Reichtum des Ganzen noch vermehrt wird. Und dieser Reichtum, der sich in der Behandlung des Nackten ebensosehr als in der Mannigfaltigkeit des Ausdrucks offenbart, dürfte nicht wenig dazu beigetragen haben, die Wahl des Gegenstandes zu bestimmen.

Über diese, besonders in Rücksicht auf Poesie, scheint es nicht unzweckmäßig, noch eine kurze Bemerkung als Einleitung der Lessingschen Kunstuntersuchungen voranzuschicken. Nicht sowohl über die Frage, ob der Künstler diesen oder jenen Dichter bei seinen Werken im Sinne gehabt habe? Das Ob oder Ob nicht in dieser Frage würde mit völliger Gewißheit sich schwerlich entscheiden lassen. Aber es kann auch nur sehr wenig daran gelegen sein, denn da der Künstler nur die allgemeine Idee der Fabel angenommen hat, seine Behandlung aber durchaus plastisch ist, so ist es wenigstens für die Anschauung und das Verständnis seines Werkes einerlei, woher er die Fabel genommen habe. Wichtiger aber dürfte die Frage sein, ob der Gegenstand zwar nicht von diesem oder jenem einzelnen Dichter, wohl aber von der Poesie überhaupt entlehnt, ob es wirklich ein wahrhaft plastischer oder nicht vielmehr bloß ein poetischer Gegenstand sei: da die Poesie natürlich in Rücksicht des Darzustellenden keinerlei Schranken kann unterworfen sein, wohl aber die materiellen an bestimmte Bedingungen gebundnen Künste, vor allen eine solche wie die Plastik, deren eigentliche Würde in der Einfachheit besteht. Es ist dieses auch wohl in andern, ja in allen Künsten der Fall und geht natürlich genug aus der eigentümlichen Denkart des Künstlers hervor, daß ein kühner Meister seine Neigung und Wahl gerade auf einen solchen Gegenstand wirft, der mehr dem Gebiete einer andern Kunst als dem der seinigen angehörig und in ihm einheimisch zu sein scheint, um auf solche Weise nicht an dem, was das Erste und Natürlichste ist, sondern an dem Schwierigern und Entferntern seine Kraft und seine Tiefe zu offenbaren.

In den alten Zeiten der hellenischen Plastik, da sie mit der Architektur noch unzertrennlich eins war, sind riesengroße Götterbilder in erhabener Ruhe und Würde ihre liebsten Gegenstände gewesen, zur Verzierung aber erhobene Arbeiten in kleinerm Maßstabe, wo das wilde Leben alter Fabel aufs keckste und kräftigste hervorspringend dargestellt war. Dieses ist die ursprüngliche Gestalt und der natürliche Zyklus der plastischen Kunst. Als sie, nachdem der große Stil, der sich in beiden Gattungen ganz bestimmt von der Natur entfernte, untergegangen war, nun auch das wirklich Wahre und Natürliche mit höchster Anmut und Schönheit zu verbinden strebte, richtete sich die Neigung vorzüglich auf die Fülle des Lebens und die Blüte der Jugend. Leichte, reizende, weichliche, ja wollüstige Gegenstände waren es nun, welche statt jenes alten Ernstes der Künstler zu bilden sich bemühte, vornehmlich aber jugendliche Heldenkörper in der Fülle der Anmut und Kraft und mit der deutlich ausgebildeten und überall durchgearbeiteten Vollkommenheit, die nur in der Blüte gymnastischer Bildung möglich ist; trotz der Verschiedenheit des Stils und der Zeiten mit steter Rücksicht auf die alten Götterbilder, und mit einer durchaus idealischen Verschmelzung und Gelindigkeit der Umrisse, die auch über die Formen, welche einfacher und gerader sind als die Natur, den Hauch des Lebens und der Beseelung ausgießt. Dabei eine sanfte und gleichsam ruhige Bewegung: nicht die gänzliche Unbeweglichkeit der alten Götterbilder, noch auch das Rasche und Heftige der erhobenen Arbeiten. Solche gymnastisch vollendete Schönheiten, wie wir an dem sogenannten Antinous von Belvedere und noch mehr an dem Sturz eines Athleten zu Dresden bewundern, dürften das Höchste sein, was die spätere hellenische Plastik zu leisten vermag; ihr eigentlichster und höchster Gegenstand. Aber das Höchste, weil es nur Eines ist, schließt darum keinesweges das minder Vortreffliche aus, wenn dieses nur natürlich aus der Kraft, die sich entwickeln soll, hervorgeht. Was aber war für die Plastik des spätern Stils, nachdem jene ersten und nächsten Gegenstände erschöpft waren, natürlicher, als daß sie nun versuchte, auch da, wo das Leben vom Schmerz ergriffen und mit Leiden ringend dargestellt erscheint, gleichwohl die höchste Anmut zu erreichen? Und nicht etwa nur in den kleinern Figuren der erhobenen Arbeit, die mehr als eine Sinnbilderschrift zu betrachten sind, sondern in großen, würdigen Werken, nicht bloß einzelne Gestalten, sondern in reichen Gruppen ganze Geschichten und Fabeln darzustellen, gleichwie die Malerei oder die Poesie, und so mit dem Reichtum dieser Künste, selbst in derjenigen, die von Natur die einfachste ist, zu wetteifern?

In dieser Tendenz, in dieser Art, die freilich eine Nebenart, und schon ganz an den äußersten Grenzen der Plastik gelegen ist, wird man nicht leicht ein anderes Werk noch vortrefflicher finden können, als die Gruppe des Laokoon, ein Werk, das ebenso poetisch gedacht, als plastisch vollkommen ausgeführt ist.

Nachschrift

Der Grund, warum Lessings Gedanken und Forschungen über die Kunst so mangelhaft geblieben sind, als wir sie finden, ist unstreitig eines Teils in der großen Verbildung der freilich auch jetzt noch vorhandenen, damals aber doch noch allgemeiner herrschenden Denkart zu suchen, andern Teils aber auch in dem Mangel an hinlänglicher Anschauung, da er doch seinem Scharfsinn und seiner Neigung zur Gründlichkeit gemäß sehr in das Einzelne einzugehen strebte.

Er tat, was er in diesen Umständen tun konnte. Er schloß sich an das Gründlichste und Beste an, was sein Zeitalter ihm darbot; und wenn der Scharfsinn, mit dem er weiter daraus folgerte, nicht so glücklich zum Ziele gelangte, als man nach dem Maß dieses Scharfsinnes hätte erwarten sollen, so waren daran eben jene Umstände schuld: die herrschenden Vorurteile, und daß alle wahren Kunstbegriffe so gut als verloren waren und erst von neuem wiederentdeckt werden mußten, welches anfangs nur mühsam und unvollkommen vonstatten ging, vor allen Dingen aber der nie zu ersetzende, überall fühlbare und nicht genug in Rechnung zu bringende Mangel an eigner Anschauung.

Die Punkte, von denen Lessings antiquarische Kunstforschung ausging, waren auf der einen Seite Winckelmanns Anschauung der Antike und der bildenden Kunstschönheit. Er hatte ihn anfangs nur mißverstanden, als ob er eine sittliche Beziehung in das Urteil über das Schöne einmischen wollte, da doch Winckelmann so weit hievon entfernt war, daß man leicht gewahr werden kann, wie er immer selbst das Sittliche eigentlich nur aus dem Standpunkte des Schönen beurteilte und betrachtete. Unter den allgemeinen Kunsttheorien damals gangbarer Schriftsteller eignete er gerade dasjenige sich zu, was unter den Händen eines Philosophen leicht am gehaltvollsten und wichtigsten werden könnte. Es hatte nämlich einer der mit den Alten und der Philosophie des Altertums bekannteren, und folglich einer der bessern unter den ausländischen Kritikern, der Engländer Harris, auf den Unterschied der in sukzessiven und der in koexistenten Medien wirkenden oder bildenden Künste mehr aufmerksam gemacht, als die Wichtigkeit desselben ganz erschöpft. Dieser Unterschied nun wurde nebst der Winckelmannischen Schönheit gleichsam Lessings Prinzip der Kunstforschung. Er nahm ihn ganz an, wandte ihn überall weiter an, suchte ihn ganz ins Reine zu bringen, und ist fast überall damit beschäftigt. Und allerdings verdiente dieser Unterschied wohl die größte Aufmerksamkeit, da er gerade das einzige sehr nahe berührt, was die eigentliche Spekulation über die Kunst, ihr Wesen und ihre Art festsetzen wollen kann. Wenn man nämlich nicht bloß auf die äußerlichen Bedingungen bei diesem Unterschiede sähe, sondern auf den Geist der Künste selbst, ob diese mehr progressiv, oder mehr substantiell, ob das Werdende, Bewegliche in einer Kunst herrschend sei, oder das Seiende, Ruhende; so würde dieser Unterschied zusammenfallen mit der großen Scheidung alles höhern menschlichen Tuns und Denkens in Dualismus und in Realismus, je nachdem die Freiheit, das unendliche Leben, oder die unbedingte Einheit überwiegend ist. Dieses mögen wohl auch zum Teil jene Männer gefühlt haben, und da, wo sie nur von den äußerlichen Bedingungen zu reden scheinen, bisweilen doch auch den Geist gemeint haben.

Hätte es damals schon einen Anschauer der Malerei gegeben, wie es Winckelmann für die Antike war, so hätte es Lessingen besser mit dieser Untersuchung gelingen können; aber so mußte die bei ihm wie bei manchen andern stillschweigend vorausgesetzte Identität der Malerei mit der Plastik – eine Voraussetzung, über die er sich selbst nie scheint zur Rechenschaft gezogen zu haben – sie mußte, sag' ich, ihn wenigstens über die Malerei ganz auf den Irrweg leiten.

Die Künste, auf welche jener Unterschied eigentlich paßt, und wo der Gegensatz des Seienden und Werdenden am schneidendsten und strengsten gefunden wird, sind Musik und Plastik; die eine ganz nur wirkend in schnell eingreifende, aber auch schnell vorübereilende Bewegung, die andre nur in unvergänglichen Werken sichtbar, würdig, daß das ruhige Auge sich ewig in ihre Betrachtung versenke.

Es ist dieser Gegensatz der Tätigkeit und der Ruhe, des Enthusiasmus und der Harmonie ein natürlicher; der Hang, die Neigung dazu ist immer vorhanden. Keinesweges aber ist die Trennung selbst als etwas letztes unbedingt anzunehmen und zu setzen; vielmehr sollen die Extreme vereinigt werden, und es ist nicht nur eine Aufgabe, den Dualismus und Realismus zu verbinden, als wodurch erst Zusammenhang in die Ideen gebracht und die höhere Ansicht vollständig gemacht wird, welche in ihrer Vollständigkeit Idealismus nicht nur genannt wird, sondern auch wirklich ist, weil im Mittelpunkte des Geistes, des vollständig gewordnen Bewußtseins die Täuschung, als gäbe es eine Realität außer ihnen, von selbst wegfällt. Es ist auch die einzige im Gebiete des höhern menschlichen Bildens und Denkens; alle Aufgaben, die in diesem Gebiete vorkommen, sind nur jene Eine immer wiederkehrende Schwierigkeit und Fordrung, von einer andern Seite, für einen andern Fall, aus einem andern Standpunkt. So sollen also auch Musik und Plastik keinesweges ihrem einseitigen Naturhange ganz folgen und die eine ganz und gar sukzessiv und in Bewegung sein, die andere aber substantiell und ruhend. Gerade umgekehrt; eben weil der Stoff der Plastik so schwer und leblos ist, sei ihr Gegenstand das Leben, und nur das Leben allein. So sehen wir es in der Antike ausgeführt; die höchste Kraft und die durchgearbeitetste, vollendetste Ausbildung der lebendigen Natur in allen Stufen ihrer organischen Entwicklung klar enthüllt; die höchsten Augenblicke der lebendigsten Lust und der gewaltigsten Leiden für die Ewigkeit festgehalten; so daß man sagen kann, die Fülle des Lebendigen nach seiner ursprünglichen höchsten Erscheinung ist hier so rein dargestellt, so deutlich ausgesprochen, als es nur selten oder fast nie in der Wirklichkeit der Fall ist; die tote Masse erscheint lebensreicher, lebenskräftiger als das Lebendige selbst, wenn dieses, wie es meistens der Fall ist, nicht vollkommen entwickelt ist. So ist auch nicht diejenige Musik die wahre, welche, da Musik ohnehin nicht anders als lebendig wirken kann, nun auch nur die leichteren Lebensgefühle und Leidenschaften zu erregen sucht; sondern diejenige ist die höhere und göttliche Musik, welche gerade das Schwere und Bleibende auszudrücken und darzustellen sucht und aus ewigen Verhältnissen der Harmonie gleichsam stolze Tempel erbaut, so daß, wenn die Töne auch schon äußerlich verklungen sind, das Ganze noch fest wie ein Denkmal in der Seele des Hörers stehenbleibt. Von dieser höhern Musik könnte man sagen: der Gegenstand ihrer Darstellung sei die Gottheit, oder die Verhältnisse der Harmonie, dagegen die Plastik die Natur darstellen soll, oder die bildende Kraft des Lebendigen.

Auf die Malerei dürfte der Unterschied des Sukzessiven und Koexistenten kaum noch recht anwendbar sein. Denn obgleich die Art ihrer Darstellung und Einwirkung ganz und gar nicht musikalisch ist, so ist doch auch beides sehr verschieden von der der plastischen Kunst selbst mit Rücksicht auf ihre bloß äußerlichen Bedingungen. Wie wäre es möglich, den Reichtum, welchen uns die meisten der vortrefflichen alten Gemälde darbieten, in Eine Anschauung zu fassen? Nur nach und nach sehen wird das Ganze, nach dem ersten Überschauen nun auch jedes Einzelne für sich sorgfältig betrachtend, und dann erst zur nochmaligen Anschauung zurückkehrend. Und keineswegs überläßt es der Maler dem Zufalle, was wir zuerst sehen sollen, und was zuletzt. Wer weiß es nicht, wie und durch welche Mittel er das Auge auf dieses oder jenes zu lenken, ja wie genau er diese Anziehung zu graduieren und so gewissermaßen die Stufenfolge der Betrachtung vorher zu bestimmen vermag? Freilich immer noch nicht so sehr und nicht so willkürlich und sicher als der Dichter; aber es ist doch kein Gegensatz mehr, wie bei jenen Künsten, sondern nur ein Unterschied des Mehr und Minder, aus dem also auch keineswegs eine totale Verschiedenheit der Prinzipien gefolgert werden kann. Der Dichter auf der andern Seite hat so viel Mittel, was er nur nach und nach, Wort für Wort geben kann, dennoch in ein unauflösliches Ganzes zu verweben und zu verschlingen, indem er überall in dem Gegenwärtigen auch das Kommende schon andeutet, an das Vorhergegangne wieder erinnert, daß ein Werk dieser Kunst sehr wenig von den Eigenschaften eines Kunstwerks haben müßte, wenn nicht am Schluß eines Gedichts das Ganze wie Ein Bild in Einer Anschauung klar vor den Augen des

Hörers, oder selbst des Lesers stände. Auch von dieser Seite paßt die Anwendung nicht recht.

Noch weniger aber ist es zu billigen, wenn eine so umfassende vielseitige Kunst wie die Malerei aus Mißverständnis beschränkt werden soll, oder wenn gar von Grenzen der Poesie die Rede ist, da es doch eben das Wesen dieser Kunst ist, schlechthin universell zu sein, nicht sowohl eine bestimmte Gattung und Art der Kunst, als vielmehr der allgemeine Geist, die gemeinschaftliche Weltseele aller.

Wenn Lessing demungeachtet in seinen Folgerungen und Anwendungen der gar nicht durchaus richtigen Prinzipien auf die Kunst der Poesie dennoch ungleich glücklicher gewesen ist, als wo er von Malerei redet, so ist dies nicht zu verwundern, da er von der Poesie mehr eigne Kenntnis hatte. Er hatte unstreitig sehr recht, den deskriptiven Gedichten den Krieg anzukündigen. Sie sind wirklich ganz und gar zu verwerfen, aber nicht deswegen, weil solche Gedichte zu pittoresk sind; denn es gibt mehrere durchaus vortreffliche Gedichte, die ganz und gar im Geiste der Malerei gedacht und gedichtet, so wie andre, die ganz musikalisch sind; oder auch beides zugleich, wie mehrere Werke von Cervantes und Tieck, noch andre, welche mehr von der Plastik haben, wie manche Alte und Goethe; sondern deswegen sind jene deskriptiven Gedichte gänzlich zu verwerfen, weil die Liebhaberei an den poetischen Gemälden, wie man es damals nannte, und das kindische Streben danach ein untrüglicher Beweis ist, daß der Sinn beim Bilden und beim Empfangen nur auf das Einzelne gerichtet war. Dieses aber ist der Tod alles Kunstgefühls, als welches zuerst und zuvörderst auf der Anschauung des Ganzen beruht.

Ganz so universell als die Poesie kann die Malerei wohl nicht sein; doch steht sie ihr offenbar in dieser Eigenschaft am nächsten. Die Meinung, sie ebenso beschränken zu wollen, als es für die Plastik vielleicht notwendig sein mag, hat nichts für sich, als die so oft nicht bloß bei Lessing, sondern auch bei vielen eigentlichen Kunstlehrern, ja wohl gar Künstlern stillschweigend vorausgesetzte, aber nie erwiesene, auch wohl nie zu erweisende Einerleiheit der Malerei und der Plastik. Die Malerei ist eine sehr mannigfaltige reiche und umfassende Kunst; sie kann es sein durch ihre äußern Bedingungen, welche nicht auf einzelne Figuren beschränkt ihr erlauben, gleich der Poesie ganze

Geschichten und Verflechtungen derselben mit allen Nebenumständen, und die Individuen selbst in ihrer ganzen Umgebung darzustellen; sie war wirklich so reich während der Zeit der großen alten Meister, und es scheint notwendig, daß sie es sei, da sie nur zwischen der Fülle der Individualität zu wählen hat und zwischen der leblosen Steifheit, welche aus der mißverstandnen Nachahmung der Antike in dieser Kunst entspringt.

Ungeachtet nun diese, und wohl noch manche andre Berichtigungen und Einwendungen gegen die Lessingschen Kunstgrundsätze sich machen ließen, so ist im ganzen doch jene Kunstforschung und Ästhetik des verfloßnen Jahrhunderts als eine Stufe und ein Fortschritt zu betrachten. Sie war der notwendige Übergang von der früherhin allgemein herrschenden, ganz verkehrten Kritik zu der bessern, wahren, die durch Lessing, Winckelmann und andre ihm ähnliche zuerst angeregt und wieder auf den rechten Weg des Altertums gebracht worden ist.

Die poetische Anschauung war, wie schon an einer andern Stelle gesagt worden, in Europa ganz verloren gegangen, besonders unter den gelehrten und lesenden Ständen. Das Sprachorgan war am meisten verwildert, durch die Menge schlechter Bücher und unnützer Leserei. Da konnte also das Bessere nicht zuerst wieder emporkommen. Es war notwendig, daß der kaum erwachte Kunstsinn sich zuerst in den materiellen Künsten orientierte, deren Einwirkung sinnlich stärker und weniger mißverständlich ist. Es kann auch da, wo der herrschende Zeitgeschmack seicht ist, das ehemalige Gute in den bildenden Künsten doch nicht leicht so ganz in Vergessenheit geraten, wie es in der redenden geschieht. Daher konnte es denn nicht fehlen, daß man, so sehr man anfangs in dieser Kunstforschung und Ästhetik irren und nach dem Irrigen streben mochte, doch nach einiger Zeit wenigstens die ersten und allgemeinsten Bedingungen der Kunstanschauung wieder entdecken mußte. Dazu mitzuwirken hat auch Lessing, wie billig, das seinige beigetragen.

Vom kombinatorischen Geist

In der gegenwärtigen Auswahl sollten nur die eigenen Gedanken Lessings zusammengestellt werden. Indem nun aber alles, was sich auf die Gedanken andrer bezieht, auf Gegenstände, die jetzt völlig gleichgültig, auf Meinungen, die vergessen, auf Bücher, die so gut als nicht mehr vorhanden sind, weggestrichen werden mußte, blieben von einem großen Teil der Lessingschen Schriften nur Fragmente zurück, die es also ganz ohne unser Zutun geworden sind, oder vielmehr es gleich von Anfange an waren und erst jetzt, nachdem die störenden Zwischendinge weggenommen worden, in ihrer ursprünglichen Gestalt erscheinen können. In den antiquarischen Versuchen blieb selbst nach Wegnehmen der heterogenen Einmischungen gewissermaßen doch einiger Zusammenhang, eine Art von Faden, der die einzelnen Gedanken, wenngleich nur lose, aneinander hielt. In dem dramaturgischen Fach und in der Theologie hingegen erscheint Lessing ganz absolut fragmentarisch. Die Ursache davon ist die, daß in diesen Fächern noch gar nichts Gründliches geleistet worden, noch gar kein Fundament vorhanden war, dergleichen Winckelmann für alle antiquarischen und artistischen Untersuchungen gestiftet hatte. Bei der Auswahl dieser Bruchstücke aber durfte nicht immer ausschließend auf die Neuheit und innere Vortrefflichkeit eines Gedankens allein Rücksicht genommen werden, oder gar auf die unbezweifelte Richtigkeit. Sondern, da es die Absicht war, Lessings Geist im ganzen zu chrarakterisieren, mußte vor allen Dingen darauf gesehen werden. Ich leugne nicht, daß manches, weit entfernt daß ich glaubte, es ganz zu billigen oder verteidigen zu können, nur da stehet, um die Schranken des Lessingschen Geistes zu bezeichnen, um lebhaft daran zu erinnern, wie weit man in gewissen Dingen damals noch zurück war. Und wie weit war man es in den allermeisten zu jener Zeit der deutschen Literatur, die unstreitig noch um ein gutes Teil schlechter war als die jetzige Epoche, jeder frühern aber gewiß weit nachstehen muß, und eben deshalb per antiphrasin die Goldne Zeit genannt wird. Auch ein Lessing muß seiner Zeit einigen Tribut entrichten, und wenn er auch ihren Vorurteilen nicht frönt, so werden doch ihre Beschränkungen und falschen Richtungen auch ihn vom rechten Wege ablenken, oder vielmehr der Wahrheit, die er fühlt und gefunden hat, oder doch schon nah daran ist sie zu finden, einen nicht ganz angemessenen Ausdruck geben. Denn auch den Irrtum adelt der freiere Geist; er wird, wo er auch nicht durchdringt, ihn für das was er ist zu erkennen und zu verwerfen, ihn wenigstens so eigentümlich fassen, so streng durchführen, so neu wenden, daß auch da noch der höhere Stempel des Genies sichtbar ist und das weitere Nachdenken erregt wird, was von selbst endlich zur Wahrheit führen muß. Diesen Wert finde ich selbst noch in den wenigen bedeutenden und schwächern dieser Lessingschen Fragmente. In das Einzelne aber einzugehen, den Wert oder Unwert, die Richtigkeit oder Unrichtigkeit eines jeden und aller dieser Fragmente zu prüfen, das dürfte, wenn es gründlich geschehen sollte, und dabei nicht bloß die eignen Prinzipien angewandt, sondern auch, wie billig, alles benutzt werden sollte, was in allen diesen so verschiedenen Fächern seit Lessing geschehen ist, das dürfte ein Werk von sehr großem Umfange werden müssen. So viel Wert aber auch ein solcher fortlaufender Kommentar über die Lessingschen Fragmente haben könnte, so sehr diese selbst einen solchen verdienen mögen, so kann doch derselbe gegenwärtig nicht in unserm Plane begriffen sein; denn ein solcher Kommentar würde, die einzelnen Gedanken weiter verfolgend, sich in das ganze Detail sehr verschiedener Fächer so weit versteigen müssen, daß man darüber das Individuum ganz aus den Augen verlieren müßte, die Charakteristik nämlich der Lessingschen Philosophie, um die es doch hier vorzüglich zu tun war; die Geschichte seines Geistes und der Entwickelung desselben nach allen Stufen und bis in die entferneren Nebenzweige seiner Ausbildung. Für diese Zwecke nun, glaube ich, wird die getroffne Auswahl selbst der beste Kommentar sein, eine Auswahl, welche das endliche Resultat einer nach allen Richtungen unzählig oft wiederholten Lektüre ist, einer immer von neuem der Prüfung unterworfenen Durcharbeitung; so daß ich glaube behaupten zu dürfen, daß kein wichtiges Fragment meiner Aufmerksamkeit entgangen ist, und wenn einige der aufgenommenen manchen Lesern vielleicht der Aufnahme unwürdig scheinen mögen, so ist doch gewiß keines, für dessen Aufnahme oder Nichtaufnahme die Gründe oder Gegengründe nicht mehrmals sorgfältig wären abgewogen worden. Ich habe mich dieser mühevollen Arbeit mit Liebe unterzogen und glaubte, es verlohne sich wohl der Mühe.

Denn ich will nicht in Abrede sein, daß mir, ungeachtet alles dessen, was sich gegen einzelne sagen ließe, diese Fragmente, obwohl sie nur das sind: nichts als ein solcher »Mischmasch von Kritik und Literatur, wie er einen Autor deutscher Nation nicht übel zu kleiden pflegt«, kein Lehrbuch, sondern nur fermenta cognitionis, – im ganzen einen sehr hohen Wert zu haben scheinen. Vielleicht ist es das Beste, was Lessing uns hinterlassen hat, wenigstens dasjenige, woraus man den Umfang, den Hang und die Eigentümlichkeit seines Geistes am vollständigsten verstehen kann.

Was sind nun eigentlich diese Fragmente? Was ist es, was ihnen den hohen Wert gibt, und welcher Geisteskraft gehören sie vorzüglich an? Inwiefern können sie, obwohl Fragmente, dennoch als ein Ganzes betrachtet werden? Nicht ängstlich auf jedes einzelne gesehen, ob es unter diese Benennung gehören könne oder nicht, sondern auf die Masse und den Geist des Ganzen, darf man wohl dreist sagen: die darin vorherrschende Geisteskraft ist der Witz; ihr Wert besteht darin, daß sie das Selbstdenken nicht nur sehr energisch erregen, sondern auch auf eine sehr universelle Weise; und ihre ungeachtet der Verschiedenheit der Materie dennoch sichtbare Einheit liegt in der scheinbar formlosen Form; in den Eigentümlichkeiten des Stils und Vortrages, die Lessing selbst mehr als einmal so geistreich charakterisiert und verteidigt; welche Eigentümlichkeiten selbst fast alle mehr oder weniger das Übergewicht des Witzes zu erkennen geben; freilich eines energisch ernsten Witzes, der mit klarer Einsicht und streng ihren Weg sich bahnender Absicht so innig verbunden war, daß man nicht mehr sagen kann, dies ist Vernunft und dies ist Phantasie; dies ist der Ernst, der gemeint ist, und dies nur das Geistreiche des Ausdrucks.

Um aber den richtigen Standpunkt für diese eigne Gattung und Form zu finden, ist es nötig, die Stelle derselben in dem System aufzusuchen, zu dem sie gehört.

Wir haben versucht, Lessings sämtliche literarische Versuche unter dem Begriff der Kritik zusammenzufassen, als dem einzigen, unter den sie sich ohne Zwang vereinigen, und von wo aus sie sich als ein

Ganzes mit bequemer Übersicht fassen und in ihrem sukzessiven Entstehen begreifen lassen können.

Die Notwendigkeit der Kritik für jede Literatur war nicht schwer zu zeigen. Der Begriff der Kritik aber, der dabei durchgängig zum Grunde gelegt ward, war der historische. Es ward nur von der Kritik gesprochen, die bis jetzt gewesen ist, und wie sie es gewesen ist. Aber kann es nicht noch eine ganz andre geben? Kann die als Tatsache aus der Geschichte bekannte Kunst und Wissenschaft dieses Namens nicht eine ganz neue Wendung oder vielmehr totale Umkehrung erleben? Dies ist nicht nur möglich, sondern auch wahrscheinlich, aus folgendem Grunde. Bei den Griechen war die Literatur lange vorhanden, ja fast vollendet, als die Kritik ihren Anfang nahm. Nicht so bei den Modernen, am wenigsten bei uns Deutschen. Kritik und Literatur ist hier zugleich entstanden, ja die erste fast früher; allverbreitete und genau prüfende Gelehrsamkeit und Kenntnis auch der unbedeutendsten ausländischen Literatur hatten wir früher als eine einheimische. Und noch jetzt weiß ich nicht, ob wir uns nicht mit mehrerm Rechte einer Kritik rühmen dürften, als eine Literatur zu haben. Mit der Veränderung dieses Verhältnisses aber ist auch schon die Möglichkeit und die Idee einer Kritik von ganz andrer Art gegeben. Einer Kritik, die nicht sowohl der Kommentar einer schon vorhandnen, vollendeten, verblühten, sondern vielmehr das Organon einer noch zu vollendenden, zu bildenden, ja anzufangenden Literatur wäre. Ein Organon der Literatur, also eine Kritik, die nicht bloß erklärend und erhaltend, sondern die selbst produzierend wäre, wenigstens indirekt durch Lenkung, Anordnung, Erregung. Die Aufgabe einer solchen die Literatur in ihrem ganzen Umfange erst konstituierenden und organisierenden Kritik zerfällt in mehrere dem einen Zweck gleich sehr dienende, aber doch wesentlich getrennte Geschäfte. Es ist nicht nur noch keine vollendete und klassische Literatur vorhanden, sondern es wird auch die Stelle derselben durch ein Unding, ein Chaos von seinsollender Literatur eingenommen, deren Unbildung niemand wird leugnen wollen. Diese nun zu vertilgen, um wenigstens Raum zu schaffen für das Bessere, ist die erste Bedingung, die Aufgabe zu erreichen. Die Kunst aber, das böse Prinzip der Gemeinheit und Unwissenheit bis in ihre höchsten Potenzen und bis zu der Höhe zu verfolgen, wo sie die Nachäffung des wahren Wissens und Bildens bis zur höchstmöglichen Täuschung getrieben hat, diese Kunst ist die Polemik.

Es ist aber nicht zureichend, daß das Unechte beiseite geschafft werde, auch das Rechte soll organisiert werden. Damit nun die Kraft des wahren Wissens und Bildens am leichtesten ihren Zweck erreiche, ist nichts wesentlicher als die Anschauung und Anordnung des Ganzen, welches hervorgebracht und zu welchem gewirkt werden soll. Um so mehr, da in der falschen Literatur entweder alles chaotisch ist, oder wohl gar eine durchaus falsche Anordnung und Konstruktion der Künste und Wissenschaften herrschend gewesen sein mag. Diejenige Einteilung aber, welche bei irgendeinem auch noch so gebildeten Volke des Altertums herrschend war, unbedingt annehmen zu wollen, das würde sehr unphilosophisch sein, da doch die äußern Verhältnisse so ganz geändert sind, und sich wohl voraussetzen läßt, daß dieses auch auf jene Anordnung, wenigstens die speziellere Anwendung davon, bedeutenden Einfluß haben müßte. Daraus ergibt sich nun die Notwendigkeit und die Idee einer eignen Wissenschaft, welche die Einheit und Verschiedenheit aller höhern Wissenschaften und Künste und alle gegenseitigen Verhältnisse derselben von Grund aus zu bestimmen versucht. Daß aber, um eine solche Enzyklopädie – wenngleich es möglich sein müßte, durch bloßes Nachdenken ganz aus sich selbst von jedem Punkte des höhern Bewußtseins das Ganze desselben, oder das System des Wissens und Bildens zu finden – vollständig als Wissenschaft zu vollenden, Prüfung und Vergleichung der bisherigen Konstruktion, sehr umfassende Gelehrsamkeit und Kritik notwendig, ja sie selbst eigentlich eine durchaus kritische Wissenschaft und nichts anders als der wissenschaftliche Arm der Kritik sei, das dürfte keines weitern ausgeführten Beweises nötig haben.

Will man nun nicht darauf warten, ob etwa eine wahre Literatur von selbst entstehen möchte, sondern ist es die Absicht, eine solche hervorzubringen, und zwar eine durchaus vollständige; so daß nicht etwa nur diese oder jene Gattung, wie es das Glück will, zu einiger Bildung gelangen, sondern daß vielmehr die Literatur selbst ein großes durchaus zusammenhängendes und gleich organisiertes, in ihrer Einheit viele Kunstwelten umfassendes Ganzes und einiges

Kunstwerk sei: so ist die Vollführung jener unter dem Namen der Enzyklopädie bezeichneten, ganz neuen und noch nicht vorhandnen Wissenschaft das erste und wichtigste Erfordernis zur Erreichung dieses Endzwecks.

Es ist schon viel, wenn die organisierende und bildende Tätigkeit das Unechte vertilgend absondert, und die positiven Kräfte verbindend ordnet. Aber doch ist noch eines übrig, was sie tun kann, und tun muß, setze ich hinzu, weil man dem Zufall entweder alles überlassen muß oder nichts, was noch möglich ist ihm zu entreißen. Jeder Versuch, die positive Kraft, wo sie nicht da ist, hervorbringen zu wollen, wäre eine gänzliche Verkennung der Grenzen und ein vergebliches Beginnen; aber erwecken, erregen, nähren kann man allerdings das Genie, ebensowohl wie man ihm den Weg zu seinem Ziele durch eine richtige Vorzeichnung dieses Weges und durch Hinwegräumung des Falschen erleichtern kann. Zu geschweigen, daß man doch eigentlich nie ganz zu der dreisten Voraussetzung berechtigt ist, es fehle an positiver Kraft und Genie, bis die Versuche, es zu erregen und sichtbar zu machen, vollständig mißlungen sind.

Es sind also eigne literarische Mittel oder Schriften notwendig, die ganz bestimmt nur diesen Zweck haben, die produzierende Kraft zu erregen, zu prüfen, zu nähren. Universalität muß die Grundeigenschaft solcher Schriften sein. Je größer der Reichtum und je größer selbst die Verschiedenartigkeit ihres Inhalts, desto erregender, desto nährender wirken sie. Der höchste Reichtum und Mannigfaltigkeit des Stoffs wird um so deutlicher konstituiert und als der Zweck des Ganzen gedacht und gefühlt werden, je weniger darin auf eine künstliche Form gesehen wird, je mehr darin die gediegene Materie allein herrscht. Also wird nicht eine verfehlte Unform, wohl aber eine absichtliche Formlosigkeit hier ganz an ihrer Stelle, und das Fragmentarische bei solchen Mitteilungen nicht nur verzeihlich, sondern auch löblich und sehr zweckmäßig sein; da es ja ohnehin nicht Kunstwerke der Darstellung, sondern bloß Mittel zur Anregung sein sollen, wobei die Universalität auch deswegen das wichtigste ist, weil man auf diese Art sehr viele Verirrungen am besten verhüten kann, die grade daher entspringen, daß man keine Kenntnis und keinen Begriff hat von dem großen Ganzen der Wissenschaft und Literatur, sondern nur ein kleiner Teil derselben einseitig und unvollkommen gefaßt worden war. Auch wird es niemals zu einer Vollständigkeit und Umfassung des Ganzen in diesen Dingen kommen, wenn nicht gleich beim ersten Anfange der Bildung der Keim dazu gelegt wird. Mit der Fülle und Gediegenheit des Gedachten muß aber auch die Freiheit und Lebendigkeit des Denkens im Verhältnis stehen; und der Ideenreichtum eines umfassenden Schriftstellers wird dann erst sich wirksam zeigen, wenn darin zugleich eine große Kraft des eignen Denkens, ein eigentümliches Gepräge, ein kühn kombinierender Geist sichtbar ist. Dieses Kombinatorische ist es, was ich vorhin im Sinne hatte und als wissenschaftlichen Witz bezeichnete. Es kann nicht entstehen ohne Universalität, denn nur wo eine Fülle verschiedenartiger Stoffe vereinigt ist, können neue chemische Verbindungen und Durchdringungen derselben vor sich gehen. Diese genialische Kraft ist es aber auch, was der Universalität erst ihren wahren Wert gibt, Gültigkeit und Form. Denn absolute Formlosigkeit ist dem Künstler nicht möglich; wo auch die Form der regelmäßigen Verknüpfung wegfällt, bleibt doch die Einheit des Gepräges und des Stils.

Diesen originellen Stempel wird nicht leicht jemand in den nachfolgenden Lessingschen Fragmenten verkennen können; und ich denke, daß auch in Rücksicht der kühnen und überraschenden Kombinationen das Ganze derselben dem Begriff der aufgestellten Gattung so sehr entspricht, als nur immer ein Werk seinem Begriffe entsprechen kann. – Es ist leicht möglich, daß ähnliche Schriften andrer noch größere Massen von Ideen aus der innern Fülle der verschiedenartigsten Wissenschaften und Künste in noch gedrängterer Kürze enthalten; in Rücksicht jener kühnen Kombinationen aber, und des seine Sprünge und überraschenden Wendungen so glücklich nachbildenden und ausdrückenden genialischen Stils, wird Lessing nicht so leicht übertroffen werden.

Daß dieses eine Wirkung des Witzes sei, ist klar, und ebenso klar, daß dies Lessings eigentliche Stärke ist. In den Gattungen, die vorzüglich ein Produkt der Phantasie sind, hat er durchaus nicht vermocht, sich selbst ein Genüge zu leisten und etwas seiner Würdiges hervorzubringen. An den wenigen Stellen, wo er reine Vernunft schreibt ohne allen Witz, und dieser Stellen sind sehr wenige, ich wüßte kaum andre als einige aus der frühern Zeit an die Wolffische Philosophie sich anschließende Zergliederungen des Gefühls: an diesen wenigen Stellen ist er unstreitig am wenigsten Lessing. Ganz natürlich mußte es ihm mißlingen, mit den Kräften isoliert zu wirken, die er nur verbunden besaß. Die Kunst und Phantasie war nicht sein Fach, auch in der eigentlichen Spekulation mögen ihn viele übertreffen; aber sein Witz ist sehr spekulativ, und gewiß auch besonders in der spätern Zeit sehr phantastisch. Was ist denn aber der Witz ursprünglich als die innigste Vermischung und Durchdringung der Vernunft und der Phantasie?

Alle den originellen und merkwürdigen Konfigurationen dieses Witzes, und den genialischen Wendungen seines Witzes zu folgen, das bleibe dem Leser überlassen; nichts leidet ungerner einen Kommentar, oder rächt sich so bitter an demselben, als ein Produkt des Witzes.

Die Ordnung der nachfolgenden Fragmente ist im Ganzen chronologisch, und auch, so viel als möglich war, nach dem Zusammenhange der Materien eingerichtet; einige mehr isolierte Bruchstücke sind willkürlich eingeschaltet, wo es am schicklichsten schien.

Vom Charakter des Protestanten

Lessing war ein Protestant, und zwar er war es recht; mit aller Kraft seines Geistes und von Herzensgrunde. Wenn man etwas nur recht ist, sei es was es sei, wenn es auch noch nicht ganz das Rechte wäre, das führt unvermeidlich früher oder später dem Rechten wenigstens näher.

Es wird nur ein und dasselbe Geschäft sein, dem Begriff des wahren Protestanten oder das Ideal desselben zu konstruieren, und die einzelnen Momente und Stufen charakterisierend durchzugehen, in denen Lessing sich als solcher in der letzten Hälfte seiner schriftstellerischen Tätigkeit bewährte. Was ist das Wesen des Protestantismus? Und was war es, was ihn zuerst auszeichnete und eigentlich konstituierte? Nicht diese oder jene Meinung, denn darüber fand die größte Verschiedenheit, ja Verworrenheit unter den großen Reformatoren selbst statt; sondern das, was alle gleich sehr beseelte, worin sie ohne Verabredung eins waren, und was ihr gemeinsames Band blieb. Die Freiheit war es, mit der sie lehrten; der Mut, selbst zu denken und dem eigenen Denken gemäß zu glauben; die Kühnheit, das Joch auch der verjährtesten, ja kurz zuvor noch von ihnen selbst unverletzbar heilig gehaltnen Irrtümer abzuwerfen. Der Enthusiasmus für Wahrheit erschien hier und mußte nach so gänzlicher Erschlaffung und alter Anhäufung toter Stoffe erscheinen als göttlicher Eifer und Zorn gegen den Irrtum, und Knechtschaft des Geistes. Sie fühlten es wohl, diese Helden und Verfechter der Wahrheit, daß dieselbe eins sei mit der Freiheit und daß die einzige und alleinige Quelle aller noch so verschieden benannten Irrtümer nichts sei, als die dem erdgebornen Menschen so tief eingewurzelte Furcht und Feigheit, die in der Masse vorzüglich als Trägheit erscheint.

Polemik ist daher allen Protestanten, oder allen Bekämpfern des Irrtums, wesentlich, ja es ist ihr ganzer Charakter in diesem Begriffe beschlossen. Polemik ist das Prinzip alles ihres Strebens und die Form alles ihres Wirkens.

Will man dies in einen bestimmtern Begriff fassen, so sage man, Katholizismus ist positive, Protestantismus aber negative Religion. Eine Trennung, welche in der europäischen Bildung, wo sich überall in allen Teilen des menschlichen Denkens und Wissens die größte Tendenz zur immer weiter sondernden Trennung zeigt, bis jetzt wenigstens sogar in demjenigen Teile desselben, der ganz auf unbedingte Einheit zielend jenes Trennen am wenigsten dulden zu können scheint, notwendig gewesen sein mag, ja es vielleicht noch länger wird bleiben müssen. Die deutliche Anlage dazu wird man sogar schon bei den Griechen finden: da ihre Dichter mit der positiven Religion bei einer dem Anschein nach noch so großen Verschiedenheit des Stoffs doch wenigstens die Form der Allegorie und den frommen Glauben an die alte Fabel gemein haben. Dahingegen die Opposition der griechischen Philosophie gegen den alten Glauben und die allerdings damit verbundenen Schlacken, ihr unbedingtes Verwerfen desselben, was oft sogar auf alle Sinnbildlichkeit und Allegorie ausgedehnt wird, so ganz im Geiste des Protestantismus ist, daß man dieser ihr bestes Tun fast nur als eine Fortsetzung oder Streben zur Wiedererneuerung jener Form und Denkart ansehen und ebenso richtig auch sagen könnte: der Katholizismus ist die poetische Religion, der Protestantismus aber die der Philosophie. Doch dem sei wie ihm wolle, so sind das alles nur variierende Ausdrücke, die immer dasselbe sagen, was schon zum Anfange festgesetzt ward: daß Polemik und Geist des Protestantismus völlig eins und dasselbe sei.

Daß Lessings Tendenz durchaus polemisch war, seine ganze schriftstellerische Laufbahn vom ersten Versuch bis zum letzten Bruchstück, was auch der Stoff oder die äußere Form war, durchaus polemische Farbe und Richtung hatte, und wie geringschätzig er von denen dachte, denen die Polemik weder eine Kunst noch eine Wissenschaft ist, das liegt in allem, was wir von ihm erhalten haben, so klar zutage, daß es überflüssig sein würde, noch ein Wort darüber zu verlieren.

Der hohe Standpunkt, die Dignität aber seiner Polemik wird aus folgender Betrachtung klar werden.

Ob es Ernst sei mit der Polemik und ihr Ursprung lauter, aus tiefer Sehnsucht nach Wahrheit und mutvoller Freiheit des Selbstdenkens entsprungen, oder ob sie nur anscheinend nachgebildet und unecht sei, das wird am besten daraus klar, ob sie irgendwo stille steht. Die wahre Polemik ist unendlich, nach allen Seiten hin unaufhaltsam progressiv; wo unlautre Nebenabsicht mit einfließt, oder nur ein anempfundner Mut die Täuschung der Freiheit verursacht hatte, da tritt früher oder später ein Stillstand ein, und es geschieht, was schon so oft geschehen ist: der letzte Zweifel wird als der erste Glaubenssatz geheiligt, gegen dem noch weiter zu zweifeln nun wieder ebenso wie vorher in der alten Verfassung und meist noch weit strenger verboten wird. So ist es auch meistens den Protestanten ergangen. Aber nicht so Lessing, der gegen nichts so eifert als gegen dieses, welches freilich die schwache Seite der protestantischen Partei ist. Er war gerade der rechte Protestant, weil er nicht auf den Glaubenssätzen der Protestanten fest bestehen, wohl aber die alten Maximen der Freiheit aufrecht erhalten und so den Geist des Protestantismus von neuem beleben wollte.

Darum eiferte er so heftig gegen das, was nur Buchstabe ist in der Lehre der Protestanten, und gegen die allzugrobe und körperliche Art, wie sie den Begriff von dem ewigen allverbreiteten Worte Gottes verstehen und auf die heilige Schrift anwenden; verteidigt im Gegensatz dagegen sogar die katholische Regel des Glaubens, nach Überlieferung der Vorfahren und Einstimmung der Besten in der Gemeinde.

Ganz mit Recht. Der wahre Protestant muß auch gegen den Protestantismus selbst protestieren, wenn er sich nur in neues Papsttum und Buchstabenwesen verkehren will. Die Freiheit des Denkens weiß von keinem Stillstande und die Polemik von keinen Schranken; der Protestantismus aber ist eine Religion des Kampfes und des Krieges, bis zur innern Feindschaft und zum Bürgerkriege. Ja eine gewisse Freigeisterei und Irreligiosität von der sthenischen Art, deren Quelle im Grunde doch religiös ist, ist dem Christentume wesentlich, ihm keinesweges entgegengesetzt, sondern ein notwendiges Phänomen seiner auch alle ursprünglichen Abwege universell umfassenden Entwicklung; als Religion der Religion nämlich ist der Christianismus notwendig auch Polemik gegen die Irreligion; jedes Unechte in der Religion aber ist unverzeihlich nicht zu duldende Irreligion, und wo wäre das Echte in der Religion irgend ganz rein von unechter Beimischung? Daher mag der Protestant mit Lessing aus Haß gegen das Unechte und Intolerante im Christentum sogar den Judaismus in Schutz nehmen, den Mohammedanismus preisen, und mit Spinoza die reine Vernunft und die reine Liebe allein anbetend, alles Sinnbild verwerfen. Das alles liegt seinen Grundsätzen eigentlich sehr nahe; solange er nur nicht indifferent geworden, darf man nicht glauben, daß das religiöse Prinzip in ihm erstorben sei, oder die vorübergehende Krisis des innern Kampfes, ehe er entschieden ist, für das letzte Resultat und bleibendes Ableugnen halten. Solange nur irgend etwas bloß Negatives und Endliches vorhanden, solange noch nicht jede Hülle verklärt und von Geist durchdrungen und das Wort Gottes allgegenwärtig geworden, solange nur noch die Möglichkeit eines toten und dürren Buchstabens vorhanden ist, so lange existiert auch noch das böse Prinzip, gegen welches ohne Unterlaß und ohne Schonung zu kämpfen der hohe Beruf der Polemik ist; ist dieses besiegt, dann mag es ihr letztes Geschäft sein, sich selbst zu vernichten. Besser wäre es, die Waffen nie ergriffen zu haben, als sie so voreilig wieder niederlegen zu wollen, wie es die meisten tun in der Feigheit ihres Herzens, die sie sich selbst für Humanität und Wohlwollen anrechnen, da es doch keine Liebe gibt ohne Wahrheit, und keine Wahrheit ohne den Mut dazu.

Das unaufhaltsam um sich Greifende des Protestantismus zeigt sich auch äußerlich in der Geschichte desselben; aber freilich hier in der gemeinen Masse nicht so edel wie in dem Geiste eines Lessing. Während die positive Religion sich immer mehr fixiert und gleichsam verfeinet hat, ist im Protestantismus fast nichts unverändert geblieben als die Veränderlichkeit selbst; und während auf der einen Seite die protestantische Denkart aus der Sphäre der Religion in die bürgerliche Welt hinausgetreten ist, und auch da eine Reformation der gesamten politischen Verfassung hat versuchen wollen, hat man auf der andern Seite die Religion so lange geläutert und geklärt, bis sie endlich ganz verflüchtigt worden und vor lauter Klarheit verschwunden ist. Beide Ausartungen sind natürlich genug; denn es ist im Wesen der freien Tätigkeit selbst gegründet, daß sie, je nachdem sie mehr extensiv oder mehr intensiv zu sein strebt, bald ihre eigentliche Sphäre überspringt und sich in eine fremde hinauswirft, bald aber auf sich selbst zurückgewandt, sich selber bis zur Selbstvernichtung untergräbt. Doch noch einen dritten Weg gibt es, den einzig wahren, die Rückkehr zum Primitiven und Positiven. Das Ursprüngliche in allen Dingen ist gewiß das beste, und allen Neuerern, wenn sie das Alte oft nicht mit Unrecht verwerflich finden, kann man sagen: Geht nur noch weiter zurück und setzet an die Stelle des Alten das noch Ältere, das Allerälteste und Erste, und ihr werdet sicher das Rechte und Wahre finden. Vor allem muß dies aber von der Religion gelten, die keinesweges eine Neuerung moderner Zeit ist, sondern selbst das Erste und Älteste aller Bildung und Freiheit der Menschen. Unstreitig hat es auch im Christentum eine Epoche gegeben, wo es noch nicht katholisch oder protestantisch war in dem jetzigen Sinn des Worts, sondern beides zugleich, gesetzt auch die Kirchengeschichte wäre zu unvollständig, diese Epoche nachweisen zu können.

Diesen vor dem zwiefachen Untergange allein rettenden Rückweg in der Religion wenigstens eingeschlagen, unter den Protestanten vielleicht zuerst eingeschlagen zu haben, das ist Lessings Verdienst, und keines seiner kleinsten. Wie er über die politischen Reformationsversuche dachte, verrät er deutlich genug in den Freimaurergesprächen. Der bis zur Vernichtung aller Religion läuternden und neuernden Aufklärungssucht aber sich aufs kräftigste entgegenzustellen, damit fing Lessing seine theologische Laufbahn an. Trotz dem Ärgernisse, was er seinen Anhängern damit gab, da den seinwollenden Aufklärern das die ärgste aller Ketzereien zu sein pflegt, wenn ein Denker den alten Glauben verteidigt. Er würde noch mehr getan haben zur Vertilgung dieser schädlichen Tendenz, wenn nicht die Schlechtigkeit der Gegner, die er auch unter den sogenannten Orthodoxen fand, ihn anders beschäftigt hätte. Daß er aber gegen die Aufklärerei stets auf demselben Sinne blieb, ist aus seinen vertrauten Briefen klar.

In welchem hohen Sinne Lessing ein Protestant war, das läßt sich nicht bloß an seiner Polemik zeigen, und der Tendenz, die diese auch da verfolgt, wo sie, wie im Anfange, da er ewige Höllenstrafen und Dreieinigkeit nach Leibniz verteidigte, nur mit eignen Paradoxien und fremden Irrtümern dialektisch zu spielen scheint, oder wo sie ganz in Unwillen entbrannt nur vom Genius des hohen göttlichen Zorns allein begeistert zu sein scheint. Auch die milderen Werke des Mannes zeigen von einer andern Seite seinen Protestantismus, in deutlicher Beziehung auf die nicht grade sein Wesen konstituierenden, aber doch mit demselben nahverbundnen Begriffe der Toleranz und Aufklärung, oder Humanität. Man darf nur sehen, in welcher Dignität diese Begriffe auf Lessing und seine spätern Schriften allein anwendbar sind, um diesen so schändlich mißbrauchten und dadurch in Verachtung geratenen Begriffen ihre Würde und Bedeutung wiederzugeben.

Die neuern Protestanten rühmen sich allgemein der Toleranz. Mit Recht, wenn sie nur wahre Protestanten sind. Wenn derjenige, der alles gut und notwendig findet, auch die Form, die ihm minder bedeutend scheint, friedlich sich gefallen, und gern neben der seinigen bestehen läßt, das ist nicht zu verwundern, noch bedeutet es viel. Nur wenn derjenige, der auch die Fähigkeit hätte zu hassen, was er für schlecht erkennt, und den Mut, es auf Tod und Leben zu bekämpfen, etwas was nicht das von ihm als gültig Anerkannte ist, dennoch duldet, hat es eine Bedeutung. Es zeigt, daß er über das Verhältnis des Guten und Schlechten darin nachgedacht, daß er die Stelle gefunden hat, wo es eine, wenngleich nur relative, Gültigkeit hat; denn wenn er es durchaus schlecht und ungültig hielte, so würde es ihm ja unmöglich sein, es, soweit seine Macht reicht, zu dulden. Toleranz kann nur von dem gefordert und an dem gelobt werden, von dem seinem Prinzip nach eher Intoleranz zu erwarten ist, denn außerdem sollte sie sich ja wohl von selbst verstehen. Toleranz ist die Tugend der noch kämpferischen kriegführenden Kirche; in der Religion des Friedens, in der triumphierenden Kirche, wird sie nicht mehr nötig und nicht mehr möglich sein. Die wahre Toleranz aber kann nicht aus der Gleichgültigkeit hervorgehen, sondern aus der universellen Ansicht, welche vorzüglich der historische Standpunkt der Bildung und der Konstruktion ihrer Epochen gewährt. Und diese historische Ansicht der Religion hat, in unserm Zeitalter wenigstens, Lessing zuerst aufgestellt in dem unsterblichen Werke von der *Erziehung des Menschengeschlechts*. Freilich nur im Entwurfe, aber doch sind die wesentlichen Privilegien gegeben. Die weitere Anwendung auf die Religion der Griechen einerseits, und dann das Detail über die verschiedenen Parteien, in die sich das Christentum geteilt hat, ergeben sich leicht und ganz von selbst.

Aufklärung, oder Vertilgung aller Vorurteile, wäre an sich ein schönes Unternehmen. Man nehme nur alle die Hemmungen weg und die unechten Zusätze, und es wird das hohe Licht der Vernunft sich schon von selbst offenbaren, ohne alles äußere Zutun. Aber wie tief nistet das Unechte sich ein in das Wesen der Menschen, setzt sich überall an, an das wenige Gute, und nimmt die Stelle desselben ein, bis alle Ahndung des Echten verloren geht. Wie mancher, der sich viel damit weiß, daß er die Vorurteile des Christen abgelegt, oder vielmehr samt allem Guten, womit sie verwebt waren, zugleich abgeworfen hat, ist noch bis in sein tiefstes Wesen ganz unumwunden von den Vorurteilen seiner Nation, seines Standes, des bürgerlichen Lebens, seines Kreises, überhaupt der gebildeten Gesellschaft; des Zeitalters endlich, dessen herrschender Charakter Eitelkeit und Dünkel und die damit notwendig verbundene Unkenntnis seiner selbst ist. Wie weit Lessing über demselben in Rücksicht auf diese feinern verborgneren Vorurteile stand, das zeigen die *Gespräche über die Freimaurerei*. Ob er damit ihre Grundsätze aufstellen wollen oder was sonst, das mögen die beurteilen, die Kenntnis von dieser Gesellschaft haben. Gewiß aber ist es, daß die Freimaurerei, so wie er sie aufstellt, etwas Notwendiges ist, was gar nicht an diese oder an jene Form gebunden sein kann; wovon das Wesentliche von selbst entstehen muß, sobald Mitteilung, Gemeinschaft unter den Denkenden und Unterrichteten stattfinden, was aber auch öffentlich betrieben werden mag, da die wahren Geheimnisse doch immer geheim bleiben; ja daß die Schriftstellerei selbst, so behandelt wie sie Lessing behandelte, eine solche öffentliche Freimaurerei ist, die ganz frei wirkt und keiner Äußerlichkeiten bedarf; er selbst der erste dieses Bundes, der immer weiter sich verbreitet und ewig bestehen wird, weil er auf ewigem Grunde ruht. Will man aber diese Schrift Lessings über Freimaurerei lieber auf den Begriff der Humanität beziehen; der Humanität, die wie die Toleranz von den Protestanten gefordert wird, weil sie ihnen so gar nicht natürlich ist, da ihre Religion, so wie sie bei den ersten ganz und gar nicht humanen Protestanten war, vielmehr als eine Religion des Krieges und in der Form des Dualismus, ohne die Milderung der Liebe und Sittlichkeit dem grimmigen und grausamen Prinzip im Menschen allzufreies Spiel lassen möchte; so ist dieser Begriff unstreitig ebenfalls nur in seiner reinsten echten Bedeutung auf dieselbe anwendbar. Humanität nämlich ist in diesem Sinne nicht die Sympathie mit fremdem Elend und Erbärmlichkeit, sondern die innige Freude und herzliche Teilnahme an der Freiheit und dem Verstande andrer, der Wunsch, diese Geistesfreiheit, so viel an uns ist, zu erregen und zu entwickeln, die stets bereitwillige Mitwirkung dazu, und die rege Aufmerksamkeit auf alle Mittel, die dahin führen.

Alle theologischen Schriften, Werke und Bruchstücke, Entwürfe, Einfälle und Streitigkeiten Lessings atmen im Inhalt wie in der Form unverrückt immer diesen einen selben Geist des freien Denkens und der denkenden Freiheit, und das ist es, was ich seinen Protestantismus nenne. Protestantismus, sagt man, sei die Religion der Vernunft; Vernunft aber ist nichts anders als der eine Gedanke der ewigen Freiheit, und schwerlich wird man jenem Begriffe einen andern noch vernünftigen Sinn geben können; denn der bloße Wunsch der Freiheit, die Anlage dazu, entreißt uns noch nicht der Obermacht der Natur; wer aber ohne diese Gedanken räsoniert, kann sich wohl Absichten einbilden, ist aber keines Entschlusses fähig. Wollte man nun gegen diesen Geist der Freiheit einige, dem Verständigen allerdings deutliche, Äußerungen Lessings über Notwendigkeit und Fatalismus zum Einwurf gebrauchen, so würde ich dagegen erinnern, daß man oft um dasjenige, was man am vollständigsten besitzt, am wenigsten weiß, wie es ja auch Luthern ging, dessen Tun und Wesen doch wahrlich frei und freimütig genug war. Jener Fatalismus aber floß bei Lessing natürlich aus dem Ganzen, oder vielmehr dem Anfange, den seine Philosophie nahm; schwerlich aber dürfte sich erweisen oder auch nur wahrscheinlich machen lassen, daß er in diesem Mißverständnisse bei längerer Fortsetzung seiner Philosophie geblieben sein würde.

Ein Entwurf seines philosophischen Glaubensbekenntnisses wird übrigens am besten seine Religiosität ins Licht setzen können, die ihm seine Verleumder so gern absprechen möchten, und zugleich zeigen, daß er nicht bloß ein protestantischer Philosoph (wiewohl eben die innige Verbindung der Philosophie und der Religion das Wesen des protestantischen ausmacht), sondern ein Verfechter und Verkündiger der wahren Religion war.

Lessings Meinung von der Notwendigkeit kam daher, weil die erste Stufe seiner Philosophie Pantheismus war. Nun ist zwar das System des Realismus als System gegen die Religion ganz indifferent, derselben weder günstig noch ungünstig; nicht durch sein System, sondern durch sein liebevolles Gefühl wurde Spinoza zur reinsten Religion erhoben. Indessen ist doch auch unleugbar, daß gerade die Unfähigkeit zu dieser Ansicht, die keinesweges die letzte Stufe, wohl aber der vorbereitende Anfang aller Philosophie ist, sich erheben zu können, eigentlich das ist, was die meisten räsonierenden Menschen von der Religion entfernt. Diese Unfähigkeit zu philosophieren, oder sich zum Unendlichen zu erheben, oder was dasselbe sagen will, die eingewurzelte Gemeinheit ihrer Ansicht und ihres Standpunktes, ist der eigentliche Stein, über den sie nicht fort können, und sie dann nach dem Maße ihrer Kraft so lange skeptisch ängstet, bis sie sich dem Indifferentismus und der Irreligion in die Arme werfen. Diese Klasse ist gegenwärtig ebenso groß als die Klasse der Menschen, die denken, und Denker sein wollen, ohne das Vermögen dazu zu haben, und glücklicher bei ihrem Gefühl und Glauben geblieben wären.

Auch war das System des Realismus für Lessing gewiß mehr als nur System und Buchstabe; das zeigt sich aus der unmittelbar von ihm daran geknüpften Hypothese der Metempsychose, die, obwohl mit jenem System verträglich, doch schon in einer weit höhern Sphäre liegt, als die ersten Prinzipien desselben. Es setzt diese Hypothese bei einem Manne unsers Zeitalters eine wenngleich unentwickelte Naturansicht voraus, wie man sie bei Lessing gar nicht vermuten sollte. Auch führte es zurück zur ältesten Epoche der Religion, und er fühlte das wohl. Nicht zu verwundern, daß er das Vergangne zu verstehen anfing, da er die Zukunft so deutlich vor Augen sah! Und das ist der dritte und wichtigste Punkt seines Glaubensbekenntnisses: seine Verkündigung eines neuen Evangeliums, seine Meinung von einem dritten Weltalter, sein Glaube an eine große Palingenesie der Religion, die feste Zuversicht, mit der er dem Christentum eine Dauer prophezeite, nicht nach Jahrhunderten, sondern nach Jahrtausenden. Zu einer Zeit, wo die Religion, wenigstens in demjenigen, was äußerlich so heißt, fast ganz erstorben zu sein scheint, ist der dennoch fortdauernde Glaube an ein neues Wiederaufleben derselben der wesentliche Punkt, der die Grenze zwischen den Religiösen und den Irreligiösen zieht, das einzige, so wenig es ist, was vor der Hand zu erwarten steht. Es sind dieses Glaubens jetzt schon einige, es werden ihrer immer sein; laßt es uns aber nicht vergessen, daß es Lessing zuerst bekannte, wie die einsame Stimme aus der Wüste, mitten unter dem Hohn des Pöbels.

> Wenn kalte Zweifler selbst prophetisch sprechen,
>   Die klaren Augen nicht das Licht mehr scheuen,
>   Seltsam der Wahrheit Kraft in ihren Treuen
> Sich zeigt, den Blitz umsonst die Wolken schwächen;
>
> Dann wahrlich muß die neue Zeit anbrechen,
>   Dann soll das Morgenrot uns doch erfreuen,
>   Dann dürfen auch die Künste sich erneuen,
> Der Mensch die kleinen Fesseln all' zerbrechen.

»Es wird das neue Evangelium kommen.« –
So sagte Lessing, doch die blöde Rotte
Gewahrte nicht der aufgeschloßnen Pforte.

Und dennoch, was der Teure vorgenommen
Im Denken, Forschen, Streiten, Ernst und Spotte,
Ist nicht so teuer wie die wen'gen Worte.

Zum Drama »Nathan der Weise«

Prolog

Die Dichtkunst

Unzählig sind die frohen Kinder meiner Lust,
Die ich aus dunkelm Schoß erzeugend aufgebracht,
Daß sie nun Himmel atmend lichte Sterne schaun. –
Was auf des Frühlings grünem Teppich munter spielt,
Mit mutigen Gesellen jugendlich vereint
Und frei sich seines Lebens freut in raschem Kampf,
In heißer Wollust Ringen; oder was auch still
Verborgen leise Schönheit duftet in dem Grün,
Aus offnem Kelche dann dem Licht sein eigen Bild
Ein kleiner Farbenhimmel kindlich wiedergibt,
In einen Blick und Freudenblitz den Geist verhaucht;
Ja was nur atmet, grünet, lebet und sich sehnt:
In allem atmet, schlägt und regt, sehnt sich und treibt
Die eine alldurchdringend nie durchdrungne Kraft,
Der treuen Mutter ewig liebeschaffend Herz.
Doch wenn die Sommerlust entflohn, die Pracht verblüht,
Von Schmuck entblößt ganz traurend nur ich schein' und kalt,
Dann sinnt das Herz in stiller Tiefe andres aus;
Ein sinnreich künstlich Bilden schafft der sinn'ge Fleiß,
Vielfach verschlungen webend was er schlau erdacht.
Oft wenn die Laune eigenwillig es befiehlt,
Ein scherzend Spiel nur; denn die wildeste Gestalt

Die sonderbarste ists, die sich der Witz erwählt.
Der Worte rätselvoll verworrn sinnbildend Spiel
Wird hier erdacht; und was den Menschen wohl bewegt
Zu staunen über seinesgleichen, daß der Mensch –
Dies wundervoll Gewächse, gottverwandte Tier,
Des Lebens Blume, helles Aug' und Freudenlicht,
Der Mutter höchste Lust und lieblichstes Geschöpf –
So wundervoll gebildet und gebaut sein kann;
So seltsamlich gemischt in seinem Hirn der Ernst
Und Laun' und Spott, sinnreicher Witz und Lieb und Zorn,
Allmächtiger Gedanken schaffendes Geheiß,
Und wieder tiefes Sehnen, leiser Wünsche Hauch,
In stiller Brust und sanfte Demut, zarte Scheu;
So eigen jeder wie 'ne kleine Welt für sich.
Denn mir mißfällt von Herzens Grunde, was nur gleich
Sich selbst einförmig wiederholend immer bleibt.
Was ich mit Lieb' und Lust erschaff', ist mannigfalt,
Und frei und kühn, und mutig bahnt sichs neuen Weg.
So schuf ich einst in stiller heitrer Winternacht,
Da jeder Stern am Himmel freundlich niederschien,
Ein reichbegabtes lichtanstrebendes Gemüt.
Ein Künstler, sann ich, soll es werden mir zur Lust,
Mit schlauen Sinnen reich versehn und heiterm Geist,
Voll tiefer Absicht, allbeginnend, fein gewebt;
Und wie ich nun so sinnend sitz und bilde die Gestalt,
In sie vertieft, trifft mich ich weiß nicht wie ein Zorn,
Indem ich an das Schlechte denke in der Welt,
Das Ungeziefer, das den schönen Garten mir
Geschändet, wüster Zeiten Unkraut und Gewächs,
Das schlechte Machwerk, das zum Spott nur Leben äfft.
Und wie ich nun den Sohn betracht' und seine Not,
Die er in buntverwirrter Welt wohl bald erlebt,
Schulmeister, Anverwandte, Publikum, Geschwätz,
Die Menge Bücher, Handel und Betriebsamkeit
Den guten Rat der Narren, Obrigkeit – und tolles Zeug,
Wie heiß ich war von Zorne, lacht' ich dennoch laut.

So ging durch eigne Unvorsichtigkeit mir gleich
Die schönste Bildung fast zerstückt! Da ward mir's leid;
Ich nahm den jungen Geist und taucht ihn ein in Stahl,
Auf daß er eisenkräftig würde, Pöbels Tun
Und Schrein nicht allzuzart empfänd'. Ich haucht ihn an,
Und Feuer regt sich glühend in der Adern Schlag,
Da blickt er zu mir auf voll Dank; ich lächl' ihn an
Und von dem Lächeln leuchtet noch sein Falkenblick,
Und heitres Licht wohnt auf des Sehers heller Stirn.
So warf ich an des Lebens kalten Strand ihn aus;
Er immer rege, forschend, wandelnd, stets bemüht,
Umfragend, ward des wahren Weges bald gewahr;
Den andern deutend bahnt er selber kräft'ge Spur;
Und trat ihm Dummheit, platter Pöbel in den Weg,
Da sprüht er hellen Witzes Funken weit umher,
Und manchen traf der tödlich schneidend scharfe Schlag.
So blieb der Teure stets mein lieber teurer Sohn,
Sein Angedenken mir im Herzen fest und wert,
Und tret' heraufgestiegen, Göttin, kühnlich auf
Zu dieser seiner Namensfeier, das Gedicht,
Wo sich sein Geist am reinsten selber ausgedrückt,
Zu loben, deuten, anzukünden. Ein Gedicht,
Wo all den Trotz ihr findt, Mutwill und spröde Kraft,
Die gute Laune, was Ihr sonst an ihm verehrt,
Und wahrlich auch das grade Herz, den lichten Ernst.
Drum laßt es Euch nicht irren, wenn nicht alles gleich
Vortrefflich ausgebildet und gefeilt hier ist,
Und nur wie man im Zimmer, auf dem Markte spricht,
Die Prosa hier gesprochen wird, die Menschen auch
Nicht alle gleichbedeutend immer geistvoll sind.
Das lautre Gold ist dennoch gut, wer es auch bringt;
Der Wahrheit Gold in schlichte Fabel eingewürkt.
Und wenn der König hie und da nicht edel spricht,
So ist der Bettler dafür königlich gesinnt.

Epilog

Der Verstand

Der Fabel leichtes Bild ist nun vollendet,
   Besorgnis hat, erst zweifelvoll verschlungen,
   In Freud und Wiederfinden sich gewendet.
Geschwister staunen Brust an Brust umschlungen,
   Des Lebens kühnes Spiel ist nicht verloren,
   Den alten Ring hat Glaube neu errungen;
Daß jeder Rechte sei von Gott erkoren,
   Der rechte Glaube hat uns all vereinet,
   Die Gottheit sinnend wir im Staub geboren.
So schwinde Trübsinn, den wir erst beweinet,
   Und laßt von allem Dunkel frei uns fragen,
   Was jenes lichte Rätselbild nun meinet? –
Den Frieden kommt der Held uns anzutragen,
   Erkenntnis soll der Zwietracht Kinder töten,
   Des Lichtes Gunst will uns die Dichtkunst sagen;
Des reinen Lichtes, dessen Morgenröten
   In ewig gleicher Sonneneinheit strahlen,
   Befreit von ird'scher Dämmerung und Nöten.
Dies eine war das Ziel von seinen Wahlen,
   Dies Eine, das ein einzger erst erkannte,
   Dies Eine wollt' er neu lebendig malen;
Denn jener Hohe, den die Welt verkannte,
   Er hatt' es fest doch also hoch gegründet,
   Daß sich geblendet weg die Schwachheit wandte.
Der Dichter hätt' es allen gern verkündet,
   Des Pöbels Wahnsinn ewig ausgerottet,
   Im Ein' und Allem alle ganz verbündet;
Drum wird mit bittrem Spotte hier verspottet,
   Was gegen jenes Licht die Sonn' umschwirrend
   In dumpfem Sinn sich dumpf zusammenrottet.
Es webt und gräbt der Geist nur tiefer irrend,
   Solang er noch im Irdischen beschränket,

Im Denken auch bedrängt, sich selbst verwirrend;
Doch wenn er hoffnungslos im Schmerz versenket,
   Hat schnell er oft des Friedens Born gefunden,
   Wenn tief Gefühl in sich zur Quell ihn lenket;
Erwacht vom Traum ist er mit Gott verbunden,
   Vernimmt nicht mehr wie trüber Zweifel höhnet,
   Von Kraft und Mut und Licht die Stirn umwunden,
Mit andern ist er nun, mit sich versöhnet,
   Des Herzens Trieb' und Stärke neu erstanden
   In immer höherm Licht der Geist verschönet.
Selig der Mann, der schauend das verstanden,
   Die Wesen all' erkannt in jenem Einen,
   Sich selbst befreit von allen ird'schen Banden! –
Nun strebt mit Gott den Geist er zu vereinen,
   Und wenn ihr Menschen alle ihn verlachtet,
   Ihn preis' ich einzig selig, anders keinen. –
Der Denker, Dichter, den wir jetzt betrachtet,
   Hat auch mit solchem Bild uns vorgeleuchtet,
   Das Ziel erreicht, wonach die Forschung trachtet.
Sein Geist hat hell in dunkle Zeit geleuchtet,
   Noch manchen künftig wird sein Wort erregen,
   Das in des Witzes Schein so sinnvoll leuchtet;
Laßt denn das köstliche uns sorgsam pflegen,
   Wo unbewußt noch höhres angedeutet,
   Von größern Zeiten, ferner Weisheit wegen,
Da Stern und Blum' und Erde Himmel deutet,
   Der Geist nicht mehr im Kampf mit seinen Zeichen,
   Der ewgen Freuden innre Füll erbeutet,
Daß seiner Macht die irdschen Mächte weichen,
   Im Worte zaubernd wirkt und blüht das Denken,
   Der Gottheit Leben selbst die Sinn' erreichen,
   Und in den Abgrund seines Worts sich senken.

Ernst und Falk,

Bruchstück eines dritten Gesprächs über Freimaurerei

F. Sei mir noch einmal herzlich gegrüßt.

E. So sehen wir uns endlich wieder nach langer Zeit! – Wie vieles hat sich seitdem verändert, wie vieles ist geschehen, welche Dinge habe ich selbst erfahren!

F. Geschehen ist wohl mancherlei; wenigstens scheinen die Menschen davon überzeugt. Aber auch verändert?

E. So rechnest du die ungeheuerste aller Revolutionen für nichts? Für nichts die schrecklichen Übel des schrecklichsten Krieges? Und endlich die Zerstörung des Vaterlandes und aller alten Verhältnisse für nichts?

F. Entwicklung, notwendige Entwicklung dessen, was dem hellsehenden Auge lange schon deutlich, leider nur allzudeutlich war. Neue Formeln für das älteste Unglück. Nichts weiter!

E. Die negative Wichtigkeit wenigstens der Revolution kannst du doch nicht leugnen wollen. Wie manches, was uns ehedem wichtig schien, ist nun verschwunden und nichts mehr! Die Freimaurerei z. B., die sonst so oft der Gegenstand unsrer Forschung und Mitteilung war, was ist sie jetzt?

F. Nun?

E. Es gibt keine Freimaurerei mehr – und wie könnte es noch dergleichen geben; wie könnte man noch auf das Überflüssige, auf den Luxus, das Schöne in der allgemeinen Verbindung der Menschen denken, da das Wesen aller Gesellschaften selbst zerstört worden ist?

F. War es das Wesen, so kann es nicht zerstört sein, nicht ganz, nicht auf immer zerstört sein. Und die Freimaurerei: meinst du sie selbst, oder nur ihr letztes Schema? –

E. Wie soll ich das verstehen, sie selbst oder ihr Schema? – Nun freilich beides, und alles zugleich.

F. So kann ich nicht deiner Meinung sein. Zwar das jetzige Schema der Freimaurerei, ja das mag vernichtet, auf ewig vernichtet sein.

E. Nun, und die Freimaurerei?

F. Sie wird bestehen. Wie, oder hast du vergessen, was wir darüber fanden und festsetzten?

E. Mitnichten; doch ich bekenne dir, daß ich, auf dem von dir gezeigten Weg weiter wandelnd, sogar auf historische Zweifel gestoßen bin, ob auch dieser Bund ursprünglich einen so großen, so weitumfassenden Zweck gehabt hatte, als du ihm unterlegtest; oder nicht vielmehr zu einer handwerksmäßigen Beschränkung sich neige.

F. Geliebter Freund, war es die ewige Idee der Freimaurerei, von der wir sprachen, oder eine bloß historische Tatsache? – Und gesetzt, dem wäre so: hängen nicht alle Künste und Wissenschaften mit der höchsten unmittelbar zusammen? hat nicht auch die mechanische Kunst ihre Mysterien, die niemals jemand ganz ergründen wird, und keiner, der sie erkannt, sagen darf oder mitteilen auch nur kann? –

E. Wohl! doch was soll uns das alles jetzt? Man sorge erst für das Notwendige, dann für das höhere Überflüssige. Jetzt gilt es nicht die unvermeidlichen Lücken auch des besten Staates hülfreich zu ergänzen, sondern das Eine ist not, daß nicht aller Staat und alle Menschlichkeit untergehe, daß altes Recht, und alte Sitte, Ehre und Freiheit und Fürstenwürde noch einigermaßen erhalten und wieder herbeigeführt werde.

F. Wohl gesprochen. Schwerlich aber wird dies erreicht werden, wenn nicht die innere Verbindung und Gemeinschaft der Geister wieder hergestellt und verjüngt wird durch einen gewaltigen Umschwung.

E. Du deutest auf die Philosophie und die Veränderung, die auch diese erfahren hat.

F. Freilich wohl. Doch meinte ich nicht die Philosophie der Philosophen allein.

E. So meinst du die Überzeugung, den Glauben auch des Volks, die Religion mit einem Worte, die von der allgemeinen Erschütterung gewiß nicht allein frei bleiben konnte.

F. Freilich. Aber wie verschieden war doch der Weg, den wir getrennt von einander, jeder für sich betraten, wiewohl in gleicher Gesinnung! Du beklagst den Untergang des Staates und der Verfassung, während ich die Auflösung aller Religion befürchten würde, wenn sie selbst dieser Furcht Raum ließe. Du warst ein Augenzeuge und genauer Beobachter der Revolution; mir schien sie in der Einsamkeit der Spekulation nicht sehr bedeutend, wenigstens bei weitem nicht so wichtig, als eine andre größere, schnellere, umfassendere Revolution, die sich unterdessen im Innersten des menschlichen Geistes selbst ereignet hat.

E. Und die wäre?

F. Die Erfindung des Idealismus.

E. Die neue Schule der Philosophie, von der ich so manches gehört, was meine Neugierde und Wißbegierde rege machte?

F. Eine neue Schule nun eigentlich nicht – wenigstens kein System; sondern nur das, daß der Mensch sich selber entdeckt hat, und damit ist freilich auch ein neues Gesetz aller öffentlichen und geheimen Gesellschaften gefunden. Doch statt aller Antwort hier ein Blatt, über welches wir nachher reden wollen, wenn du es gelesen hast, und das dir wenigstens von einer andern Seite noch, als ich es ehedem versuchte, zeigen kann, daß die Freimaurerei nie aufhören, und dir andeuten werde, in welchem Schema sie etwa erscheinen werde, nachdem das bisherige zerstört ist.

Wir unterbrechen hier den Faden des Gesprächs, um den erwähnten Aufsatz mitzuteilen, welcher handelt:

Über die Form der Philosophie

Zu einer Zeit, wo die Sitten entartet, die Gesetze verdorben, wo alle Begriffe, Stände und Verhältnisse vermischt, verwirrt und verfälscht sind, in einem Zustande endlich, wo in der Religion selbst die Erinnerung an den göttlichen Ursprung nur noch eine Seltenheit ist, da kann durch Philosophie allein die Wohlfahrt der Menschen wieder hergestellt und aufrecht erhalten werden. Durch Philosophie, d. h. durch bestimmte und tiefgegründete Erkenntnis des höchsten Wesens und aller göttlichen Dinge; denn wo das Wort uralter heiliger Überlieferung einmal vergessen oder verunstaltet wurde, da müssen zuvorderst alle die Irrtümer und Vorurteile vernichtet und weggeräumt werden, die es verderben und verkennen machten, da kann der Mensch nur durch die Kunst und die Wissenschaft zu seiner ursprünglich anerschaffenen Hoheit zurückgeführt werden, und da ruht das Gebäude aller höhern, d. h. auf das Göttliche sich beziehenden Kunst und

Wissenschaft auf der Anerkennung eben dieses Höhern und der damit notwendig verbundnen Auflösung des niedrigern Scheines, oder auf der Philosophie.

Jener traurige Zustand ist, wenige Zwischenzeiten abgerechnet, wo das bessere Prinzip in der Denkart und Verfassung herrschender war, immerfort, so weit die Geschichte rückwärts reicht, der Zustand der europäischen Länder gewesen; und mehr als jemals ist er es eben jetzt, wo sich alle Niedrigen und Bösen inniger als je verbunden, gleichsam das Wort gegeben zu haben scheinen, jedes Bessere und Höhere mit Füßen zu treten und mit der Ehrfurcht dafür auch sogar jede Erinnerung an das Große und Schöne in der menschlichen Brust auszurotten.

Nichts steht bis jetzt dieser ungeheuren Masse von Schlechtigkeit entgegen, die wie ein weitverbreitetes vielverschlungenes Gewächs überall sich eingewurzelt und so manches Edlere mit ihrem Unkraut verdeckt hat, als das stille Feuer der Philosophie, die wie durch ein Wunder grade jetzt, da es am meisten Not tat, in hellere Flammen als jemals ausgebrochen ist. In dem einzigen Lande, wo es noch möglich war, in dem Lande, wo wenigstens der Begriff von Tugend, Ehre und Ernst geblieben war, und wenigstens einzelne Spuren der alten Denkart und Freiheit noch übrig, wo also auch in der Fülle der Gelehrsamkeit der strenge Kunstsinn eher wieder erwachen und das Auge einweihen konnte für die Morgenröte der höchsten Erkenntnis, und ihm das Verständnis öffnen für den verborgenen Sinn der alten Offenbarungen, die der Aberwitz und Unsinn der neuen Zeit verschüttet und vergessen hatten.

Diese bewundernswürdige Lehre des Idealismus der neuen Schule zeigt uns das Äußerste, was der Mensch bloß durch sich selbst vermag, durch die Kraft und Kunst des freien Denkens allein, und durch den festen Mut und Willen dazu, in steter Befolgung der einmal erkannten Grundsätze. Mancher vielleicht wird in diesem Beispiele eben, und in den noch daran haftenden Beschränkungen einen Beweis mehr zu finden glauben, daß nur ein Teil der Wahrheit durch eigne Kraft und Absicht des Menschen allein errungen und gleichsam erzwungen werden kann; ein andrer Teil aber nur wie durch Gunst und gleichsam ohne sein Zutun dem Geiste des Menschen gegeben und offenbart zu werden scheine. Darauf steht zu erwidern: Tue nur erst was du kannst und was du sollst, so wird das übrige dir schon selbst zufallen. Die Natur der Sache bringt es mit sich, daß dieser neue bloß menschliche, d. h. durch Menschengeist und Menschenkunst erfundene und gebildete Idealismus, je höher gesteigert, je künstlicher vollendet, je reiner geläutert er sein wird, von allen Seiten zurückführen muß zu jenem alten, göttlichen Idealismus, dessen dunkler Ursprung so alt ist wie die ersten Offenbarungen, den man nicht erfinden kann, und auch nicht zu erfinden braucht, sondern nur zu finden und wiederzufinden, der überall in den frühesten und unwissendsten Epochen, wie in den verderbtesten und verwildertsten, von Zeit zu Zeit hervortrat, die alten Offenbarungen durch neue Göttlichkeiten zu deuten und zu bestätigen, und dessen reichste Fülle himmlischer Erleuchtung sich besonders und vor allen herrlich in Einem deutschen Geiste der vergangenen Zeiten entfaltet hat.

Zu diesen ältesten Geheimnissen göttlicher Wahrheit führt die vollendete Wissenschaft notwendig zurück, und so dürfen wir mit kühner Hoffnung alle die weiteren Entwickelungen erwarten. –

Eins nur ist dabei zu besorgen. Die Philosophie ist ein himmlisches Licht, ein göttliches Feuer; aber so wie auch dies heilige Element, wo es ganz frei und ungebunden wirkt, nur vorübergehend entflammt oder zerstört, und nur da, wo es in den höheren Bildungen auf ein gewisses Maß beschränkt und an eine bestimmte Gestalt gebunden ist, als sanfte Lebenswärme heilbringend erscheint, so verschwindet auch der philosophische Geist, so selten er erscheint, ebenso schnell wieder, ohne bedeutende Wirkung zu hinterlassen, außer wo eine kunstgerechte Form und Gestalt das flüchtige Wesen festhält und bleibend macht. Nicht die Philosophie selbst, aber ihre Dauer und ihr Wert hängt ab von ihrer Form. Die Wohlfahrt der Menschen und die Begründung aller höheren Wissenschaft und Kunst ruht auf der Philosophie, der Bestand dieser aber auf ihrer Form. Wie wichtig also, und wie bedeutend ist die Form der Philosophie, und wie groß ihr Wert! –

Mit völligem Rechte daher denken diejenigen, welche den Idealismus festzustellen und zu vervollkommnen sich bestreben, vor allen Dingen auf die wahrhafte und beste Form desselben. Nur daß sie dieselbe meist auf eine verkehrte Weise und an einem ganz falschen Orte suchen. – Einige vermeinen die vollkommne Form der Philosophie in der systematischen Einheit zu finden; aber völlig mit Unrecht, denn die Philosophie ist nicht ein äußerliches Werk der Darstellung, sondern ganz nur Geist und Gesinnung. Ja auch die wahre produktive Methode, in welcher andre alles suchen, und da das Wort des Rätsels zu finden glauben, ist als Gesetz der Erfindung freilich wohl die Form des Selbstdenkens, aber doch nicht der Mitteilung, also auch nicht der ganzen Philosophie; denn was wäre eine Philosophie von bloß einsamen Denkern, ohne lebendige Gemeinschaft der Geister und gegenseitige Einwirkung? – Der Begriff schon, der Name selbst der Philosophie und auch ihre ganze Geschichte lehren es uns, sie sei ein ewiges Suchen und Nichtfindenkönnen; und alle Künstler und Weise sind darin einverstanden, daß das Höchste unaussprechlich ist, d. h. mit andern Worten: alle Philosophie ist notwendigerweise mystisch. Wie natürlich; denn sie hat keinen andern Gegenstand, und kann keinen andern haben, als denjenigen, der das Geheimnis aller Geheimnisse ist; ein Geheimnis aber kann und darf nur auf eine geheimnisvolle Art mitgeteilt werden. Daher alle Nebenformen der Philosophie, die Formen nämlich, die nur für gewisse Zustände, nur unter gewissen Bedingungen ihr eigen zu sein pflegen. Daher die Skepsis des unvollkommenen noch im Werden begriffenen Philosophen, wenn das Gefühl von dem Einen Höchsten, als des Einen und Höchsten in seiner Unvergleichlichkeit, Unaussprechlichkeit und Undenkbarkeit das herrschende ist. Daher die Polemik der Moralisten, wenn das unendliche Gute, weil es selbst nicht grade zu deutlich gemacht werden kann, als Verneinung und Verwerfung alles nicht unbedingt Guten sich ankündigt. Daher endlich die Allegorie im Ausdruck der vollendeten positiven Philosophie; die Identität seiner Lehre und Erkenntnis mit Leben und Religion, und der Übergang seiner Ansicht zur höhern Poesie; daher aber auch endlich diejenige Form der Philosophie, welche unter allen Bedingungen und in allen Zuständen die bleibende und ihr eigentlich wesentliche ist: die dialektische. Nicht bloß an die Nachbildung eines Gesprächs gebunden, findet sie überall statt, wo ein schwebender Wechsel der Gedanken in fortgehender Verknüpfung, d. h. überall, wo Philosophie stattfindet. Ihr Wesen aber besteht eben in dem schwebenden Wechsel, in dem ewigen Suchen und nie ganz Findenkönnen; daß unsrer Wißbegierde immer etwas gegeben wird, aber immer noch weit mehr zurückzubleiben scheint; und in jedem guten philosophischen Gespräch muß wenigstens einer sein, der wißbegierig die Geheimnisse der höchsten Forschung zu enthüllen strebt, und einer, der im Besitz derselben sie gern mitteilend immer mehr verrät, aber wenn man glaubt, er werde es, was er weder kann noch darf, nun ganz tun und ganz aussprechen, dann plötzlich abbricht, und durch eine unbestimmte Aussicht ins Unendliche unsre Sehnsucht von neuem erregt. –

So haben wir in dem, was manchem vielleicht nur ein Paradoxon zu sein schien, den Begriff und die Erklärung für das gefunden, was von jeher von den Einsichtsvollen für die wahre Form der Philosophie ist gehalten worden, so selten dieselbe sich auch seit Plato gezeigt hat. Ein systematisches Werk in vollkommenster Einheit würde nur als erleichternde Formel, als fester Mittelpunkt für die unendliche Mannigfaltigkeit lebendiger Geistesmitteilung einen philosophischen Gebrauch und Zweck haben können; wäre die Absicht aber, eine vollständige Darstellung der ganzen Philosophie selbst zu geben, so würde es nur beweisen, daß es bei so falscher Tendenz an jedem würdigen Begriff derselben ganz fehle. –

Ein schönes Geheimnis also ist die Philosophie; sie ist selbst Mystik, oder die Wissenschaft und die Kunst göttlicher Geheimnisse. Die Mysterien der Alten waren in der Form vortrefflich: wenigstens ein Anfang der wahrhaften Philosophie; die christliche Religion selbst ward lange nur als das Mysterium eines geheimen Bundes verbreitet, und wie manches Verderben in ihr mag sich nicht gleich aus der ersten Zeit ihrer öffentlichen Bekanntmachung oder Profanierung herschreiben? –

Ja auch wenn Philosophie öffentlich gemacht, und in Werken dargestellt wird, so muß Form und Ausdruck dieser Werke geheimnisvoll sein, um angemessen zu scheinen. Bei der höchsten Klarheit dialektischer Werke im Einzelnen muß wenigstens die Verknüpfung des Ganzen auf etwas Unauflösliches führen, wenn wir sie noch für Nachbildung des Philosophierens oder des endlosen Sinnens erkennen sollen; denn nur das hat Form, was sich selbst bedeutet, wo die Form den Stoff symbolisch reflektiert. –

Aber nicht in der Darstellung hat die Philosophie ihr vorzügliches Wesen und Treiben, sondern im Leben selbst, in der lebendigen Mitteilung und der lebendigen Wirksamkeit. Mitgeteilt darf sie werden und soll sie werden, nur muß eine profane Form der Mitteilung nicht gleich von vorn an ihrem Wesen widersprechen und es zerstören. Nicht auf den Märkten und in den Buden, und nicht in den Hörsälen, die diesen ähnlich sind, werde die Philosophie verbreitet, sondern auf eine würdigere, heiligere, auf eine philosophische, d. h. auf eine mystische Weise, wie bei den das Würdige würdig behandelnden Alten, wie bei den im Geheimnis verbundenen ersten Bekennern der wahren Religion! Ferne sei es von uns, auch nur die Zwecke der wahren Philosophie, geschweige denn ihren ganzen Inhalt in öffentlichen Reden und Schriften dem Pöbel preisgeben zu wollen! Nur allzu deutlich hat uns erst die Reformation und mehr noch die Revolution gelehrt, was es auf sich habe mit der unbedingten Öffentlichkeit, auch dessen, was anfangs vielleicht recht gut gemeint und sehr richtig gedacht war, und was für Folgen es mit sich führe. Zwar der erste Grad aller Mysterien kann jedem ohne Gefahr mitgeteilt werden. Es kann und es darf laut gesagt werden, daß es der Zweck der neuen Philosophie sei, die herrschende Denkart des Zeitalters ganz zu vernichten, und eine ganz neue Literatur und ein ganz neues Gebäude höherer Kunst und Wissenschaft zu gründen und aufzuführen. Es kann und es darf gesagt werden, daß es ihr bestimmter Zweck sei, die christliche Religion wieder herzustellen und sich endlich einmal laut zu der Wahrheit zu bekennen, die so lange ist mit Füßen getreten worden. Es kann und es darf gesagt werden, daß es der ausdrückliche Zweck der neuen Philosophie sei, die altdeutsche Verfassung, d. h. das Reich der Ehre, der Freiheit, und treuen Sitte wieder hervorzurufen, indem man die Gesinnung bilde, worauf die wahre freie Monarchie beruht, und die notwendig den gebesserten Menschen zurückführen muß zu dieser ursprünglichen und allein sittlichen und geheiligten Form des nationalen Lebens. – Alles das darf laut und deutlich gesagt werden; aber wie vieles andre ebenso Notwendige und ebenso Gewisse ist noch zurück, was entweiht sein würde, sowie es gesagt wäre, und welches nur näher zu bezeichnen ich mich hier enthalten muß? –

Nicht in den Schriften also und Buchstaben und Systemen ist die Philosophie beschlossen; so eng läßt sich der unendliche Geist nicht fesseln und binden. Sie will sich verbreiten und mitteilen, lebendig wirken und Gegenwirkung empfangen, und sich mit jedem Gleichartigen verbinden. Was wir in wahrhaft wissenschaftlichen Werken etwa Form der Philosophie nennen dürften, ist nur eine Nachbildung jener ursprünglichen Form der Philosophie oder der Philosophie des Lebens selbst, die Mysterien sind diese ursprüngliche Form der Philosophie, ein heiliger und geheimnisvoller Bund der in die höchste Erkenntnis Eingeweihten, und ein Wandel, der diesem Bunde gemäß sei. –

Daher bildeten alle wahrhaften Philosophen von jeher, so verschieden sie auch ihren Zweck sich konstruieren und ausdrücken, und wie sehr sie auch über diese Verschiedenheit in Streit zu sein scheinen mochten, einen unsichtbaren, aber fest geschlossenen Bund von Freunden, wie der große Bund der alten Pythagoräer war, der oft schon in so ganz verschiedenen Zeiten zum Urbilde und Symbol dienen mußte für manche Verbindung, die wohl keinesweges von einem so hohen und göttlichen Geiste belebt sein mochte. Ehedem war überhaupt ein Geist und eine Kraft der Verbindungen vorhanden, der in Krieg und Frieden, im Handel wie in der Kunst die herrlichsten Erscheinungen hervorgebracht hat; bei keiner Nation aber war immer dies so rege und so groß als bei der deutschen in ehemaliger Zeit.

Jetzt da alle äußern Verhältnisse zerstört und aufgelöst sind in eine chaotische Masse tyrannisch revolutionärer Gleichheit, scheint dieser Geist und diese Kraft beinah verschwunden; aber alles, was notwendig ist, ist auch ewig und muß früher oder spät wiederkehren.

Wie nun die beiden Freunde ihre Ansichten von der Freimaurerei sich ferner gegenseitig mitteilten, nachdem diese durch die neuen revolutionären Erfahrungen des einen, und die neuen philosophischen Erfahrungen des andern eine ganz andre Gestalt gewonnen hatten: dies dem Leser vollständig mitzuteilen, wird sich vielleicht an einem andern Orte eine nähere Gelegenheit finden.

ÜBER GOETHES MEISTER

Ohne Anmaßung und ohne Geräusch, wie die Bildung eines strebenden Geistes sich still entfaltet, und wie die werdende Welt aus seinem Innern leise emporsteigt, beginnt die klare Geschichte. Was hier vorgeht und was hier gesprochen wird, ist nicht außerordentlich, und die Gestalten, welche zuerst hervortreten, sind weder groß noch wunderbar: eine kluge Alte, die überall den Vorteil bedenkt und für den reicheren Liebhaber das Wort führt; ein Mädchen, die sich aus den Verstrickungen der gefährlichen Führerin nur losreißen kann, um sich dem Geliebten heftig hinzugeben; ein reiner Jüngling, der das schöne Feuer seiner ersten Liebe einer Schauspielerin weiht. Indessen steht alles gegenwärtig vor unsern Augen da, lockt und spricht uns an. Die Umrisse sind allgemein und leicht, aber sie sind genau, scharf und sicher. Der kleinste Zug ist bedeutsam, jeder Strich ist ein leiser Wink, und alles ist durch helle und lebhafte Gegensätze gehoben. Hier ist nichts, was die Leidenschaft heftig entzünden oder die Teilnahme sogleich gewaltsam mit sich fortreißen könnte. Aber die beweglichen Gemälde haften wie von selbst in dem Gemüte, welches eben zum ruhigen Genuß heiter gestimmt war. So bleibt auch wohl eine Landschaft von einfachem und unscheinbarem Reiz, der eine seltsam schöne Beleuchtung oder eine wunderbare Stimmung unsers Gefühls einen augenblicklichen Schein von Neuheit und von Einzigkeit lieh, sonderbar hell und unauslöschlich in der Erinnerung. Der Geist fühlt sich durch die heitre Erzählung überall gelinde berührt, leise und vielfach angeregt. Ohne sie ganz zu kennen, hält er diese Menschen dennoch schon für Bekannte, ehe er noch recht weiß oder sich fragen kann, wie er mit ihnen bekannt geworden sei. Es geht ihm damit wie der Schauspielergesellschaft auf ihrer lustigen Wasserfahrt mit dem Fremden. Er glaubt, er müßte sie schon gesehen haben, weil sie aussehen wie Menschen und nicht wie Hinz oder Kunz. Dies Aussehn verdanken sie nicht eben ihrer Natur und ihrer Bildung: denn nur bei einem oder dem andern nähert sich diese auf verschiedne Weise und in verschiednem Maß der Allgemeinheit. Die Art der Darstellung ist es, wodurch auch das Beschränkteste zugleich ein ganz eignes selbständiges Wesen für sich und dennoch nur eine andre Seite, eine neue Veränderung der allgemeinen und unter allen Verwandlungen einigen menschlichen Natur, ein kleiner Teil der unendlichen Welt zu sein scheint. Das ist eben das Große, worin jeder Gebildete nur sich selbst wiederzufinden glaubt, während er weit über sich selbst erhoben wird; was nur so ist, als müßte es so sein, und doch weit mehr, als man fordern darf.

Mit wohlwollendem Lächeln folgt der heitre Leser Wilhelms gefühlvollen Erinnerungen an die Puppenspiele, welche den neugierigen Knaben mehr beseligten als alles andre Naschwerk, als er noch jedes Schauspiel und Bilder aller Art, wie sie ihm vorkamen, mit demselben reinen Durste in sich sog, mit welchem der Neugeborne die süße Nahrung aus der Brust der liebkosenden Mutter empfängt. Sein Glaube macht ihm die gutmütigen Kindergeschichten von jener Zeit, wo er immer alles zu sehen begehrte, was ihm neu war, und was er gesehn hatte, nun auch gleich zu machen oder nachzumachen versuchte oder strebte, wichtig, ja heilig, seine Liebe malt sie mit den reizendsten Farben aus, und seine Hoffnung leiht ihnen die schmeichelhafteste Bedeutung. Eben diese schönen Eigenschaften bilden das Gewebe seines Lieblingsgedankens, von der Bühne herab die Menschen zu erheben, aufzuklären und zu veredeln, und der Schöpfer eines neuen, schöneren Zeitalters der vaterländischen Bühne zu werden, für die seine kindliche Neigung, erhöht durch die Tugend und verdoppelt durch die Liebe, in helle Flammen emporschlägt. Wenn die Teilnahme an diesen Gefühlen und Wünschen nicht frei von Besorgnis sein kann, so ist es dagegen nicht wenig anziehend und ergötzlich, wie Wilhelm auf einer kleinen Reise, auf welche ihn die Väter zum ersten Versuch senden, einem Abenteuer von der Art, die sich ernsthaft anläßt und drollig entwickelt, begegnet, in welchem er den Widerschein seines eignen Unternehmens, freilich nicht auf die vorteilhafteste Weise abgebildet, erblickt, ohne daß ihn dies seiner Schwärmerei untreu machen könnte. Unvermerkt ist indes die Erzählung lebhafter und leidenschaftlicher geworden, und in der warmen Nacht, wo Wilhelm, sich einer ewigen Verbindung mit seiner Mariane so nahe wähnend, liebevoll um ihre Wohnung schwärmt, steigt die heiße Sehnsucht, die sich in sich selbst zu verlieren, im Genuß ihrer eignen Töne zu lindern und zu erquicken scheint, aufs äußerste, bis die Glut durch die traurige Gewißheit und Norbergs niedrigen Brief plötzlich gelöscht und die ganze schöne Gedankenwelt des liebenden Jünglings mit einem Streich vernichtet wird.

Mit diesem so harten Mißlaut schließt das erste Buch, dessen Ende einer geistigen Musik gleicht, wo die verschiedensten Stimmen, wie ebensoviele einladende Anklänge aus der neuen Welt, deren Wunder sich vor uns entfalten sollen, rasch und heftig wechseln; und der schneidende Abstich kann die erst weniger, dann mehr, als man erwartete, gereizte Spannung mit einem Zusatz von Ungeduld heilsam würzen, ohne doch je den ruhigsten Genuß des Gegenwärtigen zu stören oder auch die feinsten Züge der Nebenausbildung, die leisesten Winke der Wahrnehmung zu entziehn, die jeden Blick, jede Miene des durch das Werk sichtbaren Dichtergeistes zu verstehen wünscht.

Damit aber nicht bloß das Gefühl in ein leeres Unendliches hinausstrebe, sondern auch das Auge nach einem großen Gesichtspunkt die Entfernung sinnlich berechnen und die weite Aussicht einigermaßen umgrenzen könne, steht der Fremde da, der mit so vielem Rechte der Fremde heißt. Allein und unbegreiflich, wie eine Erscheinung aus einer andern edleren Welt, die von der Wirklichkeit, welche Wilhelmen umgibt, so verschieden sein mag, wie von der Möglichkeit, die er sich träumt, dient er zum Maßstab der Höhe, zu welcher das Werk noch steigen soll; eine Höhe, auf der vielleicht die Kunst eine Wissenschaft und das Leben eine Kunst sein wird.

Der reife Verstand dieses gebildeten Mannes ist wie durch eine große Kluft von der blühenden Einbildung des liebenden Jünglings geschieden. Aber auch von Wilhelms Serenade zu Norbergs Brief ist der Übergang nicht milde, und der Kontrast zwischen seiner Poesie und Marianens prosaischer, ja niedriger Umgebung ist stark genug. Als vorbereitender Teil des ganzen Werks ist das erste Buch eine Reihe von veränderten Stellungen und malerischen Gegensätzen, in deren jedem Wilhelms Charakter von einer andern merkwürdigen Seite, in einem neuen, helleren Lichte gezeigt wird; und die kleineren, deutlich geschiednen Massen und Kapitel bilden mehr oder weniger jede für sich ein malerisches Ganzes. Auch gewinnt er schon jetzt das ganze Wohlwollen des Lesers, dem er, wie sich selbst, wo er geht und steht, in einer Fülle von prächtigen Worten die erhabensten Gesinnungen vorsagt. Sein ganzes Tun und Wesen besteht fast im Streben, Wollen und Empfinden, und obgleich wir voraussehn, daß er erst spät oder nie als Mann handeln wird, so verspricht doch seine grenzenlose Bildsamkeit, daß Männer und Frauen sich seine Erziehung zum Geschäft und zum Vergnügen machen und dadurch, vielleicht ohne es zu wollen oder zu wissen, die leise und vielseitige Empfänglichkeit, welche seinem Geiste einen so hohen Zauber gibt, vielfach anregen und die Vorempfindung der ganzen Welt in ihm zu einem schönen Bilde entfalten werden. Lernen muß er überall können, und auch an prüfenden Versuchungen wird es ihm nie fehlen. Wenn ihm nun das günstige Schicksal oder ein erfahrner Freund von großem Überblick günstig beisteht und ihn durch Warnungen und Verheißungen nach dem Ziele lenkt, so müssen seine Lehrjahre glücklich endigen.

Das zweite Buch beginnt damit, die Resultate des ersten musikalisch zu wiederholen, sie in wenige Punkte zusammenzudrängen und gleichsam auf die äußerste Spitze zu treiben. Zuerst wird die langsame, aber völlige Vernichtung von Wilhelms Poesie seiner Kinderträume und seiner ersten Liebe mit schonender Allgemeinheit der Darstellung betrachtet. Dann wird der Geist, der mit Wilhelmen in diese Tiefe gesunken und mit ihm gleichsam untätig geworden war, von neuem belebt und mächtig geweckt, sich aus der Leere herauszureißen, durch die leidenschaftlichste Erinnerung an Marianen und durch des Jünglings begeistertes Lob der Poesie, welches die Wirklichkeit seines ursprünglichen Traums von Poesie durch seine Schönheit bewährt, und uns in die ahnungsvollste Vergangenheit der alten Heroen und der noch unschuldigen Dichterwelt versetzt.

Nun folgt sein Eintritt in die Welt, der weder abgemessen noch brausend ist, sondern gelinde und leise wie das freie Lustwandeln eines, der zwischen Schwermut und Erwartung geteilt, von schmerzlich süßen Erinnerungen zu noch ahndungsvolleren Wünschen schwankt. Eine neue Szene öffnet sich, und eine neue Welt breitet sich lockend vor uns aus. Alles ist hier seltsam, bedeutend, wundervoll und von geheimem Zauber umweht. Die Ereignisse und die Personen bewegen sich rascher, und jedes Kapitel ist wie ein neuer Akt. Auch solche Ereignisse, die nicht eigentlich ungewöhnlich sind, machen eine überraschende Erscheinung. Aber diese sind nur das Element der Personen, in denen sich der Geist dieser Masse des ganzen. Systems am klarsten offenbart. Auch in ihnen äußert sich jene frische Gegenwart, jenes magische Schweben zwischen Vorwärts und Rückwärts. Philine ist das verführerische Symbol der leichtesten Sinnlichkeit; auch der bewegliche Laertes lebt nur für den Augenblick; und damit die lustige Gesellschaft vollzählig sei, repräsentiert der blonde Friedrich die gesunde kräftige Ungezogenheit. Alles, was die Erinnerung und die Schwermut und die Reue nur Rührendes hat, atmet und klagt der Alte wie aus einer unbekannten, bodenlosen Tiefe von Gram und ergreift uns mit wilder Wehmut. Noch süßere Schauer und gleichsam ein schönes Grausen erregt das heilige Kind, mit dessen Erscheinung die innerste Springfeder des sonderbaren Werks plötzlich frei zu werden scheint. Dann und wann tritt Marianens Bild hervor, wie ein bedeutender Traum; plötzlich erscheint der seltsame Fremde und verschwindet schnell wie ein Blitz. Auch Melinas kommen wieder, aber verwandelt, nämlich ganz in ihrer natürlichen Gestalt. Die schwerfällige Eitelkeit der Anempfinderin kontrastiert artig genug gegen die Leichtigkeit der zierlichen Sünderin. Überhaupt gewährt uns die Vorlesung des Ritterstücks einen tiefen Blick hinter die Kulissen des theatralischen Zaubers wie in eine komische Welt im Hintergrunde. Das Lustige und das Ergreifende, das Geheime und das Lockende sind im Finale wunderbar verwebt, und die streitenden Stimmen tönen grell nebeneinander. Diese Harmonie von Dissonanzen ist noch schöner als die Musik, mit der das erste Buch endigte; sie ist entzückender und doch zerreißender, sie überwältigt mehr und sie läßt doch besonnener.

Es ist schön und notwendig, sich dem Eindruck eines Gedichtes ganz hinzugeben, den Künstler mit uns machen zu lassen, was er will, und etwa nur im einzelnen das Gefühl durch Reflexion zu bestätigen und zum Gedanken zu erheben und, wo es noch zweifeln oder streiten dürfte, zu entscheiden und zu ergänzen. Dies ist das Erste und das Wesentlichste. Aber nicht minder notwendig ist es, von allem Einzelnen abstrahieren zu können, das Allgemeine schwebend zu fassen, eine Masse zu überschauen, und das Ganze festzuhalten, selbst dem Verborgensten nachzuforschen und das Entlegenste zu verbinden. Wir müssen uns über unsre eigne Liebe erheben und was wir anbeten, in Gedanken vernichten können: sonst fehlt uns, was wir auch für andre Fähigkeiten haben, der Sinn für das Weltall. Warum sollte man nicht den Duft einer Blume einatmen und dann doch das unendliche Geäder eines einzelnen Blatts betrachten und sich ganz in diese Betrachtung verlieren können? Nicht bloß die glänzende äußere Hülle, das bunte Kleid der schönen Erde, ist dem Menschen, der ganz Mensch ist und so fühlt und denkt, interessant: er mag auch gern untersuchen, wie die Schichten im Innern aufeinanderliegen und aus welchen Erdarten sie zusammengesetzt sind; er möchte immer tiefer dringen, bis in den Mittelpunkt womöglich, und möchte wissen, wie das Ganze konstruiert ist. So mögen wir uns gern dem Zauber des Dichters entreißen, nachdem wir uns gutwillig haben von ihm fesseln lassen, mögen am liebsten dem nachspähn, was er unserm Blick entziehen oder doch nicht zuerst zeigen wollte, und was ihn doch am meisten zum Künstler macht: die geheimen Absichten, die er im stillen verfolgt, und deren wir beim Genius, dessen Instinkt zur Willkür geworden ist, nie zu viele voraussetzen können.

Der angeborne Trieb des durchaus organisierten und organisierenden Werks, sich zu einem Ganzen zu bilden, äußert sich in den größeren wie in den kleineren Massen. Keine Pause ist zufällig und unbedeutend; und hier, wo alles zugleich Mittel und Zweck ist, wird es nicht unrichtig sein, den ersten Teil unbeschadet seiner Beziehung aufs Ganze als ein Werk für sich zu betrachten. Wenn wir auf die Lieblingsgegenstände aller Gespräche und aller gelegentlichen Entwickelungen, und auf die Lieblingsbeziehungen aller Begebenheiten, der Menschen und ihrer Umgebung sehen: so fällt in die Augen, daß sich alles um Schauspiel, Darstellung, Kunst und Poesie drehe. Es war so sehr die Absicht des Dichters, eine nicht unvollständige Kunstlehre aufzustellen oder vielmehr in lebendigen Beispielen und Ansichten darzustellen, daß diese Absicht ihn sogar zu eigentlichen Episoden verleiten kann, wie die Komödie der Fabrikanten und die Vorstellung der Bergmänner. Ja, man dürfte eine systematische Ordnung in dem Vortrage dieser poetischen Physik der Poesie finden; nicht eben das tote Fachwerk eines Lehrgebäudes, aber die lebendige Stufenleiter jeder Naturgeschichte und Bildungslehre. Wie nämlich Wilhelm in diesem Abschnitt seiner Lehrjahre mit den ersten und notdürftigsten Anfangsgründen der Lebenskunst beschäftigt ist: so werden hier auch die einfachsten Ideen über die schöne Kunst, die ursprünglichen Fakta und die rohesten Versuche, kurz die Elemente der Poesie vorgetragen: die Puppenspiele, diese Kinderjahre des gemeinen poetischen Instinkts, wie er allen gefühlvollen Menschen auch ohne besondres Talent eigen ist; die Bemerkungen über die Art, wie der Schüler Versuche machen und beurteilen soll und über die Eindrücke, welche der Bergmann und die Seiltänzer erregen; die Dichtung über das Goldne Zeitalter der jugendlichen Poesie, die Künste der Gaukler, die improvisierte Komödie auf der Wasserfahrt. Aber nicht bloß auf die Darstellungen des Schauspielers und was dem ähnlich ist, beschränkt sich diese Naturgeschichte des Schönen; in Mignons und des Alten romantischen Gesängen offenbart sich die Poesie auch als die natürliche Sprache und Musik schöner Seelen. Bei dieser Absicht mußte die Schauspielerwelt die Umgebung und der Grund des Ganzen werden, weil eben diese Kunst nicht bloß die vielseitigste, sondern auch die geselligste aller Künste ist, und weil sich hier vorzüglich Poesie und Leben, Zeitalter und Welt berühren, während die einsame Werkstätte des bildenden Künstlers weniger Stoff darbietet, und die Dichter nur in ihrem Innern als Dichter leben, und keinen abgesonderten Künstlerstand mehr bilden.

Obgleich es also den Anschein haben möchte, als sei das Ganze ebensosehr eine historische Philosophie der Kunst, als ein Kunstwerk oder Gedicht, und als sei alles, was der Dichter mit solcher Liebe ausführt, als wäre es sein letzter Zweck, am Ende doch nur Mittel: so ist doch auch alles Poesie, reine, hohe Poesie. Alles ist so gedacht und so gesagt wie von einem, der zugleich ein göttlicher Dichter und ein vollendeter Künstler wäre; und selbst der feinste Zug der Nebenausbildung scheint für sich zu existieren und sich eines eignen selbständigen Daseins zu erfreuen, sogar gegen die Gesetze einer kleinlichen unechten Wahrscheinlichkeit. Was fehlt Werners und Wilhelms Lobe des Handels und der Dichtkunst als das Metrum, um von jedermann für erhabne Poesie anerkannt zu werden? Überall werden uns goldne Früchte in silbernen Schalen gereicht. Diese wunderbare Prosa ist Prosa und doch Poesie. Ihre Fülle ist zierlich, ihre Einfachheit bedeutend und vielsagend, und ihre hohe und zarte Ausbildung ist ohne eigensinnige Strenge. Wie die Grundfäden dieses Stils im ganzen aus der gebildeten Sprache des gesellschaftlichen Lebens genommen sind, so gefällt er sich auch in seltsamen Gleichnissen, welche eine eigentümliche Merkwürdigkeit aus diesem oder jenem ökonomischen Gewerbe, und was sonst von den öffentlichen Gemeinplätzen der Poesie am entlegensten scheint, dem Höchsten und Zartesten ähnlich zu bilden streben.

Man lasse sich also dadurch, daß der Dichter selbst die Personen und die Begebenheiten so leicht und so launig zu nehmen, den Helden fast nie ohne Ironie zu erwähnen und auf sein Meisterwerk selbst von der Höhe seines Geistes herabzulächeln scheint, nicht täuschen, als sei es ihm nicht der heiligste Ernst. Man darf es nur auf die höchsten Begriffe beziehn und es nicht bloß so nehmen, wie es gewöhnlich auf dem Standpunkt des gesellschaftlichen Lebens genommen wird: als einen Roman, wo Personen und Begebenheiten der letzte Endzweck sind. Denn dieses schlechthin neue und einzige Buch, welches man nur aus sich selbst verstehen lernen kann, nach einem aus Gewohnheit und Glauben, aus zufälligen Erfahrungen und willkürlichen Forderungen zusammengesetzten und entstandnen Gattungsbegriff beurteilen: das ist, als wenn ein Kind Mond und Gestirne mit der Hand greifen und in sein Schächtelchen packen will.

Ebensosehr regt sich das Gefühl gegen eine schulgerechte Kunstbeurteilung des göttlichen Gewächses. Wer möchte ein Gastmahl des feinsten und ausgesuchtesten Witzes mit allen Förmlichkeiten und in aller üblichen Umständlichkeit rezensieren? Eine sogenannte Rezension des Meisters würde uns immer erscheinen, wie der junge Mann, der mit dem Buche unter dem Arm in den Wald spazieren kommt, und den Philine mit dem Kuckuck vertreibt.

Vielleicht soll man es also zugleich beurteilen und nicht beurteilen; welches keine leichte Aufgabe zu sein scheint. Glücklicherweise ist es eben eins von den Büchern, welche sich selbst beurteilen und den Kunstrichter sonach aller Mühe überheben. Ja, es beurteilt sich nicht nur selbst, es stellt sich auch selbst dar. Eine bloße Darstellung des Eindrucks würde daher, wenn sie auch keins der schlechtesten Gedichte von der beschreibenden Gattung sein sollte, außerdem, daß sie überflüssig sein würde, sehr den kürzern ziehen müssen; nicht bloß gegen den Dichter, sondern sogar gegen den Gedanken des Lesers, der Sinn für das Höchste hat, der anbeten kann, und ohne Kunst und Wissenschaft gleich weiß, was er anbeten soll, den das Rechte trifft wie ein Blitz.

Die gewöhnlichen Erwartungen von Einheit und Zusammenhang täuscht dieser Roman ebensooft als er sie erfüllt. Wer aber echten systematischen Instinkt, Sinn für das Universum, jene Vorempfindung der ganzen Welt hat, die Wilhelmen so interessant macht, fühlt gleichsam überall die Persönlichkeit und lebendige Individualität des Werks, und je tiefer er forscht, je mehr innere Beziehungen und Verwandtschaften, je mehr geistigen Zusammenhang entdeckt er in demselben. Hat irgendein Buch einen Genius, so ist es dieses. Hätte sich dieser auch im ganzen wie im einzelnen selbst charakterisieren können, so dürfte niemand weiter sagen, was eigentlich daran sei, und wie man es nehmen solle. Hier bleibt noch eine kleine Ergänzung möglich, und einige Erklärung kann nicht unnütz oder überflüssig scheinen, da trotz jenes Gefühls der Anfang und der Schluß des Werkes fast allgemein seltsam und unbefriedigend, und eins und das andre in der Mitte überflüssig und unzusammenhängend gefunden wird, und da selbst der, welcher das Göttliche der gebildeten Willkür zu unterscheiden und zu ehren weiß, beim ersten und beim letzten Lesen etwas Isoliertes fühlt, als ob bei der schönsten und innigsten Übereinstimmung und Einheit nur eben die letzte Verknüpfung der Gedanken und der Gefühle fehlte. Mancher, dem man den Sinn nicht absprechen kann, wird sich in vieles lange nicht finden können; denn bei fortschreitenden Naturen erweitern, schärfen und bilden sich Begriff und Sinn gegenseitig.

Über die Organisation des Werks muß der verschiedne Charakter der einzelnen Massen viel Licht geben können. Doch darf sich die Beobachtung und Zergliederung, um von den Teilen zum Ganzen gesetzmäßig fortzuschreiten, eben nicht ins unendlich Kleine verlieren. Sie muß vielmehr, als wären es schlechthin einfache Teile, bei jenen größern Massen stehn bleiben, deren Selbständigkeit sich auch durch ihre freie Behandlung, Gestaltung und Verwandlung dessen, was sie von den vorhergehenden überkamen, bewährt, und deren innre absichtslose Gleichartigkeit und ursprüngliche Einheit der Dichter selbst durch das absichtliche Bestreben, sie durch sehr verschiedenartige, doch immer poetische Mittel zu einem in sich vollendeten Ganzen zu runden, anerkannt hat. Durch jene Fortbildung ist der Zusammenhang, durch diese Einfassung ist die Verschiedenheit der einzelnen Massen gesichert und bestätigt; und so wird jeder notwendige Teil des einen und unteilbaren Romans ein System für sich. Die Mittel der Verknüpfung und der Fortschreitung sind ungefähr überall dieselben. Auch im zweiten Bande locken Jarno und die Erscheinung der Amazone, wie der Fremde und Mignon im ersten Bande, unsre Erwartung und unser Interesse in die dunkle Ferne, und deuten auf eine noch nicht sichtbare Höhe der Bildung; auch hier öffnet sich mit jedem Buch eine neue Szene und eine neue Welt; auch hier kommen die alten Gestalten verjüngt wieder; auch hier enthält jedes Buch die Keime des künftigen und verarbeitet den reinen Ertrag des vorigen mit lebendiger Kraft in sein eigentümliches Wesen; und das dritte Buch, welches sich durch das frischeste und fröhlichste Kolorit auszeichnet, erhält durch Mignons Dahin und durch Wilhelms und der Gräfin ersten Kuß eine schöne Einfassung wie von den höchsten Blüten der noch keimenden und der schon reifen Jugendfülle. Wo so unendlich viel zu bemerken ist, wäre es unzweckmäßig, irgend etwas bemerken zu wollen, was schon dagewesen ist, oder mit wenigen Veränderungen immer ähnlich wiederkommt. Nur was ganz neu und eigen ist, bedarf der Erläuterungen, die aber keinesweges alles allen hell und klar machen sollen: sie dürften vielmehr eben dann vortrefflich genannt zu werden verdienen, wenn sie dem, der den Meister ganz versteht, durchaus bekannt, und dem, der ihn gar nicht versteht, so gemein und leer wie das, was sie erläutern wollen, selbst vorkämen; dem hingegen, welcher das Werk halb versteht, auch nur halb verständlich wären, ihn über einiges aufklärten, über anderes aber vielleicht noch tiefer verwirrten, damit aus der Unruhe und dem

Zweifeln die Erkenntnis hervorgehe, oder damit das Subjekt wenigstens seiner Halbheit, soviel das möglich ist, inne werde. Der zweite Band insonderheit bedarf der Erläuterungen am wenigsten: er ist der reichste, aber der reizendste; er ist voll Verstand, aber doch sehr verständlich.

In dem Stufengange der Lehrjahre der Lebenskunst ist dieser Band für Wilhelmen der höhere Grad der Versuchungen, und die Zeit der Verirrungen und lehrreichen, aber kostbaren Erfahrungen. Freilich laufen seine Vorsätze und seine Handlungen vor wie nach in parallelen Linien nebeneinander her, ohne sich je zu stören oder zu berühren. Indessen hat er doch endlich das gewonnen, daß er sich aus der Gemeinheit, die auch den edelsten Naturen ursprünglich anhängt oder sie durch Zufall umgibt, mehr und mehr erhoben, oder sich doch aus ihr zu erheben ernstlich bemüht hat. Nachdem Wilhelms unendlicher Bildungstrieb zuerst bloß in seinem eignen Innern gewebt und gelebt hatte, bis zur Selbstvernichtung seiner ersten Liebe und seiner ersten Künstlerhoffnung, und sich dann weit genug in die Welt gewagt hatte, war es natürlich, daß er nun vor allen Dingen in die Höhe strebte, sollte es auch nur die Höhe einer gewöhnlichen Bühne sein, daß das Edle und Vornehme sein vorzüglichstes Augenmerk ward, sollte es auch nur die Repräsentation eines nicht sehr gebildeten Adels sein. Anders konnte der Erfolg dieses seinem Ursprunge nach achtungswürdigen Strebens nicht wohl ausfallen, da Wilhelm noch so unschuldig und so neu war. Daher mußte das dritte Buch eine starke Annäherung zur Komödie erhalten; um so mehr, da es darauf angelegt war, Wilhelms Unbekanntschaft mit der Welt und den Gegensatz zwischen dem Zauber des Schauspiels und der Niedrigkeit des gewöhnlichen Schauspielerlebens in das hellste Licht zu setzen. In den vorigen Massen waren nur einzelne Züge entschieden komisch, etwa ein paar Gestalten zum Vorgrunde oder eine unbestimmte Ferne. Hier ist das Ganze, die Szene und Handlung selbst komisch. Ja, man möchte es eine komische Welt nennen, da des Lustigen darin in der Tat unendlich viel ist, und da die Adligen und die Komödianten zwei abgesonderte Corps bilden, deren keines dem andern den Preis der Lächerlichkeit abtreten darf, und die auf das drolligste gegeneinander manövrieren. Die Bestandteile dieses Komischen sind keinesweges vorzüglich fein und zart oder edel. Manches ist vielmehr von der Art, worüber jeder gemeiniglich von Herzen zu lachen pflegt, wie der Kontrast zwischen den schönsten Erwartungen und einer schlechten Bewirtung. Der Kontrast zwischen der Hoffnung und dem Erfolg, der Einbildung und der Wirklichkeit spielt hier überhaupt eine große Rolle: die Rechte der Realität werden mit unbarmherziger Strenge durchgesetzt, und der Pedant bekommt sogar Prügel, weil er doch auch ein Idealist ist. Aus wahrer Affenliebe begrüßt ihn sein Kollege, der Graf, mit gnädigen Blicken über die ungeheure Kluft der Verschiedenheit des Standes; der Baron darf an geistiger Albernheit und die Baronesse an sittlicher Gemeinheit niemandem weichen; die Gräfin selbst ist höchstens eine reizende Veranlassung zu der schönsten Rechtfertigung des Putzes; und diese Adeligen sind – den Stand abgerechnet – den Schauspielern nur darin vorzuziehen, daß sie gründlicher gemein sind. Aber diese Menschen, die man lieber Figuren als Menschen nennen dürfte, sind mit leichter Hand und mit zartem Pinsel so hingedruckt, wie man sich die zierlichsten Karikaturen der edelsten Malerei denken möchte. Es ist bis zum Durchsichtigen gebildete Albernheit. Dieses Frische der Farben, dieses kindlich Bunte, diese Liebe zum Putz und Schmuck, dieser geistreiche Leichtsinn und flüchtige Mutwillen haben etwas, was man Äther der Fröhlichkeit nennen möchte, und was zu zart und zu fein ist, als daß der Buchstabe seinen Eindruck nachbilden und wiedergeben könnte. Nur dem, der vorlesen kann und sie vollkommen versteht, muß es überlassen bleiben, die Ironie, die über dem ganzen Werke schwebt, hier aber vorzüglich laut wird, denen, die den Sinn dafür haben, ganz fühlbar zu machen. Dieser sich selbst belächelnde Schein von Würde und Bedeutsamkeit in dem periodischen Stil, diese scheinbaren Nachlässigkeiten und Tautologien, welche die Bedingungen so vollenden, daß sie mit dem Bedingten wieder eins werden, und wie es die Gelegenheit gibt, alles oder nichts zu sagen oder sagen zu wollen scheinen, dieses höchst Prosaische mitten in der poetischen Stimmung des dargestellten oder komödierten Subjekts, der absichtliche Anhauch von poetischer Pedanterie bei sehr prosaischen Veranlassungen, sie beruhen oft auf einem einzigen Wort, ja auf einem Akzent.

Vielleicht ist keine Masse des Werks so frei und unabhängig vom

Ganzen als eben das dritte Buch. Doch ist nicht alles darin Spiel und nur auf den augenblicklichen Genuß gerichtet. Jarno gibt Wilhelmen und dem Leser eine mächtige Glaubensbestätigung an eine würdige große Realität und ernstere Tätigkeit in der Welt und in dem Werke. Sein schlichter trockner Verstand ist das vollkommne Gegenteil von Aureliens spitzfindiger Empfindsamkeit, die ihr halb natürlich ist und halb erzwungen. Sie ist durch und durch Schauspielerin, auch von Charakter; sie kann nichts und mag nichts als darstellen und aufführen, am liebsten sich selbst, und sie trägt alles zur Schau, auch ihre Weiblichkeit und ihre Liebe. Beide haben nur Verstand: denn auch Aurelien gibt der Dichter ein großes Maß von Scharfsinn; aber es fehlt ihr so ganz an Urteil und Gefühl des Schicklichen wie Jarno'n an Einbildungskraft. Es sind sehr ausgezeichnete, aber fast beschränkte, durchaus nicht große Menschen; und daß das Buch selbst auf jene Beschränktheit so bestimmt hindeutet, beweist, wie wenig es so bloße Lobrede auf den Verstand sei, als es wohl anfänglich scheinen könnte. Beide sind sich so vollkommen entgegengesetzt wie die tiefe innige Mariane und die leichte allgemeine Philine; und beide treten gleich diesen stärker hervor als nötig wäre, um die dargestellte Kunstlehre mit Beispielen und die Verwicklung des Ganzen mit Personen zu versorgen. Es sind Hauptfiguren, die jede in ihrer Masse gleichsam den Ton angeben. Sie bezahlen ihre Stelle dadurch, daß sie Wilhelms Geist auch bilden wollen, und sich seine gesamte Erziehung vorzüglich angelegen sein lassen. Wenngleich der Zögling trotz des redlichen Beistandes so vieler Erzieher in seiner persönlichen und sittlichen Ausbildung wenig mehr gewonnen zu haben scheint als die äußre Gewandtheit, die er sich durch den mannigfaltigeren Umgang und durch die Übungen im Tanzen und Fechten erworben zu haben glaubt: so macht er doch dem Anscheine nach in der Kunst große Fortschritte, und zwar mehr durch die natürliche Entfaltung seines Geistes als auf fremde Veranlassung. Er lernt nun auch eigentliche Virtuosen kennen, und die künstlerischen Gespräche unter ihnen sind außer dem, daß sie ohne den schwerfälligen Prunk der sogenannten gedrängten Kürze unendlich viel Geist, Sinn und Gehalt haben, auch noch wahre Gespräche; vielstimmig und ineinandergreifend, nicht bloß einseitige Scheingespräche. Serlo ist in gewissem Sinne ein allgemeingültiger

Mensch, und selbst seine Jugendgeschichte ist wie sie sein kann und sein soll bei entschiedenem Talent und ebenso entschiedenem Mangel an Sinn für das Höchste. Darin ist er Jarno'n gleich: beide haben am Ende doch nur das Mechanische ihrer Kunst in der Gewalt. Von den ersten Wahrnehmungen und Elementen der Poesie, mit denen der erste Band Wilhelmen und den Leser beschäftigte, bis zu dem Punkt, wo der Mensch fähig wird, das Höchste und das Tiefste zu fassen, ist ein unermeßlich weiter Zwischenraum, und wenn der Übergang, der immer ein Sprung sein muß, wie billig durch ein großes Vorbild vermittelt werden sollte: durch welchen Dichter konnte dies wohl schicklicher geschehen, als durch den, welcher vorzugsweise der Unendliche genannt zu werden verdient? Grade diese Seite des Shakespeare wird von Wilhelmen zuerst aufgefaßt, und da es in dieser Kunstlehre weniger auf seine große Natur als auf seine tiefe Künstlichkeit und Absichtlichkeit ankam, so mußte die Wahl den Hamlet treffen, da wohl kein Stück zu so vielfachem und interessantem Streit, was die verborgne Absicht des Künstlers oder was zufälliger Mangel des Werks sein möchte, Veranlassung geben kann, als eben dieses, welches auch in die theatralische Verwicklung und Umgebung des Romans am schönsten eingreift, und unter andern die Frage von der Möglichkeit, ein vollendetes Meisterwerk zu verändern oder unverändert auf der Bühne zu geben, gleichsam von selbst aufwirft. Durch seine retardierende Natur kann das Stück dem Roman, der sein Wesen eben darin setzt, bis zu Verwechselungen verwandt scheinen. Auch ist der Geist der Betrachtung und der Rückkehr in sich selbst, von dem es so voll ist, so sehr eine gemeinsame Eigentümlichkeit aller sehr geistigen Poesie, daß dadurch selbst dies fürchterliche Trauerspiel, welches zwischen Verbrechen und Wahnsinn schwankend, die sichtbare Erde als einen verwilderten Garten der lüsternen Sünde und ihr gleichsam hohles Innres wie den Wohnsitz der Strafe und der Pein darstellt und auf den härtesten Begriffen von Ehre und Pflicht ruht, wenigstens in einer Eigenschaft sich den fröhlichen Lehrjahren eines jungen Künstlers anneigen kann.

Die in diesem und dem ersten Buche des nächsten Bandes zerstreute Ansicht des Hamlet ist nicht sowohl Kritik als hohe Poesie. Und was kann wohl anders entstehn als ein Gedicht, wenn ein Dichter als solcher ein Werk der Dichtkunst anschaut und darstellt? Dies liegt nicht darin, daß sie über die Grenzen des sichtbaren Werkes mit Vermutungen und Behauptungen hinausgeht. Das muß alle Kritik, weil jedes vortreffliche Werk, von welcher Art es auch sei, mehr weiß als es sagt, und mehr will als es weiß. Es liegt in der gänzlichen Verschiedenheit des Zweckes und des Verfahrens. Jene poetische Kritik will gar nicht wie eine bloße Inschrift nur sagen, was die Sache eigentlich sei, wo sie in der Welt stehe und stehn solle: dazu bedarf es nur eines vollständigen ungeteilten Menschen, der das Werk so lange als nötig ist zum Mittelpunkt seiner Tätigkeit mache; wenn ein solcher mündliche oder schriftliche Mitteilung liebt, kann es ihm Vergnügen gewähren, eine Wahrnehmung, die im Grunde nur eine und unteilbar ist, weitläufig zu entwickeln, und so entsteht eine eigentliche Charakteristik. Der Dichter und Künstler hingegen wird die Darstellung von neuem darstellen, das schon Gebildete noch einmal bilden wollen; er wird das Werk ergänzen, verjüngen, neu gestalten. Er wird das Ganze nur in Glieder und Massen und Stücke teilen, nie in seine ursprünglichen Bestandteile zerlegen, die in Beziehung auf das Werk tot sind, weil sie nicht mehr Einheiten derselben Art wie das Ganze enthalten, in Beziehung auf das Weltall aber allerdings lebendig und Glieder oder Massen desselben sein können. Auf solche bezieht der gewöhnliche Kritiker den Gegenstand seiner Kunst, und muß daher seine lebendige Einheit unvermeidlich zerstören, ihn bald in seine Elemente zersetzen, bald selbst nur als ein Atom einer größern Masse betrachten.

Im fünften Buche kommt es von der Theorie zu einer durchdachten und nach Grundsätzen verfahrenden Ausübung; und auch Serlos und der andern Roheit und Eigennutz, Philinens Leichtsinn, Aureliens Überspannung, des Alten Schwermut und Mignons Sehnsucht gehen in Handlung über. Daher die nicht seltne Annäherung zum Wahnsinn, die eine Lieblingsbeziehung und Ton dieses Teils scheinen dürfte. Mignon als Mänade ist ein göttlich lichter Punkt, deren es hier mehrere gibt. Aber im ganzen scheint das Werk etwas von der Höhe des zweiten Bandes zu sinken. Es bereitet sich gleichsam schon vor, in die äußersten Tiefen des innern Menschen zu graben, und von da wieder eine noch größere und schlechthin große Höhe zu ersteigen, wo es bleiben kann. Überhaupt scheint es an einem Scheidepunkte zu stehn und in einer wichtigen Krise begriffen zu sein. Die Verwicklung und Verwirrung steigt am höchsten, und auch die gespannte Erwartung über den endlichen Aufschluß so vieler interessanter Rätsel und schöner Wunder. Auch Wilhelms falsche Tendenz bildet sich zu Maximen: aber die seltsame Warnung warnt auch den Leser, ihn nicht zu leichtsinnig schon am Ziel oder auf dem rechten Wege dahin zu glauben. Kein Teil des Ganzen scheint so abhängig von diesem zu sein, und nur als Mittel gebraucht zu werden, wie das fünfte Buch. Es erlaubt sich sogar bloß theoretische Nachträge und Ergänzungen, wie das Ideal eines Souffleurs, die Skizze der Liebhaber der Schauspielkunst, die Grundsätze über den Unterschied des Drama und des Romans.

Die Bekenntnisse der schönen Seele überraschen im Gegenteil durch ihre unbefangene Einzelnheit, scheinbare Beziehungslosigkeit auf das Ganze und in den früheren Teilen des Romans beispiellose Willkürlichkeit der Verflechtung mit dem Ganzen, oder vielmehr der Aufnahme in dasselbe. Genauer erwogen aber dürfte Wilhelm auch wohl vor seiner Verheiratung nicht ohne alle Verwandtschaft mit der Tante sein, wie ihre Bekenntnisse mit dem ganzen Buch. Es sind doch auch Lehrjahre, in denen nichts gelernt wird als zu existieren, nach seinen besondern Grundsätzen oder seiner unabänderlichen Natur zu leben; und wenn Wilhelm uns nur durch die Fähigkeit, sich für alles zu interessieren, interessant bleibt, so darf auch die Tante durch die Art, wie sie sich für sich selbst interessiert, Ansprüche darauf machen, ihr Gefühl mitzuteilen. Ja sie lebt im Grunde auch theatralisch; nur mit dem Unterschiede, daß sie die sämtlichen Rollen vereinigt, die in dem gräflichen Schlosse, wo alle agierten und Komödie mit sich spielten, unter viele Figuren verteilt waren, und daß ihr Innres die Bühne bildet, auf der sie Schauspieler und Zuschauer zugleich ist und auch noch die Intrigen in der Kulisse besorgt. Sie steht beständig vor dem Spiegel des Gewissens und ist beschäftigt, ihr Gemüt zu putzen und zu schmücken. Überhaupt ist in ihr das äußerste Maß der Innerlichkeit erreicht, wie es doch auch geschehen mußte, da das Werk von Anfang an einen so entschiednen Hang offenbarte, das Innre und das Äußre scharf zu trennen und entgegenzusetzen. Hier hat sich das Innre nur gleichsam selbst ausgehöhlt. Es ist der Gipfel der ausgebildeten Einseitigkeit, dem das Bild reifer Allgemeinheit eines großen Sinnes gegenübersteht. Der Onkel nämlich ruht im Hintergrunde dieses Gemäldes wie ein gewaltiges Gebäude der Lebenskunst im großen alten Stil, von edlen einfachen Verhältnissen, aus dem reinsten gediegensten Marmor. Es ist eine ganz neue Erscheinung in dieser Suite von Bildungsstücken. Bekenntnisse zu schreiben, wäre wohl nicht seine Liebhaberei gewesen; und da er sein eigner Lehrer war, kann er keine Lehrjahre gehabt haben wie Wilhelm. Aber mit männlicher Kraft hat er sich die umgebende Natur zu einer klassischen Welt gebildet, die sich um seinen selbständigen Geist wie um den Mittelpunkt bewegt.

Daß auch die Religion hier als angeborne Liebhaberei dargestellt wird, die sich durch sich selbst freien Spielraum schafft und stufenweise zur Kunst vollendet, stimmt vollkommen zu dem künstlerischen Geist des Ganzen, und es wird dadurch, wie an dem auffallendsten Beispiele, gezeigt, daß er alles so behandeln und behandelt wissen möchte. Die Schonung des Oheims gegen die Tante ist die stärkste Versinnlichung der unglaublichen Toleranz jener großen Männer, in denen sich der Weltgeist des Werks am unmittelbarsten offenbart. Die Darstellung einer sich wie ins Unendliche immer wieder selbst anschauenden Natur war der schönste Beweis, den ein Künstler von der unergründlichen Tiefe seines Vermögens geben konnte. Selbst die fremden Gegenstände malte er in der Beleuchtung und Farbe und mit solchen Schlagschatten, wie sie sich in diesem alles in seinem eignen Widerscheine schauenden Geiste abspiegeln und darstellen mußten. Doch konnte es nicht seine Absicht sein, hier tiefer und voller darzustellen, als für den Zweck des Ganzen nötig und gut wäre; und noch weniger konnte es seine Pflicht sein, einer bestimmten Wirklichkeit zu gleichen. Überhaupt gleichen die Charaktere in diesem Roman zwar durch die Art der Darstellung dem Porträt, ihrem Wesen nach aber sind sie mehr oder minder allgemein und allegorisch. Eben daher sind sie ein unerschöpflicher Stoff und die vortrefflichste Beispielsammlung für sittliche und gesellschaftliche Untersuchungen. Für diesen Zweck müßten Gespräche über die Charaktere im Meister sehr interessant sein können, obgleich sie zum Verständnis des Werks selbst nur etwa episodisch mitwirken könnten: aber Gespräche müßten es sein, um schon durch die Form alle Einseitigkeit zu verbannen. Denn wenn ein Einzelner nur aus dem Standpunkte seiner Eigentümlichkeit über jede dieser Personen räsonierte und ein moralisches Gutachten fällte, das wäre wohl die unfruchtbarste unter allen möglichen Arten, den Wilhelm Meister anzusehn; und man würde am Ende nicht mehr daraus lernen, als daß der Redner über diese Gegenstände so, wie es nun lautete, gesinnt sei.

Mit dem vierten Bande scheint das Werk gleichsam mannbar und mündig geworden. Wir sehen nun klar, daß es nicht bloß, was wir Theater oder Poesie nennen, sondern das große Schauspiel der Menschheit selbst und die Kunst aller Künste, die Kunst zu leben, umfassen soll. Wir sehen auch, daß diese Lehrjahre eher jeden andern zum tüchtigen Künstler oder zum tüchtigen Mann bilden wollen und bilden können als Wilhelmen selbst. Nicht dieser oder jener Mensch sollte erzogen, sondern die Natur, die Bildung selbst sollte in mannigfachen Beispielen dargestellt und in einfache Grundsätze zusammengedrängt werden. Wie wir uns in den Bekenntnissen plötzlich aus der Poesie in das Gebiet der Moral versetzt wähnten, so stehn hier die gediegnen Resultate einer Philosophie vor uns, die sich auf den höhern Sinn und Geist gründet, und gleich sehr nach strenger Absonderung und nach erhabner Allgemeinheit aller menschlichen Kräfte und Künste strebt. Für Wilhelmen wird wohl endlich auch gesorgt: aber sie haben ihn, fast mehr als billig oder höflich ist, zum besten; selbst der kleine Felix hilft ihn erziehen und beschämen, indem er ihm seine vielfache Unwissenheit fühlbar macht. Nach einigen leichten Krämpfen von Angst, Trotz und Reue verschwindet seine Selbständigkeit aus der Gesellschaft der Lebendigen. Er resigniert förmlich darauf, einen eignen Willen zu haben; und nun sind seine Lehrjahre wirklich vollendet, und Nathalie wird Supplement des Romans. Als die schönste Form der reinsten Weiblichkeit und Güte macht sie einen angenehmen Kontrast mit der etwas materiellen Therese. Nathalie verbreitet ihre wohltätigen Wirkungen durch ihr bloßes Dasein in der Gesellschaft: Therese bildet eine ähnliche Welt um sich her wie der Oheim. Es sind Beispiele und Veranlassungen zu der Theorie der Weiblichkeit, die in jener großen Lebenskunstlehre nicht fehlen durfte. Sittliche Geselligkeit und häusliche Tätigkeit, beide in romantisch schöner Gestalt, sind die beiden Urbilder, oder die beiden Hälften eines Urbildes, welche hier für diesen Teil der Menschheit aufgestellt werden.

Wie mögen sich die Leser dieses Romans beim Schluß desselben getäuscht fühlen, da aus allen diesen Erziehungsanstalten nichts herauskommt als bescheidne Liebenswürdigkeit, da hinter allen diesen wunderbaren Zufällen, weissagenden Winken und geheimnisvollen Erscheinungen nichts steckt als die erhabenste Poesie, und da die letzten Fäden des Ganzen nur durch die Willkür eines bis zur Vollendung gebildeten Geistes gelenkt werden! In der Tat erlaubt sich diese hier, wie es scheint mit gutem Bedacht, fast alles, und liebt die seltsamsten Verknüpfungen. Die Reden einer Barbara wirken mit der gigantischen Kraft und der würdigen Großheit der alten Tragödie; von dem interessantesten Menschen im ganzen Buch wird fast nichts ausführlich erwähnt als sein Verhältnis mit einer Pächterstochter; gleich nach dem Untergang Marianens, die uns nicht als Mariane, sondern als das verlassene, zerrissene Weib überhaupt interessiert, ergötzt uns der Anblick des dukatenzählenden Laertes; und selbst die unbedeutendsten Nebengestalten wie der Wundarzt sind mit Absicht höchst wunderlich. Der eigentliche Mittelpunkt dieser Willkürlichkeit ist die geheime Gesellschaft des reinen Verstandes, die Wilhelmen und sich selbst zum besten hat, und zuletzt noch rechtlich und nützlich und ökonomisch wird. Dagegen ist aber der Zufall selbst hier ein gebildeter Mann, und da die Darstellung alles andere im großen nimmt und gibt, warum sollte sie sich nicht auch der hergebrachten Lizenzen der Poesie im großen bedienen? Es versteht sich von selbst, daß eine Behandlung dieser Art und dieses Geistes alle Fäden lang und langsam ausspinnen wird. Indessen erinnert doch auch der erst eilende, dann aber unerwartet zögernde Schluß des vierten Bandes, wie Wilhelms allegorischer Traum im Anfange desselben, an vieles von allem, was das Interessanteste und Bedeutendste im ganzen ist. Unter andern sind der segnende Graf, die schwangre Philine vor dem Spiegel, als ein warnendes Beispiel der komischen Nemesis, und der sterbend geglaubte Knabe, welcher ein Butterbrot verlangt, gleichsam die ganz burlesken Spitzen des Lustigen und Lächerlichen.

Wenn bescheidner Reiz den ersten Band dieses Romans, glänzende Schönheit den zweiten und tiefe Künstlichkeit und Absichtlichkeit den dritten unterscheidet, so ist Größe der eigentliche Charakter des letzten, und mit ihm des ganzen Werks. Selbst der Gliederbau ist erhabner und Licht und Farben heller und höher; alles ist gediegen und hinreißend, und die Überraschungen drängen sich. Aber nicht bloß die Dimensionen sind erweitert, auch die Menschen sind von größerem Schlage. Lothario, der Abbé und der Oheim sind gewissermaßen jeder auf seine Weise der Genius des Buchs selbst; die andern sind nur seine Geschöpfe. Darum treten sie auch wie der alte Meister neben seinem Gemälde bescheiden in den Hintergrund zurück, obgleich sie aus diesem Gesichtspunkt eigentlich die Hauptpersonen sind. Der Oheim hat einen großen Sinn; der Abbé hat einen großen Verstand und schwebt über dem Ganzen wie der Geist Gottes. Dafür, daß er gern das Schicksal spielt, muß er auch im Buch die Rolle des Schicksals übernehmen. Lothario ist ein großer Mensch; der Oheim hat noch etwas Schwerfälliges, Breites, der Abbé etwas Magres, aber Lothario ist vollendet, seine Erscheinung ist einfach, sein Geist ist immer im Fortschreiten, und er hat keinen Fehler als den Erbfehler aller Größe, die Fähigkeit, auch zerstören zu können. Er ist die himmelanstrebende Kuppel, jene sind die gewaltigen Pilaster, auf denen sie ruht. Diese architektonischen Naturen umfassen, tragen und erhalten das Ganze. Die andern, welche nach dem Maß von Ausführlichkeit der Darstellung die wichtigsten scheinen können, sind nur die kleinen Bilder und Verzierungen im Tempel. Sie interessieren den Geist unendlich, und es läßt sich auch gut darüber sprechen, ob man sie achten oder lieben soll und kann, aber für das Gemüt selbst bleiben es Marionetten, allegorisches Spielwerk. Nicht so Mignon, Sperata und Augustino, die heilige Familie der Naturpoesie, welche dem Ganzen romantischen Zauber und Musik geben und im Übermaß ihrer eignen Seelenglut zugrunde gehn. Es ist, als wollte dieser Schmerz unser Gemüt aus allen seinen Fugen reißen: aber dieser Schmerz hat die Gestalt, den Ton einer klagenden Gottheit, und seine Stimme rauscht auf den Wogen der Melodie daher wie die Andacht würdiger Chöre.

Es ist, als sei alles Vorhergehende nur ein geistreiches interessantes Spiel gewesen, und als würde es nun Ernst. Der vierte Band ist eigentlich das Werk selbst; die vorigen Teile sind nur Vorbereitung. Hier öffnet sich der Vorhang des Allerheiligsten, und wir befinden uns plötzlich auf einer Höhe, wo alles göttlich und gelassen und rein ist und von der Mignons Exequien so wichtig und so bedeutend erscheinen als ihr notwendiger Untergang.

GESPRÄCH ÜBER DIE POESIE

Alle Gemüter, die sie lieben, befreundet und bindet Poesie mit unauflöslichen Banden. Mögen sie sonst im eignen Leben das Verschiedenste suchen, einer gänzlich verachten, was der andre am heiligsten hält, sich verkennen, nicht vernehmen, ewig fremd bleiben, in dieser Region sind sie dennoch durch höhere Zauberkraft einig und in Frieden. Jede Muse sucht und findet die andre, und alle Ströme der Poesie fließen zusammen in das allgemeine große Meer.

Die Vernunft ist nur eine und in allen dieselbe; wie aber jeder Mensch seine eigne Natur hat und seine eigne Liebe, so trägt auch jeder seine eigne Poesie in sich. Die muß ihm bleiben und soll ihm bleiben, so gewiß er der ist, der er ist, so gewiß nur irgend etwas Ursprüngliches in ihm war; und keine Kritik kann und darf ihm sein eigenstes Wesen, seine innerste Kraft rauben, um ihn zu einem allgemeinen Bilde ohne Geist und ohne Sinn zu läutern und zu reinigen, wie die Toren sich bemühen, die nicht wissen, was sie wollen. Aber lehren soll ihn die hohe Wissenschaft echter Kritik, wie er sich selbst bilden muß in sich selbst, und vor allem soll sie ihn lehren, auch jede andre selbständige Gestalt der Poesie in ihrer klassischen Kraft und Fülle zu fassen, daß die Blüte und der Kern fremder Geister Nahrung und Same werde für seine eigne Phantasie.

Nie wird der Geist, welcher die Orgien der wahren Muse kennt, auf dieser Bahn bis ans Ende dringen, oder wähnen, daß er es erreicht: denn nie kann er eine Sehnsucht stillen, die aus der Fülle der Befriedigungen selbst sich ewig von neuem erzeugt. Unermeßlich und unerschöpflich ist die Welt der Poesie wie der Reichtum der belebenden Natur an Gewächsen, Tieren und Bildungen jeglicher Art, Gestalt und Farbe. Selbst die künstlichen Werke oder natürlichen Erzeugnisse, welche die Form und den Namen von Gedichten tragen, wird nicht leicht auch der umfassendste alle umfassen. Und was sind sie gegen die formlose und bewußtlose Poesie, die sich in der Pflanze regt, im Lichte strahlt, im Kinde lächelt, in der Blüte der Jugend schimmert, in der liebenden Brust der Frauen glüht? – Diese aber ist die erste, ursprüngliche, ohne die es gewiß keine Poesie der Worte geben würde. Ja, wir alle, die wir Menschen sind, haben immer und ewig keinen andern Gegenstand und keinen andern Stoff aller Tätigkeit und aller Freude, als das eine Gedicht der Gottheit, dessen Teil und Blüte auch wir sind – die Erde. Die Musik des unendlichen Spielwerks zu vernehmen, die Schönheit des Gedichts zu verstehen, sind wir fähig, weil auch ein Teil des Dichters, ein Funke seines schaffenden Geistes in uns lebt und tief unter der Asche der selbstgemachten Unvernunft mit heimlicher Gewalt zu glühen niemals aufhört.

Es ist nicht nötig, daß irgend jemand sich bestrebe, etwa durch vernünftige Reden und Lehren die Poesie zu erhalten und fortzupflanzen oder gar sie erst hervorzubringen, zu erfinden, aufzustellen und ihr strafende Gesetze zu geben, wie es die Theorie der Dichtkunst so gern möchte. Wie der Kern der Erde sich von selbst mit Gebilden und Gewächsen bekleidete, wie das Leben von selbst aus der Tiefe hervorsprang und alles voll ward von Wesen, die sich fröhlich vermehrten, so blüht auch Poesie von selbst aus der unsichtbaren Urkraft der Menschheit hervor, wenn der erwärmende Strahl der göttlichen Sonne sie trifft und befruchtet. Nur Gestalt und Farbe können es nachbildend ausdrücken, wie der Mensch gebildet ist; und so läßt sich auch eigentlich nicht reden von der Poesie als nur in Poesie.

Die Ansicht eines jeden von ihr ist wahr und gut, insofern sie selbst Poesie ist. Da nun aber seine Poesie, ebenweil es die seine ist, beschränkt sein muß, so kann auch seine Ansicht der Poesie nicht anders als beschränkt sein. Dieses kann der Geist nicht ertragen, ohne Zweifel weil er, ohne es zu wissen, es dennoch weiß, daß kein Mensch schlechthin nur ein Mensch ist, sondern zugleich auch die ganze Menschheit wirklich und in Wahrheit sein kann und soll. Darum geht der Mensch, sicher sich selbst immer wieder zu finden, immer von neuem aus sich heraus, um die Ergänzung seines innersten Wesens in der Tiefe eines fremden zu suchen und zu finden. Das Spiel der Mitteilung und der

Annäherung ist das Geschäft und die Kraft des Lebens, absolute Vollendung ist nur im Tode.

Darum darf es auch dem Dichter nicht genügen, den Ausdruck seiner eigentümlichen Poesie, wie sie ihm angeboren und angebildet wurde, in bleibenden Werken zu hinterlassen. Er muß streben, seine Poesie und seine Ansicht der Poesie ewig zu erweitern, und sie der höchsten zu nähern, die überhaupt auf der Erde möglich ist; dadurch, daß er seinen Teil an das große Ganze auf die bestimmteste Weise anzuschließen strebt: denn die tötende Verallgemeinerung wirkt gerade das Gegenteil.

Er kann es, wenn er den Mittelpunkt gefunden hat, durch Mitteilung mit denen, die ihn gleichfalls von einer andern Seite auf eine andre Weise gefunden haben. Die Liebe bedarf der Gegenliebe. Ja für den wahren Dichter kann selbst das Verkehr mit denen, die nur auf der bunten Oberfläche spielen, heilsam und lehrreich sein. Er ist ein geselliges Wesen.

Für mich hatte es von jeher einen großen Reiz, mit Dichtern und dichterisch Gesinnten über die Poesie zu reden. Viele Gespräche der Art habe ich nie vergessen, von andern weiß ich nicht genau, was der Phantasie und was der Erinnerung angehört; vieles ist wirklich darin, andres ersonnen. So das gegenwärtige, welches ganz verschiedene Ansichten gegeneinander stellen soll, deren jede aus ihrem Standpunkte den unendlichen Geist der Poesie in einem neuen Lichte zeigen kann, und die alle mehr oder minder bald von dieser, bald von jener Seite in den eigentlichen Kern zu dringen streben. Das Interesse an dieser Vielseitigkeit erzeugte den Entschluß, was ich in einem Kreise von Freunden bemerkt und anfänglich nur in Beziehung auf sie gedacht hatte, allen denen mitzuteilen, die eigne Liebe im Busen spüren und gesonnen sind, in die heiligen Mysterien der Natur und der Poesie kraft ihrer innern Lebensfülle sich selbst einzuweihen.

Amalia und Camilla gerieten soeben über ein neues Schauspiel in ein Gespräch, das immer lebhafter wurde, als zwei von den erwarteten Freunden, die wir Marcus und Antonio nennen wollen, mit einem lauten Gelächter in die Gesellschaft traten. Nachdem jene beiden hinzugekommen, war diese nun so vollständig, als sie sich gewöhnlich bei Amalien zu versammeln pflegte, um sich frei und froh mit ihrer gemeinschaftlichen Liebhaberei zu beschäftigen. Ohne Verabredung oder Gesetz fügte es sich meistens von selbst, daß Poesie der Gegenstand, die Veranlassung, der Mittelpunkt ihres Beisammenseins war. Bisher hatte bald dieser, bald jener unter ihnen ein dramatisches Werk oder auch ein andres vorgelesen, worüber dann viel hin- und hergeredet und manches Gute und Schöne gesagt ward. Doch fühlten bald alle mehr oder minder einen gewissen Mangel bei dieser Art der Unterhaltung. Amalia bemerkte den Umstand zuerst und wie ihm zu helfen sein möchte. Sie meinte, die Freunde wüßten nicht klar genug um die Verschiedenheit ihrer Ansichten. Dadurch werde die Mitteilung verworren und schwiege mancher gar, der sonst wohl reden würde. Jeder, oder zunächst nur, wer eben am meisten Lust habe, solle einmal seine Gedanken über Poesie oder über einen Teil, eine Seite derselben von Grund des Herzens aussprechen, oder lieber ausschreiben, damit mans schwarz auf weiß besitze, wie's jeder meine. Camilla stimmte ihrer Freundin lebhaft bei, damit wenigstens einmal etwas Neues geschehe, zur Abwechslung von dem ewigen Lesen. Der Streit, sagte sie, würde dann erst recht arg werden; und das müsse er auch, denn eher sei keine Hoffnung zum ewigen Frieden.

Die Freunde ließen sich den Vorschlag gefallen und legten sogleich Hand ans Werk, ihn auszuführen. Selbst Lothario, der sonst am wenigsten sagte und stritt, ja oft stundenlang bei allem, was die andern sagen und streiten mochten, stumm blieb und sich in seiner würdigen Ruhe nicht stören ließ, schien den lebhaftesten Anteil zu nehmen und gab selbst Versprechungen, etwas vorzulesen. Das Interesse wuchs mit dem Werk und mit den Vorbereitungen dazu, die Frauen machten sich ein Fest daraus, und es wurde endlich ein Tag festgesetzt, an dem jeder vorlesen sollte, was er bringen würde. Durch alle diese Umstände war die Aufmerksamkeit gespannter als gewöhnlich; der Ton des Gesprächs indessen blieb ganz so zwanglos und leicht, wie er sonst unter ihnen zu sein pflegte.

Camilla hatte mit vielem Feuer ein Schauspiel beschrieben und gerühmt, was am Tage zuvor gegeben war. Amalia hingegen tadelte es und behauptete, es sei von Kunst, ja von Verstand durchaus keine Ahndung darin. Ihre Freundin gab dies sogleich zu; aber, sagte sie, es

ist doch wild und lebendig genug, oder wenigstens können es gute
Schauspieler, wenn sie guter Laune sind, dazu machen. – Wenn sie
wirklich gute Schauspieler sind, sagte Andrea, indem er auf seine
Rolle und nach der Türe sah, ob die Fehlenden nicht bald kommen
würden; wenn sie wirklich gute Schauspieler sind, so müssen sie eigentlich alle gute Laune verlieren, daß sie die der Dichter erst machen sollen. – Ihre gute Laune, Freund, erwiderte Amalia, macht Sie selbst
zum Dichter; denn daß man dergleichen Schauspielschreiber Dichter
heißt, ist doch nur ein Gedicht, und eigentlich viel ärger, als wenn die
Komödianten sich Künstler nennen oder nennen lassen. – Gönnt uns
aber doch unsre Weise, sagte Antonio, indem er sichtbar Camillens
Partei nahm; wenn sich einmal durch glücklichen Zufall ein Funken
von Leben, von Freude und Geist in der gemeinen Masse entwickelt,
so wollen wir lieber erkennen, als uns immer wiederholen, wie gemein
nun eben die gemeine Masse ist. – Darüber ist ja grade der Streit,
sagte Amalia; gewiß, es hat sich in dem Stück, von dem wir reden, gar
nichts weiter entwickelt, als was sich fast alle Tage da entwickelt; eine
gute Portion Albernheit. Sie fing hierauf an, Beispiele anzuführen,
worin sie aber bald gebeten wurde, nicht länger fortzufahren, und in
der Tat bewiesen sie nur zu sehr, was sie beweisen sollten.

Camilla erwiderte dagegen, dieses treffe sie gar nicht, denn sie habe
auf die Reden und Redensarten der Personen im Stück nicht sonderlich achtgegeben. – Man fragte sie, worauf sie denn geachtet habe, da
es doch keine Operette sei? – Auf die äußre Erscheinung, sagte sie,
die ich mir wie eine leichte Musik habe vorspielen lassen. Sie lobte
dann eine der geistreichsten Schauspielerinnen, schilderte ihre Manieren, ihre schöne Kleidung, und äußerte ihre Verwunderung, daß man
ein Wesen wie unser Theater so schwer nehmen könne. Gemein sei da
in der Regel freilich fast alles; aber selbst im Leben, wo es einem doch
näher trete, mache ja oft das Gemeine eine sehr romantische und angenehme Erscheinung. – Gemein in der Regel fast alles, sagte Lothario. Dieses ist sehr wichtig. Wahrlich, wir sollten nicht mehr so häufig
an einen Ort gehen, wo der von Glück zu sagen hat, der nicht vom
Gedränge, von üblem Geruch oder von unangenehmen Nachbarn leidet. Man forderte einmal von einem Gelehrten eine Inschrift für das
Schauspielhaus. Ich würde vorschlagen, daß man darüber setzte:

Komm, Wandrer, und sieh das Platteste; welches dann in den meisten Fällen eintreffen würde.

Hier wurde das Gespräch durch die eintretenden Freunde unterbrochen, und wären sie zugegen gewesen, so dürfte der Streit wohl eine andre Richtung und Verwicklung gewonnen haben, denn Marcus dachte nicht so über das Theater, und konnte die Hoffnung nicht aufgeben, daß etwas Rechtes daraus werden müsse.

Sie traten, wie gesagt, mit einem unmäßigen Gelächter in die Gesellschaft, und aus den letzten Worten, die man hören konnte, ließ sich schließen, daß ihre Unterhaltung sich auf die sogenannten klassischen Dichter der Engländer bezog. Man sagte noch einiges über denselben Gegenstand, und Antonio, der sich gern bei Gelegenheit mit dergleichen polemischen Einfällen dem Gespräch einmischte, das er selten selbst führte, behauptete, die Grundsätze ihrer Kritik und ihres Enthusiasmus wären im Smith über den Nationalreichtum zu suchen. Sie wären nur froh, wenn sie wieder einen Klassiker in die öffentliche Schatzkammer tragen könnten. Wie jedes Buch auf dieser Insel ein Essay, so werde da auch jeder Schriftsteller, wenn er nur seine gehörige Zeit gelegen habe, zum Klassiker. Sie wären aus gleichem Grund und in gleicher Weise auf die Verfertigung der besten Scheren stolz wie auf die der besten Poesie. So ein Engländer lese den Shakespeare eigentlich nicht anders wie den Pope, den Dryden, oder wer sonst noch Klassiker sei; bei dem einen denke er eben nicht mehr als bei dem andern. – Marcus meinte, das Goldne Zeitalter sei nun einmal eine moderne Krankheit, durch die jede Nation hindurch müsse, wie die Kinder durch die Pocken. – So müßte man den Versuch machen können, die Kraft der Krankheit durch Inokulation zu schwächen, sagte Antonio. Ludoviko, der mit seiner revolutionären Philosophie das Vernichten gern im Großen trieb, fing an, von einem System der falschen Poesie zu sprechen, was er darstellen wolle, die in diesem Zeitalter besonders bei Engländern und Franzosen grassiert habe und zum Teil noch grassiere; der tiefe gründliche Zusammenhang aller dieser falschen Tendenzen, die so schön übereinstimmen, eine die andre ergänzen und sich freundschaftlich auf halbem Wege entgegenkommen, sei ebenso merkwürdig und lehrreich als unterhaltend und grotesk. Er wünschte sich nur Verse machen zu können, denn in einem komischen Gedicht müßte sich, was er meine, eigentlich erst recht machen. Er wollte noch mehr davon sagen, aber die Frauen unterbrachen ihn und forderten den Andrea auf, daß er anfangen möchte; sonst wäre des Vorredens kein Ende. Nachher könnten sie ja desto mehr reden und streiten. Andrea schlug die Rolle auf und las.

Epochen der Dichtkunst

Wo irgend lebendiger Geist in einem gebildeten Buchstaben gebunden erscheint, da ist Kunst, da ist Absonderung, Stoff zu überwinden, Werkzeuge zu gebrauchen, ein Entwurf und Gesetze der Behandlung. Darum sehn wir die Meister der Poesie sich mächtig bestreben, sie auf das vielseitigste zu bilden. Sie ist eine Kunst, und wo sie es noch nicht war, soll sie es werden, und wenn sie es wurde, erregt sie gewiß in denen, die sie wahrhaft lieben, eine starke Sehnsucht, sie zu erkennen, die Absicht des Meisters zu verstehen, die Natur des Werks zu begreifen, den Ursprung der Schule, den Gang der Ausbildung zu erfahren. Die Kunst ruht auf dem Wissen, und die Wissenschaft der Kunst ist ihre Geschichte.

Es ist aller Kunst wesentlich eigen, sich an das Gebildete anzuschließen, und darum steigt die Geschichte von Geschlecht zu Geschlecht, von Stufe zu Stufe immer höher ins Altertum zurück, bis zur ersten ursprünglichen Quelle.

Für uns Neuere, für Europa liegt diese Quelle in Hellas, und für die Hellenen und ihre Poesie war es Homeros und die alte Schule der Homeriden. Eine unversiegbare Quelle allbildsamer Dichtung war es, ein mächtiger Strom der Darstellung, wo eine Woge des Lebens auf die andre rauscht, ein ruhiges Meer, wo sich die Fülle der Erde und der Glanz des Himmels freundlich spiegeln. Wie die Weisen den Anfang der Natur im Wasser suchen, so zeigt sich die älteste Poesie in flüssiger Gestalt.

Um zwei verschiedene Mittelpunkte vereinigte sich die Masse der Sage und des Gesanges. Hier ein großes gemeinsames Unternehmen, ein Gedränge von Kraft und Zwiespalt, der Ruhm des Tapfersten; dort die Fülle des Sinnlichen, Neuen, Fremden, Reizenden, das Glück einer Familie, ein Bild der gewandtesten Klugheit, wie ihr endlich die erschwerte Heimkehr dennoch gelingt. Durch diese ursprüngliche Absonderung ward das vorbereitet und gebildet, was wir Ilias und Odyssee nennen, und was in ihr eben einen festen Anhalt fand, um vor andern Gesängen der gleichen Zeit für die Nachwelt zu bleiben.

In dem Gewächs der Homerischen sehen wir gleichsam das Entstehen aller Poesie; aber die Wurzeln entziehn sich dem Blick, und die Blüten und Zweige der Pflanze treten unbegreiflich schön aus der Nacht des Altertums hervor. Dieses reizend gebildete Chaos ist der Keim, aus welchem die Welt der alten Poesie sich organisierte.

Die epische Form verdarb schnell. Statt dessen erhob sich, auch bei den Joniern, die Kunst der Jamben, die im Stoff und in der Behandlung der grade Gegensatz der mythischen Posie, und eben darum der zweite Mittelpunkt der hellenischen Poesie war, und an und mit ihr die Elegie, welche sich fast ebenso mannigfach verwandelte und umgestaltete wie das Epos.

Was Archilochus war, muß uns, außer den Bruchstücken, Nachrichten und Nachbildungen des Horatius in den Epoden, die Verwandtschaft der Komödie des Aristophanes und selbst die entferntere der römischen Satire vermuten lassen. Mehr haben wir nicht, die größte Lücke in der Kunstgeschichte auszufüllen. Doch leuchtet es jedem, der nachdenken will, ein, wie es ewig im Wesen der höchsten Poesie liege, auch in heiligem Zorn auszubrechen, und ihre volle Kraft an dem fremdesten Stoff, der gemeinen Gegenwart zu äußern.

Dieses sind die Quellen der hellenischen Poesie, Grundlage und Anfang. Die schönste Blüte umfaßt die melischen, chorischen, tragischen und komischen Werke der Dorer, Äolier und Athener von Alkman und Sappho bis zum Aristophanes. Was uns aus dieser wahrhaft goldenen Zeit in den höchsten Gattungen der Poesie übrig geblieben ist, trägt mehr oder minder einen schönen oder großen Stil, die Lebenskraft der Begeisterung und die Ausbildung der Kunst in göttlicher Harmonie.

Das Ganze ruht auf dem festen Boden der alten Dichtung, eins und unteilbar durch das festliche Leben freier Menschen und durch die heilige Kraft der alten Götter.

Die melische Poesie schloß sich mit ihrer Musik aller schönen Gefühle zunächst an die jambische, in welcher der Drang der Leidenschaft, und die elegische, in welcher der Wechsel der Stimmung im Spiel des Lebens so lebendig erscheinen, daß sie für den Haß und die Liebe gelten können, durch welche das ruhige Chaos der homerischen Dichtung bewegt ward zu neuen Bildungen und Gestaltungen. Die chorischen Gesänge hingegen neigten sich mehr zum heroischen Geist des Epos, und trennten sich ebenso einfach nach dem Übergewicht von gesetzlichem Ernst oder heiliger Freiheit in der Verfassung und Stimmung des Volks. Was Eros der Sappho eingab, atmete Musik; und wie die Würde des Pindaros gemildert wird durch den fröhlichen Reiz gymnastischer Spiele, so ahmten die Dithyramben in ihrer Ausgelassenheit auch wohl die kühnsten Schönheiten der Orchestik nach.

Stoff und Urbilder fanden die Stifter der tragischen Kunst im Epos, und wie dieses aus sich selbst die Parodie entwickelte, so spielten dieselben Meister, welche die Tragödie erfanden, in Erfindung satirischer Dramen.

Zugleich mit der Plastik entstand die neue Gattung, ihr ähnlich in der Kraft der Bildung und im Gesetz des Gliederbaus.

Aus der Verbindung der Parodie mit den alten Jamben und als Gegensatz der Tragödie entsprang die Komödie, voll der höchsten Mimik, die nur in Worten möglich ist.

Wie dort Handlungen und Begebenheiten, Eigentümlichkeit und Leidenschaft aus der gegebnen Sage zu einem schönen System harmonisch geordnet und gebildet wurden, so ward hier eine verschwenderische Fülle von Erfindung als Rhapsodie kühn hingeworfen, mit tiefem Verstand im scheinbaren Unzusammenhang.

Beide Arten des attischen Dramas griffen aufs wirksamste ins Leben ein, durch ihre Beziehung auf das Ideal der beiden großen Formen, in denen das höchste und einzige Leben, das Leben des Menschen unter Menschen erscheint. Den Enthusiasmus für die Republik finden wir beim Aischylos und Aristophanes, ein hohes Urbild schöner Familie in den heroischen Verhältnissen der alten Zeit liegt dem Sophokles zum Grunde.

Wie Aischylos ein ewiges Urbild der harten Größe und des nicht ausgebildeten Enthusiasmus, Sophokles aber der harmonischen Vollendung ist: so zeigt schon Euripides jene unergründliche Weichlichkeit, die nur dem versunkenen Künstler möglich ist, und seine Poesie ist oft nur die sinnreichste Deklamation.

Diese erste Masse hellenischer Dichtkunst, das alte Epos, die Jamben, die Elegie, die festlichen Gesänge und Schauspiele: das ist die Poesie selbst. Alles, was noch folgt, bis auf unsre Zeiten, ist Überbleibsel, Nachhall, einzelne Ahndung, Annäherung, Rückkehr zu jenem höchsten Olymp der Poesie.

Die Vollständigkeit nötigt mich zu erwähnen, daß auch die ersten Quellen und Urbilder des didaskalischen Gedichts, die wechselseitigen Übergänge der Poesie und der Philosophie in dieser Blütezeit der alten Bildung zu suchen sind: in den naturbegeisterten Hymnen der Mysterien, in den sinnreichen Lehren der gesellig sittlichen Gnome, in den allumfassenden Gedichten des Empedokles und andrer Forscher, und etwa in den Symposien, wo das philosophische Gespräch und die Darstellung desselben ganz in Dichtung übergeht.

Solche einzig große Geister wie Sappho, Pindaros, Aischylos, Sophokles, Aristophanes kamen nicht wieder; aber noch gabs genialische Virtuosen wie Philoxenos, die den Zustand der Auflösung und Gärung bezeichnen, welcher den Übergang von der großen idealischen zur zierlichen gelehrten Poesie der Hellenen bildet. Ein Mittelpunkt für diese war Alexandrien. Doch nicht hier allein blühte ein klassisches Siebengestirn tragischer Dichter; auch auf der attischen Bühne glänzte eine Schar von Virtuosen, und wenngleich die Dichtkünstler in allen Gattungen Versuche in Menge machten, jede alte Form nachzubilden oder umzugestalten, so war es doch die dramatische Gattung vor allen, in welcher sich die noch übrige Erfindungskraft dieses Zeitalters durch eine reiche Fülle der sinnreichsten und oft seltsamen neuen Verbindungen und Zusammensetzungen zeigte, teils im Ernst, teils zur Parodie. Doch blieb es auch wohl in dieser Gattung beim Zierlichen, Geistvollen, Künstlichen, wie in den andern, unter denen wir nur das Idyllion als eine eigentümliche Form dieses Zeitalters erwähnen; eine Form, deren Eigentümliches aber fast nur im Formlosen besteht. Im Rhythmus und manchen Wendungen der Sprache und Darstellungsart folgt es einigermaßen dem epischen Stil; in der Handlung und im Gespräch den dorischen Mimen von einzelnen Szenen aus dem geselligen Leben in der lokalsten Farbe;

im Wechselgesange den kunstlosen Liedern der Hirten; im erotischen Geist gleicht es der Elegie und dem Epigramm dieser Zeit, wo dieser Geist selbst in epische Werke einfloß, deren viele jedoch fast nur Form waren, wo der Künstler in der didaskalischen Gattung zu zeigen suchte, daß seine Darstellung auch den schwierigsten, trockensten Stoff besiegen könne; in der mythischen hingegen, daß man auch den seltensten kenne, und auch den ältesten ausgebildetsten neu zu verjüngen und feiner umzubilden wisse, oder in zierlichen Parodien mit einem nur scheinbaren Objekt spielte. Überhaupt ging die Poesie dieser Zeit entweder auf die Künstlichkeit der Form oder auf den sinnlichen Reiz des Stoffs, der selbst in der neuen attischen Komödie herrschte; aber das Wollüstigste ist verloren.

Nachdem auch die Nachahmung erschöpft war, begnügte man sich, neue Kränze aus den alten Blumen zu flechten, und Anthologien sind es, welche die hellenische Poesie beschließen.

Die Römer hatten nur einen kurzen Anfall von Poesie, währenddessen sie mit großer Kraft kämpften und strebten, sich die Kunst ihrer Vorbilder anzueignen. Sie erhielten dieselben zunächst aus den Händen der Alexandriner; daher herrscht das Erotische und Gelehrte in ihren Werken und muß auch, was die Kunst betrifft, der Gesichtspunkt bleiben, sie zu würdigen. Denn der Verständige läßt jedes Gebildete in seiner Sphäre, und beurteilt es nur nach seinem eignen Ideale. Zwar erscheint Horatius in jeder Form interessant, und einen Menschen von dem Wert dieses Römers würden wir vergeblich unter den spätern Hellenen suchen; aber dieses allgemeine Interesse an ihm selbst ist mehr ein moralisches als ein Kunsturteil, welches ihn nur in der Satire hoch stellen kann. Eine herrliche Erscheinung ists, wenn die römische Kraft mit der hellenischen Kunst bis zur Verschmelzung eins wird. So bildete Propertius eine große Natur durch die gelehrteste Kunst; der Strom inniger Liebe quoll mächtig aus seiner treuen Brust. Er darf uns über den Verlust hellenischer Elegiker trösten, wie Lucretius über den des Empedokles.

Während einiger Menschenalter wollte alles dichten in Rom, und jeder glaubte, er müsse die Musen begünstigen und ihnen wieder aufhelfen; und das nannten sie ihre Goldne Zeit der Poesie. Gleichsam die taube Blüte in der Bildung dieser Nation. Die Modernen sind ihnen darin gefolgt; was unter Augustus und Mäcenas geschah, war eine Vorbedeutung auf die Cinquecentisten Italiens. Ludwig der Vierzehnte versuchte denselben Frühling des Geistes in Frankreich zu erzwingen, auch die Engländer kamen überein, den Geschmack unter der Königin Anna für den besten zu halten, und keine Nation wollte fernerhin ohne ihr Goldnes Zeitalter bleiben; jedes folgende war leerer und schlechter noch als das vorhergehende, und was sich die Deutschen zuletzt als golden eingebildet haben, verbietet die Würde dieser Darstellung näher zu bezeichnen.

Ich kehre zurück zu den Römern. Sie hatten, wie gesagt, nur einen Anfall von Poesie, die ihnen eigentlich stets widernatürlich blieb. Einheimisch war bei ihnen nur die Poesie der Urbanität, und mit der einzigen Satire haben sie das Gebiet der Kunst bereichert. Es nahm dieselbe unter jedem Meister eine neue Gestalt an, indem sich der große alte Stil der römischen Geselligkeit und des römischen Witzes bald die klassische Kühnheit des Archilochos und der alten Komödie aneignete, bald aus der sorglosen Leichtigkeit eines Improvisatore zur saubersten Eleganz eines korrekten Hellenen bildete, bald mit stoischem Sinn und im gediegensten Stil zur großen alten Weise der Nation zurückkehrte, bald sich der Begeisterung des Hasses überließ. Durch die Satire erscheint in neuem Glanz, was noch von der Urbanität der ewigen Roma im Catullus lebt, im Martialis, oder sonst einzeln und zerstreut. Die Satire gibt uns einen römischen Standpunkt für die Produkte des römischen Geistes.

Nachdem die Kraft der Poesie so schnell erloschen als zuvor gewachsen war, nahm der Geist der Menschen eine andre Richtung, die Kunst verschwand im Gedränge der alten und der neuen Welt, und über ein Jahrtausend verstrich, ehe wieder ein großer Dichter im Okzident aufstand. Wer Talent zum Reden hatte, widmete sich bei den Römern gerichtlichen Geschäften, und wenn er ein Hellene war, hielt er populäre Vorlesungen über allerlei Philosophie. Man begnügte sich, die alten Schätze jeder Art zu erhalten, zu sammeln, zu mischen, abzukürzen und zu verderben; und wie in andern Zweigen der Bildung, so zeigt sich auch in der Poesie nur selten eine Spur von Originalität, einzeln und ohne Nachdruck; nirgends ein Künstler, kein klassisches Werk in so langer Zeit. Dagegen war die Erfindung und Begeisterung in der Religion um so reger; in der Ausbildung der neuen, in den Versuchen zur Umbildung der alten, in der mystischen Philosophie müssen wir die Kraft jener Zeit suchen, die in dieser Rücksicht groß war, eine Zwischenwelt der Bildung, ein fruchtbares Chaos zu einer neuen Ordnung der Dinge, das wahre Mittelalter.

Mit den Germaniern strömte ein unverdorbener Felsenquell von neuem Heldengesang über Europa, und als die wilde Kraft der gotischen Dichtung durch Einwirkung der Araber mit einem Nachhall von den reizenden Wundermärchen des Orients zusammentraf, blühte an der südlichen Küste gegen das Mittelmeer ein fröhliches Gewerbe von Erfindern lieblicher Gesänge und seltsamer Geschichten, und bald in dieser, bald in jener Gestalt verbreitete sich mit der heiligen lateinischen Legende auch die weltliche Romanze, von Liebe und von Waffen singend.

Die katholische Hierarchie war unterdessen ausgewachsen; die Jurisprudenz und die Theologie zeigte manchen Rückweg zum Altertum. Diesen betrat, Religion und Poesie verbindend, der große Dante, der heilige Stifter und Vater der modernen Poesie. Von den Altvordern der Nation lernte er das Eigenste und Sonderbarste, das Heiligste und das Süßeste der neuen gemeinen Mundart zu klassischer Würde und Kraft zusammenzudrängen und so die provenzalische Kunst der Reime zu veredeln; und da ihm nicht bis zur Quelle zu steigen vergönnt war, konnten ihm auch Römer den allgemeinen Gedanken eines großen Werkes von geordnetem Gliederbau mittelbar anregen. Mächtig faßte er ihn, in Einen Mittelpunkt drängte sich die Kraft seines erfindsamen Geistes zusammen, in Einem ungeheuren Gedicht umfaßte er mit starken Armen seine Nation und sein Zeitalter, die Kirche und das Kaisertum, die Weisheit und die Offenbarung, die Natur und das Reich Gottes. Eine Auswahl des Edelsten und des Schändlichsten, was er gesehn, des Größten und des Seltsamsten, was er ersinnen konnte, die offenherzigste Darstellung seiner selbst und seiner Freunde, die herrlichste Verherrlichung der Geliebten, alles treu und wahrhaftig im Sichtbaren und voll geheimer Bedeutung und Beziehung aufs Unsichtbare.

Petrarca gab der Kanzone und dem Sonett Vollendung und Schönheit. Seine Gesänge sind der Geist seines Lebens, und ein Hauch beseelt und bildet sie zu Einem unteilbaren Werk; die ewige Roma auf Erden und die Madonna im Himmel als Widerschein der einzigen Laura in seinem Herzen versinnlichen und halten in schöner Freiheit die geistige Einheit des ganzen Gedichts. Sein Gefühl hat die Sprache der Liebe gleichsam erfunden und gilt nach Jahrhunderten noch bei allen Edlen, wie Boccaccios Verstand eine unversiegbare Quelle merkwürdiger, meistens wahrer und sehr gründlich ausgearbeiteter Geschichten für die Dichter jeder Nation stiftete und durch kraftvollen Ausdruck und großen Periodenbau die Erzählungssprache der Konversation zu einer soliden Grundlage für die Prosa des Romans erhob. So streng in der Liebe Petrarcas Reinheit, so materiell ist Boccaccios Kraft, der es lieber wählte, alle reizenden Frauen zu trösten, als eine zu vergöttern. In der Kanzone durch fröhliche Anmut und geselligen Scherz nach dem Meister neu zu sein, gelang ihm glücklicher als diesem, in der Vision und Terzine dem großen Dante ähnlich zu werden.

Diese drei sind die Häupter vom alten Stil der modernen Kunst; ihren Wert soll der Kenner verstehn, dem Gefühl des Liebhabers bleibt grade das Beste und Eigenste in ihnen hart oder doch fremd.

Aus solchen Quellen entsprungen, konnte bei der vorgezognen Nation der Italiener der Strom der Poesie nicht wieder versiegen. Jene Erfinder zwar ließen keine Schule, sondern nur Nachahmer zurück: dagegen entstand schon früh ein neues Gewächs. Man wandte die Form und Bildung der nun wieder zur Kunst gewordnen Poesie auf den abenteuerlichen Stoff der Ritterbücher an, und so entstand das Romanzo der Italiener, ursprünglich schon zu geselligen Vorlesungen bestimmt, und die altertümlichen Wundergeschichten durch einen Anhauch von geselligem Witz und geistiger Würze zur Groteske laut oder leise verwandelnd. Doch ist dieses Groteske selbst im Ariosto, der das Romanzo wie Boyardo mit Novellen und nach dem Geist seiner Zeit mit schönen Blüten aus den Alten schmückte und in der Stanze eine hohe Anmut erreichte, nur einzeln, nicht im Ganzen, das kaum diesen Namen verdient. Durch diesen Vorzug und durch seinen hellen Verstand steht er über seinem Vorgänger; die Fülle klarer Bilder und die glückliche Mischung von Scherz und Ernst macht ihn zum Meister und Urbilde in leichter Erzählung und sinnlichen Phantasien. Der Versuch, das Romanzo durch einen würdigen Gegenstand und durch klassische Sprache zur antiken Würde der Epopöe zu erheben, das man sich als ein großes Kunstwerk aller Kunstwerke für die Nation, und nach seinem allegorischen Sinn noch besonders für die Gelehrten dachte, blieb, so oft er auch wiederholt wurde, nur ein Versuch, der den rechten Punkt nicht treffen konnte. Auf einem andern ganz neuen, aber nur einmal anwendbaren Wege gelang es dem Guarini, im *Pastor fido*, dem größten, ja einzigen Kunstwerke der Italiener nach jenen Großen, den romantischen Geist und die klassische Bildung zur schönsten Harmonie zu verschmelzen, wodurch er auch dem Sonett neue Kraft und neuen Reiz gab.

Die Kunstgeschichte der Spanier, die mit der Poesie der Italiener aufs innigste vertraut waren, und die der Engländer, deren Sinn damals für das Romantische, was etwa durch die dritte, vierte Hand zu ihnen gelangte, sehr empfänglich war, drängt sich zusammen in die von der Kunst zweier Männer, des Cervantes und Shakespeare, die so groß waren, daß alles übrige gegen sie nur vorbereitende, erklärende, ergänzende Umgebung scheint. Die Fülle ihrer Werke und der Stufengang ihres unermeßlichen Geistes wäre allein Stoff für eine eigne Geschichte. Wir wollen nur den Faden derselben andeuten, in welche bestimmten Massen das Ganze zerfällt, oder wo man wenigstens einige feste Punkte und die Richtung sieht.

Da Cervantes zuerst die Feder statt des Degens ergriff, den er nicht mehr führen konnte, dichtete er die *Galatea*, eine wunderbar große Komposition von ewiger Musik der Phantasie und der Liebe, den zartesten und lieblichsten aller Romane; außerdem viele Werke, so die Bühne beherrschten, und wie die göttliche *Numantia* des alten Kothurns würdig waren. Dieses war die erste große Zeit seiner Poesie; ihr Charakter war hohe Schönheit, ernst, aber lieblich.

Das Hauptwerk seiner zweiten Manier ist der erste Teil des *Don Quixote*, in welchem der phantastische Witz und eine verschwenderische Fülle kühner Erfindung herrschen. Im gleichen Geist und wahrscheinlich auch um dieselbe Zeit dichtete er auch viele seiner Novellen, besonders die komischen. In den letzten Jahren seines Lebens gab er dem herrschenden Geschmack im Drama nach und nahm es aus diesem Grunde zu nachlässig; auch im zweiten Teil des *Don Quixote* nahm er Rücksicht auf Urteile; es blieb ihm ja doch frei, sich selbst zu genügen und diese an die erste überall angebildete Masse des einzig in zwei getrennten und aus zweien verbundenen Werks, das hier gleichsam in sich selbst zurückkehrt, mit unergründlichem Verstand in die tiefste Tiefe auszuarbeiten. Den großen *Persiles* dichtete er mit sinnreicher Künstlichkeit in einer ernsten, dunkeln Manier nach seiner Idee vom Roman des Heliodor; was er noch dichten wollte, vermutlich in der Gattung des Ritterbuchs und des dramatisierten Romans, sowie den zweiten Teil der *Galatea* zu vollenden, verhinderte ihn der Tod.

Vor Cervantes war die Prosa der Spanier im Ritterbuch auf eine schöne Art altertümlich, im Schäferroman blühend, und ahmte im romantischen Drama das unmittelbare Leben in der Sprache des Umgangs scharf und genau nach. Die lieblichste Form für zarte Lieder, voll Musik oder sinnreicher Tändelei, und die Romanze, gemacht, um mit Adel und Einfalt edle und rührende alte Geschichten ernst und treu zu erzählen, waren von alters her in diesem Lande einheimisch. Weniger war dem Shakespeare vorgearbeitet; fast nur durch die bunte Mannigfaltigkeit der engländischen Bühne, für die bald Gelehrte, bald Schauspieler, Vornehme und Hofnarren arbeiteten, wo Mysterien aus der Kindheit des Schauspiels oder altenglische Possen mit fremden Novellen, mit vaterländischen Historien und andern Gegenständen wechselten; in jeder Manier und in jeder Form, aber nichts, was wir Kunst nennen dürften. Doch war es für den Effekt und selbst für die Gründlichkeit ein glücklicher Umstand, daß früh schon Schauspieler für die Bühne arbeiteten, die doch durchaus nicht auf den Glanz der äußern Erscheinung berechnet war, und daß im historischen Schauspiel die Einerleiheit des Stoffs den Geist des Dichters und des Zuschauers auf die Form lenken mußte.

Shakespeares früheste Werke[1] müssen mit dem Auge betrachtet werden, mit welchem der Kenner die Altertümer der italienischen Malerkunst verehrt. Sie sind ohne Perspektive und andre Vollendung, aber gründlich, groß und voll Verstand, und in ihrer Gattung nur

---

[1] Über die sogenannten unechten Stücke von Shakespeare und die Beweise ihrer Echtheit dürfen wir den Freunden des Dichters eine ausführliche Untersuchung von Tieck versprechen, dessen gelehrte Kenntnis und originelle Ansicht derselben die Aufmerksamkeit des Verfassers zuerst auf jene interessante kritische Frage lenkte.

durch die Werke aus der schönsten Manier desselben Meisters übertroffen. Wir rechnen dahin den *Locrinus*, wo der höchste Kothurn in gotischer Mundart mit der derben altenglischen Lustigkeit grell verbunden ist, den göttlichen *Perikles* und andre Kunstwerke des einzigen Meisters, die der Aberwitz seichter Schriftgelehrten ihm gegen alle Geschichte abgesprochen oder die Dummheit derselben nicht anerkannt hat. Wir setzen, daß diese Produkte früher sind als der *Adonis* und die *Sonette*, weil keine Spur darin ist von der süßen lieblichen Bildung, von dem schönen Geist, der mehr oder minder in allen spätern Dramen des Dichters atmet, am meisten in denen der höchsten Blüte. Liebe, Freundschaft und edle Gesellschaft wirkten nach seiner Selbstdarstellung eine schöne Revolution in seinem Geiste; die Bekanntschaft mit den zärtlichen Gedichten des bei den Vornehmen beliebten Spenser gab seinem neuen romantischen Schwunge Nahrung, und dieser mochte ihn zur Lektüre der Novellen führen, die er mehr, als zuvor geschehn war, für die Bühne mit dem tiefsten Verstande umbildete, neu konstruierte und phantastisch reizend dramatisierte. Diese Ausbildung floß nun auch auf die historischen Stücke zurück, gab ihnen mehr Fülle, Anmut und Witz, und hauchte allen seinen Dramen den romantischen Geist ein, der sie in Verbindung mit der tiefen Gründlichkeit am eigensten charakterisiert und sie zu einer romantischen Grundlage des modernen Dramas konstituiert, die dauerhaft genug ist für ewige Zeiten.

Von den zuerst dramatisierten Novellen erwähnen wir nur den *Romeo* und *Love's labour's lost* als die lichtesten Punkte seiner jugendlichen Phantasie, die am nächsten an *Adonis* und die *Sonette* grenzen. In drei Stücken von *Heinrich dem Sechsten* und *Richard dem Dritten* sehn wir einen stetigen Übergang aus der ältern noch nicht romantisierten Manier in die große. An diese Masse adstruierte er die von *Richard dem Zweiten* bis *Heinrich dem Fünften*, und dieses Werk ist der Gipfel seiner Kraft. Im *Macbeth* und *Lear* sehen wir die Grenzzeichen der männlichen Reife, und der *Hamlet* schwebt unauflöslich im Übergang von der Novelle zu dem, was diese Tragödien sind. Für die letzte Epoche erwähnen wir den *Sturm*, *Othello* und die römischen Stücke; es ist unermeßlich viel Verstand darin, aber schon etwas von der Kälte des Alters.

Nach dem Tode dieser Großen erlosch die schöne Phantasie in ihren Ländern. Merkwürdig genug bildete sich nun sogleich die bis dahin roh gebliebene Philosophie zur Kunst, erregte den Enthusiasmus herrlicher Männer und zog ihn wieder ganz an sich. In der Poesie dagegen gab es zwar vom Lope de Vega bis zum Gozzi manche schätzbare Virtuosen, aber doch keine Poeten, und auch jene nur für die Bühne. Übrigens wuchs die Fülle der falschen Tendenzen in allen gelehrten und populären Gattungen und Formen immer mehr. Aus oberflächlichen Abstraktionen und Räsonnements, aus dem mißverstandenen Altertum und dem mittelmäßigen Talent entstand in Frankreich ein umfassendes und zusammenhängendes System von falscher Poesie, welches auf einer gleich falschen Theorie der Dichtkunst ruhete; und von hier aus verbreitete sich diese schwächliche Geisteskrankheit des sogenannten guten Geschmackes fast über alle Länder Europas. Die Franzosen und die Engländer konstituierten sich nun ihre verschiedenen Goldenen Zeitalter und wählten sorgfältig als würdige Repräsentanten der Nation im Pantheon des Ruhms ihre Zahl von Klassikern aus Schriftstellern, die sämtlich in einer Geschichte der Kunst keine Erwähnung finden können.

Indessen erhielt sich doch auch hier wenigstens eine Tradition, man müsse zu den Alten und zur Natur zurückkehren, und dieser Funken zündete bei den Deutschen, nachdem sie sich durch ihre Vorbilder allmählich durchgearbeitet hatten. Winckelmann lehrte das Altertum als ein Ganzes betrachten, und gab das erste Beispiel, wie man eine Kunst durch die Geschichte ihrer Bildung begründen solle. Goethes Universalität gab einen milden Widerschein von der Poesie fast aller Nationen und Zeitalter; eine unerschöpflich lehrreiche Suite von Werken, Studien, Skizzen, Fragmenten, Versuchen in jeder Gattung und in den verschiedensten Formen. Die Philosophie gelangte in wenigen kühnen Schritten dahin, sich selbst und den Geist des Menschen zu verstehen, in dessen Tiefe sie den Urquell der Phantasie und das Ideal der Schönheit entdecken und so die Poesie deutlich anerkennen mußte, deren Wesen und Dasein sie bisher auch nicht geahndet hatte. Philosophie und Poesie, die höchsten Kräfte des Menschen, die selbst zu Athen jede für sich in der höchsten Blüte doch nur einzeln wirkten, greifen nun ineinander, um sich in ewiger Wechselwirkung gegenseitig zu beleben und zu bilden. Das Übersetzen der Dichter und das Nachbilden ihrer Rhythmen ist zur Kunst und die Kritik zur Wissenschaft geworden, die alte Irrtümer vernichtet und neue Aussichten in die Kenntnis des Altertums eröffnet, in deren Hintergrunde sich eine vollendete Geschichte der Poesie zeigt.

Es fehlt nichts, als daß die Deutschen diese Mittel ferner brauchen, daß sie dem Vorbilde folgen, was Goethe aufgestellt hat, die Formen der Kunst überall bis auf den Ursprung erforschen, um sie neu beleben oder verbinden zu können, und daß sie auf die Quellen ihrer eignen Sprache und Dichtung zurückgehn und die alte Kraft, den hohen Geist wieder frei machen, der noch in den Urkunden der vaterländischen Vorzeit vom Liede der Nibelungen bis zum Fleming und Weckherlin bis jetzt verkannt schlummert: so wird die Poesie, die bei keiner modernen Nation so ursprünglich ausgearbeitet und vortrefflich erst eine Sage der Helden, dann ein Spiel der Ritter und endlich ein Handwerk der Bürger war, nun auch bei eben derselben eine gründliche Wissenschaft wahrer Gelehrter und eine tüchtige Kunst erfindsamer Dichter sein und bleiben.

*

Camilla. Sie haben die Franzosen ja fast gar nicht erwähnt.

Andrea. Es ist ohne besondre Absicht geschehn; ich fand eben keine Veranlassung.

Antonio. Er hätte an dem Beispiel der großen Nation wenigstens zeigen können, wie man eine sein kann ohne alle Poesie.

Camilla. Und darstellen, wie man ohne Poesie lebt.

Ludoviko. Er hat mir durch diese Tücke auf eine indirekte Art mein polemisches Werk über die Theorie der falschen Poesie vorwegnehmen wollen.

Andrea. Es wird nur auf Sie ankommen, so habe ich, was Sie tun wollen, nur leise angekündigt.

Lothario. Da Sie bei Erwähnung der Übergänge aus Poesie in Philosophie und aus Philosophie in Poesie des Plato als Dichter erwähnten, wofür die Muse Ihnen lohne, horchte ich nachher auch auf den Namen des Tacitus. Diese durchgebildete Vollendung des Stils, diese gediegene und helle Darstellung, die wir in den großen Historien des Altertums finden, sollte dem Dichter ein Urbild sein. Ich bin überzeugt, dieses große Mittel ließe sich noch gebrauchen.

Marcus. Und vielleicht ganz neu anwenden.

Amalia. Wenn das so fortgeht, wird sich uns, ehe wir uns versehen, eins nach dem andern in Poesie verwandeln. Ist denn alles Poesie?

Lothario. Jede Kunst und jede Wissenschaft, die durch die Rede wirkt, wenn sie als Kunst um ihrer selbst willen geübt wird, und wenn sie den höchsten Gipfel erreicht, erscheint als Poesie.

Ludoviko. Und jede, die auch nicht in den Worten der Sprache ihr Wesen treibt, hat einen unsichtbaren Geist, und der ist Poesie.

Marcus. Ich stimme in vielen, ja fast in den meisten Punkten mit Ihnen überein. Nur wünschte ich, Sie hätten noch mehr Rücksicht auf die Dichtarten genommen; oder, um mich besser auszudrücken, ich wünschte, daß eine bestimmtere Theorie derselben aus Ihrer Darstellung hervorginge.

Andrea. Ich habe mich in diesem Stück ganz in den Grenzen der Geschichte halten wollen.

Ludoviko. Sie könnten sich immerhin auch auf die Philosophie berufen. Wenigstens habe ich noch in keiner Einteilung den ursprünglichen Gegensatz der Poesie so wiedergefunden, als in Ihrer Gegeneinanderstellung der epischen und der jambischen Dichtungsart.

Andrea. Die doch nur historisch ist.

Lothario. Es ist natürlich, daß, wenn die Poesie auf eine so große Weise entsteht wie in jenem glücklichen Lande, sie sich auf zwiefache Art äußert. Sie bildet entweder eine Welt aus sich heraus, oder sie schließt sich an die äußre, welches im Anfang nicht durch Idealisieren, sondern auf eine feindliche und harte Art geschehen wird. So erkläre ich mir die epische und die jambische Gattung.

Amalia. Mich schauderts immer, wenn ich ein Buch aufschlage, wo die Phantasie und ihre Werke rubrikenweise klassifiziert werden.

Marcus. Solche verabscheuungswürdigen Bücher wird Ihnen niemand zumuten zu lesen. Und doch ist eine Theorie der Dichtarten grade das, was uns fehlt. Und was kann sie anders sein als eine Klassifikation, die zugleich Geschichte und Theorie der Dichtkunst wäre?

Ludoviko. Sie würde uns darstellen, wie und auf welche Weise die

Phantasie eines – erdichteten Dichters, der, als Urbild, der Dichter aller Dichter wäre, sich kraft ihrer Tätigkeit durch diese selbst notwendig beschränken und teilen muß.

Amalia. Wie kann aber dieses künstliche Wesen zur Poesie dienen?

Lothario. Sie haben bis jetzt eigentlich wenig Ursache, Amalia, über dergleichen künstliches Wesen bei Ihren Freunden zu klagen. Es muß noch ganz anders kommen, wenn die Poesie wirklich ein künstliches Wesen werden soll.

Marcus. Ohne Absonderung findet keine Bildung statt, und Bildung ist das Wesen der Kunst. Also werden Sie jene Einteilungen wenigstens als Mittel gelten lassen.

Amalia. Diese Mittel werfen sich oft zum Zweck auf, und immer bleibt es ein gefährlicher Umweg, der gar zu oft den Sinn für das Höchste tötet, ehe das Ziel erreicht ist.

Ludoviko. Der rechte Sinn läßt sich nicht töten.

Amalia. Und welche Mittel zu welchem Zweck? Es ist ein Zweck, den man nur gleich oder nie erreichen kann. Jeder freie Geist sollte unmittelbar das Ideal ergreifen und sich der Harmonie hingeben, die er in seinem Innern finden muß, sobald er sie da suchen will.

Ludoviko. Die innere Vorstellung kann nur durch die Darstellung nach außen sich selbst klarer und ganz lebendig werden.

Marcus. Und Darstellung ist Sache der Kunst, man stelle sich, wie man auch wolle.

Antonio. Nun, so sollte man die Poesie auch als Kunst behandeln. Es kann wenig fruchten, sie in einer kritischen Geschichte so zu betrachten, wenn die Dichter nicht selbst Künstler und Meister sind, mit sichern Werkzeugen zu bestimmten Zwecken auf beliebige Weise zu verfahren.

Marcus. Und warum sollten sie das nicht? Freilich müssen sie es und werden es auch. Das Wesentlichste sind die bestimmten Zwecke, die Absonderung, wodurch allein das Kunstwerk Umriß erhält und in sich selbst vollendet wird. Die Phantasie des Dichters soll sich nicht in eine chaotische Überhauptpoesie ergießen, sondern jedes Werk soll der Form und der Gattung nach einen durchaus bestimmten Charakter haben.

Antonio. Sie zielen schon wieder auf Ihre Theorie der Dichtarten. Wären Sie nur erst damit im reinen.

Lothario. Es ist nicht zu tadeln, wenn unser Freund auch noch so oft darauf zurückkommt. Die Theorie der Dichtungsarten würde die eigentümliche Kunstlehre der Poesie sein. Ich habe oft im einzelnen bestätigt gefunden, was ich im allgemeinen schon wußte: daß die Prinzipien des Rhythmus und selbst der gereimten Silbenmaße musikalisch sind; was in der Darstellung von Charakteren, Situationen, Leidenschaften das Wesentliche, Innere ist, der Geist, dürfte in den bildenden und zeichnenden Künsten einheimisch sein. Die Diktion selbst, obgleich sie schon unmittelbarer mit dem eigentümlichen Wesen der Poesie zusammenhängt, ist ihr mit der Rhetorik gemein. Die Dichtungsarten sind eigentlich die Poesie selbst.

Marcus. Auch mit einer bündigen Theorie derselben bliebe noch vieles zu tun übrig, oder eigentlich alles. Es fehlt nicht an Lehren und Theorien, daß und wie die Poesie eine Kunst sein und werden solle. Wird sie es aber dadurch wirklich? – Dies könnte nur auf dem praktischen Wege geschehn, wenn mehrere Dichter sich vereinigten, eine Schule der Poesie zu stiften, wo der Meister den Lehrling wie in andern Künsten tüchtig angriffe und wacker plagte, aber auch im Schweiß seines Angesichts ihm eine solide Grundlage als Erbschaft hinterließe, auf die der Nachfolger, dadurch von Anfang an im Vorteil, nun immer größer und kühner fortbauen dürfte, um sich endlich auf der stolzesten Höhe frei und mit Leichtigkeit zu bewegen.

Andrea. Das Reich der Poesie ist unsichtbar. Wenn ihr nur nicht auf die äußre Form seht, so könnt ihr eine Schule der Poesie in ihrer Geschichte finden, größer als in irgendeiner andern Kunst. Die Meister aller Zeiten und Nationen haben uns vorgearbeitet, uns ein ungeheures Kapital hinterlassen. Dies in der Kürze zu zeigen, war der Zweck meiner Vorlesung.

Antonio. Auch unter uns und ganz in der Nähe fehlt es nicht an Beispielen, daß ein Meister, vielleicht ohne es zu wissen und zu wollen, den Nachfolgern gewaltig vorarbeitet. Wenn Voßens eigne Gedichte längst aus der Reihe der Dinge verschwunden sind, wird sein Verdienst als Übersetzer und Sprachkünstler, der eine neue Gegend mit unsäglicher Kraft und Ausdauer urbar gemacht, um so heller glänzen, je mehr seine vorläufigen Arbeiten durch nachfolgende, bessere übertroffen werden, weil man dann einsehen wird, daß diese nur durch jene möglich gemacht worden waren.

Marcus. Bei den Alten gab es auch im eigentlichsten Sinne Schulen der Poesie. Und ich will es nicht leugnen, ich hege die Hoffnung, daß dies noch jetzt möglich sei. Was ist wohl ausführbarer, und was zugleich wünschenswürdiger, als ein gründlicher Unterricht in der metrischen Kunst? Aus dem Theater kann gewiß nicht eher etwas Rechtes werden, bis ein Dichter das Ganze dirigiert und viele in einem Geiste dafür arbeiten. Ich deute nur auf einige Wege zur Möglichkeit, meine Idee auszuführen. Es könnte in der Tat das Ziel meines Ehrgeizes sein, eine solche Schule zu vereinigen, und so wenigstens einige Arten und einige Mittel der Poesie in einen gründlichen Zustand zu bringen.

Amalia. Warum wieder nur Arten und Mittel? – Warum nicht die ganze eine und unteilbare Poesie? – Unser Freund kann gar nicht von seiner alten Unart lassen; er muß immer sondern und teilen, wo doch nur das Ganze in ungeteilter Kraft wirken und befriedigen kann. Und ich hoffe, Sie werden doch Ihre Schule nicht so ganz allein stiften wollen?

Camilla. Sonst mag er auch sein eigner Schüler bleiben, wenn er allein der Meister sein will. Wir wenigstens werden uns auf die Art nicht in die Lehre geben.

Antonio. Nein, gewiß, Sie sollen nicht von einem einzelnen allein despotisiert werden, liebe Freundin; wir müssen Sie alle nach Gelegenheit belehren dürfen. Wir wollen alle Meister und Schüler zugleich sein, bald dieses bald jenes, wie es sich trifft. Und mich wird wohl das letzte am häufigsten treffen. Doch wäre ich gleich dabei, ein Schutz- und Trutzbündnis von und für die Poesie einzugehn, wenn ich nur die Möglichkeit einer solchen Kunstschule derselben einsehn könnte.

Ludoviko. Die Wirklichkeit würde das am besten entscheiden.

Antonio. Es müßte zuvor untersucht und ins reine gebracht werden, ob sich Poesie überhaupt lehren und lernen läßt.

Lothario. Wenigstens wird es ebenso begreiflich sein, als daß sie überhaupt durch Menschenwitz und Menschenkunst aus der Tiefe ans Licht gelockt werden kann. Ein Wunder bleibt es doch; ihr mögt euch stellen wie ihr wollt.

Ludivoko. So ist es. Sie ist der edelste Zweig der Magie, und zur Magie kann der isolierte Mensch sich nicht erheben; aber wo irgend Menschentrieb durch Menschengeist verbunden zusammenwirkt, da regt sich magische Kraft. Auf diese Kraft habe ich gerechnet; ich fühle den geistigen Hauch wehen in der Mitte der Freunde; ich lebe nicht in Hoffnung, sondern in Zuversicht der neuen Morgenröte der neuen Poesie. Das übrige hier auf diesen Blättern, wenn es jetzt Zeit ist.

Antonio. Lassen Sie uns hören. Ich hoffe, wir finden in dem, was Sie uns geben wollen, einen Gegensatz für Andreas Epochen der Dichtkunst. So können wir dann eine Ansicht und eine Kraft als Hebel für die andre gebrauchen und über beide desto freier und eingreifender disputieren, und wieder auf die große Frage zurückkommen, ob sich Poesie lehren und lernen läßt.

Camilla. Es ist gut, daß ihr endlich ein Ende macht. Ihr wollt eben alles in die Schule nehmen und seid nicht einmal Meister über die Redensarten, die ihr führt; so daß ich nicht übel Lust hätte, mich zur Präsidentin zu konstituieren und Ordnung im Gespräch zu schaffen.

Antonio. Nachher wollen wir Ordnung halten und im Notfalle an Sie appellieren. Jetzt lassen Sie uns hören.

Ludoviko. Was ich euch zu geben habe und was mir sehr an der Zeit schien, zur Sprache zu bringen, ist eine

Rede über die Mythologie

Bei dem Ernst, mit dem ihr die Kunst verehrt, meine Freunde, will ich euch auffordern, euch selbst zu fragen: Soll die Kraft der Begeisterung auch in der Poesie sich immerfort einzeln versplittern und, wenn sie sich müde gekämpft hat gegen das widrige Element, endlich einsam verstummen? Soll das höchste Heilige immer namenlos und formlos bleiben, im Dunkel dem Zufall überlassen? Ist die Liebe wirklich unüberwindlich, und gibt es wohl eine Kunst, die den Namen verdiente, wenn diese nicht die Gewalt hat, den Geist der Liebe durch ihr Zauberwort zu fesseln, daß er ihr folge und auf ihr Geheiß und nach ihrer notwendigen Willkür die schönen Bildungen beseelen muß? –

Ihr vor allen müßt wissen, was ich meine. Ihr habt selbst gedichtet, und ihr müßt es oft im Dichten gefühlt haben, daß es euch an einem festen Halt für euer Wirken gebrach, an einem mütterlichen Boden, einem Himmel, einer lebendigen Luft.

Aus dem Innern herausarbeiten das alles muß der moderne Dichter, und viele haben es herrlich getan, aber bis jetzt nur jeder allein, jedes Werk wie eine neue Schöpfung von vorn an aus Nichts.

Ich gehe gleich zum Ziel. Es fehlt, behaupte ich, unsrer Poesie an einem Mittelpunkt, wie es die Mythologie für die der Alten war, und alles Wesentliche, worin die moderne Dichtkunst der antiken nachsteht, läßt sich in die Worte zusammenfassen: Wir haben keine Mythologie. Aber, setze ich hinzu, wir sind nahe daran, eine zu erhalten, oder vielmehr es wird Zeit, daß wir ernsthaft dazu mitwirken sollen, eine hervorzubringen.

Denn auf dem ganz entgegengesetzten Wege wird sie uns kommen wie die alte ehemalige, überall die erste Blüte der jugendlichen Phantasie, sich unmittelbar anschließend und anbildend an das Nächste, Lebendigste der sinnlichen Welt. Die neue Mythologie muß im Gegenteil aus der tiefsten Tiefe des Geistes herausgebildet werden; es muß das künstlichste aller Kunstwerke sein, denn es soll alle andern umfassen, ein neues Bette und Gefäß für den alten ewigen Urquell der Poesie und selbst das unendliche Gedicht, welches die Keime aller andern Gedichte verhüllt.

Ihr mögt wohl lächeln über dieses mystische Gedicht und über die Unordnung, die etwa aus dem Gedränge und der Fülle von Dichtungen entstehn dürfte. Aber die höchste Schönheit, ja die höchste Ordnung ist denn doch nur die des Chaos, nämlich eines solchen, welches nur auf die Berührung der Liebe wartet, um sich zu einer harmonischen Welt zu entfalten, eines solchen wie es auch die alte Mythologie und Poesie war. Denn Mythologie und Poesie, beide sind eins und unzertrennlich. Alle Gedichte des Altertums schließen sich eines an das andre, bis sich aus immer größern Massen und Gliedern das Ganze bildet; alles greift ineinander, und überall ist ein und derselbe Geist nur anders ausgedrückt. Und so ist es wahrlich kein leeres Bild, zu sagen: die alte Poesie sei ein einziges, unteilbares, vollendetes Gedicht. Warum sollte nicht wieder von neuem werden, was schon gewesen ist? Auf eine andre Weise versteht sich. Und warum nicht auf eine schönere, größere? –

Ich bitte euch, nur dem Unglauben an die Möglichkeit einer neuen Mythologie nicht Raum zu geben. Die Zweifel von allen Seiten und nach allen Richtungen sollen mir willkommen sein, damit die Untersuchung desto freier und reicher werde. Und nun schenkt meinen Vermutungen ein aufmerksames Gehör! Mehr als Vermutungen kann ich euch nach der Lage der Sache nicht geben wollen. Aber ich hoffe, diese Vermutungen sollen durch euch selbst zu Wahrheiten werden. Denn es sind, wenn ihr sie dazu machen wollt, gewissermaßen Vorschläge zu Versuchen.

Kann eine neue Mythologie sich nur aus der innersten Tiefe des Geistes wie durch sich selbst herausarbeiten, so finden wir einen sehr bedeutenden Wink und eine merkwürdige Bestätigung für das, was wir suchen, in dem großen Phänomen des Zeitalters, im Idealismus! Dieser ist auf eben die Weise gleichsam wie aus Nichts entstanden, und es ist nun auch in der Geisterwelt ein fester Punkt konstituiert, von wo aus die Kraft des Menschen sich nach allen Seiten mit steigender Entwicklung ausbreiten kann, sicher, sich selbst und die Rückkehr nie zu verlieren. Alle Wissenschaften und alle Künste wird die große Revolution ergreifen. Schon steht ihr sie in der Physik wirken, in welcher der Idealismus eigentlich schon früher für sich ausbrach, ehe sie noch vom Zauberstabe der Philosophie berührt war. Und dieses wunderbare große Faktum kann euch zugleich ein Wink sein über den geheimen Zusammenhang und die innre Einheit des Zeitalters. Der Idealismus, in praktischer Ansicht nichts anders als der Geist jener Revolution, die großen Maximen derselben, die wir aus eigner Kraft und Freiheit ausüben und ausbreiten sollen, ist in theoretischer Ansicht, so groß er sich auch hier zeigt, doch nur ein Teil, ein Zweig, eine Äußerungsart von dem Phänomen aller Phänomene, daß die Menschheit aus allen Kräften ringt, ihr Zentrum zu finden. Sie muß, wie die Sachen stehn, untergehn oder sich verjüngen. Was ist wahrscheinlicher, und was läßt sich nicht von einem solchen Zeitalter der Verjüngung hoffen? – Das graue Altertum wird wieder lebendig werden, und die fernste Zukunft der Bildung sich schon in Vorbedeutungen melden. Doch das ist nicht das, worauf es mir zunächst hier ankommt: denn ich möchte gern nichts überspringen und euch Schritt vor Schritt bis zur Gewißheit der allerheiligsten Mysterien führen. Wie es das Wesen des Geistes ist, sich selbst zu bestimmen und im ewigen Wechsel aus sich herauszugehn und in sich zurückzukehren; wie jeder Gedanke nichts anders ist, als das Resultat einer solchen Tätigkeit: so ist derselbe Prozeß auch im Ganzen und Großen jeder Form des Idealismus sichtbar, der ja selbst nur die Anerkennung jenes Selbstgesetzes ist, und das neue, durch die Anerkennung verdoppelte Leben, welches die geheime Kraft desselben durch die unbeschränkte Fülle neuer Erfindung, durch die allgemeine Mitteilbarkeit und durch die lebendige Wirksamkeit aufs herrlichste offenbart. Natürlich nimmt das Phänomen in jedem Individuum eine andre Gestalt an, wo denn oft der Erfolg hinter unsrer Erwartung zurückbleiben muß. Aber was notwendige Gesetze für den Gang des Ganzen erwarten lassen, darin kann unsre Erwartung nicht getäuscht werden. Der Idealismus in jeder Form muß auf eine oder die andre Art aus sich herausgehn, um in sich zurückkehren zu können und zu bleiben, was er ist. Deswegen muß und wird sich aus seinem Schoß ein neuer, ebenso grenzenloser Realismus erheben, und der Idealismus also nicht bloß in seiner Entstehungsart ein Beispiel für die neue Mythologie, sondern selbst auf indirekte Art Quelle derselben werden. Die Spuren einer ähnlichen Tendenz könnt ihr schon jetzt fast überall wahrnehmen; besonders in der Physik, der es an nichts mehr zu fehlen scheint, als an einer mythologischen Ansicht der Natur.

Auch ich trage schon lange das Ideal eines solchen Realismus in mir, und wenn es bisher nicht zur Mitteilung gekommen ist, so war es nur, weil ich das Organ dazu noch suche. Doch weiß ich, daß ichs nur in der Poesie finden kann, denn in Gestalt der Philosophie oder gar eines Systems wird der Realismus nie wieder auftreten können. Und selbst nach einer allgemeinen Tradition ist es zu erwarten, daß dieser neue Realismus, weil er doch idealischen Ursprungs sein und gleichsam auf idealischem Grund und Boden schweben muß, als Poesie erscheinen wird, die ja auf der Harmonie des Ideellen und Reellen beruhen soll.

Spinoza, scheint mirs, hat ein gleiches Schicksal wie der gute alte Saturn der Fabel. Die neuen Götter haben den Herrlichen vom hohen

Thron der Wissenschaft herabgestürzt. In das heilige Dunkel der Phantasie ist er zurückgewichen, da lebt und haust er nun mit den andern Titanen in ehrwürdiger Verbannung. Haltet ihn hier! Im Gesang der Musen verschmelze seine Erinnrung an die alte Herrschaft in eine leise Sehnsucht. Er entkleide sich vom kriegerischen Schmuck des Systems, und teile dann die Wohnung im Tempel der neuen Poesie mit Homer und Dante und geselle sich zu den Laren und Hausfreunden jedes gottbegeisterten Dichters.

In der Tat, ich begreife kaum, wie man ein Dichter sein kann, ohne den Spinoza zu verehren, zu lieben und ganz der seinige zu werden. In Erfindung des einzelnen ist eure eigne Phantasie reich genug; sie anzuregen, zur Tätigkeit zu reizen und ihr Nahrung zu geben, nichts geschickter als die Dichtungen andrer Künstler. Im Spinoza aber findet ihr den Anfang und das Ende aller Phantasie, den allgemeinen Grund und Boden, auf dem euer Einzelnes ruht, und eben diese Absonderung des Ursprünglichen, Ewigen der Phantasie von allem Einzelnen und Besondern muß euch sehr willkommen sein. Ergreift die Gelegenheit und schaut hin! Es wird euch ein tiefer Blick in die innerste Werkstätte der Poesie gegönnt. Von der Art wie die Phantasie des Spinoza, so ist auch sein Gefühl. Nicht Reizbarkeit für dieses und jenes, nicht Leidenschaft, die schwillt und wieder sinkt; aber ein klarer Duft schwebt unsichtbar sichtbar über dem Ganzen, überall findet die ewige Sehnsucht einen Anklang aus den Tiefen des einfachen Werks, welches in stiller Größe den Geist der ursprünglichen Liebe atmet.

Und ist nicht dieser milde Widerschein der Gottheit im Menschen die eigentliche Seele, der zündende Funken aller Poesie? – Das bloße Darstellen von Menschen, von Leidenschaften und Handlungen macht es wahrlich nicht aus, so wenig wie die künstlichen Formen; und wenn ihr den alten Kram auch millionenmal durcheinander würfelt und übereinander wälzt. Das ist nur der sichtbare äußere Leib, und wenn die Seele erloschen ist, gar nur der tote Leichnam der Poesie. Wenn aber jener Funken des Enthusiasmus in Werke ausbricht, so steht eine neue Erscheinung vor uns, lebendig und in schöner Glorie von Licht und Liebe.

Und was ist jede schöne Mythologie anders als ein hieroglyphischer

Ausdruck der umgebenden Natur in dieser Verklärung von Phantasie und Liebe?

Einen großen Vorzug hat die Mythologie. Was sonst das Bewußtsein ewig flieht, ist hier dennoch sinnlich geistig zu schauen und festgehalten, wie die Seele in dem umgebenden Leibe, durch den sie in unser Auge schimmert, zu unserm Ohre spricht.

Das ist der eigentliche Punkt, daß wir uns wegen des Höchsten nicht so ganz allein auf unser Gemüt verlassen. Freilich, wem es da trocken ist, dem wird es nirgends quillen; und das ist eine bekannte Wahrheit, gegen die ich am wenigsten gesonnen bin, mich aufzulehnen. Aber wir sollen uns überall an das Gebildete anschließen und auch das Höchste durch die Berührung des Gleichartigen, Ähnlichen oder bei gleicher Würde Feindlichen entwickeln, entzünden, nähren, mit einem Worte: bilden. Ist das Höchste aber wirklich keiner absichtlichen Bildung fähig, so laßt uns nur gleich jeden Anspruch auf irgendeine freie Ideenkunst aufgeben, die alsdann ein leerer Name sein würde.

Die Mythologie ist ein solches Kunstwerk der Natur. In ihrem Gewebe ist das Höchste wirklich gebildet; alles ist Beziehung und Verwandlung, angebildet und umgebildet, und dieses Anbilden und Umbilden eben ihr eigentümliches Verfahren, ihr innres Leben, ihre Methode, wenn ich so sagen darf.

Da finde ich nun eine große Ähnlichkeit mit jenem großen Witz der romantischen Poesie, der nicht in einzelnen Einfällen, sondern in der Konstruktion des Ganzen sich zeigt, und den unser Freund uns schon so oft an den Werken des Cervantes und des Shakespeare entwickelt hat. Ja, diese künstlich geordnete Verwirrung, diese reizende Symmetrie von Widersprüchen, dieser wunderbare ewige Wechsel von Enthusiasmus und Ironie, der selbst in den kleinsten Gliedern des Ganzen lebt, scheinen mir schon selbst eine indirekte Mythologie zu sein. Die Organisation ist dieselbe, und gewiß ist die Arabeske die älteste und ursprüngliche Form der menschlichen Phantasie. Weder dieser Witz noch eine Mythologie können bestehn ohne ein erstes Ursprüngliches und Unnachahmliches, was schlechthin unauflöslich ist, was nach allen Umbildungen noch die alte Natur und Kraft durchschimmern läßt, wo der naive Tiefsinn den Schein des Verkehrten und Verrückten oder des Einfältigen und Dummen durchschimmern läßt. Denn das ist der Anfang aller Poesie, den Gang und die Gesetze der vernünftig denkenden Vernunft aufzuheben und uns wieder in die schöne Verwirrung der Phantasie, in das ursprüngliche Chaos der menschlichen Natur zu versetzen, für das ich kein schöneres Symbol bis jetzt kenne, als das bunte Gewimmel der alten Götter.

Warum wollt ihr euch nicht erheben, diese herrlichen Gestalten des großen Altertums neu zu beleben? – Versucht es nur einmal, die alte Mythologie voll vom Spinoza und von jenen Ansichten, welche die jetzige Physik in jedem Nachdenkenden erregen muß, zu betrachten, wie euch alles in neuem Glanz und Leben erscheinen wird.

Aber auch die andern Mythologien müssen wieder erweckt werden nach dem Maß ihres Tiefsinns, ihrer Schönheit und ihrer Bildung, um die Entstehung der neuen Mythologie zu beschleunigen. Wären uns nur die Schätze des Orients so zugänglich wie die des Altertums! Welche neue Quelle von Poesie könnte uns aus Indien fließen, wenn einige deutsche Künstler mit der Universalität und Tiefe des Sinns, mit dem Genie der Übersetzung, das ihnen eigen ist, die Gelegenheit besäßen, welche eine Nation, die immer stumpfer und brutaler wird, wenig zu brauchen versteht. Im Orient müssen wir das höchste Romantische suchen, und wenn wir erst aus der Quelle schöpfen können, so wird uns vielleicht der Anschein von südlicher Glut, der uns jetzt in der spanischen Poesie so reizend ist, wieder nur abendländisch und sparsam erscheinen.

Überhaupt muß man auf mehr als einem Wege zum Ziel dringen können. Jeder gehe ganz den seinigen, mit froher Zuversicht, auf die individuellste Weise, denn nirgends gelten die Rechte der Individualität – wenn sie nur das ist, was das Wort bezeichnet: unteilbare Einheit, innrer lebendiger Zusammenhang – mehr als hier, wo vom Höchsten die Rede ist; ein Standpunkt, auf welchem ich nicht anstehen würde zu sagen, der eigentliche Wert, ja die Tugend des Menschen sei seine Originalität. –

Und wenn ich einen so großen Akzent auf den Spinoza lege, so geschieht es wahrlich nicht aus einer subjektiven Vorliebe (deren Gegenstände ich vielmehr ausdrücklich entfernt gehalten habe) oder um ihn als Meister einer neuen Alleinherrschaft zu erheben; sondern weil ich an diesem Beispiel am auffallendsten und einleuchtendsten meine Gedanken vom Wert und der Würde der Mystik und ihrem Verhältnis zur Poesie zeigen konnte. Ich wählte ihn wegen seiner Objektivität in dieser Rücksicht als Repräsentanten aller übrigen. Ich denke darüber so: Wie die Wissenschaftslehre nach der Ansicht derer, welche die Unendlichkeit und die unvergängliche Fülle des Idealismus nicht bemerkt haben, wenigstens eine vollendete Form bleibt, ein allgemeines Schema für alle Wissenschaft, so ist auch Spinoza auf ähnliche Weise der allgemeine Grund und Halt für jede individuelle Art von Mystizismus; und dieses, denke ich, werden auch die bereitwillig anerkennen, die weder vom Mystizismus noch vom Spinoza sonderlich viel verstehn.

Ich kann nicht schließen, ohne noch einmal zum Studium der Physik aufzufordern, aus deren dynamischen Paradoxien jetzt die heiligsten Offenbarungen der Natur von allen Seiten ausbrechen.

Und so laßt uns denn, beim Licht und Leben! nicht länger zögern, sondern jeder nach seinem Sinn die große Entwickelung beschleunigen, zu der wir berufen sind. Seid der Größe des Zeitalters würdig, und der Nebel wird von euren Augen sinken; es wird helle vor euch werden. Alles Denken ist ein Divinieren, aber der Mensch fängt erst eben an, sich seiner divinatorischen Kraft bewußt zu werden. Welche unermeßlichen Erweiterungen wird sie noch erfahren; und eben jetzt. Mich deucht, wer das Zeitalter, das heißt jenen großen Prozeß allgemeiner Verjüngung, jene Prinzipien der ewigen Revolution verstünde, dem müßte es gelingen können, die Pole der Menschheit zu ergreifen und das Tun der ersten Menschen, wie den Charakter der Goldnen Zeit, die noch kommen wird, zu erkennen und zu wissen. Dann würde das Geschwätz aufhören, und der Mensch inne werden, was er ist, und würde die Erde verstehn und die Sonne.

Dieses ist, was ich mit der neuen Mythologie meine.

*

Antonio. Ich erinnerte mich während Ihrer Vorlesung an zwei Bemerkungen, die ich oft habe hören müssen, und die mir nun weit klarer geworden sind als zuvor. Die Idealisten versicherten mich allerorten, Spinoza sei wohl gut, nur sei er durch und durch unverständlich. In den kritischen Schriften fand ich dagegen, jedes Werk des Genies sei zwar dem Auge klar, dem Verstande aber ewig geheim. Nach Ihrer Ansicht gehören diese Aussprüche zusammen, und ich ergötze mich aufrichtig an ihrer absichtslosen Symmetrie.

Lothario. Ich möchte unsern Freund darüber zur Rede stellen, daß er die Physik so einzig zu nennen schien, da er sich doch stillschweigends überall auf die Historie gründete, die wohl der eigentliche Quell seiner Mythologie sein dürfte, ebensosehr als die Physik; wenn es anders erlaubt ist, einen alten Namen für etwas zu brauchen, was eben auch noch nicht existiert. Ihre Ansicht des Zeitalters indessen scheint mir so etwas, was den Namen einer historischen Ansicht in meinem Sinne verdient.

Ludoviko. Man knüpft da zunächst an, wo man die ersten Spuren des Lebens wahrnimmt. Das ist jetzt in der Physik.

Marcus. Ihr Gang war etwas rasch. Im einzelnen würde ich Sie oft bitten müssen, mir mit Erläuterungen standzuhalten. Im ganzen aber hat Ihre Theorie mir eine neue Aussicht über die didaktische, oder wie unser Philologe sie nennt, über die didaskalische Gattung gegeben. Ich sehe nun ein, wie dieses Kreuz aller bisherigen Einteilungen notwendig zur Poesie gehört. Denn unstreitig ist das Wesen der Poesie eben diese höhere idealische Ansicht der Dinge, sowohl des Menschen als der äußern Natur. Es ist begreiflich, daß es vorteilhaft sein kann, auch diesen wesentlichen Teil des Ganzen in der Ausbildung zu isolieren.

Antonio. Ich kann die didaktische Poesie nicht für eine eigentliche Gattung gelten lassen, so wenig wie die romantische. Jedes Gedicht soll eigentlich romantisch und jedes soll didaktisch sein in jenem weitern Sinne des Wortes, wo es die Tendenz nach einem tiefen unendlichen Sinn bezeichnet. Auch machen wir diese Forderung überall, ohne eben den Namen zu gebrauchen. Selbst in ganz populären Arten, wie z. B. im Schauspiel, fordern wir Ironie; wir fordern, daß die Begebenheiten, die Menschen, kurz das ganze Spiel des Lebens wirklich auch als Spiel genommen und dargestellt sei. Dieses scheint uns das Wesentlichste, und was liegt nicht alles darin? – Wir halten uns also nur an die Bedeutung des Ganzen; was den Sinn, das Herz, den

Verstand, die Einbildung einzeln reizt, rührt, beschäftigt und ergötzt, scheint uns nur Zeichen, Mittel zur Anschauung des Ganzen, in dem Augenblick, wo wir uns zu diesem erheben.

Lothario. Alle heiligen Spiele der Kunst sind nur ferne Nachbildungen von dem unendlichen Spiele der Welt, dem ewig sich selbst bildenden Kunstwerk.

Ludoviko. Mit andern Worten: alle Schönheit ist Allegorie. Das Höchste kann man eben, weil es unaussprechlich ist, nur allegorisch sagen.

Lothario. Darum sind die innersten Mysterien aller Künste und Wissenschaften ein Eigentum der Poesie. Von da ist alles ausgegangen, und dahin muß alles zurückfließen. In einem idealischen Zustande der Menschheit würde es nur Poesie geben; nämlich die Künste und Wissenschaften sind alsdann noch eins. In unserm Zustande würde nur der wahre Dichter ein idealischer Mensch sein und ein universeller Künstler.

Antonio. Oder die Mitteilung und Darstellung aller Künste und aller Wissenschaften kann nicht ohne einen poetischen Bestandteil sein.

Ludoviko. Ich bin Lotharios Meinung, daß die Kraft aller Künste und Wissenschaften sich in einem Zentralpunkt begegnet, und hoffe zu den Göttern, euch sogar aus der Mathematik Nahrung für euren Enthusiasmus zu schaffen und euren Geist durch ihre Wunder zu entflammen. Ich zog die Physik aber auch darum vor, weil hier die Berührung am sichtbarsten ist. Die Physik kann kein Experiment machen ohne Hypothese, jede Hypothese, auch die beschränkteste, wenn sie mit Konsequenz gedacht wird, führt zu Hypothesen über das Ganze, ruht eigentlich auf solchen, wenngleich ohne Bewußtsein dessen, der sie gebraucht. – Es ist in der Tat wunderbar, wie die Physik, sobald es ihr nicht um technische Zwecke, sondern um allgemeine Resultate zu tun ist, ohne es zu wissen in Kosmogonie gerät, in Astrologie, Theosophie oder wie ihrs sonst nennen wollt, kurz, in eine mystische Wissenschaft vom Ganzen.

Marcus. Und sollte Plato von dieser nicht ebensoviel gewußt haben als Spinoza, der mir wegen seiner barbarischen Form nun einmal nicht genießbar ist?

Antonio. Gesetzt, Plato wäre auch, was er doch nicht ist, ebenso objektiv in dieser Hinsicht als Spinoza: so war es doch besser, daß unser Freund den letzten wählte, um uns den Urquell der Poesie in den Mysterien des Realismus zu zeigen, grade weil bei ihm an keine Poesie der Form zu denken ist. Dem Plato hingegen ist die Darstellung und ihre Vollkommenheit und Schönheit nicht Mittel, sondern Zweck an sich. Darum ist schon seine Form, streng genommen, durchaus poetisch.

Ludoviko. Ich habe in der Rede selbst gesagt, daß ich den Spinoza nur als Repräsentanten anführe. Hätte ich weitläuftiger sein wollen, so würde ich auch vom großen Jakob Böhme geredet haben.

Antonio. An dem Sie zugleich hätten zeigen können, ob sich die Ideen über das Universum in christlicher Gestalt schlechter ausnehmen als die alten, die Sie wieder einführen wollen.

Andrea. Ich bitte die alten Götter in Ehren zu halten.

Lothario. Und ich bitte, sich an die Eleusinischen Mysterien zu erinnern. Ich wünschte, ich hätte meine Gedanken darüber zu Papiere gebracht, um sie euch in der Ordnung und Ausführlichkeit vorlegen zu können, welche die Würde und Wichtigkeit des Gegenstandes erfordert. Nur durch die Spuren von den Mysterien habe ich den Sinn der alten Götter verstehn lernen. Ich vermute, daß die Ansicht der Natur, die da herrschte, den jetzigen Forschern, wenn sie schon reif dazu sind, ein großes Licht anzünden würde. Die kühnste und kräftigste, ja, ich möchte fast sagen, die wildeste und wütendste Darstellung des Realismus ist die beste. – Erinnern Sie mich wenigstens daran, Ludoviko, daß ich Ihnen bei Gelegenheit das orphische Fragment bekannt mache, welches von dem doppelten Geschlecht des Zeus anfängt.

Marcus. Ich erinnre mich einer Andeutung im Winckelmann, aus der ich vermuten möchte, daß er dieses Fragment ebenso hoch geachtet hat wie Sie.

Camilla. Wäre es nicht möglich, daß Sie, Ludoviko, den Geist des Spinoza in einer schönen Form darstellen könnten; oder besser noch Ihre eigne Ansicht, das was Sie Realismus nennen?

Marcus. Das letzte würde ich vorziehn.

Ludoviko. Wer etwa dergleichen im Sinne hätte, würde es nur auf die Art können und sein wollen wie Dante. Er müßte, wie er, nur Ein Gedicht im Geist und im Herzen haben, und würde oft verzweifeln müssen, ob sichs überhaupt darstellen läßt. Gelänge es aber, so hätte er genug getan.

Andrea. Sie haben ein würdiges Vorbild aufgestellt! Gewiß ist Dante der einzige, der unter einigen begünstigenden und unsäglich vielen erschwerenden Umständen durch eigne Riesenkraft, er selbst ganz allein, eine Art von Mythologie, wie sie damals möglich war, erfunden und gebildet hat.

Lothario. Eigentlich soll jedes Werk eine neue Offenbarung der Natur sein. Nur dadurch, daß es Eins und Alles ist, wird ein Werk zum Werk. Nur dadurch unterscheidet sichs vom Studium.

Antonio. Ich wollte Ihnen doch Studien nennen, die dann in Ihrem Sinne zugleich Werke sind.

Marcus. Und unterscheiden sich nicht Gedichte, die darauf berechnet sind, nach außen zu wirken, wie z. B. vortreffliche Schauspiele, ohne so mystisch und allumfassend zu sein, schon durch ihre Objektivität von Studien, die zunächst nur auf die innere Ausbildung des Künstlers gehn und sein letztes Ziel, jene objektive Wirkung nach außen erst vorbereiten?

Lothario. Sind es bloß gute Schauspiele, so sind es nur Mittel zum Zweck; es fehlt ihnen das Selbständige, Insichvollendete, wofür ich nun eben kein ander Wort finde als das von Werken, und es darum gern für diesen Gebrauch behalten möchte. Das Drama ist im Vergleich mit dem, was Ludoviko im Sinne hat, nur eine angewandte Poesie. Doch kann, was in meinem Sinne ein Werk heißt, in einem einzelnen Fall sehr wohl auch objektiv und dramatisch in Ihrem Sinne sein.

Andrea. Auf die Weise würde unter den alten Gattungen nur in der epischen ein Werk in Ihrem großen Sinne möglich sein.

Lothario. Eine Bemerkung, die insofern richtig ist, daß im Epischen das eine Werk auch das einzige zu sein pflegt. Die tragischen und komischen Werke der Alten hingegen sind nur Variationen, verschiedene Ausdrücke, eines und desselben Ideals. Für den systematischen Gliederbau, die Konstruktion und Organisation bleiben sie die höchsten Muster, und sind, wenn ich so sagen darf, die Werke unter den Werken.

Antonio. Was ich zum Gastmahl beitragen kann, ist eine etwas leichtere Speise. Amalia hat mir schon verziehn und erlaubt, daß ich meine besondern Belehrungen an sie allgemein machen darf.

Brief über den Roman

Ich muß, was ich gestern zu Ihrer Verteidigung zu sagen schien, zurücknehmen, liebe Freundin! und Ihnen so gut als völlig Unrecht geben. Sie selbst geben es sich am Ende des Streites darin, daß Sie sich so tief eingelassen, weil es gegen die weibliche Würde sei, aus dem angebornen Element von heiterm Scherz und ewiger Poesie zu dem gründlichen oder schwerfälligen Ernst der Männer sich, wie Sie es richtig nannten, herabzustimmen. Ich stimme Ihnen gegen Sie selbst bei, daß Sie Unrecht haben. Ja, ich behaupte noch außerdem, daß es nicht genug sei, Unrecht anzuerkennen; man muß es auch büßen, und die, wie mirs scheint, ganz zweckmäßige Buße dafür, daß Sie sich mit der Kritik gemein gemacht haben, soll nun sein, daß Sie sich die Geduld abnötigen, diese kritische Epistel über den Gegenstand des gestrigen Gesprächs zu lesen.

Ich hätte es gleich gestern sagen können, was ich sagen will; oder vielmehr ich konnte es nicht, meiner Stimmung und der Umstände wegen. Mit welchem Gegner hatten Sie zu tun, Amalia? Freilich versteht er das, wovon die Rede war, recht sehr wohl und wie sichs für einen tüchtigen Virtuosen nicht anders gebührt. Er würde also darüber sprechen können so gut wie irgendeiner, wenn er nur überhaupt sprechen könnte. Dieses haben ihm die Götter versagt; er ist, wie ich schon sagte, ein Virtuose und damit gut; die Grazien sind leider ausgeblieben. Da er nun so gar nicht ahnden konnte, was Sie im innersten Sinne meinten, und das äußerliche Recht so ganz auf seiner Seite war, so hatte ich nichts Angelegeners, als mit ganzer Stärke für Sie zu streiten, damit nur das gesellige Gleichgewicht nicht völlig zerstört würde. Und überdem ists mir natürlicher, wenn es ja sein muß, schriftliche Belehrungen zu geben als mündliche, die nach meinem Gefühl die Heiligkeit des Gesprächs entweihen.

Das unsrige fing damit an, daß Sie behaupteten, Friedrich Richters

Romane seien keine Romane, sondern ein buntes Allerlei von kränklichem Witz. Die wenige Geschichte sei zu schlecht dargestellt, um für Geschichte zu gelten, man müsse sie nur erraten. Wenn man aber auch alle zusammennehmen und sie rein erzählen wolle, würde das doch höchstens Bekenntnisse geben. Die Individualität des Menschen sei viel zu sichtbar, und noch dazu eine solche!

Das letzte übergehe ich, weil es doch wieder nur Sache der Individualität ist. Das bunte Allerlei von kränklichem Witz gebe ich zu, aber ich nehme es in Schutz und behaupte dreist, daß solche Grotesken und Bekenntnisse noch die einzigen romantischen Erzeugnisse unsers unromantischen Zeitalters sind.

Lassen Sie mich bei dieser Gelegenheit ausschütten, was ich lange auf dem Herzen habe!

Mit Erstaunen und mit innerm Grimm habe ich oft den Diener die Haufen zu Ihnen hereintragen sehn. Wie mögen Sie nur mit Ihren Händen die schmutzigen Bände berühren? – Und wie können Sie den verworrnen, ungebildeten Redensarten den Eingang durch Ihr Auge in das Heiligtum der Seele verstatten? – Stundenlang Ihre Phantasie an Menschen hingeben, mit denen von Angesicht zu Angesicht nur wenige Worte zu wechseln Sie sich schämen würden? – Es frommt wahrlich zu nichts, als nur die Zeit zu töten und die Imagination zu verderben! Fast alle schlechten Bücher haben Sie gelesen von Fielding bis zu La Fontaine. Fragen Sie sich selbst, was Sie davon gehabt haben. Ihr Gedächtnis selbst verschmäht das unedle Zeug, was eine fatale Jugendgewohnheit Ihnen zum Bedürfnis macht und was so emsig herbeigeschafft werden muß, wird sogleich rein vergessen.

Dagegen erinnern Sie sich noch vielleicht, daß es eine Zeit gab, wo Sie den Sterne liebten, sich oft ergötzten, seine Manier anzunehmen, halb nachzuahmen, halb zu verspotten. Ich habe noch einige scherzhafte Briefchen der Art von Ihnen, die ich sorgsam bewahren werde. – Sternes Humor hat Ihnen also doch einen bestimmten Eindruck gegeben; wenngleich eben keine idealisch schöne, so war es doch eine Form, eine geistreiche Form, die Ihre Phantasie dadurch gewann, und ein Eindruck, der uns so bestimmt bleibt, den wir so zu Scherz und Ernst gebrauchen und gestalten können, ist nicht verloren; und was kann einen gründlicheren Wert haben als dasjenige, was das Spiel unsrer innern Bildung auf irgendeine Weise reizt oder nährt.

Sie fühlen es selbst, daß Ihr Ergötzen an Sternes Humor rein war und von ganz andrer Natur als die Spannung der Neugier, die uns oft ein durchaus schlechtes Buch in demselben Augenblick, wo wir es so finden, abnötigen kann. Fragen Sie sich nun selbst, ob Ihr Genuß nicht verwandt mit demjenigen war, den wir oft bei Betrachtung der witzigen Spielgemälde empfanden, die man Arabesken nennt. – Auf den Fall, daß Sie sich selbst nicht von allem Anteil an Sternes Empfindsamkeit freisprechen können, schicke ich Ihnen hier ein Buch, von dem ich Ihnen aber, damit Sie gegen Fremde vorsichtig sind, voraussagen muß, daß es das Unglück oder das Glück hat, ein wenig verschrien zu sein. Es ist Diderots *Fatalist*. Ich denke, es wird Ihnen gefallen, und Sie werden die Fülle des Witzes hier ganz rein finden von sentimentalen Beimischungen. Es ist mit Verstand angelegt und mit sichrer Hand ausgeführt. Ich darf es ohne Übertreibung ein Kunstwerk nennen. Freilich ist es keine hohe Dichtung, sondern nur eine – Arabeske. Aber eben darum hat es in meinen Augen keine geringen Ansprüche; denn ich halte die Arabeske für eine ganz bestimmte und wesentliche Form oder Äußerungsart der Poesie.

Ich denke mir die Sache so. Die Poesie ist so tief in dem Menschen gewurzelt, daß sie auch unter den ungünstigsten Umständen immer noch zuzeiten wild wächst. Wie wir nun fast bei jedem Volk Lieder, Geschichten im Umlauf, irgendeine Art wenngleich rohe Schauspiele im Gebrauch finden: so haben selbst in unserm unphantastischen Zeitalter, in den eigentlichen Ständen der Prosa, ich meine die sogenannten Gelehrten und gebildeten Leute, einige Einzelne eine seltne Originalität der Phantasie in sich gespürt und geäußert, obgleich sie darum von der eigentlichen Kunst noch sehr entfernt waren. Der Humor eines Swift, eines Sterne, meine ich, sei die Naturpoesie der höhern Stände unsers Zeitalters.

Ich bin weit entfernt, sie neben jene Großen zu stellen; aber Sie werden mir zugeben, daß, wer für diese, für den Diderot Sinn hat, schon besser auf dem Wege ist, den göttlichen Witz, die Phantasie eines Ariost, Cervantes, Shakespeare verstehn zu lernen als ein andrer, der auch noch nicht einmal bis dahin sich erhoben hat. Wir dürfen nun einmal die Forderungen in diesem Stück an die Menschen der jetzigen Zeit nicht zu hoch spannen, und was in so kränklichen Verhältnissen aufgewachsen ist, kann selbst natürlicherweise nicht anders als kränklich sein. Dies halte ich aber, solange die Arabeske kein Kunstwerk, sondern nur ein Naturprodukt ist, eher für einen Vorzug, und stelle Richtern also auch darum über Sterne, weil seine Phantasie weit kränklicher, also weit wunderlicher und phantastischer ist. Lesen Sie nur überhaupt den Sterne einmal wieder. Es ist lange her, daß Sie ihn nicht gelesen haben, und ich denke, er wird Ihnen etwas anders vorkommen wie damals. Vergleichen Sie dann immer unsern Deutschen mit ihm. Er hat wirklich mehr Witz, wenigstens für den, der ihn witzig nimmt: denn er selbst könnte sich darin leicht unrecht tun. Und durch diesen Vorzug erhebt sich selbst seine Sentimentalität in der Erscheinung über die Sphäre der engländischen Empfindsamkeit.

Wir haben noch einen äußern Grund, diesen Sinn für das Groteske in uns zu bilden und uns in dieser Stimmung zu erhalten. Es ist unmöglich, in diesem Zeitalter der Bücher nicht auch viele, sehr viele schlechte Bücher durchblättern, ja sogar lesen zu müssen. Einige unter diesen sind, darauf darf man mit einiger Zuversicht rechnen, glücklicherweise immer von der albernen Art, und da kommt es wirklich nur auf uns an, sie unterhaltend zu finden, indem wir sie nämlich als witzige Naturprodukte betrachten. Laputa ist nirgends oder überall, liebe Freundin; es kommt nur auf einen Akt unsrer Willkür und unsrer Phantasie an, so sind wir mitten darin. Wenn die Dummheit eine gewisse Höhe erreicht, zu der wir sie jetzt, wo sich alles schärfer sondert, meistens gelangen sehn, so gleicht sie auch in der äußern Erscheinung der Narrheit. Und die Narrheit, werden Sie mir zugeben, ist das Lieblichste, was der Mensch imaginieren kann, und das eigentliche letzte Prinzip alles Amüsanten. In dieser Stimmung kann ich oft ganz allein für mich über Bücher, die keinesweges dazu bestimmt scheinen, in ein Gelächter verfallen, was kaum wieder aufhören will. Und es ist billig, daß die Natur mir diesen Ersatz gibt, da ich über so manches, was jetzt Witz und Satire heißt, durchaus nicht mitlachen kann. Dagegen werden mir nun gelehrte Zeitungen z. B. zu Farcen, und diejenige, welche sich die allgemeine nennt, halte ich mir ganz ausdrücklich, wie die Wiener den Kasperle. Sie ist, aus meinem Standpunkte angesehen, nicht nur die mannigfaltigste von allen, sondern auch in jeder Rücksicht die unvergleichlichste: denn nachdem sie aus der Nullität in eine gewisse Plattheit gesunken und aus dieser ferner in eine Art von Stumpfheit übergegangen war, ist sie zuletzt auf dem Wege der Stumpfheit endlich in jene närrische Dummheit verfallen.

Dieses ist im ganzen für Sie schon ein zu gelehrter Genuß. Wollen Sie aber, was Sie leider nicht mehr lassen können, in einem neuen Sinn tun, so will ich nicht mehr über den Bedienten schelten, wenn er die Haufen aus der Leihbibliothek bringt. Ja, ich erbiete mich selbst, für dieses Bedürfnis Ihr Geschäftsträger zu sein und verspreche, Ihnen eine Unzahl der schönsten Komödien aus allen Fächern der Literatur zu senden.

Ich nehme den Faden wieder auf: denn ich bin gesonnen, Ihnen nichts zu schenken, sondern Ihren Behauptungen Schritt vor Schritt zu folgen.

Sie tadelten Jean Paul auch, mit einer fast wegwerfenden Art, daß er sentimental sei.

Wollten die Götter, er wäre es in dem Sinne, wie ich das Wort nehme und es seinem Ursprunge und seiner Natur nach glaube nehmen zu müssen. Denn nach meiner Ansicht und nach meinem Sprachgebrauch ist eben das romantisch, was uns einen sentimentalen Stoff in einer phantastischen Form darstellt.

Vergessen Sie auf einen Augenblick die gewöhnliche, übel berüchtigte Bedeutung des Sentimentalen, wo man fast alles unter dieser Benennung versteht, was auf eine platte Weise rührend und tränenreich ist und voll von jenen familiären Edelmutsgefühlen, in deren Bewußtsein Menschen ohne Charakter sich so unaussprechlich glücklich und groß fühlen.

Denken Sie dabei lieber an Petrarca oder an Tasso, dessen Gedicht gegen das mehr phantastische Romanzo des Ariost wohl das sentimentale heißen könnte; und ich erinnre mich nicht gleich eines Beispiels, wo der Gegensatz so klar und das Übergewicht so entschieden wäre wie hier.

Tasso ist mehr musikalisch, und das Pittoreske im Ariost ist gewiß nicht das schlechteste. Die Malerei ist nicht mehr so phantastisch, wie sie es bei vielen Meistern der venezianischen Schule, wenn ich meinem Gefühl trauen darf, auch im Correggio und vielleicht nicht bloß in den Arabesken des Raffael, ehedem in ihrer großen Zeit war. Die moderne Musik hingegen ist, was die in ihr herrschende Kraft des Menschen betrifft, ihrem Charakter im ganzen so treu geblieben, daß ichs ohne Scheu wagen möchte, sie eine sentimentale Kunst zu nennen.

Was ist denn nun dieses Sentimentale? Das, was uns anspricht, wo das Gefühl herrscht, und zwar nicht ein sinnliches, sondern das geistige. Die Quelle und Seele aller dieser Regungen ist die Liebe, und der Geist der Liebe muß in der romantischen Poesie überall unsichtbar sichtbar schweben; das soll jene Definition sagen. Die galanten Passionen, denen man in den Dichtungen der Modernen, wie Diderot im Fatalisten so lustig klagt, von dem Epigramm bis zur Tragödie nirgends entgehn kann, sind dabei grade das wenigste, oder vielmehr sie sind nicht einmal der äußre Buchstabe jenes Geistes, nach Gelegenheit auch wohl gar nichts oder etwas sehr Unliebliches und Liebloses. Nein, es ist der heilige Hauch, der uns in den Tönen der Musik berührt. Er läßt sich nicht gewaltsam fassen und mechanisch greifen, aber er läßt sich freundlich locken von sterblicher Schönheit und in sie verhüllen; und auch die Zauberworte der Poesie können von seiner Kraft durchdrungen und beseelt werden. Aber in dem Gedicht, wo er nicht überall ist oder überall sein könnte, ist er gewiß gar nicht. Er ist ein unendliches Wesen, und mitnichten haftet und klebt sein Interesse nur an den Personen, den Begebenheiten und Situationen und den individuellen Neigungen: für den wahren Dichter ist alles dieses, so innig es auch seine Seele umschließen mag, nur Hindeutung auf das Höhere, Unendliche, Hieroglyphe der einen ewigen Liebe und der heiligen Lebensfülle der bildenden Natur.

Nur die Phantasie kann das Rätsel dieser Liebe fassen und als Rätsel darstellen; und dieses Rätselhafte ist die Quelle von dem Phantastischen in der Form aller poetischen Darstellung. Die Phantasie strebt aus allen Kräften sich zu äußern, aber das Göttliche kann sich in der Sphäre der Natur nur indirekt mitteilen und äußern. Daher bleibt von dem, was ursprünglich Phantasie war, in der Welt der Erscheinungen nur das zurück, was wir Witz nennen.

Noch eines liegt in der Bedeutung des Sentimentalen, was grade das Eigentümliche der Tendenz der romantischen Poesie im Gegensatz der antiken betrifft. Es ist darin gar keine Rücksicht genommen auf den Unterschied von Schein und Wahrheit, von Spiel und Ernst. Darin liegt der große Unterschied. Die alte Poesie schließt sich durchgängig an die Mythologie an, und vermeidet sogar den eigentlich historischen Stoff. Die alte Tragödie sogar ist ein Spiel, und der Dichter, der eine wahre Begebenheit, die das ganze Volk ernstlich anging, darstellte, ward bestraft. Die romantische Poesie hingegen ruht ganz auf historischem Grunde, weit mehr als man es weiß und glaubt. Das erste beste Schauspiel, das Sie sehn, irgendeine Erzählung, die Sie lesen: wenn eine geistreiche Intrige darin ist, können Sie fast mit Gewißheit darauf rechnen, daß wahre Geschichte zum Grunde liegt, wenngleich vielfach umgebildet. Boccaccio ist fast durchaus wahre Geschichte, ebenso andre Quellen, aus denen alle romantische Erfindung hergeleitet ist.

Ich habe ein bestimmtes Merkmal des Gegensatzes zwischen dem Antiken und dem Romantischen aufgestellt. Indessen bitte ich Sie doch, nun nicht sogleich anzunehmen, daß mir das Romantische und das Moderne völlig gleich gelte. Ich denke, es ist etwa ebenso verschieden, wie die Gemälde des Raffael und Correggio von den Kupferstichen, die jetzt Mode sind. Wollen Sie sich den Unterschied völlig klar machen, so lesen Sie gefälligst etwa die *Emilia Galotti*, die so unaussprechlich modern und doch im geringsten nicht romantisch ist, und erinnern sich dann an Shakespeare, in den ich das eigentliche Zentrum, den Kern der romantischen Phantasie setzen möchte. Da suche und finde ich das Romantische, bei den ältern Modernen, bei Shakespeare, Cervantes, in der italienischen Poesie, in jenem Zeitalter der Ritter, der Liebe und der Märchen, aus welchem die Sache und das Wort selbst herstammt. Dieses ist bis jetzt das einzige, was einen Gegensatz zu den klassischen Dichtungen des Altertums abgeben kann; nur diese ewig frischen Blüten der Phantasie sind würdig, die alten Götterbilder zu umkränzen. Und gewiß ist es, daß alles Vorzüglichste der modernen Poesie dem Geist und selbst der Art nach dahin neigt; es müßte denn eine Rückkehr zum Antiken sein sollen. Wie unsre Dichtkunst mit dem Roman, so fing die der Griechen mit dem Epos an und löste sich wieder darin auf.

Nur mit dem Unterschiede, daß das Romantische nicht sowohl eine Gattung ist als ein Element der Poesie, das mehr oder minder herrschen und zurücktreten, aber nie ganz fehlen darf. Es muß Ihnen nach meiner Ansicht einleuchtend sein, daß und warum ich fordre, alle Poesie solle romantisch sein, den Roman aber, insofern er eine besondre Gattung sein will, verabscheue.

Sie verlangten gestern, da der Streit eben am lebhaftesten wurde, eine Definition, was ein Roman sei; mit einer Art, als wüßten Sie schon, Sie würden keine befriedigende Antwort bekommen. Ich halte dieses Problem eben nicht für unauflöslich. Ein Roman ist ein romantisches Buch. – Sie werden das für eine nichtssagende Tautologie ausgeben. Aber ich will Sie zuerst nur darauf aufmerksam machen, daß man sich bei einem Buche schon ein Werk, ein für sich bestehendes Ganze denkt. Alsdann liegt ein sehr wichtiger Gegensatz gegen das Schauspiel darin, welches bestimmt ist, angeschaut zu werden: der Roman hingegen war es von den ältesten Zeiten für die Lektüre, und daraus lassen sich fast alle Verschiedenheiten in der Manier der Darstellung beider Formen herleiten. Das Schauspiel soll auch romantisch sein, wie alle Dichtkunst; aber ein Roman ists nur unter gewissen Einschränkungen, ein angewandter Roman. Der dramatische Zusammenhang der Geschichte macht den Roman im Gegenteil noch keineswegs zum Ganzen, zum Werk, wenn er es nicht durch die Beziehung der ganzen Komposition auf eine höhere Einheit, als jene Einheit des Buchstabens, über die er sich oft wegsetzt und wegsetzen darf, durch das Band der Ideen, durch einen geistigen Zentralpunkt wird.

Dies abgerechnet, findet sonst so wenig ein Gegensatz zwischen dem Drama und dem Roman statt, daß vielmehr das Drama, so gründlich und historisch wie es Shakespeare z. B. nimmt und behandelt, die wahre Grundlage des Romans ist. Sie behaupteten zwar, der Roman habe am meisten Verwandtschaft mit der erzählenden, ja, mit der epischen Gattung. Dagegen erinnre ich nun erstlich, daß ein Lied ebensogut romantisch sein kann als eine Geschichte. Ja, ich kann mir einen Roman kaum anders denken, als gemischt aus Erzählung, Gesang und andern Formen. Anders hat Cervantes nie gedichtet, und selbst der sonst so prosaische Boccaccio schmückt seine Sammlung mit einer Einfassung von Liedern. Gibt es einen Roman, in dem dies nicht stattfindet und nicht stattfinden kann, so liegt es nur in der Individualität des Werks, nicht im Charakter der Gattung; sondern es ist schon eine Ausnahme von diesem. Doch das ist nur vorläufig. Mein eigentlicher Einwurf ist folgender. Es ist dem epischen Stil nichts entgegengesetzter, als wenn die Einflüsse der eignen Stimmung im geringsten sichtbar werden; geschweige denn, daß er sich seinem Humor so überlassen, so mit ihm spielen dürfte, wie es in den vortrefflichsten Romanen geschieht.

Nachher vergaßen Sie Ihren Satz wieder oder gaben ihn auf und wollten behaupten: alle diese Einteilungen führten zu nichts; es gäbe nur Eine Poesie, und es komme nur darauf an, ob etwas schön sei; nach der Rubrik könne nur ein Pedant fragen. – Sie wissen, was ich von den Klassifikationen, die so im Umlauf sind, halte. Aber doch sehe ich ein, daß es für jeden Virtuosen durchaus notwendig ist, sich selbst auf einen durchaus bestimmten Zweck zu beschränken; und in der historischen Nachforschung komme ich auf mehrere ursprüngliche Formen, die sich nicht mehr ineinander auflösen lassen. So scheinen mir im Umkreise der romantischen Poesie selbst Novellen und Märchen z. B., wenn ich so sagen darf, unendlich entgegengesetzt. Und ich wünsche nichts mehr, als daß ein Künstler jede dieser Arten verjüngen möge, indem er sie auf ihren ursprünglichen Charakter zurückführt.

Wenn solche Beispiele ans Licht träten, dann würde ich Mut bekommen zu einer Theorie des Romans, die im ursprünglichen Sinne des Wortes eine Theorie wäre: eine geistige Anschauung des Gegenstandes mit ruhigem, heitern ganzen Gemüt, wie es sich ziemt, das bedeutende Spiel göttlicher Bilder in festlicher Freude zu schauen. Eine solche Theorie des Romans würde selbst ein Roman sein müssen, der jeden ewigen Ton der Phantasie phantastisch wiedergäbe, und das Chaos der Ritterwelt noch einmal verwirrte. Da würden die alten Wesen in neuen Gestalten leben; da würde der heilige Schatten des Dante sich aus seiner Unterwelt erheben, Laura himmlisch vor uns wandeln, und Shakespeare mit Cervantes trauliche Gespräche wechseln; – und da würde Sancho von neuem mit dem Don Quixote scherzen.

Das wären wahre Arabesken, und diese nebst Bekenntnissen seien, behauptete ich im Eingang meines Briefs, die einzigen romantischen Naturprodukte unsers Zeitalters.

Daß ich auch die Bekenntnisse dazu rechnete, wird Ihnen nicht mehr befremdend sein, wenn Sie zugegeben haben, daß wahre Geschichte das Fundament aller romantischen Dichtung sei; und Sie werden sich, wenn Sie darüber reflektieren wollen, leicht erinnern und überzeugen, daß das beste in den besten Romanen nichts anders ist als ein mehr oder minder verhülltes Selbstbekenntnis des Verfassers, der Ertrag seiner Erfahrung, die Quintessenz seiner Eigentümlichkeit.

Alle sogenannten Romane, auf die meine Idee von romantischer Form freilich gar nicht anwendbar ist, schätze ich dennoch ganz genau nach der Masse von eigner Anschauung und dargestelltem Leben, die sie enthalten; und in dieser Hinsicht mögen denn selbst die Nachfolger des Richardson, so sehr sie auf der falschen Bahn wandeln, willkommen sein. Wir lernen aus einer *Cecilia Beverley* wenigstens, wie man zu der Zeit, da das eben Mode war, sich in London ennuyierte, auch wie eine britische Dame vor Delikatesse endlich zu Boden stürzt und sich blutrünstig fällt; das Fluchen, die Squires und dergleichen sind im Fielding wie aus dem Leben gestohlen, und der *Wakefield* gibt uns einen tiefen Blick in die Weltansicht eines Landpredigers; ja dieser Roman wäre vielleicht, wenn Olivia ihre verlorne Unschuld am Ende wiederfände, der beste unter allen engländischen Romanen.

Aber wie sparsam und tropfenweise wird einem in allen diesen Büchern das wenige Reelle zugezählt! Und welche Reisebeschreibung, welche Briefsammlung, welche Selbstgeschichte wäre nicht für den, der sie in einem romantischen Sinne liest, ein besserer Roman als der beste von jenen? –

Besonders die Confessions geraten meistens auf dem Wege des Naiven von selbst in die Arabeske, wozu sich jene Romane höchstens am Schluß erheben, wenn die bankerotten Kaufleute wieder Geld und Kredit, alle armen Schlucker zu essen bekommen, die liebenswürdigen Spitzbuben ehrlich und die gefallnen Mädchen wieder tugendhaft werden.

Die *Confessions* von Rousseau sind in meinen Augen ein höchst vortrefflicher Roman; die *Heloise* nur ein sehr mittelmäßiger.

Ich schicke Ihnen hier die Selbstgeschichte eines berühmten Mannes, die Sie, soviel ich weiß, noch nicht kennen: die *Memoirs* von Gibbon. Es ist ein unendlich gebildetes und ein unendlich drolliges Buch. Es wird Ihnen auf halbem Wege entgegenkommen, und wirklich ist der komische Roman, der darin liegt, fast ganz fertig. Sie werden den Engländer, den Gentleman, den Virtuosen, den Gelehrten, den Hagestolzen, den Elegant vom guten Ton in seiner ganzen zierlichen Lächerlichkeit durch die Würde dieser historischen Perioden so klar vor Augen sehn, wie Sie nur immer wünschen können. Gewiß, man kann viel schlechte Bücher und viele unbedeutende Menschen durchsehn, ehe man so viel Lachstoff auf einem Haufen beisammen findet.

*

Nachdem Antonio diese Epistel vorgelesen hatte, fing Camilla an, die Güte und Nachsicht der Frauen zu rühmen: daß Amalia ein solches Maß von Belehrung anzunehmen nicht für zu gering geachtet; und überhaupt wären sie ein Muster von Bescheidenheit, indem sie bei dem Ernst der Männer immer geduldig und, was noch mehr sagen wolle, ernsthaft blieben, ja sogar einen gewissen Glauben an ihr Kunstwesen hätten. – Wenn Sie unter der Bescheidenheit diesen Glauben verstehn, setzte Lothario hinzu, diese Voraussetzung einer Vortrefflichkeit, die wir noch nicht selbst besitzen, deren Dasein und Würde wir aber zu vermuten anfangen: so dürfte sie wohl die sicherste Grundlage aller edlen Bildung für vorzügliche Frauen sein. – Camilla fragte, ob es für die Männer etwa der Stolz und die Selbstzufriedenheit sei; indem sich jeder meistens um so mehr für einzig hielte, je unfähiger er sei zu verstehen, was der andre wolle. – Antonio unterbrach sie mit der Bemerkung, er hoffe zum Besten der Menschheit, jener Glaube sei nicht so notwendig als Lothario meine; denn er sei wohl sehr selten. Meistens halten die Frauen, sagte er, soviel ich habe bemerken können, die Kunst, das Altertum, die Philosophie und dergleichen für ungegründete Traditionen, für Vorurteile, die sich die Männer untereinander weismachen, um sich die Zeit zu vertreiben.

Marcus kündigte einige Bemerkungen über Goethe an. »Also schon wieder Charakteristik eines lebenden Dichters?« fragte Antonio. »Sie werden die Antwort auf Ihren Tadel in dem Aufsatze selbst finden«, erwiderte Marcus, und fing an zu lesen:

Versuch über den verschiedenen Stil in Goethes
früheren und späteren Werken

Goethes Universalität ist mir oft von neuem einleuchtend geworden, wenn ich die mannigfaltige Art bemerkte, wie seine Werke auf Dichter und Freunde der Dichtkunst wirken. Der eine strebt dem Idealischen der *Iphigenie* oder des *Tasso* nach, der andre macht sich die leichte und doch einzige Manier der kunstlosen Lieder und reizenden Dramolets zu eigen; dieser ergötzt sich an der schönen und naiven Form des *Hermann*, jener wird ganz entzündet von der Begeistrung des *Faust*. Mir selbst bleibt der *Meister* der faßlichste Inbegriff, um den ganzen Umfang seiner Vielseitigkeit, wie in einem Mittelpunkt vereinigt, einigermaßen, zu überschauen.

Der Dichter mag seinem eigentümlichen Geschmacke folgen, und selbst für den Liebhaber kann das eine Zeitlang hingehn: der Kenner aber, und wer zur Erkenntnis gelangen will, muß das Bestreben fühlen, den Dichter selbst zu verstehen, d. h. die Geschichte seines Geistes, soweit dies möglich ist, zu ergründen. Es kann dieses freilich nur ein Versuch bleiben, weil in der Kunstgeschichte nur eine Masse die andre mehr erklärt und aufhellt. Es ist nicht möglich, einen Teil für sich zu verstehen; d. h. es ist unverständig, ihn nur im Einzelnen betrachten zu wollen. Das Ganze aber ist noch nicht abgeschlossen; und also bleibt alle Kenntnis dieser Art nur Annäherung und Stückwerk. Aber ganz aufgeben dürfen und können wir das Bestreben nach ihr dennoch nicht, wenn diese Annäherung, dieses Stückwerk ein wesentlicher Bestandteil zur Ausbildung des Künstlers ist.

Es muß diese notwendige Unvollständigkeit um so mehr eintreten bei der Betrachtung eines Dichters, dessen Laufbahn noch nicht geendigt ist. Doch ist das keineswegs ein Grund gegen das ganze Unternehmen. Wir sollen auch den mitlebenden Künstler als Künstler zu verstehen streben, und dies kann nur auf jene Weise geschehn; und wenn wir es wollen, so müssen wir ihn eben so beurteilen, als ob er ein

Alter wäre; ja er muß es für uns im Augenblick der Beurteilung gewissermaßen werden. Unwürdig aber wäre es, den Ertrag unsers redlichen Forschens etwa deswegen nicht mitteilen zu wollen, weil wir wissen, daß der Unverstand des Pöbels diese Mitteilung nach seiner alten Art auf mannigfache Weise mißdeuten wird. Wir sollen vielmehr voraussetzen, daß es mehrere Einzelne gibt, die mit dem gleichen Ernst wie wir nach gründlicher Erkenntnis dessen streben, von dem sie wissen, daß es das Rechte sei.

Ihr werdet nicht leicht einen andern Autor finden, dessen früheste und spätere Werke so auffallend verschieden wären, wie es hier der Fall ist. Es ist der ganze Ungestüm der jugendlichen Begeisterung und die Reife der vollendeten Ausbildung im schärfsten Gegensatze. Diese Verschiedenheit zeigt sich aber nicht bloß in den Ansichten und Gesinnungen, sondern auch in der Art der Darstellung und in den Formen, und hat durch diesen künstlerischen Charakter eine Ähnlichkeit teils mit dem, was man in der Malerei unter den verschiedenen Manieren eines Meisters versteht, teils mit dem Stufengang der durch Umbildungen und Verwandlungen fortschreitenden Entwicklung, welchen wir in der Geschichte der alten Kunst und Poesie wahrnehmen.

Wer mit den Werken des Dichters einigermaßen vertraut ist und sie mit Aufmerksamkeit auf jene beiden auffallenden Extreme überdenkt, wird leicht noch eine mittlere Periode zwischen jenen beiden bemerken können. Statt diese drei Epochen im allgemeinen zu charakterisieren, welches doch nur ein unbestimmtes Bild geben würde, will ich lieber die Werke nennen, die mir nach reiflichem Überlegen diejenigen zu sein scheinen, deren jedes den Charakter seiner Periode am besten repräsentiert.

Für die erste Periode nenne ich den *Götz von Berlichingen*; *Tasso* ist es für die zweite und für die dritte *Hermann und Dorothea*. Alles dreies Werke im vollsten Sinne des Worts, mehr und mit einem höhern Maße von Objektivität, als viele andre aus derselben Epoche.

Ich werde sie mit Rücksicht auf den verschiedenen Stil des Künstlers kurz durchgehn, und einige Erläuterungen aus den übrigen Werken für denselben Zweck hinzufügen.

Im *Werther* verkündigt die reine Absonderung von allem Zufälligen in der Darstellung, die gerade und sicher auf ihr Ziel und auf das

Wesentliche geht, den künftigen Künstler. Er hat bewundernswürdige Details; aber das Ganze scheint mir tief unter der Kraft, mit der im *Götz* die wackern Ritter der altdeutschen Zeit uns vor Augen gerückt und mit der auch die Formlosigkeit, die denn doch zum Teil eben dadurch wieder Form wird, bis zum Übermut durchgesetzt ist. Dadurch bekommt selbst das Manierierte in der Darstellung einen gewissen Reiz, und das Ganze ist ungleich weniger veraltet als der *Werther*. Doch eines ist ewig jung auch in diesem, und ragt einzeln aus seiner Umgebung hervor. Dieses ist die große Ansicht der Natur, nicht bloß in den ruhigen, sondern in den leidenschaftlichen Stellen. Es sind Andeutungen auf den *Faust*, und es hätte möglich sein müssen, aus diesen Ergießungen des Dichters den Ernst des Naturforschers vorauszusagen.

Es war nicht meine Absicht, alle Produkte des Dichters zu klassifizieren, sondern nur die bedeutendsten Momente im Stufengange seiner Kunst anzugeben. Ich überlasse es daher eurem eignen Urteil, ob ihr etwa den *Faust* wegen der altdeutschen Form, welche der naiven Kraft und dem nachdrücklichen Witz einer männlichen Poesie so günstig ist, wegen des Hanges zum Tragischen und wegen andrer Spuren und Verwandtschaften zu jener ersten Manier zählen wollt. Gewiß aber ist es, daß dieses große Bruchstück nicht bloß wie die benannten drei Werke den Charakter einer Stufe repräsentiert, sondern den ganzen Geist des Dichters offenbart, wie seitdem nicht wieder; außer auf andre Weise im *Meister*, dessen Gegensatz in dieser Hinsicht der *Faust* ist, von dem hier nichts weiter gesagt werden kann, als daß er zu dem Größten gehört, was die Kraft des Menschen je gedichtet hat.

An *Clavigo* und andern minder wichtigen Produkten der ersten Manier ist mir das am merkwürdigsten, daß der Dichter so früh schon einem bestimmten Zwecke, einem einmal gewählten Gegenstande zu Gefallen, sich genau und eng zu beschränken wußte.

Die *Iphigenie* möchte ich mir als Übergang von der ersten Manier zur zweiten denken.

Das Charakteristische im *Tasso* ist der Geist der Reflexion und der Harmonie; nämlich daß alles auf ein Ideal von harmonischem Leben und harmonischer Bildung bezogen und selbst die Disharmonie in harmonischem Ton gehalten wird. Die tiefe Weichlichkeit einer durchaus musikalischen Natur ist noch nie im Modernen mit dieser sinnreichen Gründlichkeit dargestellt. Alles ist hier Antithese und Musik, und das zarteste Lächeln der feinsten Geselligkeit schwebt über dem stillen Gemälde, das sich am Anfange und Ende in seiner eignen Schönheit zu spiegeln scheint. Es mußten und sollten Unarten eines verzärtelten Virtuosen zum Vorschein kommen: aber sie zeigten sich im schönsten Blumenschmuck der Poesie beinah liebenswürdig. Das Ganze schwebt in der Atmosphäre künstlicher Verhältnisse und Mißverhältnisse vornehmer Stände, und das Rätselhafte der Auflösung ist nur auf den Standpunkt berechnet, wo Verstand und Willkür allein herrschen, und das Gefühl beinah schweigt. In allen diesen Eigenschaften finde ich den *Egmont* jenem Werk ähnlich oder auf eine so symmetrische Art unähnlich, daß er auch dadurch ein Pendant desselben wird. Auch Egmonts Geist ist ein Spiegel des Weltalls; die andern nur ein Widerschein dieses Lichts. Auch hier unterliegt eine schöne Natur der ewigen Macht des Verstandes. Nur ist der Verstand im *Egmont* mehr ins Gehässige nuanciert, der Egoismus des Helden hingegen ist weit edler und liebenswürdiger als der des Tasso. Das Mißverhältnis liegt schon ursprünglich in diesem selbst, in seiner Empfindungsweise; die andern sind mit sich selbst eins und werden nur durch den Fremdling aus höhern Sphären gestört. Im *Egmont* hingegen wird alles, was Mißlaut ist, in die Nebenpersonen gelegt. Clärchens Schicksal zereißt uns, und von Brakenburgs Jammer – dem matten Nachhall einer Dissonanz – möchte man sich beinah wegwenden. Er vergeht wenigstens, Clärchen lebt im Egmont, die andern repräsentieren nur. Egmont allein lebt ein höheres Leben in sich selbst, und in seiner Seele ist alles harmonisch. Selbst der Schmerz verschmilzt in Musik, und die tragische Katastrophe gibt einen milden Eindruck.

Aus den leichtesten, frischesten Blumengestalten hervor atmet derselbe schöne Geist jener beiden Stücke in *Claudine von Villabella*. Durch die merkwürdigste Umbildung ist darin der sinnliche Reiz des Rugantino, in dem der Dichter schon früh das romantische Leben eines lustigen Vagabunden mit Liebe dargestellt hatte, in die geistige Anmut verklärt und aus der gröberen Atmosphäre in den reinsten Äther emporgehoben.

In diese Epoche fallen die meisten der Skizzen und Studien für die

Bühne. Eine lehrreiche Folge von dramaturgischen Experimenten, wo die Methode und die Maxime des künstlerischen Verfahrens oft wichtiger ist, als das einzelne Resultat. Auch der *Egmont* ist nach des Dichters Ideen von Shakespeares römischen Stücken gebildet. Und selbst beim *Tasso* konnte er vielleicht zuerst an das einzige deutsche Drama gedacht haben, welches durchaus ein Werk des Verstandes ist (obgleich eben nicht des dramatischen), an Lessings *Nathan*. Es wäre dies nicht wunderbarer, als daß der *Meister*, an dem alle Künstler ewig zu studieren haben werden, in gewissem Sinne, der materiellen Entstehung nach, ein Studium nach Romanen ist, wie wohl vor einer strengen Prüfung weder einzeln als Werke, noch zusammen als eine Gattung gelten dürften.

Dies ist der Charakter der wahren Nachbildung, ohne die ein Werk kaum ein Kunstwerk sein kann! Das Vorbild ist dem Künstler nur Reiz und Mittel, den Gedanken von dem, was er bilden will, individueller zu gestalten. So wie Goethe dichtet, das heißt nach Ideen dichten; in demselben Sinne, wie Plato fordert, daß man nach Ideen leben soll.

Auch der *Triumph der Empfindsamkeit* geht sehr weit ab vom Gozzi, und in Rücksicht der Ironie weit über ihn hinaus.

Wohin ihr *Meisters Lehrjahre* stellen wollt, überlasse ich euch. Bei der künstlichen Geselligkeit, bei der Ausbildung des Verstandes, die in der zweiten Manier den Ton angibt, fehlt es nicht an Reminiszenzen aus der ersten, und im Hintergrunde regt sich überall der klassische Geist, der die dritte Periode charakterisiert.

Dieser klassische Geist liegt nicht bloß im Äußerlichen: denn wo ich nicht irre, so ist sogar im *Reineke Fuchs* das Eigentümliche des Tons, was der Künstler an das Alte angebildet hat, von derselben Tendenz wie die Form.

Metrum, Sprache, Form, Ähnlichkeit der Wendungen und Gleichheit der Ansichten, ferner das meistens südliche Kolorit und Kostüm, der ruhige weiche Ton, der antike Stil, die Ironie der Reflexion bilden die Elegien, Epigramme, Episteln, Idyllen zu einem Kreise, gleichsam zu einer Familie von Gedichten. Man würde wohl tun, sie als ein Ganzes und in gewissem Sinne wie ein Werk zu nehmen und zu betrachten.

Vieles von dem Zauber und Reiz dieser Gedichte liegt in der schönen Individualität, die sich darin äußert und zur Mitteilung gleichsam gehn läßt. Sie wird durch die klassische Form nur noch pikanter.

In den Erzeugnissen der ersten Manier ist das Subjektive und das Objektive durchaus vermischt. In den Werken der zweiten Epoche ist die Ausführung im höchsten Grade objektiv. Aber das eigentlich Interessante derselben, der Geist der Harmonie und der Reflexion, verrät seine Beziehung auf eine bestimmte Individualität. In der dritten Epoche ist beides rein geschieden, und *Hermann und Dorothea* durchaus objektiv. Durch das Wahre, Innige könnte es eine Rückkehr zur geistigen Jugend scheinen, eine Wiedervereinigung der letzten Stufe mit der Kraft und Wärme der ersten. Aber die Natürlichkeit ist hier nicht selbst eine natürliche Ergießung, sondern absichtliche Popularität für die Wirkung nach außen. In diesem Gedicht finde ich ganz die idealische Haltung, die andre nur in der *Iphigenie* suchen.

Es konnte nicht meine Absicht sein, in einem Schema seines Stufenganges alle Werke des Künstlers zu ordnen. Um dies durch ein Beispiel anschaulicher zu machen, erwähne ich nur, daß *Prometheus* z. B. und die *Zueignung* mir würdig scheinen, neben den größten Werken desselben Meisters zu stehn. In den vermischten Gedichten überhaupt liebt jeder leicht das Interessante. Aber für die würdigen Gesinnungen, die hier ausgesprochen sind, lassen sich kaum glücklichere Formen wünschen, und der wahre Kenner müßte imstande sein, allein aus einem solchen Stück die Höhe, auf der alle stehn, zu erraten.

Nur vom *Meister* muß ich noch einige Worte sagen. Drei Eigenschaften scheinen mir daran die wunderbarsten und die größten. Erstlich, daß die Individualität, welche darin erscheint, in verschiedne Strahlen gebrochen, unter mehrere Personen verteilt ist. Dann der antike Geist, den man bei näherer Bekanntschaft unter der modernen Hülle überall wiedererkennt. Diese große Kombination eröffnet eine ganz neue, endlose Aussicht auf das, was die höchste Aufgabe aller Dichtkunst zu sein scheint, die Harmonie des Klassischen und des Romantischen. Das dritte ist, daß das eine unteilbare Werk in gewissem Sinn doch zugleich ein zwiefaches, doppeltes ist. Ich drücke vielleicht, was ich meine, am deutlichsten aus, wenn ich sage: das Werk ist zweimal gemacht, in zwei schöpferischen Momenten, aus zwei Ideen. Die erste war bloß die eines Künstlerromans; nun aber ward das Werk, überrascht von der Tendenz seiner Gattung, plötzlich viel größer als seine erste Absicht, und es kam die Bildungslehre der Lebenskunst hinzu und ward der Genius des Ganzen. Eine ebenso auffallende Duplizität ist sichtbar in den beiden künstlichsten und verstandvollsten Kunstwerken im ganzen Gebiet der romantischen Kunst, im *Hamlet* und im *Don Quixote*. Aber Cervantes und Shakespeare hatten jeder ihren Gipfel, von dem sie zuletzt in der Tat ein wenig sanken. Dadurch zwar, daß jedes ihrer Werke ein neues Individuum ist, eine Gattung für sich bildet, sind sie die einzigen, mit denen Goethes Universalität eine Vergleichung zuläßt. Die Art, wie Shakespeare den Stoff umbildet, ist dem Verfahren nicht unähnlich, wie Goethe das Ideal einer Form behandelt. Cervantes nahm auch individuelle Formen zum Vorbilde. Nur ist Goethes Kunst durchaus progressiv, und wenn auch sonst ihr Zeitalter jenen günstiger, und es ihrer Größe nicht nachteilig war, daß sie von niemandem erkannt, allein blieb: so ist doch das jetzige wenigstens in dieser Hinsicht nicht ohne Mittel und Grundlagen.

Goethe hat sich in seiner langen Laufbahn von solchen Ergießungen des ersten Feuers, wie sie in einer teils noch rohen, teils schon verbildeten Zeit, überall von Prosa und von falschen Tendenzen umgeben, nur immer möglich waren, zu einer Höhe der Kunst heraufgearbeitet, welche zum ersten Mal die ganze Poesie der Alten und der Modernen umfaßt, und den Keim eines ewigen Fortschreitens enthält.

Der Geist, der jetzt rege ist, muß auch diese Richtung nehmen, und so wird es, dürfen wir hoffen, nicht an Naturen fehlen, die fähig sein werden zu dichten, nach Ideen zu dichten. Wenn sie nach Goethes Vorbilde in Versuchen und Werken jeder Art unermüdet nach dem Bessern trachten; wenn sie sich die universelle Tendenz, die progressiven Maximen dieses Künstlers zu eigen machen, die noch der mannigfaltigsten Anwendung fähig sind; wenn sie wie er das Sichre des Verstandes dem Schimmer des Geistreichen vorziehn: so wird jener Keim nicht verloren gehn, so wird Goethe nicht das Schicksal des Cervantes und des Shakespeare haben können, sondern der Stifter und das Haupt einer neuen Poesie sein, für uns und die Nachwelt, was Dante auf andre Weise im Mittelalter.

*

Andrea. Es freut mich, daß in dem mitgeteilten Versuch endlich das zur Sprache gekommen ist, was mir gerade die höchste aller Fragen über die Kunst der Poesie zu sein scheint: nämlich die von der Vereinigung des Antiken und des Modernen: unter welchen Bedingungen sie möglich, inwiefern sie ratsam sei. Laßt uns versuchen, diesem Problem auf den Grund zu kommen!

Ludoviko. Ich würde gegen die Einschränkungen protestieren und für die unbedingte Vereinigung stimmen. Der Geist der Poesie ist nur einer und überall derselbe.

Lothario. Allerdings der Geist! Ich möchte hier die Einteilung in Geist und Buchstaben anwenden. Was Sie in Ihrer Rede über die Mythologie dargestellt oder doch angedeutet haben, ist, wenn Sie wollen, der Geist der Poesie. Und Sie werden gewiß nichts dagegen haben können, wenn ich Metrum und dergleichen, ja, sogar Charaktere, Handlung und was dem anhängt, nur für den Buchstaben halte. Im Geist mag Ihre unbedingte Verbindung des Antiken und Modernen stattfinden; und nur auf eine solche machte unser Freund uns aufmerksam. Nicht so im Buchstaben der Poesie. Der alte Rhythmus z. B. und die gereimten Silbenmaße bleiben ewig entgegengesetzt. Ein drittes Mittleres zwischen beiden gibts nicht.

Andrea. So habe ich oft wahrgenommen, daß die Behandlung der Charaktere und Leidenschaften bei den Alten und den Modernen schlechthin verschieden ist. Bei jenen sind sie idealisch gedacht, und plastisch ausgeführt. Bei diesen ist der Charakter entweder wirklich historisch, oder doch so konstruiert, als ob er es wäre; die Ausführung hingegen mehr pittoresk und nach der Art des Porträts.

Antonio. So müßt ihr die Diktion, die doch eigentlich wohl das Zentrum alles Buchstabens sein sollte, wunderlich genug zum Geist der Poesie rechnen. Denn obwohl auch hier in den Extremen jener allgemeine Dualismus sich offenbart und im ganzen der Charakter der alten sinnlichen Sprache und unsrer abstrakten entschieden entgegengesetzt ist: so finden sich doch gar viele Übergänge aus einem Gebiet in das andre; und ich sehe nicht ein, warum es deren nicht weit mehr geben könnte, wenngleich keine völlige Vereinigung möglich wäre.

Ludoviko. Und ich sehe nicht ein, warum wir uns nur an das Wort, nur an den Buchstaben des Buchstabens halten, und ihm zu Gefallen nicht anerkennen sollten, daß die Sprache dem Geist der Poesie näher steht als andre Mittel derselben. Die Sprache, die, ursprünglich gedacht, identisch mit der Allegorie ist, das erste unmittelbare Werkzeug der Magie.

Lothario. Man wird beim Dante, bei Shakespeare und andern Großen Stellen, Ausdrücke finden, die an sich betrachtet schon das ganze Gepräge der höchsten Einzigkeit an sich tragen; sie sind dem Geist des Urhebers näher als andre Organe der Poesie es je sein können.

Antonio. Ich habe das nur an dem Versuch über Goethe auszusetzen, daß die Urteile darin etwas zu imperatorisch ausgedrückt sind. Es könnte doch sein, daß noch Leute hinter dem Berge wohnten, die von einem und dem andern eine durchaus andre Ansicht hätten.

Marcus. Ich bekenne es gern, daß ich nur gesagt habe, wie es mir vorkommt. Nämlich wie es mir vorkommt, nachdem ich aufs redlichste geforscht habe, mit Hinsicht auf jene Maximen der Kunst und der Bildung, über die wir im ganzen einig sind.

Antonio. Diese Einigkeit mag wohl nur sehr relativ sein.

Marcus. Es sei damit wie es sei. Ein wahres Kunsturteil, werden Sie mir eingestehen, eine ausgebildete, durchaus fertige Ansicht eines Werks ist immer ein kritisches Faktum, wenn ich so sagen darf. Aber auch nur ein Faktum und eben darum ists leere Arbeit, es motivieren zu wollen, es müßte denn das Motiv selbst ein neues Faktum oder eine nähere Bestimmung des ersten enthalten. Oder auch für die Wirkung nach außen, wo eben nichts übrig bleibt, als zu zeigen, daß wir die Wissenschaft besitzen, ohne welche das Kunsturteil nicht möglich wäre, die es aber so wenig schon selbst ist, daß wir sie nur gar zu oft mit dem absoluten Gegenteil aller Kunst und alles Urteils aufs vortrefflichste zusammen bestehn sehn. Unter Freunden bleibt die Probezeigung der Geschicklichkeit besser weg, und es kann doch am Ende in jeder auch noch so künstlich zubereiteten Mitteilung eines

Kunsturteils kein anderer Anspruch liegen, als die Einladung, daß jeder seinen eignen Eindruck ebenso rein zu fassen und streng zu bestimmen suche, und dann den mitgeteilten der Mühe wert achte, darüber zu reflektieren, ob er damit übereinstimmen könne, um ihn in diesem Falle frei- und bereitwillig anzuerkennen.

Antonio. Und wenn wir nun nicht übereinstimmen, so heißt es am Ende: Ich liebe das Süße. Nein, sagt der andre, ganz im Gegenteil, mir schmeckt das Bittre besser.

Lothario. Es darf über manches einzelne so heißen, und dennoch bleibt ein Wissen in Dingen der Kunst sehr möglich. Und ich denke, wenn jene historische Ansicht vollendeter ausgeführt würde, und wenn es gelänge, die Prinzipien der Poesie auf dem Wege, den unser philosophischer Freund versucht hat, aufzustellen: so würde die Dichtkunst ein Fundament haben, dem es weder an Festigkeit noch an Umfang fehlte.

Marcus. Vergessen Sie nicht das Vorbild, welches so wesentlich ist, uns in der Gegenwart zu orientieren, und uns zugleich beständig erinnert, uns zur Vergangenheit zu erheben und der bessern Zukunft entgegenzuarbeiten. Laßt wenigstens uns an jener Grundlage halten und dem Vorbilde treu bleiben.

Lothario. Ein würdiger Entschluß, gegen den sich nichts einwenden läßt. Und gewiß werden wir auf diesem Wege immer mehr lernen, uns über das Wesentliche einander zu verstehn.

Antonio. Wir dürfen also nun nichts mehr wünschen, als daß wir Ideen zu Gedichten in uns finden mögen, und dann das gerühmte Vermögen, nach Ideen zu dichten.

Ludoviko. Halten Sie es etwa für unmöglich, zukünftige Gedichte a priori zu konstruieren?

Antonio. Geben Sie mir Ideen zu Gedichten, und ich getraue mir, Ihnen jenes Vermögen zu geben.

Lothario. Sie mögen in Ihrem Sinne recht haben, das für unmöglich zu halten, was Sie meinen. – Doch weiß ich selbst aus eigner Erfahrung das Gegenteil. Ich darf sagen, daß einigemal der Erfolg meinen Erwartungen von einem bestimmten Gedicht entsprochen hat, was auf diesem oder jenem Felde der Kunst nun eben zunächst notwendig oder doch möglich sein möchte.

Andrea. Wenn Sie dieses Talent besitzen, so werden Sie mir also auch sagen können, ob wir hoffen dürfen, jemals wieder antike Tragödien zu bekommen.

Lothario. Es ist mir im Scherz und auch im Ernst willkommen, daß Sie diese Aufforderung an mich richten, damit ich doch nicht bloß über die Meinung der andern meine, sondern wenigstens eins aus eigner Ansicht zum Gastmahl beitrage. – Wenn erst die Mysterien und die Mythologie durch den Geist der Physik verjüngt sein werden, so kann es möglich sein, Tragödien zu dichten, in denen alles antik, und die dennoch gewiß wären, durch die Bedeutung den Sinn des Zeitalters zu fesseln. Es wäre dabei ein größerer Umfang und eine größere Mannigfaltigkeit der äußern Formen erlaubt, ja sogar ratsam, ungefähr so wie sie in manchen Nebenarten und Abarten der alten Tragödie wirklich stattgefunden hat.

Marcus. Trimeter lassen sich in unsrer Sprache so vortrefflich bilden wie Hexameter. Aber die chorischen Silbenmaße sind, fürchte ich, eine unauflösliche Schwierigkeit.

Camilla. Warum sollte der Inhalt durchaus mythologisch und nicht auch historisch sein?

Lothario. Weil wir bei einem historischen Sujet nun einmal die moderne Behandlungsart der Charaktere verlangen, welche dem Geist des Altertums schlechthin widerspricht. Der Künstler würde da auf eine oder die andre Art gegen die antike Tragödie oder gegen die romantische den kürzern ziehen müssen.

Camilla. So hoffe ich, daß Sie die Niobe zu den mythologischen Sujets rechnen werden.

Marcus. Ich möchte noch lieber um einen Prometheus bitten.

Antonio. Und ich würde unmaßgeblich die alte Fabel vom Apollo und Marsyas vorschlagen. Sie scheint mir sehr an der Zeit zu sein. Oder eigentlicher zu reden, ist sie wohl immer an der Zeit in jeder wohlverfaßten Literatur.

ÜBER DIE UNVERSTÄNDLICHKEIT

Einige Gegenstände des menschlichen Nachdenkens reizen, weil es so in ihnen liegt oder in uns, zu immer tieferem Nachdenken, und je mehr wir diesem Reize folgen und uns in sie verlieren, je mehr werden sie alle zu Einem Gegenstande, den wir, je nachdem wir ihn in uns oder außer uns suchen und finden, als Natur der Dinge oder als Bestimmung des Menschen charakterisieren. Andre Gegenstände würden niemals vielleicht unsre Aufmerksamkeit erregen können, wenn wir in heiliger Abgeschiedenheit jenem Gegenstand aller Gegenstände ausschließlich und einseitig unsre Betrachtung widmeten; wenn wir nicht mit Menschen im Verkehr ständen, aus deren gegenseitiger Mitteilung sich erst solche Verhältnisse und Verhältnisbegriffe erzeugen, die sich als Gegenstände des Nachdenkens bei genauerer Reflexion immer mehr vervielfältigen und verwickeln, also auch hierin den entgegengesetzten Gang befolgen.

Was kann wohl von allem, was sich auf die Mitteilung der Ideen bezieht, anziehender sein, als die Frage, ob sie überhaupt möglich sei; und wo hätte man nähere Gelegenheit, über die Möglichkeit oder Unmöglichkeit dieser Sache mancherlei Versuche anzustellen, als wenn man ein Journal wie das Athenäum entweder selbst schreibt, oder doch als Leser an demselben teilnimmt?

Der gesunde Menschenverstand, der sich so gern am Leitfaden der Etymologien, wenn sie sehr nahe liegen, orientieren mag, dürfte leicht auf die Vermutung geraten können, der Grund des Unverständlichen liege im Unverstand. Nun ist es ganz eigen an mir, daß ich den Unverstand durchaus nicht leiden kann, auch den Unverstand der Unverständigen, noch weniger aber den Unverstand der Verständigen. Daher hatte ich schon vor langer Zeit den Entschluß gefaßt, mich mit dem Leser in ein Gespräch über diese Materie zu versetzen, und vor seinen eignen Augen, gleichsam ihm ins Gesicht, einen andern neuen Leser nach meinem Sinne zu konstruieren, ja wenn ich es nötig finden sollte, denselben sogar zu deduzieren. Ich meinte es ernstlich genug und nicht ohne den alten Hang zum Mystizismus. Ich wollte es einmal recht genau nehmen, wollte die ganze Kette meiner Versuche durchgehn, den oft schlechten Erfolg mit rücksichtsloser Offenheit bekennen, und so den Leser zu einer gleichen Offenheit und Redlichkeit gegen sich selbst allmählich hinleiten; ich wollte beweisen, daß alle Unverständlichkeit relativ, und darstellen, wie unverständlich mir zum Beispiel Garve sei; ich wollte zeigen, daß die Worte sich selbst oft besser verstehen, als diejenigen, von denen sie gebraucht werden, wollte aufmerksam darauf machen, daß es unter den philosophischen Worten, die oft in ihren Schriften wie eine Schar zu früh entsprungener Geister alles verwirren und die unsichtbare Gewalt des Weltgeistes auch an dem ausüben, der sie nicht anerkennen will, geheime Ordensverbindungen geben muß; ich wollte zeigen, daß man die reinste und gediegenste Unverständlichkeit gerade aus der Wissenschaft und aus der Kunst erhält, die ganz eigentlich aufs Verständigen und Verständlichmachen ausgehn, aus der Philosophie und Philologie; und damit das ganze Geschäft sich nicht in einem gar zu handgreiflichen Zirkel herumdrehen möchte, so hatte ich mir fest vorgenommen, dieses eine Mal wenigstens gewiß verständlich zu sein. Ich wollte auf das hindeuten, was die größten Denker jeder Zeit (freilich nur sehr dunkel) geahndet haben, bis Kant die Tafel der Kategorien entdeckte und es Licht wurde im Geiste des Menschen; ich meine eine reelle Sprache, daß wir aufhören möchten, mit Worten zu kramen, und schauen alles Wirkens Kraft und Samen. Die große Raserei einer solchen Kabbala, wo gelehrt werden sollte, wie des Menschen Geist sich selbst verwandeln und dadurch den wandelbaren ewig verwandelten Gegner endlich fesseln möge, ein dergleichen Mysterium durfte ich nun nicht so naiv und nackt darstellen, wie ich aus jugendlicher Unbesonnenheit die Natur der Liebe in der Lucinde zur ewigen Hieroglyphe dargestellt habe. Ich mußte demnach auf ein populäres Medium denken, um den heiligen, zarten, flüchtigen, luftigen, duftigen, gleichsam imponderablen Gedanken chemisch zu binden. Wie sehr hätte er sonst mißverstanden werden können, da ja erst durch seinen wohlverstandnen Gebrauch allen verständlichen Mißverständnissen endlich ein Ende gemacht werden sollte? Zugleich hatte ich mit innigem Vergnügen die Progressen unsrer Nation bemerkt; und was soll ich erst von dem Zeitalter sagen? Dasselbe Zeitalter, in welchem auch wir zu leben die Ehre haben; das Zeitalter, welches, um alles mit einem Worte zu sagen, den bescheidnen aber vielsagenden Namen des kritischen Zeitalters verdient, so daß nun bald alles kritisiert sein wird, außer das Zeitalter selbst, und daß alles immer kritischer und kritischer wird, und die Künstler schon die gerechte Hoffnung hegen dürfen, die Menschheit werde sich endlich in Masse erheben und lesen lernen.

Nur ganz kürzlich wurde dieser Gedanke einer reellen Sprache mir von neuem erregt, und eine glorreiche Aussicht öffnete sich dem innern Auge. Im neunzehnten Jahrhundert, versichert uns Girtanner, im neunzehnten Jahrhundert wird man Gold machen können; und ist es nicht schon mehr als Vermutung, daß das neunzehnte Jahrhundert nun bald seinen Anfang nehmen wird? Mit löblicher Sicherheit und mit einer interessanten Erhebung sagt der würdige Mann: »Jeder Chemiker, jeder Künstler wird Gold machen: das Küchengeschirr wird von Silber, von Gold sein.« – Wie gern werden nun alle Künstler sich entschließen, den kleinen unbedeutenden Überrest vom achtzehnten Jahrhundert noch zu hungern, und diese große Pflicht künftig nicht mehr mit betrübtem Herzen erfüllen; denn sie wissen, daß teils noch sie selbst in eigner Person, teils aber auch und desto gewisser ihre Nachkommen in kurzem werden Gold machen können. Daß gerade das Küchengeschirr erwähnt wird, hat zur Ursache, weil jener scharfsinnige Geist gerade das vorzüglich schön und groß an dieser Katastrophe findet, daß wir nun nicht mehr so viele verruchte Halbsäuren von gemeinen unedlen niederträchtigen Metallen wie Blei, Kupfer, Eisen und dergleichen werden verschlucken dürfen. Ich sah die Sache aus einem andern Gesichtspunkte. Schon oft hatte ich die Objektivität des Goldes im stillen bewundert, ja ich darf wohl sagen angebetet. Bei den Chinesen, dachte ich, bei den Engländern, bei den Russen, auf der Insel Japan, bei den Einwohnern von Fez und Marokko, ja sogar bei den Kosaken, Tscheremissen, Baschkiren und Mulatten, kurz überall wo es nur einige Bildung und Aufklärung gibt, ist das Silber, das Gold verständlich und durch das Gold alles übrige. Wenn nun erst jeder Künstler diese Materien in hinreichender Quantität besitzt, so darf er ja nur seine Werke in Basrelief schreiben, mit goldnen Lettern auf silbernen Tafeln. Wer würde eine so schön gedruckte Schrift, mit der groben Äußerung, sie sei unverständlich, zurückweisen wollen?

Aber alles das sind nur Hirngespinste oder Ideale: denn Girtanner ist gestorben, und ist demnach für jetzt so weit davon entfernt, Gold machen zu können, daß man vielmehr mit aller Kunst nur so viel Eisen aus ihm machen wird können, als nötig wäre, sein Andenken durch eine kleine Schaumünze zu verewigen.

Überdem haben sich die Klagen über die Unverständlichkeit so ausschließlich gegen das Athenäum gerichtet, es ist so oft und so vielseitig geschehen, daß die Deduktion am besten eben da ihren Anfang wird nehmen können, wo uns eigentlich der Schuh drückt.

Schon hat ein scharfsinniger Kunstrichter im Berliner *Archiv der Zeit* das Athenäum gegen diese Vorwürfe freundschaftlich verteidigt, und dabei das berüchtigte Fragment von den drei Tendenzen zum Beispiel gewählt. Ein überaus glücklicher Gedanke! Gerade so muß man die Sache angreifen. Ich werde denselben Weg einschlagen, und damit der Leser um so leichter einsehen kann, daß ich das Fragment wirklich für gut halte, so mag es hier noch einmal stehen:

»Die Französische Revolution, Fichtes Wissenschaftslehre und Goethes Meister sind die größten Tendenzen des Zeitalters. Wer an dieser Zusammenstellung Anstoß nimmt, wem keine Revolution wichtig scheinen kann, die nicht laut und materiell ist, der hat sich noch nicht auf den hohen weiten Standpunkt der Geschichte der Menschheit erhoben. Selbst in unsern dürftigen Kulturgeschichten, die meistens einer mit fortlaufendem Kommentar begleiteten Variantensammlung, wozu der klassische Text verlorenging, gleichen, spielt manches kleine Buch, von dem die lärmende Menge zu seiner Zeit nicht viel Notiz nahm, eine größere Rolle als alles, was diese trieb.«

Dieses Fragment schrieb ich in der redlichsten Absicht und fast ohne alle Ironie. Die Art, wie es mißverstanden worden, hat mich unaussprechlich überrascht, weil ich das Mißverständnis von einer ganz andern Seite erwartet hatte. Daß ich die Kunst für den Kern der Menschheit und die Französische Revolution für eine vortreffliche Allegorie auf das System des transzendentalen Idealismus halte, ist allerdings nur eine von meinen äußerst subjektiven Ansichten. Ich habe es ja aber schon so oft und in so verschiednen Manieren zu erkennen gegeben, daß ich wohl hätte hoffen dürfen, der Leser würde sich endlich daran gewöhnt haben. Alles übrige ist nur Chiffernsprache. Wer Goethes ganzen Geist nicht auch im *Meister* finden kann, wird ihn wohl überall vergeblich suchen. Die Poesie und der Idealismus sind die Zentra der deutschen Kunst und Bildung; das weiß ja ein jeder. Aber wer es weiß, kann nicht oft genug daran erinnert werden, daß er es weiß. Alle höchsten Wahrheiten jeder Art sind durchaus trivial, und eben darum ist nichts notwendiger, als sie immer neu, und womöglich immer paradoxer auszudrücken, damit es nicht vergessen wird, daß sie noch da sind, und daß sie nie eigentlich ganz ausgesprochen werden können.

Bis hieher ist nun alles ohne alle Ironie, und durfte von Rechts wegen nicht mißverstanden werden; und doch ist es so sehr geschehen, daß ein bekannter Jakobiner, der Magister Dyk in Leipzig, sogar demokratische Gesinnungen darin hat finden wollen.

Etwas andres freilich ist noch in dem Fragment, welches allerdings mißverstanden werden konnte. Es liegt in dem Wort Tendenzen, und da fängt nun auch schon die Ironie an. Es kann dieses nämlich so verstanden werden, als hielte ich die *Wissenschaftslehre* zum Beispiel auch nur für eine Tendenz, für einen vorläufigen Versuch wie Kants *Kritik der reinen Vernunft*, den ich selbst etwa besser auszuführen und endlich zu beendigen gesonnen sei, oder als wollte ich, um es in der Kunstsprache, welche für diese Vorstellungsart die gewöhnliche und auch die schicklichste ist, zu sagen, mich auf Fichtes Schultern stellen, wie dieser auf Reinholds Schultern, Reinhold auf Kants Schultern, dieser auf Leibnizens Schultern steht, und so ins Unendliche fort bis zur ursprünglichen Schulter. – Ich wußte das recht gut, aber ich dachte, ich wollte es doch einmal versuchen, ob mir wohl jemand einen solchen schlechten Gedanken andichten werde. Niemand scheint es bemerkt zu haben. Warum soll ich Mißverständnisse darbieten, wenn niemand sie ergreifen will? Ich lasse demnach die Ironie fahren und erkläre gerade heraus, das Wort bedeute in dem Dialekt der Fragmente, alles sei nur noch Tendenz, das Zeitalter sei das Zeitalter der Tendenzen. Ob ich nun der Meinung sei, alle diese Tendenzen würden durch mich selbst in Richtigkeit und zum Beschluß gebracht werden, oder vielleicht durch meinen Bruder oder durch Tieck, oder durch sonst einen von unsrer Faktion, oder erst durch einen Sohn von uns, durch einen Enkel, einen Urenkel, einen Enkel im siebenundzwanzigsten Gliede, oder erst am Jüngsten Tage, oder niemals: das bleibt der Weisheit des Lesers, für welche diese Frage recht eigentlich gehört, anheimgestellt.

Goethe und Fichte, das bleibt die leichteste und schicklichste Formel für allen Anstoß, den das Athenäum gegeben, und für alles Unverständnis, welches das Athenäum erregt hat. Das beste dürfte wohl auch hier sein, es immer ärger zu machen; wenn das Ärgernis die größte Höhe erreicht hat, so reißt es und verschwindet, und kann das Verstehen dann sogleich seinen Anfang nehmen. Noch sind wir nicht weit genug mit dem Anstoßgeben gekommen: aber was nicht ist, kann noch werden. Ja auch jene Namen werden noch mehr als einmal wieder genannt werden müssen, und nur noch heute hat mein Bruder ein Sonett gemacht, welches ich mich nicht enthalten kann, dem Leser mitzuteilen, wegen der reizenden Wortspiele, die er (der Leser) fast noch mehr liebt als die Ironie:

> Bewundert nur die feingeschnitzten Götzen,
> Und laßt als Meister, Führer, Freund uns Goethen:
> Euch wird nach seines Geistes Morgenröten
> Apollos goldner Tag nicht mit ergötzen.

> Der lockt kein frisches Grün aus dürren Klötzen,
> Man haut sie um, wo Feurung ist vonnöten.
> Einst wird die Nachwelt all die Unpoeten
> Korrekt versteinert sehn zu ganzen Flözen.

> Die Goethen nicht erkennen, sind nur Goten,
> Die Blöden blendet jede neue Blüte,
> Und, Tote selbst, begraben sie die Toten.

Uns sandte, Goethe, dich der Götter Güte,
Befreundet mit der Welt durch solchen Boten,
Göttlich von Namen, Blick, Gestalt, Gemüte.

*

Ein großer Teil von der Unverständlichkeit des Athenäums liegt unstreitig in der Ironie, die sich mehr oder minder überall darin äußert. Ich fange auch hier mit einem Texte an aus den Fragmenten im Lyzeum.

»Die sokratische Ironie ist die einzige durchaus unwillkürliche und durchaus besonnene Verstellung. Es ist gleich unmöglich, sie zu erkünsteln und sie zu verraten. Wer sie nicht hat, dem bleibt sie auch nach dem offensten Geständnis ein Rätsel. Sie soll niemand täuschen, als die, welche sie für Täuschung halten, und entweder ihre Freude haben an der herrlichen Schalkheit, alle Welt zum besten zu haben, oder böse werden, wenn sie ahnden, sie wären auch wohl mit gemeint. In ihr soll alles Scherz und alles Ernst sein, alles treuherzig offen und alles tief versteckt. Sie entspringt aus der Vereinigung von Lebenskunstsinn und wissenschaftlichem Geist, aus dem Zusammentreffen vollendeter Naturphilosophie und vollendeter Kunstphilosophie. Sie enthält und erregt ein Gefühl von dem unauflöslichen Widerstreit des Unbedingten und des Bedingten, der Unmöglichkeit und Notwendigkeit einer vollständigen Mitteilung. Sie ist die freieste aller Lizenzen, denn durch sie setzt man sich über sich selbst weg; und doch auch die gesetzlichste, denn sie ist unbedingt notwendig. Es ist ein sehr gutes Zeichen, wenn die harmonisch Platten gar nicht wissen, wie sie diese stete Selbstparodie zu nehmen haben, den Scherz gerade für Ernst und den Ernst für Scherz halten.«

Ein andres von jenen Fragmenten empfiehlt sich noch mehr durch seine Kürze:

»Ironie ist die Form des Paradoxen. Paradox ist alles, was zugleich gut und groß ist.«

Muß nicht jeder Leser, welcher an die Fragmente im Athenäum gewöhnt ist, alles dieses äußerst leicht, ja trivial finden? Und doch schien es damals manchem unverständlich, weil es noch eher neu war.

Denn erst seitdem ist die Ironie an die Tagesordnung gekommen, nachdem in der Morgendämmerung des neuen Jahrhunderts diese Menge großer und kleiner Ironien jeder Art aufgeschossen ist, so daß ich bald werde sagen können, wie Boufflers von den verschiedenen Gattungen des menschlichen Herzens:

> J'ai vu des coeurs de toutes formes,
> Grands, petits, minces, gros, médiocres, énormes.

Um die Übersicht vom ganzen System der Ironie zu erleichtern, wollen wir einige der vorzüglichsten Arten anführen. Die erste und vornehmste von allen ist die grobe Ironie; findet sich am meisten in der wirklichen Natur der Dinge und ist einer ihrer allgemein verbreitetsten Stoffe; in der Geschichte der Menschheit ist sie recht eigentlich zu Hause. Dann kommt die feine oder die delikate Ironie; dann die extrafeine; in dieser Manier arbeitet Skaramuz, wenn er sich freundlich und ernsthaft mit jemand zu besprechen scheint, indem er nur den Augenblick erwartet, wo er wird mit einer guten Art einen Tritt in den Hintern geben können. Diese Sorte wird auch wohl bei Dichtern gefunden, wie ebenfalls die redliche Ironie, welche am reinsten und ursprünglichsten in alten Gärten angebracht ist, wo wunderbar liebliche Grotten den gefühlvollen Freund der Natur in ihren kühlen Schoß locken, um ihn dann von allen Seiten mit Wasser reichlich zu besprützen und ihm so die Zartheit zu vertreiben. Ferner die dramatische Ironie, wenn der Dichter drei Akte geschrieben hat, dann wider Vermuten ein andrer Mensch wird, und nun die beiden letzten Akte schreiben muß. Die doppelte Ironie, wenn zwei Linien von Ironie parallel nebeneinander laufen, ohne sich zu stören, eine fürs Parterre, die andre für die Logen, wobei noch kleine Funken in die Kulissen fahren können. Endlich die Ironie der Ironie. Im allgemeinen ist das wohl die gründlichste Ironie der Ironie, daß man sie doch eben auch überdrüssig wird, wenn sie uns überall und immer wieder geboten wird. Was wir aber hier zunächst unter Ironie der Ironie verstanden wissen wollen, das entsteht auf mehr als einem Wege. Wenn man ohne Ironie von der Ironie redet, wie es soeben der Fall war; wenn man mit Ironie von einer Ironie redet, ohne zu merken, daß man sich zu eben der Zeit in einer andren viel auffallenderen Ironie befindet; wenn man nicht wieder aus der Ironie herauskommen kann, wie es in diesem Versuch über die Unverständlichkeit zu sein scheint; wenn die Ironie Manier wird, und so den Dichter gleichsam wieder ironiert; wenn man Ironie zu einem überflüssigen Taschenbuche versprochen hat, ohne seinen Vorrat vorher zu überschlagen, und nun wider Willen Ironie machen muß, wie ein Schauspielkünstler, der Leibschmerzen hat; wenn die Ironie wild wird, und sich gar nicht mehr regieren läßt.

Welche Götter werden uns von allen diesen Ironien erretten können? Das einzige wäre, wenn sich eine Ironie fände, welche die Eigenschaft hätte, alle jene großen und kleinen Ironien zu verschlucken und zu verschlingen, daß nichts mehr davon zu sehen wäre, und ich muß gestehen, daß ich eben dazu in der meinigen eine merkliche Disposition fühle. Aber auch das würde nur auf kurze Zeit helfen können. Ich fürchte, wenn ich anders, was das Schicksal in Winken zu sagen scheint, richtig verstehe, es würde bald eine neue Generation von kleinen Ironien entstehn: denn wahrlich, die Gestirne deuten auf phantastisch. Und gesetzt es blieb auch während eines langen Zeitraums alles ruhig, so wäre doch nicht zu trauen. Mit der Ironie ist durchaus nicht zu scherzen. Sie kann unglaublich lange nachwirken. Einige der absichtlichsten Künstler der vorigen Zeit habe ich in Verdacht, daß sie noch Jahrhunderte nach ihrem Tode mit ihren gläubigsten Verehrern und Anhängern Ironie treiben. Shakespeare hat so unendlich viele Tiefen, Tücken, und Absichten; sollte er nicht auch die Absicht gehabt haben, verfängliche Schlingen in seine Werke für die geistreichsten Künstler der Nachwelt zu verbergen, um sie zu täuschen, daß sie, ehe sie sichs versehen, glauben müssen, sie seien auch ungefähr so wie Shakespeare? Gewiß, er dürfte auch wohl in dieser Rücksicht weit absichtlicher sein als man vermutet.

Ich habe es schon indirekt eingestehen müssen, daß das Athenäum unverständlich sei, und weil es mitten im Feuer der Ironie geschehen ist, darf ich es schwerlich zurücknehmen, denn sonst müßte ich ja diese selbst verletzen.

Aber ist denn die Unverständlichkeit etwas so durchaus Verwerfliches, und Schlechtes? – Mich dünkt, das Heil der Familien und der

Nationen beruhet auf ihr; wenn mich nicht alles trügt, Staaten und Systeme, die künstlichsten Werke der Menschen, oft so künstlich, daß man die Weisheit des Schöpfers nicht genug darin bewundern kann. Eine unglaublich kleine Portion ist zureichend, wenn sie nur unverbrüchlich treu und rein bewahrt wird, und kein frevelnder Verstand es wagen darf, sich der heiligen Grenze zu nähern. Ja das köstlichste, was der Mensch hat, die innere Zufriedenheit selbst hängt, wie jeder leicht wissen kann, irgendwo zuletzt an einem solchen Punkte, der im Dunkeln gelassen werden muß, dafür aber auch das Ganze trägt und hält, und diese Kraft in demselben Augenblicke verlieren würde, wo man ihn in Verstand auflösen wollte. Wahrlich, es würde euch bange werden, wenn die ganze Welt, wie ihr es fordert, einmal im Ernst durchaus verständlich würde. Und ist sie selbst, diese unendliche Welt, nicht durch den Verstand aus der Unverständlichkeit oder dem Chaos gebildet?

Ein andrer Trostgrund gegen die anerkannte Unverständlichkeit des Athenäums liegt schon in der Anerkennung selbst, weil uns eben diese auch belehrte, das Übel werde vorübergehend sein. Die neue Zeit kündigt sich an als eine schnellfüßige, sohlenbeflügelte; die Morgenröte hat Siebenmeilenstiefel angezogen. – Lange hat es gewetterleuchtet am Horizont der Poesie; in eine mächtige Wolke war alle Gewitterkraft des Himmels zusammengedrängt; jetzt donnerte sie mächtig, jetzt schien sie sich zu verziehen und blitzte nur aus der Ferne, um bald desto schrecklicher wiederzukehren: bald aber wird nicht mehr von einem einzelnen Gewitter die Rede sein, sondern es wird der ganze Himmel in einer Flamme brennen, und dann werden euch alle eure kleinen Blitzableiter nichts mehr helfen. Dann nimmt das neunzehnte Jahrhundert in der Tat seinen Anfang, und dann wird auch jenes kleine Rätsel von der Unverständlichkeit des Athenäums gelöst sein. Welche Katastrophe! Dann wird es Leser geben, die lesen können. Im neunzehnten Jahrhundert wird jeder die Fragmente mit vielem Behagen und Vergnügen in den Verdauungsstunden genießen können, und auch zu den härtesten, unverdaulichsten keinen Nußknacker bedürfen. Im neunzehnten Jahrhundert wird jeder Mensch, jeder Leser die *Lucinde* unschuldig, die *Genoveva* protestantisch und die didaktischen Elegien von A. W. Schlegel fast gar zu leicht und durchsichtig finden. Es wird sich auch hier bewähren, was ich in prophetischem Geiste in den ersten Fragmenten als Maxime aufgestellt habe:

»Eine klassische Schrift muß nie ganz verstanden werden können. Aber die, welche gebildet sind und sich bilden, müssen immer mehr daraus lernen wollen.«

Die große Scheidung des Verstandes und des Unverstandes wird immer allgemeiner, heftiger und klarer werden. Noch viel verborgne Unverständlichkeit wird ausbrechen müssen. Aber auch der Verstand wird seine Allmacht zeigen; er, der das Gemüt zum Charakter, das Talent zum Genie adelt, das Gefühl und die Anschauung zur Kunst läutert; er selbst wird verstanden werden, und man wird es endlich einsehen und eingestehen müssen, daß jeder das Höchste erwerben kann und daß die Menschheit bis jetzt weder boshaft noch dumm, sondern nur ungeschickt und neu war. Ich tue mir Einhalt, um die Verehrung der höchsten Gottheit nicht vor der Zeit zu entweihen. Aber die großen Grundsätze, die Gesinnungen, worauf es dabei ankommt, dürfen ohne Entweihung mitgeteilt werden; und ich habe versucht, das wesentliche davon auszudrücken, indem ich mich an einen ebenso tiefsinnigen als liebenswürdigen Vers des Dichters anschloß, in derjenigen Form der Dichtung, welche die Spanier Glosse nennen; und es bleibt nun nichts zu wünschen übrig, als daß einer unsrer vortrefflichen Komponisten die meinige würdig finden mag, ihr eine musikalische Begleitung zu geben. Schöneres gibt es nichts auf der Erde, als wenn Poesie und Musik in holder Eintracht zur Veredlung der Menschheit wirken.

> Eines schickt sich nicht für alle,
> Sehe jeder wie ers treibe,
> Sehe jeder wo er bleibe,
> Und wer steht daß er nicht falle.
>
> Dieser weiß sich sehr bescheiden,
> Jener bläst die Backen voll;
> Dieser ist im Ernste toll,
> Jener muß ihn noch beneiden.

Alle Narrheit kann ich leiden,
Ob sie genialisch knalle,
Oder blumenlieblich walle;
Denn ich werd es nie vergessen,
Was des Meisters Kraft ermessen:
Eines schickt sich nicht für alle.

Um das Feuer zu ernähren,
Sind viele zarte Geister nötig,
Die zu allem Dienst erbötig,
Um die Heiden zu bekehren.
Mag der Lärm sich nun vermehren,
Suche jeder wen er reibe,
Wisse jeder was er schreibe,
Und wenn schrecklich alle Dummen
Aus den dunkeln Löchern brummen,
Sehe jeder wie ers treibe.

Ein'ge haben wir entzündet,
Die nun schon alleine flammen;
Doch die Menge hält zusammen,
Viel Gesindel treu verbündet.
Wer den Unverstand ergründet,
Hält sich alle gern vom Leibe,
Die geboren sind vom Weibe.
Ist der Bienenschwarm erregt,
Den das neuste Wort bewegt,
Sehe jeder wo er bleibe.

Mögen sie geläufig schwatzen,
Was sie dennoch nie begreifen.
Manche müssen irre schweifen,
Viele Künstler werden platzen.
Jeden Sommer fliegen Spatzen,
Freuen sich am eignen Schalle:
Reizte dies dir je die Galle?

Laß sie alle selig spielen,
Sorge du nur gut zu zielen,
Und wer steht daß er nicht falle.

GRUNDZÜGE DER GOTISCHEN BAUKUNST

Auf einer Reise durch die Niederlande,
Rheingegenden, die Schweiz und einen Teil von Frankreich.

In dem Jahre 1804 bis 1805

Paris.

So mannigfaltig auch das Schauspiel des gesellschaftlichen Lebens ist, man sehnt sich endlich nach der Natur; und weiter kann man wohl von dieser nicht abgeschlossen sein, als in Paris. In den Gärten und auf den bepflanzten Plätzen ist nach wenigen warmen Tagen, nicht des Sommers etwa, sondern schon im Frühling, das frische Grün vom alles umwölkenden Staube auf immer zerfressen. Ist man der Stadt selbst von irgendeiner Seite glücklich entflohen, so scheint sie einen noch mehrere Stunden lang zu verfolgen. Der Lärm, das Gedränge der, Staub ist auf den befahrnen Landstraßen wie in der Stadt, und man glaubt zwischen den vielen Landhäusern, die man überall sieht, noch in der Vorstadt zu sein. Gelangt man endlich nach mehreren Stunden an ein ruhiges Gebüsch, auf irgendeine freundliche Anhöhe, so findet man wohl einige Erheiterung und Erfrischung, aber nichts von den großen erhabenen Naturschönheiten, nach denen der lange Entbehrende sich zuerst und am tiefsten sehnt.

Paris liegt in einem weiten offenen Tale, das zwischen Hügeln an einem mittelmäßigen Flusse sich hinstreckt. Die Gegend ist hie und da heiter und gefällig; doch ist das Ganze nicht eben bedeutend, und nichts weniger als reich. Für diese Entbehrung der Natur können selbst die Werke der Kunst auf die Länge keinen Ersatz geben. Dazu kömmt noch, daß die Statuen und Gemälde hier, wie in der Fremde, der schönen Umgebung und Begleitung der Architektur entbehren. Der Anblick eines erhabenen Gebäudes bleibt mir immer neu, so wie ich auch eine Gegend erst dann recht lieb gewinne und ihre Größe immer mehr fühle, wenn ich sie täglich sehen kann. Die Nähe eines schönen Gebäudes erhebt unmerklicher Weise das Gemüt des Empfänglichen; es erhält uns fortwährend in der Stimmung, in welcher man sein soll, um Kunstwerke zu betrachten; und so ist das Gefühl der Baukunst eigentlich der Träger des übrigen Kunstsinns. Die berühmten Gebäude in Paris aber sind modern, nicht nur der Zeit, sondern auch dem Charakter nach durchaus modern, ein flaches Streben nach dem Antikischen, hinreichend geschwächt und beschränkt, und wieder auch mit gleichsam eignen Abänderungen sinnreich verbessert, um aller Welt recht wohl gefallen zu können. Ich weiß nichts weiter darüber zu sagen. Die gepriesene Façade des Louvre mag in ihrer Art verdienstlich sein. Aber was sollen uns zwanzig oder dreißig italienische oder griechische Säulen in einem fremden Lande und Klima, mitten unter Trachten, Sitten, unzähligen Gebäuden, die nichts weniger als griechisch sind? Hier ist das Mißverhältnis überdem sehr auffallend, da jene Façade an einem Gebäude klebt, was weder alt noch neu, weder griechisch noch gotisch, sondern nichts als im höchsten Grade unförmlich ist.

Die einzige schöne Ausnahme ist die alte Kirche Notre Dame, im gotischen Stil, groß und mit einer Fülle von Zierraten geschmückt. Doch wird einem auch dieser Genuß durch manches verkümmert; es steht diese Kirche an einer niedrigen und abgelegenen Gegend, wo sie nicht ins Auge fällt; die Vorderseite sieht man gut, aber den Anblick des übrigen muß man mühsam zusammensuchen, weil es teils versteckt, teils verbaut ist. Beide Türme sind nur etwa zur Hälfte vollendet, wie es mit so manchem gotischen Dom der Fall ist, seit erst bürgerliche Kriege den Bau unterbrochen, bis der veränderte Handelslauf dem Gelde eine andere Richtung gab, und endlich die Reformation mit allen ihren Folgen eine ganz neue Ordnung der Dinge hervorbrachte. In Paris ist es vielleicht auch dem schon früh veränderten Geschmack zuzuschreiben. Auch ist die Kirche keine von den bedeutenden in Rücksicht ihres Umfanges, und keinesweges der Größe der Stadt angemessen. In der Revolution endlich ward die Vorderseite durch Herabwerfen der Bilder und sonst auf mannigfache Weise beschädigt und entstellt. Aber schlimmer als alles ist die Verstümmelung, welche man schon früher im Innern vorgenommen hat, indem man auf die gotische Art aus vielen reifenähnlich verbundenen Säulen abgerundet und überall so sehr als möglich modernisiert hatte. Dieses Mißverhältnis des Äußern und Innern ist eine unleidliche Störung;

und welche eigentliche Geschmacklosigkeit gehört nicht dazu, um das nicht zu fühlen und auf diese widersinnige Weise überall griechisch Maß und Gewicht gewaltsam einführen zu wollen! Aber diese intolerante Verfolgungssucht in der Kunst war nur zu oft gepaart mit der falsch antikischen Nachahmerei, die im achtzehnten Jahrhundert so epidemisch wurde; und es steht zu befürchten, sie ist es hie und da noch genug, um auch noch jetzt schätzbare Kunstwerke und Denkmale des Mittelalters zu zerstören.

Doch auch so ist die Kirche Notre Dame noch das wichtigste Gebäude in Paris für die Kunst; eine ehrwürdig altväterische Gestalt mitten in der modernen Welt und Umgebung.

In dieser Stimmung, mit diesen Bedürfnissen und Gefühlen verließen wir beim Anbeginn des Frühlings auf eine Zeitlang die allgepriesene Hauptstadt.

St. Denis.

Von dieser Seite ist die Gegend um Paris noch am einsamsten. Sie hat etwas Unfruchtbares und Trauriges, was doch nicht ohne Reiz ist; man fühlt sich zu einer stillen Schwermut gestimmt. Aber sehr verändert und verstärkt wird dies Gefühl, wenn man nun wirklich an die Ruinen des alten Münsters gelangt. Was sich ohne allzu große Mühe zerstören ließ, ist zerstört; nur die nackten Mauern sind geblieben und die gewaltigen Säulen und Bogen. Als die Pforte geöffnet ward, flog eine Schar von Krähen und Dohlen aufgescheucht in die Höhe; und nun sahen wir die aufgerissenen Gräber der Könige, deren jedes der alte Wächter mit Genauigkeit zeigte, wie auch die Stelle, wo der silberne Altar des Dagobert gestanden. Wir erinnerten uns an die alten Bildnisse der Chlodowige, Chilperich und Dagoberte, die noch in dem ehemaligen Kloster *des petits Augustins*, was davon gerettet ist, aufbewahrt werden und aus dieser Kirche von St. Denis gekommen sind.

Der Anblick dieser Trümmer hob unsre Gedanken weit weg aus der jetzigen Zeit in jene alte Epoche, da Frankreich von Deutschen erobert und beherrscht ward; wie dann endlich, nachdem die bürgerlichen Familienkriege und die unnatürliche Verbindung mit Deutschland und Italien unter den beiden ersten fränkischen Dynastien aufgehört hatten, nun mit Hugo Capet die eigentliche französische Geschichte und eine anfangs, wie es scheint, recht glückliche Zeit begann. Es mag wohl sonderbar scheinen für die, welche in der Geschichte, wie im Leben, nur nach dem äußern Glanz und dem Schein urteilen; aber mir scheint es, als sei die Periode in der französischen Geschichte die glücklichste, von der in unsern pragmatischen Behandlungen am wenigsten die Rede ist; und vielleicht sind sie eben deswegen als die glücklichsten zu preisen; wenigstens hat Frankreich nie einen so langen innern und äußern Frieden genossen als in den ersten Jahrhunderten nach Capet. Nimmt man nun dazu, daß grade in diese Epoche die Erfindung der Ritterdichtungen, also die Blüte der französischen Poesie wie des provenzalischen Gesanges fällt, so gibt dies ein um so schöneres Bild jener altfranzösischen Zeit, in der noch so viele Spuren deutscher Treue und Herzlichkeit übrig zu sein scheinen; wie nicht zu verwundern, da zwar keinesweges der ganze Adel, aber doch der größte Teil des Adels von deutschem Stamme war. Als die letzten rührenden Erscheinungen, die sich an jene bessern alten Zeiten anschließen, könnte man Ludwig den Heiligen betrachten, und noch später die Jungfrau von Orleans.

Jene Bildnisse aber der alten fränkischen Könige, welche noch aus der Verwüstung gerettet worden, sind, wie fast alle Bildnisse des Mittelalters, aus Sandstein gehauen, über Lebensgröße, vollständig bekleidet, und schienen mir ungleich vorzüglicher gearbeitet als viele andere spätere Werke der Skulptur, eine Kunst, für welche die Neuern nun einmal nicht die gleiche Anlage haben, wie für andre bildende Künste. Man müßte sie freilich noch an ihrer alten Stelle in den Kirchen sehen; so einzeln sind sie durchaus aus ihrem Zusammenhange gerissen. Man muß überhaupt die steinernen Bildnisse in den gotischen Kirchen gleichsam nur als Schnitzwerk und Verzierung ansehen und nur als solche beurteilen, wie ja auch das Basrelief der Alten seine eignen abweichenden Gesetze hat und nicht bloß nach denen der Bildnerei und Zeichnung beurteilt werden darf. Der Teil muß dem Ganzen dienen; weil nun in den gotischen Kirchen alles grade und schlank in die fernste Höhe strebt, so müssen sich darnach selbst die verzierenden Bildnisse bequemen: daher der durchgängig grade Stand der Bilder; endlich selbst das Magere und unverhältnismäßig Langgezogene, was mir besonders bei den sonst so zierlich und doch sehr schlicht gearbeiteten Bildern der alten Könige auffiel. Man denke sich nur an einer gotischen schlank in die Höhe schießenden Säule eine marmorne Figur in antiker Rundung und Kraft, und man wird gleich das Mißverhältnis fühlen. Freilich kann ein steinernes Bildnis nie das natürlich Weiche und Belebte des Marmors haben, und auch nicht die Zartheit des Umrisses; doch kann die Sauberkeit der Arbeit am dicht anliegenden Gewande, der schlichte grade Stand und die einfältige fromme Wahrheit des Ausdrucks im Gesicht, sie zu bedeutenden und schönen Zierraten erheben.

Auch die alte Kirche zu Reims, der Stadt, wo ehedem die Könige gekrönt wurden, war reich mit heiligen Bildnissen geschmückt; an der Vorderseite bildeten sie, wie in Notre Dame, eine grade Reihe, in einer Blende bedeckt, einer neben dem andern stehend. Dergleichen Bildnisse sind freilich in ganz Frankreich, den Niederlanden, und selbst in den Rheingegenden, fast überall herabgeworfen und zerstört, und dieses ist vielleicht der größte Schaden, welchen die Revolution in Frankreich selbst der Kunst zugefügt hat. Die Kirche zu Reims scheint fast in einem noch ältern Geschmack als die zu Paris zu sein, noch bunter verziert, aber roher gearbeitet; die Türme sind auch nicht fertig, doch scheinen sie etwas weiter geführt als die der Notre Dame.

Cambrai.

Die Gegend zwischen Paris und den Niederlanden ist wüst für das Auge, wenig bedeutend, ohne Abwechselung, und meistens auch wohl nicht eben fruchtbar. Das innere alte Frankreich ist im Ganzen eben kein gesegnetes Land; Burgund und die Normandie sind Ausnahmen; man kann begreifen, daß die Nation nach fremden Besitzungen strebt, und alle die, welche sie in den letzten anderthalb Jahrhunderten erworben hat, gehören zu den schönsten und reichsten in ganz Europa. Ja es ließe sich bezweifeln, ob der Ertrag des Bodens in den alten Grenzen hinreichend sein würde, die Nation zu ernähren, da diese keinesweges zu den fleißigen und arbeitsamen gehört, wie zum sorgfältigern Anbau erforderlich sein würde; so daß sie gewissermaßen durch die Not gezwungen scheinen könnten, Eroberungen zu suchen, wie jene zahlreiche Stämme in den wenig angebauten Steppen des mittlern Asiens.

In und bei Cambrai wurden meine Augen durch ein höchst wunderbares Schauspiel gefesselt, das ich nur im Vorüberfahren erhaschen aber doch bei den mannigfaltigen Wendungen des Weges eine halbe Stunde verfolgen konnte. Es war die durchbrochene Spitze eines gotischen Turmes, der allein noch übrig da stehet, von der als Nationalgut verkauften, auf einer Anhöhe gelegenen Kathedrale. Es geschah dies während der Schreckenszeit – der Käufer zahlte in Assignaten und soll an dem Marmor der Gräber und des Bodens allein schon weit über den Preis, den er gab, gewonnen haben. – Sonderbare Art zu bauen! Von dem obersten Geschoß des hohen Turms erhebt sich, den Wolken näher, eine ganz durchbrochene, ganz durchsichtige, soll ich sagen Pyramide oder Obeliske? Es läuft spitziger zu als jene, weniger spitz als diese, von schlanken Röhren mit Knospen verziert, bis alles sich in eine Spitze und Knospe endigt. So sind die eigentlich gotischen Türme meist alle gebaut, aber man trifft nur wenige vollendet. Ich habe eine große Vorliebe für die gotische Baukunst; wo ich irgendein Denkmal, irgendein Überbleibsel derselben fand, habe ich es mit wiederholtem Nachdenken betrachtet; denn es scheint mir, als hätte man ihren tiefen Sinn und die eigentliche Bedeutung noch gar nicht verstanden. Diese Vereinigung der äußersten Zierlichkeit, einer unübersehlichen und unergründlichen Künstlichkeit der Ausarbeitung mit dem Großen, dem Unermeßlichen, dem Ungeheuren im Ganzen des Werks, ist doch gewiß eine seltne und wahrhaft schöne Vereinigung entgegenstehender Fähigkeiten und Gesinnungen des nach dem Höchsten, wie in das Kleinste, gleich sehr hinstrebenden menschlichen Sinnes.

Keine Art soll die andere verdrängen in der Kunst. Gewiß würden mich die ältesten Denkmale der griechischen Kunst zu Athen, Girgenti und Paestum mit Ehrfurcht erfüllen, da schon die schwachen Umrisse und Zeichnungen ägyptischer, persischer und indischer Altertümer und Riesenwerke mich oft mit dem tiefsten Erstaunen und Bewunderung erfüllten. Aber was man so gewöhnlich den griechichen Geschmack nennt, das ist doch meistens nur nach den Werken der spätern Zeit gebildet und nachgemacht, wo der Sinn des Großen schon verloren war, wie es auch in andern Künsten so bald geschah bei den Griechen, und statt dessen nur eine angenehme, aber bedeutungslose Symmetrie gesucht wird.

Die gotische, oder wie man es nach Fiorillo[1] richtiger nennen sollte, die deutsche Baukunst, weil sie ja allen deutschen Völkern gemein war und deutsche Baumeister, wie jener gelehrte Forscher bemerkt, auch in Italien, Frankreich und Spanien die wichtigsten sogenannten gotischen Gebäude aufführten – die altdeutsche Baukunst verdient es wenigstens gewiß, daß man ihre noch unerforschten Tiefen zu ergründen strebt. Sie blühte zu ihrer Zeit ganz besonders in den Niederlanden, erreichte da, wie es scheint, die höchste Vollkommenheit. Kaum ist eine Stadt in Brabant, welche nicht ein oder das andere merkwürdige Denkmal derselben enthielte.

Brüssel.

Sehr auffallend und groß ist die Verschiedenheit der Niederlande von dem innern Frankreich. Zwar flach ist das Land auch; aber diese überall verbreitete Fruchtbarkeit, das frisch schimmernde Grün auf den bewässerten Wiesen und Feldern, von Büschen und Baumreihen überall lustig umkränzt und durchschnitten, gewähren den Anblick eines großen ununterbrochenen Gartens. Und diese Fruchtbarkeit ist nicht eine müßige Gabe der Natur allein; sie ist vielmehr größtenteils die Frucht und hat auch das Gepräge des menschlichen Fleißes, der, so angewandt, fast als Kunstsinn erscheint und durch solchen Anbau das Land und den Boden selbst wie in ein Kunstwerk verwandelt. Für eine solche einzige Benutzung oder Umgestaltung eines, wenigstens teilweise, ungünstigen Bodens gibt außer den Niederlanden die Schweiz ein ganz ähnliches, noch schöneres Beispiel. Im Charakter des deutschen Stammes scheint eine besondere Fähigkeit zu dieser Art des Kunstfleißes zu liegen, wozu die Veranlassung vielleicht schon in ihrer ältesten Geschichte zu suchen ist.

Und man glaube nicht, daß diese geringere Art des Kunstsinns,

[1] Siehe dessen Geschichte der Malerei und artistische Abhandlungen. Beide enthalten sehr viel Lehrreiches und ebenso gelehrte als neue Forschungen, besonders auch über den Ursprung und die ältesten Zeiten der bildenden Kunst bei den Neuern.

dieser schöne und sinnreiche Fleiß ganz ohne Beziehung wäre auf die Bildungen der höhern Kunst. Die reichsten und südlichsten Länder sind gar nicht immer, und ausschließend, die günstigsten für die Kunst; die Natur gibt da alles, es lebt sich von selbst, und die Menschen werden träge. Im Norden hingegen, wo die Bedingungen des Daseins selbst erst künstlich herbeigeschafft und begründet werden müssen, da wird alles künstlich, weil das Leben selbst gleichsam eine Kunst ist, nur durch Kunst erhalten und verschönert werden kann. Darum ist das arme nördliche Europa auch das eigentliche Land der Kunst; das reiche Asien zwar das alte Mutterland der Dichtung, in der Kunst aber hat es der jüngern Tochter weichen müssen. Aus einem ähnlichen Grunde hat vielleicht Ägypten, welches wenigstens zum Teil von der Natur sehr verungünstigt ist und nur durch Kampf und künstliche Mittel zu dem gemacht werden konnte, was es war, eine höhere Stufe der bildenden Kunst errungen, als in Persien oder Indien erreicht werden konnte.

Besonders aber im Norden war eine grenzenlose Neigung zu einer durchaus alles bildenden, alles benutzenden und alles verzierenden Künstlichkeit einheimisch und fast zur andern Natur geworden. Auch gibt es wohl kaum eine Art des Kunstfleißes, die nicht in den Niederlanden geblüht hätte, da sie noch als freie Länder ein eigenes Dasein hatten und mit dem deutschen Reich im glücklichen Vereine standen. Die Entfremdung von diesem und von der deutschen Sprache hat freilich die Einwohner um viele Stufen zurücksetzen müssen; doch erkennt man, besonders auf dem Lande, noch leicht die Spuren der deutschen Art. Die Gesichter sind gar nicht, wie man sie sich meistens denkt, wenn man den Begriff flämischer Gestalten von den spätern oft sehr willkürlich manierierten Malern abstrahiert hat. Es sind vielmehr feste, hartbestimmte und eckige, aber freundliche und treuherzige Gesichtsbildungen; schwarzes Haar ist am häufigsten. In den Städten, wo der alte Schlag seit langer Zeit mit Ausländern vermischt ward, ist es freilich anders; da mag man Urbilder genug finden zu den aufgedunsenen und verschwommenen Formen jener niederländischen Maler; die Mischung der Stämme ist selten der Gestalt günstig.

In Brüssel sieht man an dem großen Marktplatze ein schönes Rathaus in gotischer Bauart; den künstlichen schlanken Turm ziert oben ein vergoldeter Engel Michael mit dem Drachen. Auch ist da noch das Kuilenbergische Haus zu sehen, mit demselben Altan, wo Alba stand und zusah, als Egmont enthauptet ward.

Meine besondere Aufmerksamkeit erregte die Domkirche der heiligen Gudula. Sie ist eingerichtet wie die meisten gotischen Hauptkirchen; auf der freiesten Anhöhe der Stadt gelegen, der aus drei nebeneinander liegenden Türen bestehende Haupteingang durch zwei hohe, gegen Abend gelegene Türme geziert; Chor und Hochaltar gegen Morgen; diese Türme nicht sowohl reichlich verziert, als vielmehr aus lauter kleinern Türmen zusammengewachsen und aufgeschossen scheinend; und auch an den umgebenden Seitenträgern des Hauptgebäudes alles in Knospentürmchen aufschießend und zierlich endend. Die Türme sind beide unvollendet, das Innere der Kirche so ganz im Kriege zerstört, daß eine gewaltsame Umänderung freilich unvermeidlich sein mochte. Ein breites großes Glasgemälde an der Abendseite stellt das jüngste Gericht dar, wie sich solches auch in andern gotischen Kirchen nicht selten findet; die wunderbar künstlich in Holz geschnittene Kanzel aber, unten den Sündenfall, oben die Mutter Gottes im Sternenkranze mit dem Christkinde, das mit dem Kreuz der Schlange den Kopf zerstößt. Der Baum bildet das ganze wunderbare Gebäude oder Gewächse; der gebeugte Adam hilft die Kanzel tragen. – An der dem ausführenden Künstler vorgegebenen Zeichnung möchte dem Tadler vielleicht nicht alles gefallen; die Kunst aber des Schnitzwerks war gewiß bewundernswert, und ist wohl schwerlich wieder seit jener Zeit auf eine so hohe Stufe getrieben. Höchst künstliche und zierliche Arbeiten von Holz, oder auch von Eisen und Bronze, zieren eine gotische Kirche ungemein; Marmor macht immer ein Mißverhältnis und eine Störung, seien es Gräber, Statuen oder auch kleinere Säulen an Altären oder an Denkmalen.

Solche allegorischen Vorstellungen wie die vom jüngsten Gericht, vom Sündenfall und der siegenden Religion an bedeutenden Stellen der alten Kirchen, wie Eingang und Kanzel in der Mitte des Schiffs, sind nicht für bloße Zierraten zu halten. Die Bedeutung war das vornehmste Ziel jener alten Künstler, und man kann nicht zweifeln, daß sie oftmals die bestimmte und bewußte Absicht hatten, in den sichtbaren Gebäuden der Kirche die Kirche selbst, im geistigen Sinne nämlich, den Begriff derselben, nach dem verschiedenen Verhältnisse darzustellen und anzudeuten, da sie bald als streitend, bald als triumphierend gedacht wird. – Wie ist es aber möglich, die Pracht und den zauberhaften Eindruck eines solchen Glasgemäldes, wie das erwähnte, zu beschreiben, wenn die Beleuchtung eben günstig, nicht zu blendend helle und auch nicht allzu trübe ist. Es ist wie ein himmlischer Teppich von Edelsteinen und Kristallen, wie die hellschimmernde Oberfläche eines Meers von feurigen Blumen, wo in beweglichen Wellen alle Geheimnisse der Farbe und des Lichts in rätselhaften Verschlingungen an unserm Auge immer von neuem vorüberschimmern.

Auch dieses herrliche Werk war bestimmt, der neuen Anordnung und notwendigen Veränderung zu weichen, und wird vielleicht nach England wandern müssen, wohin auch größtenteils die Glasgemälde aus St. Denis gekommen sind.

Löwen.

Die Zeiten sind nicht mehr, da Löwen allein viertausend, Mecheln über dreitausend und Gent vierzigtausend Tuchweberstühle beschäftigen konnte, und auch andere Arten des Kunstfleißes nach eben dem Verhältnis blühten. Handel und Gewerbe hatten damals, wie jetzt in England, ihren Sitz in Deutschland, und ganz besonders in den Niederlanden; wie reich und blühend in Handel und Gewerbe Deutschland noch unter Maximilian war, davon kann man bei Machiavelli eine merkwürdige, und fast allen Glauben übersteigende Schilderung lesen. – Doch auch so ist Brabant ein sehr reich begabtes und begünstigtes Land, und dem nachdenkenden Reisenden merkwürdig durch die überall verbreiteten Spuren und Denkmäler alten Reichtums und alter Kunst.

Auch die Stadt Löwen enthält ein berühmtes Denkmal gotischer Baukunst in dem bewunderungswürdigen, herrlich vollendeten Rathause. Wir betrachteten es aufmerksam beim grauen Scheine des ersten Morgenlichts; ich habe oft wahrgenommen, daß bei einer hellen Nacht, oder in der Dämmerung, die großen Umrisse an Gebäuden noch deutlicher und reiner hervortreten von dem nicht so blendenden Hintergrunde. Was dieses Gebäude besonders auszeichnet, ist, neben dem Charakter der äußersten Zierlichkeit, der Ausdruck des Reichtums und der einer schönen Einfalt und eines reinen Ebenmaßes. Denn ganz irrig ist die Voraussetzung, als seien diese letzten Eigenschaften aus Werken der gotischen Baukunst durchaus verbannt; es ist wahr, in einigen wird das Ebenmaß durch absichtliche Ungleichheit verletzt, wie am Straßburger Münster; aber dies ist nicht allgemeines Gesetz, sondern nur Ausnahme. An andern gotischen Gebäuden beobachtet man bei dem größten Reichtum von Zierraten eine strenge Symmetrie und eine durchgehende Gleichförmigkeit bei dem Reichtum. Da alle Bilder an der Vorderseite des Rathauses in Löwen herausgeworfen sind, wo ihrer über hundert waren, wie man an den leeren Stellen der kleinen Blenden zählen kann, wo sie gestanden hatten, so ist dies schöne Kunstwerk freilich nun sehr entstellt und verunstaltet.

Lüttich.

Das Lütticher Land ist reich, die Stadt schön gelegen, aber häßlich gebaut; und auch die Bewohner fallen in Sprache, Gesichtszügen und Sitten nicht angenehm auf. Man glaubte sich schon auf deutschem Boden, und gerät aufs Neue ins Französische; doch ist das Französische, welches die Wallonen reden, sehr abweichend. Man schreibt dies dem Einfluß der starken Kolonien von Spaniern und Italienern zu, welche Karl der Fünfte hier ansiedelte. Die Art, wie sich hier an der Grenze das Französische, Flämische und Deutsche kreuzt, könnte Stoff zu merkwürdigen Betrachtungen über die Richtung der alten Einwanderung und Bevölkerung geben. Aus diesem französisch-deutschen Grenzlande war der berühmte Gottfried von Bouillon, jener erste Anführer der Kreuzfahrer, von dem wir den bedeutenden Zug lesen, daß, da er beide Sprachen gleich fertig redete, er die gegenseitige Abneigung der deutschen und französischen Ritter um so besser zu besänftigen wußte.

Die Domkirche zu Lüttich ist ganz zerstört, da besonders das Blei, womit sie gedeckt war, die Raubgier auf sich zog. Soll ich einem Kupferstich und dem bestätigenden Urteile einiger Sachkundigen trauen, so war es für die Kunst durchaus kein Verlust. Das Schlechte und das Mittelgut gehört allen Zeitaltern und allen Gattungen an; es findet sich unter den gotischen Denkmalen wie unter den griechischen. Nur wäre zu wünschen, daß man lieber auch schlechtere alte Denkmale erhielte, als das Urteil darüber dem Vorwitz solcher Menschen zu überlassen, welche vielleicht wegen des Gewinns ein Interesse haben, sie herabzusetzen.

Unter den vielen Eigenheiten des wallonischen Volkes ist dem Fremden nichts so auffallend, als die besondere, ganz ausschweifende Liebe zur Musik, die sich auch bis auf Wettgesänge künstlich abgerichteter Finken erstreckt, welche Wettgesänge als wahre Volksfeste mit aller Leidenschaftlichkeit antiker Wettkämpfe betrieben werden. Von dieser Liebe der Lütticher zur Musik finden sich die Spuren schon im Mittelalter. Noch ist zu merken, daß Diderot aus dieser Stadt gebürtig war, die so viel Eigenes hat, und obgleich französisch redend, damals doch auf keine Weise zu Frankreich gerechnet werden konnte. Eine etwas andere Lage der Dinge, eine etwas andere Wendung seines Schicksals, und er, der als Grenzbewohner die Wahl hatte, konnte sich in Deutschland niederlassen, sich an die deutsche Sprache anschließen, die vielleicht seinem Geiste angemessener gewesen wäre, und gewiß wäre er unter uns auf die Länge nicht so verkannt worden, als es jetzt in Frankreich geschieht.

Aachen.

Hügel, Gründe und helle Bäche, wie man sie in Deutschland sieht, verkünden die Nähe von Aachen, der frische Waldgeruch weht einen an, und man fühlt sich angenehm erregt zur Erinnerung und zum Anschauen. Einen ganz eigentümlichen Reiz hat der Hügel bei Aachen, wo die heiße Quelle dicht neben der kalten entspringt; auf der Anhöhe bilden sich kleine stille Seen, zwischen denen wir an einem heitern Frühlingstage lustwandelten. Etwas ferner liegt, gleichfalls mitten im Wasser, die Ruine von Frankenberg, die noch aus Karls des Großen Zeiten sein soll. Die Burg ist ganz zerfallen, Schwäne zogen auf den ruhigen Wassern, ein Kind saß am Brunnen und las in einem von jenen Volksbüchern, in denen noch die schwachen Reste alter Fabel und Dichtung fortleben.

Hier war der Lieblingssitz jenes großen Karl, dessen tief eingreifende Gedanken und Einrichtungen zum Teil noch jetzt ihre Wirkung nicht ganz verloren haben. Sonderbar bleibt es, daß er seine liebsten Schlösser und Wohnplätze nur in diesen Gegenden längs dem Rheine hinauf sich wählte, zu Nimwegen, zu Aachen und zu Ingelheim. Wenn man es auch aus der Geschichte weiß, daß die Sprache des Hofes in Frankreich unter den beiden ersten Dynastien die deutsche war, die Fürsten also das Deutsche liebten, weil sie selbst noch Deutsche waren: solange man sich Karln als einen König von Frankreich denkt, der von da aus Eroberungen machte, bleibt es immer auffallend, daß er seinen Sitz so weit von der Mitte, so ganz an der Grenze nehmen konnte, wenn nicht anders die Kriege gegen die Sachsen ihn bestimmten, in der Nähe zu bleiben. Vielleicht aber bestimmten ihn, nach der Art jener Zeiten, viel einfachere Beweggründe als jene politischen. Es muß gewiß in Anschlag gebracht werden, daß Karls Vorfahren Austrasien zuerst beherrschten und wahrscheinlich als das eigentliche Stammgut betrachteten, Neustrien und Aquitanien aber, oder das innere Frankreich, nur als eine neuere Akquisition.

Im Aachner Dom ruhten Karls Gebeine; doch ist hier, wie überhaupt, wenig oder nichts mehr vorhanden von den Werken seines Bauverständigen Gerhard. Der Chor ist aus einer neueren Epoche der gotischen Baukunst; nicht zu tadeln, aber auch nicht sehr ausgezeichnet. Die vielen langen, schmalen, wenig verzierten, dicht nebeneinander gereihten und nur durch ganz massive Träger getrennten Fensterbögen verraten den Stil des vierzehnten Jahrhunderts, da die gotische Baukunst schon im Verfallen war. Die runde Vorkirche um das Grabmal zierten porphyrne Säulen, die man von Köln aus der alten Sankt Gereons-Kirche zu diesem Behufe wegführte, wohin die Kaiserin Helena, Mutter Konstantins des Großen, sie geschenkt hatte; so wie auch in Italien und in Griechenland Bruchstücke heidnischer Tempel zur Verzierung christlicher Kirchen nicht selten gebraucht wurden. Diese Säulen sind jetzt in Paris; eine davon, welche zu Köln geblieben war, ist im Kriege zerbrochen.

Die christliche Baukunst der ältesten Zeiten gründete sich, was die einzelnen Bestandteile betrifft, freilich auf die spätere Baukunst der Griechen und Römer; aber da mit dem Christentume seit Konstantin eine ganz neue Idee und Bedeutung in die Baukunst kam, welche durch das ganze Mittelalter ihre Einflüsse erstreckt hat, so ist diese konstantinisch-griechische Baukunst doch keinesweges mehr zum griechischen Altertum zu rechnen, sondern gehört vielmehr der neuen Ordnung der Dinge an. Die Religion macht auch hier die eigentliche Scheidung. So rechnet man ja auch die christlichen oder gereimten Gedichte der spätern Römerzeit nicht mehr zu der alten Literatur. Doch ist freilich späterhin aus jenen geringen Anfängen in der gotischen Baukunst etwas ganz Eigenes und durchaus Neues entstanden; die Wunderwerke altdeutscher Baukunst einzig und allein auf diesen ihren ersten Ursprung zurückführen, das wäre, als wollte man die höchsten Meisterwerke der neuern Dichtkunst, eines Dante oder Calderon, aus den Leoninischen Versen der Alten ableiten, weil hier doch auch der Reim, und schon früher, sich findet.

Das Volk von Aachen scheint sehr aufgeweckt und fröhlich zu sein, wie es der alte fränkische Stamm wohl überhaupt war. Das Deutsche, welches man hier spricht, ist eine eigene, ziemlich abweichende Mundart, welche dem Fremden wegen des Singenden nicht angenehm auffällt. Ebenso ist es zu Köln, es könnte einem anfangs Plattdeutsch scheinen; doch dieses ist es keinesweges, sondern es sind vielmehr eigentümliche Mischungen des Oberdeutschen und Niederdeutschen, welche sich nur dadurch auszeichnen, daß sie roher und unbearbeiteter geblieben sind. Aus solchen Mischungen aber, wo die verschiedenen Bestandteile des Oberdeutschen und Niederdeutschen mehr verschmolzen und inniger vereinigt sind, ist im mittlern Deutschland vorzüglich dasjenige gebildete Deutsch entstanden, aus welchem die jetzige Schriftsprache hervorgegangen ist. Darum wären auch diese freilich etwas ungebildeten Mundarten der Aufmerksamkeit des Sprachforschers nicht unwert. In einem der ältesten der bis jetzt bekannten epischen Gedichte der Deutschen, dem Lobgedicht auf den heiligen Anno, sind die Spuren der kölnischen Mundart unverkennbar.

Neuß.

Die Kirche dieser kleinen Stadt gehört dem Stil nach zu den ältern gotischen. Der Haupteingang mit nur einer Türe an der Vorderseite hat auch nur einen einzigen gewaltigen, schweren, viereckichten Turm, der aber übrigens schön und reich verziert ist. Die Spitze ist durch das Wetter abgeschlagen, so daß er nun eher einem schweren festen Burgturme ähnlicher sieht, als einem schlankgewachsenen, aus lauter Zierraten und kleinern Türmchen wie zusammengewachsnen und aufschießenden Spitzturme, wie man sie freilich an den vollendetsten und zierlichsten gotischen Gebäuden durchaus sieht. Für die Frage vom Ursprung der gotischen Baukunst aber sind die plumpen schweren Türme nicht unwichtig, die man hie und da und nicht selten grade an den ältern Kirchen sieht. Ich sah dergleichen sogar mit Burgzinnen, zum deutlichen Beweise, daß es nicht eine willkürliche Vergleichung oder zufällige Ähnlichkeit ist, die uns hier an die alten Ritterburgen erinnert, sondern eine absichtliche Nachbildung der durch uralte Sitte ehrwürdigen Bauart. Es ist also gar nicht nötig, die gotischen Türme von denen der Moscheen abzuleiten, mit denen sie noch obendrein meistens gar keine Ähnlichkeit haben. Doch es ist schon von andern erwiesen worden, daß die Hypothese eines arabischen Ursprungs der gotischen Baukunst durchaus irrig ist. Auch lauten die Nachrichten und Beschreibungen solcher Gebäude in Sizilien und Spanien, von denen man historisch weiß, daß sie von mohrischen Meistern erbaut wurden, gar verschieden von der gotischen Art. Es bleibt eigentlich nichts als die allgemeine Ähnlichkeit eines großen Reichtums der Verzierungen. Selbst eine größere Ähnlichkeit als diese würde noch nicht beweisen, daß sie entlehnt sei, da beide, die arabische wie die gotische und christliche Baukunst, gewissermaßen aus einer gemeinschaftlichen Quelle geschöpft haben. Denn auch die Araber benutzten doch wohl, was sie in den Städten Syriens und Ägyptens oder sonst von griechischen und römischen Gebäuden vorfanden. Nur freilich, daß sie alles nach dem Bedürfnis der Moschee und der Grundidee ihrer Religion und ihrer Sitte modifizierten, wobei sie es aber eben nicht zu einer großen Kunsthöhe gebracht zu haben scheinen.

Neuß lag ehedem hart am Rheine, dessen Ufer jetzt eine starke Viertelstunde davon entfernt ist; auch an mehrern andern Stellen hat der schöne Strom sein Bette verändert: Veränderungen, welche in den Jahrbüchern, ungeachtet ihrer Wichtigkeit, sich weniger sorgfältig aufgezeichnet finden als die Torheiten der Menschen, deren so manche vergangen sind, ohne auch nur eine Spur zu hinterlassen. Wer sich doch in jene alte Zeiten auf einen Augenblick versetzen könnte, als die Deutschen zuerst längs dem Rheine herab, wie an der Donau herauf, sich ergossen und an den fruchtbaren Ufern des königlichen Stromes ansiedelten! Welchen ganz andern Begriff von der Lebensart, den Sitten, der alten Verfassung und Gesetzgebung unserer großen Vorfahren würde uns dieser Anblick gewähren als alles, was die verstümmelte, und zuletzt noch durch seinsollende Kritik gänzlich verkehrte und verfälschte Geschichte besagt.

Düsseldorf.

Unter den vielen schätzbaren Gemälden, welche die hiesige Sammlung besitzt, zeichnet sich besonders der Saal des Rubens aus, durch seinen Reichtum. Man kann von diesem Künstler in der Tat nur hier sich einen vollständigen Begriff machen. Will man ihn aber nicht bloß nach seiner nach der Strenge der Kunst durchaus nicht zu lobenden Manier im Ganzen, sondern auch von einer vorteilhaftern Seite kennen lernen, so muß man sich nicht grade an die berühmtesten seiner Bilder halten; denn das Maß jener Berühmtheit ward ja eben in einem Zeitalter bestimmt, wo selbst in Italien der Geschmack durchaus verdorben war: durch eben dieselben Vorurteile und vorherrschenden modischen Neigungen bestimmt, welche den Künstler selbst von dem rechten Wege ableiteten. Denn bei einem so ausgezeichneten Menschen als Rubens war, bei einer so außerordentlichen Kraft des Geistes, muß man, wenn ihre Anwendung auch nach dem Maßstab der Kunst und der Schönheit durchaus verwerflich scheint, doch jederzeit die natürlich gute Anlage und den schädlichen Einfluß des Zeitgeschmacks und anderer nachteiliger Einwirkungen unterscheiden, denen der Künstler unterlag.

Rubens scheint in der Tat fast alle Fehler, die zu seiner Zeit und kurz vor ihm in den verschiedenen italienischen Schulen stattfanden, in sich zu vereinigen; das Gewaltsame, Unnatürliche und Übertriebene der Manieristen aus Michelangelos Schule; die Nachlässigkeit und den Leichtsinn der eilfertigen Naturalisten; das Streben nach dem Effekt allein, wie bei den bloßen Koloristen; ja sogar die willkürlichen und mißglückten Allegorien der gelehrten Maler. Und doch bleibt er ein außerordentlich merkwürdiger Mann, könnte man auch nicht mehr von ihm sagen, als daß er durch die Kraft und den Reichtum alle übrigen schlechten Maler zusammengenommen aufwiegt. Ein so gefährlicher Abweg ist die Nachahmung der ausländischen Manier, daß selbst das wahre Genie dadurch meistens zugrunde geht. Welche andere Stufe der Kunst, welche andere Höhe der Schönheit würde der außerordentliche Mann erreicht haben, wenn er, statt der damals schon ganz verdorbenen und ausgearteten Italiener, die einheimischen alten Niederländer, den kunstreichen, naturgetreuen van Eyck und andere ähnliche sich zum Vorbilde erwählt hätte und die Wiederherstellung ihres schönen und richtigen Stils durch sein glänzendes Kolorit noch erhöht und ausgeschmückt hätte. Denn dies ist das schlimmste bei der Nachahmung des Ausländischen in der Kunst, daß sie gemeiniglich erst dann eingreift, wenn die Kunst in dem nachgeahmten Lande schon längst von der erreichten Vortrefflichkeit abgewichen und entartet ist; wie auch die jetzige Zeit so manches, dem Namen nach freilich Griechisches, der spätern schon entarteten Zeit ängstlich nachbildet, was die wahren alten Griechen selbst durchaus verwerfen und verachten würden. Daher bleibt es das Gefährlichste aller Experimente, auch in der Kunst fremde Sitten annehmen zu wollen; das Eigene geht gewiß verloren, und das Fremde, wonach man strebte, wird fast nie erreicht. In der Malerei läßt sich vielleicht noch eher mit wirklichen und scheinbaren Gründen dafür sprechen. In der Baukunst ist das Widersinnige und nicht nur alle Kunst, sondern auch Sitten Zerstörende einer dem Auslande nachgemachten Bauart zu fühlbar, und kann durch nichts vergütet und durch nichts beschönigt werden. Jede Nation, jedes Land hat seine eigentümliche, nur ihm eigene und angemessene Baukunst, oder ganz und gar keine. Dieses ist jedem einleuchtend, der die Geschichte der Kunst und der Sitten und ihres gegenseitigen Einflusses mit einem aufmerksamen Blick betrachtet.

Solche Gemälde von Rubens, in denen die bessere Natur hervortritt, ich meine, die fast ohne alle Beimischung des Manierierten erscheinen, sind sein eigenes Bildnis, nebst dem seiner ersten Gemahlin, in einer Laube sitzend; das so tiefe und doch leicht erscheinende Bildnis eines Franziskanergenerals; eine Mutter Gottes, von einem vollen Kranz von Blumen und Engeln umringt, und einige andere. Sein Kolorit war vielleicht ursprünglich nicht so manieriert, als es sich jetzt zeigt; der so häufig gebrauchte Zinnober trat wohl ursprünglich nicht ganz so hart hervor, da die andern Farben verhältnismäßig mehr verblichen sein mögen.

Köln.

Diese alte Stadt pflegt den Fremden mehrenteils zu mißfallen; wie dann jede große Stadt, die in Verfall geraten ist, keinen angenehmen Eindruck machen kann. Doch fehlt es nicht an schönen großen Plätzen, oder solchen, die mit geringen Veränderungen verschönert werden könnten. Die vorzüglichsten und wichtigsten Gebäude sind günstig und gut gelegen, frei und erhaben. Mancher Tadel flüchtiger Reisenden ist auch ohne Rücksicht auf das Lokalbedürfnis abgesprochen; die Straßen, besonders die nach dem Rheine zu, sind meistens eng, weil alles sich des Verkehrs und des Gewerbes wegen nach dieser Gegend drängt; sehr breite Gassen würden hier auch wegen der Strenge der Rheinluft im Frühling und Herbst nicht eben wohnlich sein.

Die herrliche amphitheatralische Lage der Stadt am Rhein, längs dessen Ufer sie einen halben Mond in der Ausdehnung einer kleinen Stunde bildet, die Menge der Gärten in der Stadt selbst, die Schönheit des innern und äußern Spaziergangs um den Wall, die beträchtliche Erhöhung einiger Teile der Stadt gewährt einen hinlänglichen Ersatz für den Mangel an umgebenden Spaziergängen und für die im Ganzen flache Gegend, die nur in der Ferne durch das Siebengebirge begrenzt wird, insofern es für eine solche Lage einen Ersatz geben kann. – Doch dem sei wie ihm wolle, Köln möge den Forderungen des jetzigen Geschmacks so wenig oder so schlecht entsprechen als möglich: für den Freund der Kunst und der Altertümer ist es eine der wichtigsten und lehrreichsten Städte Deutschlands.

Altertümer der verschiedensten Zeiten finden sich hier beisammen. Hier sieht man noch einen römischen Turm und Stücke römischer Mauer aus regelmäßig behauenen Steinen mancherlei Figur, deren verschiedene Farben Mannigfaltigkeit hervorbringen, auch wohl eine Verzierung oder ein kleines Tempelchen bilden; nach der Weise jenes in allem außerordentlichen Volkes unerschütterlich fest zusammengefügt. Hier bezeichnet man uns noch die Stelle, wo das Kapitol stand und so manches Merkwürdige unter den Cäsaren geschah; den Ort, wo die Naumachien waren, von deren bis aus den Bergen des Eifelgebirges hergeführten Wasserleitungen noch Ruinen übrig sind; die Stelle am Rhein, wo, wenn das Wasser ungewöhnlich tief gefallen, noch die Pfeiler hervorragen von Konstantins steinerner Brücke. Hier sehen wir an der alten Stiftskirche St. Marien, deren Chor aus vorkarolingischer Zeit herrührt, das wahrscheinlich gleichzeitige oder wenig spätere Bildnis der Stifterin Plectrudis, Gemahlin Pippins von Heristal, Urgroßvaters Karls des Großen. Dort den unvollendet gebliebenen, jetzt innen der Stadt gelegenen gewaltigen Burgturm, an der St. Georgen-Kirche, welchen der heilige Anno im eilften Jahrhundert dicht vor dem damaligen Stadttor in nicht sehr friedlichen Absichten zu bauen begann. So vieler anderer höchst merkwürdigen Denkmale aus jeder Epoche des ganzen Mittelalters nicht zu erwähnen.

Mit einem Worte, Köln war unter den Römern die Hauptstadt der ihnen so wichtigen Germania secunda, auch in dem nachmaligen Austrasien von gleicher Wichtigkeit, von Otto dem Großen an der Sitz des mächtigsten geistlichen Kurfürstentums, eine der mächtigsten Hansestädte und eine der wichtigsten Universitäten des Mittelalters, zu welcher berühmte Männer aus den entgegengesetztesten Weltgegenden zusammenkamen. Hier studierte jener Snorri Sturluson aus dem entfernten Island, welcher die nordischen Sagen zur Edda gesammelt und verbunden hat und Vorsteher dieses damals so blühenden skandinavischen Freistaates war; und hieher eilte von Neapel der heilige Thomas von Aquino, als zwanzigjähriger Jüngling, da er seiner edlen Famile entsprungen war, um sich dem geistlichen Stande zu widmen. Daher fehlt es denn auch nicht an interessanten Erinnerungen und Merkwürdigkeiten jeder Art in dieser alten, durch innere Kriege, durch die Wirkung der Reformation und durch den mit der veränderten Lage der Dinge mehr oder minder allgemeiner gewordenen Verfall von Deutschland von ihrer ehemaligen Höhe herabgesunkenen Stadt, die jetzt mit den andern Städten des linken Rheinufers den Franzosen anheimgefallen ist.

Insonderheit aber für gotische Baukunst ist der Reichtum an Denkmalen daselbst wahrhaft unermeßlich. Von den ältesten Zeiten, da dieselbe der christlich griechischen nicht ganz unähnlich war, bis in die spätesten, wo sie in der spanisch prächtigen, aber überladenen Bauart der Jesuiten sich in die moderne Baukunst zu verlieren anfängt, finden sich herrliche Gebäude als Belege und Beispiele für jede bedeutende Stufe der Kunst nicht nur, sondern auch für jede einigermaßen wichtige Abweichung und Verschiedenheit. Ja außer den Kirchen finden sich auch noch eine hinlängliche Anzahl von ziemlich erhaltenen Privathäusern aus der gleichen Zeit, ganz im Stil der gotischen Kirchen, und zwar der ältern Art, welche man gewöhnlich Tempelhäuser nennt, nach der herrschenden, aber nicht gegründeten Voraussetzung, daß sie von den Tempelherren seien bewohnt worden. Ein Sachverständiger würde sich hier also auch über die niedern Zweige und selbst den gewiß sehr merkwürdigen und in Rücksicht der angewandten mathematischen und wissenschaftlichen Kenntnisse bewundernswürdigen mechanischen Teil der gotischen Baukunst hinreichende Auskunft und Belehrung verschaffen können[1]. Sollte es noch möglich sein, eine ausführliche und genaue Geschichte der gotischen Baukunst zu schreiben, ehe die jetzt herrschende Barbarei und goldgierige Zerstörungssucht vollends alle alten Denkmale verwüstet hat, so ist wohl hier allein ein noch einigermaßen vollständiger Vorrat dazu vorhanden; was man an andern Orten sieht, ist meistens nur einzeln, und außer dem Zusammenhange wird es selten verstanden oder geachtet.

Das merkwürdigste aller Denkmale ist der Dom. Wäre er vollendet, so würde auch die gotische Baukunst ein Riesenwerk aufzuzeigen haben, was den stolzesten des neuen oder alten Roms verglichen werden könnte. Nur der dritte Teil etwa der Kirche, ohne die Kuppel und ohne die Seitenstücke, welche die Kreuzform bilden sollten, und noch

---

[1] Möchte doch der in den Kunstaltertümern und der Geschichte des Mittelalters gelehrte Professor Wallraff (ehedem Kanonikus und Rektor der Universität zu Köln, seitdem Professor der Archäologie an der Zentralschule) Zeit und Muße finden, den Schatz seiner Kenntnisse in diesem Fache bekannt zu machen und die Geschichte der gotischen Baukunst auszuarbeiten, wozu wohl schwerlich jemand so mit allem Erforderlichen ausgerüstet sein dürfte, als er! Den mancherlei Hülfsmitteln, die er mir auf das freundschaftlichste mitgeteilt, sowie seinem belehrenden Gespräch, verdanke ich vieles für die nachfolgenden Bemerkungen.

nicht die Hälfte nur eines Turms sind aufgeführt. Doch ist auch dieses wenige mehr, als man irgendwo sonst sieht, durch die Größe der Anlage und noch mehr durch die Schönheit des Stils. Konrad von Hochstetten, derselbe kühne Mann, dessen tätiger Einfluß dem furchtbaren Friedrich dem Zweiten mehr als einen Gegenkaiser entgegenstellte, entwarf auch diesen ungeheuern Gedanken. Der bis auf die Zierraten vollendete, ausführliche Grundriß des unbekannten Baumeisters ist noch vorhanden. Der Bau ward angefangen im Jahr 1248, der vollendete Chor aber eingeweiht im Jahre 1322.

Alle ergreift das Große dieses erhabenen Bruchstücks mit Erstaunen, und besonders der Blick in die Höhe des Chorgewölbes erfüllt jede Brust mit Bewunderung. Was aber dem, der mehrere Denkmale der gotischen Baukunst mit Aufmerksamkeit zu beobachten Gelegenheit hatte, am meisten auffällt, ist die Schönheit der Verhältnisse, die Einfalt, das Ebenmaß bei der Zierlichkeit, die Leichtigkeit bei der Größe. Den Eindruck fühlt jeder, der Gefühl für so etwas hat; beschreiben aber oder erklären läßt sich dies Gefühl weiter nicht, nur genaue Abmessungen, im Vergleich mit andern Gebäuden ähnlicher Art, würden lehrreiche Aufschlüsse über das Geheimnis jenes dem zartern Gefühl so merklichen Ebenmaßes geben können. Gewiß ist es, daß die meisten auch sehr berühmten und ruhmwürdigen gotischen Kirchen gegen diese teils noch etwas roh und schwerfällig, teils aber überladen, spielend und weniger zweckmäßig erscheinen. Nur das Löwener Rathaus könnte ihr im kleinern Maßstabe in Rücksicht auf diese edle Einfalt und Schönheit des Stils an die Seite gesetzt werden. In der allgemeinen Anlage ist der Dom, wie die eigentlichen gotischen oder deutschen Kirchen meistens zu sein pflegen, nachdem der noch gräzisierende Stil der ältern christlichen Bauart durch eine größere Künstlichkeit ganz umgestaltet worden war. Die Form des lateinischen Kreuzes endigt im Chor nach Morgen mit einer halben Rundung; zwei hohe Türme zieren den dreifachen Haupteingang nach Abend, und die Querstücke des Kreuzes sollten noch zwei Seiteneingänge nach den andern beiden Weltgegenden bilden. In der Mitte zwischen beiden und der gesamten Kirche sollte die Kuppel sich über dem hohen Grabmal der heiligen drei Könige erheben; doch dieses ist nicht ausgeführt worden. Die Türme, ein Gebäude unzähliger schlanker Säulen, aus immer höher und höher steigenden bogenförmigen Fenstern und Knospentürmchen wie zusammengewachsen, sollten fünf Geschosse haben; das oberste ein durchbrochener Obelisk von durchsichtigen Ranken und großen Knospen, die endlich in einer einzigen großen Blume sich enden; aber nur zwei Geschosse des einen Turms sind fertig. Sind solche Türme gleichsam unermeßliche Gewächse von lauter Schnitzwerk zusammengewunden und stolz in die Höhe schießend, so sind die Menge der weitläuftigen Träger mit allen ihren Schwibbogen, ihren Verzierungen, ihren Knospen, Spitzen und Türmen einem Walde zu vergleichen. Auch die gotischen Säulen, wie die im Dome, welche statt einer einzigen ein Geflechte vieler zusammengebundener schlanker Röhren darzustellen scheinen, mit nur wenig durch zwei nicht sehr merkliche Vorsprünge angedeutetem Fuß, hoch aufschießendem Schaft und einfachem, bald aus Weinreben, bald aus anderm einheimischen Laubwerk verschiedenartig gebildeten blätterigen Knauf in der Höhe, wo sie einen spitzigen und mannigfach gebrochenen Bogen bilden, hat man mit der stolzen Wölbung eines hohen Baumganges nicht unschicklich verglichen; andere haben darin eine Ähnlichkeit mit den Basaltsäulen finden wollen; man könnte sie auch, was die Höhe der Bogenwölbung betrifft, wohl mit dem Wasserstrahl eines gewaltigen Springbrunnens vergleichen, wenn dieser ebenso dicht wieder herabströmte, als er emporschießt. Und wenn das Ganze von außen mit allen seinen zahllosen Türmen und Türmchen aus der Ferne einem Walde nicht unähnlich sieht, so scheint das ganze Gewächse, wenn man etwas näher tritt, eher einer ungeheuren Kristallisation zu vergleichen. Es gleichen, mit einem Worte, diese Wunderwerke der Kunst, in Rücksicht auf die organische Unendlichkeit und unerschöpfliche Fülle der Gestaltung, am meisten den Werken und Erzeugnissen der Natur selbst; wenigstens für den Eindruck ist es dasselbe, und so unergründlich reich die Struktur, das Gewebe und Gewächse eines belebten Wesens dem untersuchenden Auge ist, ebenso unübersehlich ist auch der Gestaltenreichtum eines solchen architektonischen Gebildes. Alles ist gestaltet, und gebildet, und verziert, und immer höhere und mächtigere Gestalten und Zierden steigen auf aus den ersten und kleineren. Die Gestalten aber und Zierraten sind fast alle aus der Pflanzennatur entlehnt, weil hier die Gestaltung nur in entfernterer Beziehung auf den nützlichen Zweck und das bloße Bedürfnis wirklich steht, oder doch wenigstens in der Erscheinung gar nicht daran erinnert, welches für diesen Zweck dasselbe gilt. Die Gliederung der tierischen Wesen hingegen erinnert jederzeit bestimmt an ihren Zweck und das Geschäft, zu dem sie als Werkzeug gebildet ward. Darum ist die tierische Gestalt, vom Ausdruck weggesehen, an sich nicht so schön, als die vegetabilische; die Blume ist die Form der Pflanzen, welche als der Schmuck der Natur das Urbild für alle Zierraten auch der menschlichen Kunst geworden sind.

Das Wesen der gotischen Baukunst besteht also in der naturähnlichen Fülle und Unendlichkeit der innern Gestaltung und äußern blumenreichen Verzierungen. Daher die unermüdlichen und unzähligen steten Wiederholungen der gleichen Zierraten, daher das Vegetabilische derselben. Und daher auch das Innigergreifende, das rührend Geheimnisvolle, das freudig Liebliche und Belebende des Eindrucks bei dem Erstaunen über die Größe. Die gotische Baukunst hat eine Bedeutung, und zwar die höchste; und wenn die Malerei sich meistens nur mit schwachen, unbestimmten, mißverständlichen, entfernten Andeutungen des Göttlichen begnügen muß, so kann die Baukunst dagegen, so gedacht und so angewandt, das Unendliche gleichsam unmittelbar darstellen und vergegenwärtigen durch die bloße Nachbildung der Naturfülle, auch ohne Anspielungen auf die Ideen und Geheimnisse des Christentums, welche allerdings auf die Entstehung und Ausbildung der Kirchenbaukunst nicht geringen Einfluß gehabt haben.

Einem solchen Wunderwerk der Kunst muß jede Beschreibung erliegen. Ich wende mich daher zu den ältern gotischen Kirchen in Köln, weil sich an diesen, nachdem das eigentliche Wesen der gotischen Baukunst an dem höchsten Beispiele ist aufgezeigt worden, der Ursprung dieser merkwürdigen Bauart am besten wird deutlich machen lassen.

Es ist schon bemerkt worden, daß es zwei durchaus verschiedene Epochen in der gotischen Baukunst gebe: eine ältere, welche man wegen einiger Ähnlichkeit mit der konstantinisch-byzantinischen christlichen Bauart die gräzisierende nennen könnte; dann die vollendete spätere, ungleich künstlichere, eigentlich deutsche, von welcher bei der Beschreibung des Doms die Rede war. Doch gibt es in beiden Gattungen noch manche sehr starke Abweichungen und Variationen; so wie der Stephansturm zu Wien und der Straßburger Münster zwar zur letzten Gattung gehören, aber auch, besonders der letzte, sehr viel Besonderes und Abweichendes haben. Auch ist die gräzisierende Art zwar die ältere, doch greifen beide Epochen ineinander, teils weil ein neuer Stil nicht auf einmal herrschend wird, indem das Alte noch eine Zeitlang Anhänger zu behalten pflegt, während von andern schon das Neue befolgt wird, teils weil man oft, als der spätere Stil schon blühete, doch noch zuzeiten im älteren bauete, der geringern Kosten wegen, oder wenn es kein Hauptwerk war.

Der Ursprung und die Erklärung der gotischen Baukunst im allgemeinen ist zu suchen in der aufgezeigten Grundidee derselben, in der eigentümlichen Beschaffenheit und Bedeutung der christlichen Kirche und endlich noch in der Natur der nordischen, im Norden gebräuchlichen und dem nordischen Klima angemessenen Bauart, wozu man allenfalls noch die Natur des Stoffs rechnen könnte, indem die geringere Schönheit des Steins gegen den Marmor bei steigendem Streben nach Verschönerung von selbst darauf führen mußte, die Kunst der Verzierung auf eine Höhe zu treiben, die schwerlich in einem andern architektonischen Stoff anwendbar sein dürfte. Aus diesen einfachen Erklärungsgründen werden sich alle die auffallendsten Eigenheiten der gotischen Bauart leicht ableiten lassen, wie wir es wenigstens mit einigen der wichtigsten versuchen und dabei jene älteren Kirchen, deren Stil noch zu gräzisieren scheint, zum Grunde legen wollen. Die merkwürdigsten und schönsten dieser Art zu Köln sind die Gereonskirche und die Apostelkirche. Beide liegen meistens frei und fallen schön ins Auge. Ich erinnere bei dieser Gelegenheit, daß, um alle die schönen Kirchen dieser Stadt auch aus verschiedenen Entfernungen ins Auge zu fassen, der Spaziergang an der innern Seite der Stadtmauer, und die Aussicht vom Domkrane herab, besonders dienlich ist. Am schönsten nimmt sich die ganze Stadt von der gegenüberstehenden Seite des Rheins aus, da sie einen großen halben Mond bildet, der durch mehrere schöne Kirchen und einen alten festen Turm gut begrenzt wird. Besonders der Dom fällt hier vortrefflich ins Auge; die Lage desselben auf einer sehr beträchtlichen Anhöhe, von wo man eine weite Aussicht hat, ist überhaupt vortrefflich. Nur schade, daß diese schöne Lage durch kleinere und größere angebaute Häuser von anderer und schlechter Bauart noch weit mehr verunziert ist, als es wohl auch bei andern großen Domkirchen der Fall zu sein pflegt. So hat man leider auch, um einem italienischen Altar Platz zu machen, der wohl in seiner Art recht schön sein mag, doch aber in keine gotische Kirche paßt, vor etwa vierzig Jahren das alte Tabernakel abgebrochen, was durchaus im Stil der Kirche selbst mit der äußersten Zierlichkeit und Künstlichkeit ausgearbeitet und aus lauter Türmchen und Knospen zusammengesetzt war und dem Beschauer das große Ganze gleichsam in verjüngtem Maßstabe und wie einen kurzen Inbegriff aller Kunst darstellte, die am Ganzen selbst zu weit verbreitet ist, um in einen Blick gefaßt werden zu können.

In den ältern Kirchen ist die Einrichtung nicht ungewöhnlich, daß der Haupteingang durch einen einzigen schweren schlichten Turm gebildet wird, der Chor aber durch zwei kleinere Türme verziert ist, zwischen denen die letzte Vertiefung desselben in einer halben Rotunde hervortritt. So ist St. Cunibert und St. Severin, beide von edeln großen Formen. Der Turm von St. Martin aus dem zehnten Jahrhundert ist noch ausgezeichneter; der mittlere mächtige Turm ist an den vier Ecken durch vier kleinere bekleidet und geziert; nur zwei derselben sind noch unversehrt. Ungleich künstlicher ist die Apostelkirche aus dem eilften und zwölften Jahrhundert; den Haupteingang bildet gleichfalls ein einziger, mächtiger, schwerer Turm. Der Chor wird gebildet durch drei halbe Rotunden, über welche sich drei Giebel erheben; zwei Türme schmücken die mittlere Rotunde am Ende des Chors, und über den drei Rotunden und Giebeln erhebt sich eine sechseckichte zwiefache Kuppel. Gleichsam ein Gebäude vom mehreren künstlich verschlungenen Gebäuden; nicht ein einfacher Tempel, sondern eine stolze Trophäe mehrerer, einer über den andern sich erhebender Tempel. Auf diese Verknüpfung und Einschachtelung mehrerer Gebäude in eines führte schon die älteste Idee und Anlage der christlichen Kirche. Schon Konstantin wollte seine Basilika in Form des Kreuzes gebaut haben; bald nachher strebte man den Hochaltar durch eine über alle anderen Teile des Ganzen oder Nebenkuppeln so hoch als möglich erhobene Hauptkuppel zu bezeichnen, wie in der Sophienkirche zu Konstantinopel und der nach ihr gebildeten St. Markuskirche zu Venedig. Der Chor, als Schauplatz derjenigen, so am Gottesdienst tätigen Anteil nehmen, war ursprünglich abgesondert von dem größern, für die Zuschauer bestimmten Raume, und mußte es dem herrschenden Begriffe nach sein; er bildete gleichsam eine kleinere Kirche in der größern. Die Notwendigkeit eines Umgangs um den Chor erforderte Seitengänge neben dem Hauptgange des Schiffs, dessen größere Höhe sich so sehr von ihnen absonderte, daß in manchen Kirchen diese Seitengänge auch durch eigene niedrigere, an das Hauptgebäude sich anschließende Seitengebäude gebildet werden. So führte hier von selbst alles von allen Seiten auf eine vielverschlungene Mannigfaltigkeit, die nachher Charakter und herrschende Grundidee wurde, aus welcher fast alles hergeleitet werden muß. Die eigene Beschaffenheit der gotischen Säulen zum Beispiel. Schon in den ältern noch gräzisierenden Kirchen findet man meistenteils nicht einfache runde Säulen, sondern mehrere in eins verbunden, worauf die Verbindung des höhern Hauptgangs im Schiff mit den Seitengängen geführt haben kann, da die Säulen des ersten auch Träger der letzten waren; oder es liegt auch hier schon die Neigung zum Verknüpften und Mannigfaltigen zum Grunde. Aus diesem unförmlichen Anfang hat sich eine der eigentümlichsten Schönheiten der gotischen Bauart entwickelt, ich meine jene wie in schlanken Röhren aufschießenden Säulenbündel, deren seltsame Schönheit zu so manchen sinnreichen Vergleichungen Veranlassung gegeben hat. An den Säulen des Doms zeigt sichs deutlich, wie sie aus jenen ältern entstanden sind; den Kern derselben bildet eine dicke runde Säule, an welcher sich, nach vier Seiten, vier mäßige dicht anschließen, so daß sie nicht ganz herausstehen; in jedem Zwischenraume dieser vier befindet sich noch eine andere, ungleich kleinere, fast ganz heraustretende; in Hauptgange sind deren aber zwei in jedem Zwischenraume, an den Säulen unter der Kuppel drei; so daß jede Säule, außer der mittlern, welche den Kern bildet, aus vier umschließenden, von mäßiger Größe besteht, und aus vier, acht oder zwölf kleinern, nach der mindern oder größern Wichtigkeit der Säule.

Wo nun vollends mehrere solche Säulensysteme zusammentreffen, wie an den innern Eckpfeilern des Turmes, ist die Mannigfaltigkeit der in eins verbundenen Säulen für das Auge und den Eindruck unübersehbar. Eben daher erklärt sich auch die eigentümliche Form der gotischen Bögen. Daß sie spitzig seien, folgte wohl schon aus der spitzigen Gestalt der Dächer im Norden, da das Innere und Äußere doch in jedem Gebilde übereinstimmen soll, wenn nicht die wichtigsten Gründe eine Ausnahme fordern. Die aus mehreren Schäften verbundenen Säulenstämme aber mußten sich oben, wenn diese Gestaltung fortgesetzt werden sollte, in mehrere Zweige und Äste gleichsam spalten, und so entstanden die spitzig gebrochenen oder sogenannten Sattelbögen, wodurch die hohen Gänge neben der ihnen eigenen Größe noch den Ausdruck der reichsten Mannigfaltigkeit gewinnen; ein großer Teil des herrlichen Eindrucks gotischer Gebäude entspringt gewiß aus dieser eigentümlichen Wölbungsart. Die aus dem spitzigen Dache der nordischen Bauart hergeleitete Bogenform erstreckt sich auch auf die Pforten, wo die aneinander geschlossenen vielen sich immer mehr verengenden und vertiefenden Bögen die vollste und reichste Anhäufung der Zierraten möglich machen und bilden. Die ältesten gotischen Fenster sind meistens Kleeblätter von Gestalt; da man bald aber auch hier die Form der schmalen langgezogenen Bogen suchte, damit jeder Teil, so weit es sein könnte, wieder dem Ganzen entspräche und in allen mannigfaltigen doch immer dieselbe Grundgestalt durchblickte, so entstanden daraus, durch Nebeneinanderstellung von zweien solcher Bogen mit dem sonst üblichen Kleeblatte zur Vereinigung oben drüber, die nachher in der vollkommenern gotischen Bauart üblichen Fensterzierraten. An dem Dome sind überhaupt alle noch so künstlich und reich erscheinenden Zierraten ganz einfach, nur aus dem Kleeblatt und der Rose zusammengesetzt.

Noch schöner vielleicht in der alten gräzisierenden Art, als diese erwähnten Gebäude, ist die Gereonskirche, gleichfalls aus dem eilften Jahrhundert. Hier bildet eine als Kuppel sich erhebende Rotunde, oder vielmehr ein solches Zehneck, die Vorkirche; zum Chor, der beträchtlich höher liegt, steigt man auf vielen Stufen hinan. Von außen ist der Chor nur durch zwei Türme verziert. Das Innere dieser Kirche ist ganz vorzüglich schön, und am Äußeren das Ebenmaß der Verhältnisse und die kunstreiche Einfalt der Zierraten. Die Tierköpfe zu Nebenverzierungen, wie an Dachrinnen, sieht man schon hier; fast nur auf diese ganz untergeordneten Teile ist der Gebrauch tierischer Gestalten in der gotischen Baukunst beschränkt. Das Vegetabilische fehlt aber in diesem älteren gotischen Stile fast noch ganz; nirgend sieht man hier jene Knospen und Knospentürmchen, die späterhin sich so zahlreich zeigen, daß sie für den ersten Eindruck fast die Hauptsache scheinen könnten – die innern Hauptsäulen sind oft noch ohne blättrigen Knauf, ja auch ohne alle Windung oder Einschnitte; die hervortretenden Kapitäler sind bloß durch Vergoldung geziert. Außerdem sieht man aber eine eigene Art kleiner Säulen, welche das obere Geschoß der Rotunden nach außen bilden, auch sonst in den Fenstern und Kreuzgängen gebraucht werden. Sie sind von Basalt, sehr dünn und schlank, es stehen allemal zwei frei nebeneinander, bei Hauptabteilungen auch wohl vier. Der Knauf ist teils schlicht, wie bei obigen, teils mit mancherlei Laubwerk geziert, worin Vögel, Drachen und andere Figürchen verschlungen sind. Dergleichen Säulchen findet man an den gotischen Gebäuden der zweiten kunstreichern Epoche durchaus nicht mehr. Doch alles dies müßte durch Messung bestimmter, durch Zeichnungen erst ganz deutlich gemacht werden. Für jetzt sei dies Wenige genug.

Von manchen merkwürdigen Gemälden in Kirchen und Privatsammlungen wird bei einer andern Gelegenheit die Rede sein. Durch die Nachweisung eines gelehrten Kunstforschers aufmerksam gemacht, begab ich mich mit Fackeln in die Gruft der Kirche St. Marien, wo an dem Gewölbe sich noch Spuren von Gemälden aus der Zeit Karls des Großen finden. Aber freilich sind es nur Spuren; die Gruft ist seit einigen Jahren zugemauert worden, die hie und da erscheinenden Bruchstücke von halberloschenen Umrissen konnten weder einen Eindruck gewähren noch ein Urteil begründen. Ob es vielleicht ein Mittel gibt, diese Überbleibsel zu retten, weiß ich nicht. – Unter den vielen in den angeführten Kirchen befindlichen Glasgemälden, die an Vortrefflichkeit wohl an wenigen Orten ihresgleichen finden möchten, sind die merkwürdigsten die ehedem allgemein berühmten in dem Seitengange des Domes, wegen der ausgeführten großen Darstellungen, aus der besten und blühendsten Zeit der Glasmalerei (der letzten Hälfte des funfzehnten Jahrhunderts), und die in St. Cunibert wegen ihres höhern Alters (aus der Mitte des dreizehnten Jahrhunderts) und der dunkeln Farbenpracht derselben. Einige, die beschädigt worden, sind in einer spätern Art ergänzt, die heller und ausgeführter in der Darstellung, aber nicht so prachtvoll ist. In der ältern Manier ließ man die Gesichter, weil man die Farben dazu noch nicht so zu verschmelzen wußte, einfarbig braun, wie überhaupt die Mittelfarben noch nicht sehr gebraucht sind; in Rücksicht der Farbenpracht aber der das Bild umgebenden Arabesken, welche meist aus Kleeblättern, Rosen, Pfauenaugen und andern Zierraten bestehen, möchte man fast dieser ältern Manier den Vorzug geben.

Rheinfahrt.

Bei dem freundlichen Bonn fängt die eigentlich schöne Rheingegend an; eine reich geschmückte breite Flur, die sich wie eine große Schlucht zwischen Hügeln und Bergen eine Tagereise lang hinaufzieht bis an den Einfluß der Mosel bei Koblenz; von da bis St. Goar und Bingen wird das Tal immer enger, die Felsen schroffer und die Gegend wilder, und hier ist der Rhein am schönsten. Überall belebt durch die geschäftigen Ufer, immer neu durch die Windungen des Stroms, und bedeutend verziert durch die kühnen, am Abhange hervorragenden Bruchstücke alter Burgen, scheint diese Gegend mehr ein in sich geschlossenes Gemälde und überlegtes Kunstwerk eines bildenden Geistes zu sein, als einer Hervorbringung des Zufalls zu gleichen. Von der flachen Gegend hinaufwärts macht den Anfang unter den vielen Ruinen, welche den Rhein verherrlichen, der Godesberg; eine der schönsten, nicht wegen der Höhe und Kühnheit, wohl aber wegen der reichen Aussicht und anmutigen Lage. Der etwas ferner gegenüber erscheinende Drachenfels macht schon die Erwartung rege nach alle den wilden und seltsamen Felsburgen, die den Fluß aufwärts umgrenzen. – Man betrachtet solche Ruinen alter Burgen entweder nur mit einer oberflächlichen ästhetischen Rührung, als den unentbehrlichen romantischen Hintergrund für allerlei beliebige moderne Gefühle, oder man sieht darin nur Raubschlösser, welche nach angeordnetem Landfrieden zerstört worden sind und zerstört werden mußten; unstreitig waren das viele, vielleicht die meisten von denen, deren Trümmer man jetzt noch sieht; aber man sollte nicht immer und überall nur die letzte Entartung mit der Sache selbst verwechseln und so sich selber den Sinn für die herrlichsten Denkmale der Vergangenheit abstumpfen. Wenn wir nur die Geschichte aufrichtig befragen wollten, sie würde uns, glaube ich, belehren, daß es manche solcher Burgen gab, Jahrhunderte, ehe die große Fehde zwischen dem Landadel und den reichen Handelsstädten in eine Art von fortgehenden Bürgerkrieg ausgebrochen war, Jahrhunderte lang, ehe noch an eigentliches Faustrecht, Landfrieden, und was dem weiter anhängen mag, gedacht worden war; ja, daß die Neigung der Deutschen, auf Bergen zu wohnen, an Bergen vorzüglich sich anzusiedeln, so alt sei, daß man diese Neigung wohl nicht mit Unrecht zu dem ursprünglichen Charakter der Nation rechnen könnte. Eine erhabene und edle Neigung! Schon ein Blick von der Höhe, ein Atemzug auf freien Bergen, versetzt uns wie in eine andere leichtere Welt, ist uns ein erquickendes Labsal, wo wir das Einerlei der Fläche vergessen und neuen Lebensmut einsaugen im Anblick des herrlichen Erdbodens vor uns. Aber wie ganz anders muß es erst sein, immer da zu wohnen und zu sein, wo wir jetzt einmal an seltenen Tagen mühsam hinaufsteigen, um doch auch einmal zu fühlen, wie einem zumute sein muß, der da lebt und in Freiheit atmet; immer die Erde vor sich zu sehen in ihrem reichen Schmuck, in allen Zeiten des Tages und des Jahrs, wo alles sich deutlicher und merkwürdiger zeigt, das Ziehen der Wolken, das Aufblühen des Frühlings, mondhelle Nacht, ja selbst Ungewitter, und die weißen Felder des Winters. Für mich sind nur die Gegenden schön, welche man gewöhnlich rauh und wild nennt; denn nur diese sind erhaben, nur erhabene Gegenden können schön sein, nur diese erregen den Gedanken der Natur. Der Anblick üppiger reicher Fluren erweckt auf eine angenehme Weise zum freudigen Genuß des Lebens, wenn man lang in Städten gefangen saß; diese blühenden Reize der Natur rühren um so kräftiger an unser Herz, je seltener sie genossen werden. Alles ist da nur Gefühl einer angenehmen lieblichen Gegenwart, nichts erinnert uns an die große Vergangenheit. Jene Felsen aber, die wie sprechende Denkmale von den alten Kriegen im Reiche der noch wilden Natur dastehen, von den furchtbaren Kämpfen der in ihrer Gestaltung gewaltsam ringenden Erde so deutlich reden, sind ewig schön und machen immer den gleichen, nie ermattenden Eindruck. Wie das Rauschen des Waldes, das Brausen der Quelle uns ewig in dieselbe Schwermut versenkt, wie das einsame Geschrei wilder Vögel eine schmerzlich freudige Unruh und Begierde der Freiheit ausdrückt, so fühlen wir in dem Anblick der Felsen immer die Natur selbst; denn nur in den Denkmalen alter Naturzeiten, wenn Erinnerung und Geschichte in großen Zügen vor unser Auge tritt, tun wir einen Blick in die Tiefe dieses erhabenen Begriffs, der nicht beim Genuß der angenehmen Oberfläche schon hervortreten mag. Nichts aber vermag den Eindruck so zu verschönern und zu verstärken, als die Spuren menschlicher Kühnheit an den Ruinen der Natur, kühne Burgen auf wilden Felsen – Denkmale der menschlichen Heldenzeit, sich anschließend an jene höheren aus den Heldenzeiten der Natur; die Quelle der Begeisterung scheint sich sichtbar vor unsern Augen zu ergießen, und der alte vaterländische Strom erscheint uns nun wie ein mächtiger Strom naturverkündender Dichtkunst –

> Wie kühn auch andre Quellen sprudeln, brausen,
>   Wo sonst die Dichter schöne Weihe tranken,
>   Den Kunstberg stets anklimmend ohne Wanken,
>   Bis wo die ewig heitern Götter hausen;
> Ich wähle dich, o Rhein, der du mit Sausen
>   Hinwogst durch enger Felsen hohe Schranken,
>   Wo Burgen hoch am Abhang auf sich ranken,
>   Ans Herz den Wandrer greift ein ahnend Grausen.
> Schnell fliegt in Eil auf grünlich hellen Wogen
>   Das Schifflein munter hin des deutschen Rheines,
>   Wohlauf gelebt! das Schifflein kehrt nicht wieder.
> Mut, Freud' in vollen Bechern eingesogen
>   Kristallen flüssig Gold des alten Weines,
>   Singend aus freier Brust die Heldenlieder.

Längs dem Rhein herauf sieht man noch viele Rudera römischer Kastelle, Türme und Mauern, die zu manchen Betrachtungen Veranlassung geben. Hier war ehedem die ängstlich bewachte Grenze des römischen Reichs; wie ähnlich sind sich oft auch die entferntesten Zeiten, und was würde wohl aus dem Menschengeschlecht geworden sein, in welchen bodenlosen Abgrund von Erniedrigung würde nicht alles versunken sein, wenn diese römischen Grenzen geblieben wären und nicht endlich das edelste Volk der Erde sie durchbrochen, der Knechtschaft ein Ende gemacht und statt derselben wieder eine Verfassung eingeführt hätte, die auf Treue gegründet war und auf Freiheit, auf alte Sitte, auf Ehre und Gerechtigkeit, mehr als jede andere gepriesene Einrichtung älterer oder neuerer Zeiten. Freilich konnte eine so willkürliche Grenze nicht Grenze bleiben. Doch muß man das Verfahren der Römer, um es erklärbar zu finden, nicht nach unsern Ansichten und Verhältnissen beurteilen. Uns scheint es durchaus nicht tunlich, einen Fluß als natürliche Grenze behandeln zu wollen, der doch vielmehr ein Medium des lebhaftesten gegenseitigen Verkehrs und der verdoppelten Vereinigung ist, da es keine andere natürliche Grenze gibt, als eine unter den Menschen, die Sprache, und dann im Lande hohe Gebirge, deren Stelle allenfalls noch große Waldungen ersetzen können. Aber damals bei der Unerfahrenheit des südlichen Stammes der Deutschen mit aller Schiffahrt, bei dem Mangel an Belagerungswerkzeugen, konnte es doch eine hinlängliche Schutzwehr für die Römer sein.

Bei Rüdesheim, gegen Bingen über, wo die Enge der Felsen am furchtbarsten und geschlossensten ist, wo der alte deutsche Turm mitten im Strom eine so eigene Ansicht gewährt, ist eine der bedeutendsten römischen Ruinen zu sehen, hart am Ufer des Stromes.

Straßburg.

Der weltberühmte Münster verdient wohl seinen Ruhm, und ist unstreitig eines der vorzüglichsten Denkmale der gotischen Baukunst. Die Kirche ist unverhältnismäßig klein und weniger ausgezeichnet. Sie ist schon im Jahre 1015 angefangen, aber erst 1275 vollendet worden. Der Turm ward im Jahre 1277 durch Erwin von Steinbach begonnen; nach dessen Tode im Jahre 1318 setzten seine Kinder, Sabina und Johannes, den Bau fort bis zum Jahr 1339. Vollendet aber ward das Ganze erst durch den kölnischen Baumeister Johann Hülz, der bis 1449 lebte. Die Lage ist zwar nicht hoch, aber von allen Seiten frei, und weniger durch kleine Anbauungen gestört, als es wohl sonst der Fall zu sein pflegt. Auch hier hat die Revolution vielen Schaden angerichtet durch Herabwerfung der Bildnisse, mit denen dieser Turm vorzüglich reich geziert war. Der Stil der Bauart ist jener kunstreiche der zweiten Epoche der gotischen Baukunst, in welchem auch der kölnische Dom und der Stephansturm zu Wien gebaut sind. So ist es wenigstens für den ersten Eindruck und mit Rücksicht auf das Ganze; bei genauerer Betrachtung zeigen sich aber im einzelnen sehr wichtige Abweichungen. Die vegetabilischen Zierraten sind hier schon größtenteils in willkürliche Arabesken verwandelt. Selbst die Zierraten an dem Gebälk und Friesen des kölnischen Domturms sind von Laubwerk; am Straßburger Münster sind es bloße Schnörkel. Es ist dies selbst im Eindruck sehr fühlbar, so daß das Ganze und manche Teile desselben mehr den Eindruck eines ungeheuern künstlichen Uhrwerks oder sonst einer künstlichen Eisenarbeit machen, als den eines steinernen Gewächses. Von dieser Seite macht der Straßburger Münster und, wie es scheint, auch die Westminsterkirche zu London wenigstens in der äußern Struktur den Übergang zu der älteren italienischen Baukunst, die noch halb und halb gotisch war. Am großen Dome zu Mailand, den ein deutscher Baumeister, Heinrich Gamodius oder Zamodius, erbaute, ist nun gar nichts Vegetabilisches mehr in den Formen; selbst die Türmchen endigen nicht mit einer durchbrochenen Spitze und Knospe, sondern mit einem bloßen Dache, auf welchem Bildnisse stehen. Doch ist die Anlage des Ganzen mit zwei Türmen zum Haupteingang, einer turmähnlichen Kuppel über dem Chor, die Menge der verzierenden Nebentürmchen, noch durchaus gotisch; nur die Fülle der übrigen Zierraten und Knospen fällt weg, und der Stil ist ungleich weniger kunstreich. Auch an der Kirche St. Maria di Fiore zu Florenz sind noch einige Spuren des gotischen Stils zu sehen. Es ward dieselbe gleichfalls von einem deutschen Baumeister angelegt, welchen die Italiener Arnolfo di Lapo oder di Cambio nennen; die Kuppel aber ist, schon ganz rein italienisch, von Brunelleschi. Auf diese Kirche soll auch Bramante noch, bei seinem Entwurf der großen Peterskirche zu Rom, Rücksicht genommen haben, dem Wunderwerke der italienischen Baukunst, welche durch die angeführten Stufen und Übergänge, deren sich unstreitig noch viel mehrere finden lassen, aus der gotischen Baukunst allmählich hervorging.

Eine andere alte Kirche in Straßburg, die St. Thomaskirche nämlich, ist eine von denen, welche am meisten Burgenähnliches in der äußern Form haben. In der Gemäldesammlung zu Straßburg war mir das Bildnis einer Heiligen von Pietro Perugino am merkwürdigsten; es ist mit ganz hellem Hintergrund, ohne Attribute, nur Kniestück. Der gesenkte Kopf und Blick vermehren noch den Ausdruck einer stillen und ernsten Lieblichkeit, der diesem Meister so eigen ist. Vermutlich war es eine Figur auf dem Flügel eines zerstörten Altarbildes, da die einzelne Figur wohl nicht ein Gemälde für sich sein konnte. Wie viele Kunstwerke mögen auf ähnliche Weise in den letzten Zeiten zerstückt worden sein, wie das Ganze der Kunst selbst durch so manche unselige Dislokationen!

Der Stadt Straßburg gereichen die Namen eines Schilter, Scherz und so mancher andern zur besondern Zierde, als ein schöner Beweis, daß deutscher Sinn und deutsche Gelehrsamkeit auch unter der französischen Herrschaft hier nicht aufhörte, sich zu erhalten.

Basel.

Auch das Elsaß ist ein schönes Land. Freilich gibt es hier keine Gegenden am Rhein, wie die zwischen Bingen und Bonn, aber einen schönen Anblick gewährt doch das fruchtbare Land, wie es zwischen den vogesischen Gebirgen und dem Rhein sich breit hinzieht, mit sanftem allmählichem Abhange von der Höhe bis an den Strom. Ist die grünliche Farbe des Rheins schon unten sehr auffallend, so ist dies noch weit mehr der Fall bei dem schön gelegenen Basel; hier ist er meist völlig grün.

Diese Stadt besitzt in der öffentlichen Sammlung manche sehr merkwürdigen Gemälde von Holbein, die ihn noch von einer andern Seite zeigen, als er in dem Porträt erscheint, wo er so vortrefflich ist, aber durchaus fast nur in einer und derselben Manier. Es finden sich hier auch historische Gemälde, und zwar in sehr verschiedenen Arten. Ein Abendmahl aus der frühern Zeit, ganz unverkennbar in Dürers Manier, so wie auch die meisten der Handzeichnungen. Ein anderes

Abendmahl schien mir mehr der Manier des Tizian zu gleichen, etwa so wie in dessen Jüngern zu Emmaus. Acht kleine Gemälde von der Passion, sehr auffallend durch eine eigentümliche Beleuchtung zwischen großen Massen schwarzer Schatten. Ein Leichnam Christi, bleich und lang ausgestreckt, erinnerte mich mehr an den Correggio, so wie dieser grade solche Gegenstände zu behandeln pflegt. Kurz, in diesen historischen Gemälden Holbeins ist die größte Vielseitigkeit ebenso sichtbar, als die nähere Hinneigung zur italienischen Manier, von welcher Dürer so durchaus in allen Stücken entfernt blieb. Doch ist wohl keins in dieser Sammlung an Vortrefflichkeit dem unvergleichlichen Gemälde zu Dresden an die Seite zu setzen. – Zwei weibliche Porträts im kleinen Verhältnis, nach dem Leben, aber mit symbolischen Beziehungen, gleichen in der ausgearbeiteten Verschmelzung der Karnation und in der gesuchten und schwebenden Bedeutsamkeit des Gesichts eher den Bildnissen des Leonardo, als andern Holbeinischen. Unter den Bildnissen sind, außer den schon erwähnten, mehrere ausgezeichnet vollendete in der bekannten, vortrefflichen, durchaus objektiven Behandlungsart des Holbein; einige Stücke dieser Art zieren auch die Mechelsche Sammlung zu Basel. Von dem bekannten, an der Mauer gemalten Totentanz ist nur wenig mehr zu sehen.

Der Dom ist herrlich auf einem weit umhersehenden Hügel gelegen; die Bauart ist aber schwerfällig und ungleich weniger zierlich als an den früher erwähnten Denkmalen der gotischen Baukunst.

Bern.

Der Eintritt in die friedliche Schweiz von dieser Seite, wo die Berge sich allmählich immer höher und höher aufeinandertürmen, der erste Anblick eines so seltenen Landbaues, der Anblick der Sennenhütten und der sonnenglänzenden Schneeberge, gewährt ein Vergnügen, das mit dem Gefühl von Ruhe verbunden ist; der stille Wunsch nach einer solchen Heimat verliert sich in die Befriedigung über den unerwarteten Anblick. Dies ist ein Land, welches man liebgewinnen muß, sowie man es sieht, und schon beim ersten Eintritt begreift man das Heimweh seiner Bewohner.

Bern ist wohl eine schöne Stadt, und ich weiß nicht, ob man dies noch von vielen Städten sagen kann, so wie ich es meine. Manche Städte sind schön gelegen, in vielen findet man einzelne herrliche Gebäude, aber dicht daneben dann auch ganz schlechte; nicht selten alle möglichen Bauarten durcheinander, vielleicht um die ebenso große Verwirrung der Sinnesarten dadurch anzudeuten. In Bern aber ist alles aus einem Stück, das Ganze durchaus in einem Sinn gebaut. Die schweren steinernen Arkaden, die mäßige Größe der Stadt, die Wälle, die großen Massen der Berge rund umher, das Massive der Bauart selbst, das auch am alten gotischen Dom sich findet, machen nur Einen, durchaus übereinstimmenden Eindruck. Die ganze Stadt ist wie Eine feste Burg, von mächtigen Bergen umkränzt, wie von höhern Burgmauern in der Ferne.

Am Genfer See.

Hier ist die Natur schon merklich anders, der Himmel südlicher. Herrlich ist der Anblick des dunkeln unruhigen, immer veränderlichen Sees, mit Schiffchen besäet, die in der Ferne mit ihren Segeln wie Vögel dicht über die Fläche des Wassers hinzuschweben scheinen; dann die savoyischen Berge, die seltsame Erscheinung des Montblanc, das üppig blühende Tal Chamonix bilden ein schönes Ganzes. Man glaubt schon in Italien zu sein, oder man fühlt doch wenigstens die Annäherung an das schöne Land. Für mich ward der schöne Eindruck noch erhöht durch die Umgebung der Freundschaft.

Genf ist vortrefflich gelegen, aber die Stadt ist nichts weniger als schön. In der Anlage, Einrichtung und Bauart der Städte offenbart sich ein gewisser Kunstsinn, der außer den Italienern auch den Deutschen in alten Zeiten gewiß sehr eigen war und bei diesen sich oft sogar in einer äußerst sinnreichen Benutzung ungünstig scheinender Lagen und Umstände gezeigt hat. Manchen Nationen scheint er versagt, da werden dann auch die herrlichsten Schönheiten der Natur durch das schmutzige und armselige Machwerk der Menschen verderbt und entstellt. – Es ist nicht mit Worten zu beschreiben, wie schön die Rhone bei Genf sei! von dunkelblauer Farbe, und dabei so klar, daß man noch in großer Tiefe jedes Steinchen am Boden sieht, pfeilschnell dahinschießend mit reißendem Ungestüm. Wie ganz verschieden in Farbe und Charakter von dem ruhigen mächtigen Rhein, und wie schön doch in seiner Art! Doch wird er aber weiter hinab bald durch andere Ströme getrübt, und in der Stadt selbst ist das Ufer durch häßliche schmutzige Hütten entstellt, und nirgends das Gefühl davon ungestört.

Lyon.

Lange noch konnte ich den Montblanc mit dem Auge verfolgen, während Hügel und Täler vor meinen Blicken wechselten und ich der Zeiten gedachte, wo dieses herrliche Land mit dem burgundischen Reich zu Deutschland gehörte, und die alten Kaiser, die Konrade und Friedriche, in burgundischen Städten ihre Reichsversammlungen hielten.

Von Lyon gilt eben das, was von Genève; eine Lage, wie sie nicht schöner sein kann, die Stadt selbst aber ist so häßlich, als ein großer Teil von Paris, ja fast sind die Straßen noch enger und schmutziger als dort; überall dieselbe französische Bauart. Am schönsten sieht man die Stadt von der innerhalb gelegenen Anhöhe.

Das Klima schien mir südlicher als zu Genf, was wohl von der verschiedenen Höhe kömmt. In der Mitte des Novembers sah ich Bäume in jungem Grün, welches im Herbst wieder von neuem ausschlägt.

In der Gemäldesammlung fiel mir ein Johannes Evangelist und ein Bischof, von Perugino, auf; schöne heilige Gestalten, aber nun einzeln und zerstückt, da sie sonst wahrscheinlich zu einem größern Ganzen gehörten. Ferner eine altniederländische Kreuzigung im kleinen, so wie dieser Gegenstand in dieser Schule und nach ihr von Dürer meistens behandelt zu werden pflegt, nur nicht ausgezeichnet gut, und mehr schon etwas gemein und bäurisch. Was sollen nun ein paar solcher Altertümer, die, beisammen gehalten und geordnet, so lehrreich sein könnten, einzeln unter ein paar Dutzend moderner Gemälde von geringem Belang, noch dazu in einer Stadt, wo fremde Künstler seltener hinkommen mögen? – Auch eine sehr gute Geißelung von Palma Vecchio ist noch in dieser Sammlung zu merken.

Der Dom zu Lyon scheint mir unter allen burgähnlichen gotischen Kirchen, die ich gesehen, fast der schwerfälligste und roheste in der Form zu sein.

Paris.

Die Gegend zwischen Lyon und Paris, wenn man den Weg durch das Auxerrois und Bourbonnois nimmt, ist nicht sehr ausgezeichnet. Beständige kleine Anhöhen ermüden den Reisenden, ohne daß die Gegend darum aufhörte, im Ganzen flach zu sein. Die große klimatische Verschiedenheit zwischen Frankreich und Deutschland entspringt vielleicht weniger aus der nicht sehr beträchtlichen größern Südlichkeit des erstern, als aus der verschiedenen Höhe. Frankreich ist eines der flachsten Länder. Nur im südlichen Teile ist ein Kern und eine Kette beträchtlicher Gebirge. Ist es aber wahrscheinlich, daß der ganze nördliche Strich der europäischen Länder erst später aus dem Meer hervorgetreten oder auch in nicht gar alten Zeiten von neuem überschwemmt sei, wie so manche unfruchtbaren Sandstrecken zu bezeugen scheinen, so gilt dies wohl ganz vorzüglich von Frankreich. Ja vielleicht hätte es nur einer etwas größern Gewalt oder einer andern Richtung der letzten großen Wasserrevolution bedurft, und die Gestalt von Europa würde ganz anders sein; Spanien wäre eine Insel wie England, Frankreich der größere Teil noch Meeresgrund, und auch Deutschland wäre anders. Freilich ist dieses bergichter; die trierischen und rheinischen Berge, die vogesischen, der Jura, die Alpen, die böhmischen, schlesischen, sächsischen Gebirge, und gegen Norden der Harz bilden eine Schutzmauer fast nach allen Seiten, und einen festen Kern.

Auffallend war mir in diesem Strich des innern Frankreichs, zwischen Lyon und Paris, die fast allgemeine Kleinheit der Gestalten; vielleicht ein allgemeines Kennzeichen der keltischen Rasse, deren Wirkung selbst durch die Beimischung der edlern germanischen Völkerschaften nicht völlig hat können gehoben werden. Überhaupt darf man nur schnell einen beträchtlichen Strich, wie diesen, durchreisen, um keinen sehr vorteilhaften Begriff von der menschlichen Gestalt zu bekommen; man wird, wenn man darauf achtet, fast nichts gewahr, als Häßlichkeiten, die dann am häßlichsten sind, wenn noch das Unbestimmte, Flache in den Zügen hinzukommt, gleich als seien sie nicht ganz ausgeführt.

Selten kehrt man nach einigem Zeitverlauf nach Paris zurück, ohne den Schauplatz auf eine oder die andere Art verändert zu finden. Als wir abreisten, war die Verschwörung, und Moreau gefangen. Die Barrieren waren geschlossen; es war ruhig, aber ein allgemeines Gefühl von Ängstlichkeit war verbreitet. Jetzt war alles mit der Krönung beschäftigt, man erwartete den Papst und machte Anstalten zu den Festen, welche oft in der Nähe weit weniger glänzend und prächtig erscheinen, als die Beschreibungen davon in den Zeitungen lauten.

Was mich am meisten anzog, waren die neu eröffneten Zimmer im Louvre. Mehrere der hier aufgestellten Gemälde hatte ich freilich schon früher in dem Restaurationssaale gesehen, und es ist davon an einem andern Ort (im 4ten Stück der Europa) Nachricht gegeben. Ich beschränke mich daher hier nur auf einige wenige. Ich beziehe mich dabei auf das Supplement à la Notice des tableaux du Museé Napoléon. An XIII.

Von Raffael war nichts Neues zu sehen als ein sehr kraftvolles Bildnis des Kardinal Bibbiena No. 1187 und eine Himmelfahrt Mariä No. 1180, aber von seinen Schülern Fattori und Giulio Romano ausgeführt: merkwürdig durch die schneidende Ungleichheit der Behandlung und Malerei in dem obern Teile des Gemäldes, der dem Fattori, und dem untern, der dem Romano zugeschrieben wird.

Der Triumph des Titus und Vespasian von Giulio Romano No. 1121 im kleinern Verhältnis hat ganz die altrömische Kraft und die energische Fülle, welche diesen Künstler auszeichnet, ohne große Tiefe oder strenge Sorgfalt. In der Behandlungsart der Anbetung der Hirten No. 1122 gibt sich auch sein martialischer Hang nicht wenig kund; der heilige Longin, außerordentlich groß, in voller Rüstung, bildet auf eine sonderbare Weise den Vordergrund des sonst nicht sehr ausgezeichneten Gemäldes. Eine heilige Familie von Tizian No. 1226, Kniestück, wo der heilige Stephan eine hohe Palme hält, ist ganz in der ältern, einfach lieblichen und schönen Weise, leicht, wie hingeblasen, und doch ohne alles Theatralische, äußerst kräftig, aber still und gefühlvoll. Von Palma Vecchio sieht man eine heilige Familie No. 1148, mit dem heiligen Antonius, dem Einsiedler. Dieser Maler ist überall sich selbst gleich, immer einfach, bescheiden, liebevoll und schön. Ein erfreulicher Beweis, daß besonders auch bei den Venezianern, nachdem das Manierierte schon zu herrschen anfing, immer noch einzelne Künstler der alten Simplizität treu geblieben. Eine heilige

Familie von Giorgione No. 1115 mit dem heiligen Sebastian: leicht, einfach und kraftvoll, aber nicht mit der tiefen Wahrheit und Sorgfalt, die sich in andern Gemälden dieses Meisters findet. Außerdem sah man noch von Tizian und aus der venezianischen Schule mehrere unvergleichlich schöne Frauenbildnisse. Das Frische der Karnation, die Pracht der Kleidung und des Schmucks, und vornehmlich der lebhafte Ausdruck selbst, gibt den Frauenbildnissen aus der venezianischen Schule eine Kraft und Fülle des Reizes, durch welche sie vor Holbeinischen Bildnissen bei gleicher Objektivität den Vorzug behaupten. In Männerbildnissen dürfte dieser aber wohl auf der Seite des Holbein sich finden, wegen der größern Tiefe und ausgeführten Gründlichkeit der Charakteristik. An einem Gemälde Franz des Ersten, von Tizian, hat das Auge kaum noch Empfänglichkeit für die Spuren des Meisters, so sehr verdrängt die Widrigkeit des Gegenstandes jeden andern Eindruck. Weder die Kunst des Leonardo, noch des Tizian, vermochten die unbeschreibliche Häßlichkeit dieses feisten Gesichts von halb bösartigem, treulosem und eigensinnigem, und halb stupidem Ausdruck, mit den kleinen blinzelnden Augen, einigermaßen erträglich zu machen. Hier war ihre Mühe verloren! –

Das wichtigste vielleicht von allen Gemälden, die hier zuerst ausgestellt wurden, ist der Johannes der Täufer von Leonardo da Vinci No. 1125, ein Kniestück, in einem durchaus bräunlichen Ton, mit schwarzbraunem Hintergrunde. Die hohe Form des Kopfs, von einem stolzen Überfluß von Haaren umwallt, ist idealisch erhaben; um den Mund aber schwebt jenes Lächeln, jene Grazie, wie man es in mehreren Bildern des Leonardo findet, und die nachher in der Schule des Correggio zur Regel, ja zur Manier ward. Aber welches Wunderwerk der Ausführung: wie gemalt, und wie sind die zarten Umrisse und der feinste Hauch des Ausdrucks im Vorüberschweben ergriffen und schwebend erhalten, und hingestellt und herausgearbeitet mit einer nie zu ergründenden Gründlichkeit. Betrachtet man solche Gemälde von Leonardo, wie dieses, so wird man fast irre an manchen andern, die seinen Namen tragen, und was bisher die höchst mögliche objektive Vollkommenheit der Ausführung schien, erscheint wieder als untergeordnet. Wie nah aber grenzt doch in der Kunst die Ausartung und der Mißbrauch selbst an das Höchste! An den Werken des Leonardo glaubt man die höchste Vollkommenheit selbst zu erblicken, und doch, wenn man nun vergleicht und nachdenkt, sieht man grade in seinen Werken schon den ersten Keim von den Verkürzungen, Verdrehungen und Verrenkungen der Manieristen aus Michelangelos Schule auf der einen Seite, und dann auch die erste Veranlassung zu der Künstelei mit dem Helldunkel und der affektierten Anmut der lombardischen Schule. Nicht nur ein falscher Begriff von Natur und Wahrheit, nicht nur die Nachahmung der Antike, deren Gesetze und Formen auf Malerei gar nicht anwendbar sind, hat die Künstler oft mißleitet, sondern die Theorie der Malerei selbst hat auch ihre eigentümlichen Irrtümer hervorgebracht. Ich rede nicht von der modernen ästhetischen Theorie, welche, wie sie ohne Grund und Gehalt war, auch nichts hat hervorbringen mögen, weder Gutes noch Böses; sondern ich rede von der alten künstlerischen Theorie, als deren Vater wohl Leonardo angesehen werden muß. Der eigentliche Gegenstand derselben sind die Geheimnisse der Perspektive; von da aus erstreckte sie sich auch weiter auf das Helldunkel, oder das Perspektivische in den Farben, und die Verkürzungen oder das Perspektivische in den Formen. Die üheln Folgen aber sind wohl weniger aus dem Irrigen, was etwa in den Voraussetzungen oder Folgerungen mit unterlaufen mochte, herzuleiten, als daraus, daß man über dem, was nur Mittel und äußeres Werkzeug ist, je mehr und mehr das Wesentliche vergaß und hintansetzte. Das Wesentliche aber ist die göttliche Bedeutung, welche allein die Schönheit zur Schönheit und das Ideal zum Ideal macht. Was man ohne diese Beziehung von Schönheit und Ideal redet, ist nur Geschwätz ohne Inhalt, ein Nachsprechen philosophischer Formeln, von deren ursprünglichem Sinn jene guten Ästhetiker wenig Kundschaft haben mögen.

Den Beschluß mache ich mit einem Gemälde des Perugino No. 1167, welches die Mutter Gottes in einer Glorie von Engeln darstellt; unten stehen in schlichter Ordnung St. Michael und Johannes, Katharina und Lucie, anbetend in frommer Begeisterung. Hier ist jene Flamme der Andacht, jene himmlische Liebe in vollendetem Glanze sichtbar, welche das Ende und Ziel aller Malerei ist.

AUFFORDERUNG AN DIE MALER
DER JETZIGEN ZEIT

Ist es wahrscheinlich, daß auch jetzt in unsrer gegenwärtigen Zeit noch von neuem ein wahrer Maler wieder entstehen und sich erheben wird? – Wahrscheinlich ist es eben nicht; aber wer möchte die absolute Unmöglichkeit behaupten? Woran es liegt, daß es keine Maler mehr gibt, und was denen, die sich gegenwärtig in der Kunst versuchen, dazu fehlt, das ist ganz klar: teils freilich die Vernachlässigung des Mechanischen, besonders der Farbenbehandlung, am meisten aber das innige und tiefe Gefühl. Mit dem Gefühl ergibt sich der richtige Begriff und Zweck von selbst und das bestimmte Wissen dessen, was man will, wenngleich der Künstler es nicht in Worten, sondern nur praktisch bewähren kann. Das religiöse Gefühl, Andacht und Liebe, und die innigste stille Begeistrung derselben war es, was den alten Malern die Hand führte, und nur bei einigen wenigen ist auch das hinzugekommen oder an die Stelle getreten, was allein das religiöse Gefühl in der Kunst einigermaßen ersetzen kann: das tiefe Nachsinnen, das Streben nach einer ernsten und würdigen Philosophie, die in den Werken des Leonardo und des Dürer sich freilich nach Künstlerweise, doch ganz deutlich meldet. Vergebens sucht ihr die Malerkunst wieder hervorzurufen, wenn nicht erst Religion oder philosophische Mystik wenigstens die Idee derselben wieder hervorgerufen hat. Dünkte aber dieser Weg den jungen Künstlern zu fern und zu steil, so möchten sie wenigstens die Poesie gründlich studieren, die jenen selben Geist atmet. Weniger die griechische Dichtkunst, die sie doch nur ins Fremde und Gelehrte verleitet und die sie nur in Übersetzungen lesen, wo vor dem hölzernen Daktylengeklapper die alte Anmut weit entflohen ist, als die romantische. Die besten Poeten der Italiener, ja der Spanier, nebst dem Shakespeare, ja die altdeutschen Gedichte, welche sie haben können, und dann die Neueren, die am meisten in jenem romantischen Geiste gedichtet sind: das seien die beständigen Begleiter eines jungen Malers, die ihn allmählich zurückführen könnten in das alte romantische Land und den prosaischen Nebel antikischer Nachahmerei und ungesunden Kunstgeschwätzes von seinen Augen hinwegnehmen.

Ein Extrem wird vielleicht das andre hervorrufen; es wäre nicht zu verwundern, wenn die allgemeine Nachahmungssucht bei einem Talent, das sich fühlte, grade den Wunsch absoluter Originalität hervorbrächte. Hätte nun ein solcher erst den richtigen Begriff von der Kunst wiedergefunden, daß die symbolische Bedeutung und Andeutung göttlicher Geheimnisse ihr eigentlicher Zweck, alles übrige aber nur Mittel, dienendes Glied und Buchstabe sei, so würde er vielleicht merkwürdige Werke ganz neuer Art hervorbringen: Hieroglyphen, wahrhafte Sinnbilder, aber mehr aus Naturgefühlen und Naturansichten oder Ahndungen willkürlich zusammengesetzt, als sich anschließend an die alte Weise der Vorwelt. Eine Hieroglyphe, ein göttliches Sinnbild soll jedes wahrhaft so zu nennende Gemälde sein; die Frage ist aber nur, ob der Maler seine Allegorie sich selbst schaffen, oder aber sich an die alten Sinnbilder anschließen soll, die durch Tradition gegeben und geheiligt sind und die, recht verstanden, wohl tief und zureichend genug sein möchten? – Der erste Weg ist gewiß der gefährlichere, und der Erfolg läßt sich ungefähr voraussehen, wenn er vielleicht gar von mehreren, die nicht alle gleich gewachsen dazu wären, versucht werden sollte; es würde ungefähr gehen, wie seit einiger Zeit in der Poesie. Sichrer aber bliebe es, ganz und gar den alten Malern zu folgen, besonders den ältesten, und das einzig Rechte und Naive so lange treulich nachzubilden, bis es dem Aug und Geiste zur andern Natur geworden wäre. Wählte man dabei besonders mehr den Stil der altdeutschen Schule zum Vorbilde, so würde beides gewissermaßen vereinigt sein, der sichre Weg der alten Wahrheit und das Hieroglyphische, worauf, als auf das Wesen der Kunst, selbst da, wo die Kenntnis derselben verloren war, wahre Poesie und Mystik zuerst wieder führen muß und, selbst unabhängig von aller Anschauung, als auf die bloße erste Idee der Kunst und Malerei führen kann. Denn die altdeutsche Malerei ist nicht nur im Mechanischen der Ausführung genauer und gründlicher, als es die italienische meistens ist, sondern auch den ältesten, seltsamern und tiefsinnigern christlich katholischen Sinnbildern länger treu geblieben, deren sie einen weit größern Reichtum enthält als jene, welche stattdessen oft ihre Zuflucht zu manchen bloß jüdischen Prachtgegenständen des alten Testaments oder zu einzelnen Abschweifungen ins Gebiet der griechischen Fabel genommen hat.

AUS DER SCHRIFT:
ÜBER DIE SPRACHE UND WEISHEIT
DER INDIER

Vom Ursprunge der Sprachen

Es würden die Hypothesen über den Ursprung der Sprache entweder ganz weggefallen sein, oder doch eine ganz andre Gestalt gewonnen haben, wenn man sie, statt sich willkürlicher Dichtung zu überlassen, auf historische Forschung gegründet hätte. Besonders aber ist es eine ganz willkürliche und irrige Voraussetzung, daß Sprache und Geistesentwicklung überall auf gleiche Weise angefangen habe. Die Mannigfaltigkeit ist im Gegenteile auch in dieser Rücksicht so groß, daß man unter der Menge leicht irgendeine Sprache als bestätigendes Beispiel fast für jede bis jetzt ersonnene Hypothese über den Ursprung der Sprachen wird auffinden können.

Man gehe zum Beispiel das Wörterbuch der Mantchou-Sprache durch, und man wird erstaunen über die ganz unverhältnismäßige Menge von klangnachahmenden und onomatopoetischen Worten, da wirklich ein großer Teil der gesamten Sprache aus solchen besteht. In der Tat, wäre dies eine der wichtigsten Hauptsprachen, wären noch viele andre Sprachen ebenso beschaffen, so würde man der Meinung, welche alle Sprachen aus diesem Prinzip entstehen läßt, den Vorzug geben müssen. Aus diesem Beispiele kann man aber auch sehen, welche Gestalt eine Sprache etwa hat und haben muß, die größtenteils auf diesem Wege entstanden sein mag, und wird den Gedanken aufgeben, Sprachen, die ein ganz andres Ansehen haben, auf eben die Art erklären zu wollen. Man betrachte die ganze Familie jener Sprachen, mit denen wir es hier zunächst zu tun haben. Im Deutschen ist die Anzahl der klangnachahmenden onomatopoetischen Wörter zwar unbedeutend im Vergleich mit dem zuvor angeführten Beispiele, aber doch noch sehr beträchtlich, vielleicht nicht viel minder als im Persischen, welches man aus der Einmischung tatarischer, slawischer und andrer nordischer Sprachen erklären mag; im Griechischen und noch mehr im Römischen werden ihrer immer weniger, und im Indischen verschwinden sie so durchaus, daß selbst die Möglichkeit einer solchen Entstehungsart des Ganzen wegfällt.

Wie sind denn aber jene verwandten Sprachen durch Flexion, wie ist das Indische, oder falls auch dieses zwar die ältere aber doch auch nur eine abgeleitete Form ist, wie ist diejenige Sprache entstanden, welche, wo nicht für alle andren, doch für diese Familie die Ursprache und der gemeinschaftliche Quell war? – Einiges wenigstens läßt sich auf diese wichtige Frage mit Gewißheit antworten; sie ist nicht aus einem bloß physischen Geschrei und allerlei schallnachahmenden oder mit dem Schall spielenden Sprachversuchen entstanden, wo dann allmählich etwas Vernunft und Vernunftform angebildet worden wäre. Vielmehr ist diese Sprache selbst ein Beweis mehr, wenn es dessen noch bei so vielen andern bedarf, daß der Zustand des Menschen nicht überall mit tierischer Dumpfheit angefangen, woran sich denn nach langem und mühevollem Streben endlich hie und da ein wenig Vernunft angesetzt habe; zeigt vielmehr, daß, wenngleich nicht überall, doch wenigstens grade da, wohin uns diese Forschung zurückführt, gleich von Anfang die klarste und innigste Besonnenheit stattgefunden; denn das Werk und Erzeugnis einer solchen ist diese Sprache, die selbst in ihren ersten und einfachsten Bestandteilen die höchsten Begriffe der reinen Gedankenwelt, gleichsam den ganzen Grundriß des Bewußtseins nicht bildlich, sondern in unmittelbarer Klarheit ausdrückt.

Wie nun der Mensch in seinem Ursprunge zu dieser bewunderungswürdigen Gabe lichter Besonnenheit gelangt sei, und wenn dies nicht allmählich, sondern mit einem Male geschah, ob es allein aus dem, was wir jetzt seine natürlichen Vermögen nennen, erklärt werden könne, darüber wird das folgende Buch wenigstens zum weitern Nachdenken Veranlassung geben, wenn es die Denkart, welche wir, soweit historische Forschung reicht, als die älteste finden, darlegt, um zu erwägen, ob sich etwa unzweideutige Spuren des noch Ältern und Ersten darin zeigen möchten. Für die Sprache aber ist durchaus überflüssig, sie anders als ganz natürlich erklären zu wollen; wenigstens liegt in ihr selbst gar kein Grund zur Voraussetzung einer fremden Beihülfe. Nicht gegen den natürlichen Ursprung der Sprachen streiten wir, sondern nur gegen die ursprüngliche Gleichheit derselben, da man behauptet, sie seien anfangs alle gleich wild und roh gewesen: eine Behauptung, die durch so viele der angeführten Tatsachen hinreichend widerlegt wird.

Wie der Mensch also zu jener Besonnenheit kam, das ist eine andre Frage; mit derselben aber, mit dem tiefen Gefühle und der Geistesklarheit, die wir darunter verstehen, ist auch die Sprache gegeben; und zwar eine so schöne, kunstreiche Sprache als die, von der hier die Rede ist. Mit dem hellen Blicke für die natürliche Bedeutung der Dinge, mit dem feinen Gefühle für den ursprünglichen Ausdruck aller Laute, welche der Mensch vermöge der Sprachwerkzeuge hervorbringen kann, war ja auch der feine, bildende Sinn gegeben, der Buchstaben trennte und einte, die bedeutenden Silben, den eigentlich geheimnisvollen und wunderbaren Teil der Sprache, erfand und auffand, bestimmte und biegend veränderte, zu einem lebendigen Gewebe, das nun durch innere Kraft weiter fortwuchs und sich bildete. Und so entstand dieses schöne, einer unendlichen Entwicklung fähige, kunstvolle und doch einfache Gebilde, die Sprache; die Wurzeln und die Struktur oder Grammatik, alles beides zugleich und vereint, denn beides ging ja aus einem und demselben tiefen Gefühle und hellen Sinne hervor. Ja auch die älteste Schrift war zugleich mit entstanden, die noch nicht sinnbilderte, wie es später beim Unterrichte wilder Völker geschah, sondern aus Zeichen bestand, die, dem Wesen der einfachen Sprachbestandteile nach, dem Gefühle der damaligen Menschen wirklich entsprachen.

In welchem Zustande die andern Sprachen, welche die Spuren eines dürftigeren und roheren Ursprungs an sich tragen, sich befinden möchten, wenn sie der hülfreichen Einmischung jener schon ursprünglich schönen Sprache entbehrt hätten, dies zu untersuchen, würde uns hier zu weit führen. Genug, daß auch die Sprache wohl durchaus verschieden ausfallen und eine ganz andre Gestalt annehmen mußte, je nachdem der Mensch im Lichte der Besonnenheit einfach aber selig wandelte, und in der Fülle des klaren Gefühls und der unmittelbaren Anschauung der künstlicheren Ausbildung seiner Kräfte noch leicht entbehrt, oder aber mit einem Zustande begann, der wirklich an tierische Dumpfheit grenzte. Mehrere der andern Sprachen scheinen in der

Tat nicht als ein organisches Kunstgebilde bedeutender Silben und fruchtbarer Keime, sondern ihrem größern Teile nach wirklich aus mancherlei Schallnachahmungen und Schallspielen, dem bloßen Geschrei des Gefühls und endlich den endeiktischen Ausrufungen oder Interjektionen der Hinweisung und Verdeutlichung entstanden zu sein, wo durch Übung immer mehr konventionelles Einverständnis und willkürliche Bestimmung hinzukam.

Daß die indische Sprache älter sei als die griechische und römische, geschweige denn die deutsche und persische, scheint aus allem Angeführten wohl mit Gewißheit hervorzugehen. In welchem Verhältnisse, als die älteste der abgeleiteten, sie aber eigentlich zu der gemeinschaftlichen Ursprache stehe, darüber wird sich vielleicht dann etwas Näheres bestimmen lassen, wenn wir die Vedas in echter Gestalt samt den alten Wörterbüchern darüber vor uns haben, welche die beträchtliche Verschiedenheit der Sprache in den Vedas selbst vom Sanskrit schon in frühen Zeiten notwendig machte. Die Sage vom Ramo, der als Eroberer über wilde Stämme im Süden dargestellt wird, könnte auf die Vermutung führen, daß die indische Sprache auch schon in der frühesten Zeit beträchtliche fremdartige Einmischung von einverleibten Völkerschaften erlitten habe. Der eigentliche Sitz indischer Bildung und Sage ist in dem nördlichen Teile des Landes; auf Ceylon finden wir noch jetzt den fremden Stamm der Singhalesen, der ehedem vielleicht sich weiter erstrecken konnte. Doch spricht die regelmäßig einfache Struktur und Gleichförmigkeit der indischen Sprache dafür, daß die Einmischung wohl nicht so verschiedenartig und gewaltsam sein konnte als die, welche alle übrigen Sprachen der gleichen Gattung erfahren haben.

So wie die Sitten und die Verfassung der Indier überhaupt weniger oder doch viel langsamer verändert worden, als die andrer Völker, so ist dasselbe von ihrer Sprache schon historisch wahrscheinlich, die allzu innig mit der indischen Denkart und Verfassung verwebt ist, als daß willkürliche Neuerung oder eine bedeutende Umwälzung durch Vernachlässigung so leicht als bei andern Völkern stattfinden konnte. Noch mehr wird dies bestätigt, wenn man den Bau dieser Sprache selbst betrachtet. Es ist wahr, beinahe die ganze indische Sprache ist eine philosophische oder vielmehr religiöse Terminologie; und vielleicht ist keine Sprache, selbst die griechische nicht ausgenommen, so philosophisch klar und scharf bestimmt als die indische; aber freilich ist es kein veränderliches Kombinationsspiel willkürlicher Abstraktionen, sondern ein bleibendes System, wo die einmal geheiligten tiefbedeutenden Ausdrücke und Worte sich gegenseitig erhellen, bestimmen und tragen. Und diese hohe Geistigkeit ist zugleich sehr einfach, nicht durch Bilder den zuvor bloß sinnlichen Ausdrücken erst mitgeteilt, sondern in der ersten und eigentlichen Bedeutung selbst der einfachen Grundbestandteile schon ursprünglich gegründet. Von manchem der Art, was zwar ganz klar ist, aber doch keinen andern Sinn zuläßt, als einen ganz metaphysischen, läßt sich das hohe Alter sogar historisch aus dem Gebrauche der Terminologie, oder etymologisch aus den zusammengesetzten Worten nachweisen. Es ist eben auch eine von den ungegründeten Voraussetzungen, daß in der ältesten Epoche jeder Sprache kühne Bildlichkeit und die Phantasie allein herrsche; bei vielen Sprachen ist es wirklich so, aber nicht bei allen, besonders nicht bei der indischen, die sich zunächst und ursprünglich wohl mehr durch philosophischen Tiefsinn und ruhige Klarheit auszeichnet als durch poetische Begeisterung und Bilderfülle, so sehr sie auch der ersten fähig, und obwohl die letzte in den schmuckreichen Gedichten des Kalidas sogar herrschend ist.

Aber diese Poesie gehört einer ganz späten Epoche der indischen Bildung an; je höher wir bei dem bis jetzt Bekannten in das Altertum hinaufgehen, je schlichter und prosaischer finden wir die Sprache, aber freilich nicht trocken und leblos abstrakt, sondern durchaus sinnvoll bedeutend und schön durch die einfache Klarheit. So ist sie in Monus metrisch abgefaßtem Gesetzbuche, wo die größere Altertümlichkeit und Verschiedenheit von den Puranas schon sehr merklich ist, wenn gleichwohl nicht ganz so stark, als man sie sich nach dem Vergleiche des William Jones von dem Verhältnisse der Sprache in den Fragmenten der Zwölf-Tafel-Gesetze zu dem Stil des Cicero denken möchte. Bei der wahrscheinlich geringen und langsamen Veränderlichkeit der indischen Sprache immer genug, um einen Zwischenraum von mehreren Jahrhunderten notwendig annehmen zu müssen.

Vom Ursprunge der Poesie

Die alten Sprachen, deren Stammbaum wir von der Wurzel bis zu den Hauptästen im ersten Buche zu verfolgen suchten, sind eine Urkunde der Menschengeschichte, lehrreicher und zuverlässiger als alle Denkmale in Stein, deren halbverfallne Riesengröße die späte Nachwelt zu Persepolis, Illoure oder an dem ägyptischen Theben mit Erstaunen betrachtet. Die Geschichte der Religion aber, der herrschenden Ideen, darf in der ältesten Zeit ebensowenig und noch weniger als in der neuen von der Geschichte der Begebenheiten der Völker getrennt werden. Darum haben wir eine Darstellung der sukzessiven Entwicklung des orientalischen Geistes nach den vier merkwürdigsten Systemen, oder vielmehr nach den wichtigsten Epochen orientalischer Denkart im zweiten Buche vorangehen lassen; das gegenwärtige dritte und letzte aber bestimmen wir der Andeutung wenigstens einiger historischen Folgerungen und Betrachtungen, die sich am unmittelbarsten aus jenen beiden festen Grundlagen ergeben, worauf sich künftig endlich einmal ein dauerhafteres und vollständigeres Gebäude alter Geschichte wird aufführen lassen, als wir bisher hatten.

Statt uns in einzelnen Vergleichungen der verschiedenen Mythologien mit der indischen zu verlieren, suchten wir vielmehr einen allgemeinen Umriß der ältesten orientalischen Denkart nach den sichersten Urkunden zu entwerfen. Dieser Begriff des Ganzen kann allein das verworrene Dunkel erhellen und dürfte, wenn man die Nachweisung der geschichtlichen Genealogie der Sprachen hinzunimmt, den Leitfaden geben, um aus dem alten Labyrinthe den Rückweg an das Licht zu finden. Die unendliche Mannigfaltigkeit individueller Entwicklung der Mythologie setzen wir auch hier beiseite; aber so wenig die ganze Fülle der Phantasie sich auf Begriffe zurückführen läßt, so wird man doch nicht leugnen können, daß es bei aller Verschiedenheit unter sehr entfernten Mythologien gewisse allgemeine Übereinstimmungen gebe, und daß bei aller Willkür spielender Dichtung doch nicht alles bedeutungslos ist, vieles auf einen und denselben Sinn zurückweist; nicht bloß auf die Weise, welche man gewöhnlich Allegorie nennt, sondern vorzüglich in dem Geiste, in der vorherrschenden Denkart und Richtung des Gefühls. Von diesem Gemeinschaftlichen, von dieser allem Polytheismus zum Grunde liegenden Denkart wird sich zum Teil schon jetzt der Ursprung erklären und wenigstens die Stelle nachweisen lassen, wo Mythologie entstanden ist, und wie ihre weitere Entwicklung dem Gange des menschlichen Geistes überhaupt folgte.

Die Lehre von der Emanation, d. h. von der unendlichen fortgehenden Entwicklung und Entfaltung Gottes und der allgemeinen Beseelung, enthielt den ersten Keim des Polytheismus; in der materiellen Anbetung der Natur und dem astrologischen Aberglauben erzeugte sich die ganze Fülle der alten Fabel; gemildert, verschönert, auch bereichert ward die Mythologie durch die Lehre von den zwei Prinzipien, die Religion des Lichts und der frommen gottbegeisterten Helden; sobald aber, wo es auch sein mag, pantheistische Denkart herrschend ward, konnte die Mythologie nur noch als Allegorie, als esoterische Hülle oder Spiel der Dichtung stehenbleiben. So wie die griechische Mythologie der schönen Entwicklung nach vielleicht die reichste, so dürfte die indische dem innern Wesen nach die umfassendste sein, weil sie durch alle jene Denkarten vollständig durchgeführt ist. Kaum dürfte sich ein Begriff finden, der in einer der verschiedenen intellektuellen Religionen irgend wesentlich und dem indischen Systeme unbekannt geblieben wäre, oder eine Fabel, die in einer der bloß dichterischen Mythologien eine ausgezeichnete Stelle annähme, für die sich nicht in ebendemselben etwas ganz Entsprechendes und merkwürdig Ähnliches aufzeigen ließe.

Welche Stelle die ägyptische und syrische Mythologie in dem Zyklus des Ganzen einnehme, ist schon im vorigen Buche angedeutet; man betrachte nach derselben Ansicht auch die europäischen Sagen und Dichtungen der keltischen, römischen, griechischen, germanischen und slawischen Mythologien, und wenn auch im einzelnen viel Dunkelheit bleibt, wird doch der Geist und der Gang des Ganzen deutlicher werden. Wir haben die Ordnung der genannten Mythologien so gestellt, wie sie der Stufenfolge der verschiedenen Denkarten entsprechen mögen. In der keltischen werden noch die bestimmtesten Spuren des ältesten Systems der Seelenwanderung gefunden; es dürften deren aber auch in der altrömischen Religion mehr gewesen sein, als bei den Griechen; in der slawischen Mythologie ist die Lehre von den zwei Prinzipien herrschend, und auch der deutschen war diese und die Verehrung der Elemente, so wie sie damit verbunden zu sein pflegt, wohl nicht unbekannt. Die griechische steht auch hier als die vollkommenste in der Mitte, und dürfte unter allen am wenigsten an einen bestimmten philosophischen Sinn gebunden, am meisten reine Dichtung sein.

Über die Entstehung und das eigentliche Wesen der Poesie verbreitet sich von hier aus ein unerwartetes Licht. Zwar es hat dieselbe einen zwiefachen Ursprung; der eine ist durchaus natürlich, indem das Gefühl bei wilden, wie noch bei gebildeten Menschen, sich überall in Gesang aushaucht. Aber es gibt noch einen andern mythischen Bestandteil der alten Poesie, der nicht so einfach zu erklären ist; hier kann man nicht sagen wie bei jener bloßen Naturpoesie des Gefühls: daß dies ebenso überall von selbst und immer wieder von neuem entstanden sei, und noch entstehe; es ist ein tiefer Zusammenhang in diesem alten Gewebe der Phantasie.

Aus dem immer noch durch den Gedanken des Unendlichen und Göttlichen befruchteten Naturdienst und Aberglauben ging zuerst die Fülle der ursprünglich wilden und riesenhaften Dichtung hervor; als das schöne Licht einer sanftern und edlern Begeisterung hinzukam, ward die rauhe Fabel durch eben diese Milderung zur Poesie. Grade dies ist auch der Charakter der griechischen Dichter, nämlich derjenigen, die es ganz sind, in denen die Fülle und Kraft der alten Fabel noch lebendig wirkt und die Mythologie noch nicht zu einem bloßen Bilderspiel der Dichtersprache verdunstet ist.

Sehen wir nicht bloß auf die Form, wie die Buchstabengelehrten und gewöhnlichen Kunstkenner, sondern auf den Geist, auf das innere Leben: so sind es alle nur Dichter einer Art, mythische oder heroische Dichter; alle jene unwesentlichen Verschiedenheiten der äußern Form verschwinden, und es ist im Homer wie im Aeschylos, im Pindar wie im Sophokles, immer nur jene Verbindung und Verschmelzung des ursprünglich Wilden und Riesenhaften mit dem Sanften, was den eigentümlichen Reiz ihrer Darstellungen ausmacht; nur in verschiedenem Verhältnisse, in verschiedenen Stufen-Abweichungen, oder Eigenheiten der Härte und der Anmut.

Dies, und nur dies allein ist eigentlich Poesie; und alles was in spätern Zeiten, wo die Kunst so manches an den ursprünglichen Kern angebildet hat, so genannt wird, ist es nur, weil es einen ähnlichen Geist atmet wie jene alte Heldenfabel, oder weil es sich noch auf sie bezieht, Anwendung, Entfaltung oder Nachbildung derselben ist. Wäre es nicht zu kühn, nach so wenigen Bruchstücken schon eine Vermutung zu wagen, so würde ich dafür halten, daß die indische Poesie diesem ihrem eigentlichen Wesen nach von der ältern griechischen so sehr verschieden nicht sei; nur daß sie dasselbe, wenn ich so sagen darf, nach einem noch größern Maßstabe darbietet, indem teils die ursprünglich zum Grunde liegende Fabel ungeheurer und wilder, teils aber auch die spätere Milderung noch geistig sanfter und lieblicher, noch sinnlich und sittlich schöner ist als selbst in der Anmut des Pindar und Sophokles.

Der Charakter und der Ursprung auch der bildenden Kunst bei den Indiern, Ägyptern und ältern Griechen ist im ganzen völlig derselbe wie der der heroischen Poesie; und eben jene Verbindung des riesenhaft Kühnen und des Sanften, worin das Wesen der alten Poesie besteht, ist auch die eigentliche Bedeutung der plastischen Schönheit der Griechen, wenigstens so lange als noch Spuren vom großen Stil vorhanden, die alte Erinnerung noch nicht verloschen, und der Sinn der Kunst noch nicht verloren war.

Von dem orientalischen und indischen Studium überhaupt und dessen Wert und Zweck

... Möchte doch überhaupt das indische Studium dazu beitragen, uns zu der größern Art und Ansicht der vortrefflichen Männer zurückzuführen, welche im fünfzehnten und sechzehnten Jahrhunderte das griechische und das orientalische Studium zuerst gestiftet haben, da man noch nicht glaubte, daß bloße Sprachkenntnis Anspruch auf den Namen eines Gelehrten gebe, und fast keiner unter jenen genannt werden kann, bei dem nicht seltne Sprachkenntnis mit der Fülle historischer Kenntnisse und mit einem ernsten Studium der Philosophie wäre vereint gewesen.

Dann würden alle Teile der höhern Erkenntnis als ein unteilbares

Ganzes vereint mit desto größerer Kraft wirken, und es würden die Herrlichkeiten des Altertums auch in unsre Zeit lebendig eingreifen und sie zu neuen Hervorbringungen befruchten. Denn niemals entstand noch ein wahrhaft Neues, das nicht durch das Alte zum Teil angeregt und hervorgerufen, durch seinen Geist belehrt, an seiner Kraft genährt und gebildet worden wäre. Während nun auf der einen Seite alle Vernünftler und die, welche vorzüglich in der Gegenwart leben und von dem Geiste derselben sich lenken und beherrschen lassen, fast ohne Ausnahme dem verderblichen und zerstörenden Grundsatze ergeben sind, alles durchaus neu und von vorn wie aus nichts erschaffen zu wollen, ist auf der andern Seite wahre Kenntnis des Altertums und der Sinn für dasselbe fast verschwunden, die Philologie zu einer in der Tat sehr schalen und unfruchtbaren Buchstabengelehrsamkeit herabgesunken und so, bei manchen erwünschten Fortschritten im einzelnen, doch das Ganze zersplittert und weder Kraft noch lebendiger Geist darin sichtbar.

Ein Vorurteil, was in dieser Rücksicht viel geschadet hat und noch schadet, ist die Trennung, die man sich zwischen dem orientalischen und dem griechischen Studium und Geist mehr selbst erdacht und willkürlich angenommen hat, als daß diese gänzliche Verschiedenheit in der Wahrheit gegründet wäre. In der Völkergeschichte sind die Bewohner Asiens und die Europäer wie Glieder einer Familie zu betrachten, deren Geschichte durchaus nicht getrennt werden darf, wenn man das Ganze verstehen will. Aber auch was man in der Literatur gewöhnlich den orientalischen Stil und Geist nennt, ist nur von einigen asiatischen Völkern hergenommen, besonders von den Arabern und Persern, und von einigen Schriften des Alten Testaments, insofern sie bloß als Poesie beurteilt werden; auf mehrere andre Völker paßt es gar nicht. Es besteht diese orientalische Eigentümlichkeit, nach der gewöhnlichen Vorstellungsart, in einer hohen Kühnheit und verschwenderischen Fülle und Pracht der Bilder nebst dem oft damit verbundenen Hange zur Allegorie. Das südliche Klima kann nur als mitwirkende Ursache, nicht als Hauptgrund dieser Richtung der Phantasie gelten, da dieselbe bei so manchen sehr südlichen und auch sehr dichterischen Nationen, wie die Indier, so gar nicht gefunden wird. Die eigentliche Ursache liegt vielmehr in der intellektuellen Religion. Überall wo eine solche herrscht, sie sei nun philosophisch tief, und aus göttlicher Liebe hervorgegangen, oder aber roh und wüst wie die Begeisterung des Hochmuts in der Lehre des Mohammed: es wird überall, solange noch poetischer Geist vorhanden ist, die Phantasie, nachdem sie der alten Mythologie entbehren muß, keinen andern Ausweg finden, als den jener kühnen allegorischen Bildlichkeit. Daher finden wir diesen sogenannten orientalischen Charakter ebensowohl in vielen Dichtern des Mittelalters (auch in italienischen und deutschen, nicht bloß in spanischen) als in den romantischen Dichtungen der Perser und Araber, ohne daß wir desfalls zu dem Einfluß der Kreuzzüge unsere Zuflucht zu nehmen brauchten, da die gleichen Umstände in Europa wie in Asien dieselben Folgen hervorrufen mußten. Wie paßt nun aber diese Farbenglut zu der prosaischen Trockenheit der chinesischen Bücher, oder zu der schönen Einfalt des indischen Stils? Zwar in der Sakuntala des Kalidas fehlt es auch nicht an Blumenschmuck und Bilderfülle; doch auch hier ohne alle Überspannung. Die ältern indischen Gedichte vollends sind noch bildloser als selbst die einfachsten und strengsten Werke der Griechen; die tiefe Seele, die in allem lebt und atmet, die helle Klarheit, in der alles dasteht, bedarf nicht dieses wilden Feuers und keiner unerwarteten Schläge und Strahlen der glühenden Phantasie.

Eine andre Eigenschaft, die man auch als eine charakteristische Eigentümlichkeit orientalischer Werke ansieht, betrifft mehr den Gedankengang im ganzen und selbst die Anordnung und Komposition, die sich durch Dunkelheit oft von den Werken der Griechen unterscheidet. Auf die indischen Werke ist dieses wiederum gar nicht anwendbar, sondern vorzüglich auf die vorhin genannten Nationen. Teils hängt dies wohl zusammen mit der eben geschilderten Üppigkeit bildlicher Phantasie und dem Hange zur Allegorie; wo diese im Einzelnen vorwalten, da wird auch im Gliederbau und der Anordnung des Ganzen oft dieselbe bloß andeutende Kühnheit herrschen, und daher Dunkelheit entspringen. Zum Teil dürfte es sich aber auch aus denjenigen Grundverschiedenheiten der Grammatik, die wir im ersten Buche entwickelt haben, erklären lassen. Ich halte dafür, daß alle Werke der Rede dem Gesetze ihrer Sprache von Natur folgen, wenn nicht ein höherer Geist es anders lenkt, oder da, wo man durch

Vernachlässigung noch tiefer hinabsinkt. Wie nun in den Sprachen, die ihre Grammatik durch Suffixa und Präfixa bilden, die Konstruktion im einzelnen schwer ist, so wird auch der Gedankengang leicht verworren oder dunkel sein. In den Sprachen, die sich ihr Geschäft durch Hülfsverba und Präpositionen für den Gebrauch am bequemsten abkürzen, wird die Komposition zwar leicht und verständlich, gern aber auch nachlässig und formlos sein; Sprachen aber, die durch innere Flexion der Wurzeln eine Fülle von Nebenbestimmungen des ursprünglichen Sinns genau bezeichnen, wie die griechische und die indische, führen von selbst zur schönen Form, wie im Einzelnen der grammatischen Konstruktion so auch im Ganzen der Anordnung und der Komposition.

Auch in dieser letzten Beziehung also hat, was man orientalischen Geist und Stil nennt, nur eine sehr beschränkte Anwendung auf einige wenige Völker. Zudem gibts der Ausnahmen und Übergänge überall genug. So hat die Dunkelheit in dem Gedankengange des Aeschylus besonders in den Chören, obwohl in einer ganz hellenischen Form, dennoch wirklich etwas Orientalisches, was aber mehr von der leidenschaftlichen Aufregung, dem gewaltsamen Zustande der Phantasie überhaupt herrührt, als von einzelnen Bildern oder von irgendeiner Unfähigkeit zur Klarheit. Auch dem Pindar gibt die lyrische Kühnheit der Gleichnisse und Anspielungen und die Abgerissenheit der Übergänge einen orientalischen Anstrich; seine Milde und Weichheit bei der heroischen Größe des Inhalts und Gedankens hat etwas von dem Charakter der indischen Gedichte, soweit wir sie bis jetzt kennen. So wie die größten Denker, die tiefsinnigsten Philosophen Europas sich fast immer durch eine entschiedne Vorliebe für das orientalische Altertum auszeichneten, so näherten sich mehrere und zwar besonders große Dichter bei den Griechen und, um nur den einzigen Dante zu nennen, auch bei den Neuern, nur auf eine weniger bewußte Weise, der orientalischen Eigentümlichkeit und Größe.

So wie nun in der Völkergeschichte die Asiaten und die Europäer nur eine große Familie, Asien und Europa ein unzertrennbares Ganzes bilden, so sollte man sich immer mehr bemühen, auch die Literatur aller gebildeten Völker als eine fortgehende Entwicklung und ein einziges innig verbundenes Gebäude und Gebilde, als Ein großes Ganzes zu betrachten, wo denn manche einseitige und beschränkte Ansicht von selbst verschwinden, vieles im Zusammenhange erst verständlich, alles aber in diesem Lichte neu erscheinen würde.

Wenn es natürlich ist, daß der tiefsinnige Geist des Mittelalters, auf den unsre ganze Verfassung und jetziges Leben sich gründen und noch lange gründen werden, uns in der Geschichte, Dichtkunst und Sittenlehre vor allen am nächsten steht, und die Kenntnis desselben für das Leben am wichtigsten ist; wenn das griechische Studium die beste nicht nur, sondern eine durchaus notwendige Vorbereitung und Schule gründlicher Gelehrsamkeit bleibt, weil nirgends sonstwo die Kritik als Kunst so vollständig ausgebildet worden; wenn endlich auch die Kunst, die Philosophie und Poesie der Griechen, falls wir nicht bloß bei der äußern Form stehen bleiben, wie die Buchstabengelehrten und gewöhnlichen Ästhetiker und Kunstkenner, teils an sich von hohem Werte, teils aber auch ein unentbehrliches Mittelglied der europäischen Bildung und der orientalischen Überlieferung sind, so wie die römische Literatur den Übergang von den Griechen zum Mittelalter bildet: so dürfte doch das indische Studium allein dahin führen, die bis jetzt noch ganz unbekannten Gegenden des frühesten Altertums aufzuhellen, und dabei an dichterischen Schönheiten und philosophischem Tiefsinn nicht minder reiche Schätze darzubieten haben.

Und wenn eine zu einseitige und bloß spielende Beschäftigung mit den Griechen den Geist in den letzten Jahrhunderten zu sehr von dem alten Ernst oder gar von der Quelle aller höhern Wahrheit entfernt hat, so dürfte diese ganze neue Kenntnis und Anschauung des orientalischen Altertums, je tiefer wir darin eindringen, um so mehr zu der Erkenntnis des Göttlichen und zu jener Kraft der Gesinnung wieder zurückführen, die aller Kunst und allem Wissen erst Licht und Leben gibt.

AUS DEN VORLESUNGEN ZUR
»GESCHICHTE DER
ALTEN UND NEUEN LITERATUR«

Zwölfte Vorlesung

Vom Roman. Dramatische Poesie der Spanier. Spenser, Shakespeare und Milton. Zeitalter Ludwig XIV. und französisches Trauerspiel.

Der Roman des Cervantes ist, seiner hohen inneren Vortrefflichkeit ungeachtet, ein gefährliches und irreleitendes Beispiel der Nachahmung für die andern Nationen geworden. Der Don Quixote, dieses Werk von einer in seiner Art einzigen Erfindung, hat die ganze Gattung der neueren Romane mit veranlaßt, und eine Anzahl von mißlungenen Versuchen, eine prosaische Darstellung der wirklichen Gegenwart zur Poesie zu erheben, bei Franzosen, Engländern und Deutschen hervorgebracht. Das Genie des Cervantes abgerechnet, dem wohl einiges freistand, was einem andern zur Nachfolge nicht zu raten wäre, so waren auch die Verhältnisse, unter denen er in Prosa darstellte und dichtete, ungleich günstiger, als die seiner Nachfolger. Das wirkliche Leben in Spanien war damals noch mehr ritterlich und romantisch, als in sonst irgendeinem Lande in Europa. Selbst der Mangel an einer allzustreng vervollkommneten bürgerlichen Ordnung, das freiere und wildere Leben in den Provinzen konnte für die Poesie günstiger sein.

In allen diesen Versuchen, die prosaische Wirklichkeit durch Witz und Abenteuer oder durch Geist und Gefühlserregung zu einer Gattung der Dichtkunst zu erheben, sehen wir die Verfasser immer auf irgendeine Weise eine poetische Ferne suchen; sei es nun in dem Künstlerleben des südlichen Italiens, wie oft in den deutschen Romanen, oder in den amerikanischen Wäldern und Wildnissen, was vielfältig bei den Ausländern versucht worden. Ja, wenn auch die Begebenheit ganz im Lande und in der Sphäre des einheimischen bürgerlichen Lebens spielt, immer strebt die Darstellung, solange sie noch

Darstellung bleibt und nicht bloß in ein Gedankenspiel der Laune, des Witzes und des Gefühls sich auflöst, auf irgendeine Weise aus der beengenden Wirklichkeit sich herauszuarbeiten und irgendeine Öffnung, einen Eingang zu gewinnen in ein Gebiet, wo die Phantasie sich freier bewegen kann; wären es auch nur Reiseabenteuer, Zweikämpfe, Entführungen, eine Räuberbande oder die Ereignisse und Verhältnisse einer fahrenden Schauspielergesellschaft.

Der Begriff des Romantischen in diesen Romanen, selbst in vielen der bessern und berühmtesten, fällt meistens ganz zusammen mit dem Begriff des Polizeiwidrigen. Ich erinnere mich hiebei der Äußerung eines berühmten Denkers, welcher der Meinung war, daß bei einer durchaus vollkommenen Polizei (wenn der Handelsstaat völlig geschlossen und selbst der Paß der Reisenden mit einer ausführlichen Biographie und einem treuen Porträtgemälde versehen sein wird) ein Roman schlechtweg unmöglich sein würde, weil alsdann gar nichts im wirklichen Leben vorkommen könnte, was dazu irgend Veranlassung oder einen wahrscheinlichen Stoff darbieten würde. Eine Ansicht, welche, so sonderbar sie lautet, doch in Beziehung auf jene verfehlte Gattung nicht ohne Grund ist.

Das wahre und richtige Verhältnis der Poesie zur Gegenwart und zur Vergangenheit zu bestimmen, ist eine Frage, welche die eigentlichen Tiefen und das innere Wesen der Kunst betrifft. Überhaupt wird in unseren Theorien, außer einigen ganz allgemeinen, gehaltleeren und fast durchgehends falschen Ansichten und Definitionen über die Kunst und das Schöne an sich, meistens nur von den Formen der Poesie gehandelt, welche zu kennen allerdings notwendig, aber doch bei weitem nicht zureichend ist. Eine Theorie von dem der Dichtkunst angemessenen Inhalt gibt es noch kaum, ungeachtet eine solche für ihre Beziehung auf das Leben doch ungleich wichtiger wäre. Ich habe mich in den gegenwärtigen Vorträgen bemüht, diese Lücke auszufüllen und eine solche Theorie zu geben, überall, wo sich dazu die Gelegenheit darbot.

Was die Darstellung des Wirklichen und der nächsten Gegenwart in der Poesie betrifft, so ist vor allen Dingen zu erinnern, daß das Wirkliche nicht deswegen als ungünstig, schwierig oder verwerflich für die poetische Darstellung erscheint, weil es an sich immer gemein und schlechter wäre, als das Vergangene. Es ist wahr, das Gemeine und Unpoetische tritt in der Nähe und Gegenwart allerdings stärker und herrschender hervor; in der Ferne und Vergangenheit, wo nur die großen Gestalten hell erscheinen, verliert es sich mehr in den Hintergrund. Aber diese Schwierigkeit könnte ein wahrer Dichter wohl besiegen, dessen Kunst oft eben darin sich zeigt, das, was als das Gewöhnlichste und Alltäglichste gilt, indem er eine höhere Bedeutung und einen tiefern Sinn herausfühlt oder ahndend hineinlegt, durchaus neu und in einem dichterischen Lichte verklärt erscheinen zu lassen. Beengend aber, bindend und beschränkend ist die Deutlichkeit der Gegenwart jederzeit für die Phantasie; und wenn man dieser im Stoff unnützerweise so enge Fesseln anlegt, so ist zu besorgen, daß sie sich nur von einer andern Seite in Rücksicht der Sprache und Darstellung desto mehr dafür entschädigen werde.

Um meine Ansicht über diesen Punkt auf dem kürzesten Wege deutlich zu machen, erinnere ich an das, was ich über die religiösen und christlichen Gegenstände schon mehrmals bemerkte. Die übersinnliche Welt, die Gottheit und die reinen Geister können im ganzen nicht geradezu dargestellt werden; die Natur und die Menschheit sind die eigentlichen und nächsten Gegenstände der Poesie. Aber jene höhere und geistige Welt kann überall in diesen irdischen Stoff eingehüllt sein, und aus ihm hervorschimmern. Ebenso ist auch die indirekte Vorstellung der Wirklichkeit und Gegenwart die beste und angemessenste. Die schönste Blüte des jugendlichen Lebens und der höchste Schwung der Leidenschaft, die reiche Fülle einer klaren Weltanschauung, lassen sich leicht in die weiter oder enger umgrenzte Vergangenheit und Sage einer Nation verlegen, gewinnen da einen ungleich freiern Spielraum und erscheinen in reinerem Lichte. Der älteste Dichter der Vergangenheit, welchen wir kennen, Homer, ist zugleich ein Darsteller der lebendigsten und frischesten Gegenwart. Jeder wahre Dichter stellt in der Vorzeit zugleich sein eigenes Zeitalter, ja im gewissen Sinne sich selbst mit dar. Dieses scheint mir durchaus das Rechte und das wahre Verhältnis der Poesie zur Zeit folgendes zu sein. An und für sich soll sie nur das Ewige, das immer und überall Bedeutende und Schöne darstellen; aber geradezu und ganz ohne Hülle vermag sie dies nicht. Sie bedarf dazu eines körperlichen Bodens, und diesen findet sie in ihrer eigentlichen Sphäre, der Sage oder der nationalen Erinnerung und Vergangenheit. In das Gemälde derselben trägt sie aber den ganzen Reichtum der Gegenwart, soweit dieselbe dichterisch ist, hinein, und indem sie das Rätsel der Welterscheinung, die Verwicklung des Lebens bis zu ihrer endlichen Auflösung hinleitet, und überhaupt eine höhere Verklärung aller Dinge in ihrem Zauberspiegel ahnden läßt, greift sie selbst in die Zukunft ein, als Morgenröte ihrer Herrlichkeit und Ahndung des herannahenden Frühlings. Sie bewährt sich auf diese Weise, alle Zeiten, Vergangenheit, Gegenwart und Zukunft vereinend, als wahrhaft sinnliche Darstellung des Ewigen, oder der vollendeten Zeit. Auch im philosophischen Sinne ist das Ewige ja keine Abwesenheit und bloße Negation der Zeit, sondern vielmehr ihre ganze ungeteilte Fülle, in der alle Elemente derselben nicht unselig zerrissen, sondern innig vereint sind, wo die vergangene Liebe in bleibender Erinnerung immer wieder neu und gegenwärtig wird, das Leben der Gegenwart aber zugleich eine Fülle der Hoffnung und eine reiche Zukunft stets anwachsender Herrlichkeit schon jetzt in sich trägt.

Wenn ich im ganzen die indirekte Darstellung der Wirklichkeit und der umgebenden Gegenwart für die der Poesie angemessene halte, so soll dies keineswegs ein Verwerfungsurteil über alle Dichterwerke aussprechen, welche den entgegengesetzten Weg wählten. Man muß den Künstler von seinen Werken zu unterscheiden wissen. Der wahre Dichter bewährt sich auch auf dem falschen Wege und auch in solchen Werken, die ihrer ursprünglichen Anlage nach nicht vollkommen gelingen konnten. Milton und Klopstock werden als große Dichter geehrt, obgleich es wohl nicht geleugnet werden kann, daß sie sich selbst eine Aufgabe gesetzt haben, die eigentlich unauflöslich war.

So darf auch dem Richardson, der noch auf anderem Wege als die Nachahmer des Cervantes die moderne Wirklichkeit zur Poesie zu erheben versuchte, ein großes Talent der Darstellung nicht abgesprochen und ein hohes Streben nicht deshalb in ihm verkannt werden, weil dieses Streben auf einem solchen Wege das Ziel ganz zu erreichen nicht vermochte.

Ebenso vortrefflich und ungleich reicher als in der Gattung des

Romans zeigt sich die spanische Dichtkunst auf der Bühne. Die lyrische Gefühlspoesie ist die Frucht einer einsamen Liebe und Begeisterung; ja wenn sie auch nicht auf sich allein und die nächsten Gegenstände ihrer Umgebung beschränkt, nun öffentlich hervortritt, das Zeitalter und die Nation ergreifend, so ward sie doch in der Einsamkeit empfangen. Die heroische Poesie aber setzt eine Nation voraus, eine solche, die es wahrhaft ist, oder die es war; eine Nation, die eine Erinnerung hat, eine große Vergangenheit, eine Sage, eine ursprünglich poetische Denkart und Ansicht, eine Mythologie. Beide, die lyrische sowohl als die epische Poesie, gehören noch mehr der Natur als der Kunst an. Die dramatische Dichtkunst aber eignet dem Staat und dem bürgerlichen und gesellschaftlichen Leben, erfordert daher auch einen großen Mittelpunkt desselben zum Schauplatze ihrer Entwicklung. Es ist wenigstens dieses das natürlichere und auch das günstigere Verhältnis; wie sehr auch in der Folge Kunstschulen in kleineren Wirkungskreisen mit den großen Hauptstädten, dem ersten Sitz der dramatischen Kunst, wetteifern oder dieselben sogar übertreffen mögen. Schon daraus ist es begreiflich, daß die Bühne zu Madrid, London und Paris mehr als ein Jahrhundert glänzend, jede in ihrer Art bis zur Vollkommenheit ausgebildet, und fast bis zum Überfluß reich war, ehe in Italien und Deutschland ein eigentliches Theater entstehen und sich entwickeln konnte. Denn obwohl Rom von alters her die Hauptstadt der Kirche, Wien seit dem fünfzehnten Jahrhundert der Sitz des deutschen Kaisertums gewesen, so waren doch beide nicht in dem Maße Mittelpunkt ihrer Nation, wie die genannten drei Hauptstädte im westlichen Europa.

So wie die spanische Monarchie bis um die Mitte des siebzehnten Jahrhunderts die größte und glänzendste in Europa, der spanische Nationalgeist der entwickeltste war, so stand auch die Bühne zu Madrid, der lebendige Spiegel des Nationallebens, am frühesten in reichem Flor. Diesen Reichtum und die Fülle der Erfindung hat das übrige Europa immer anerkannt, weniger die eigentliche Form und Bedeutung, den wahren Sinn und Geist dieses spanischen Schauspiels. Hätte dasselbe auch nur den Vorzug, daß es durchaus romantisch und in dieser Weise vollendet ist, so würde es schon dadurch sehr merkwürdig, es würde lehrreich sein, an diesem Beispiele zu sehen, welche

Art von dramatischer Dichtkunst denn aus der Ritterpoesie überhaupt, aus der dem neueren Europa und dem Mittelalter eigentümlichen Richtung der Phantasie hervorgehen könne. Das Theater keiner andern neuern Nation kann dafür so gut zum Beispiel dienen als das spanische, welches ganz frei blieb von allem Einfluß und aller Nachahmung der Alten; während Italiener und Franzosen bei der Ausbildung ihres Theaters vorzüglich von dem Gedanken ausgegangen sind, das Trauerspiel und das Lustspiel der Griechen in seiner Reinheit wiederherzustellen und dieses Vorbild, wenn auch nur mittelst des Seneca oder älterer französischer Stücke, selbst auf das englische Drama einen sehr entscheidenden Einfluß gehabt hat.

Betrachten wir die spanische Bühne in ihrem ersten berühmten Meister und Beherrscher, dem Lope de Vega, so würden jene allgemeinen Vorzüge uns doch nur in einem trüben Lichte erscheinen und wir im ganzen keine sehr hohe Meinung von der Vortrefflichkeit des spanischen Dramas fassen können: so flüchtig und oberflächlich sind seine zahllosen Schauspiele entworfen und ausgeführt. Wie in den lyrischen Gedichten eines Sängers, so herrscht auch wohl unter den dramatischen Werken eines Künstlers eine gewisse Gleichförmigkeit und darf darin herrschen, welche dann die Hervorbringungen sehr erleichtert und ihre Zahl vervielfältiget. Es liegt den dramatischen Werken nicht nur eines Dichters, sondern auch wohl eines ganzen Zeitalters, einer gesamten Nation oft überhaupt eine gemeinsame Idee zum Grunde, welche in allen eigentlich dieselbe ist, nur daß sie in jedem einzelnen Werke anders aufgefaßt und von einer andern Seite dargestellt wird; wie ebensoviele Variationen eines Themas, oder verschiedene Auflösungen einer und derselben Aufgabe. Hat nun der Dichter diese Idee ganz klar gefaßt, sich die Form bestimmt, wie er sie für seine Idee und für seine Bühne bedarf, ist er der Sprache und der äußeren Erscheinung Meister, so kann es alsdann leicht geschehen, daß er eine große Zahl von Werken hervorbringt, sogar in sehr kunstreicher Form, ohne daß Plan und Ausführung desfalls vernachlässigt zu sein brauchten. So haben die großen Trauerspieldichter der Alten hundert und mehr Dramen vollendet. Aber demungeachtet überschreitet die Zahl der Lopeschen Schauspiele, wie man dieselbe auch berechnen mag, alle Grenzen der erlaubten dramatischen Fruchtbarkeit. Er hat diese große Menge von Werken wohl größtenteils nicht sowohl ausarbeiten können als hinwerfen und improvisieren müssen. Ich will zugeben, daß Lope unter den dramatischen Geschwindschreibern und Vielschreibern aller Nationen bis auf die neuesten Zeiten der Erste und noch am meisten ein Dichter sei, durch den Reichtum der Erfindung, den Glanz der Darstellung, und durch die dichterische Sprache und feurige Einbildungskraft; welche letztere Vorzüge in der Poesie seiner Nation so allgemein verbreitet, daß sie kaum noch als besondere anzusehen und zu loben sind. An und für sich ist diese dramatische Geschwindschreibung auch mit Lopes Talent und Phantasie keineswegs zu billigen, weder von seiten der Kunst noch in moralischer Hinsicht. Eine Kraft der Ordnung und ein strenges Gesetz ist für die Bühne um so notwendiger, da keine andere Gattung der Vernachlässigung und der Verwilderung in dem Maße ausgesetzt ist, in keiner andern Gattung es so leicht dahin kommt, daß der Dichter und das Publikum sich gegenseitig irreleiten und verderben. Wie leicht der dramatische Dichter, wenn er ein so glückliches, reiches, leicht bewegliches Genie hat wie Lope, sein Zeitalter über alle Grenzen hinwegreißen kann, wie leicht er selbst ohne so glänzende Eigenschaften, durch die bloße Routine und einigen leidenschaftlichen Effekt, das Publikum dahin bringt, daß es alle andern höhern Forderungen und Begriffe vergißt, davon sind die Beispiele auch auf unsrer deutschen Bühne zu nahliegend und zu häufig, als daß sie angeführt werden dürften. Auf der andern Seite aber ist der theatralische Beifall für die Eitelkeit des Dichters unter allen Erregungsmitteln das stärkste und berauschendste. Das Publikum selbst ist es meistens, welches einen dramatischen Lieblingsdichter erst in seinen Unarten recht bestärkt und ihn dahin bringt, daß er sich ihnen für immer ohne Maß und Ziel überläßt. Diesen Hang zur demagogischen Verwilderung und zur Anarchie haben schon die Alten an der dramatischen Gattung, die doch bei ihnen so vollkommen ausgebildet war, frühzeitig wahrgenommen und ihr oft vorgeworfen.

Wie sehr man auch von der andern Seite das Improvisieren für die Volkspoesie oder sonst in irgendeiner andern Sphäre in Schutz nehmen mag: auf das Drama ist dieses nicht anwendbar. Nur als Kunst kann dasselbe gedeihen; und dürfte auch die Ausführung schnell geschehen und dennoch gelingen, so muß der Plan wenigstens sehr durchdacht sein und mit Besonnenheit entworfen; sonst wird die Bühne auf das beste uns nichts zeigen, als nur die flüchtige Erscheinung des Lebens und seiner Verwicklungen und Leidenschaften, die glänzende Oberfläche desselben, ohne den tiefern Sinn und Gehalt. Auf dieser niedrigsten Stufe der dramatischen Kunst steht Lope, und manche andere der gewöhnlicheren spanischen Schauspieldichter; auch so noch in dichterischem Glanz strahlend, wenn wir ihre Hervorbringungen mit dem ungleich tieferen Verfall der Bühne bei andern Nationen vergleichen, an sich aber den höheren Forderungen kein Genüge leistend. Wie selten diese bei einzelnen und bei ganzen Nationen deutlich und allgemein herrschend werden, davon gibt es vielleicht kein auffallenderes Beispiel, als daß so vielen Lope und Calderon als Dichter von ungefähr gleicher Art erscheinen, da doch eine unermeßliche Kluft des Unterschiedes beide trennt. Will man überhaupt den Geist des spanischen Schauspiels erfassen, so muß man es nur in seiner Vollendung, im Calderon betrachten, dem letzten und größten aller spanischen Dichter.

Vor ihm war Verwilderung auf der einen, Künstelei auf der andern Seite, oft beides zusammen in der spanischen Poesie allgemein herrschend. Lopes übles Beispiel blieb nicht bloß auf das Drama eingeschränkt. Durch den theatralischen Beifall berauscht, hatte er, wie andere poetische Vielschreiber, die Eitelkeit, in allen Gattungen sich versuchen und glänzen zu wollen, auch in denen, zu welchen er durchaus kein Talent besaß. Nicht zufrieden, auf der Bühne für den Ersten zu gelten, wollte er daneben kunstreiche Romane wie Cervantes, Ritter- und Heldengedichte wie Ariost und Tasso hervorbringen, wodurch denn seine nachlässig schlechte und wilde Manier auch außerhalb des Theaters sich verbreitete; während Gongora und Quevedo die Künstelei in Ausdruck und Sprache auf die äußerste Spitze trieben. Ein solches Verderben erlebte Calderon, ja er ward darin geboren und mußte die Poesie seiner Nation aus diesem Chaos erst erretten, um sie von neuem geadelt, verklärt und verherrlicht in den Flammen der Liebe, ihrem höchsten Ziele zuzuführen.

Es ist dieser Gang der spanischen Poesie, daß sie gerade nach den Zeiten der äußersten Verwilderung und falschen Künstelei wieder den höchsten Gipfel der wahren Kunst erreicht und mit dem hellsten Glanz blühender Schönheit ein Ende genommen hat, an und für sich merkwürdig. Es ist berichtigend für die gewöhnliche Meinung und Theorie von dem notwendigen Kreisgange der Kunst, und es mag besonders auch in Anwendung auf die Literatur und Poesie unsers Zeitalters und unserer Nation lehrreich erscheinen, daß so aus der Tiefe üppiger Entartung und toter Künstelei die Phantasie und Dichtung damals in Spanien, in neuem Lichte strahlend, wiedergeboren und verjüngt wie der Phönix aus der eignen Asche emporsteigen konnte.

Um aber den Geist des spanischen Schauspiels, wie er vollendet im Calderon erscheint, darzustellen, ist es nötig, mit einigen Worten das eigentliche Wesen der dramatischen Dichtkunst überhaupt, so wie ich dasselbe aufgefaßt habe, zu berühren. Nur für die erste und niedrigste Stufe derselben kann ich diejenigen Darstellungen gelten lassen, in denen bloß die glänzende Oberfläche des Lebens, die flüchtige Erscheinung des reichen Weltgemäldes ergriffen und uns gegeben wird. So ist es, wäre auch der höchste Schwung der Leidenschaft im Trauerspiel, die Blüte aller gesellschaftlichen Bildung und Verfeinerung im Lustspiel durch die Darstellung erreicht worden, solange das Ganze nur bei der äußern Erscheinung stehenbleibt, und diese bloß perspektivisch und zweckmäßig als Gemälde für das Auge und leidenschaftliche Mitgefühl hingestellt wird. Die zweite Stufe der Kunst ist die, wo in den dramatischen Darstellungen nebst der Leidenschaft und der malerischen Erscheinung auch der tiefere Sinn und Gedanke herrscht und sich ausspricht; eine bis in das Innere eingreifende Charakteristik nicht bloß des Einzelnen, sondern auch des Ganzen, wo die Welt und das Leben in ihrer vollen Mannigfaltigkeit, in ihren Widersprüchen und seltsamen Verwicklungen, wo der Mensch und sein Dasein, dieses vielverschlungene Rätsel, als solches, als Rätsel, dargestellt wird. Wäre dieses Bedeutende und tief Charakteristische der einzige Zweck der dramatischen Dichtkunst, so würde Shakespeare nicht nur der erste von allen in dieser Kunst zu nennen, sondern es würde kaum irgendein andrer Alter oder Neuer auch nur von ferne ihm darin zu vergleichen sein. Es hat aber meines Erachtens die dramatische Dichtkunst allerdings noch ein anderes und höheres Ziel. Sie soll das Rätsel des Daseins nicht bloß darlegen, sondern auch lösen, sie soll das Leben aus der Verwirrung der Gegenwart heraus und durch dieselbe hindurch bis zur letzten Entwicklung und endlichen Entscheidung hinführen. Dadurch greift ihre Darstellung ein in die Zukunft, wo alles Verborgne klar und jede Verwicklung gelöst wird, und indem sie den sterblichen Schleier lüftet, läßt sie uns das Geheimnis der unsichtbaren Welt in dem Spiegel einer tief sehenden Phantasie erblicken, und stellt der Seele klar vor Augen, wie sich das innre Leben in dem äußern Kampfe gestaltet und in welcher Richtung und Bedeutung, und wie bezeichnet das Ewige aus dem irdischen Untergange hervorgeht. Es ist dies freilich noch ganz etwas andres, als was man gewöhnlich die Katastrophe im Trauerspiel nennt. Es gibt viele berühmte dramatische Werke, denen diese letzte Auflösung, die hier gemeint ist, ganz fehlt, oder die doch nur die äußere Form davon haben, ohne das innere Wesen und den Geist. Ich erinnere hier der Kürze wegen an die drei Welten des Dante, wie er uns eine Reihe von lebendigen Naturen kraftvoll vorführt, in dem Abgrund des Verderbens, dann durch die mittleren Stufen hindurch, wo Hoffnung mit Leiden gemischt ist, bis zu dem höchsten Zustande der Verklärung. Dies ist ganz anwendbar auf das Drama, und in diesem Sinne könnte Dante ein dramatischer Dichter genannt werden, nur daß er bloß eine ganze Reihe von Katastrophen gibt, ohne die vorhergegangene Entwicklung, die er wenigstens nur kurz andeutet oder willkürlich voraussetzt. Nach jener dreifachen Auflösung menschlicher Schicksale gibt es auch dreierlei Arten der hohen, ernsten, dramatischen Darstellung, welche nicht bloß die Erscheinung des Lebens auffaßt und wiedergibt, sondern auch den tiefern Sinn und Geist, und es bis zum Ziele seiner Entwicklung hindurchführt. Dreierlei Hauptarten, je nachdem der Held in den Abgrund eines vollkommenen Untergangs rettungslos hinabstürzt, oder wenn das Ganze mit einer gemischten Befriedigung und Versöhnung noch halb schmerzlich schließt, oder drittens, wo aus allem Tod und Leiden ein neues Leben und die Verklärung des innern Menschen herbeigeführt wird. Dasjenige Drama, welches auf den vollkommenen Untergang des Helden angelegt ist, deutlich zu machen, darf ich unter den Trauerspielen der Neuern nur an *Wallenstein*, *Macbeth* und den *Faust* der Volkssage erinnern. Die alte Kunst neigt sich mit entschiedener Vorliebe zu diesem ganz tragischen Ausgange, ihrer Ansicht von einem furchtbar vorherbestimmenden Schicksale gemäß. Doch ist ein solches Trauerspiel um so vortrefflicher vielleicht, je mehr der Untergang nicht durch ein äußeres, willkürlich von oben so bestimmtes Schicksal herbeigeführt wird, sondern es ein innerer Abgrund ist, in welchen der Held stufenweise hinunterstürzt, indem er nicht ohne Freiheit und durch eigene Schuld untergeht, wie jene Zuvorgenannten.

Dies ist die bei den Alten im ganzen herrschende Gattung; doch finden sich auch herrliche Beispiele von jener Auflösung des Trauerspiels, welche ich die mittlere oder die Versöhnung nennen würde, gerade bei den zwei größten unter den tragischen Dichtern. So beschließt Äschylus, nachdem er uns in dem Tod des Agamemnon und in der Rachetat des Orestes den ganzen Abgrund aller Leiden und Verbrechen eröffnet hat, in den *Eumeniden* das große Gemälde mit dem versöhnenden Gefühl der endlichen Lossprechung des Unglücklichen, durch einen mildernden Götterspruch. Sophokles, nachdem er uns die Verblendung und den Fall des Ödipus, den schrecklichen Untergang und wechselseitigen Brudermord seiner Söhne, das lange Leiden des blinden Greises und seiner getreuen Pflegerin und Tochter dargestellt, weiß uns den Tod desselben wie einen Hingang zu den versöhnenden Göttern in so verschönerndem Lichte zu zeigen, daß er uns nur das Gefühl einer sanften, mehr wehmütigen als schmerzlichen Rührung hinterläßt. Auflösungen dieser Art sind auch sonst bei den Alten und bei den Neuern häufig; nur selten so groß und schön, wie die angeführten.

Die dritte Weise der dramatischen Auflösung, welche aus dem äußersten Leiden eine geistige Verklärung in ihrer Darstellung hervorgehen läßt, ist die dem christlichen Dichter vorzüglich angemessene, und in dieser ist Calderon unter allen der erste und größte. In den ernsthaften Stücken geschichtlichen oder tragischen Inhalts, wie *Die Andacht zum Kreuze* und *Der standhafte Prinz*, tritt dies am deutlichsten hervor, und wird hier am leichtesten erkannt und anerkannt; indem für den Begriff der Sache selbst schon diese wenigen Beispiele unter der reichen Menge seiner übrigen Hervorbringungen genügen. Es liegt dieses Christliche jedoch nicht in dem Gegenstande allein, sondern vorzüglich und noch weit mehr in der eigentümlichen Gefühls- und Behandlungsweise, welche bei Calderon durchaus die allgemein herrschende ist. Auch da, wo der Stoff keine Veranlassung darbot, aus Tod und Leiden ein neues Leben vollständig sich entwickeln zu lassen, ist doch alles im Geiste dieser christlichen Liebe und Verklärung gedacht, alles in ihrem Lichte gesehen, in ihren himmlisch glänzenden Farben gemalt. Calderon ist unter allen Verhältnissen und Umständen und unter allen andern dramatischen Dichtern vorzugsweise der christliche, und eben darum auch der am meisten romantische.

Was die Entwicklung und die ganze Gestaltung der christlichen Dichtkunst überhaupt so eigentümlich bestimmt hat, ist: daß ihr überall eine heidnische Poesie vorangegangen war, deren Andenken bei den Nationen, nachdem sie christlich geworden, doch nie völlig erloschen ist, und daß sie selbst dagegen der natürlichen Grundlage einer eigenen und eigentümlichen Mythologie entbehrte. Auf einem zwiefachen Wege suchte man nun die Übereinstimmung zwischen dem Christentum und der Poesie zu erreichen; entweder man ging von dem Christentum selbst aus und suchte eine vollständige, nicht bloß das Leben, sondern auch die Welt und die Natur umfassende Symbolik zu entwickeln, welche mit dem reinen Lichte der Wahrheit zugleich allen Glanz und die Fülle der geistigsten Schönheit vereinigte, und eben dadurch an die Stelle der alten heidnischen Mythologie für die christliche Kunst treten und dieser zum Ersatz derselben dienen könnte. Diesen Weg, welcher von der Symbolik, einer so viel als möglich ganz christlichen nämlich, ausgeht und diese auf die Welt und in das Leben hinüberträgt, ist vorzüglich die ältere allegorische Schule unter den italienischen Dichtern gegangen, und eben dadurch sind sie auch noch von den eigentlich romantischen Dichtern unterschieden, von denen sie sich auch selbst sorgfältig abtrennen. Indessen ist jenes Streben und Suchen nach einer vollständigen christlichen Lebens-, Welt- und Natur-Symbolik zwar wohl in einem hohen Grade für die Malerei, aber niemals zur allgemeinen Befriedigung für die Poesie gelungen; auch im Dante nicht, viel weniger aber in den spätern ähnlichen Versuchen von Tasso und Milton. Der andre Weg für die neue Poesie ist nun, wenn sie nicht von dem Ganzen eines allumfassenden christlichen Weltgedichts, sondern von dem Einzelnen ausgeht, wie es ihr grade gegeben ist, von dem Leben selbst, von der sagenhaften Geschichte, der einzelnen Legende, selbst von Fragmenten der alten heidnischen Mythologie, falls sie eine höhere Deutung und geistige Umwandlung zulassen; und daß sie diese poetischen Einzelheiten und Anklänge mehr und mehr in das Gebiet der geistigsten Schönheit nach christlichen Begriffen zu steigern und zu verklären strebt. Darin ist nun Calderon vor allen andern der Erste und Herrlichste, wie Dante unter den christlichen Dichtern auf dem andern Wege als der Größte voransteht. Und dieser zweite Weg, welcher nicht die Symbolik von oben herab, im ganzen und mit einem Male in die Erscheinung hineinträgt, sondern das Leben von jedem einzelnen Anklange aus hinaufführt zur symbolischen Schönheit, ist das eigentlich unterscheidende Merkmal des Romantischen, insofern wir dieses noch von dem Christlich-Allegorischen unterscheiden.

Da die spanische Dichtkunst überhaupt ohne allen fremdartigen Einfluß und durchaus rein romantisch geblieben ist, da die christliche Ritterpoesie des Mittelalters dieser Nation am längsten bis in die Zeiten der neuern Bildung fortgedauert und die kunstreichste Form erlangt hat, so ist hier wohl der rechte Ort, das eigentümliche Wesen des Romantischen überhaupt zu bestimmen. Es beruht dasselbe nebst der schon bezeichneten innigen Anschließung an das Leben, wodurch es sich als eine lebendige Sagenpoesie von der bloß allegorischen Gedankenpoesie unterscheidet, nächstdem und vornehmlich auf dem mit dem Christentum und durch dasselbe auch in der Poesie herrschenden Liebesgefühle, in welchem selbst das Leiden nur als Mittel der Verklärung erscheint, der tragische Ernst der alten Götterlehre und heidnischen Vorzeit in ein heiteres Spiel der Phantasie sich auflöst und dann auch unter den äußern Formen der Darstellung und der Sprache solche gewählt werden, welche jenem inneren Liebesgefühle und Spiel der Phantasie entsprechen. In diesem weiteren Sinne, da das Romantische bloß die eigentümlich christliche Schönheit und Poesie bezeichnet, sollte wohl alle Poesie romantisch sein. In der Tat streitet auch das Romantische an sich mit dem Alten und wahrhaft Antiken nicht. Die Sage von Troja und die Homerischen Gesänge sind durchaus romantisch; so auch alles, was in indischen, persischen und andern orientalischen oder altnordischen und vorchristlichen europäischen Gedichten wahrhaft poetisch ist. Jene nordische Schule und ihre Dichtungen unterscheiden sich von dem eigentlich Romantischen nur dadurch, daß sie mehr Reste aus dem Heidentum behalten hat; daher die größere Naturtiefe des alten Nordens, bei einem geringeren Grade von christlicher Schönheit und Verklärung der Phantasie. Wo aber immer das höchste Leben mit Gefühl und ahndungsvoller Begeisterung in seiner tieferen Bedeutung ergriffen und dargestellt ist, da regen sich einzelne Anklänge wenigstens jener göttlichen Liebe, deren Mittelpunkt und volle Harmonie wir freilich erst im Christentum finden. Auch in den Tragikern der Alten sind die Anklänge dieses Gefühls ausgestreut und verbreitet, ungeachtet ihrer im ganzen finstern und dunkeln Weltansicht; die innere Liebe bricht in edeln Gemütern auch unter Irrtum und falschen Schreckbildern überall hervor. Nicht bloß die Kunst ist groß und bewundernswert im Äschylus und Sophokles, sondern auch die Gesinnung und das Gemüt. Nicht also in den lebendigen, nur in den künstlich gelehrten Dichtern des Altertums wird dieses liebevoll Romantische vermißt. Nicht dem Alten und Antiken, sondern nur dem unter uns falschlich wieder aufgestellten Antikischen, allem was ohne innere Liebe bloß die Form der Alten nachkünstelt, ist das Romantische entgegengesetzt: so wie auf der andern Seite dem Modernen, d. h. demjenigen, was die Wirkung auf das Leben fälschlich dadurch zu erreichen sucht, daß es sich ganz an die Gegenwart anschließt und in die Wirklichkeit einengt, wodurch es denn, wie sehr auch die Absicht und der Stoff verfeinert werden mag, der Herrschaft der beschränkten Zeit und Mode unvermeidlich anheimfällt.

In dem Gebiete des Romantischen aber und aus dem ganzen Kreise der dahin gehörenden Dichter steht Calderon der ältern allegorischen Schule des Dante und der ersten Italiener im Geist am nächsten, wie Shakespeare der nordischen. Unter der Allegorie, im wahren Sinne des Worts, ist hier der ganze Inbegriff der gesamten christlichen Bildlichkeit und Sinnbildlichkeit zu verstehen, als Ausdruck, Hülle und Spiegel der unsichtbaren Welt, nach christlicher Erkenntnis derselben. Dieses ist der Geist oder die Seele der christlichen Poesie, der Körper und äußre Stoff ist dann die romantische Sage oder auch das nationale Leben. Diesen Geist der christlichen Symbolik hat nun Calderon auf seinem Wege von dem Einzelnen in der Mannigfaltigkeit des Lebens ausgehend und von da aus in die Höhe steigend, ebenso voll und tief ergriffen als Dante, indem er gleich das Ganze derselben hinstellte und in Eine Gestalt zusammenfassen wollte. Im Calderon, als dem letzten Nachklange wie im strahlenden Abendrot des katholischen Mittelalters, hat eben jene Wiedergeburt und christliche Verklärung der Phantasie, welche den Geist und die Poesie desselben überhaupt charakterisiert, den vollen Gipfel ihrer Verherrlichung erreicht. Die allegorisch-christliche Dichtkunst überhaupt aber ist keine bloße Natur- oder fragmentarisch zerstreute und größtenteils unbewußte Volkspoesie, noch auch eine bloß mit der äußern Bilderhülle spielende, sondern eine zugleich den tiefen Sinn erkennende, mithin wohl bewußte und wissende Poesie des Unsichtbaren; deren Wesen darin besteht, daß in ihr, was bei den Alten geschieden war, die strenge Symbolik der Mysterien nämlich und die eigentliche Mythologie oder die neue, sinnliche Heldenpoesie, wieder vereinigt, und daß alles in ihr durch und durch symbolisch ist. Und zwar ist es eine Symbolik der Wahrheit, die eben daher auch von der einen Seite in der physischen Tiefe, oder dem Naturgeheimnis der Seele begründet ist und begründet sein soll, wie es Shakespeare am meisten erreicht hat, und von der andern Seite zur christlichen Verklärung durchgeführt, wie im Calderon.

Es versteht sich übrigens von selbst, daß zwischen jenen drei Arten von dramatischen Auflösungen und Darstellungen, denen des Untergangs, der Versöhnung und der Verklärung, mancherlei Abstufungen und Mischungen stattfinden können. Nur um den Begriff der höhern dramatischen Kunst deutlich zu machen, welcher nicht bloß bei der äußern Erscheinung und Oberfläche des Daseins stehenbleibt, sondern in das Innere eingreift und bis zum entscheidenden Ziel des Lebens vordringt, mußten die drei Hauptwege der Auflösung, welche oft auch wirklich ganz abgesondert erscheinen, als solche dargestellt werden. Selbst der Gegensatz der Alten und Neuern ist, wie schon erinnert worden, kein vollkommener, sondern beruht nur auf einem Übergewicht, auf einem Mehr oder Minder. Es möchten sich einzelne Annäherungen selbst zu einer tragischen Darstellung, die in Verklärung endet, bei den Alten finden lassen, so wie hingegen Trauerspiele des vollkommenen Untergangs bei den Neuern gefunden werden, welche an Kraft denen des Altertums, wo diese Gattung die herrschende war, vollkommen gleichgesetzt zu werden verdienen.

Da indessen die dramatische Darstellung so in die innersten Tiefen des Gefühls und verborgenen Geheimnisse des geistigen Lebens eingreift, so ist wohl einleuchtend, daß die Alten in dieser Gattung zwar durch die bewundernswerte Vollkommenheit, die sie in ihrer Weise erreicht, im allgemeinen uns ein hohes Vorbild zur Ermunterung und Nachfolge, keineswegs aber im einzelnen Regel und Beispiel zur Nachahmung sein können. Überhaupt kann es im höheren Drama und Trauerspiel keine für alle Nationen gültige Norm geben. Selbst die Gefühlsweise der durch die gemeinsame Religion verbundenen und sich ähnlichen christlichen Völker ist hier, wo der eigentliche Mittelpunkt des innern Lebens berührt, und an das Licht gezogen werden soll, noch zu verschieden, als daß es nicht ganz töricht wäre, eine allgemeine Übereinstimmung zu fordern, oder wenn gar eine Nation der andern hierin Gesetze geben wollte. Für das Trauerspiel und höhere Drama wenigstens muß, weil es so ganz mit dem innern Leben und eigentümlichen Gefühl zusammenhängt, jede Nation sich selbst die Regel geben und ihre Form erfinden.

So bin ich denn auch weit entfernt, das spanische Drama oder den Calderon als Muster der Nachahmung für unsere Bühne ohne Einschränkung zu erkennen oder zu empfehlen; obwohl die hohe Vortrefflichkeit, welche das christliche Trauerspiel und Schauspiel durch diesen großen und göttlichen Dichter und Meister erreicht hat, jedem, welcher den kühnen Versuch, die Bühne ihrer jetzigen Schmach zu entziehen, wagen wollte, als ein fast unerreichbares Vorbild aus strahlender Ferne vorleuchten muß. Nicht in dem gleichen Maße ist die äußere spanische Form für uns anwendbar, welche man von der innern Form wohl unterscheiden muß; denn diese, in welcher eine mehr lyrische Entfaltung und Entwicklung vorherrscht, steht uns allerdings näher als die mehr episch-historische Gedrängtheit des Shakespeare. Jene blumenreiche Bilderfülle einer südlichen Phantasie, welche die äußre Form und Dichtersprache der spanischen Trauerspiele so eigentümlich auszeichnet, kann wohl da schön gefunden werden, wo ein solcher Überfluß Natur ist, aber nachkünsteln läßt er sich nicht. Auf die Schauspiele Calderons von allegorisch-christlichem Inhalt möchte zum Teil anwendbar sein, was ich über die dichterische Darstellung mystischer Gegenstände überhaupt bei mehreren Veranlassungen erinnert habe.

Sollte man an Calderon als romantischen Dichter in allen Arten des Dramas etwas aussetzen, so wäre es, daß er uns zu schnell zur Auflösung führt, daß diese oft um soviel mehr wirken würde, wenn er uns länger im Zweifel festhielte, und wenn er das Rätsel des Lebens öfter mit der Tiefe wie Shakespeare charakterisierte, wenn er uns nicht fast immer gleich vom Anfang an in das Gefühl der Verklärung versetzte und dauernd darin erhielte. Shakespeare hat den entgegengesetzten Fehler, daß er uns das Rätsel des Daseins, wie ein skeptischer Dichter, allzuoft nur als Rätsel in seiner ganzen Verwirrung und Verwicklung vor Augen stehen läßt, ohne die Auflösung hinzuzufügen. Und wo er auch die Darstellung bis zu dieser hindurchführt, da ist es meistens mehr die alttragische des Untergangs, oder eine gemischte mittlere von halber Befriedigung, äußerst selten aber jene im Calderon herrschende liebevolle Verklärung. Im Innersten seiner Gefühls- und Behandlungsweise ist Shakespeare mehr ein alter, wenn auch gerade kein griechischer, sondern vielmehr ein altnordischer Dichter, als ein christlicher. Es ist eine tiefe Naturbedeutung im Shakespeare, die zwar nur in zerstreuten Anklängen einzeln aus seinen Gebilden hervorbricht, ihnen aber überall unsichtbar zum Grunde liegt und wie die verborgne Seele derselben bildet; und eben in diesem durchschimmernden Geheimnis liegt der eigentümliche Reiz und Zauber dieser nach außen so klar scheinenden Lebensgemälde. Dieses tiefere Element in Shakespeares Poesie steht noch wie ein einzelnes Anzeichen in der modernen Kunst da und erwartet erst in der Zukunft seine volle Entwicklung, wo eine höhere Poesie auf neuem Wege vielleicht nicht mehr bloß die flüchtige Erscheinung des Lebens, sondern das geheime Leben der Seele selbst, im Menschen wie in der Natur, darstellen wird. Von dieser Seite hebt den Shakespeare sein Tiefsinn in der Ahndung der Natur ganz weg aus den Grenzen der dramatischen Dichtung; während wir ihn in der Klarheit der sichtbaren Darstellung nebst dem spanischen Meister als Grundlage und Vorbild derselben betrachten und verehren.

In Einem Stücke vorzüglich sollte man das spanische Drama und dessen Form sich zur Regel dienen lassen; ich meine darin, daß auch das Lust- oder überhaupt das bürgerliche Schauspiel dort durchgängig romantisch, und eben dadurch wahrhaft poetisch ist. Ganz vergeblich sind und bleiben selbst auf der Bühne alle Versuche, die Darstellung der prosaischen Wirklichkeit durch psychologischen Scharfsinn oder bloßen Modewitz zur Poesie zu erheben, und wer irgendeine Gelegenheit hat, was andere Nationen Intrigen- oder Charakterstücke nennen, mit dem romantischen Zauber der Calderonischen oder auch andrer spanischen Schauspiele zu vergleichen, der wird kaum Worte finden, um den Abstand dieses poetischen Reichtums mit der Armut unsrer Bühne und besonders mit jenem Wesen, was uns auf derselben für Witz gelten soll, auszudrücken.

Die Poesie der südlichen und katholisch gebliebenen Völker stand im sechzehnten und auch noch im siebzehnten Jahrhundert in genauem Zusammenhang, hatte wenigstens einen durchaus ähnlichen Gang. In den andern Ländern machte der Protestantismus eine merkliche Unterbrechung, indem überall, wo er herrschend ward, zugleich mit dem alten Glauben natürlich auch viele damit zusammenhängende bildliche und sinnbildliche Vorstellungsarten, poetische Überlieferungen, Legenden und Sagen ohne alle Kritik und Unterscheidung verworfen, verkannt und endlich vergessen wurden. So wie aber unter den protestantischen Ländern England in der Verfassung der geistlichen Gewalt und in den äußern Gebräuchen und Einrichtungen noch am meisten von der alten Kirche beibehielt, so blühete auch hier die Poesie zuerst wieder in kunstreicher Gestalt und schöner Bildung empor, und zwar ganz sich anschließend an die romantische Weise der südlichen katholischen Völker: Spenser, Shakespeare, Milton bestätigen dies. Wie sehr Shakespeare das Romantische der alten Ritterzeit und auch die südlicheren Farben der Phantasie in seinen Darstellungen liebte, darf nicht erst erinnert werden; Spenser ist selbst Ritterdichter, und er wie Milton folgten bestimmten romantischen, besonders italienischen Vorbildern. Je näher die Literatur uns tritt, je reicher sie in den neuern Zeiten anwächst, je notwendiger wird es mir, meine Betrachtung nur auf solche Dichter und Schriftsteller zu beschränken, welche den Gipfel der Sprache und Geistesbildung einer Nation bezeichnen, und welche eben darum auch für das Ganze und für andere Nationen die wichtigsten und lehrreichsten sind. In der Tat aber erschöpfen jene drei größten Dichter, welche England hervorgebracht hat, auch alles, was in der ältern Epoche ihrer Poesie, im sechzehnten und siebzehnten Jahrhundert, merkwürdig und groß ist.

Spensers Rittergedicht *Die Königin der Feen* schildert uns ganz den romantischen Geist, wie er noch damals in England unter der Königin Elisabeth herrschend war; der jungfräulichen Königin, welche sich nur allzugern unter solchen mythologischen und dichterischen Anspielungen vergöttert sah. Spenser ist malerisch reich, in seinen lyrischen Gedichten idyllisch sanft und liebevoll, er atmet überhaupt ganz den Geist des alten Minnegesangs. Nicht bloß in der dichterischen Art und Weise, sondern auch in der Sprache ist er auffallend besonders den altdeutschen Rittergedichten und Minneliedern ähnlich. Es war also der Gang der englischen Sprache in der Zeitfolge ganz dem der deutschen entgegengesetzt. Chaucer im vierzehnten Jahrhundert ist den deutschen Knittelversen des sechzehnten Jahrhunderts nicht unähnlich. Spenser dagegen kommt in dieser spätern Zeit an sanftem Wohllaut und an Weichheit den alten Minneliedern gleich. In jeder so ganz aus einer Mischung hervorgegangenen Sprache, wie die englische ist, liegt ein doppeltes Ideal, je nachdem der Dichter zu dem einen oder dem andern Bestandteile seiner Sprache sich hinneigt. Spenser ist in der Sprache unter allen englischen Dichtern am meisten deutsch oder germanisch, so wie Milton hingegen in der Mischung des Englischen vorzüglich dem lateinischen Bestandteil ganz das Übergewicht gegeben hat. Nur die Form des Ganzen in Spensers Gedicht ist unglücklich; die von ihm gewählte und dem Ganzen zum Grunde liegende Allegorie ist keine lebendige, wie etwa die, welche in den ältern Rittergedichten vorkömmt, wo ein hoher Begriff vom geistlichen Helden und den Geheimnissen seiner höhern Weihe unter den äußern Abenteuern und sinnbildlichen Geschichten verborgen liegt; es ist diese tote Allegorie, die bloße Klassifikation aller Tugendbegriffe einer Sittenlehre, kurz eine solche, die man nicht unter der geschichtlichen Hülle erraten und ahnden würde, wenn die Erklärung nicht in dürren Worten hinzugefügt wäre.

Die Bewunderung Shakespeares, der sich in seinen lyrischen und idyllischen Gedichten ganz an dieses Vorbild anschloß, kann Spensern in unsern Augen noch einen höhern Wert leihen. Hier in dieser Gattung, welche Shakespearen für die eigentliche Poesie galt, während er die Bühne, deren er Meister war, nur als eine mehr prosaische Kunst der treuen Lebensnachbildung oder höchstens für eine herablassende Anwendung der höheren Poesie, wie für den großen Haufen, zu betrachten scheint, lernt man den großen Dichter erst ganz nach der ihm eigenen Gefühlsweise kennen. So wenig ist er, der alle Tiefen der Leidenschaften erschütternd hervorzurufen versteht, und gemeine menschliche Natur, wie sie ist, in ihrer ganzen Gemeinheit mit tiefer Wahrheit und Charakteristik darstellt, selbst ein leidenschaftlich wilder Mensch gewesen, oder roh in seiner Art, daß vielmehr in jenen Gedichten das äußerste Zartgefühl herrschend ist. Eben weil dieses Gefühl so ganz innig und tief ist, und fast bis zum Eigensinn zart, spricht es nur wenige an. Für das richtigere Verständnis seiner dramatischen Werke sind diese lyrischen aber höchst wichtig. Sie zeigen uns, daß er in jenen meistens gar nicht darstellte, was ihn selbst ansprach oder wie er an und für sich war und fühlte, sondern die Welt, wie er sie, klar und durch eine große Kluft von sich und seinem tiefen Zartgefühle geschieden, vor sich stehen sah. Ganz treu, ohne Schmeichelei und Verschönerung und von einer unübertrefflichen Wahrheit, ist das Weltgemälde, welches er uns aufstellt. Wäre Verstand, Scharfsinn und Tiefsinn der Beobachtung, insofern sie notwendig sind, das Leben charakteristisch aufzufassen, die erste unter allen Eigenschaften des Dichters, so würde in dieser schwerlich ein anderer sich ihm gleichstellen können. Andere Dichter haben gestrebt, uns in einen idealischen Zustand der Menschheit wenigstens auf Augenblicke zu versetzen. Er stellt den Menschen in seinem tiefen Verfall, diese all sein Tun und Lassen, sein Denken und Streben durchdringende Zerrüttung, mit einer oft herben Deutlichkeit dar. Er könnte in dieser Hinsicht nicht selten ein satirischer Dichter genannt werden, und wohl möchte das verworrene Rätsel des Daseins und der menschlichen Erniedrigung, wie er es auffaßt, noch einen ganz andern, bleibenderen und tieferen Eindruck zu machen geeignet sein, als die ganze Schar jener bloß leidenschaftlich Erbitterten, die man gewöhnlich satirische Dichter nennt. Dabei aber schimmert im Shakespeare die Erinnerung und der Gedanke an die ursprüngliche Hoheit und Erhabenheit des Menschen, von der jene Gemeinheit und Schlechtigkeit nur ein Abfall und die Zerrüttung ist, überall hindurch, und bei jeder Veranlassung bricht das eigene Zartgefühl und der Edelmut des Dichters in den schönsten Strahlen vaterländischer Begeisterung, hoher Männerfreundschaft oder glühender Liebe hervor.

Aber selbst die jugendliche Liebesglut erscheint in seinem Romeo nur als eine Begeisterung des Todes, jene ihm eigentümliche, schmerzlich skeptische und herbe Lebensansicht gibt dem Hamlet eben das Rätselhafte, wie bei einer unaufgelösten Dissonanz, und im Lear ist Schmerz und Leiden bis zum Wahnsinn gesteigert. So ist dieser Dichter, der im Äußern durchaus gemäßigt und besonnen, klar und heiter erscheint, bei dem der Verstand herrschend ist, der überall mit Absicht, ja man möchte sagen mit Kälte verfährt und darstellt, seinem innersten Gefühl nach der am meisten tief schmerzliche und herb tragische unter allen Dichtern der alten und der neuen Zeit.

Das Schauspiel betrachtete er als eine Sache für das Volk, und behandelte es auch besonders anfangs durchgehends so. Er schloß sich ganz an die Volkskomödie, wie er sie vorfand, schuf die Bühne und bildete sie weiter nach diesem Gedanken und seinem Bedürfnis. Doch führte er selbst in seinen ersten, noch roheren Jugendversuchen in das treuherzige Volksspiel das gigantische Große und furchtbar Schreckliche, ja das ganz Entsetzliche ein; verschwenderisch auf der andern Seite mit solchen Darstellungen und Ansichten der menschlichen Erniedrigung, welche den gemeinen Zuschauern für Witz galten und noch gelten, während sie in seinem tief schauenden und denkenden Geiste doch mit einem ganz andern Gefühle bitterer Verachtung oder schmerzlicher Teilnahme verbunden waren. Volksspiele und Volkslieder bestimmten viel an der äußern Form seiner Werke; so ganz ohne Kenntnis, wie man dieses, seit Milton ihn als den freien Sohn der Natur gepriesen, immer voraussetzt, war er wohl nicht, noch weniger ohne Kunst; aber freilich waren es für sein inneres Gefühl vorzüglich nur die tiefen Anklänge der Natur, welche es vermochten, dieses abgesonderte, verschlossene, einsame Gemüt zu erregen. Die Stelle, wo er noch am meisten mit den übrigen Menschen zusammenhing, war das Gefühl für seine Nation, deren glorreiche Heldenzeit in den

Kriegen gegen Frankreich er aus den treuherzigen alten Chroniken in eine Reihe dramatischer Gemälde übertrug, welche durch das darin herrschende Ruhm- und Nationalgefühl sich dem epischen Gedichte nähern.

Es ist eine ganze Welt in Shakespeares Werken entfaltet. Wer diese einmal in das Auge gefaßt hat, wer in das Wesen seiner Dichtung eingedrungen ist, der wird sich schwerlich durch die bloß scheinbare Unförmlichkeit oder vielmehr die besondre und ihm ganz eigentümliche Form stören lassen, oder durch das, was man über diese, wo man den Geist nicht verstand, gesagt hat. Vielmehr wird er auch die Form in ihrer Art gut und vortrefflich finden, insofern sie jenem Geist und Wesen durchaus entspricht, und wie eine angemessene Hülle sich ihm glücklich anschließt. Shakespeares Poesie ist dem deutschen Geiste sehr verwandt, und er wird von den Deutschen mehr als jeder andere fremde und ganz wie ein einheimischer Dichter empfunden. In England selbst erzeugt die oberflächliche Ähnlichkeit, welche andere geringere Dichter desselben Landes in der äußern Form mit Shakespeare haben, manche Mißverständnisse. Die Form aber kann, so sehr uns auch die Poesie anspricht, um so weniger für unsre Bühne ausschließendes Vorbild oder Regel sein, da selbst jene dem Shakespeare eigne besondere Gefühlsweise, so wie er sie hat und zu gebrauchen weiß, zwar höchst poetisch, an und für sich aber doch keineswegs die allein gültige, oder dem Ziel der dramatischen Dichtkunst einzig entsprechende ist. Unser deutsches Drama geht allerdings von der gleichen oder doch einer ganz ähnlichen episch-historischen Grundlage aus wie Shakespeare; oder vielmehr, da es selbst im ganzen wie im einzelnen nur noch ein Streben ist, es strebt davon auszugehn. Von da ausgehend aber strebt es wieder, wie die bedeutendsten bisherigen tragischen Gebilde und Versuche insgesamt kundgeben, mehr und mehr in die Höhe einer rein lyrischen Entfaltung, nach der Art des antiken Trauerspiels, oder wie Calderon in andrer Weise für den christlichen Begriff vom Leben und seinen Erscheinungen es am vollendetsten erreicht hat. Daher steht uns für die Anwendung Calderon als das höchste Ziel der romantisch-lyrischen Schönheit und einer christlich verklärten Phantasie fast näher als Shakespeare, obwohl wir den Grund und Boden, den wir mit dem letzten teilen, und aus dem auch unsre deutsche Poesie emporgewachsen ist, nie undankbar verkennen oder ganz verlassen dürfen. Calderon schließt sich unter den romantischen Dichtern zunächst an die ältere allegorisch-christliche Schule und hat den Geist dieser christkatholischen Symbolik in das Drama übertragen; Shakespeare steht dem Wesen der nordischen Schule näher, und unsere neue deutsche Poesie trägt immer noch, so wie es auch ehedem war, die Anlage und die Neigung zu beiden in sich. Die Naturtiefe Shakespeares aber ist ein Element, welches, an sich das Höchste der Poesie berührend, doch mehr der epischen Dichtung angehört, da es in der dramatischen Nähe und Entwicklung nur zersetzt, auseinandergerissen und entweiht wird; welchen Abweg wir schon oft zu bemerken Gelegenheit hatten, und den wir, weil er verführerisch ist, mehr zu fürchten und davor zu warnen haben, als wenn andere auf dem Wege der Nachfolge Shakespeares in eine zu prosaische Dichtigkeit und historische Umständlichkeit der Darstellung geraten: da dieser Abweg sich niemals auf die Länge des allgemeinen Beifalls erfreuen wird. Auch von Calderons lichtglänzender Symbolik würde alles Einzelne nur eine unglückliche Nachfolge veranlassen und besonders auf unserer Bühne, bis jetzt dem chaotischen Sammelplatz der gemischtesten Empfindungen, Ansichten und Meinungen, fast nur den Eindruck einer halben Entweihung hervorbringen; aber seine lyrische Schönheit und Entfaltung bleibt das Vorbild, welchem die dramatischen Dichter unsrer Zeit bewußt oder unbewußt nachstreben.

Die heitere Ritterdichtung des Spenser, die freie Lebenspoesie des Shakespeare ward verkannt, verdrängt, ja verfolgt, als der Fanatismus, der unter Elisabeth und nach ihr nur wie ein verborgnes im Innern zurückgehaltnes Übel vorhanden gewesen war, nun unter Karl dem Ersten mit einem Male gewaltsam und öffentlich ausbrach, und alles überwältigte und beherrschte. Vorzüglich war Shakespeare ein Gegenstand des Hasses für die Puritaner, die er freilich auch eben nicht geliebt zu haben scheint, so wie er es noch heutzutage für die Methodisten und ähnliche in England so sehr verbreitete Sekten ist. Indessen hat doch auch jene puritanische Zeit einen Dichter hervorgebracht, der mit Recht unter die ersten und merkwürdigsten seiner Nation gezählt wird. Die weltliche und natürliche Poesie ward von den

Eiferern für unerlaubt gehalten, die Dichtkunst mußte jetzt ganz auf das Geistliche gerichtet sein, wenn sie dem Geiste der Zeit entsprechen sollte, wie in Miltons immer gleichförmigem Ernst. Sein episches Werk leidet zuerst an den Schwierigkeiten, die allen christlichen Gedichten, welche die Geheimnisse der Religion selbst zum Gegenstande wählen, gemein sind. Auffallend ist, wie er nicht einsah, daß das *Verlorne Paradies* für sich kein Ganzes bilde und nur der erste Akt sei von der christlichen Geschichte des Menschen, wenn er diese einmal mit einem poetischen Auge ansehen und Schöpfung, Sündenfall und Erlösung wie Ein großes Drama betrachten wollte. Allerdings hat er diesen Mangel durch das später hinzugekommene *Wiedergewonnene Paradies* ersetzen wollen; aber dieses ist gegen das große Werk von zu geringem Umfang und Gehalt, als daß es für den Schlußstein desselben gelten könnte. Gegen die katholischen Dichter, Dante und Tasso, die seine Vorbilder waren, stand er als Protestant auch dadurch im Nachteil, daß er von so manchen sinnbildlichen Vorstellungsarten, Geschichten und Überlieferungen, die jenen für ihre Poesie zum reichen Schmuck zu Gebote standen, keinen Gebrauch machen konnte. Er suchte dagegen aus dem Alkoran und Talmud und ihren Fabeln und Allegorien seine Poesie zu bereichern, was einem ernsten christlichen Gedicht dieser Art gewiß nicht angemessen sein kann. Der Wert dieses epischen Werks liegt daher nicht sowohl in dem Plan des Ganzen, als in einzelnen Schönheiten und Stellen, und demnächst in der Vollkommenheit der höhern dichterischen Sprache. Was dem Milton die allgemeine Bewunderung erworben hat, die er im achtzehnten Jahrhundert fand, das sind die einzelnen Züge und Darstellungen paradiesischer Unschuld und Schönheit, und dann das Gemälde der Hölle und die Charakteristik ihrer Bewohner, die er in einer großen und fast antiken Art wie Giganten des Abgrundes schildert. Ob es für die englische Dichtersprache überhaupt heilsam gewesen, daß sie sich immer mehr auf die lateinische als auf die deutsche Seite hinwandte, daß sie in der späteren Zeit mehr dem Milton als dem Spenser folgte, das könnte an sich sehr bezweifelt werden. Da es aber einmal geschehen, so ist Milton allerdings als der größte auch im Stil, und in mancher Rücksicht selbst als Norm für die hohe, ernste engländische Dichtersprache zu betrachten. Doch eine durchaus feste Norm leidet eine so ganz aus Mischung entstandene Sprache wie die englische nicht leicht, da ihre Natur selbst es mit sich bringt, daß sie zwischen zwei entgegengesetzten Extremen wo nicht immer schwanken, doch mit nicht zu beschränkender Freiheit sich hin und her bewegen und sich bald mehr dem einen, bald mehr dem andern nähern kann. Den ganzen Reichtum der so kraftvollen englischen Sprache in dieser ihrer Mischung und allen Abstufungen derselben lernt man doch nur aus Shakespeare kennen.

Nach der Zeit der Puritanerherrschaft griff eine andere Art von Barbarei in der englischen Literatur und Sprache um sich: die allgemeine Herrschaft des französischen, und zwar eines sehr verdorbenen französischen Geschmacks. Erst gegen das Ende des siebenzehnten Jahrhunderts erhob sich mit der wahren Wiederherstellung der Freiheit auch der Geist von neuem; so sehr hatte aber das Ausländische um sich gegriffen, daß die geschilderten großen, alten Dichter der Nation noch am Anfang des achtzehnten Jahrhunderts gewissermaßen erst wieder entdeckt und aus der Vergessenheit an das Licht gezogen werden mußten.

Die französische Literatur besaß in den letzten burgundischen Zeiten, unter Franz dem Ersten, und im sechzehnten Jahrhundert einen Reichtum an jenen historischen Denkwürdigkeiten, woran sie zu allen Zeiten sehr ergiebig war; geschichtliche Bekenntnisse, oder Gemälde nach dem Leben, welche uns durch die lebhafte Darstellung des einzelnen, durch die Menge der Züge, die unmittelbar aus der Beobachtung und eigenen Anschauung ergriffen sind, ganz in die Sitten, in die gesellschaftlichen Verhältnisse, und überhaupt in den Geist der dargestellten Zeit versetzen. Auch entwickelte sich jetzt schon das eigentümliche Talent des geselligen und gesellschaftlichen Vortrags einer leichten Philosophie über die Gegenstände des Lebens. Ich erinnere für beide Gattungen nur an Commines und Montaigne. Die altfranzösische Sprache ist meistens geschwätzig, nachlässig, ja nicht selten verworren im Periodenbau, aber es ist mit jener Geschwätzigkeit und Nachlässigkeit, wie beim Montaigne und andern bessern Schriften der alten Zeit nicht selten etwas Naives und eine eigne natürliche Anmut verbunden, die jetzt um so anziehender ist, je strenger nachher die Sprache geregelt worden. Wie wenig aber im ganzen die französische

Sprache im sechzehnten Jahrhundert auch in der Poesie und in den Hervorbringungen des Witzes mit der kunstreichen Ausbildung und dem Stil der benachbarten Sprachen auf der gleichen Stufe stand, wie weit sie noch entfernt war von jenem edeln Geschmack, den sie selbst nachher erreichte, dafür können Marot und Rabelais zum Beweise dienen, obwohl beide nicht ohne Talent sind. Sieht man überhaupt auf den vernachlässigten, verwilderten, ja in mancher Hinsicht noch barbarischen Zustand der ältern französischen Literatur und Sprache, so kann man die große Veränderung, welche durch die von Richelieu gestiftete Akademie in beiden bewirkt wurde, im ganzen nicht anders als notwendig und wohltätig in ihren Wirkungen finden. Indessen war es allerdings, wie in dem politischen Zustande unter Richelieu, ebenso auch hier ein eisernes Joch, wodurch der Anarchie auch in der Sprache und Literatur ein Ziel gesetzt wurde. Für ihren nächsten Zweck, die allgemeine Sprachbildung, war dies Unternehmen mit dem vollkommensten Gelingen und dem glänzendsten Erfolge gekrönt. In der Prosa zeigt sich dies ganz allgemein; nicht bloß die ersten und berühmten Schriftsteller in der letzten Zeit des siebzehnten Jahrhunderts, man könnte fast sagen, alle zeichnen sich aus durch ein eigentümliches Gepräge von edlem Stil. Man denke nur an so viele Briefe, Memoiren auch von Frauen, Geschäfts- oder andere Schriften, die gar nicht für den Druck bestimmt waren, und nicht von eigentlichen Schriftstellern herrühren; sie zeichnen sich alle aus durch dieses eigene Gepräge von edlem Geschmack, welcher im achtzehnten Jahrhundert fast ganz verlorenging. Unter den Dichtern aber erreichte Racine in Sprach- und Verskunst eine harmonische Vollendung, wie sie nach meinem Gefühl weder Milton im Englischen, noch auch Virgil im Römischen haben, und die nachher in der französischen Sprache nie wieder erreicht worden ist. Für das Ganze der Poesie hätte man wohl wünschen mögen, daß für die Dichtersprache besonders, neben dieser kunstreichen Vollendung, auch etwas mehr Freiheit übriggelassen wäre; daß man die altfranzösische Poesie der Ritterzeit, die doch so vieles Schöne und Liebliche in Erfindung und Sprache hervorgebracht, nicht so ganz unbedingt und ohne Ausnahme verworfen, verachtet und vergessen hätte. Man hätte immer, wie ja auch von den Italienern und andern Nationen geschehen war, einen kunstreichern und ernstern Stil mit dem dichterischen Geist der Ritterzeit verbinden können. Die französische Poesie und die Sprache würden dann wieder mehr von jenem romantischen Schwunge und jener alten Dichterfreiheit erhalten haben, die ihr Voltaire so oft zurückwünscht, und die er ihr auch, obwohl zu spät und nur mit halbem Gelingen, zum Teil wiederzugeben suchte. Doch ein solches Vergessen und gänzliches Verwerfen alles Vorigen ist von einer jeden großen und alles umfassenden Veränderung auch in der Literatur fast unzertrennlich. Es war eine Revolution; eben daher blieben auch gleich von Anfang manche innere Widersprüche zurück, und eine stille Opposition gegen die harte Herrschaft, die bald deutlicher hervortrat, als man unter dem Regenten und Ludwig dem Funfzehnten immer mehr nach den verbotenen Früchten der engländischen Freiheit auch in der Literatur und Sprache zu gelüsten anfing. Durch die unregelmäßige und zum Teil zweckwidrige Art, wie dieses Gelüsten befriedigt und das Ausländische eingeführt und herrschend gemacht wurde, entstand jene Entartung des Geschmacks unter den genannten Herrschern, die immer höher stieg, bis sie endlich, und zwar noch vor der Revolution, in die wildeste Anarchie ausbrach, die man erst eben jetzt in das gewohnte Gleis zurückgelenkt und nicht ohne Mühe wieder unter das Joch des alten Gehorsams gebracht hat.

Für die französische Poesie ist die letzte Hälfte des siebzehnten Jahrhunderts das eigentliche blühende und klassische Zeitalter. Ronsard im sechzehnten Jahrhundert ist nur der entfernte Vorläufer jener großen Dichter unter Ludwig XIV.; Voltaire im achtzehnten ihr ihnen nicht mehr ganz gleicher Nachfolger, der, was in der Poesie jenes Zeitalters noch zu fehlen schien, zu ergänzen versuchte, obwohl nicht immer mit gleichem Glück. Der wesentliche Mangel, welcher die französische Dichtkunst am meisten drückt, ist, daß kein wahrhaft klassisches und vollkommen gelungenes, episches Nationalgedicht bei ihnen der Ausbildung der andern Gattungen voranging. Ronsard versuchte ein solches, er ist auch nicht ohne Feuer und Schwung, aber im Stil ist er voll von falschem Schwulst, wie es oft geht, wenn man sich zuerst und mit einem Male aus der Barbarei herausarbeiten will, daß man in den entgegengesetzten Fehler des allzu Gesuchten, Gelehrten und Gekünstelten verfällt. Unter allen Dichtern, welche bei den

Italienern oder sonst ihre Sprache ganz antikisch haben bilden wollen, ist Ronsard wohl am meisten mit diesem Fehler beladen. Auch die Wahl des Gegenstandes in seiner Franciade kann nicht anders als verfehlt erscheinen. Hätte ein französischer Dichter einen historischen Gegenstand der ältern Nationalgeschichte für ein episches Gedicht erwählt, so hätte dann jene fabelhafte, im Mittelalter aber allgemein verbreitete Herleitung der Franken von den trojanischen Helden als Episode in einem solchen historischen Rittergedichte immer eine Stelle finden mögen. Diese veraltete Sage aber an und für sich zu einer Epopöe ausdehnen zu wollen, war ein ganz unglücklicher Gedanke. Die Taten und Schicksale des heiligen Ludwig möchten in mancher Hinsicht als der günstigste Gegenstand für ein episches Gedicht des ältern Frankreichs erscheinen, da sie mit allem Romantischen in Beziehung standen, und hier mit dem Ernst der Wahrheit und der Würde eines für das religiöse und Nationalgefühl gleich sehr geheiligten Helden zugleich auch der Phantasie ein freier Spielraum eröffnet ward. Nur bliebe es eine Schwierigkeit, daß Ludwigs Kreuzzüge durchaus nicht glücklich ausgefallen waren. Bei der Jungfrau von Orleans, welche Chapelain zum Gegenstande wählte, lag die Schwierigkeit darin, daß die Heldin, welche Frankreich gerettet, von ihren eigenen Landsleuten nachher aus Neid und Überdruß, nachdem sie dieselbe erst vergöttert hatten, verraten, den Feinden und einem schmählichen Tode hingegeben war. Ebenso, wie es oft in der Geschichte französischen Helden, erging es auch in der Literatur dem Ronsard. Denn grenzenlos wurde er zu seiner Zeit als Dichter verehrt und bis in den Himmel erhoben, bald nachher aber ganz zu Boden geworfen, und ebenso unbedingt verachtet. Indessen darf doch Ronsard in der Geschichte der französischen Dichtkunst nicht ganz übergangen werden; denn es ist unverkennbar, daß der große Corneille, der Freund und Verehrer des Chapelain, sich in der Sprache besonders noch einigermaßen an jene ältere Schule des Ronsard anschließt, wenigstens hie und da daran erinnert.

Das Trauerspiel der Franzosen ist eigentlich der glänzendste Teil ihrer poetischen Literatur und derjenige, welcher auch mit Recht immer die Aufmerksamkeit der andern Nationen am meisten auf sich gezogen hat. Ihre Tragödie entspricht so ganz dem Bedürfnis ihres

Nationalcharakters und ihrer eigentümlichen Gefühlsweise, daß der hohe Wert, welchen sie darauf legen, sehr begreiflich ist, ungeachtet die ältere französische Tragödie fast nie Gegenstände aus der einheimischen Nationalgeschichte darstellte. Zwar ist nicht zu leugnen, daß alle diese Griechen, Römer, Spanier und Türken, welche sie uns darstellt, mit der Sprache auch manche andere Eigenschaft der Franzosen angenommen haben. An sich ist auch diese Verwandlung und Aneignung des Ausländischen in der Poesie gar nicht zu tadeln; doch auffallend bleibt es immer, daß die französische Tragödie immer nur fremde und fast nie französische Helden darstellt. Es ist dieses zu erklären aus dem Mangel eines durchaus gelungenen und allgemein verbreiteten epischen Gedichts. Auch wären die meisten tragischen Gegenstände der altfranzösischen Geschichte auf einer Bühne, die zunächst den Hof im Auge hatte, wegen gehässiger Erinnerungen oder Vergleichungen wohl nicht gut angebracht gewesen. Ein Mangel blieb es immer, da die Beziehung auf das Nationalgefühl von keiner Gattung der ernsten Poesie, am wenigsten vom Trauerspiel ganz ausgeschlossen bleiben sollte. Als einen solchen erkannte es auch Voltaire, und suchte dem Übel abzuhelfen, indem er Gegenstände aus der französischen Geschichte, überhaupt aber aus der romantischen Ritterzeit auf die Bühne brachte. Das erste hat damals keinen rechten Erfolg gehabt und erst in neuerer Zeit mehr Nachfolge gefunden; glücklicher ist ihm vor andern Franzosen der Versuch eines romantischen Trauerspiels gelungen.

Ungeachtet nun die Gegenstände des französischen Trauerspiels mit geringer Ausnahme nicht national sind, so ist doch die ganze Gattung durch die herrschende Richtung und Gefühlsweise dem französischen Geist und Charakter im höchsten Grade entsprechend, und als eine solche durchaus nationale, in ihrer Art höchst vollkommene und eigentümliche Dichtungsart erkenne ich auch das französische Trauerspiel gern an, sowenig ich mich überreden kann, daß es für die Bühne irgendeiner andern Nation als Norm und Regel gelten sollte, die sich meiner Überzeugung nach jede Nation für ihre Bühne selbst auffinden und geben muß.

Wenn gleichwohl die Form des französischen Trauerspiels von den meisten als eine Nachbildung des griechischen angesehen und aus diesem Standpunkte beurteilt wird, so haben es die französischen Dichter zuerst veranlaßt, indem sie uns in den Vorreden zu ihren Trauerspielen selbst auf dieses Ziel hinlenken. Racine erscheint auch hier am vorteilhaftesten; er spricht mit einer gefühlten Kenntnis von den Griechen, wie man sie bei andern französischen Schriftstellern nicht leicht so finden möchte, und leistet uns sein Urteil jetzt, nachdem die Griechen seit ihm noch weit mehr Hauptgegenstand aller Untersuchungen geworden sind, auch nicht immer Genüge, so redet er doch überall mit der gefühlten Würde von der Kunst und von den Dichtern, wie einer, der es selbst ist. Corneille schlägt sich in den Vorreden meistens mit dem Aristoteles und seinen Kommentatoren herum, die ihm nicht selten sehr im Wege stehen, bis es ihm gelingt, auf irgendeine Art zu kapitulieren oder einen leidlichen Frieden mit diesen fatalen Gegnern der Dichterfreiheit abzuschließen. Man kann hier oft nicht umhin zu bedauern, daß dieses mächtige Genie sich in so engen, meistens unnützen, ihm gar nicht angemessenen Fesseln bewegen mußte. Voltaires Vorreden und Anmerkungen gehen immer auf dasselbe hinaus, daß nämlich die französische Nation, und besonders die französische Bühne, die erste in dem gesamten ehemaligen und gegenwärtigen Universum seien, daß gleichwohl Corneille und Racine, ungeachtet aller hohen Vortrefflichkeit, noch vieles zu wünschen übrig lassen. Wer nun derjenige ist, welcher dieses noch fehlende zur höchsten Vollkommenheit hinzufügen und dadurch jene beiden Dichter noch weit übertreffen soll, das wird dem Leser meistens auch nicht sehr schwer gemacht, zu erraten.

Daß die Form des griechischen Trauerspiels, daß die bekannte Schrift des Aristoteles, so wie sie dieselbe verstanden, die französischen Dichter in manchen Stücken zu sehr beschränkt hat, daß vieles in dem Gesetz von den drei Einheiten, besonders der Zeit und des Orts, auf bloßem Mißverständnis beruht, und so wie es gefordert wird, gar nicht ausführbar, auch nie geleistet worden ist, und mit dem Wesen der Poesie im Widerstreit steht, der man niemals die physische Möglichkeit mit arithmetischer Strenge nachrechnen, sondern ihre Wahrscheinlichkeit, die keine geschichtliche, sondern eine poetische sein soll, nach dem Eindruck auf die Phantasie beurteilen muß: das alles ist seit Lessing schon so oft abgehandelt worden, daß es unnütz sein würde, einen so alten Streit noch einmal durchzufechten. Nur eine historische Bemerkung erlaube ich mir noch hinzuzusetzen; der eigentlich beschränkende Geist unter jenen, welche damals viel Einfluß hatten, war Boileau. Wie schädlich er auf die französische Dichtkunst eingewirkt, läßt sich wohl aus der einzigen Tatsache schließen, daß er nahe daran war, den Corneille ebenso zu mißhandeln, wie den Chapelain. Was den Mann am besten schildert, scheint mir die von ihm gegebene Vorschrift, daß man von zwei reimenden Versen den letzten, wo möglich, immer zuerst machen solle, und der hohe Wert, welchen er auf diesen groben, mechanischen Handgriff legt. Statt des wahren Urteils und Kunstgefühls galt ihm ein Spott, der bisweilen nicht der feinste ist, und statt der Poesie ein recht voll zuschlagender Reim. So kann ich denn nicht umhin, dem Racine beizustimmen, wenn er von Boileau, der übrigens sein Freund war, an seinen Sohn schreibt, Boileau sei ein recht biederer Mann, von der Poesie verstehe er herzlich wenig.

Ein anderes Hauptgesetz dieses Kunstrichters war jenes bekannte, von Horaz entlehnte, daß ein Geisteswerk, wenn es in gehöriger Reife an das Licht der Welt treten soll, gerade so vieler Jahre bedarf, als zu einer natürlichen Geburt Monate erfordert werden. Aber ungeachtet dieser Regel des anmaßlichen Gesetzgebers dürfen wir wohl nicht bezweifeln, daß die *Athalia* von Racine, und der *Cid* von Corneille, nach meinem Gefühl die beiden herrlichsten Dichterwerke der französischen Poesie, nicht so langsam herausgekünstelt, sondern schnell in Einer Begeisterung und wie in Einem Guß hervorgebracht wurden. Diese beiden Schöpfungen, die größten vielleicht, welche die französische Bühne besitzt, können am besten bezeichnen, welche Höhe dieselbe erreicht hat, und wo sie auf ihrem Wege in der Nachahmung des alten Trauerspiels stehengeblieben ist.

Wie wenig auch die neuern Erklärer des Aristoteles dieses wahrgenommen haben mögen, denn in ihm selbst ist es allerdings deutlich anerkannt, der lyrische Bestandteil und der Chor ist das Wesentlichste im Trauerspiel der Alten, wovon das Ganze getragen und gehalten wird; so daß, wer diese Form sich zum Ziele setzt, notwendig vorzüglich darauf sein Auge richten muß. Der *Cid* des Corneille geht überall in das Lyrische über, und dieser Schwung der Begeisterung gibt ihm jene hinreißende Kraft, gegen welche Neid und Kritik nichts vermochten. Den Chor der Alten aber hat Racine in seiner *Athalia*, obwohl mit Änderung und selbständiger Aneignung, aber, wie mir es scheint, für diesen Zweck sehr glücklich und mit hoher Poesie wieder eingeführt. Wäre das französische Trauerspiel auf diesem Wege, welchen die beiden ersten Dichter in den Werken ihrer höchsten Begeisterung bezeichnet, weiter fortgegangen, so würde es dem der Alten viel ähnlicher an Schwungkraft und Hoheit geworden sein; viele der engen Fesseln, welche aus bloß prosaischem Mißverstand hervorgegangen waren, würden von selbst weggefallen sein, und freier würde es sich in einer freilich dann ganz anders gestalteten Form bewegt haben.

Da es aber im allgemeinen herrschender dramatischer Gebrauch wurde, den lyrischen Bestandteil aus der Anlage des alten Trauerspiels wegzulassen, so entstand daraus ein großes Mißverhältnis, besonders bei solchen mythologischen Gegenständen, die auch bei den Alten behandelt worden waren, und wie sie ungefähr ein Trauerspiel ausgefüllt hatten. Fiel der lyrische Bestandteil weg, so war nur die Handlung nicht reichhaltig genug; da ergriff man dann jene Mittel, um den leeren Raum auszufüllen, die auch schon bei den Alten zur Zeit des Verfalls der tragischen Dichtkunst zu gleichem Zwecke gedient hatten. Man machte die Handlung verwickelter durch hineingelegte Intrigen, welche der Würde und dem Wesen des Trauerspiels ganz zuwider sind, oder man setzte alles in die Rhetorik der Leidenschaften, wozu in jedem tragischen Stoff leicht die mannigfaltigste Veranlassung sich findet. Dies ist nun eigentlich die glänzende Seite des französischen Trauerspiels, darin hat es eine hohe und fast unvergleichliche Stärke, und dadurch entspricht es so ganz dem Charakter und dem Geist der Nation, bei welcher die Rhetorik in allen Verhältnissen einen herrschenden Einfluß behauptet hat und auch noch behauptet, und welche selbst im Privatleben zu einer solchen Rhetorik der Leidenschaften sich hinneigt. Es ist diese allerdings auch in einem gewissen Maße ein notwendiges und unentbehrliches Element der dramatischen Darstellung. So ausschließend herrschend aber, wie im französischen Trauerspiele, darf dieses einzelne Element nicht sein; zweckwidrig wenigstens wäre es, was sich bloß auf die französische Nationaleigentümlichkeit gründet, als Regel auch für andre Nationen aufstellen zu wollen, die vielleicht mehr Sinn für die Poesie als angebornes Talent zur Rhetorik haben.

Die Vorliebe für diesen rhetorischen Teil des Trauerspiels ist bei den Franzosen so groß, daß ihre Bewunderung und Beurteilung eben daher weit mehr auf einzelne Stellen gerichtet ist, als auf das Ganze. Sehen wir aber auf dieses, und sehen wir auf diejenigen Stücke, welche eine wahrhafte und poetische Auflösung haben, so werden wir finden, daß in dieser Hinsicht das französische Trauerspiel sich mehr an das Altertum anschließt und meistens mit einem vollkommenen Untergang endet; ohne alle Milderung oder mit einer noch halbschmerzlichen Versöhnung; seltner aber, wie doch der christliche Dichter vorzüglich dahin streben sollte, auf den Kampf, wie in der *Athalia* des Racine, Sieg folgen, oder aus Tod und Leiden ein neues Leben in höherer Verklärung hervorgehen läßt, wie in der *Alzire* von Voltaire, meinem Gefühle nach seinem Meisterwerk, worin er als wahrer Dichter und seiner beiden Vorgänger ganz würdig erscheint.

ÜBER LAMARTINES RELIGIÖSE GEDICHTE

Mehr als durch alle politischen Abgrenzungen und Gegensätze werden die Nationen voneinander getrennt und sich gegenseitig entfremdet durch eine große und wesentliche Verschiedenheit in der Richtung ihrer Geisteskultur. Es gibt aber ein anderes, höheres Prinzip, welches die Nationen, die so lange feindlich oder fremd, eine jede schroff für sich, bestanden, einander wieder näherführt und sie durch ein Geistesband innerlich vereinigt; und so wie es zuerst die Religion gewesen, welche aus den Völkern des neuern Europa eine Familie gebildet hat, so nähern wir uns auch, nachdem jenes alte Familienband schon großenteils erloschen war, jetzt vielleicht der Zeit, wo das Christentum mit neuer Macht in den bedrängten Herzen erstehend, zusammenführen und wieder eins machen wird, was bisher durch eine weite Kluft geschieden war. Die Gewalt des lebendigen Worts dringt durch die materiellen Schranken, und selbst die Scheidewand der Sprache verschwindet, sobald der Geist eins geworden ist, und die Seele von dem gleichen Gefühl durchdrungen.

Der neue Dichter, welcher in Frankreich aufgestanden, und der so ganz eigentlich aus der Religion hervorgegangen ist, Lamartine, und seine dichterischen Meditationen sind ein auffallendes Beispiel für diese Behauptung.

Es gibt wohl nicht einen schneidendern Gegensatz in dem ganzen Gebiete der Geisteskultur als den zwischen der Poesie und dem dichterischen Gefühl der deutschen Nation und jener angenommenen Darstellungsform, welche bei den Franzosen diese Stelle einnimmt. Dort ist es ein tiefes Ahnden der Phantasie, was den Grundton des Lebens bildet und die eigentümliche Weltansicht bestimmt; ein Gefühl und ein Streben, was im Unendlichen verschwebt, oder mehrenteils nur in Fragmenten und halbvollendeten Gebilden sich rätselhaft kundgibt. Bei den Franzosen ist es ein nach allen Rücksichten der gesellschaftlichen Konvenienz abgemeßner Ausdruck in der Darstellung der Leidenschaft, was als die vollkommenste Poesie bewundert wird, während es uns meistens nur den Eindruck von guter Prosa macht. Die deutsche Poesie senkt sich mehr und mehr in die Vergangenheit zurück und wurzelt in der Sage, wo die Wellen der Phantasie noch frisch aus der Quelle strömen; die Gegenwart der wirklichen Welt kann sie höchstens nur im humoristischen Witz ergreifen und dadurch in das Gebiet der Phantasie erheben. Die dichterische Darstellung der Franzosen ist in der Gegenwart daheim, und selbst die Vergangenheit stellt sie gern ohne sehr eigentümliche Lokalfarben, in idealischer Allgemeinheit hin, mit täuschender Lebendigkeit, durch hinreißenden Effekt der Leidenschaft und des theatralischen Eindrucks. Es gibt aber etwas Mittleres und Tieferes, als das bloß leidenschaftliche Gefühl, welches der prosaischen Wirklichkeit immer noch sehr nahesteht, ja auch als der Zauberschein der Phantasie in ihrem rätselvollen Sagenspiel, das freilich den Hauptstoff und den eigentlich geistigen Körper der Poesie bildet. Dieses mittlere, tiefere Element nun, worin jene andern beiden als in ihrem gemeinsamen Urquell zusammenkommen, ist das höhere Gefühl, was mehr ist als Leidenschaft, und was wir Begeisterung nennen und vielleicht richtiger Beseelung nennen sollten. Denn eben diese tiefe, innige Beseelung ist es, aus der alles Leben und auch das der Phantasie hervorgeht, so wie jeder Geistesflug in die Höhe seinen Aufschwung nimmt. Denn die wahre Begeisterung ist allein diejenige, welche aus dem tiefen Grunde jener alldurchdringenden Beseelung der innerlichen Liebe hervorgeht, und wo dieser Grund fehlt, ist die Begeisterung hohl, nicht echt, und nur leidenschaftlich; obwohl auch diese Beseelung hinwieder einen Strahl von oben und den Anhauch eines höheren Geistes bedarf, um sich aufwärts zur lichten Klarheit zu erheben.

Diese hohe Begeisterung und Tiefe des Gefühls oder innige Beseelung ist nun die Region, in welcher wir mit diesem neuen Dichter zusammentreffen, so daß die große Scheidewand seiner und unserer Sprache verschwindet. Man hört verwandte Töne im Widerklang der innersten Seelengefühle und glaubt die eigne Sprache zu vernehmen, weil es die eine, ewige ist, die allen zersplitterten Nationalsprachen zum Grunde liegt und das innere Leben gibt.

Wir wollen nun die Anfangspunkte näher und im einzelnen bezeichnen, von denen das poetische Gefühl unsers Dichters ausgeht, so wie es sich in diesen rhapsodischen Ergießungen kundgibt. Der erste Punkt und Grundton, mit welchem der Dichter sich zunächst ganz an das Zeitalter anschließt, ist jenes Gefühl, von welchem edle Gemüter und starke Seelen aus begreiflichen Gründen gerade in unserm Zeitalter so mächtig ergriffen werden; jene erhabne Trostlosigkeit, aus welcher die unbezwingliche Sehnsucht, durch den herrschenden Unglauben, alle Banden des Wahns zersprengend, zur Wahrheit und Liebe endlich hindurchdringt; oder auch, wo sie diesen Durchgang nicht findet, an dem poetischen Gemälde des Abgrundes selbst ein dunkles Vergnügen findet. Dieses ist das magisch Hinreißende in Lord Byrons Gedichten, der eben darum der Lieblingsdichter so vieler ähnlich gestimmter Gemüter in den höhern europäischen Kreisen geworden ist. Wie sehr er auch auf unsern Dichter früher eingewirkt hat, ehe er den Ausgang aus diesem dunkeln Labyrinth trostloser Gemälde einer atheistisch düstern Begeisterung gefunden hatte, das zeigt sich noch deutlich in seinen vielfältigen Anreden an ihn.

> Qui que tu sois, Baron, bon ou fatal genie;
> J'aime de tes concerts la sauvage harmonie,
> Comme j'aime le bruit de la foudre et des vents,
> Se mêlant dans l'orage à la voix des torrents!

Er soll nur einmal »aufschreien zum Himmel«, dieser Dichter der Hölle, so ruft er ihn an, und es wird ein Strahl von dem Feuer des Lebens herabfahren in die Nacht seiner Seele, und sein Herz wird durch die Gewalt seiner eignen Akkorde sich selber besänftigen; denn nur für die Wahrheit habe Gott das Genie erschaffen.

> Fais silence, o ma lyre! Et toi qui dans tes mains
> Tiens le coeur palpitant des sensibles humains,
> Byron, viens en tirer des torrents d'harmonie;
> C'est pour la vérité que Dieu fit le génie.

> Jette un cri vers le Ciel, o chantre des Enfers!
> Le Ciel même aux damnés enviera tes concerts!
> Peut-être qu'à ta voix, de la vivante flamme
> Un rayon descendra dans l'ombre de ton âme;
> Peut-être que ton coeur, ému des saints transports,
> S'appaisera soi-même à tes propres accords,
> Et qu'un éclair d'en haut perçant ta nuit profonde
> Tu verseras sur nous la clarté qui t'inonde.

Hinreißendere und gefühlvollere Verse, und auch im Ausdruck so vollkommne, sind wohl seit lange nicht in französischer Sprache gedichtet worden, so wie sie in jeder Sprache höchst selten ans Licht kommen.

Zum Schluß faßt er den Hauptgedanken noch kurz und kraftvoll zusammen:

> Roi des Chants immortels, reconnois-toi toi-même!
> Laisse aux fils de la nuit le doute et le blasphème.

Über die vielleicht zu weit getriebene Bewunderung von Lord Byrons Poesie können wir mit unserm Dichter unmöglich kritisch rechten, nachdem er eine solche Anwendung davon macht.

Mehrere Gedichte dieser Sammlung, besonders unter den längern didaktischen, bezeichnen und schildern den Kampf des Übergangs von dem trostlosen Byronschen Standpunkte und aus den Tiefen des Unglaubens, durch alle Stufen der Sehnsucht, zur neuen liebevollen Hoffnung; und manches darin gehört noch der früheren, düstern Gefühlsepoche an. Ungleich ist überhaupt die Poesie unsers Dichters, und das hängt wesentlich mit ihrem Charakter zusammen; doch ist keines auch unter diesen Gedichten, wo seine Muse erst noch im Werden ist, ohne mannigfaltige große und schöne Züge. Statt aber jetzt schon bei dieser Unvollkommenheit zu verweilen, auf die wir am Schluß zurückkommen werden, oder diesen Kampf das Übergangs aus dem Abgrunde des Zweifels zum liebevollen Glauben und der begeisterten Hoffnung eines höhern Lebens im einzelnen zu schildern und Stufe für Stufe zu begleiten, fahren wir fort, die Anfangspunkte zu bezeichnen, von welchen die poetische Gefühlsweise des Verfassers ausgeht.

Der zweite dieser Anfangspunkte, oder das wesentliche Element seiner poetischen Begeisterung und Weltansicht ist die Liebe; aber nicht bloß leidenschaftlich genommen, wie mehrenteils bei den französischen Dichtern, sondern zart und innig tief, bleibend und alldurchdringend, erhöht und verwebt mit der Erinnerung und Sehnsucht des Todes, jenem Gefühl, welches der wahren Liebe am nächsten steht und am meisten verwandt ist. Die geliebte Elvire, Tochter eines verbannten portugiesischen Dichters, war ihm, nach kurzem Glück, früh durch den Tod entrissen; und war sie ihm schon hier, noch lebend, als eine »Schwester der Engel« erschienen, so fühlt er sich auch jetzt nicht von ihr getrennt und sieht im Geiste, während er sich dem Schmerz über seinen Verlust ganz überläßt, auch sie, an einem andern Gestade der höhern Weltregionen, einsam ihre Klagen aushauchen. Und so wie die körperliche Hülle dieser Sinnenwelt ihn nicht von der geliebten Seele trennt, so sinkt auch die Scheidewand zwischen einer solchen durch Treue geadelten, durch das Unglück geheiligten Liebe und dem Gefühle der Andacht. Beim einsamen Abendstern flüchtet sich sein Schmerz in eine ländliche Kirche, und sein liebebeladenes Herz an den heiligen Stufen ausschüttend, wagt er es auch hier noch, der edlen Abgeschiedenen mit Namen zu gedenken, und in dem Gefühle der Ehrfurcht, womit ihn die Gegenwart Gottes am Altare anfüllt, den Namen Elvire aus der tiefsten Seele hervorzuflüstern. Hinreißend ist die Erinnerung an die mit der Geliebten genossene Fahrt auf dem Meerbusen von Baja, an jenen paradiesischen Gestaden voll Ruinen und rührend großer Andenken. Überhaupt zeigt sich ihm die Natur verklärt in dem Widerschein seiner Liebe, und dieses tiefe Naturgefühl ist denn das dritte Element seiner poetischen Begeisterung. Jene bald prachtvoll erhabene, bald zierlich genaue Naturschilderung, welche in der neuern englischen Dichtkunst einen so großen Raum einnimmt, ist schon früher von andern auch auf den Boden der französischen Poesie verpflanzt und nur derselben Regel einer sorgfältigen Abmessung des künstlichen Ausdrucks unterworfen worden, der dort nun einmal als allgemeines Gesetz gilt. Bei unserm Dichter aber ist es durchaus nicht jene eben erwähnte Manier von kunstreicher Naturbeschreibung, was er sucht und uns aus der Fülle seines Herzens gibt, sondern ein mächtigeres, ganz innerliches, ahndungsvolles, tiefes Naturgefühl. Meisterhaft weiß er zwar das Herrlichste der Naturerscheinungen in der Abendsonne, auf dem wogenden Meere oder unter dem Nachtgestirne in wenigen großen Zügen malerisch hinzuwerfen; aber ganz überwiegend dabei und das, worauf es ihm eigentlich ankommt, ist immer das innere süß träumende Seelengefühl. Darum genügt ihm auch das wenige in der Natur, was so oft das Gefühl am tiefsten anregt: der Anblick des gestirnten Himmels, oder die Quelle im einsamen Tal, wo seine Seele beim Rauschen der Wasser in gelindem Schlummer dahinsinkt, in dem sein Ohr nichts mehr hört als den Wellenschlag des Meeres, und nichts sieht, als den klaren Himmel. Die eigentümliche Art, wie der Dichter die Natur erblickt, oder wie sie sich ihm verklärt darstellt, hat er selbst in einem Verse sehr treffend ausgedrückt. Die Seele, so redet er zu dem Schöpfer, sei ein Strahl des Lichts und der Liebe, und werde verzerrt von dem Verlangen, wieder emporzusteigen zu ihrer flammenden Quelle.

> Je respire, je sens, je pense, j'aime en toi.
> Ce monde, qui te cache, est transparent pour moi.

Das was der Dichter hier in so schöner Kürze sagt, ist eben das Wesentliche. Dem wahren poetischen Gefühl wird die Natur durchsichtig, und kann oder darf der Seher auch den Schleier nicht ganz heben, so hemmt ihn doch nicht mehr die dunkle Schranke der sinnlichen Erscheinung; mitfühlend ahndet er das innere Leben, was mehr für ihn ist, als aller Glanz des äußern Eindrucks. Diesem tiefern Naturgefühle gemäß schließt sich auch bei unserm Dichter eine Fülle von geistigen Ahndungen an den malerischen Anblick der schönen Außenwelt; und eine zauberische Weichheit der Empfindung und des Ausdrucks umgibt die großen Züge der einfachen Darstellung. Versunken in den stillen Schein des liebevollen Abendsternes, berührt plötzlich seine Stirn ein weicher Strahl des Mondes. – »Welche verborgne Geheimnisse der unsichtbaren Welt«, fragt er, »verbirgt wohl der zauberische Widerschein? Ist es der erste Morgenstrahl des nie erlöschenden Tages? Oder ist es die geliebte Seele, sind es die Schatten der Abgeschiedenen, die in dieser nächtlichen Klarheit weben, und uns an das Herz greifen?« Er empfindet ein unverstandenes Beben und Entzücken, er denkt an seine Verstorbenen und bricht in die Frage aus, ob es vielleicht ihr klagender Geist sei, der ihn in dem süßen Licht berühre. Es ist dieses nicht eine angenommene Manier flüchtiger Einfälle, wie wohl bei andern Dichtern, sondern es ist tiefgefühlte Wahrheit, welche die innersten Saiten verborgner Ahndungen so treffend berührt, wie es wohl nur dem wahren Dichter gegeben ist, ahndend das zu ergreifen, wohin noch keine Wissenschaft reicht.

In großen, malerischen Zügen schildert er oft auch die Abendsonne; aber nicht diese Sonne hier kann sein Herz befriedigen, das einer höhern Ahndung und einer andern Sonne kühn entgegenstrebt. Was unsre wandelbare Sonne beleuchtet, von dem erscheint ihm nichts wünschenswert; aber jenseits dieser Sternensphäre, dorthin, wo vielleicht die wahre Sonne einen andern Himmel erhellt, sehnt sich das trunkne Herz, um dort die Hoffnung und die Liebe wiederzufinden und alles das, was keinen Namen hat hier in dem irdischen Gefängnis, und möchte dahin schweben auf den Flügeln der Morgenröte.

Sehen wir nun auf das vierte Element in dem Stufengange des Dichters, und auf den höchsten Punkt, nach welchem auch alle andern Elemente seiner poetischen Ergreifung hinstreben; das Gefühl der Andacht nämlich, wie er es ausdrückt, und die diesem eigne religiöse Begeisterung, so wird es auch hier am besten sein, statt aller andern Einzelheiten und Stufen des Übergangs, gleich das Höchste anzuführen und vor Augen zu stellen, was er in voller Klarheit ergriffen hat. Es liegt in folgender Stelle von zwei den Sprachen, der gemeinen zum äußern Gebrauch und der innern Sprache des Herzens und des wahren Lebens. Die eine ist nur ein leicht bewegliches Menschenwerk für die Bedürfnisse des Lebens hier in der irdischen Verbannung. Die andre ist ewig, und die allen angeborne Geistersprache.

> Ce n'est point un son mort dans les airs répandu,
> C'est un verbe vivant dans le coeur entendu;
> C'est la langue du ciel que parle la prière,
> Et que le tendre amour comprend seul sur la terre.

In diesen Worten liegt eigentlich der vollständige Aufschluß über das ganze eigentümliche Wesen seiner Poesie. Das ist es, was ihm geschehen ist: im Gefühl der Sehnsucht, der wahren Liebe und der verklärten Natur hat er mit dem Glauben und der Hoffnung zugleich das innere, ewige Wort des Lebens von neuem gefunden und wieder entdeckt, wie jedem gebornen Dichter und wahren Seher das gleiche begegnet, da die Poesie selbst nichts andres ist als der reine Ausdruck dieses innern ewigen Wortes, so wie es dem eigentümlichen Gefühl angemessen ist im Bilde, Spiel und Liede; wo es denn im Herzen des Volkes Wurzel faßt und Jahrhunderte hindurch als lebendiger Baum zur reichen Sage erwächst. Diese Stelle von dem »lebendigen Worte, das innen im Herzen verstanden wird«, führt uns wieder zurück auf die gleich anfangs gemachte Bemerkung, wie unser Dichter die Schranken der französischen Sprache und Gefühlsweise durch die Gewalt seiner Poesie völlig durchbrochen hat und weit über sie hinausgeschritten ist.

Rhapsodisch und ungleich sind diese dichterischen Ergießungen religiöser Begeisterung; und wo er in dem längeren Schlußgedichte seine Poesie an die Hauptmomente der Heiligen Schrift anschließt, sind es mehr nur eine Reihe von einzeln abgerissenen schönen Anklängen. Ob der Verfasser in der Folge auch das Talent einer Komposition im großen, was ihm bis jetzt fehlt, und einer weitern künstlerischen Anordnung und Umfassung erreichen mag, das wird sich zeigen, wenn er fernerhin auf dieser neuen Bahn der heiligen Dichtkunst, nicht bloß aus dem eignen innern Gefühl, sondern nach den gegebenen Vorbildern und Quellen der Schrift und der christlichen Überlieferung fortschreiten und noch andere als rhapsodische Werke unternehmen wird.

Möge seine Muse wenigstens immer die gleiche Kraft bewahren. Denn wie seine Liebe, so ist auch seine Muse nicht ein vorübergehendes Feuer oberflächlicher Begeisterung, sondern eine verzehrende Flamme, die das Mark durchdringt, wie die Gewalt jenes Wortes, »welches Geist und Seele scheidet«, und vor der seine Sinne wie ein ergriffenes Opfer erbeben. Wie in der heidnischen Fabel der Adler des Gottes den Ganymedes noch zitternd zu den Füßen der Unsterblichen niederwirft, so wird er von einem heiligen Schauder ergriffen, wenn die Begeisterung mit flammendem Fittich seine Seele ergreift. Ebenso feurig empfindet er auch da, wo sein Herz noch ganz der jugendlichen Erinnerung der irdischen Geliebten hingegeben ist. Viel erhabener noch ist der Aufschwung dieser hohen Flamme in den höheren Regionen der religiösen Begeisterung. Hingerissen von der Betrachtung über den Verfall der Welt und über den allgemeinen Unglauben, den nicht die wundervolle Herrlichkeit der Natur, noch auch die erhabenen Katastrophen der Menschengeschichte aus seinem Schlummer und Stumpfsinn zu wecken vermögen, bricht seine Sehnsucht in die Worte aus:

> Réveille nous grand Dieu! parle et change le monde;
> Fais entendre au néant ta parole féconde.
> Il est temps! lève-toi! sors de ce long repos;
> Tire un autre univers de cet autre chaos.
> Change l'ordre des cieux qui ne nous parle plus!
> Lance un nouveau soleil à nos yeux éperdus!
> Détruis ce vieux palais, indigne de ta gloire;
> Viens! montre-toi toi-même et force nous de croire!

Erhabene Höhe der Poesie, wo sie mit der heiligen Wahrheit eins wird! Also spricht sich auch wohl in den heiligen Gesängen und in den großen Propheten des Alten Bundes die heiße Sehnsucht nach der verherrlichenden Ankunft des Weltgerichtes aus, den heilgebärenden Schrecknissen der göttlichen Zerstörung in heiliger Ungeduld entgegenseufzend. Eine solche Poesie, von der hier die ersten Töne anklingen, ist nun nicht mehr, wie die alte Poesie, der schönen Erinnerung und Vergangenheit, sondern ganz und gar der ahndungsvollen Zukunft in der Fülle der höchsten Begeisterung zugewandt. Aber freilich würde auch die prophetische Brust und Stimme dazu gehören, um diesen ersten Aufschwung der Begeisterung in vollständiger Kraft und Klarheit durchzuführen, damit es nicht bloß bei unvollendeten Anklängen und Anfängen davon bliebe. Doch nicht immer auf dieser furchtbaren Höhe verweilend, weiß der Dichter, auch zu mildern Tone sich niedersenkend, in dem gleichen Gefühle und über den gleichen Gegenstand an die Saiten der menschlichen Seele zu rühren;

wie in jener Strophe, welche die ganze Rhapsodie so schön und sanft beschließt, und mit der auch wir diese Anzeige beschließen wollen:

> Silence, ô lyre! et vous silence,
> Prophètes, voix de l'avenir!
> Tout l'univers se tait d'avance
> Devant celui qui doit venir!
> Fermez-vous, lèvres inspirées;
> Reposez-vous, harpes sacrées,
> Jusqu'au jour ou sur les hauts lieux
> Une voix, au monde inconnue,
> Fera retentir dans la nue:
> Paix à la terre, gloire aux cieux!

Solche Akkorde der mildesten Liebe sind es, welche der Ankunft und Wiedergeburt des innern, ewigen Wortes auch in der Poesie vorangehen müssen.

Anmerkung. 1824. Lamartine ist sich nicht gleichgeblieben und in der zweiten Lieferung seiner dichterischen Meditationen sowie auch in dem Gedichte über den Tod des Sokrates sehr von der Höhe seiner ersten Begeisterung herabgesunken. Nur wenige einzelne Stellen in diesem letzten Werke und unter den lyrischen Stücken etwa das Kruzifix, als ein tief empfundner schmerzlicher Nachklang der früheren Gefühle, können uns noch den gleichen tiefen und schönen Eindruck gewähren. Die Beruhigung eines neuen Glücks kann im wirklichen Leben ein tröstender Ersatz sein für den Verlust des früheren; aber es ist hier mehr eine moralische Beschwichtigung darin wahrzunehmen, als daß eine volle und auch dichterische Befriedigung daraus hervorleuchtete und uns erfreuend oder doch erhebend ansprächse. In der Poesie wird der hohe Aufschwung und tiefe Schmerz der ersten Liebe immer die Palme davontragen und bei weitem den Vorzug behaupten vor dem Trost einer zweiten Neigung. Das Gemüt des Dichters selbst scheint auch dabei keine volle Beruhigung gefunden zu haben, die er, wie auch sein äußres Leben sich möchte gestaltet haben, worin ihm niemand wird eingreifen wollen, für das Innere einer so begonnenen Poesie nur auf jener geistigen Höhe hätte finden können, zu der eben sie ihn zuerst geführt hatte. Mit der Begeisterung der Liebe, welche den Dichter in seinen früheren Ergießungen in die lichten Regionen der Andacht emporgehoben und mit den schönsten Ahndungen frommer Gefühle so ganz angefüllt hatte, ist jetzt selbst der Glaube geschwunden, hat wenigstens an Kraft und Schwung sehr nachgelassen, ist hier und da fast schwankend geworden, und ist ihm jetzt durchgehend ein trüber Faden von unruhigem Zweifel oder auch von melancholischem Gleichmut in der Ungewißheit beigemischt worden. Selbst der Zusammenhang der Gedanken erscheint an vielen Stellen ganz zerrissen; wie natürlich, nachdem die alles beseelenden Grundgefühle in ihrer innersten Tiefe gestört und ihnen ihr eigentlicher Mittelpunkt entzogen worden. Aber eben dieser schmerzlich fühlbare Unzusammenhang in den Gedanken, die vorherrschende trübe Stimmung in der Seele des Dichters ist, glaube ich, ein Grund, daß wir noch die Hoffnung festhalten dürfen, er werde sich von neuem auf den Flügeln einer höhern Liebe in die reinen Regionen christlicher Schönheit und Begeisterung erheben. Es würde wenigstens gewiß voreilig sein, wegen dieser vielleicht nur vorübergehenden Abspannung der Besorgnis Raum zu geben, als sollte ein so großes Talent für die höhere Poesie so früh schon verloren sein, nachdem sein erstes Auftreten wohl die Erwartung erregt hatte, er werde sich nach diesem schönen Anfang durch die Weihe, welche eine hohe und im Schmerz ganz gereinigte Liebe dem Gefühle gibt, vielmehr immer reiner und umfassender als ein wahrhaft religiöser und fromm begeisterter Seelendichter in der geistigen Region dieser neuen Poesie entfalten und in bleibendem Glanze bewähren.

Dieses wirkliche Herannahen einer neuen Poesie aber dürfen wir hier im allgemeinen um so mehr voraussetzen, wo eben von Erscheinungen die Rede ist, welche als die Vorboten und ersten noch in Kampf und Zwiespalt befangenen Versuche derselben zu betrachten sind. Die alte Poesie ist nun einmal vorüber; ich meine darunter jenen stillen Zauber der Phantasie aus der Vergangenheit und der Erinnerung, der uns und jeden, den er berührt, so unwiderstehlich anzieht, und mit friedlich liebevollem Gefühl in die schönen Tage der Vorzeit versenkt, und ihren ritterlichen Edelmut, ihre fromme Unschuld sowie die kindlichen Gefühle und lieblichen Spiele in dem magischen Spiegel wehmütiger Jugenderinnerung von neuem zurückruft. Diese kindlichen Spiele der Phantasie und die romantische Kunst, welche darauf gerichtet ist, mögen wohl auch ferner ihren Gang ungehindert in dieser ihnen bestimmten Sphäre für sich fortgehen, wo wir sie gern walten lassen, um den Teppich des sonst so einförmigen und trüben Lebens hier und da wenigstens mit einigen Blumen aus dem Frühling von ehemals zu schmücken und zu durchwirken. Der herrschende Ton der Zeit ist aber eigentlich nicht mehr dieser des romantischen Gefühls für die schöne Vergangenheit; der Geist ist auf etwas andres gerichtet, wie man es leicht an dem vor allen andern bewunderten Dichtergenie der Zeit sehen mag, welcher jetzt fast bei allen Nationen den Szepter der Dichtkunst, wie es noch selten in der Art geschehen ist, an sich gerissen hat. Die neue Zeit bedarf natürlich auch einer neuen Poesie; und sie wird dieselbe auch finden und erreichen, entweder auf dem guten und göttlichen Wege, oder auf einem verderblichen und ganz verwerflichen, bösen Abwege; in reiner christlicher Schönheit der Gefühle und wahrhaft frommer Dichter- und Sehergabe, oder durch den falschen Zauber einer dämonischen Begeisterung, wie Lord Byrons Muse sich stets mehr zu solchem Abgrunde hinneigt.

Und hier ist nun um so mehr zu bedauern, daß Lamartine von seinem ersten Aufschwunge so sehr nachgelassen hat, daß er nun wohl nicht mehr mit zureichender Kraft ausgerüstet sein möchte, um als Gegner oder, eigentlicher zu reden, als Gegendichter von Lord Byron, in der Poesie selbst nämlich und ganz mit den gleichen Waffen aufzutreten; wozu er früherhin nach seinem eignen Gefühl und so mancher herrlichen Anrufung und begeisterten Herausforderung desselben ausdrücklich berufen schien; während Lord Byron selbst auf seinem Wege immer kühner, und des Sieges gewiß und sicher in seiner herrschenden Kraft, einherschreitet. Oftmals zeigt sich diese Erscheinung in dem Kampf zwischen der guten Sache und dem bösen Prinzip, daß die Bestrebungen zum Guten, selbst im wirklichen Leben und in den historischen Geburtswehen der kämpfenden Zeit, wie im Gebiete des höhern Schönen nur wie unvollkommne Versuche von noch schwankender Art und unzureichender Kraft hervortreten oder doch ein Gepräge von Schwäche an sich tragen, während den in einem bösen

Geiste gebildeten Werken und Hervorbringungen die ganze Fülle des Genies und der Vorzug vollendeter Kunst beiwohnt und mitgegeben scheint. Man darf sich diese oft wiederkehrende Bemerkung weder absichtlich wegleugnen wollen, noch sich dadurch niederschlagen lassen, da das störende Faktum wohl in einer tiefern Betrachtung seine volle Auflösung findet. Nicht das leichte Gelingen des ersten Angriffs gebührt, nach höherer Fügung, der guten Sache, vielmehr wird dieses fast überall und immer dem Feinde anheimgegeben; wohl aber wird dem beharrlich Guten der letzte und mithin entscheidende Sieg nach schwerem Kampf endlich zuteil. So ist es mehrenteils und im allgemeinen, wobei jedoch im einzelnen manche Verschiedenheiten und Abstufungen stattfinden. In den andern Künsten steht, so sichtbar auch hier derselbe Gegensatz hervortritt, das Übergewicht dennoch nicht auf derselben Seite oder in demselben Verhältnis. Das neu erwachte Streben nach der christlichen Schönheit hat in der bildenden Kunst schon einen festen Boden zum sichern Fortschritt gewonnen; die glücklichsten Talente stehen auf dieser Seite, auf der andern aber zeigt sich keine entschiedne Kraft im Schlechten, und es steht nichts entgegen als eine gewisse vornehme Phantasmagorie, deren Monotonie und innere Leere nur zu bald wahrgenommen wird, wo dann der falsche Reiz einer bloß äußerlichen Magie, welche die Seele unberührt läßt, auch gleich verschwindet. Etwas mehreres scheint auch in der neuesten Musik des Zeitgeistes auf dem Wege jener falschen und bloß sinnlichen Magie jetzt nicht gefunden oder erreicht und gesucht zu werden. Ganz anders aber ist es in der Poesie; denn wer möchte wohl dem Lord Byron das höchste Dichtertalent und den nicht zu beneidenden Ruhm des größten unter allen antichristlichen Dichtern absprechen? – Hier steht nun wirklich eine positive Kraft des Bösen, ein dämonisch begeisterter Dichter und in seiner finstern Tiefe hoch aufragender und königlicher Kunstgeist, dem guten, aber in Lamartine z. B. noch sehr unvollkommnen Streben einer fromm gefühlten und christlich schönen Dichtkunst in herrschender Gewalt entgegen. Auch unsern deutschen Faust hat dieser britische Kain der Poesie weit überflügelt: ebenso hoch als Byrons Luzifer, den er uns als König des Abgrundes in seiner ganzen dunklen Herrlichkeit und mit allem Zauber einer falschen geistigen Größe so bewunderungswürdig darstellt, über den falschen Universitätsfreund und deutschen Studentenverführer, Mephistopheles, in Goethes Dichtung hervorragt. Indessen gilt dies eben nur von dieser Sphäre dämonischer Darstellung und der falschen Magie jener finstern Größe; da eben diese dunkle Sphäre, wie ich gleich hier bemerken und ausdrücklich vorbehalten muß, nicht die unserm deutschen Dichter eigentümliche ist, obgleich er sie schon früher wohl berührt und im Kampfe der Jugend sich auch hier einen Durchgang zu bahnen versucht hatte, bis dann auch er in seiner letzten Dichterepoche durch den überwiegenden Hang der Zeit mehr und mehr in das dämonische Gebiet hinübergezogen wurde. In diesem aber bewegt sich Lord Byron freier und größer, weil er da als Dichter einheimisch ist und in sichrer Kraft auf dem eignen Gebiet und Boden steht; wenn wir anders bei diesem Urteil den *Kain*, als die höchste solcher dichterischen Produktionen, und den darin in dichterischer Herrlichkeit, als königlich herrschenden Geist in den Regionen der Nacht so wie noch nie vorher aufgestellten Lucifer zum Grunde legen. Was dabei noch besonders Erstaunen und Verwunderung erregen muß, und dem bösen Prinzip in Byrons Kunst eigentlich den rechten Stempel und die Krone der Vollendung aufsetzt, ist, daß er, ungeachtet die ganze Dichtung nur auf die Verherrlichung des Lucifers angelegt und abgesehen ist, doch auch den frommen Charakter des Abels so schön zu schildern gewußt, sowie Kains Liebe zur Ada und die unbefangene Seele dieser selbst, ihre Scheu vor dem Lucifer und ihr Entsetzen vor dem ersten Eintritt des Todes in diese Welt der Trauer und der Verwirrung.

So ist nun die jetzt herrschende Tendenz in der neuesten Poesie, wie zum Teil selbst in der Kunstkritik der gleiche Gegensatz sichtbar wird: entweder in antichristlicher Weise zu einem magisch geöffneten Abgrunde sich hinneigend, wie in Lord Byron; oder nach dem höchsten Göttlichen strebend, wie in Lamartines früheren und besseren Gedichten. Nachdem aber der menschliche Geist sich selten in immer gleicher Höhe auf dem Gipfel der äußersten Spannung, im Guten oder im Bösen, erhalten kann, so darf es uns auch nicht befremden, wenn der britische Dichter neben seinem *Kain* auch wieder mittelmäßige Leidenschaftstragödien von der gewöhnlichen Art hervorgibt, oder wenn sich in Lamartine neben den klarsten Worten ganz lichter Begeisterung auch wieder sehr schwache Verse, Stellen und Wendungen finden. Ein vollendetes Gelingen, auch in der Form der Darstellung, oder auch nur ein ganz durchgebildetes Gleichmaß im Ausdruck, ein wahrer Stil der Kunst ist auf diesem neuen Wege der Poesie noch nicht sichtbar, und es ist das wohl auch gleich im ersten Anfange eigentlich nicht zu erwarten.

Man darf es aber übrigens nicht bloß für eine willkürliche Wahl der Dichter halten, wenn sie von allen Seiten zu den religiösen Gegenständen und Gefühlen zurückgekehrt sind; sondern es ist offenbar eine höhere Notwendigkeit, welche darin waltet und es so fügt und leitet; so wie sich ja auch auf anderm Gebiet derselbe Gegensatz und Kampf zwischen der Klarheit und Reinheit der christlichen Gesinnungen, Grundsätze und Gefühle und einer feindlich entgegenwirkenden, antichristlichen Begeisterung und Denkart immer entschiedner und offenbarer kundgibt. In der Philosophie, wie im Leben selbst, ist dieser Gegensatz schon lange ausgesprochen und anerkannt; wie sollte er also nicht auch in der Kunst und Poesie hervortreten und sichtbar werden, nachdem diese nicht länger mehr als ein müßiges Spiel der leeren Zeit dienen können, sondern es einmal erkannt ist, daß grade die innerste Gesinnung des Lebens und die geheimsten Tiefen der Denkart und Erkenntnis, sowie alle Gipfel der höchsten wahren oder falschen Weltansicht in der Poesie jeder Geistesepoche niedergelegt sind? Es ist also dieses an sich für einen Fortschritt, wo nicht in der Kunst, so doch in der Zeit zu halten, wenn wir jetzt auch in der Poesie zu dem Punkte gelangt sind, wo es bei der bisherigen, gutmütigen Unentschiedenheit nicht ferner bleiben kann, wo es vielmehr zu einer durchgreifenden Krisis kommen und eine große Scheidung zwischen der guten und aller bösen Poesie vor sich gehen muß.

ANHANG

ANMERKUNGEN

FRAGMENTE

1. Kritische Fragmente

Die »Kritischen Fragmente« erschienen zuerst in Reichardts Zeitschrift »Lyceum der Schönen Künste«, 1. Band,, 2. Teil, Berlin 1797. Neudruck in der Ausgabe von Jacob Minor, »Friedrich Schlegel, 1794-1802. Seine prosaischen Jugendschriften«, Wien 1882. Unser Text nach dieser Ausgabe.

5 *Diderot im Jakob:* Denis Diderot (1713-84), französischer Schriftsteller und Dramatiker. Sein Roman »Jacques le fataliste et son maître« wurde 1773 geschrieben, aber erst 1796 posthum veröffentlicht. 1792 erschien bereits eine deutsche Übersetzung von W. Ch. S. Mylius, »Jakob und sein Herr«.
6 *Bodmer:* Johann Jakob Bodmer (1698-1783), Schweizer Dichter und Theoretiker der Poesie.
8 *naive und sentimentale:* Grundbegriffe in Schillers Abhandlung »Über naive und sentimentalische Dichtung« (1795-96). – *des alten Thomasius:* Christian Thomasius (1655-1728), Professor der Rechtswissenschaft in Halle, philosophischer Schriftsteller der beginnenden Aufklärungszeit.
10 *Faublas:* der erotische Roman »Les amours du chevalier de Faublas« (1787-90) von Louvet de Couvray (1760-97).
11 *Hippel:* Theodor Gottlieb von Hippel (1741-96), aus Königsberg, Verfasser humoristischer Romane (z. B. »Lebensläufe nach aufsteigender Linie«, 1778-81).
12 *Guineen:* Guinea, alte englische Goldmünze, noch heute Rechnungseinheit für 21 Schilling. – *Chamfort:* Sébastien Roch Nicolas, genannt Chamfort (1741-94), Verfasser berühmter Aphorismen, die posthum zuerst 1795 erschienen. Vollständigste Ausgabe unter dem Titel »Pensées, maximes, anecdotes, dialogues«, Paris 1860.
13 *Shaftesbury:* Anthony Ashley Cooper, dritter Earl of Shaftesbury (1671-1713), englischer Philosoph und Essayist, von bedeutender Wirkung im Deutschland des 18. Jahrhunderts.
14 *Laokoon:* Lessings Abhandlung »Laokoon, oder Über die Grenzen der Malerei und Poesie« (1766). – *Unter Reinholds Konsulate:* Karl Leonhard Reinhold (1758-1823), Professor der Philosophie in Jena und Kiel, Vermittler der Philosophie Kants.

16 *Tassos Gabriel:* Torquato Tasso (1544–95), »La Gerusalemme liberata«, 1. Gesang, 11,4.
18 *Azote:* Stickstoff.
21 *Hemsterhuis:* Franz Hemsterhuis (1721–90), holländischer Philosoph und Ästhetiker. – *Hülsens Ironie:* August Ludwig Hülsen (1765–1810), philosophischer Schriftsteller, Freund Fichtes, Mitarbeiter am »Athenäum«.
22 *Voss:* Johann Heinrich Voss (1751–1826), Dichter und Philologe, berühmter Übersetzer Homers. Sein bürgerliches Kleinepos »Luise« erschien 1795.
23 *Phryne:* griechische Hetäre (4. Jahrh. v. Chr.), erwirkte vor Gericht durch Enthüllung ihres Busens einen Freispruch. – *in ihren Johnson aufnehmen:* Samuel Johnson (1709–84), englischer Literaturkritiker, veröffentlichte ein Wörterbuch »Dictionary of the English Language« (1755), und eine berühmte Biographiensammlung »Lives of the English Poets« (1779–81).

2. Fragmente aus dem »Athenäum«

Diese Fragmente erschienen 1798 im 1. Band der Zeitschrift »Athenäum« (2. Stück), vermischt mit Fragmenten, die von August Wilhelm Schlegel, Schleiermacher und Novalis stammen. Sie wurden im »Athenäum« in geschlossener Reihe abgedruckt, als gemeinsames Werk der Freunde und ohne Angabe der Verfassernamen. Die hier abgedruckten Fragmente sind von Minor Friedrich Schlegel zugeschrieben worden. Der Text folgt Minors Ausgabe.

35 *Wolff:* Christian Wolff (1679–1754), Professor in Halle, Schöpfer des philosophischen Systems des Rationalismus.
42 *Peter Leberechts phantastische Bildung:* Peter Lebrecht ist die Hauptfigur eines Romans des jungen Tieck: »Peter Lebrecht, eine Geschichte ohne Abenteuerlichkeiten« (1795/96).
43 *Der systematische Winckelmann:* Johann Joachim Winckelmann (1717–68), der berühmte Archäologe, Verfasser der »Geschichte der Kunst des Altertums« (1764).
45 *Archilochus:* Der griechische Lyriker Archilochos (um 650 v. Chr.) gilt als Schöpfer des Jambus.
47 *Autobiographien:* Jean Jacques Rousseau (1712–78) beschrieb sein Leben in den »Confessions« (posthum 1782–89). – Der italienische Goldschmied und Bildhauer Benvenuto Cellini (1500–1571) schrieb eine berühmte Lebensdarstellung (»Vita«, 1. Druck 1728), die Goethe übersetzte.
48 *Fichtes Wissenschaftslehre:* Johann Gottlieb Fichte (1762–1814) ver-

öffentlichte 1794 eine systematische Darlegung seiner Grundgedanken in dem Buch »Grundlage der gesamten Wissenschaftslehre«.
49 *Im Gibbon:* Edward Gibbon (1737-94), englischer Historiker. Sein Hauptwerk ist die »History of the Decline and Fall of the Roman Empire« (1776-88). – *Baco:* Francis Baco von Verulam (Bacon, 1561-1626), englischer Staatsmann, philosophischer und politischer Schriftsteller (»Essays«, 1597).
51 *Condorcet:* Antoine Marquis de Condorcet (1743-94), Verfasser der Schrift »Esquisse d'un tableau historique des progrès de l'esprit humain«. Vgl. Schlegels Rezension.
54 *Gozzis Dramen:* Carlo Gozzi (1720-1806), venezianischer Komödiendichter.
58 *Augengläser von Spinoza:* Der Philosoph Spinoza (1632-77) verdiente zeitweise seinen Lebensunterhalt mit dem Schleifen von Linsen.
59 *Bayle:* Pierre Bayle (1647-1706), rationalistischer Denker, Verfasser des »Dictionnaire historique et critique« (1697).
60 *Fontenelle:* Bernard le Bovier, Sieur de Fontenelle (1657-1757), philosophischer Schriftsteller.
61 *in Bürgers Gedichten:* in der Ballade »Die Weiber von Weinsberg«.
62 *Geschichte von den Gergesener Säuen:* Nach Matthäus 8, 28 ff. heilt Jesus zwei Besessene, indem er zwei Teufel in eine Herde Säue fahren läßt.
63 *Peter Leberechts gestiefelten Kater:* Tiecks satirische Märchenkomödie »Der gestiefelte Kater« erschien in der Sammlung »Volksmärchen von Peter Leberecht«, 1797. – *Garve:* Christian Garve (1742-98), popularphilosophischer Schriftsteller.
64 *Simonides:* der griechische Chorlyriker Simonides (556-468 v. Chr.).
65 *stätisch:* im 18. Jahrhundert gebräuchliches Wort für »störrisch« beim Pferd.
67 *Jacobi:* Friedrich Heinrich Jacobi (1743-1819), Philosoph und Verfasser von Romanen. Vgl. Schlegels Rezension seines Romans »Woldemar«.
69 *Laura:* die Geliebte Petrarcas (1304-74), die er in seiner Lyrik verherrlicht.
70 *Candide:* der satirische Roman »Candide ou l'optimisme« (1759) von Voltaire.
73 *Harris:* James Harris (1709-80), englischer Philosoph. Seine »Three Treatises« (über »Art«, »Music, Painting and Poetry« und »Happiness«) erschienen 1744. – *Home:* Henry Home (1696-1782) veröffentlichte 1762 seine Schrift »Elements of Criticism«. Sie wurde 1763-66 von J. N. Meinhard ins Deutsche übersetzt.
79 *Lovell:* Hauptfigur in Tiecks Briefroman »Geschichte des Herrn William Lovell« (1795-96). – *Sternbald:* Tiecks fragmentarischer Roman »Franz Sternbalds Wanderungen« (1798). – *Religiosität des Klosterbruders:* Tieck ließ 1797 Aufzeichnungen seines Freundes Wilhelm

Heinrich Wackenroder, ergänzt durch einige Aufsätze und Gedichte von ihm selbst, unter dem Titel »Herzensergießungen eines kunstliebenden Klosterbruders« anonym veröffentlichen.

80 *Friedrich Richters Romane:* Der Dichter Johann Paul Friedrich Richter (1763–1825) nannte sich Jean Paul. 1796–97 erschien sein Roman »Blumen-, Frucht- und Dornenstücke, oder Ehestand, Tod und Hochzeit des Armenadvokaten F. St. Siebenkäs«.

81 *Louvets Polen:* die polnischen Adligen in Louvet de Couvrays »Faublas« (s. Anm. zu S. 10).

85 *Fürstenspiegel:* wohl Wielands politischer Roman »Der goldne Spiegel oder die Könige von Scheschian« (1772).

88 *Politik Müllers:* der Schweizer Politiker und Historiker Johannes von Müller (1752–1809). – *mit Forsters großer Ökonomie:* Über den Schriftsteller Georg Forster (1754–94) vgl. den Aufsatz Schlegels.

3. Ideen

Diese Reihe von Fragmenten erschien zuerst in der Zeitschrift »Athenäum«, im 1. Stück des 3. Bandes. Unserm Abdruck liegt der Text der Ausgabe von Minor zugrunde.

89 *Reden über die Religion:* Friedrich Ernst Daniel Schleiermacher (1768–1834) veröffentlichte 1799 anonym sein Buch »Über die Religion. Reden an die Gebildeten unter ihren Verächtern«. Vgl. Schlegels Rezension.

100 *Baader:* Der Naturphilosoph Franz Xaver von Baader (1765–1841) hatte Medizin, Naturwissenschaften und Technik studiert.

105 *Decier:* römisches Geschlecht, berühmt durch den freiwilligen Opfertod von Großvater, Vater und Sohn für den römischen Schlachtensieg.

ÜBER SHAKESPEARES HAMLET

Die Äußerungen des jungen Friedrich Schlegel über Shakespeares Hamlet, die in die Zeit vor den Beginn seiner Veröffentlichungen fallen, stehen in einem persönlichen, nicht zum Druck bestimmten Brief an den Bruder August Wilhelm vom 19. und 20. Juni 1793. Der Text der Stellen, die aus diesem Brief entnommen sind, folgt der Edition Oskar Walzels, »Friedrich Schlegels Briefe an seinen Bruder August Wilhelm«, Berlin 1890, S. 94–97.

110 *hold my heart:* Shakespeare, Hamlet, I. Akt, Szene 5. – *I have at late:* Shakespeare, Hamlet, II. Akt, Szene 2. Schlegel nennt hier die Anfangs-

und Endworte einer längeren Prosastelle. – *Garrick:* David Garrick (1716–79), englischer Schauspieler, berühmter Darsteller des Hamlet. – *Schröder:* Friedrich Ludwig Schröder (1744–1816), Schauspieler und Theaterleiter in Hamburg und Wien.

111 *Saxo Grammaticus:* altdänischer Geschichtsschreiber (um 1150–1220). Die erwähnte »Legende« findet sich im 3. Buch seiner »Historia Danica«.

ÜBER DAS STUDIUM DER GRIECHISCHEN POESIE

Die große Abhandlung, die Schlegel 1795 in Dresden schrieb, erschien zuerst 1797 als Buch. Die Vorrede wurde 1797, kurz vor dem Druck, geschrieben und bezieht sich auf das Ganze des von Schlegel geplanten, aber nicht weitergeführten mehrteiligen Werkes »Die Griechen und Römer«, als dessen 1. Band die Abhandlung veröffentlicht wurde. Einen Neudruck besorgte Paul Hankamer (Godesberg 1947, Verlag H. Küpper). Dieser mit der Ausgabe von Minor verglichene Neudruck liegt dem Text zugrunde.

116 *Schillers Abhandlung:* »Über naive und sentimentalische Dichtung« (1795). – *die bukolischen Dichter der sizilischen Schule:* Theokrit (um 270 v. Chr.) und seine Schüler und Nachahmer Bion und Moschos. – *Lucilius:* römischer Dichter des 2. Jahrh. v. Chr. – *Die Elegien der römischen Triumvirn:* Catull, Tibull, Properz.

117 *Oppian:* der Epiker Oppianos (2. Jahrh. n. Chr.). – *in den Sotadischen Gedichten:* Sotades war ein hellenistischer Dichter des 3. Jahrh. v. Chr. – *Achilles Tatius:* Der Schriftsteller Achilleus Tatios aus Alexandrien (2./3. Jahrh. n. Chr.) schrieb den Roman »Leukippe«.

118 *Alkäus, Bakchylides und Simonides:* Alkaios (um 600 v. Chr.), von Lesbos gebürtig wie die Lyrikerin Sappho, ist berühmt durch seine melodischen Verse. *Bakchylides* (5. Jahrh. v. Chr.), *Simonides* (556–468) sind griechische Lyriker. – *Kallinus, Tyrtäus usw.:* Kallinos und Tyrtaios sind elegische Dichter des 7. Jahrh. v. Chr. Diesem Jahrhundert gehört auch *Archilochos* an, der Begründer der griechischen Lyrik. *Mimnermos* ist ein Elegiker des 6. Jahrh., *Solon* (639–559) der athenische Gesetzgeber und lyrische Dichter. – *daß das Wohlgefallen an demselben uninteressiert sei:* Kant bezeichnete in der »Kritik der Urteilskraft« (1790) das ästhetische Erlebnis als »interesseloses Wohlgefallen«.

120 *Heloise:* der Briefroman »Julie ou La nouvelle Héloïse« (1761) von J. J. Rousseau.

126 *Bontonpoesie:* Poesie in gehobener Sprache, die volkstümliche Wendungen vermeidet (bon ton). – *bei dem Dichter:* Zitat aus Goethes Faust I.

ANMERKUNGEN

129 *Wiederherstellung der Wissenschaften:* Humanismus und Renaissance.
142 *Den Simon dieses Philosophen:* »Simon« ist der Titel eines Dialogs von Hemsterhuis (1787).
145 *die Menschheit:* hier im Sinne von das Menschentum, das Menschliche.
153 *wenn der Faust vollendet wäre:* Von Goethes Faust lag damals nur das 1790 gedruckte Fragment des 1. Teils vor.
173 *Apollonius:* Apollonios von Rhodos (geb. um 295 v. Chr.), Verfasser der »Argonautica«, bedeutendster Epiker der alexandrinischen Zeit.
181 *Timoleon:* erfolgreicher griechischer Feldherr des 4. Jahrh. v. Chr.
183 *Doryphorus vom Polyklet:* eine um 450 v. Chr. entstandene, in kaiserzeitlicher Kopie erhaltene Bronzestatue des griechischen Bildhauers Polykleitos, des Haupts der peloponnesischen Erzgießerschule (5. Jahrh. v. Chr.).
189 *koalisieren sich:* verbinden sich.
199 *Propertius usw.:* Propertius, Klassiker der römischen Elegiendichtung (um 50 v. Chr. – nach 16 n. Chr.). Zu seinen Vorbildern gehören die spätgriechischen Lyriker *Kallimachos* (etwa 320–270 v. Chr.) und *Philetas* (etwa 305–240 v. Chr.).
202 *Kinesias:* ein in der Komödie verspotteter Dithyrambendichter in Athen.
209 *Pulci:* Luigi Pulci, italienischer Dichter (1432–84); sein Hauptwerk ist das parodistische Rittergedicht »Il Morgante«. – *Ricciardetto:* komisches Epos des satirischen Dichters Niccolo Forteguerri (1674–1735), das unter dem Decknamen Carteromaco 1738 posthum erschien. – *Naturam expelles furca:* Horaz, Epistulae I, 10, 24.
210 *nur ein einziges:* das satirische Drama »Kyklops« des Euripides. – *Homerischer Margites:* ein fälschlich dem Homer zugeschriebenes komisches Epos (spätestens 6. Jahrh. v. Chr.). – *Pratinas:* griechischer Dichter (um 500 v. Chr.), der als Schöpfer des Satyrspiels galt. – *Sophron:* griechischer Bühnendichter (5. Jahrh. v. Chr.), der den improvisierenden Mimus zur Kunstform weiterbildete. – *in Rhintonischen Hilarotragödien:* Auf Rhinton von Syrakus (320–305 v. Chr.) geht die Mischgattung der Hilarotragödie zurück (hilarus = heiter).
212 *daß es den Griechen unmöglich schien:* Schlegel verweist hier in einer Anmerkung auf Platons »Staat«, III. Buch (394 C–395 B.). – *Blütezeit der griechischen Lyrik:* um 600 v. Chr. – *Apolog:* eine zum mündlichen Vortrag bestimmte erdichtete Erzählung.
213 *Schweizergeschichte von Johannes Müller:* Der Historiker Johannes von Müller (1752–1809) schrieb eine »Geschichte der Schweizerischen Eidgenossenschaft« in 5 Bänden (1786–1808).
218 *mit Hurds Worten:* der englische Bischof und Schriftsteller Richard Hurd (1720–1808), Editor des Horaz, Verfasser der Schrift »Letters on Chivalry and Romance« (1762). – *Dionysius:* der griechische Rhetor Dionysios von Halikarnaß (ab 30 v. Chr. in Rom).

220 *kritischen Episteln des Horaz:* Buch II der Horazischen »Episteln« (um 13 v. Chr.) enthält drei Briefe, die sich mit der Theorie der Literatur befassen. Der letzte ist unter dem Titel »Ars poetica« bekannt.

REZENSIONEN

In der Zeitschrift »Philosophisches Journal einer Gesellschaft Teutscher Gelehrten«, hg. von Friedrich Immanuel Niethammer, III. Band, 2. Heft, 1795, erschien Schlegels Rezension über das posthum veröffentlichte Buch von Antoine Marquis de Condorcet (1743-94), »Esquisse d'un tableau historique des progrès de l'esprit humain« (1795). Die Rezension des II. - IV. Stücks von Schillers Zeitschrift »Die Horen« schrieb Schlegel für Reichardts Journal »Deutschland«, und zwar für den 3. Band, der 1796 erschien. Später hat Schlegel auch - hier nicht abgedruckte - Besprechungen weiterer Stücke der »Horen« (V-XII) für Reichardts Journal verfaßt. - Die Anzeige der »Reden über die Religion« von Schleiermacher und die Übersetzung des »Don Quixote« von Cervantes, die Tieck 1799-1801 veröffentlicht hat, stehen im 2. Band des »Athenäum«, 1799. - Die ausführliche kritische Würdigung von F. H. Jacobis Roman »Woldemar« (2. Auflage, Königsberg 1796) war ein Beitrag zum 3. Band der Zeitschrift »Deutschland«, 1796. - Unser Abdruck dieser kritischen Arbeiten folgt der Ausgabe von Minor. Johann Gottlieb Büsching (1783-1829) und Friedrich Heinrich von der Hagen (1780-1856), die beide zu den romantisch inspirierten Begründern der Germanistik gehören, edierten 1807 eine »Sammlung deutscher Volkslieder mit einem Anhang flamländischer und französischer«. Schlegels Rezension dieser Ausgabe steht im ersten Jahrgang der Zeitschrift »Heidelbergische Jahrbücher der Literatur für Philologie, Historie, Literatur und Kunst«, Heidelberg 1808, Teil 1, S. 134-142. Die Besprechung, die zuweilen Goethes bekannte Rezension von Arnim und Brentanos Sammlung »Des Knaben Wunderhorn« in der Jenaischen Allgemeinen Literaturzeitung von 1806 parodiert, erschien anonym. Neudruck in der Sammlung Kürschners, »Deutsche Nationalliteratur«, durch Oskar Walzel, dessen Kommentar hier benutzt wurde. Unserm Text liegt der Erstdruck in den Heidelbergischen Jahrbüchern zugrunde. - Die große »Anzeige von Goethes Werken. 1808« galt der bei Cotta erscheinenden Ausgabe »Goethes Werke« in zunächst 13 Bänden, deren erste vier Bände 1806 erschienen waren. Nur diese 4 Bände hat Schlegel besprochen. Die Anzeige erschien in den eben genannten »Heidelbergischen Jahrbüchern«, 1808, Teil 1, S. 145-184. Unser Text folgt dem geringfügig veränderten Abdruck in Band 10 der ersten Gesamtausgabe, »Friedrich Schlegels sämtliche Werke«, Wien 1822-25.

234 *nach Art der gemeinen französischen Lockianer:* französische Philosophen

wie Jean le Rond d'Alembert (1717-1783) und Etienne Bonnot de Condillac (1715-1780), die sich in der Nachfolge des englischen Philosophen John Locke (1632-1704) kritisch gegen die Metaphysik wandten.

238 *Herr Lorenz Stark:* Der Abdruck des Romans »Herr Lorenz Stark; ein Charaktergemälde« von Johann Jakob Engel (1741-1802) hatte im vorangehenden Jahrgang der »Horen« (1795) begonnen.

239 *Versuch über die Dichtungen:* Übersetzung einer Schrift von Madame de Staël (1766-1817), »Essai sur les fictions«. – *Fortsetzung der Briefe über Poesie, Silbenmaß und Sprache:* Diesen Titel trägt ein Beitrag A.W. Schlegels für die »Horen«.

241 *Der Ritter von Tourville:* eine Erzählung von August Samuel Gerber (1765-1821). – *Elegien von Properz:* Die Übersetzung stammt von Karl Ludwig Knebel (1744-1834). Sie erschien als Buch 1798.

242 *Über den moralischen Nutzen ästhetischer Sitten:* ein in den »Horen« anonym erschienener Aufsatz von Schiller. – *Szenen aus Romeo und Julie von Shakespeare:* Der Übersetzer dieser Szenen ist August Wilhelm Schlegel.

243 *Benvenuto Cellini:* die von Goethe übersetzte Autobiographie Cellinis. – *Etwas über William Shakespeare bei Gelegenheit Wilhelm Meisters:* ein Aufsatz von A.W. Schlegel.

245 *Goethes Faust:* Vom Faustdrama Goethes lag damals nur das Fragment des ersten Teils in dem Druck von 1790 vor.

255 *zu dem Epideiktischen:* epideiktisch = prunkend, prunkrednerisch.

256 *gangbare Übersetzung des Don Quixote:* Sie stammte von Friedrich Justin Bertuch (1747-1822) und war 1775-76 erschienen.

257 *Galatea:* Cervantes' Schäferroman »La Galatea« (1585). – *Persiles:* Cervantes' Roman »Los trabajos des Persiles y Sigismunda« (1616). – *Novelas:* die »Novelas ejemplares« (1613).

261 *Dedikation:* Die 1. Auflage war Goethe gewidmet. – *beim Tokadille:* ein Kartenspiel. – *eines kalekutischen Hahns:* Dieser Hahn wird in Jacobis Roman als Speise serviert. – *Thomas Reid:* schottischer Philosoph (1710-96). Sein Buch »An Inquiry into the Human Mind on the Principles of Common Sense« (1764) war 1782 deutsch erschienen. – *Fergusons:* Adam Ferguson (1723-1816), englischer Moralphilosoph, veröffentlichte 1767 »An Essay on the History of civil society«, deutsch 1768.

263 *Allwill:* Jacobis Roman »Aus Eduard Allwills Papieren« (1775).

268 *Lais seiner Seele:* Lais war eine berühmte griechische Hetäre, Freundin des Philosophen Aristippos.

269 *Orbis pictus:* bezieht sich wohl auf eine Illustration im berühmten Buch des Johannes Amos Comenius, »Orbis pictus«, Nürnberg 1658.

275 *Kunstgarten:* eine Schrift von Jacobi »Der Kunstgarten, ein philosophisches Gespräch« (Vermischte Schriften, I. Teil, 1781).

278 *aller Spartanischen Harmosten:* spartanische Vögte, die zeitweise eine Willkürherrschaft in athenischen Bundesstädten ausübten. – *aller Homerischen Diaskeuasten:* wörtlich »Ordner«, griechische Dichter der alten Zeit, die Teile von Ilias und Odyssee überarbeitet und zusammengefügt haben sollen.

281 *Herder:* seine Sammlung »Volkslieder« erschien in Leipzig 1778 und 1779. – *von Arnim und Brentanosche Sammlung:* der erste Band der Sammlung »Des Knaben Wunderhorn. Alte deutsche Lieder. Gesammelt von L. A. von Arnim und Clemens Brentano«, der 1806 in Heidelberg erschienen war.

283 *Gräter:* Friedrich David Gräter (1768-1830) legte in seinen Zeitschriften »Bragur« und »Iduna und Hermode« eine Reihe von Quellen germanischer Literatur zum erstenmal vor. – *Elwert:* Anselm E. Elwert (1671-1825) gab 1784 in Gießen die Sammlung »Ungedruckte Reste alten Gesanges nebst Stücken neuerer Dichtkunst« heraus. – *Kodex der Minnesinger zu Kolmar:* Die Kolmarer Liederhandschrift, jetzt in München, früher im Besitz der Schusterzunft zu Kolmar, ist die älteste Sammlung von Meisterliedern, enthält aber auch einige Texte und Melodien des Minnesangs. – *Eschenburgs Bibliothek:* Johann Joachim Eschenburg (1743-1820) war ein Übersetzer Shakespeares und August Wilhelm Schlegels Lehrer. Schlegel meint wohl seine Privatbibliothek, vielleicht aber auch die »Beispielsammlung« (8 Bde., 1788-95) zu seinem »Entwurf einer Theorie und Literatur der schönen Wissenschaften« (1783); solche Schriftenreihen wurden gern als »Bibliothek« bezeichnet. – *aus Herrn Nicolais handschriftlichem Vorrat:* Der Schriftsteller und Verleger Friedrich Nicolai (1733-1811) hatte schon 1777 und 1778 in satirischer Absicht eine Volksliedsammlung herausgegeben, »Eyn feyner kleyner Almanach Vol schönerr echterr liblicherr Volckslieder, lustigerr Reyen vnndt kleglicherr Mordgeschichte, gesungen von Gabriel Wunderlich weyl. Benkelsengernn zu Dessaw, herausgegeben von Daniel Seuberlich, Schusternn tzu Ritzmück an der Elbe«, 1. und 2. Jahrgang. – *der edle Möringer:* der Minnesänger Heinrich von Morungen.

285 *Wenn aber die Herrn Herausgeber:* Im folgenden tritt die Parodie auf Goethes Rezension von »Des Knaben Wunderhorn« in der Jenaischen Allgemeinen Literaturzeitung von 1806 deutlich hervor.

287 *Bearbeitung des Liedes der Nibelungen:* »Der Nibelungen Lied, hg. von Friedrich H. von der »Hagen«, Berlin 1807. Erst 1810ediert von der Hagen den alten Text. – *Kämpe Wisers:* Sammlung dänischer Heldenlieder, die 1695 von Peter Syv herausgegeben wurde. W. Grimm übersetzte den Titel mit „Kämpferweisen". – *Percy:* Bischof Thomas Percy (1729-1811) gab 1765 eine Sammlung alter englischer und schottischer Balladen heraus, die »Reliques of Ancient English Poetry«. – *Pinkerton:* John Pinkerton (1758-1826), Herausgeber

mehrerer Sammlungen schottischer Volkslieder und Balladen, »Scottish Tragic Ballads« (1781), »Ancient Scottish Poems« (1786). – *Hans Sachs:* Nachdem Friedrich Bertuch schon 1778 Proben aus Hans Sachs gegeben hatte, begann J. H. Häßlein mit der Veröffentlichung einer Auswahl, »Hans Sachs sehr herrliche Gedichte«, Nürnberg 1781, die über den ersten Band nicht hinauskam.

290 *was A. W. Schlegel aus dem Spanischen übersetzte:* der 1. Band spanischer Übersetzungen »Spanisches Theater. Hg. von A. W. Schlegel«, Berlin 1803. – *Sogar aus Polen:* Anspielung auf Zacharias Werners Dramen »Wanda, Königin der Sarmaten« (1808), »Das Kreuz an der Ostsee« (1806) und »Die Söhne des Tals« (1803).

291 *Eugenie:* Gemeint ist das Drama »Die natürliche Tochter«, das im »Taschenbuch auf das Jahr 1804« bei Cotta in Tübingen erschienen war.

297 *Monodie:* Sologesang.

305 *wie ich selbst:* Schlegels Aufsatz »Über Goethes Meister«.

307 *Henry Fielding* (1707–54), Verfasser des großen Romans »The History of Tom Jones, a Foundling« (1749). – *Scarron:* Paul Scarron (1610–60); sein Hauptwerk »Le Roman comique« erschien in zwei Bänden 1651–57. – *Lesage:* Alain-René Lesage (1668–1747) ist der Verfasser des Abenteuerromans »Histoire de Gil Blas de Santillane« (1715–35). – *Alfarache:* »Vida del picaro Gusmán de Alfarache« (1599, II. Teil 1605), ein spanischer Schelmenroman von Mateo Alemán (1575 bis nach 1609). – *Lazarillo:* Der berühmte spanische Schelmenroman »Vida de Lazarillo de Tormes«, dessen Dichter nicht bekannt ist, erschien 1554.

312 *Ardinghello:* der Roman »Ardinghello oder die glückseligen Inseln« (1787) von Wilhelm Heinse (1749–1803).

314 *Jung Stilling:* der Schriftsteller Jung-Stilling, eigentlich Heinrich Jung (1740–1814), bekannt durch seine Selbstbiographie »Heinrich Stillings Jugend« (1777) und ihre Fortsetzungen. – Zu *Jacobi* vgl. Schlegels Rezension des »Woldemar«.

GEORG FORSTER

Der Aufsatz erschien im 1. Band von Reichardts Zeitschrift »Lyceum der Schönen Künste«, 1797. Abdruck nach Minor.

323 *»Wir haben siebentausend Schriftsteller«:* Der Satz stammt aus dem 3. Band von Forsters Sammelwerk »Kleine Schriften. Ein Beitrag zur Völker- und Länderkunde, Naturgeschichte und Philosophie des Lebens«, Band 1–6, 1789–97. – *der Reinholdischen Schule:* Anhänger des Philosophen Reinhold (s. Anm. zu S. 14).

324 *Einige habens laut gesagt:* Das Fehlen von klassischen und prosaischen Werken in Deutschland hatte der Schriftsteller Daniel Jenisch (1762–1804) in einem Aufsatz »Über Prosa und Beredsamkeit der Deutschen«

beklagt. Der Aufsatz erschien im »Berlinischen Archiv der Zeit und ihres Geschmacks« (1795) und fand eine scharfe Erwiderung in Goethes Aufsatz »Literarischer Sansculottismus«, der 1795 in den »Horen« erschien.

326 *Über Proselytenmacherei:* Forsters Aufsatz »Über Proselytenmacherei« erschien in der Berlinischen Monatsschrift von 1789. – *Ansichten:* Forsters berühmte Reiseschilderung »Ansichten vom Niederrhein, von Brabant, Flandern, Holland, England und Frankreich, im April, Mai und Junius 1790« erschien 1791. Lichtenberg hielt dieses Buch »für eines der ersten Werke in unserer Sprache«.

328 *Über die Beziehung der Staatskunst auf das Glück der Menschheit:* Der Aufsatz erschien 1794.

330 *Mikrologie:* Kleinigkeitskrämerci, Silbenstecherei. – *Gibbons Wert:* über Gibbon s. Anm. zu S. 49. – *Hemsterhuis:* über Hemsterhuis s. Anm. zu S. 21. – *Cook:* James Cook (1728–79), an dessen berühmter Weltumseglung Forster teilnahm. Sein Bericht von dieser Fahrt »Reise um die Welt« erschien 1778 (englisch 1777). – *Lukrez:* Titus Lucretius Carus, römischer Dichter (gestorben 55 v. Chr.), Verfasser der naturphilosophischen Dichtung »De rerum natura«. – *Buffon:* George Louis Leclerc, Graf von Buffon (1707–88), französischer Naturforscher, Verfasser der »Histoire naturelle«, seit 1749. Einen Band dieses Werkes hat Forster übersetzt (»Herrn von Buffons Naturgeschichte der vierfüßigen Tiere ...«, 1780).

331 *Dodds Leben:* Forsters Aufsatz »Leben Dr. Wilhelm Dodds, ehemaligen Königl. Hof-Predigers in London« (1779). – *in den Parisischen Umrissen:* »Parisische Umrisse 1793« heißt ein Aufsatz Forsters von 1793/94. – *in den letzten Briefen:* Schlegel meint wohl die von L. F. Huber herausgegebene Zusammenstellung von Reisebriefen Forsters »Aus der Brieftasche eines Reisenden«, Kleine Schriften Bd. II, 1794.

334 *die Kritischen Annalen der englischen Literatur:* drei Beiträge Forsters zu Archenholz' »Annalen der britischen Geschichte« unter dem Titel »Geschichte der englischen Literatur vom Jahre 1788«, bezw. »1789«, und »1791«.

335 *Robertsons Werk über Indien:* »W. Robertson's historische Untersuchung über die Kenntnisse der Alten von Indien« erschien 1792 mit Vorrede und Anmerkungen von Forster.

338 *die Einleitungen zu Cook:* Forster schrieb unter dem Titel »Cook der Entdecker« eine Vorrede zur deutschen Übersetzung des Werkes »Des Capitän Jakob Cook dritte Entdeckungsreise in die Südsee und nach dem Nordpol 1776 bis 1780«, gedruckt 1787 bis 1789. – *Botanybay:* »Neuholland und die britische Colonie in Botany-Bay« erschien 1786. – *Aufsatz über Nordamerika:* Forster übersetzte »Long Reisen ... Nebst einer vorläufigen Schilderung des Nordens von Amerika«, 1792 (Titel nach Goedeke). – *Müllers Meisterwerke:* Über Johannes v. Müller s. Anm. zu S. 88 und 213. – *unkundig dessen, was möglich ... :* ein Zitat aus Lukrez, »De rerum Natura«, I, 75–77.

339 *So ist es jetzt ...:* vielleicht freie Übersetzung eines Verses des Empedokles, 21, 9.
340 *Über Leckereien:* Der Aufsatz erschien zuerst im Göttinger Taschenkalender, 1789. – *Erinnerungen:* »Erinnerungen aus dem Jahr 1790 in historischen Gemälden und Bildnissen ...« (1793).
341 *Sakontala:* Schauspiel des indischen Dichters Kalidasa, von Forster aus dem Englischen übersetzt (1791).
342 *Die Kunst und das Zeitalter:* Erstdruck 1789 in Schillers Zeitschrift »Thalia«.

ÜBER LESSING

Dieser zunächst fragmentarische Aufsatz erschien 1797 in Reichardts »Lyceum der schönen Künste«. Für den Neudruck des Aufsatzes, den Schlegel in den Band »Charakteristiken und Kritiken« aufnahm (dieser Band, 1801 erschienen, enthält Aufsätze von ihm und August Wilhelm), hat er ihn zum Abschluß gebracht. In diesen abschließenden Teil, der hier, wie der Anfangsteil, nach der Edition von Minor gedruckt ist, fügte Schlegel unter dem Titel »Eisenfeile« eine Auswahl aus seinen schon früher gedruckten Fragmenten ein. Diese 97 Fragmente, die bereits in den geschlossenen Reihen der Lyceums- und Athenäumsfragmente enthalten sind, wurden weggelassen.

346 *Ein Bruder:* Karl Gotthelf Lessing (1740–1812) schrieb eine Biographie seines Bruders, »Gotthold Ephraim Lessings Leben, nebst seinem übrigen literarischem Nachlasse«, Berlin 1793–95.
350 *Wolf:* Friedrich August Wolf (1759–1824), berühmter klassischer Philologe in Halle.
351 *Maximisten:* Maximendrechsler.
353 *Anti-Götze:* Mit der Schrift »Anti-Goeze« (1778) erreichte Lessings Streit mit dem Hamburger Hauptpastor Johann Melchior Goeze um Orthodoxie oder Vernunftreligion seinen Höhepunkt.
360 *ob er überall ein Dichter gewesen sei:* »überall« hier im Sinne von »überhaupt«. – *verquistet:* verquisten = durch Ungeschick, unnütz verderben.
363 *Mendelssohns Bemerkung:* Moses Mendelssohn (1729–86), Philosoph der Aufklärung und Freund Lessings.
364 *Guarini:* Gian Battista Guarini (1538–1612), italienischer Dichter, Verfasser des Schäferspiels »Il pastor fido«. – *Gozzi:* s. Anm. zu S. 54.
367 *Fragmente:* In den »Fragmenten eines Ungenannten« (1774 und 1777) hatte Lessing die Diskussion um die natürliche Religion eröffnet, für die H. S. Reimarus (»Die vornehmsten Wahrheiten der natürlichen Religion«, 1754) eingetreten war.
375 *zu bezeichnen:* An dieser Stelle hat Schlegel die hier weggelassenen Fragmente, die »Eisenfeile«, eingefügt.

LESSINGS GEIST AUS SEINEN SCHRIFTEN

1804 gab Schlegel eine umfangreiche Auswahl von Schriften, Briefen und Dichtungen Lessings heraus, unter dem Titel: »Lessings Geist aus seinen Schriften, oder dessen Gedanken und Meinungen zusammengestellt und erläutert von Friedrich Schlegel«, Leipzig 1804. Zu jedem der drei Teile schrieb Schlegel eine Einleitung, zu einzelnen Abteilungen der Lessingschen Texte auch »Vorerinnerungen« und »Nachschriften«. Alle diese Zusätze Schlegels, die sein Bild Lessings ergänzen und zugleich grundsätzlich bedeutsame Gedanken formulieren, werden hier abgedruckt. Auf die Vorrede zur gesamten Auswahl, betitelt »An Fichte« (S. 384 ff.) folgt als »Allgemeine Einleitung« die Abhandlung »Vom Wesen der Kritik« (S. 390 ff.). Der Abdruck von Briefen Lessings wird durch eine »Vorerinnerung« (S. 400 ff.) eingeleitet und durch eine »Nachschrift« (S. 411 f.) weiter erläutert. Auch zu Lessings »Antiquarischen Versuchen« schrieb Schlegel eine »Vorerinnerung« (S. 412 ff.) und eine »Nachschrift« (S. 415 ff.). Damit ist der 1. Teil der Sammlung abgeschlossen. Den 2. Teil eröffnet eine Einleitung, »Vom kombinatorischen Geist« (S. 422 ff.), die zu der Auswahl von »dramaturgischen, literarischen und polemischen« Schriften Lessings gehört. Der 3. Teil, der Lessings Schrift »Erziehung des Menschengeschlechts«, seine beiden Gespräche »Ernst und Falk« und das Drama »Nathan der Weise« enthält, wird durch eine Abhandlung »Vom Charakter des Protestanten« (S. 428 ff.) eingeleitet. Dem »Nathan« gibt Schlegel einen Prolog in jambischen Trimetern und einen Epilog in Terzinen bei (S. 438 ff.). Als Abschluß der Sammlung fügt Schlegel ein eigenes, nach dem Muster der Lessingschen geformtes Gespräch zwischen Ernst und Falk an (S. 443 ff.), das in eine Abhandlung »Über die Form der Philosophie« mündet. – Die Auswahl erschien in einer 2. unveränderten Auflage unter verkürztem Titel »Lessings Gedanken und Meinungen aus dessen Schriften zusammengestellt von Friedrich Schlegel«. Dieser Auflage folgt unser Text.

393 *die drei ersten großen Dichter:* Dante Alighieri (1265–1321), Francesco Petrarca (1304–74), Giovanni Boccaccio (1313–75).

395 *nach der zergliedernden Psychologie der Wolffischen Schule:* Der rationalistische Philosoph Christian Wolff (s. Anm. zu S. 35) hatte auch eine »Psychologia empirica« (1732) geschrieben; vielleicht spielt Schlegel aber auch an auf die Schrift »Vernünftige Gedanken von den Kräften des menschlichen Verstandes und ihrem richtigen Gebrauch in der Erkenntnis der Wahrheit« (1712).

398 *Zu dem Heldenbuche:* Unter dem Titel Heldenbuch wurde eine Sammlung umgearbeiteter Heldenepen im 15. und 16. Jahrh. mehrmals gedruckt. Lessing begann 1758 diese Sammlung zu kommentieren. Seine Anmerkungen sind erhalten, vielleicht ist ein vollständiger Auszug Lessings aus dem Heldenbuch verlorengegangen. – *Romane vom hei-*

ligen Gral: In einem Brief vom 21. Oktober 1774 an seinen Freund den Shakespeare-Übersetzer Johann Joachim Eschenburg, teilt Lessing seine Ansicht über den Gral mit. – *Sir William Jones:* englischer Rechtsgelehrter und Orientalist (1746–94). – *ein Wolf:* der klassische Philologe Friedrich August Wolf (s. Anm. zu S. 350).

403 *Böhmes theosophische Werke:* Die Schriften des schlesischen Mystikers Jakob Böhme (1575–1624) erschienen gesammelt in 10 Bänden zum ersten Mal 1682. Die Romantiker schätzten besonders Böhmes frühe Schrift »Aurora, oder die Morgenröte im Aufgang« (geschrieben 1612, im Auszug gedruckt 1634).

408 *der einzige große Fürst:* Friedrich der Große.

412 *Zu den »Antiquarischen Versuchen«:* »antiquarisch« hieß im damaligen Sprachgebrauch: auf die Antike bezogen.

416 *der Engländer Harris:* s. o.

451 *der große Bund der alten Pythagoräer:* Der griechische Philosoph Pythagoras (um 580–500 v. Chr.) gründete in Kroton (Unteritalien) einen Bund mit wissenschaftlichen, sittlichen, religiösen und politischen Zielen, der, trotz starker Verfolgungen wegen seiner exklusiv aristokratischen Tendenzen, noch bis zum Ausgang des 4. Jahrhunderts bestehen blieb.

ÜBER GOETHES MEISTER

Der Aufsatz ist einer der wichtigsten Beiträge Schlegels zum 1. Bande des »Athenäum«, 1798. Text nach Minor.

461 *Mignons Dahin:* Gemeint ist Mignons Lied »Kennst du das Land«.

GESPRÄCH ÜBER DIE POESIE

Dieses in Jena geschriebene Gespräch, in dem sich der geistige Austausch zwischen den romantischen Freunden spiegelt, erschien im Jahre 1800, im 3. Band des »Athenäum«. Man kann in den Teilnehmern des Gesprächs wohl einige Züge der Jenaer Freunde erkennen: Amalie mag an Caroline Schlegel erinnern, Marcus an August Wilhelm Schlegel, Ludoviko an Fichte oder Schelling, Antonio an Schleiermacher. – Text nach Minor.

478 *im Smith:* Adam Smith (1723–90), englischer Nationalökonom, berühmt durch sein Werk »An Inquiry into the nature and causes of the Wealth of Nations« (1776). – *Pope:* Alexander Pope (1688–1744), klassizistischer englischer Dichter und Kritiker. – *Dryden:* John Dryden (1631–1700), englischer Dramatiker.

480 *Archilochus:* s. Anm. zu S. 45 – *Epoden:* lyrische Gattungsform der griechischen Poesie, von Horaz übernommen. – *Alkman:* griechischer Lyriker, Mitte des 7. Jahrh. v. Chr. – *melische Poesie:* allgemein = Lyrik, im engern Sinn die liedhafte im Gegensatz zur chorischen Lyrik.

481 *Orchestik:* Tanzkunst.

482 *des didaskalischen Gedichts:* unterweisendes, lehrhaftes Gedicht. – *der gesellig sittlichen Gnome:* Gnome = kurzer Sinnspruch. – *Philoxenes:* griechischer Dichter am Hof des Dionysios I. in Syrakus (um 400 v. Chr.). – *ein klassisches Siebengestirn tragischer Dichter:* Die dramatischen Dichter Alexandriens wurden unter dem Namen einer »Pleias« (Siebengestirn) zusammengefaßt. – *Idyllion:* kleines Gedicht, das einfache, naturhafte Lebenszustände spiegelt.

483 *Propertius:* s. Anm. zu S. 199. – *Lucretius:* s. Anm. zu S. 330.

484 *Cinquecentisten:* die Künstler des 16. Jahrh. in Italien. – *Catullus:* römischer Dichter des 1. Jahrh. v. Chr. – *Martialis:* römischer Dichter des 1. Jahrh. v. Chr., bekannt durch seine satirischen Epigramme.

486 *Ariosto:* Ludovico Ariosto (1474–1533), Verfasser des Epos »L'Orlando furioso«. – *Boyardo:* Matteo Meria Boyardo (um 1434–94), mit seinem Epos »L'Orlando innamorato« ein Vorläufer Ariosts. – *Epopöe:* Epos.

487 *Guarini:* s. Anm. zu S. 364 – *Numantia:* ein Schauspiel des Cervantes, das den heroischen Widerstand der Bevölkerung von Numantia gegen die Römer darstellt (gedruckt 1584).

488 *Persiles:* s. Anm. zu S. 257. – *Heliodor:* griechischer Schriftsteller des 3. Jahrh. n. Chr., Verfasser des Romans »Aethiopica«. – *Mysterien:* geistliche Dramen.

489 *Locrinus:* »The Lamentable Tragedie of Locrine«, ein Drama, das in der 3. Folioausgabe der Werke Shakespeares (1663) abgedruckt ist, aber nicht von Shakespeare stammt, sondern wahrscheinlich von George Peele. – *in gotischer Mundart:* gotisch = verschnörkelt, übermäßig verziert. – *Perikles:* Nach heutiger Auffassung stammen Akt III–V des schlecht überlieferten, in keine Folio-Ausgabe aufgenommenen Stückes überwiegend von Shakespeare. Über die Mitautoren gibt es nur Hypothesen. – *Adonis:* Shakespeares Versepos »Venus und Adonis«.

491 *Weckherlin:* Georg Rudolf Weckherlin (1584–1653), Lyriker des Frühbarock.

493 *findet keine Bildung statt:* Bildung im Sinne von Formung.

503 *Studium der Physik:* Schlegel denkt hier vornehmlich an die naturphilosophisch orientierte, durch Ideen Jakob Böhmes angeregte Physik seines Freundes Johann Wilhelm Ritter (1776–1810).

507 *Studium:* im Sinne von Studie.

508 *die Grazien sind leider ausgeblieben:* Zitat aus Goethes »Torquato Tasso« (Vers 947). Tasso sagt das zur Kennzeichnung Antonios. – *Friedrich Richter:* Jean Paul Friedrich Richter.

509 *Fielding:* s. Anm. zu S. 307. – *La Fontaine:* August Heinrich La Fontaine (1758–1831), Verfasser trivialer Unterhaltungsromane. – *Sterne:* Laurence Sterne (1713–68), der große englische Romandichter (»Tristram Shandy«, 1760–67).

510 *Diderots Fatalist:* s. Anm. zu S. 5.

511 *Laputa:* Insel der Mathematiker in Jonathan Swifts Roman »Gulliver's Travels« (1726). – *gelehrte Zeitungen:* Schlegel spielt anschließend auf die »Jenaische Allgemeine Literaturzeitung« an.

516 *Laura:* die Geliebte Petrarcas.

517 *Cecilia Beverly:* der Roman »Cecilia, or Memoirs of an Heiress« (1782) von F. Burney. – *die Squires:* Die Figur des Squire begegnet häufig in den satirischen Romanen des 18. Jahrh. (Fielding, Smollet): als trunksüchtiger randalierender Gutsbesitzer. – *der Wakefield:* »The Vicar of Wakefield« (1766), der berühmte Roman von Oliver Goldsmith (1728–74).

518 *die Memoirs von Gibbon:* Edward Gibbons (s. Anm. zu S. 49) »Miscellaneous works, with memoirs of his life and writings, composed by himself, illustrated from his letters, with occasional notes and narrative by J. Lord Sheffield«, 1796.

521 *dieses große Bruchstück:* s. Anm. zu S. 153.

529 *Apollo und Marsyas:* Marsyas forderte Apollo zum Wettkampf im Flötenspiel heraus, wurde besiegt, an einen Baum gebunden und enthäutet.

ÜBER DIE UNVERSTÄNDLICHKEIT

Der Aufsatz erschien im 3. Band des »Athenäum«, 1800. Text nach Minor.

531 *Garve:* s. Anm. zu S. 63. – *mit Worten zu kramen:* Zitat aus Goethes »Faust I«, wo es im Anfangsmonolog Fausts heißt:
Schau alle Wirkenskraft und Samen
Und tu nicht mehr in Worten kramen.

532 *Girtanner:* Christoph Girtanner (1760–1800), ein Arzt in Göttingen, schrieb Aufsätze über Fragen der Medizin, der Chemie usw.

533 *ein scharfsinniger Kunstrichter im Berliner Archiv der Zeit:* In der Zeitschrift »Berlinisches Archiv der Zeit und ihres Geschmacks« erschien im Jahrgang 1800 (I. Bd.) eine anonyme Rezension des »Athenäum«.

534 *Magister Dyk:* Johann G. Dyk (1750–1813), Inhaber der Dykschen Buchhandlung in Leipzig, Übersetzer französischer Lustspiele. – *Reinhold:* s. Anm. zu S. 14.

537 *Boufflers:* Stanislas Chevalier de Boufflers (1738–1815) schrieb Gesellschafts- und Gelegenheitsgedichte im Stil des Rokoko. – *Skaramuz:* komische Figur der Stegreifkomödie, auch von Molière verwendet.

539 *Lucinde:* der 1799 erschienene Roman F. Schlegels. – *Genoveva:* Ludwig Tiecks Trauerspiel »Leben und Tod der heiligen Genoveva« (1799).

540 *Vers des Dichters:* Schlegels Gedicht geht aus von der Schlußstrophe des Goetheschen Gedichtes »Beherzigung«.

GRUNDZÜGE DER GOTISCHEN BAUKUNST

Der große Reisebericht, in dem Schlegel die Denkmäler der gotischen Baukunst beschreibt, erschien zuerst im Poetischen Taschenbuch für das Jahr 1806. Er wurde wieder abgedruckt in der ersten Gesamtausgabe »Friedrich Schlegels sämtliche Werke«, Band 6, Wien 1823, und zwar mit verändertem Titel und zuweilen mit erheblichen Änderungen und Ergänzungen des Textes. Die von Ernst Behler unter Mitwirkung von Jean-Jacques Anstett und Hans Eichner herausgegebene »Kritische Friedrich-Schlegel-Ausgabe« gibt in Band 4, 1959 (hg. von Hans Eichner) den Text des Erstdrucks, mit Lesarten und Hinzufügung der späteren Zusätze. Unsere Ausgabe übernimmt den Text dieser kritischen Ausgabe (ohne die Zusätze), mit freundlichem Dank an den Verlag Ferdinand Schöningh in Paderborn für die bereitwillige Erlaubnis zu diesem Abdruck. Der Aufsatz war im Erstdruck betitelt: »Briefe auf einer Reise durch die Niederlande, Rheingegenden, die Schweiz und einen Teil von Frankreich«. Unsere Ausgabe verwendet den beim Wiederabdruck in den »Sämtlichen Werken« vorangestellten Titel.

549 *Fiorillo:* Johann Dominik Fiorillo (1748-1821), Freund A. W. Schlegels, schrieb eine »Geschichte der zeichnenden Künste« (1798-1808); seine Aufsätze in dem Sammelband »Kleine Schriften artistischen Inhalts« (1803-06).

555 *Austrasien usw:* Austrasien östlich, *Neustrien* westlich von Maas, Ardennen und Vogesen bildeten zusammen das Merowingerreich. – *Aquitanien,* das Land zwischen Pyrenäen und Garonne, schloß sich im Süden an Neustrien an.

557 *mohrischen:* maurischen.

561 *Naumachien:* Darstellung von Seegefechten als Schauspiel.

562 *der Dom:* Der Kölner Dom war in jener Zeit noch unvollendet; romantische Gesinnungen gaben den Antrieb zu seiner Fertigstellung, die nach langen Vorbereitungen 1842 begonnen und 1880 beendet wurde. – *Professor Wallraff:* Ferdinand Franz Wallraf (1748-1824) hinterließ seiner Vaterstadt eine reiche Sammlung von Werken rheinischer Kunst, den Grundstock des späteren Wallraf-Richartz-Museums.

563 *ist noch vorhanden:* Zu dieser Stelle merkt Schlegel in der erweiterten Fassung (Sämtliche Werke Bd. 6, 1823) an, daß Boisserée inzwischen

ein erhellendes Werk »über diesen Gegenstand und die gesamte gotische Baukunst« veröffentlicht habe (Sulpiz Boisserée, »Geschichte und Beschreibung des Doms zu Köln nebst Untersuchungen über die alte Kirchenbaukunst . . .«, 1821–23).
564 *Basaltsäulen:* von der Natur säulenförmig gestellte Basaltschichten.
573 *Rudera:* Trümmer.
574 *Erwin von Steinbach:* Der Anteil dieses Meisters am Münsterbau ist schwer genau zu bestimmen; er gilt heute als der Hauptmeister des unteren Teils der Fassade.
576 *Schilter, Scherz:* Johannes Schilter (1632–1705), Rechtsgelehrter in Straßburg, veröffentlichte die Ergebnisse seiner Erforschung des deutschen Altertums im »Thesaurus antiquitatum Teutonicarum«, Ulm 1728. Sein Schüler Johann Georg Scherz (1678–1754) beteiligte sich an diesem Werk und verfaßte ein Glossar des mittelalterlichen Deutsch.
577 *dem unvergleichlichen Gemälde zu Dresden:* Aus der Fassung in den Sämtlichen Werken geht hervor, daß Schlegel das Bild der Madonna mit der Familie des Basler Bürgermeisters Meyer meint, eine Kopie des Darmstädter Bildes, die aber noch bis gegen Ende des 19. Jahrh. für das Original gehalten wurde.
578 *Umgebung der Freundschaft:* Schlegel meint hier seinen Bruder August Wilhelm, der seit Mai 1804 bei Frau von Staël in Coppet lebte. In ihrem Kreise hielt Friedrich Schlegel philosophische Vorlesungen.
581 *im 4ten Stück der Europa:* In seiner Zeitschrift »Europa« veröffentlichte Schlegel »Gemäldebeschreibungen aus Paris und den Niederlanden in den Jahren 1802–1804« in Fortsetzungen. Hier bezieht er sich auf Band II, 2. Stück, 1805. – *Supplément à la Notice:* der Katalog der Sammlung vom Jahre 1804 (= Anno XIII napoleonischer Zählung), auf den sich die folgenden Nummernangaben beziehen.

AUFFORDERUNG AN DIE MALER
DER JETZIGEN ZEIT

Diese Seiten bilden den Schluß der langen Reihe von »Gemäldebeschreibungen aus Paris und den Niederlanden in den Jahren 1802-1804«. Sie erschienen in der Zeitschrift »Europa«, 1803-05. Die Bezeichnung, die in unserer Ausgabe als Titel dieses Abschnitts der »Gemäldebeschreibungen« erscheint, findet sich noch nicht im Erstdruck, sondern erst in der veränderten und erweiterten Fassung, die im 6. Band von Friedrich Schlegels »Sämtlichen Werken«, Wien 1823, gedruckt wurde. Unser Text gibt jedoch die Urfassung, nach der Edition »Kritische Friedrich-Schlegel-Ausgabe, hg. von Ernst Behler unter Mitwirkung von Jean-Jacques Anstett und Hans Eichner« Band 4, 1959 (hg. von Hans Eichner). – Die von Schlegel im Wiederabdruck von 1823 hinzugefügten Abschnitte, die als Ausdruck veränderter Gesinnung interessant sind und den Charakter der »Aufforderung« besonders hervortreten lassen, folgen hier.

Zu Seite 584, Zeile 10:

». . . Gefühl. Bei den sinnigsten und eigentümlichsten Talenten der jetzigen Zeit vermißt man noch am meisten die produktive Tätigkeit, die feste Sicherheit und Leichtigkeit im Praktischen der Ausführung, welche die alten Künstler so wunderbar auszeichnet. Wenn man die Menge von großen Werken erwägt, welche Raffael, der im frühesten Mannesalter dahingerafft wurde, vollendet hat; oder den eisernen Fleiß des redlichen Dürer, in der Fülle so unzähliger Erfindungen und Arbeiten aller Art und in dem verschiedenartigsten Stoff, wo er doch auch kein hohes Lebensziel erreichte; so entschwinden uns in Gedanken alle Vergleichungspunkte für unsre in der Kunst so weit neben jenem großen Maßstabe zurückstehende Zeit. Indessen ist diese Erscheinung aus den Umständen wohl erklärbar. Die universelle Bildung und intellektuelle Vielseitigkeit, als charakteristische Eigenschaft und allgemeiner Hang unsres Zeitalters, führt leicht zur Zersplitterung der geistigen Kraft und verträgt sich schwer mit einer konzentrierten Wirkung in fortschreitender Steigerung und mit einer Fülle vollendeter Hervorbringungen in einer bestimmten, positiven Art. Dies trifft eigentlich mehr oder minder alle Gattungen intellektueller Bildung und Hervorbringung in unsrer Zeit; für die Kunst aber ist insbesondre noch folgendes zu beachten und dem entschiedensten Einfluß. Nachdem einmal der reine, klare Sinn und das tiefe Gefühl die einzige, echte Quelle der höheren Kunst ist, und alles beinah in unsrer Zeit diesem Gefühl feindlich entgegentritt, um es zurückzudrängen, zu zersplittern, zu überschütten oder seitwärts in die Irre zu lenken, so geht die beste Hälfte des Lebens in dem vorläufigen Entwicklungskampfe gegen die Zeit und alle ihre namenlosen Hindernisse verloren; welcher Kampf dennoch unumgänglich notwendig ist, um nur erst die Quelle des echten Kunstgefühls wieder freizumachen und herauszuarbeiten aus dem beschwerlichen Schutt der störenden Außenwelt. Eine sinnige Natur, welche nicht von ihrer Zeit getragen und erhoben wird, sondern dauernd in Zwiespalt steht mit der vorherrschenden Umgebung, wird immer mehr in sich selbst versenkt bleiben und kann schwer zur produktiven Leichtigkeit gelangen. Dieser Grund ist klar und zureichend genug, um das langsame Wachstum der echten Kunst in unsrer Zeit begreiflich zu machen, die aber dennoch zum mächtigen Baum des neuen Lebens im Gebiete des Schönen für eine lichtere Zukunft, mitten durch alle Hindernisse, strebend emporblühen soll. Von einer andern Seite aber betrachtet, erscheint es wohl als ein nicht zu ergründendes Geheimnis, warum einige Zeiten, dem Anschein nach ohne alles äußre Zutun und ganz wie von selbst, künstlerisch so reich und glücklich sind, während andere bei dem besten Streben und dem vollen Ernst aller intellektuellen Bildung durchaus kein gleiches und ganz genügendes Gelingen finden mögen. Es liegt vielleicht etwas in dieser Frage, was immer unauflöslich sein wird; wir können nur bei dem stehen bleiben, was sich klar erkennen läßt, und dieses ist auch vollkommen genügend, um die Elemente, die Hülfsmittel und Werkzeuge für die höhere malerische Darstellung, den Weg und die Quelle anzugeben, welche wenigstens zur gründlichen Erkenntnis und treuen Aufbewahrung des echten Schönen in der christlichen Kunst führen werden, wenngleich das höchste Gelingen nicht ohne die besondre Gunst der Natur erreicht werden kann.

Die echte Quelle der Kunst und des Schönen aber liegt im Gefühl.«

Zu Seite 585, Zeile 5:

». . . hinwegnehmen. Die Hauptsache aber bleibt, daß es dem Künstler Ernst sei mit dem tiefen religiösen Gefühl, in wahrer Andacht und im lebendigen Glauben; denn durch die bloße Spielerei der Phantasie mit den katholischen Sinnbildern und ohne jene Liebe, welche stärker ist als der Tod, läßt sich die hohe christliche Schönheit nicht erreichen.

Worin besteht denn nun aber diese christliche Schönheit? – Man muß vor allen Dingen zur Erkenntnis des Guten und des Bösen in der Kunstlehre zu gelangen suchen. Wer das innre Leben nicht hat und nicht kennt, der kann es auch als Künstler nicht in großer Offenbarung herrlich entfalten, sondern bewegt sich nur mit fort in dem verworrnen Strudel und Traume eines bloß äußerlichen, innerlich ganz wesenlosen und eigentlich nichtigen Daseins, statt daß uns die Kunst grade aus diesem herausrücken und in die höhere, geistige Welt emporheben sollte. Er dient, als falscher Modekünstler, dem leeren Scheine einer angenehmen Täuschung, und ein solcher erreicht niemals, ja berührt auch nicht einmal die Region des echten Schönen. Die heidnische Kunst geht aus von der Vollkommenheit der organischen Gestalt, nach dem positiven Begriff eines fest bestimmten Naturcharakters. Sie findet auf ihrem Wege der lebendigsten Entfaltung aller gebildeten Formen wie von selbst den Reiz der Anmut, als natürliche Blüte der jugendlichen Schönheit; aber immer bleibt es mehr ein sinnlicher Reiz, als eine geistige Anmut der Seele. Will die antike Kunst höher steigen, so geht sie über in die titanische Kraft und Erhabenheit; oder aber in den hohen Ernst der tragischen Schönheit, und dieses ist die äußerste Linie, welche sie erreichen kann und wo sie das Ewige am nächsten berührt. So stehen für sie an dem verschloßnen Eingang des ewigen Schönen auf der einen Seite der titanische Übermut, welcher mit Gewalt eindringen und den Himmel des Göttlichen erstürmen will, ohne daß er dieses je vermag; auf der andern Seite aber die ewige Trauer, im tiefen Bewußtsein der eignen; unauflöslichen Verschlossenheit unwandelbar versenkt. Das Licht der Hoffnung ist es, was der heidnischen Kunst fehlt und als dessen höchsten oder letzten Ersatz sie nur jene hohe Trauer und tragische Schönheit kennt; und dieses Licht der göttlichen Hoffnung, getragen auf den Fittichen des seligen Glaubens und der reinen Liebe, obwohl es hienieden nur in den Strahlen der Sehnsucht schmerzlich hervorbricht, ist es, was uns aus den Gebilden der christlichen Kunst, in göttlicher Bedeutung, als himmlische Erscheinung und klare Anschauung des Himmlischen entgegentritt und anspricht und wodurch diese hohe, geistige Schönheit, welche wir eben darum die christliche nennen, möglich und für die Kunst erreichbar wird.

Es wird indessen eines langen Kampfes bedürfen, und manche alte und neue Wege werden noch eingeschlagen und versucht werden, ehe der rechte Weg gefunden und geebnet ist und die wiedergeborne Kunst, sicher wie auf fester Bahn, in religiöser Schönheit emporblühend, zu diesem Ziele voranschreiten mag.«

Zu Seite 585, Zeile 15:

(Anmerkung zu »zusammengesetzt«)

»[1] Wer Gelegenheit hatte, die allegorischen Zeichnungen des verstorbenen Runge zu sehen, so skizzenhaft diese auch geblieben sind, der wird leicht verstehen, was für ein Abweg, welchen freilich nur ein Künstler von sehr eigentümlichem Geist und einem tieferen Streben zu erwählen in den Fall kommen kann, mit jener Andeutung gemeint sei. Zugleich kann man aber an diesem Beispiele von einem so glücklichen Talente sehen, wohin es führt, wenn man bloße Natur-Hieroglyphen malen will, losgerissen von aller geschichtlichen und geheiligten Überlieferung, welche nun einmal für den Künstler den festen, mütterlichen Boden bildet, den er nie ohne Gefahr und ohne unersetzlichen Nachteil verlassen darf.«

Zu Seite 586, Zeile 6:

». . . genommen hat. Selbst in der Anmut kann die italienische Schule zwar wohl den Vorzug gegen die oberdeutsche, aber nicht vor der niederdeutschen Kunst behaupten, wenn man diese anders nach der Blüten-Epoche eines Wilhelm von Köln, Johann von Eyck und Hemmelink beurteilt und nicht nach den späteren Abartungen. Übrigens darf es wohl kaum erinnert werden, daß der Künstler keineswegs den alten Gemäldestil, in den Unvollkommenheiten desselben, in den magern Händen, einer ägyptisch graden Stellung der Füße, der engen Kleidung, den grellen Farben, zugedrückten Augen, oder wohl gar in der schlechten Zeichnung und positiven Mängeln und zufälligen Fehlern suchen oder zu finden glauben darf. Denn das hieße nur eine falsche Manier statt der andern ergreifen, wenn man die bisherige antikische mit einer ebenso unechten altdeutschen Nachahmerei vertauschen wollte. Überhaupt liegt es nicht in den Äußerlichkeiten; sondern der stille, fromme Geist der alten Zeit ist es, welcher den Maler beseelen und wieder hinführen soll zu der reinen christlichen Schönheit, daß diese, mit dem hellsten Glanze, die Gebilde der wieder aufblühenden Kunst in neuer Morgenröte durchstrahle.«

ÜBER DIE SPRACHE UND WEISHEIT DER INDIER

Das Buch ist das Ergebnis der Pariser Studien Schlegels und erschien zuerst 1808, mit dem Untertitel: »Ein Beitrag zur Begründung der Altertumskunde«. Unser Text folgt dem Neudruck in der 2. Ausgabe der »Sämtlichen Werke«, 7. Band, Wien 1846. Ausgewählt wurden für diese Ausgabe das 5. Kapitel des 1. Buches, »Vom Ursprunge der Sprachen«, das 1. Kapitel des 3. Buches, »Vom Ursprunge der Poesie« und die letzten Seiten vom 4. Kapitel des 3. Buches, »Von dem orientalischen und indischen Studium überhaupt, und dessen Wert und Zweck«.

587 *Mantchou-Sprache:* Mandschu (dies die heute übliche Schreibweise) ist die in der Mandschurei heimische altaische Sprache, entfernt verwandt dem Türkischen und Mongolischen.
588 *das Indische:* Schlegel rechnet noch mit der Möglichkeit, daß das Indische die den anderen Sprachen zugrunde liegende Ursprache sei, kennt aber schon die damals neue Ansetzung einer älteren verlorenen Ursprache, die heute als Ur-Indogermanisch rekonstruiert wird.
589 *die bedeutenden Silben:* Gemeint sind die Wurzelsilben, im Indogermanischen grundlegend für die Sprachstruktur.
590 *den endeiktischen Ausrufungen:* endeiktisch = prunkend. – *Sanskrit:* dies die heute übliche Schreibung statt der von Schlegel noch verwendeten Schreibweise Samskrit. Die ältere Schreibung stimmt orthographisch mit der indischen sam-skrta überein, doch bedeutet das m hier einen Nasallaut.
591 *Kalidas:* Kalidasa, berühmter Dichter des 5. Jahrh. n. Chr. Sein Hauptwerk: Sakuntala. – *in Monus metrisch abgefaßtem Gesetzbuch:* Monu = Manu. Sein Gesetzbuch wurde in der endgültigen Fassung wahrscheinlich im 2. oder 3. Jahrh. v. Chr. aufgezeichnet. – *Puranas:* mytholo-

gische Erzählungen und Legenden. – *William Jones:* Jones (1746–94) ist einer der Begründer der Sanskrit-Philologie, ursprünglich Orientalist. Er war Oberrichter in Bengalen. – *in den Fragmenten der Zwölf-Tafel-Gesetze:* älteste Aufzeichnung des römischen Rechts auf 12 Tafeln.
592 *Illoure:* Ellora, Stadt in Vorderindien.

AUS DEN VORLESUNGEN ÜBER »GESCHICHTE DER ALTEN UND NEUEN LITERATUR« 12. Vorlesung

Schlegel hielt diese Vorlesungen im Jahr 1812 in Wien. Sie erschienen als Buch zuerst 1815. Eine »Zweite verbesserte und vermehrte Ausgabe« ist enthalten in den »Sämtlichen Werken«, Band 1 und 2, Wien 1822. Die »Kritische Friedrich-Schlegel-Ausgabe, hg. von Ernst Behler unter Mitwirkung von Jean-Jacques Anstett und Hans Eichner« bringt in Band 6, 1961 (hg. von Hans Eichner) diese erweiterte Fassung, kennzeichnet aber die Zusätze durch spitze Klammern. Unser Text der 12. Vorlesung folgt der Kritischen Ausgabe mit Auslassung dieser Klammern.

601 *eines berühmten Denkers:* Fichte, auf dessen Schrift »Der geschlossene Handelsstaat« (1800) im folgenden angespielt wird.
603 *Richardson:* Samuel Richardson (1689–1761), Verfasser empfindsamer Briefromane.
606 *Beispiele auch auf unserer deutschen Bühne:* Schlegel denkt hier wohl an die zahlreichen Erfolgsstücke August von Kotzebues (1761–1819).
607 *Gongora und Quevedo:* Luis de Gongora (1561–1627), spanischer Dichter, der den Stil des »Conceptismo« besonders reich entfaltet; — Francisco de Quevedo (1580–1645), Dichter des spanischen Barock, vor allem Satiriker.
620 *seit Milton ihn ... gepriesen:* John Milton (1608–74) schrieb 1630 ein Gedicht »On Shakespeare«.
624 *Commines und Montaigne:* Philippe de Commynes (um 1447–1511), Verfasser berühmter Memoiren; — Michel de Montaigne (1533–92), französischer Moralist, veröffentlichte 1580 die erste Ausgabe seiner »Essais«.
625 *Marot und Rabelais:* Clément Marot (1496–1544) war ein eleganter Hofpoet; François Rabelais (1494–1533) ist der Schöpfer des satirisch-humoristischen Romans »Gargantua« und seiner Fortsetzung, des »Pantagruel« (1532/33).
626 *Ronsard:* Pierre de Ronsard (1524–85) wurde durch seine Lyrik der berühmteste französische Dichter des 16. Jahrhunderts. Sein Epos »La Franciade« erschien 1572.

627 *Chapelain:* Jean Chapelain (1595–1674) veröffentlichte eine Sammlung von Oden und das Epos »La Pucelle d'Orléans« (1656).
630 *Boileau:* Nicolas Boileau (1636–1711). Seine Lehrdichtung »L'Art Poétique« erschien 1674.

ÜBER LAMARTINES RELIGIÖSE GEDICHTE

Die Rezension erschien 1820 in Schlegels Wiener Zeitschrift »Concordia« und wurde dann in die »Sämtlichen Werke« (Band 10, Wien 1825) aufgenommen. Diesem Abdruck folgt unser Text.

633 *Lamartine:* Alphonse de Lamartine (1790–1869) veröffentlichte 1820 seinen ersten Gedichtband »Méditations poétiques«.
642 *in der zweiten Lieferung:* »Nouvelles Méditations poétiques« (1823). – *Tod des Sokrates:* Lamartines »Mort de Socrate« erschien 1823.
644 *bewunderten Dichtergenie:* Gemeint ist Lord Byron (1788–1824).
645 *Kain der Poesie:* Anspielung auf Byrons romantisches Drama »Cain« (1821), von dem im folgenden die Rede ist.

*Verzeichnis der Nummern der Fragmente
nach der Zählung von Minor*

Kritische Fragmente

S. 5: 1– 7
S. 6: 8–17
S. 7: 18–26
S. 8: 27–34
S. 9: 35–37
S. 10: 38–42
S. 11: 43–45
S. 12: 46–53
S. 13: 54–60
S. 14: 61–69

S. 15: 70– 75
S. 16: 76– 81
S. 17: 82– 90
S. 18: 91– 98
S. 19: 99–103
S. 20: 104–108
S. 21: 109–112
S. 22: 113–119
S. 23: 120–123
S. 24: 124–127

Athenäums-Fragmente

S. 25: 1, 3–5, 10, 12–13, 15
S. 26: 16–17, 19, 21–22
S. 27: 23–25
S. 28: 26–34
S. 29: 36–37, 39, 41
S. 30: 42–51
S. 31: 52–56, 61
S. 32: 62–70
S. 33: 71–78
S. 34: 79–82
S. 35: 83–85, 87–90
S. 36: 91–99
S. 37: 100–105, 107
S. 38: 108–109, 111–116
S. 39: 117
S. 40: 118–121
S. 41: 123–124
S. 42: 125–126, 137–138
S. 43: 139, 143–149
S. 44: 150–155

S. 45: 156–162
S. 46: 163–168
S. 47: 196, 206, 211–214
S. 48: 215–217
S. 49: 218–220
S. 50: 221–223
S. 51: 225–229
S. 52: 230–234
S. 53: 235, 238–240
S. 54: 242, 244–246
S. 55: 247–252
S. 56: 253
S. 57: 255–256, 258, 262–265
S. 58: 266–268, 270, 272, 274–276
S. 59: 277–279, 281, 294–295
S. 60: 296–297
S. 61: 298–304
S. 62: 305–306
S. 63: 307–308, 315–319
S. 64: 320–325

S. 65: 326–327
S. 66: 332–333, 339, 342
S. 67: 343–348
S. 68: 357–360
S. 69: 361, 363, 365–369
S. 70: 370, 372–374
S. 71: 375–377, 379
S. 72: 381–385
S. 73: 386–389
S. 74: 390–394
S. 75: 395–400
S. 76: 401–404

S. 77: 406, 408–412
S. 78: 413–418
S. 79: 419
S. 80: 420–421
S. 81: —
S. 82: 422–425
S. 83: 426–427, 429
S. 84: 430–432
S. 85: 433–436
S. 86: 437–441
S. 87: 442–447
S. 88: 448–451

Ideen

S. 89: 1– 8
S. 90: 9–17
S. 91: 18–26
S. 92: 27–37
S. 93: 38–44
S. 94: 45–48
S. 95: 49–54
S. 96: 55–65
S. 97: 66–77
S. 98: 78–85

S. 99: 86– 93
S. 100: 94– 97
S. 101: 98–106
S. 102: 107–115
S. 103: 116–122
S. 104: 123–131
S. 105: 132–136
S. 106: 137–142
S. 107: 143–150
S. 108: 151–155

ZEITTAFEL

1772: Geburt Friedrich Schlegels am 10. März, in Hannover. Sein Vater Johann Adolf Schlegel (1721–1793) stammte aus Meißen und war in seiner Jugend Mitarbeiter der »Bremer Beiträge«. Er war Pfarrer, später Generalsuperintendent und Konsistorialrat. – Friedrich Schlegel beginnt zunächst bei dem Bankier Schlemm in Leipzig eine kaufmännische Ausbildung, die er unbefriedigt abbricht.

1789: Studium der Rechtswissenschaft in Göttingen, wo sein älterer Bruder August Wilhelm (1767–1845) seit 1786 klassische Philologie bei Heyne studierte. – Lektüre von Platon, Winckelmann, Besuch der philologischen Vorlesungen Heynes.

1791 Fortsetzung des Studiums in Leipzig. Reger Briefwechsel mit dem
–93: nach Amsterdam übersiedelten Bruder August Wilhelm. Das juristische Studium tritt allmählich zurück hinter der umfangreichen Lektüre zeitgenössischer und älterer Literatur und der Beschäftigung mit Kunsttheorie, Philosophie, Geschichte. Beziehungen zu den Philosophen Platner und Heydenreich. Beginn der Freundschaft mit dem jungen Friedrich von Hardenberg (Novalis). Besuche in Dresden bei seiner dort verheirateten Schwester Charlotte Ernst. Bekanntschaft mit Christian Gottfried Körner und mit Schiller. – Bewußtsein innerer Zwiespältigkeit; Verzweiflung im Leiden an der Realität. »Sehnsucht nach dem Unendlichen« bestimmt sein Lebensgefühl.

1793: Endgültiger Verzicht auf die juristische Laufbahn, Entschluß zur Existenz des freien Schriftstellers. – Freundschaftliche Verbindung mit Caroline Böhmer, der Freundin und späteren Frau des Bruders, die er häufig im nahegelegenen Lucka besucht. Ihre menschliche Sicherheit und geistige Überlegenheit machen die Begegnung für Schlegel bedeutsam.

1794: Im Januar Übersiedlung nach Dresden. Umgang mit Christian Gottfried Körner. Plan zu einer Geschichte des klassischen Altertums. Umfassende Vorarbeiten besonders im Gebiet der griechischen Literatur. Als erste größere Veröffentlichung erscheint der Aufsatz »*Von den Schulen der griechischen Poesie*« in Biesters »Berlinischer Monatsschrift«. Weitere Aufsätze zur griechischen Literatur und Kultur.

1795: Entstehung der Abhandlung »*Über das Studium der griechischen Poesie*« (gedruckt erst 1797) mit einer umfangreichen kritischen Analyse der zeitgenössischen Literatur. – Verbindung mit dem Musiker und Schriftsteller Johann Friedrich Reichardt; Mitarbeit an dessen Journal »Deutschland«, seit 1796. Rückkehr des Bruders August Wilhelm nach Deutschland.

1796: Übersiedlung nach Jena, wo August Wilhelm, der Caroline Böhmer heiratet, sich niedergelassen hat. *Rezensien des Schillerschen Musenalmanaches auf das Jahr 1796* in der Zeitschrift »Deutschland«, mit scharfer Kritik an Gedichten Schillers. Schiller ist verstimmt, greift in den Xenien Schegel an, der Schillers Zeitschrift »Die Horen« mit zum Teil verletzender Schonungslosigkeit rezensiert. Das führt (1797) zum Bruch mit Schiller.
Freundschaftliche Verbindung mit Fichte in Jena. Bekanntschaft mit Goethe, Herder, Wieland. Erneuerung der Freundschaft mit Novalis. *Rezension von F. H. Jacobis Roman »Woldemar«.*

1797: Im Juli geht Schlegel nach Berlin. Gesellschaftlicher Verkehr in den Salons der Henriette Herz, Rahel Levi und Dorothea Veit. Verbindung mit Ludwig Tieck, enge Freundschaft mit Schleiermacher. Liebe zu Dorothea Veit, die sich 1798 von ihrem Mann trennt und nach ihrer Scheidung mit Schlegel zusammenlebt. – Mitarbeit an Reichardts Zeitschrift »Lyceum der schönen Künste«. Hier erscheinen die *Aufsätze über Georg Forster und über Lessing,* ferner die erste Sammlung von Aphorismen unter der Bezeichnung »*Kritische Fragmente*«.

1798: Die »*Geschichte der Poesie der Griechen und Römer*« erscheint als Fragment.
Begründung der von Friedrich und August Wilhelm herausgegebenen Zeitschrift »Athenäum« in Berlin (erscheint bis 1800). A. W. Schlegel in Berlin. – Im Sommer Zusammensein mit dem Bruder, Caroline und Novalis in Dresden; zuletzt gesellen sich Schelling und Rahel Levi zu diesem Kreise. Betrachtung der Dresdner Gemäldegalerie. Im »Athenäum« erscheinen Schlegels *Rezension von Goethes »Wilhelm Meister«* und eine Reihe von »*Fragmenten*«.

1799: Der Roman »*Lucinde*« erscheint.
Im Herbst verläßt Schlegel Berlin und geht wieder nach Jena; Dorothea folgt ihm. Auch Tieck läßt sich in Jena nieder, der junge Brentano hält sich eine Zeitlang hier auf.
Das »*Gespräch über die Poesie*« wird im »Athenäum« gedruckt.

1800: Innere Spannungen und persönliche Zerwürfnisse im Jenaer Kreis, dessen Auflösung beginnt. – Schlegel schreibt eine Reihe von *Gedichten.*
Promotion und Zulassung als Dozent für Philosophie an der Universität in Jena. Mißerfolg der Vorlesungen.

1801: Die Brüder Schlegel veröffentlichen eine Sammlung ihrer verstreuten Aufsätze, »*Charakteristiken und Kritiken*«.
Zerstreuung des Jenaer Kreises. Kurzer Aufenthalt in Berlin, wo der Bruder Vorlesungen hält.
1802: Das Drama »*Alarcos*« erscheint.
Im Januar geht Schlegel nach Dresden, im Frühjahr mit Dorothea nach Paris.
1803: Philosophische Vorlesungen in Paris. Beschäftigung mit mittelalterlicher, auch provençalischer Poesie. Studium des Persischen und Indischen.
Begründung der Zeitschrift »Europa«. – Bekanntschaft mit den Brüdern Boisserée, die Schlegels intensives Interesse für altdeutsche Malerei und Baukunst erwecken. Beschreibungen altdeutscher Bilder in der »Europa«.
1804: Trauung mit Dorothea. Beide gehen mit den Brüdern Boisserée nach Köln (bis 1808). Bemühungen um eine Stellung. *Philosophische Vorlesungen* (gedruckt 1836-37 in einer von C. J. H. Windischmann besorgten Ausgabe).
1808: Übertritt zur katholischen Kirche (16. April), gemeinsam mit Dorothea. *Rezensionen* in den »Heidelbergischen Jahrbüchern«. Das Buch »*Über die Sprache und Weisheit der Indier*« erscheint. – Übersiedlung nach Wien.
1809: Stellung als Sekretär der kaiserlichen Hof- und Staatskanzlei in Wien. Teilnahme am österreichischen Feldzug im Hauptquartier des Erzherzogs Karl, Redaktion der »Österreichischen Zeitung«.
1810: Vorlesungen: »*Über die neuere Geschichte*« (gedruckt 1811).
1812: Vorlesungen über »*Geschichte der alten und neuen Literatur*« im Redoutensaal der Wiener Hofburg, in glänzender gesellschaftlicher Atmosphäre. Die Vorlesungen erscheinen 1815 als Buch. Beziehungen zu Gentz und Metternich. – Begründung und Redaktion der Zeitschrift »Deutsches Museum« (erscheint bis 1813). – Mitarbeit an den Wiener »Jahrbüchern der Literatur«.
1815: Schlegel wird zum Legationsrat ernannt und der österreichischen Gesandtschaft am Deutschen Bundestag in Frankfurt zugeteilt. Er soll die öffentliche Meinung in Deutschland beeinflussen. Konflikte mit den Vorgesetzten verdrängen ihn bald aus seiner Stellung. Er bleibt aber bis 1818 in Frankfurt. – Rheinreise mit dem Bruder (1818).
1819: Schlegel geht als Begleiter Metternichs im Gefolge des Kaisers nach Rom. Aufenthalt in Neapel und Florenz.
1820: Herausgabe der Zeitschrift »Concordia« (bis 1823). Hier erscheinen die Aufsätze »*Von der Seele*« und »*Signatur des Zeitalters*«, die Rezension »*Über Lamartines religiöse Gedichte*«. – Aufsatz »*Über die deutsche*

Kunstausstellung in Rom«, in den Wiener Jahrbüchern. Philosophische, theologische, kirchenpolitische Interessen und Schriften. – Schwierige wirtschaftliche Lage.

1822: Erste Gesamtausgabe, »Friedrich Schlegels Sämtliche Werke«, beginnt zu erscheinen (10 Bände, bis 1825),

1824: Besuch in Dresden. Wiedersehen und Verkehr mit Tieck.

1827: Vorlesungen über *»Philosophie des Lebens«* in Wien (gedruckt 1828).

1828: Vorlesungen über *»Philosophie der Geschichte«* in Wien (gedruckt 1829). Im Dezember und noch im Januar 1829 *»Philosophische Vorlesungen, insbesondere über Philosophie der Sprache und des Wortes«* in Dresden (gedruckt 1846).

1829: Am 12. Januar stirbt Schlegel am Schlagfluß in Dresden.

NACHWORT

»Ein unterscheidendes Merkmal der modernen Dichtkunst ist ihr genaues Verhältnis zur Kritik und Theorie, und der bestimmende Einfluß der letzteren.« Friedrich Schlegels literarische Tätigkeit war bis zu der Zeit, als er diesen Satz schrieb – er steht in der 1808 erschienenen Anzeige einer neuen Goethe-Ausgabe –, im wesentlichen die Tätigkeit eines Kritikers. So mag der Satz wie eine Rechtfertigung seiner eigenen Leistung, eine Kennzeichnung und Sinndeutung seines Schreibens zu verstehen sein. Aber er besagt mehr. Er spricht eine Wahrheit aus, die für die Zeit um 1800 gilt und seitdem in Geltung bleibt, sich immer deutlicher abzeichnet bis zum heutigen Tag. »Kritik«, schrieb Robert Musil 1926, »ist nichts über der Dichtung, sondern etwas mit ihr Verwobenes.« Diese Anschauung geht auf Friedrich Schlegel zurück. Jener Satz trifft aber auch schon zu auf die Literatur um die Mitte des 18. Jahrhunderts, auf die Zeit, als Schlegels Vater Johann August Schlegel Mitarbeiter der »Bremer Beiträge« war und zum Freundeskreis Klopstocks gehörte, und als sein Oheim Johann Elias Schlegel neben ansehnlichen Dramen gehaltvolle Aufsätze zur Theorie der Dichtung und zur Ästhetik schrieb – ein bedeutender Vorläufer Lessings. In Lessing erschien zum erstenmal ein kritisches Ingenium höchsten Ranges in der deutschen Literatur. Und der entscheidende Anteil, den Lessing, Herder, Hamann an der Entfaltung der großen Dichtung im späten 18. Jahrhundert haben, kennzeichnet die Bedeutung der Kritik für die »moderne Dichtkunst«.

Zum mindesten seit Lessing gehört die Kritik unlöslich zur Literatur, und zwar in einem doppelten Sinn: als wirkende Kraft und vermittelnde Tätigkeit, die dem literarischen Leben Impulse gibt, und als literarische Gattungsform, als kritische Prosa. Goethe wie

Schiller haben diese Form meisterhaft gehandhabt, und nach ihnen haben sich viele große Dichter bis zu Hofmannsthal oder Thomas Mann gelegentlich oder ständig ihrer bedient. Es scheint geraten, daran zu erinnern, um die in Deutschland oft verleugnete oder nur zögernd anerkannte Legitimität und Vollwertigkeit dieser literarischen Form zu bekräftigen und den rechten Blickpunkt für die Würdigung Friedrich Schlegels und seines Werkes zu gewinnen. Bei ihm freilich war kritische Prosa nicht eine Form, die ein dichterisches Schaffen begleitete, sondern seine eigentliche und gemäße Art der Äußerung. Sie ist durchaus höheren Ranges als seine dichterischen Versuche, die in der Lyrik kühl und reflektierend-absichtsvoll, im Drama »Alarcos« künstlich und blutlos bleiben und auch im Romanfragment »Lucinde« nicht über ein geistvolles Experiment hinausführen. Schlegel besaß weder den Klangzauber der lyrischen Sprache noch dramatische Baukraft oder gestaltenschaffende Erzählergabe. Das ist häufig ausgesprochen worden, und namentlich bei der »Lucinde« hat man das »Undichterische« so oft hervorgehoben, daß es eher naheliegt, etwas zugunsten dieses kleinen Werkes zu sagen. Man verkennt Sinn und Reiz der »Lucinde«, wenn man sie – zustimmend oder abwehrend – für »Tendenzen« in Anspruch nimmt und ihre Gesinnung mißdeutet. Die Freimütigkeit in der Darstellung erotischer Situationen ist nicht Selbstzweck, sondern dient dem Ausdruck einer universalen Erfahrung der Liebe, in der das Sinnlichste und das Geistigste in eins verschmelzen und die Liebenden, in solcher Einheit verwandelt, teilhaben an einer universalen Weltkraft, an der großen Einheit des Alls. Solche Erfahrung in Worten mitzuteilen, bedeutete für Schlegel auch dann Poesie, wenn es nicht gestalthaft, nicht eigentlich darstellend geschah, sondern, wie in der »Lucinde«, vornehmlich in Briefen und Reflexionen. Wenn Schlegel diese Folge von Bekenntnissen und Betrachtungen der Liebe am Beispiel des liebenden Paares Julius und Lucinde einen »Roman« nennt, so verrät sich darin etwas von seiner eigentümlichen Anschauung der Dichtkunst. Sie wird auch im Roman selbst gelegentlich ausgesprochen, etwa wenn es heißt: »Und doch ist das Sprechen und Bilden nur Nebensache in allen Künsten und Wissenschaften, das Wesentliche ist das Denken und Dichten . . .« Das sinnende Leben im Bereich der Phantasie, die geistige Berührung mit dem »Unendlichen« hat einen Vorrang vor dem bildenden Vermögen. Im Zusammenhang mit diesem gewiß problematischen Dichtungsbegriff erklärt es sich, daß Schlegel die Kritik nicht nur als wesentliche und vollgültige literarische Form ansieht, sondern schlechthin als »Poesie«. Er hat seine Zeitgenossen und auch seine späteren Leser zum Widerspruch herausgefordert, wenn er sagte: »Poesie kann nur durch Poesie kritisiert werden. Ein Kunsturteil, welches nicht selbst ein Kunstwerk ist, entweder im Stoff, als Darstellung des notwendigen Eindrucks in seinem Werden, oder durch eine schöne Form und einen im Geist der alten römischen Satire liberalen Ton, hat gar kein Bürgerrecht im Reiche der Kunst.« Schlegels Begriff der Poesie ist so erweitert, daß er Kritik und Wissenschaft mit umfaßt. »Jede Kunst und jede Wissenschaft, die durch die Rede wirkt, wenn sie als Kunst um ihrer selbst willen geübt wird, und wenn sie den höchsten Gipfel erreicht, erscheint als Poesie.«

Geschieht damit nicht ein Verwischen der Grenzen, eine ungebührliche Rangerhöhung der Kritik? Friedrich Schlegel liebt die extreme, die herausfordernde Formulierung, sie ist in seiner Frühzeit ein charakteristischer Zug seines Stiles. Man darf, will man ihn auf die rechte Art lesen, nicht jedes Wort an jeder Stelle für bare Münze nehmen, sondern man muß spüren, wo er ein Reizwort einsetzt, und muß auch eine bestimmte Art von sublimer Ironie mithören. Poesie kann nur durch Poesie kritisiert werden: das ist eine Forderung, bezeichnet eine höchste Möglichkeit wahrer Kritik, die vom Geiste der Poesie durchdrungen sein muß. Jeder, der die Schönheit der Welt wirklich erfährt, hat Poesie in sich. »Die Musik des unendlichen Spielwerks zu vernehmen, die Schönheit des Gedichts zu verstehen, sind wir fähig, weil auch ein Teil des Dichters, ein Funke seines schaffenden Geistes in uns lebt...« – so heißt es im »Gespräch über die Poesie«. Nichts lag Schlegel ferner als etwa die Meinung, jede beliebige, ansprechend geschriebene Rezension sei nach Art und Wert etwas wie ein Gedicht von Goethe. Wohl aber war es seine Meinung, daß in der wahrhaft inspirierten Kritik oder in einem Stück Geschichtsschreibung großen Stils und höchster Vollendung mehr Dichterisches enthalten sei als zum Beispiel im gefälligen Unterhaltungsroman, den so viele für Dichtung halten, oder in nachempfundenen, epigonenhaften Versen, die den Anspruch des »Poetischen« erheben. Damit aber ist er im Recht, und daß er uns an diese häufig genug verkannte Wahrheit erinnert, ist nicht das geringste Verdienst seiner kritischen Schriften, die selber solche Wahrheit bestätigen.

Kritik muß freilich nicht nur als literarische Kritik, sondern in einem weiten Sinn verstanden werden, wenn man mit diesem Kennwort das Werk des jungen Schlegel bezeichnen will. Selbst die »Lucinde« könnte man mit gutem Sinn eine kritische Schrift nennen. Denn was in ihr vom Wesen der Liebe verkündet wird, und wie es verkündet wird, das ist entscheidend bestimmt durch den scharfen, mit kritischem Bewußtsein erfahrenen Gegensatz zur konventionellen, alltäglichen Erlebnisweise der Liebe und Ehe und zu ihrer Darstellung im gängigen Roman. »Freilich wie die Menschen so lieben, ist es etwas anderes. Da liebt der Mann in der Frau nur die Gattung, die Frau im Mann nur den Grad seiner natürlichen Qualitäten und seiner bürgerlichen Existenz, und beide in den Kindern nur ihr Machwerk und ihr Eigentum.« Die bürgerliche Liebe und Ehe seiner Zeit sah Schlegel als leer und dürftig an, als Entstellung und Aushöhlung des wahren Wesens der Liebe. Auch in der »Lucinde« will die Liebe Bindung und Dauer – keineswegs wird hier Libertinage und Unverbindlichkeit verteidigt –, aber nicht als Konvention und Anpassung an geltende Normen und Gepflogenheiten, sondern als innerste Notwendigkeit, als natürliches Verlangen, das aus der intensiven und umfassenden Gemeinschaft der Liebenden erwächst. Dieser Gegensatz und die Idee der wahren Liebe werden in das herausfordernd helle Licht eines wachen Bewußtseins gerückt und facettenreich gespiegelt. Nimmt man den kleinen »Roman« als eine Art figurierten kritischen Essays über das Wesen der Liebe, wie es der entwurzelte, unendlichkeitssüchtige Romantiker Schlegel erfährt, so läßt er sich gerecht beurteilen, und er fügt sich sinnvoll in Schlegels kritisches Gesamtwerk ein.

Kritik, gehandhabt als literarische, philosophische oder moralische Kritik, Zeitkritik, Kulturkritik – das ist die Grundfigur dieses frühromantischen Werkes. Es entstand in dem Jahrzehnt von 1794 bis 1804. Nach einer kleinen Rezension über Bürgers Zeitschrift

»Akademie der schönen Redekünste«, die Schlegel 1792 als Student schrieb, veröffentlichte er 1794 seine erste größere Abhandlung, und Ende 1804 begann er den großen Aufsatz über die gotische Baukunst. Damals ging Schlegel, der seit zwei Jahren in Paris lebte, mit den Brüdern Boisserée nach deren Heimatstadt Köln. Hier vollzog sich die Wende seines Lebens, der Übergang von der Romantik zur Restauration. In den Kölner Jahren geschah seine innere Annäherung an die katholische Kirche, zu der er 1808 übertrat. Schlegel hat auch in seiner zweiten Lebenshälfte noch Rezensionen und historisch-kritische Darstellungen geschrieben, aber das Werk des späten Schlegel steht nicht mehr eigentlich im Zeichen der Kritik, sondern sein zentrales Anliegen ist eine christliche Philosophie. Eine Auswahl seiner Arbeiten unter dem Kennwort »Kritische Schriften« kann nicht sein Gesamtwerk, sondern im wesentlichen nur sein Frühwerk repräsentieren. Doch ist damit nicht gesagt, daß etwa das Frühwerk allein interessant und des Neudrucks würdig sei. Es ist verfehlt, vom Frühwerk her das Spätwerk abzuwerten oder das Umgekehrte zu versuchen. Nur unter unsachlich verengten Gesichtspunkten läßt sich die Frühzeit gegen die Spätzeit oder diese gegen jene ausspielen. Der späte Schlegel lebte im Wien Metternichs, im Umkreis der politischen, religiösen, geistigen Restauration. Er hatte auch als Schriftsteller andere Absichten, Motive und Gesinnungen als in seiner Frühzeit. Aber die Wandlung als solche entscheidet nicht darüber, ob er seinen neuen Aufgaben, der Sache des Katholizismus und der Restauration, gut oder schlecht, geistvoll oder matt und gedankenarm gedient hat. Ist er nach spannungsreich-genialischer Frühzeit erschlafft und ermüdet, oder nach problematisch-zerrissener, ausweglos suchender Jugend zu Klärung, Festigung und überlegener Reife gelangt? Solche Fragen könnte nur eine Gesamtdarstellung seines Werkes und seiner menschlichen und geistigen Entwicklung beantworten. Eine solche Gesamtdarstellung gibt es bisher nicht. Der Verfasser der »Kritischen Schriften« ist nicht der ganze Schlegel. Nur vom Kritiker aber ist hier die Rede.

Schlegels Kritik machte das Fragwürdige und Minderwertige auch durch Aufdecken von Schwächen und Unzulänglichkeiten sichtbar, vor allem aber durch erschließende Deutung des beispielhaft Großen und Gelungenen. Er ist, wie jeder echte Kritiker, ein leidenschaftlicher Bewunderer großer Dichtung, und er blickt mit Enthusiasmus und Verehrung auf die Epochen reichen geschichtlichen Lebens und erfüllten Daseins, auf die Beispiele hohen Menschentums. Es ist nicht unnötig, das hervorzuheben. Denn das Bild Friedrich Schlegels ist oft verzeichnet worden, und es gehört zu diesen Verzeichnungen, daß man ihm eine besondere Neigung zu negativer Kritik, zu frecher und respektloser Aggressivität zuschrieb. Diese Meinung gründet sich vor allem auf Schlegels Kritik an einigen Gedichten Schillers. Gewiß stehen darin manche recht scharfe, schonungslos formulierte Äußerungen. Aber sie treffen doch wirkliche Schwächen jener Gedichte, und im übrigen sind das Ausnahmen. Sie sind nicht eigentlich bezeichnend für seine Art der Kritik, die sich ungleich häufiger und stärker an gelungenen und bewunderten Werken entzündet hat. Sein kritisches Meisterwerk, auch in der sprachlichen Formung, ist die Rezension des Goetheschen Romans »Wilhelm Meisters Lehrjahre«, der ihm das höchste Beispiel der Poesie in seiner Zeit bedeutete.

Es gilt Schlegel als die vornehmste Aufgabe des Kritikers, »den Wert oder Unwert poetischer Kunstwerke zu bestimmen«. Aber seine kritischen Abhandlungen geben wenig unmittelbare Werturteile, sondern handhaben die Kritik als »ästhetische Auslegungs-Kunst«. Schon die Auswahl der Werke, die Schlegel kritisiert, enthält ein Werturteil. Wahre Kritik, so sagt er, kann »gar keine Notiz nehmen von Werken, die nichts beitragen zur Entwicklung der Kunst und der Wissenschaft«. Unter Auslegungskunst versteht Schlegel »die Kunst, den großen Sinn schöpferischer Werke rein und vollständig mit scharfer Bestimmtheit zu fassen und zu deuten: denn dieser Sinn ist oft tief verborgen und bedarf eines Auslegers. Es gibt nämlich in den Werken des Genius eine Art von Unergründlichkeit, welche von der Verworrenheit kraftloser und ungeschickter Künstler durchaus verschieden ist, welche mit der größten Klarheit bestehen kann und wie die Unergründlichkeit der Natur bloß aus der Unerschöpflichkeit des inneren eigenen Lebens entspringt.« Schlegels kritische Arbeiten geben Wertung durch Deutung. Diese Deutung steht in einem doppelten Bezug: sie ist einerseits auf die höchste Forderung, auf die Idee der Poesie bezogen und andrerseits auf die

Masse der verfehlten, unzulänglichen zeitgenössischen Werke. Indem Schlegel z. B. den »Wilhelm Meister« rezensiert, sagt er implicite, was ein Roman sein kann und was den durchschnittlichen Romanen der Zeit fehlt. Gewiß konnte er auch mit Entschiedenheit und zuweilen mit scharfem Spott nein sagen, aber er tat das um der Sache der Kunst willen, die ihm heilig war, und weit weniger, als man gemeint hat, aus persönlicher Aggressivität. Er bekannte sich zu dem Verfahren Lessings, der gesagt hatte: »Einen elenden Dichter tadelt man gar nicht, mit einem mittelmäßigen verfährt man gelinde, gegen einen großen ist man unerbittlich.« Schlegel hat oft in beiläufigen Bemerkungen über die Aufgaben des Kritikers gesprochen. Aber eine Theorie der Kritik läßt sich auf diese Äußerungen schwer begründen, sie bleiben widerspruchsvoll, gelten Teilaspekten, geben wechselnde Akzentuierungen. Kritik war Schlegels innerster Impuls, die entscheidende Form seiner Produktivität in der romantischen Phase. Sein älterer Bruder August Wilhelm begann schon mit dem Schreiben von Rezensionen, als Friedrich 1789, vom Versuch einer kaufmännischen Ausbildung in Leipzig schnell enttäuscht, zum Studium nach Göttingen ging, wo der Bruder als Schüler des Philologen Heyne und des Dichters Bürger seine literarische Laufbahn begann. August Wilhelm wurde Übersetzer und Kritiker durch Begabung, Geschmack und Urteilskraft, aus vielseitiger künstlerischer Bildung und geistiger Aktivität. Friedrich Schlegel, den Bruder bewundernd, ging einen ähnlichen Weg aus anderen Antrieben. Er wurde Kritiker aus innerem Zwang, aus Leidenschaft, aus der Notwendigkeit, die Unruhe und gefährliche Spannung seiner zwiespältigen Natur zu lösen und zu entladen. In den Jahren des Studiums in Leipzig, vom Bruder getrennt, sah er sich ständig am Abgrund der Verzweiflung. »Seit fast drei Jahren ist der Selbstmord täglicher Gedanke bei mir«, so schreibt er dem Bruder 1792, und auf diesen Grundton sind viele Briefe gestimmt. »Aber alles ist mir unbefriedigend, leer und ekelhaft – Du selbst, – ich selbst.« Schlegels kritische Aktivität begann mit Selbstkritik. Er litt an seiner inneren Disharmonie. »Ich fühle selbst in mir beständigen Mißklang ... Es fehlt mir die Zufriedenheit mit mir und anderen Menschen.« Er sah den Menschen als solchen in einer widersprüchlichen Lage, die ihn zum Scheitern bestimmte, und er litt an dieser »Condition humaine«, die ihm allzu hell bewußt wurde. »Die Menschheit ist etwas wunderbar Schönes, etwas unendlich Reiches – und doch zerfrißt das Gefühl unserer Armut jeden Moment meines Lebens.« Er quälte sich in der Erkenntnis der harten Begrenzung alles Endlichen. »Denn in allen Dingen sind wir enge endliche Wesen, nur in einem machte uns Gott unendlich – in der Zerrüttung.« Der kaum Zwanzigjährige empfand seinen überwachen Verstand als Quelle seines Unglücks, und wenn er auf den Rat des Bruders sich bereit fand, in geistiger Tätigkeit Heilung zu suchen, so fügte er hinzu: »ob ich gleich, wenn ich beten könnte, Gott nicht um Verstand, sondern um Liebe bitten würde«.

»Wenn ich beten könnte« – das hatte der Sohn des protestantischen Pfarrers verlernt. Die allmähliche Loslösung des Menschen aus den altkirchlichen religiösen Bindungen, ein folgenreicher Vorgang des Aufklärungsjahrhunderts, vollzog sich bei Schlegel und seinen romantischen Altersgenossen entschiedener als bei der vorhergehenden Generation. Der Verlust herkömmlicher Gläubigkeit ließ bei Schlegel ein Gefühl der Leere zurück, ein religiöses Verlangen, das zur wesentlichen Triebkraft seiner geistigen Existenz wurde. Gleichzeitig lockerten sich aber bei ihm auch andere Bindungen. Er fühlte sich seiner Familie, seinen Eltern entfremdet, wußte sich nirgends zugehörig, gab auch das juristische Studium, die Absicht einer bürgerlichen Laufbahn bald auf. »Ich lebe sehr einsam«, schrieb er dem Bruder 1793, »und – auch im innersten Herzen fühle ich mich einsam. Die Bande oder Ketten der Natur habe ich zerrissen, und ich fühle immer mehr, daß die Bande meiner Erfindung schwach und kraftlos sind, ich stehe einzeln, gleichsam nur außerhalb der Welt...« Erotische Abenteuer endeten mit schneller Enttäuschung, und die Freundschaften, die er leidenschaftlich wünschte und suchte, ergaben damals keine tragende Gemeinschaft. Auch die Verbindung mit dem jungen Friedrich von Hardenberg wurde bald durch eine Entzweiung unterbrochen, wenngleich sie sich später aufs neue knüpfte. Schlegel erwartete von einem Freund absolute Hingabe, »vor allem aber dieselbe Stärke der Liebe, die aus der Sehnsucht nach dem Unendlichen herrühren kann, indem das Herz das unendliche Gut, was ihm fehlt, in dem Geliebten zu finden vermeint«. Schlegel klammerte sich in diesen Jahren an August Wilhelm, der in Amsterdam lebte. Nur mit ihm war er wahrhaft verbunden. Er nannte ihn meist »Freund« und schrieb ihm gelegentlich den erstaunlichen Satz: »Gemeinschaftlicher Kunstgenuß ist ja unser ältestes Band.« Die Bruderschaft, die gemeinsame Kindheit – das scheint nicht zu zählen, der gemeinsame Kunstgenuß in der Göttinger Zeit war ihm das *älteste* Band. Schlegel hatte sich den natürlichen Lebensformen tief entfremdet, indem er sich eine Existenz in der Welt des Geistes und der Kunst zu gründen suchte. Diese Welt allein galt. Eine Entwurzelung, ein Bruch mit der Wirklichkeit wird hier sichtbar als das Schicksal der romantischen Generation, das Schlegel radikal erfahren und gelebt hat. Er deutete aus seiner eigenen inneren Lage Shakespeares Hamlet, dem er sich verwandt fühlte. »Der Gegenstand und die Wirkung dieses Stücks ist die heroische Verzweiflung, d. h. eine unendliche Zerrüttung in den allerhöchsten Kräften.« Hamlet weiß zu viel, um sich noch aktiv und entschlossen auf die Welt einlassen zu können. »Für ihn ist es nicht der Mühe wert, ein Held zu sein . . . Wenn man aber *so* nach Wahrheit frägt, so verstummt die Natur; und *solchen* Trieben, so strenger Prüfung ist die Welt nichts, denn unser zerbrechliches Dasein kann nichts schaffen, das unseren göttlichen Forderungen Genüge leistete. Das Innerste seines Daseins ist ein gräßliches Nichts, Verachtung der Welt und seiner selbst . . . Unglücklich, wer ihn versteht!«

So »unglücklich« war Schlegel selbst. Er konnte sich auf eine praktische Tätigkeit in dieser verächtlichen Welt nicht einlassen. Im gleichen Brief, in dem die Hamlet-Interpretation steht, versicherte er dem Bruder: »Ich weiß . . ., daß ich jede bürgerliche Bestimmung schlecht erfüllen würde und nicht glücklich darin sein könnte.« Er gab die juristische Laufbahn 1793 endgültig auf. »Es springt in die Augen, daß unsere besten Köpfe durch ihre bürgerliche Bestimmung verkrüppelt sind.«

Aus solcher Erfahrung erwuchs für Schlegel ein kritisches Verhältnis zur Welt, und ein Verhältnis der Ironie. Der junge Schlegel wollte sich weder altklug-resignierend bescheiden und seine »Sehnsucht nach dem Unendlichen« zum Schweigen bringen noch seine Augen verschließen vor dem »zerbrechlichen Dasein«, vor der Nichtigkeit der Welt. So blieb Kritik: Festhalten der Spannung zwischen Idee und Wirklichkeit, Unendlichkeit und Endlichkeit. Es blieb Hamlets »strenge Prüfung« am höchsten Maßstab und die genaue Unterscheidung von Wert und Unwert. Auch der junge Hardenberg sah diese innere Zwiespältigkeit Schlegels und war fasziniert von der quälerischen, aber genialisch wetterleuchtenden Gespanntheit seines Wesens. »Für mich«, schrieb er ihm im März 1793, »bist Du der Oberpriester von Eleusis gewesen. Ich habe durch Dich Himmel und Hölle kennengelernt – durch Dich von dem Baum des Erkenntnisses gekostet ... Mich dauert Dein armes, schönes Herz. Es muß brechen früh oder spät. Es kann nicht seine Allmacht ertragen. Deine Augen müssen dunkel werden über der schwindelnden Tiefe, in die Du hinabsiehst, in die Du den bezauberten Hausrat Deines Lebens hinabstürzest. Der König von Thule, lieber Schlegel, war Dein Vorfahr. Du bist aus der Familie des Untergangs ... Dein Geist kann unmöglich lange mehr diesen Aufruhr Deines innern Lebens ertragen ... Kann Dich denn das Leben gar nicht fesseln?«

Was Schlegel fesselte, war nicht das Leben, sondern seine Spiegelung im Geist. Die Generation der in den siebziger Jahren Geborenen nahm die Welt zunächst durch das Medium der Literatur auf. Man sieht das bei Tieck, Wackenroder, Hardenberg wie bei Schlegel. Er war ein unersättlicher Leser in den Jugendjahren. Leidenschaftliches Lesen hat unterschiedlichen Sinn. Schlegel schien die zahllosen Bücher, die er las – antike und moderne Literatur, Philosophie, Geschichte –, wie einen Schirm und Schutzwall gegen die Wirklichkeit aufzurichten. Er baute sich aus ihnen jene eigenständige geistige Welt auf, in der allein er wahrhaft lebte.

Für ihn wie für alle jungen Romantiker war Goethes Dichtung das entscheidende Ereignis, als Präsenz großer Poesie in der zeitgenössischen Welt. Auch Schiller wurde bewundert, und die ganze reiche Entfaltung der deutschen Literatur und Philosophie eröffnete ein Reich des Geistes und der Dichtung, in dem diese Romantiker früh heimisch wurden. »Man muß eine poetische Welt um sich her bilden und in der Poesie leben«, schrieb Hardenberg. Gegenüber der Fülle und Weite, der Intensität und Bedeutsamkeit jener dichterischen Welt erschien die umgebende Wirklichkeit glanzlos und eng, grau und arm.

Es ist gerade bei Schlegel nicht mehr leicht zu unterscheiden, wo mit seiner Negation der Wirklichkeit die besondere Welt seiner Zeit gemeint ist und wo er die Realität überhaupt als das schlechthin Begrenzte und Endliche meint. Beides geht ineinander über. Doch hat die geschichtliche Situation ihren mitbestimmenden Anteil an dieser negativen Erfahrung. Diese Situation ist gekennzeichnet durch eine von aufklärerisch-bürgerlicher Gesinnung gelenkte Lebensformung, die überall auf Zweckmäßigkeit gerichtet, auf das Nützliche bedacht war. Eine so entgötterte Wirklichkeit, die ja auch Hölderlin als die Welt seiner Zeit erlebte, schien entleert von Sinn, entfernt vom wesentlichen Leben, das Mensch und Welt trägt und durchdringt. Zugleich aber ereignete sich in eben diesen Jahren die größte Erschütterung der hergebrachten gesellschaftlich-staatlichen Ordnung in der Französischen Revolution, die Friedrich Schlegel in einem bekannten Aphorismus zu den »größten Tendenzen« des Zeitalters rechnete. Die Welt des Ancien régime brach in Deutschland nicht mit einem Schlage zusammen, aber ihre langsame Unterhöhlung und Auflösung machte den Boden schwankend, alle Lebensverhältnisse unsicher, die geltenden Ordnungen zweideutig. Hier verwirklicht sich das Ende des alten Europa, die Auflösung der seit der Renaissance wirksamen Ordnungen. Diese Krise, die den Beginn einer neuen Epoche bezeichnet und ein modernes Lebensbewußtsein entstehen läßt, spiegelt sich in Schlegels geistigem und seelischem Verhalten. Man hat mit Recht von der frei schwebenden Geistigkeit seiner Existenz gesprochen. Mit diesem Kennwort läßt sich das Jahrzehnt seiner romantischen Phase bezeichnen. Äußerlich war sein Leben immer ungeordnet und unstet, er war auf unregelmäßige Einkünfte aus schriftstellerischer Arbeit angewiesen, ständig verschuldet, bedrängt, zum Improvisieren genötigt. Von innen gesehen war es ein allezeit unruhiges, getriebenes, bis zur Verzweiflung gespanntes Dasein. Die freundschaftliche Verbindung mit Schleiermacher, Tieck, Hardenberg und vielen anderen sicherte zwar einen reichen und fruchtbaren geistigen Austausch, doch nicht in gleichem Maße eine menschliche Bindung. Was als menschliche Nähe wahrhaft zählte, war außer der Freundschaft mit dem Bruder nur die sehr feste Verbindung mit Dorothea Veit, die sich 1799 von ihrem Mann scheiden ließ und, zunächst in freier Gemeinschaft, als treue Gefährtin mit Schlegel lebte. Noch als Leipziger Student befreundete er sich mit Caroline Böhmer, die eine Zeitlang in bedrängter Situation in Lucka bei Leipzig wohnte und ihm von seinem Bruder anempfohlen war. Die seelische Kraft und menschliche Sicherheit, der überlegene Geist dieser Frau haben ihn damals tiefer berührt als alle anderen Begegnungen. »Ich bin durch sie besser geworden«, schrieb er, und später hat er bekannt, daß der Umgang mit Caroline ihn vom Selbstmord zurückgehalten habe. »Mein Zutrauen zu ihr ist ganz unbedingt. Sie ist nicht mehr die Einzige, Unerforschliche, von der man nie aufhört zu lernen, sondern die Gute, die Beste, vor der ich mich meiner Fehler schäme.« Vielleicht hätte ihm eine frühe Verbindung mit Caroline eine andere Basis geben, ihn tiefer mit der Wirklichkeit verflechten können. Aber Caroline war an den unentbehrlichsten Menschen, an den Bruder gebunden – so mußte Schlegel verzichten. Die losgelöste Existenz freischwebender Geistigkeit war in jedem Sinn sein Schicksal. Es ist eine Fehldeutung, wenn man – wie es die Literarhistorie zuweilen getan hat – die Entwurzelung, die problematische Zwiespältigkeit in Schlegels Dasein allein aus seinen persönlichen Schwächen erklären möchte, etwa aus Willenslähmung, egoistischer Bequemlichkeit, Charakterlosigkeit, Mangel an Substanz. Was bei ihm als Willkür oder Anmaßung, als verwegenes Spiel erscheinen mag, ist Ausdruck einer inneren Not, einer echten Krisis.

Als Schlegel 1794 in Dresden seine schriftstellerische Arbeit begann, schrieb er dem Bruder: »Daß ich aber in dem Entwurfe meines Lebens mit der Kunst den Anfang mache, das ist so tief in meiner Natur und in meinen Absichten gegründet, daß vielleicht nur ich selbst den Grund davon einsehen kann ... Sie selbst ist mir notwendig.« Schon der Student Schlegel war nicht nur ein passiver, sondern ein »reagierender« Leser, und diesen Typus nennt er im Lessing-Aufsatz einen »angehenden Kritiker«. Schlegel begründet an vielen Stellen die notwendige Funktion der Kritik im geistigen Leben der Zeit. Der erste Eindruck einer dichterischen Erscheinung ist unbestimmt, von zeitlichen Einflüssen und Umständen getrübt. Das Bild des Autors wird deshalb leicht verfälscht. Die Menge und sogar urteilsfähige Leser geben sich dem »stürmischen Eindruck« hin und vermögen nicht, »ihn mit der geistigen Gegenwirkung aneignend aufzunehmen, wodurch allein er sich zum Urteil bilden kann«. Der Kritiker, der in völliger Freiheit allein seiner »Bildung« lebt, kann ein gültiges Urteil finden. »Den Wert eines menschlichen Dinges, mag es sein was es will, darf nur der Kundige und der Edle bestimmen (denn nur dieser steht auf dem Ort, von dem man die Welt richtig sieht).« Der gebildete Geist des Kritikers muß die objektiven Maßstäbe gewissermaßen ersetzen. Denn solche rational anwendbaren Maßstäbe von fragloser Geltung, die der »Kunstrichter« nur anzulegen brauscht und die auch der bloße Leser schon vorfindet, lagen nicht mehr bereit, seit der Künstler nicht mehr für eine geschlossene Standesschicht mit bestimmten Wertvorstellungen schuf und nicht mehr innerhalb einer gesellschaftlich gebundenen, religiös fundierten Ordnung stand. Diese Situation der Auflösung war Schlegel zur Hälfte bewußt, zur Hälfte ist sein kritisches Werk ihr unbewußter Ausdruck. Erst in dieser Situation geschah es, daß einer, ohne selbst schaffender Künstler zu sein, den »Entwurf seines Lebens« so unbedingt auf die Kunst abstellte. Gleichzeitig trat auch der Unterschied zwischen produktiver Kraft und verstehender innerer Nähe zur dichterischen Welt zurück. »Künstler ist ein jeder, dem es Ziel und Mitte des Daseins ist, seinen Sinn zu bilden«, so lautet ein Schlegelsches Fragment. Er selbst bildete seinen Sinn zu der Fähigkeit, in Verstehen und Urteil die Funktion einer kritischen Instanz zu erfüllen. Dazu gehörte für Schlegel nicht nur Sensibilität, gesteigerte Ansprechbarkeit für künstlerische Werte, sondern eine lebendige Vorstellung vom Ganzen der Poesie, das aus den großen Dichtwerken aller Zeiten und Sprachen besteht und das weite Reich der Universalpoesie bildet. Ludwig Tieck sagte später ganz im Sinne Schlegels, daß es »nur *eine* Poesie« gäbe, und daß es notwendig sei, »alle Werke der verschiedensten Künstler ... als Teile einer Poesie, einer Kunst anzuschauen und auf diesem Wege ein heiliges, unbekanntes Land zu ahnen und schließlich zu entdecken, ... dem alle Gedichte als Bürger und Einwohner zugehören«. Diese Äußerung Tiecks geht zurück auf Sätze Friedrich Schlegels, der 1801 schrieb: »Das Wesen der höheren Kunst und Form besteht in der *Beziehung aufs Ganze.* Darum sind sie unbedingt zweckmäßig und unbedingt zwecklos, darum hält man sie heilig wie das Heiligste und liebt sie ohne Ende, wenn man sie einmal erkannt hat. Darum sind alle Werke Ein Werk, alle Künste Eine Kunst, alle Gedichte Ein Gedicht. Denn alle wollen ja dasselbe, das überall Eine, und zwar in seiner ungeteilten Einheit. Aber eben darum will auch jedes Glied in diesem höchsten Gebilde des menschlichen Geistes zugleich das Ganze sein . . .« Betrachtet man dieses Ganze, »den organischen Zusammenhang aller«, die Kunst hervorgebracht haben, so kommt man zu einem »Mittelpunkt«, sagt Schlegel. »Dieser Mittelpunkt ist der Organismus aller Künste und Wissenschaften, das Gesetz und die Geschichte dieses Organismus.« Eine eigene neue Wissenschaft, die Schlegel »Enzyklopädie« nennt, müßte diesen Organismus erforschen und darstellen. In ihr fände sich »die Quelle objektiver Gesetze für alle positive Kritik«. Diese Wissenschaft ist noch nicht vorhanden, aber Schlegel sieht seine eigenen Arbeiten als »im Geiste derselben entworfene kritische Versuche und Bruchstücke«.

Diese Sätze stehen im 1801 veröffentlichten Schlußteil des Lessing-Aufsatzes, als eine Art von Rückblick auf seine kritische Tätigkeit. Aber schon deren Beginn steht im Zeichen einer solchen Konzeption des Ganzen der Poesie, deren Anfänge sich 1793/94 herausbilden. Schlegels erste Arbeiten gelten der griechischen Poesie, und es scheint, daß hier der Philologe und Historiker spricht. Schlegel war beides, und Philologie wie Historie verdanken ihm nicht wenig. Überdies machte er sich mit der Philosophie seiner Zeit vertraut, namentlich mit Kant und mit Fichte, dessen »Idealismus« sehr stark auf Schlegel gewirkt hat. Seine Schriften wie seine Tagebücher bekunden an vielen Stellen die Intensität seiner Bemühung um philosophische Weltdeutung. Schlegel, der 1801 eine philosophische Dozentur in Jena erlangte, hatte viele Berührungen mit den Wissenschaften. Aber die Grundabsicht, die ihn leitete, war schon in den Anfängen, in der Zeit seiner »Gräkomanie«, mehr Kritik als Wissenschaft. Wovon er ausging und worauf er zielte, das war die gegenwärtige geistige Situation, und im Zusammenhang mit seiner Kulturkritik wurde ihm das »Studium der griechischen Poesie« wichtig. In der griechischen Dichtung fand er aufs vollkommenste verwirklicht, was Poesie überhaupt sein kann. »Die Geschichte der griechischen Poesie ist

eine vollständige Naturgeschichte des Schönen und der Kunst ...«
Diese Dichtung ist naturhaft, objektiv, einheitlich, überall wahr und
schön. In ihrer Anschauung gewinnt Schlegel die Maßstäbe für sein
künstlerisches Urteil. Die moderne Poesie, die für ihn mit Dante
beginnt – vom Mittelalter wußte er damals noch nicht viel –, ist
dagegen, so bedeutsam einzelne Werke sind, künstlich, subjektiv,
zerrissen, und sie weist auf eine unheilvolle Trennung von Kunst
und Leben zurück. »Das Problem unserer Poesie scheint mir die Vereinigung des Wesentlich-Modernen mit dem Wesentlich-Antiken ...«
Um dieses Problem ist es Schlegel zu tun. Schon in den ersten Dresdner Aufsätzen über antike Poesie und Kultur stehen Hinweise auf
diese kulturkritische Thematik. »Trostlos und ungeheuer steht die
Lücke vor uns: der Mensch ist zerrissen, die Kunst und das Leben
sind getrennt.« Die kritische Betrachtung der Gegenwart wird dann
breit und mit programmatischer Bedeutung entwickelt in der Abhandlung »Über das Studium der griechischen Poesie«, die im wesentlichen 1795 geschrieben ist. Sie gilt etwa zur Hälfte der zeitgenössischen Literatur und Geisteslage. Die griechische Dichtung bedeutet für Schlegel nicht ein nachzuahmendes Vorbild, sondern ein
»Urbild«. Ihre Geschichte ist »eine vollkommene und gesetzgebende
Anschauung«. In diesem Sinn hat sie Schlegel im zweiten Teil seiner
Abhandlung zusammenfassend gedeutet, und die Anfänge ihrer
Geschichte hat er später in einem umfangreichen, Fragment gebliebenen Werk dargestellt.

Man hat zuweilen gesagt, der frühe Schlegel sei als Bewunderer
des griechischen Altertums ein Klassizist und noch kein »Romantiker«
gewesen. Doch solche Scheidung, die leicht zu einem bloßen Spiel
mit Worten wird, ist unberechtigt. Man kann die komplexe Erscheinung der frühen Romantik keineswegs auf eine Hinwendung zum
Mittelalter festlegen oder gar auf ein Ausspielen der mittelalterlichen
gegen die griechische Dichtung. Schlegel sah in der Vollkommenheit der griechischen Poesie die natürliche Frucht eines erfüllten Daseins, eines Lebenszustandes, den die glückliche harmonische Einheit der politischen Verfassung, der Sittlichkeit, Religion, Wissenschaft und Kunst kennzeichnete. Schönheit war hier »Gemeingut
des öffentlichen Geschmacks, der Geist der ganzen Masse«, nicht

die Schöpfung einsamer Einzelner, die sich in einem Gegensatz zur »Masse« befinden. Kunst war der Ausdruck »festlicher Freude«, und diese bedeutete »das holde Band der Gemeinschaft, welches Menschen und Götter verknüpfte«. Schlegel sah (ähnlich wie Hölderlin) zunächst im alten Hellas jene Einheit von Göttlichem und Menschlichem, von Geist und Wirklichkeit, Kunst und Leben, die Wackenroder, wie vor ihm schon Herder, im Nürnberg der Dürerzeit, Novalis im europäischen Mittelalter zu erkennen meinten. Ob Hellas oder Mittelalter, das ist zwar nicht ohne Belang, doch entscheidend ist die verwandte Sehweise, die Idealisierung einer geschichtlichen Frühzeit. Dies machte, neben vielen anderen Gemeinsamkeiten, Schlegel zum geistigen Gefährten der Wackenroder, Tieck, Novalis. Nicht obwohl er anfangs im Griechentum den Idealzustand sah, sondern gerade weil er Griechenland auf diese Weise verstand, konnte er das Mittelalter bald in seine »romantische« Konzeption einbeziehen und die wegweisende Deutung der gotischen Baukunst geben, ebenso wie er das alte Indien einzubeziehen und seine Sprache und Dichtung zu erschließen vermochte.

Mit jener ersten großen Abhandlung beginnt also Schlegels grundlegende Anschauung von Dichtung sich zu bilden, die er dann in seinen kritischen Arbeiten weiter entfaltete und im großen »Gespräch über die Poesie« 1800 umfassend darlegte. Poesie ist hier schließlich die Weltseele selbst, die in allem Lebendigen wirkt. Die Erde ist »das eine Gedicht der Gottheit« – und die »Poesie der Worte« ist nur ein Wiederklang dieser Weltpoesie.

Das »Gespräch über die Poesie«, eine Spiegelung der geistigen Geselligkeit im Kreise romantischer Freunde und ihres nie ermüdenden Gedankenaustausches, erschien in der Zeitschrift »Athenäum«, die Friedrich Schlegel zusammen mit seinem Bruder herausgab. Sie enthielt nur wenig dichterische Beiträge und war vornehmlich ein Organ der Kritik. Als eine Sonderform kritischer Prosa lassen sich auch die beiden umfänglichen Reihen von Aphorismen verstehen, die Schlegel in dieser Zeitschrift veröffentlichte. Zusammen mit der ersten Sammlung solcher Aphorismen, die schon vorher im »Lyceum der schönen Künste« erschienen war, gehören sie zum Grundbestand des Schlegelschen Frühwerks. Sie sind Kritik insofern, als hier der »Eindruck« von Erscheinungen der Literatur und Philosophie, der religiösen Besinnung, des moralischen Lebens, der gesellschaftlichen und politischen Zustände »mit geistiger Gegenwirkung« angeeignet und festgehalten wird. Die Aphorismen enthüllen und stellen bloß, sie rühmen, sie fordern oder fordern heraus, sie geben eine blitzhafte Belichtung der geistigen Situation. Selbst dort, wo sie nur das Ergebnis einer Reflexion, einer Einsicht prägnant zu formulieren scheinen, sind es oft die unausgesprochene Polemik gegen den Aufklärungsgeist und der Wertmaßstab der universalen Geistigkeit, die den Schliff der Prägung schärfen. Wenn es z. B. in einem berühmten Fragment heißt: »Der Historiker ist ein rückwärts gekehrter Prophet«, so steht hinter dieser Formulierung die Kritik am platten Fortschrittsglauben der Aufklärer, die nur vorwärts blicken, und die Wertung des Vergangenen als Quelle der Erkenntnis und Grundlage aller Voraussagen. Die Aphorismen enthalten eine vielfältige Zeitkritik großen Stils. Schlegel nannte sie »Fragmente«, Bruchstücke einer zusammenhängenden, aber nicht vollständig mitgeteilten Geisteswelt und Erkenntnistätigkeit. Ihre Form ist von den französichen Moralisten hergeleitet, insbesondere von Chamfort, dessen Geist und Witz Schlegel bewunderte. An seinen Maximen lernte er viel von der Kunst, aus einer langen Gedankenreihe den Extrakt zu destillieren und im sparsamsten Ausdruck festzuhalten, überraschende Kombinationen, tiefsinnige Paradoxien zu finden. Chamfort war zugleich ein Günstling und ein Kritiker der sich auflösenden aristokratischen Gesellschaft. Durch die Übernahme seiner aphoristischen Formungsweise ist in Schlegels Fragmente viel von der gesellschaftlichen Bildung des 18. Jahrhunderts, vom Esprit der Salons eingegangen. Doch gelang Schlegel die Übertragung dieser Form auf eine gewandelte Situation und eine veränderte Gedankenwelt. Statt des Gegensatzes von Gesellschaft und Natur, der ein Grundmotiv in Chamforts Maximen ist, dominieren hier andere Polaritäten, etwa die des Ich und des All, des begrenzten Einzelnen und des unendlichen Ganzen, auch die von Sinn und Zweck. Schlegels Berührung und Auseinandersetzung mit der Philosophie Fichtes und mit den religiösen Ideen Schleiermachers, der als Kern des Religiösen »den Sinn für das Universum« bezeichnete, spiegelt sich in diesen

Fragmenten. Sie zeigen den Zusammenhang der literarischen Kritik mit Schlegels allgemeiner kritischer Aktivität.

Die Paradoxie, die sehr häufig die Form der Fragmente bestimmt, ist, wie so oft, ein Ausdruck der Krise. Das war sie auch bei Chamfort. Anders als dieser aber neigt Schlegel dazu, zuweilen den Sinn des Aphorismus durch allzu scharfe Zuspitzung des Ausdrucks zu verstecken und zu verrätseln; das geht manchmal bis zum kaum mehr Verständlichen – ein manieristischer Zug, den der bemerkenswerte Aufsatz »Über die Unverständlichkeit« verteidigt.

Der Stil der Schlegelschen Fragmente ist wesentlich mitgeformt durch Ironie. Diese »romantische Ironie« ist oft mißverstanden worden als eine Relativierung aller Werte durch die allein geltende subjektive Willkür des reflektierenden Ich. Indessen bedeutete Ironie für Schlegel etwas anderes, nämlich den wachen Sinn für die Begrenzung jeder, auch der höchsten endlichen Erscheinung, wenn man sie am Unendlichen, an der Idee des absoluten Wertes mißt. Ironie »enthält und erregt ein Gefühl von dem unauflöslichen Widerstreit des Unbedingten und des Bedingten«, sagt ein Lyceumsfragment von der sokratischen Ironie. Schlegels Ironie hat stets die Farbe dieses Widerstreits. Auch das größte Dichtwerk z. B. ist bedingt, hat als individuelle Verwirklichung seine natürlichen Grenzen und kann nicht das Wesen der Poesie vollkommen und ganz ohne Einschränkung realisieren, kann nicht das Absolute der Poesie selbst sein. Deshalb wird der Künstler sein eigenes Werk zwar ernst nehmen, doch zugleich sich auch lächelnd darüber erheben im Bewußtsein der unerreichbaren reinen Idee der Kunst. Das gleiche gilt für Schlegel von allen endlichen Erscheinungen. Gewiß ist dieser ironische Aspekt, der in seinen Schriften oft hervortritt, der Ausdruck einer Disharmonie, jenes unaufhebbaren Leidens an der Endlichkeit, das von den frühesten Anfängen an sein Weltgefühl bestimmt hat. Aber diese Ironie intendiert nicht die Auflösung aller Werte im unverbindlichen Spiel des Geistes, sondern gerade die Sicherung des letzten absoluten Wertes, die Selbstbewahrung vor der Absolutierung einer endlichen Erscheinung. Eben die Ironie ist die Brücke zwischen dem frühen und dem späteren, gläubigen Schlegel, gleichsam der negative Ausdruck eines positiven religiösen Verlangens. So hat er sich auch in seinem letzten Werk noch zur Ironie bekannt: »Die wahre Ironie – da es doch eine falsche gibt – ist die Ironie der Liebe. Sie entsteht aus dem Gefühl der Endlichkeit und der eigenen Beschränkung und dem scheinbaren Widerspruch dieses Gefühls mit der in jeder wahren Liebe miteingeschlossenen Idee eines Unendlichen.«

Liest man von Schlegels Absicht, eine Bibel zu schreiben und »eine Religion zu stiften«, von seiner Zuversicht, daß eine neue Mythologie bewußt erzeugt werden könnte, so mag man in solchen Projekten ein verwegenes intellektuelles Spiel, die vermessene Selbstüberhebung des subjektiven Geistes sehen. Es sind aber auch Zeichen für die Unhaltbarkeit der Position des »frei schwebenden Geistes«, Äußerungen eines verzweifelten Bedürfnisses nach Bindungen. Daß er solche Bindungen sich nicht selbst schaffen könne, diese Einsicht führt Schlegel schließlich zur Wendung seines Weges. Wenn er in Paris das Indische erlernte und sein schönes, hellsichtig eindringendes Buch »Über die Sprache und Weisheit der Indier« vorbereitete, wenn er gleichzeitig die mittelalterliche Dichtung sich zueignete und seine Gabe kritischer Deutung dann zur Erschließung von Werken der bildenden Kunst verwendete und über altdeutsche Gemälde und die gotische Baukunst schrieb, so scheint das zunächst nur eine Erweiterung seines Umblicks, die Eroberung neuer Gegenstandsbereiche für seine Kunst der Interpretation zu sein. Aber seine Versenkung in die altdeutsche, von den Brüdern Boisserée ihm nahegebrachte Kunst bedeutete mehr. Sie war ein Eintauchen in den Strom nationaler und religiöser Überlieferung, die jetzt eine bindende Macht bewährte. Es war einer der Wege, auf denen sich das übermäßige Verlangen nach Bindungen zu befriedigen suchte. In der Vergangenheit, die ihn als weiterwirkende Geschichtsmacht in Köln umgab, in der Zugehörigkeit zur Nation, die auch durch die napoleonischen Kriege ihm stärker bewußt wurde, fand er übersubjektive, Halt gebende Wirklichkeiten. In der alten Kirche erfuhr er die lebendige Gegenwart einer uralten Tradition, die Lebensmacht einer Institution, die für den schweifenden »Sinn fürs Unendliche« ehrwürdige alte Formen bereithielt und die Sicherung einer umschließenden Gemeinschaft gewährte. In all diesen Mächten fand er die ersehnte Bindung, den ihm unentbehrlich gewordenen Halt im Begrenzten, im Wirklichen.

Schlegel hat sich diesen Bindungen mit der gleichen radikalen Konsequenz hingegeben, mit der er früher die Ungebundenheit lebte. Auch insofern ist diese in seiner Anlage und seiner geistigen Situation begründete Entwicklung kein Bruch. Die Konversion von 1808 besiegelt eine Wendung, die sein gesamtes Dasein in allen Bereichen ergriff. Er schloß noch in Paris die Ehe mit Dorothea, er bemühte sich in Köln um ein Lehramt und später in Wien um eine politische Tätigkeit, die er freilich nur kurze Zeit und mit geringem Erfolg versah.

In einer Rezension der Dresdener Vorträge Adam Müllers, die Schlegel 1808 in den Heidelberger Jahrbüchern veröffentlichte, spricht sich die gewandelte Gesinnung, die Wendung zum Wirklichen, sehr deutlich aus. »Wir sehen es als unvermeidlich an und getrauen uns mit Zuversicht zu sagen: es muß von jetzt an eine neue Epoche der deutschen Literatur beginnen; nicht stürmisch und im chaotischen Kampf, sondern in ernster Würde, kraftvoll und durchgreifend und aus dem alten Traume endlich erwacht. Soviel ist fürs erste klar: der provinzielle Ton, der sich hie und da immer noch wieder auflebend vernehmen läßt, muß völlig verschwinden und dem allgemeinen deutschen Sinn weichen. Es kann nicht fehlen, die gemeinschaftliche Erfahrung wird bei so vielen bis jetzt nur allzu getrennten deutschen Völkern auch die einsame Erinnerung mächtig wecken, aus welcher dann die Einheit der Gesinnung von selbst hervortreten wird, wo die Kraft und der Mut dazu da ist. In den tätigern und strengern Lebensverhältnissen wird die müßige Vielschreiberei und Spielerei zum Teil aufhören oder doch minder werden; aber auch in dem Geist des Ganzen muß eine wesentliche Reform vorgehen. Es ist ein Anblick, der zum Teil mit Staunen, zum Teil mit Wehmut erfüllt, wenn man die von drohenden Anzeichen schwangere, ruinenvolle Geschichte des letzten Jahrhunderts gegenwärtig hat, und nun die ersten Geister der Deutschen, fast ohne Ausnahme, seit mehr als fünfzig Jahren einzig und allein in eine bloß ästhetische Ansicht der Dinge so ganz verloren, fast alle nur damit beschäftigt sieht, bis endlich jeder ernste Gedanke an Gott und Vaterland, jede Erinnerung des alten Ruhms, und mit ihnen der Geist der Stärke und Treue meist bis auf die letzte Spur erloschen war ... Diese ästhetische Träumerei, dieser unmännliche pantheistische Schwindel, diese Formenspielerei müssen aufhören: sie sind der großen Zeit unwürdig und nicht mehr angemessen. Die Erkenntnis der Kunst und das Gefühl der Natur werden uns wohl bleiben, so lange wir Deutsche sind; aber die Kraft und der Ernst der Wahrheit, die feste Rücksicht auf Gott und auf unsern Beruf muß die erste Stelle behaupten und wieder in seine alten Rechte eintreten, wie es dem deutschen Charakter gemäß ist.«

Patriotismus, konservativer geschichtlicher Sinn und christliche, katholische Gläubigkeit erscheinen als die obersten, unbedingt verpflichtenden Werte im literarischen Werk des späten, in Wien seßhaft gewordenen Schlegel. Sein kritisches Ingenium bleibt noch immer wirksam – man spürt es in den Wiener Vorlesungen über die Geschichte der Literatur oder in der Rezension der Gedichte Lamartines –, aber es fügt sich jetzt ein in die Intentionen des Historikers und des christlichen Philosophen, die Schlegels Spätwerk wesentlich bestimmen.

Wolfdietrich Rasch

Zu dieser Ausgabe

Josef Körner bemerkt in seinem »Bibliographischen Handbuch des deutschen Schrifttums« (3. Auflage 1949), daß Neudrucke »der auch schon vor dem letzten Kriege kaum noch auftreibbaren Hauptschriften« Friedrich Schlegels ein »dringendes Erfordernis« seien. In der Tat war das Fehlen einer Ausgabe der Schlegelschen Schriften empfindlich spürbar. Unsere Ausgabe wollte diesem Mangel abhelfen, indem sie ein Teilgebiet des Schlegelschen Werkes, seine grundlegenden kritischen Arbeiten, in einer Auswahl wieder zugänglich machte. Das Kennwort Kritik ist dabei in jenem weiten Sinn verstanden, den das Nachwort erläutert; auch die »Fragmente« werden darunter begriffen. Dieser Gesichtspunkt der Auswahl bringt es mit sich, daß es im wesentlichen die Schriften des *frühen* Schlegel sind, die sich hier zusammengestellt finden. Um das Gesamtwerk zu repräsentieren, bedürfte es mindestens einer zweiten Sammlung, die etwa unter dem Titel »Philosophische Schriften« denkbar wäre und vorwiegend eine Auswahl aus dem Spätwerk bieten würde.

Als 1956 die erste Auflage unseres Auswahlbandes erschien, wurde die vollständige kritische Gesamtausgabe der Schlegelschen Werke erst vorbereitet, ihr Titel: »Kritische Friedrich-Schlegel-Ausgabe«, besorgt von Ernst Behler unter Mitwirkung von Jean Jacques Anstett und Hans Eichner, im Verlag Ferdinand Schöningh, Paderborn. Für die zweite Auflage 1964 konnten die bis dahin erschienenen Bände dieser Ausgabe herangezogen werden. Auch die meisten der kritischen Jugendschriften sind jetzt hier ediert, allerdings noch nicht die große Abhandlung »Über das Studium der griechischen Poesie«. Ebenso fehlen noch die Lessing-Aufsätze aus der Anthologie »Lessings Geist aus seinen Schriften«, auch die Rezension der Cottaschen Goethe-

Ausgabe und die Anzeige von Büschings und von der Hagens Volksliedersammlung. Es schien daher angebracht, für diese dritte Auflage die für die früheren Auflagen als Textvorlage verwendete Ausgabe von Minor beizubehalten, zumal der Text bis auf orthographische Einzelheiten mit dem Text der kritischen Ausgabe übereinstimmt. Wenn diese vollständig vorliegen wird, könnte in einer späteren Auflage der Text dieses Auswahlbandes einheitlich nach der kritischen Edition gegeben werden, und auch die bei Eichner in wenigen Fällen sich ergebenden Zuschreibungsprobleme bei einigen Athenäumsfragmenten wären dann zu erörtern. Beim Abdruck der Fragmente und der meisten kritischen Arbeiten des jungen Schlegel folgt also unsere Ausgabe der Edition von Jacob Minor: »Friedrich Schlegel. 1794 bis 1802. Seine prosaischen Jugendschriften«, Wien 1882 (hier unter der Abkürzung »Minor« zitiert). Für die bei Minor nicht enthaltenen, nach 1802 erschienenen Arbeiten ist als Vorlage die »Kritische Friedrich-Schlegel-Ausgabe« benützt, für die dort noch nicht edierten Texte die von Schlegel selbst veranstaltete Ausgabe, die unter dem Titel »Sämtliche Werke« 1822–25 in Wien erschien (2. Auflage Wien 1846). In einigen Fällen wurden die Erstdrucke zugrundegelegt. Welcher Textvorlage die einzelnen Stücke folgen, ist jeweils in den Anmerkungen verzeichnet. Diese Anmerkungen, die auch Zeit und Ort des ersten Erscheinens jeder Schrift mitteilen, geben vor allem Auskunft über weniger allgemein bekannte Autoren und Werke, die bei Schlegel genannt sind oder auf die er anspielt. Die Anmerkungen entstanden unter Mitarbeit von Herrn Klaus G. Just (1. Auflage) und Frau Renate von Heydebrand (2. Auflage). Beiden danke ich für ihre wertvolle Hilfe. Auf vielfachen Wunsch wurden der 3. Auflage zur besseren Benutzung der Ausgabe ein Namen- und ein Begriffsregister beigegeben, für deren Erarbeitung ich Herrn Andreas Heller danke.

Bei der Angleichung der Orthographie an die heutigen Gewohnheiten wurde eine möglichst einheitliche Schreibweise angestrebt; die Drucke der Schlegelschen Schriften verfahren in dieser Hinsicht sehr unterschiedlich. Will man darin und bei der Modernisierung überhaupt nicht radikal vorgehen, so wird ein gewisser Spielraum des subjektiven Ermessens sich notwendig ergeben. Die persönliche Interpunktion Schlegels wurde verhältnismäßig weitgehend beibehalten, aber dort modernisiert, wo es im Interesse leichterer Lesbarkeit notwendig schien. Die häufigen Sperrungen in den Schlegelschen Texten wurden in der Regel beseitigt.

Die Reihe der maßgeblichen kritischen Arbeiten Schlegels in einem handlichen Band zur Verfügung zu stellen, bleibt unzweifelhaft eine Notwendigkeit, auch wenn die große, vielbändige Gesamtausgabe abgeschlossen sein wird. Die Auswahl der Aufsätze verzichtet auf die mehr philologisch-historisch orientierten Arbeiten, die besonders der antiken Literatur gelten, und auf einige Rezensionen philosophischer Werke. Sie enthält jedoch alle wesentlichen literaturkritischen Abhandlungen des frühen Schlegel und läßt nur wenige Stücke dieser Art, die allenfalls entbehrlich scheinen, unberücksichtigt. Was bisher an ungedruckten Texten aus Schlegels Nachlaß bekannt geworden ist, vor allem die umfangreichen Notizbücher, die im 18. und (noch nicht vorliegenden) 19. Band der kritischen Ausgabe mitgeteilt werden, und von denen ein Teil in Hans Eichners Ausgabe der »Literary Notebooks« (London 1957) ediert wurde, das ist zwar von hohem Interesse, verändert aber nicht eingreifend das Bild des Kritikers, wie es in Minors grundlegender Edition des Schlegelschen Frühwerks erscheint. Eine bedeutsame Rezension der »Vorschule der Ästhetik« von Jean Paul, die Ernst Behler als Werk Schlegels veröffentlicht hat, stammt in Wahrheit nicht von ihm, sondern von Friedrich Ast, der Schlegel eng verbunden war.[1]

Etwas zögernd, aber schließlich doch mit Überzeugung, habe ich, durch mehrfache Wünsche von Lesern mitbestimmt, eine nicht für den Druck gedachte Äußerung des ganz jungen Schlegel über Shakespeares Hamlet aufgenommen, weil diese in einem Brief an den Bruder stehenden Bemerkungen für das Weltverhältnis und Dichtungsverständnis Schlegels, der damals noch nichts veröffentlicht hatte, überaus kennzeichnend sind. Dieser Text steht hier nach den Fragmenten, und es folgt die große Abhandlung »Über das Studium der griechischen Poesie«, die zunächst eine kritische Analyse der zeitge-

---

[1] Nachweis von Hans Eichner, »Friedrich Ast und die Wiener Allgemeine Literaturzeitung«, Jahrbuch der deutschen Schillergesellschaft, 4. Jahrgang 1960, S. 343 ff. – Der Abdruck der Rezension: Die Neue Rundschau, 68. Jahrgang 1957, S. 654 ff.

nössischen geistig-literarischen Situation gibt. Sie ist von grundsätzlicher Bedeutung. Proben der kleineren Rezensionen und die kritische Besprechung von F. Jacobis Roman »Woldemar« schließen sich an. Die Rezension von Büschings und von der Hagens Volksliedersammlung bezeugt Schlegels lebendigen, doch kritisch abwägenden Anteil an der nach 1800 sich vollziehenden Entwicklung der romantischen Bewegung und ihrer immer stärkeren Hinwendung zur »vaterländischen Volkspoesie«. Die große Besprechung der ersten vier Bände der Goethe-Ausgabe von 1806 gehört in die erste Reihe der Schlegelschen Kritiken; sie faßt die vielen zeitlich vorangehenden Äußerungen über Goethe gewissermaßen zusammen und enthält insbesondere die entscheidende Ergänzung der fragmentarischen Deutung des »Wilhelm Meister«. Die Aufsätze über Forster und Lessing sind Zeugnisse der Charakterisierungskunst Schlegels. Von gleicher Bedeutung sind die Vorreden und Nachschriften, die Schlegel seiner Auswahl von Lessings Werken beigab und die in dieser schwer zugänglichen Anthologie bisher halb verborgen lagen. Sie erweitern nicht nur das in dem großen Aufsatz gezeichnete Lessingbild, sondern es finden sich hier grundsätzlich wichtige Einsichten zur Kritik und Poesie.

Der Aufsatz »Über Goethes Meister« ist das berühmteste Beispiel Schlegelscher Interpretationskunst, das »Gespräch über die Poesie« gibt die umfassende Darlegung des frühromantischen Dichtungsbegriffs. Der Aufsatz »Über die Unverständlichkeit«, in dem Schlegel Eigentümlichkeiten seiner Schreibweise interpretiert, war sein letzter Beitrag zum »Athenäum«.

Die in Paris und Köln verlebten Übergangsjahre (1802–1808) werden repräsentiert durch den großen, als Reisebericht geformten Aufsatz über die »Grundzüge der gotischen Baukunst« und ein Stück aus dem Europa-Aufsatz über die altdeutsche Malerei, ferner durch einige Abschnitte aus dem Buch »Über die Sprache und Weisheit der Indier«. Der späte Schlegel (1808–1829) und seine gewandelten Anschauungen erscheinen in einer der Wiener Vorlesungen zur »Geschichte der alten und neuen Literatur« und in der Rezension von Lamartines erstem Gedichtband, der, wie Ernst Robert Curtius gesagt hat, »eine Revision« von Schlegels »Anschauungen über Dichtung überhaupt« bewirkt hat. *W. R.*

NAMENREGISTER

Achilleus Tatios: 117, 655
Addison, Joseph: 349
Alemán, Mateo: 660
– Vida del Picaro Gusmán de Alfarache 307, 660
Alkaios: 118, 655
Alkman: 480, 665
Annolied 556
Apollonios von Rhodos: 173, 656
Archilochos: 45, 118, 480, 484, 652, 655, 665
Ariosto, Lodovico: 211, 316, 317, 486, 510, 512, 607, 665
Aristides: 24
Aristophanes: 6, 44, 45, 53, 54, 118, 183, 192, 202, 216, 229, 243, 480, 481, 482
– Die Frösche 192 Anm
– Die Ritter 192 Anm
Aristoteles: 45, 218, 220, 231, 317, 357, 362, 629, 630
– Poetik 357
Arnim, Achim von (Ed.): 281 ff, 657, 659
– Des Knaben Wunderhorn 281 ff, 286, 657, 659
Äschylus: 37, 118, 179 f, 183, 185, 206, 210, 212, 216, 481, 482, 594, 598, 610, 613
– Die Eumeniden 610
Athenäum 25, 533–542, 652, 654, 657, 664, 666
Ausonius, Decimus Magnus: 45
– Mosella 45

Baader, Franz Xaver von: 100, 654
Bacon, Francis, Lord von Verulam: 49, 653
Bakchylides: 118, 655

Baumgarten, Alexander Gottlieb: 228
Bayle, Pierre: 59, 653
Boccaccio, Giovanni: 316, 486, 514, 515, 663
Bodmer, Johann Jakob: 6, 651
Böhme, Jakob: 103, 105, 403, 506, 664, 665
Boileau, Nicolas: 630, 674
Boufflers, Stanislas Chevalier de: 537, 666
Boyardo, Matteo Meria: 486, 665
Bramante, Donato: 575
Brentano, Clemens von (Ed.): 281 ff, 657, 659
– Des Knaben Wunderhorn 281 ff, 286, 657, 659
Brunelleschi, Filippo: 575
Buffon, George Louis Leclerc de: 330, 374, 661
Bürger, Gottfried August: 61, 229, 295, 653
Burney, Frances: 666
– Cecilia, or Memoirs of an Heiress 517, 666
Büsching, Johann Gustav Gottlieb (Ed.): 281–288, 657
– Sammlung deutscher Volkslieder 281–288, 657
Byron, George Gordon Noel: 635 ff, 644 ff, 674
– Cain 645 f

Calderon de la Barca, Pedro: 317, 556, 607 f, 610–617, 621 f
– Die Andacht zum Kreuze 610
– Der standhafte Prinz 610
Cambio, Arnolfo di: 575
Camoëns, Luiz de: 317
Cäsar, Gajus Julius: 43, 48, 65, 75, 372

Cato, Marcus Porcius: 43
Catullus, Gaius Valerius C.: 45, 484, 655, 665
Cellini, Benvenuto: 47, 243, 652, 658
Cervantes, Miguel de: 256ff, 316, 317, 319, 419, 487f, 501, 510, 514, 515, 516, 525, 600, 603, 607, 657, 658, 665
– Don Quixote 256ff, 307, 313, 315f, 319, 487f, 525, 600, 657, 658
  Don Quixote 67, 256, 516
  Sancho 256, 516
– La Galatea 257, 487f, 658
– Novelas ejemplares 257f, 658
– Numantia 487, 665
– Los trabajos des Persiles y Sigismunda 257, 488, 658
Chamfort, Sébastien Roche Nicolas: 12, 13, 21, 34, 82, 651
Chapelain, Jean: 627, 630, 674
Chaucer, Geoffrey: 618
Cicero, Marcus Tullius: 43, 44, 46, 591
Commynes, Philippe de: 624, 673
Condorcet, Jean Antoine Nicolas de Carität, Marquis de: 51, 231–238, 653, 657
– Esquisse d'un tableau historique des progrès de l'esprit humain 231–238, 653, 657
Cook, James: 327, 330, 338, 661
Corneille, Pierre: 120, 317, 362, 374, 627, 629f
– El Cid 630
Correggio, Antonio: 70, 513, 514, 577, 582
Couvray, Louvet de: 651, 654
– Les amours du chevalier de Faublas 10, 81, 651, 654

Dante Alighieri: 11, 55, 112, 134, 319, 485, 486, 500, 507, 516, 527, 556, 611, 612, 613, 614, 623, 663

– La Divina Commedia 11, 55
Demokrit von Abdera: 219
Demosthenes: 113, 258
Diderot, Denis: 5, 6, 510, 513, 554, 651
– Jacques le fataliste et son maître 5, 6, 510, 513, 651
Dionysios von Halikarnassos: 218f, 656
Dryden, John: 478, 664
Dürer, Albrecht: 103, 105, 576f, 579, 584
Dyk, Johann: 534, 666

Edda 208, 561
Elwert, Anselm: 283, 659
Empedokles: 482, 483
Engel, Johann Jakob: 658
– Fürstenspiegel 85, 654
– Herr Lorenz Stark 238f, 658
Epikur aus Samos: 88
Eschenburg, Johann Joachim: 283, 659, 664
Euklid: 360
Euripides: 45, 192, 200, 202, 481, 656
van Eyck, Jan: 559, 671

Fattori: 581
Ferguson, Adam: 261, 658
Fichte, Johann Gottlieb: 42, 48, 59, 60, 63, 68, 101, 105, 224, 353, 379, 380, 384, 533ff, 652f, 663, 673
– Grundlage der gesamten Wissenschaftslehre 48, 59, 63, 503, 533f, 652f
Fielding, Henry: 307, 509, 517, 660
Fiorillo, Johann Dominik: 549, 667
Fleming, Paul: 404, 491
Fontenelle, Bernard le Bovier: 60, 653
Forster, Georg: 88, 323–345, 654, 660ff
– Ansichten vom Niederrhein, von Brabant, Flandern, Holland, Eng-

land und Frankreich, im April, Mai und Junius 1790 326, 332, 661
- Aus der Brieftasche eines Reisenden 331 ff, 661
- Cook der Entdecker 338, 661
- Erinnerungen aus dem Jahr 1790... 340, 662
- Geschichte der englischen Literatur 334, 661
- Die Kunst und das Zeitalter 340, 662
- Leben Dr. Wilhelm Dodds 331, 661
- Long Reisen ... 338, 661
- Neuholland und die britische Colonie in Botany-Bay 338, 661
- Parisische Umrisse 1793 331 ff, 661
- Über die Beziehung der Staatskunst auf das Glück der Menschheit 328, 334, 661
- Über Leckereien 340, 662
- Über Proselytenmacherei 326, 661

Forteguerri, Niccolo: 656
- Ricciardetto 209, 656

Garrick, David: 110, 655
Garve, Christian: 63, 531, 653
Gellert, Johann Fürchtegott: 286
Gerber, August Samuel: 658
- Der Ritter von Tourville 241, 242, 658
Gibbon, Edward: 49, 330, 518, 653, 666
- Miscellaneous works, with memoirs of his life and writings... 518, 666
Giorgione: 582
Girtanner, Christoph: 532 f, 666
Goethe, Johann Wolfgang von: 5, 23, 48, 53, 55, 84, 105, 144 Anm, 153, 154 f, 191, 229, 244 ff, 288 bis 322, 419, 452-472, 490 f, 518-526, 527, 533 ff, 646, 652, 655, 656, 657, 658, 659, 661, 665, 666
- Claudine von Villabella 522
- Clavigo 521
- Egmont 306, 522, 523
- Elpenor, Fragment 288, 322
- Erwin und Elmire 322
- Faust 153, 245 f, 519, 521, 645 f, 655, 656, 658, 666
Faust der Volkssage 609
- Die Geschwister 288
- Götz von Berlichingen 520, 521
- Herrmann und Dorothea 315, 519, 520, 524
- Iphigenie auf Tauris 322, 519, 521, 524
- Die Laune des Verliebten 288, 322
- Die Leiden des jungen Werthers 244, 253, 307, 314, 520, 521
- Lyrik 288, 291-305, 524 (Die Braut von Korinth) 84, 296
- Mahomet 288, 322
Die Mitschuldigen 288
- Die natürliche Tochter [Eugenie] 291
- Reineke Fuchs 523
- Tancred 288, 322
- Torquato Tasso 306, 519, 521, 522, 523, 665
- Triumph der Empfindsamkeit 523
- Unterhaltungen deutscher Ausgewanderter 72
- Wilhelm Meisters Lehrjahre 23, 48, 144 Anm, 243, 288, 291, 305-321, 452-472, 519, 521, 523, 524 f, 533 ff, 658
Wilhelm 24, 144 Anm, 244 ff, 453 ff
Goldsmith, Oliver: 666
- The Vicar of Wakefield 517, 666
Gongora y Argote, Luis de: 607, 673
Gozzi, Carlo: 54, 364, 490, 523, 653
Gräter, Friedrich David: 283, 659

NAMENREGISTER

Guarini, Gian Battista: 364, 487, 662
- Il Pastor fido 487, 662

Hagedorn, Friedrich von: 286

Hagen, Friedrich Heinrich von der (Ed.): 281-288, 657, 659
- Sammlung deutscher Volkslieder 281-288, 657

Harris, James: 73, 416, 653

Heinrich von Morungen: 283, 659

Heinse, Wilhelm: 660
- Ardinghello oder die glückseligen Inseln 312, 660

Heliodoros: 488, 665

Hemsterhuis, Franz: 21, 111, 142 Anm, 276, 330, 652, 656
- Simon 142 Anm, 656

Heraklit: 63

Herder, Johann Gottfried: 228, 281, 283, 659

Herodot von Halikarnassos: 52

Hesiod aus Kyme: 45

Hippel, Theodor Gottlieb von: 11, 651

Holbein, Hans d.J.: 576f, 582

Home, Henry: 73, 653

Homer: 6, 31, 43, 45, 52, 168ff, 177, 183, 185, 192, 208, 213, 215, 216f, 266, 479f, 500, 594, 602, 612, 652, 656, 659
- Ilias 480, 659
- Margites 210, 656
- Odyssee 170, 480, 659
  Achilles 169, 171
  Diomedes 168ff
  Hektor 171
  Patroklus 171

Horaz, Quintus H. Flaccus: 23, 43, 116, 118, 217, 218, 220, 480, 483, 630, 656, 657
- Episteln 220, 656, 657
- Epoden 116, 480
- Oden 116, 118, 217
- Satiren 116

Horen 238 ff, 657, 658, 661

Hülsen, August Ludwig: 21, 60, 102, 652

Hülz, Johann: 574

Hurd, Richard: 218, 656

Iffland, August Wilhelm: 330

Jacobi, Friedrich Heinrich: 67, 88, 253, 259-281, 313, 354, 371, 380, 653, 657, 658, 660
- Aus Eduard Allwills Papieren 263, 271, 275, 658
- Der Kunstgarten, ein philosophisches Gespräch 275, 658
- Woldemar 259-281, 653, 657, 660

Jean Paul Friedrich Richter: 42, 80f, 508f, 511f, 654
- Blumen-, Frucht- und Dornenstücke, oder Ehestand, Tod und Hochzeit des Armenadvokaten F. St. Siebenkäs 81
  Leibgeber 654

Johnson, Samuel: 23, 73, 652

Jones, Sir William: 398, 591, 664, 673

Jung-Stilling [Heinrich Jung]: 314, 660

Kalidasa: 591, 597, 662, 672
- Sakuntala 341, 597, 662, 672

Kallimachos: 199, 656

Kallinos: 118, 655

Kant, Immanuel: 11, 16, 25, 26, 29, 31, 37, 49, 59, 61, 64, 73, 224, 228, 278, 331, 350, 380, 396, 531, 534, 651, 655
- Kritik der reinen Vernunft 68, 534
- Kritik der Urteilskraft 224, 655
[Kantianer]: 6, 30, 37, 50, 61, 93, 249, 407

Kepler, Johannes: 103, 105, 403

Kinesias: 202, 656

Klopstock, Friedrich Gottlieb: 213, 228f, 246, 298, 299f, 306, 307, 317, 411, 603

NAMENREGISTER

Konrad von Hochstetten: 563
Kopernikus, Nikolaus: 49, 85
La Fontaine, Jean de: 509, 666
Lamartine, Alphonse de: 633–647, 674
- Méditations poétiques 633 ff, 674
- Mort de Socrate 642, 674
- Nouvelles méditations poétiques 642 ff, 674

Lazarillo de Tormes, Vida de 307, 660
Leibniz, Gottfried Wilhelm von: 28, 35, 49, 58, 59, 66, 67, 68, 69, 276, 354, 403, 433, 534
Leonardo da Vinci: 577, 582 f, 584
Lesage, Alain-René: 307, 660
Lessing, Gotthold Ephraim: 21, 65, 68, 100, 105, 204, 228, 229, 247, 249, 276, 337, 346–383, 384–451, 523, 629, 651, 662, 663 f
- Anti-Goeze 353, 366, 370, 372, 383, 662
- Antiquarische Versuche 412–420, 421, 663
- Emilia Galotti 349, 363 ff, 368, 514
- Ernst und Falk. Gespräche für Freimäurer 350, 370, 382, 434 f, 443–451, 663
- Erziehung des Menschengeschlechts 249 Anm, 350, 382, 434, 663
- Fragmente eines Ungenannten 367, 370, 662
- Heldenbuch (Ed.) 398, 663
- Laokoon, oder Über die Grenzen der Malerei und Poesie 14, 357, 651
- Minna von Barnhelm 368
- Miß Sara Sampson 349, 350
- Nathan der Weise 16, 36, 349, 363–373, 389, 438–442, 523, 663
  Alhafi 352, 368, 372
  Nathan 352, 372
  Patriarch 352, 367

Saladin 366, 372
Tempelherr 368, 372
Lichtenberg, Georg Christoph: 331, 661
Linné, Karl von: 67
Locke, John: 234, 658
[Lockianer]: 234, 657 f
Lohenstein, Daniel Casper von: 299
Lope de Vega: 258, 490, 605 ff
Lucilius, Gaius: 116, 655
Lukianos: 116
Lukrez, Titus L. Carus: 330, 483, 661
Luther, Martin: 103, 105, 355 f, 403

Marot, Clément: 625, 673
Martialis, Marcus Valerius: 45, 484, 665
Menandros: 229
Mendelssohn, Moses: 354, 363, 662
Michelangelo Buonarroti: 70, 558, 583
Milton, John: 600, 603, 611, 617, 618, 620, 623, 625, 673
- Paradise Lost 623
- Paradise Regained 623
Mimnermos: 118, 200, 655
Mirabeau, Honoré: 21, 82, 330
Montaigne, Michel de: 624, 673
Moritz, Karl Philipp: 342 Anm
Mozart, Wolfgang Amadeus: 5
Müller, Johannes von: 88, 213, 338, 654, 656

Newton, Sir Isaac: 235
Nibelungenlied 287, 491, 659
Nicolai, Friedrich: 283, 659
Novalis [Friedrich von Hardenberg]: 108, 652

Opitz, Martin: 404
Oppianos: 117, 655
Ovid, Publius O. Naso: 45

Palma Vecchio: 579, 581
Percy, Thomas: 287, 659

NAMENREGISTER

Petrarca, Francesco: 23, 316, 485, 486, 512, 653, 663, 666
Laura 69, 486, 516, 653, 666
Perugino, Pietro: 576, 579, 583
Philetas: 199, 656
Philoxenes 482, 665
Pindar: 38, 53, 118, 183, 185, 216, 229, 481, 482, 594, 595, 598
Pinkerton, John: 287, 659
Platon: 15, 30, 45, 46, 56, 61, 63, 88, 92, 120, 141 Anm, 219, 220, 258, 276, 336, 383, 388, 449, 491, 505f, 523, 656
Plautus, Titus Maccius: 200
Plutarch: 262
Polykleitos: 183, 656
Pope, Alexander: 478, 664
Pratinas: 210, 656
Propertius, Sextus: 111, 116, 199, 241, 483, 655, 656, 658
– Elegien 241, 658
Pulci, Luigi: 209, 656
Pythagoras: 451, 664

Quevedo y Villegas, Francisco Gomez de: 258, 607, 673

Rabelais, François: 625, 673
Racine, Jean Baptiste de: 120, 228, 317, 625, 629 ff
– Athalie 630 ff
Raffael: 70, 330, 513, 514, 581, 669
Reid, Thomas: 261, 658
Reinhold, Karl Leonhard: 14, 323, 534, 651, 660
Rembrandt Harmensz van Rijn: 81, 152
Rhinton von Syrakus: 210, 656
Richardson, Samuel: 517, 603, 673
Robertson, William: 335, 661
Romano, Giulio: 581
Ronsard, Pierre de: 626f, 673
– La Franciade 627, 673
Rousseau, Jean Jacques: 21, 42, 47, 80, 88, 374, 517, 652, 655
– Confessions 517, 652
– Julie ou la Nouvelle Héloïse 120, 517, 655
Rubens, Peter Paul: 251, 558 ff

Sachs, Hans: 103, 287, 660
Sallust, Gaius S. Crispus: 43
Sappho: 22f, 118, 200, 480, 481, 482, 655
Saxo Grammaticus: 111, 655
Scarron, Paul: 307, 660
Schelling, Friedrich Wilhelm von: 37, 62
Scherz, Johann Georg: 576, 668
Schiller, Friedrich von: 116f, 211f, 229, 238, 289, 290, 306, 317, 651, 655, 657, 658, 662
– Don Carlos 212
– Über den moralischen Nutzen ästhetischer Sitten 242, 658
– Über naive und sentimentalische Dichtung 116f, 651, 655
– Wallenstein 609
– Wilhelm Tell 289
Schilter, Johannes: 576, 668
Schlegel, August Wilhelm: 109, 239 ff, 289, 297, 304, 539, 652, 654, 658, 659, 660, 662, 667, 668
– Briefe über Poesie, Silbenmaß und Sprache 239 ff, 658
Schlegel, Friedrich: 109, 651–674
– Lucinde 531, 539, 667
– Über das Studium der griechischen Poesie 5
Schleiermacher, Friedrich Ernst Daniel: 249–256, 652, 654, 657
– Reden über die Religion 89, 102, 104, 107, 249–256, 654, 657
Schröder, Friedrich Ludwig: 110, 655
Seneca, Lucius Annaeus: 605
Shaftesbury, Anthony Ashley-Cooper Earl of: 13, 651
Shakespeare, William: 11, 24, 26, 55,

56, 61, 72, 109ff, 120, 140, 144ff, 153, 154, 186 Anm, 242ff, 258, 274, 352, 364, 465, 478, 487, 488f, 501, 510, 514, 515, 516, 523, 525, 527, 538, 584, 600, 608, 613–624, 654, 658, 659, 665, 673
- Julius Caesar 146, 186 Anm
  Brutus 111, 146, 186 Anm [Hist. Brutus 217, 329]
  Caesar 352
  Cassius 352
- Hamlet 109ff, 144f, 153, 244ff, 465, 489, 525, 620, 654
  Hamlet 110f, 144f, 244ff, 655
- Henry V. 489
- Henry VI. 489
- King Lear 489, 620
- Richard II. 489
- Richard III. 489
- The Lamentable Tragedie of Locrine 489, 665
- Love's Labour's Lost 489
- Macbeth 489, 609
- Othello 489
- Pericles, Prince of Tyre 489, 665
- Romeo and Juliet 111, 140, 242f, 273f, 489, 620, 658
- Sonnets 489
- The Tempest 489
- Venus and Adonis 489, 665
- Twelfth Nigth or What You Will 26
  Malvolio 26

Simonides von Keos: 64, 118, 653, 655
Smith, Adam: 478, 664
Snorri Sturluson: 561
Sokrates: 7, 11, 20, 24, 37, 45, 60, 113, 120, 142 Anm, 181, 192, 272, 285, 336, 339
Solon: 24, 118, 655
Sophokles: 24, 118, 120, 183–187, 193, 206, 216, 243, 481, 482, 594, 595, 610, 613
- Elektra 185, 193
- Ödipus 203, 610
- Philoktetes 185
Sophron: 210
Sotades: 117, 655
Spenser, Edmund: 600, 617ff, 622f
- The Fairie Queene 618
Spinoza, Baruch: 53, 58, 61, 67, 88, 106, 107, 164 Anm, 276, 354, 379, 380, 431, 436, 499, 500, 502ff, 653
Staël, Anne Louise Germaine de: 239, 658
- Essai sur les fictions 239, 658
Steinbach, Erwin von: 574, 668
Sterne, Laurence: 509ff, 666
Stolberg, Friedrich Leopold: 295
Suetonius, Gaius S. Tranquillus: 43, 46
Sulzer, Johann Georg: 228
Swift, Jonathan: 510, 666
Syv, Peter (Ed.): 659
- Kämpe Wisers 287, 659

Tacitus, Publius Cornelius: 44, 46, 48, 52, 116, 258
- Agricola 44
Tasso, Torquato: 16, 208f, 317, 512, 607, 611, 623, 652
- La Gerusalemme liberata 16, 652
Terenz, Publius T. Afer: 200, 346
Theokrit: 655
Thomasius, Christian: 8, 651
Thomas von Aquin: 561
Thukydides: 48, 113
Tibullus, Albius: 116, 655
Tieck, Ludwig: 79, 256ff, 289, 419, 488 Anm, 535, 652, 653, 657, 667
- Franz Sternbalds Wanderungen 79, 312f, 653
- Geschichte des Herrn William Lovell 78f, 653
  Balder 79
- Leben und Tod der Heiligen Genoveva 539, 653, 667

- Peter Lebrecht, eine Geschichte ohne Abenteuerlichkeiten 42, 652
- Volksmärchen von Peter Leberecht 63, 653
- Der gestiefelte Kater 63, 653

Timoleon: 181, 329, 656
Tizian: 70, 577, 581, 582
Tyrtaios: 118, 655

Vergil, Publius V. Maro: 208, 217, 625
Voltaire, François Marie Arouet de: 64, 70, 120, 228, 321, 322, 337, 346, 374, 626, 628f, 632, 653
- Zaïre (dt. Alzire) 632
- Candide ou l'optimisme 70, 653

Voss, Johann Heinrich: 22, 213, 494, 652
- Luise 22, 652

Wackenroder, Wilhelm Heinrich: 653f
- Herzensergießungen eines kunstliebenden Klosterbruders 79, 654

Wallraf, Ferdinand Franz: 562, 667
Walther von der Vogelweide: 283
Weckherlin, Georg Rudolf: 404, 491, 665
Wieland, Christoph Martin: 209, 211, 229
Winckelmann, Johann Joachim: 43, 101, 105, 230, 338, 411, 415f, 420, 421, 490, 506, 652,
Wolf, Friedrich August: 350, 398, 662, 664
Wolff, Christian: 35, 395, 428, 652, 663
[Wolffianer]: 407

Xenophon: 45
- Anabasis 45
- Memorabilien [= Erinnerungen an Sokrates] 45

BEGRIFFSREGISTER

Das Register verzeichnet alle wichtigen poetischen und philosophischen Begriffe. Einige davon wurden nur in der für Schlegel charakteristischen Bedeutung aufgenommen. Die Seitenverweise auf besonders informative Begriffsexplikationen und Textstellen sind kursiv gedruckt.

Absicht: 7, 22, *30f*, 46, 53, 62, 71, 79, 105, 122, 134 Anm, 138, 196, 207, 225, 234, *240*, 244, 258f, 263, 270f, 287, 289, 292, 299, 309, 315, 318, 366, 368, 370, 373, *379f*, 400, 407, 410, 421, 423, 425, 430, 435, 439, 446, 449, 457f, 465, 468, 470, 479, 524f, 533, 538, 551, 613, 620

Ästhetik: 57, 97, 220, 223f, 228, 395ff, 400, 420

Ästhetiker: 351, 583, 599

ästhetisch; Ästhetische, das: 10, 115f, 119, 125ff, *134*ff, 140ff, 145, 147ff, 152f, 155ff, 160–166, 178, 180, 188, 190f, 193, 197, 200ff, 205ff, 213, 215, 218f, 220–227, 242ff, 289, 394ff, 571, 583

Allegorie: 12, 68, 89, 505, 527, 534, 558, 585, 592f, 596f, 613, 618, 623

alt; Alte, das (s.a. →antik): 11, 16, 26, 43, 44, 53, 54, 72, 76, 96, 114, 116, 130, 136, 212f, 241, 248, 299, 301, 303f, 319, 339, 388, 391ff, 397, 402, 413f, 429, 432, 470, 480ff, 484ff, 502, 506f, 514, 520, 523, 526, 529, 544, 556, 585, 592, 594, 596f, 599, 609, 611ff, 616, 630f, 641

Alten, die: 6, 17, 18, 20, 21, 25, 27, 32, 36, 38, 41, 43, 44, 45, 49, 54, 55, 64, 70, 74, 92, 98, 100, 119, 138, 207, 213, 216, 218, 222, 248f, 258, 261, 298, 301, 303f, 317, 342 Anm, 362, 395f, 398, 410, 416, 419, 449, 486, 490, 495, 497, 507, 525f, 546, 556 605f, 610, 613ff, 630f

Altertum: 11, 40, 43, 44, 53, 55, 76, 86, 101, 229, 236, 248, 279f, 299, 316, 342, 399, 404f, 407, 416, 420, 425, 479f, 485, 490ff, 497f, 502, 514, 518, 529, 556, 591, 596, 598f, 613, 615, 632

Annihilant: 51

annihilieren: 37, 82, 378

antik; Antike, das, die (s.a.→alt): 13, 45, 54, 55, 74, *114ff*, 126, 136f, 151, 201, 208, 213f, 221f, 228f, 248, 258, 299ff, 309, 415ff, 420, 487, 497, *514*, 523f, 526, 529, 544f, 547, 583, 585, 612f, 621, 623

Arabeske: 79, 81, *501*, *510f*, 513, 516f, 571, 575

Autor: 7, 8, 14, 17, 18, 32, 43, 44, 52, 58, 64, *69*, 80f, 85, 86, 88, 316, 322, 335, 337, 340, 342, 346f, 358, 376, 379, 409, 423, 520

bilden, gebildet; Gebildete, das: 7, 8, 9, 13, 15, 16, 17, 28, 32, 35, 40, 43, 44, 47f, 57, *60f*, 62, 65, 69, 71, 74, 80, 81, 83, 84, 88, 90, 91, 95, 97, 100, 101, 103, 104, 105, 111, 121, 129, 131f, 140, 162f, 170, 174f, 180, 182, 185, 189, 198f, 208, 212, 217, 239, 249ff, 257, 299, 309f, 317, 325, 336ff, 341, 344f, 353f, 382, 385, 392, 394, 396, 404, 412, 414f, 417ff, 424ff, 434, 438f, 447, 453,

459f, 462, 464, 466, 469f, 473f, 479ff, 483, 486, 491, 501, 507, 510, 513, 518, 523, 525, 540, 556, 564, 571, 589, 594, 596, 598, 645

Bildung: 19, 28, 36, 39, 41, 42, 45, 48, 49, 50, 52, 77, 81, 84, 86, *89*, 90, *92*, 93, 94f, 96, 97, 98, 100, 101, 102, 104, 113f, 116, *119ff*, 124f, 127f, *131–143*, 145, 149ff, 155ff, 160ff, 166ff, *170–177*, 180, 183ff, *187–198*, 203, 205, 208f, 211, 219ff, *225ff*, 229f, 233, 235ff, 250ff, 255, 258, 260, 288, 292, 301ff, 306, *308ff*, 314ff, 321, 323, 325f, 328, 330, 336, 342, 345f, 351, 354, 357, 377f, 392f, 396, 400, 408f, 414, 425, 427, 429, 432, 434, 440, 447, 452f, 458, 461f, 468f, 481–487, 489f, 493, 496, 498, 501f, 510, 518, 521, 525, 527, 532, 534, 550, 590f, 599, 608, 612, 617, 625

– ästhetische Bildung: 116, 119, 134f, 137, 140, 142, 147, 150, 153, 155, *161ff*, 188, 190, 221ff, *226f*, 325

– antike Bildung, alte Bildung: 136, 208, 221, 482

– griechische Bildung: 113, 166, 171, 173, 187, 190f, 197f, 216f, 220

– künstliche Bildung: 114, 116, 119, 129, *132–138*, 149, 152, 155ff, 160, 175, 180, 211

– moderne Bildung: 93, 128, 136, 140, 151, 156, 221, 260

– natürliche Bildung: 114, 116, 119, *132–138*, 156, 166, 175, 180, 188

– sittliche Bildung: 152, 156, 202, 233, 325, 330, 351

– Bildungsstufe, Stufe der Bildung: 120, 155f, 158, 166, 168, 174, 197f, 205, 222, 233f, 279, 300, 302, 362, 371, 378, 385

Buchstabe (s. a. → Geist und Buchstabe): 15, 18, 20, 26, 36, 44, 56, 65, 75, 96, 247, 260, 262, 328, 356, 361, 376, 430f, 437, 451, 463, 479, 513, 515, *526f*, 585, 589, 594, 596, 599

Bühne, Schaubühne: 5, 29, 237, 290, 347, 365, 462, 465, 467, 482, 487ff, 523, 604ff, 615, 617, 619ff, 628ff

Charakteristik: 34, 53, 56, 63, 77, 83, 86, 114, 117, 135, 142ff, 173, 233, 261, 279, 285, 305, 323, 339, 351, 354, 365, 400, 422, 466, 518, 582, 608, 619, 623

charakteristisch; Charakteristische, das: 17, 31, 75, 116ff, 120, 128, *130*, 135, 140, 142ff, 146f, 153, 154, 161, 168, 187, 267, 276, 360, 368, 371, 379, 521, 597, 608, 619

chemisch: 8, 35, 62, 69, 76, 77, 78, 83, 86, 427, 531

– *logische Chemie*: 49

– *moralische Chemie*: 83

deutsch; Deutsche, das: 16, 32, 37, 58, 63, 71, 76, 85, 103, 114, 126, 151, 153f, 160, 211, 213f, 226ff, 230, 242, 246, 249, 256, 261, 281, 289f, 296, 298ff, 302–307, 313, 320ff, 326, 328, 331, 334ff, 339f, 342, 344, 346, 349, 351, 362, 385f, 393, 398, 401–407, 409f, 421, 423, 447, 451, 502, 521, 523, 534, 546, 549f, 553ff, 566, 573, 575f, 584f, 587, 590, 594, 597, 600, 604, 606, 618, 621ff, 633f, 645f

Deutsche: 22, 81, 103, 105, 151ff, 228, 230, 246, 323f, 335f, 339, 394, 401, 408, 424, 484, 490f, 511, 555f, 558, 572, 574, 578, 600, 621

Deutschheit: 10, 23, 28, 126, 323, 339

Deutschland: 26, 73, 124, 129, 152, 228, 230, 256, 286f, 291, 311, 315, 323, 327, 365, 370, 393, 399,

BEGRIFFSREGISTER

401 ff, 406, 408, 545, 552, 554, 556, 560f, 579f, 604

Dichtart: 8, 13, 14, 25, 39, 56, 66, *117*, 120, 123, 125, 129, 139, 144, 182f, 187, 190f, 196f, 204f, 208f, 215f, 222, 229, 354, 365, 492, 494

Dichter: 11, 15, 23, 24, 32, 39, 42, 43, 46, 47, 53, 55, 56, 57, 61, 69, 70, 71, 75, 76, 78, 81, 93, 104, 107, 114ff, 122, 125f, 139, 144ff, 151, 153, 157, 163, 168f, 170f, 173, 177, 179, 183, 187ff, 191f, 199f, 202f, 205ff, 211ff, 215ff, 219f, 226, 228ff, 241ff, 247f, 252, 256ff, 266, 276, 281, 287–301, 303, 313, 316 bis 322, 335ff, 350, 355, *359f,* 362f, 374, 392f, 395f, 400, 404ff, 413, 418, 429, 441f, 454f, 457ff, 464ff, 474f, 477f, 482, 484, 486, 488f, 491–495, 497, 500, 505, 513f, 518–523, 537f, 540, 573, 594, 597f, 602f, 605ff, 609ff, 615 bis 627, 629–647

Dichtkunst: 10, 39, 55, 100, 114, 125, 166, 172f, 180f, 199, 205f, 223, 228ff, 281, 288, 294, 298, 303, 314, 316, 319, 357, 361, 370, 376, 386, 397f, 401ff, 410, 438, 441, 459, 466, 474, 479, 482, 490, 496f, 514f, 519, *524,* 528, 556, 573, 584, 599ff, 604f, 608, 611f, 614, 621, 623, 626f, 630f, 637, 640, 644f

Dichtung: 18, 42, 53, 62, 123f, 154f, 167f, 184, 187f, 239, 259, 294, 307, 319, 393, 458, 479ff, 485, 491, 497, 500, 510, 513f, 517, 540, 546, 550, 554, 587, 592ff, 597, 608, 613, 616, 621, 628, 646

didaktisch: 55, 56, 141, 142 Anm, 143, 207f, 301, 365, 504, 539, 636

dithyrambisch: 46, 81, 142 Anm

Dithyrambus: 142 Anm, 172, 297

Dogmatismus: 138, 274

Drama: 11, 30, 41, 42, 54, 56, 72, 123, 139, 144ff, 161, 172, 184, 200, 208, 210, 212, 227, 244f, 247, 290, 319, 363, 365, 368, 373, 467, 481, 487ff, 507, 523, 605ff, 609, 615ff, 621ff

Dramatiker: 211, 214

dramatisch; Dramatische, das: 12, 26, 29, 60, 63, 123, 139, 142 Anm, 172, 182, 197, 205, 210, 212f, 238, 244, 246, 284, 290, 301, 303, 305, 319, 321, 349f, 354, 357, 360f, 363f, 367ff, 372f, 387f, 476, 482, 507, 515, 523, 537, 600, 604–611, 614ff, 619, 621f, 631

Einbildungskraft: 8f, 113, 118, 121, 149, 160, 162, 181, 195, 234, 269, 327, 334, 343, 352, 464, 606

Einfall: 7, 8, 18, 19, 21, 28, 29, 49f, 359, 478, 501

– *witziger Einfall:* 7, 8, 18, 28, 29, 359

Elegie: 53, 62, 63, 67, 116, *140,* 241, 298ff, 303f, 314, 480, 482f, 523, 539

England: 14, 31f, 38, 111, 228, 284, 318, 408, 553, 580, 617f, 621f

Engländer: 12, 18, 38, 60, 61, 81, 151ff, 228, 246, 258, 261, 405, 407, 416, 478, 484, 487, 490, 518, 532, 600

engländisch, englisch: 15, 49, 71, 73, 124f, 129, 160, 204, 228, 242, 247, 287, 334, 339, 398, 488ff, 511, 517, 605, 618, 623ff, 637, 645f

Enzyklopädie: 16, *377, 425f*

Epigramm: 15, 49, 212, 300f, 306, 483, 513, 523

episch: 35, 45, 174, 197, 208, 211, 213f, 301, 315, 319, 398, 480, 482f, 492, 507, 515f, 556, 604, 615, 621ff, 626ff

Epopöe: 126, 193, 208f, 487, 627

Epos: 23, 39, 52, 102, 183, 208ff, 480ff, 514

erhaben; Erhabne, das; Erhabenheit: 102, 127, 176, *195*, 202f, 255, 259, 280, 327, 353, 455, 459, 572f, 582, 620, 637, 641

Europa: 129, 153, 227, 230, 325, 394, 402, 420, 479, 485, 490, 547, 550, 580, 597f, 600, 604f, 633

Europäer: 52, 324f, 596

europäisch: 114, 128 ff, 134, 136f, 161, 223, 408, 429, 446, 580, 593, 599, 613, 635

Form: 7, 12, 16, 22, 26, 33, 35, 38, 39, 54, 59, 62, 69, 70, 72, 73, 74, 101, 119, 123, 126, 129, 136, 139, 141, 145 Anm, 148, 171, 178, 192, 207f, 210f, 213, 215f, 227, 246, 250f, 254f, 260, 282f, 290, 293, 298, 300, 302f, 305, 307, 312, 314, *319*, 322, 326, 355, 368, 370, 372, 374f, 379 ff, 385 f, 388 ff, 409 f, 414, 423, 426f, 429f, 433, 435, 445, *447 ff*, 469, 473, 480 ff, 486, 488, 490f, 493f, 499 ff, 503, 505f, 509f, 512f, 515 ff, 519, 521, 523 ff, 529, 536, 540, 563, 567, 569, 575f, 579, 582f, 594, 598, 601, 604f, 609, 612f, 615, 617f, 620f, 628 ff, 633, 647

– *symbolische Form*: 379, 382
– *Form und Gehalt; Form und Inhalt*: 322, 355, 379f, 386, 435
– *Form und Materie*: 62, 69, 73, 423
– *Form und Stoff*: 22, 33, 59, 68, 88, 123, 126, 129, 141, 178, 192, 211, 227, 303, 375, 380, 426, 429f, 449, 483, 512, 525

Fortschritt, Fortschreitung (s. a. → Progression): 150, 152f, 155f, 190, 221, 231 ff, 236 ff, 289, 291, 317, 342, 346, 357, 420, 461, 464, 525, 645, 647

Fragment: 5, 27, 33, 47, 49, 51, 53, 151, 218, 220, 294, 297, 306, 321 ff, 353f, 367, 384, 421 ff, 427f, 490, 506, 533 ff, 539f, 591, 612, 633

fragmentarisch; Fragmentarische, das: 6, 33, 277, 293, 352, 375, 421, 426, 614

Frankreich: 393, 405, 408, 484, 490, 546f, 549, 554f, 580, 621, 627

Franzosen: 11, 68, 83, 100, 151f, 227 ff, 241, 258, 322, 335f, 362, 374, 405, 478, 490f, 561, 600, 605, 627f, 632 ff

französisch: 12, 13, 51, 60, 70, 82, 120, 124f, 129, 160. 204, 227, 234, 239, 283, 320 ff, 334, 339f, 398, 403–408, 546, 553f, 576, 579, 600, 605, 624–632, 636f, 640

Freiheit: 6, 31, 47, 51, 52, 61, 69, 84, 113, *132*, 134, 152, 155 ff, 163, 166, 173 ff, 180, 182, 185, 188, 200, 204, 212, 225 ff, 238f, 247, 249, 259, 265, 267, 278f, 299, 307, 326, 332, 351, 371f, 396, 403, 407ff, 416, 427, 429ff, 435f, 444, 446, 450, 481, 486, 498, 573f, 610, 624 ff, 629

Gattung: 10, 12, 15, 20, 25, 31, 34, 38, 41, 49, 56, 63, 64, 65, 66, 68, 73, 85, 102, 123, 139f, 143, 159f, 172, 175, 177, 180, 204, 232f, 286, 290, 292, 294, 297f, 300, 306f, 312 ff, 319, 328, 330, 337f, 343, 350, 354, 366, 387 ff, 392, 394, *396f*, 400, 414, 419, 423, 425, 427, 459f, 480 ff, 488, 490, 492f, 504, 507, 515f, 523, 525, 537, 553, 566, 600f, 603, 606f, 610, 615, 619, 624, 626, 628

Gedicht: 5, 7, 11, 12, 14, 22f, 24, 35, 40, 45, 54, 55, 58, 61, 74, 100, 109, 113, 116, 118, 121 ff, 126, 139 ff, 154, 171f, 179, 186 Anm, 192, 204, 206 ff, 216f, 229, 244f, 257, 260, 263, 268, 273, 282, 284 ff, 289 bis 294, 297f, 300f, 303ff, 309, 315f, 319, 341, 366, 368, 377, 379, 381f, 391, 402, 418ff, 440, 456, 458, 460, 465, 473f, 477, 479, 482, 485f, 489, 494, 497, 504, 507, 512f, 523f, 528, 556, 584, 591, 597f, 605, 607, 612f, 618f, 621, 623, 626ff, 635f, 640, 642, 646

Gefühl: 20, 66, 85, 91, 98, 99, 108, 109, 117, 122, 128, 137, 142 Anm, 149 Anm, 159f, 162f, 170f, 192, 199f, 204f, 219, 228, 231, 233, 239f, 244, 246, 252, 259, 264f, 269f, 276, 281, 289f, 292ff, 298ff, 302, 305, 307ff, 313, 315, 317, 321, 325, 327f, 330, 333, 339, 341, 360, 374, 388, 392 bis 397, 418f, 428, 436, 442, 448, 452ff, 456, 459f, 464, 467, 480f, 486, 500, 513, 522, 536, 540, 544f, 563, 571f, 577, 579, 581, 584f, 589f, 592, 594, 600f, 604, 610, 612f, 615f, 619ff, 625, 627f, 630, 632–644, 647

Geist: 6, 8, 9, 11, 15, *17*, 18, 19, 20, 22, 26, 27, 31, 32, 33, 36, 37, 39, 40, 41, 44, 45, 51, 52, 54, 55, 56, 57, 58, 59, 60, 61, 63, 65, 66, 69, 70, 75, 76, 78, 79, 80, 81, 82, 84, 85, 88, 89, 90, 91, 92, 95, 96, 98, 99, 103, 105, 106, 107, 109ff, 116, 119, 122, 124f, 127ff, 136, 140ff, 145ff, 151f, 155, 160, 165, 170ff, 178f, 181, 189, 194, 202, 206ff, 213, 215, 217, 229, 232, 234f, 237, 244f, 250ff, 260f, 269, 271f, 274, 277, 289ff, 301, 306, 309, 311f, 315, 317, 321, 325ff, 334, 336, 338f, 341, 343ff, 349f, 352ff, 356ff, 361–374, 376f, 379, 381f, 384–390, 393ff, 398ff, 403f, 410f, 416f, 419, 421ff, 427ff, 435f, 438ff, 445ff, 451f, 454ff, 459, 464f, 468ff, 473ff, 477, 479, 482 bis 500, 505ff, 513f, 519, 521–527, 529, 531f, 534ff, 540f, 554, 558, 571, 584f, 587, 589, 592ff, 596ff, 602, 604, 607ff, 611, 613f, 617f, 620ff, 626, 628, 630f, 633f, 641, 644ff

Geist und Buchstabe: 15, 18, 20, 26, 36, 44, 56, 65, 75, 96, 260, 328, 356, 361, 376, 430f, 451, 479, 513, *526f*, 594, 596

Gemüt: 45, 59, *66*, 82, 84, 103, 108, 118, 121, 126, 132, 134, 141 Anm, 142 Anm, 144, 153, *159*, 162f, 167ff, 174, 176, 178, 181, 184, 187f, 193f, 201, 204, 212, 226, 229f, 273, 352f, 364f, 439, 452, 467, 471, 501, 516, 536, 540, 543, 613, 620, 642

genialisch; Genialische, das: 5, 6, 13, 16, 17, 43, 44, 50, 55, 59, 61, 71, 139, 148 Anm, 183, 206, 212, 262, 270, 275ff, 281, 290, 330, 337f, 344, 359, 364, 367, 370, 379, 388f, 427f, 482, 541

Genialität: 6, 11, 38, 55, 60, 62, 79, 92, 350, 352f, 357, 361f

Genie; Genius: 6, 9, 15, *40*, 50, 55, 57, 68, 69, 84, 91, 103, 104, 106, 124, 162, 165, 171, 189, 207f, 211, 221, 225, 231, 244, 255, 259, 270, 272, 276f, 279, 288, 290, 317f, 325, 330, *345f*, 349f, 358, 360, 365f, 377f, 383, 407, 422, 426, 457, 460, 471, 502, 504, 525, 540, 559, 600, 606, 629, 635, 644f

Geschichte (s.a. → Historie): 10, 22, 30, 31, 46, 47, 48, 50, *51*, 55, *64f*, 73, 76, 82, 84, 91, 113ff, 120–137, 140, 145, 156, 164, 166, 172, 174, 189ff, 198, 208, 216, 223ff, 231 bis 238, 261, 272, 288, 299, 312, 314ff, 318f, 331, 339, 342, 349, 369, 376f, 399ff, 405, 422, 424, 432, 446, 448, 458, 479, 487, 489ff,

494, 517, 519f, 533f, 537, 546, 549, 555, 558, 562, 572f, 592, 596, 598f, 612, 627f

Geschichte der Menschheit, Menschengeschichte: 48, 51, 76, 114f, 131, 174, 190, 231–238, 331, 533, 537, 592, 623, 641

Geschmack: 35, 81, 114f, 123ff, 130, 137, 149f, 152f, 158, 161, 163, 165, 171ff, 178ff, 183, 188f, 191, 193, 198, 203, 213f, 216ff, 222f, 226ff, 230, 242, 246, 270, 286, 318, 353, 404ff, 420, 484, 487, 490, 519, 544f, 547f, 558, 560, 624ff

Geselligkeit: 9, 13, 83, 145, 167, 170, 185, 226, 240, 337, 469, 484, 522f

Gesellschaft: 22, 25, 38, 74, 122, 192, 261, 306f, 311, 315, 320f, 327, 337f, 340f, 344, 351, 434f, 443, 445, 456, 469f, 489

Gesetz; Grundgesetz: 14, 26, 39, 47, 62, 74, 82, 103, *114f*, 120, 122ff, 130, 132, 135, 137f, 141 Anm, 143, 155, 159, *163ff*, 167, 171ff, *176ff*, 183, 186, 189ff, 196f, 199, 201, 203, 218, 221f, 225, 232, 234, 236, 242f, 248f, 270, 272, 274, 277ff, 292, 304, 310, 320, 325, 329, 333f, 337, 341, 348, 355, 370, 376f, 388, 445, 448, 458, 474, 476, 479, 481, 499, 502, 546, 553, 583, 597, 606, 615, 629f, 637

Gesetzgebung; Gesetzgeber: 47, 48, 62, 133, 162f, 270, 277, 558, 630

Gesetzlosigkeit: 124ff, 163, 329

Gesetzmäßigkeit: 125, 137, 165, 176, 183, 187, 195, 215, 226, 332, 382

Gott; Gottheit; Göttliche, das: 7, 8, 18, 36, 45, 50, 52, 57, 59, 65, 66, 69, 77, 79f, 82, 89, 90, 91, 92, 93, 94, 95, 97, 98, 100, 103, 105, 106, 107, 123, 132, 165, 171, 182, 200, 202, 206, 208, 219, 225, 242, 256, 259, 261, 280f, 309, 330, 332, 337, 342, 352, 365, 369, 371, 418, 431, 441f, 445, 447, 471, 474, 480, 485, 500, 502, 506, 513, 536, 538, 540, 565, 593, 599, 602, 635, 637, 641, 646

– *Reich Gottes:* 7, 50, 206, 485

Griechen: 12, 23, 38, 43, 44, 49, 55, 59, 65, 113, 118, 142, 165f, 168ff, 173f, 180, 187, 190, 199f, 204ff, 212f, 217ff, 224, 228ff, 236, 305, 309, 342, 391ff, 394, 424, 429, 434, 514, 549, 555, 559, 593, 595, 597ff, 605, 628f

Griechenland: 166, 198, 235f, 393, 402, 555

Griechheit: 166, 172, 215

griechisch; Griechische, das: 5, 11, 31, 45, 46, 62, 63, 76, 86, 88, 113–121, 126, 166–176, 182f, 185, 187–192, 197–203, 206–224, 228ff, 234, 290, 297, 391ff, 397f, 402, 405, 429, 544f, 548, 554, 556f, 559, 562, 584, 586f, 590f, 593ff, 598f, 616, 628f

grotesk; Groteske, das, die: 33, 42, 62, 71, 73, 75, 80, 82, 96, 107, 211, 478, 486, 509, 511

Gute, das: 7, 20, 24, 119, 122, 140, 141 Anm, 158, 176f, 193f, 270, 280, 330, 337, 352, 361, 378, 407ff, 420, 433f, 448, 476, 583, 644ff

Häßliche, das; Häßlichkeit: 123, 140, 146, *193ff*, 270, 580, 582

Held: 5, 24, 48, 68, 80, 103, 109, 110, 144f, 169f, 173, 187, 192, 208, 215, 245, 270, 356, 441, 459, 485, 491, 522, 573, 593, 595, 607, 609f, 614, 618, 620, 627f

Historie (s. a. → Geschichte): 28, 30, 35, 48, 50, 52, 83, 97, 100, 104, 256, 258, 335, 399f, 488, 492, 504

historisch: 7, 12, 13, 27, 42, 44, 46, 47, 48, 50, 51, 53, 54, 59, 60, 73,

BEGRIFFSREGISTER

82, 83, 84, 85, 86, 87, 104, 106, 113, 141 f, 152, 172, 211, 213, 220, 230, 235, 237, 287, 313 f, 316, 322, 333, 335, 353, 363, 374, 397, 399 f, 406, 424, 434, 444, 458, 488 f, 492, 504, 514 ff, 518, 526, 528 f, 557, 576 f, 587 f, 590 f, 595, 610, 615, 621 f, 624, 627, 630, 644

Humor: 39, *62*, 509 f, 516

Ideal, das: 16, 27, 36, 39 *40f*, 42, 53, 68, *77f*, 106, 115, 116 ff, 147 Anm, 173 f, 186, 213, 216, 218, 263 f, 267, 280, 288, 350, 356, 371, 378, 428, 467, 481, 483, 490, 493, 499, 507, 521, 525, 533, 583, 618

idealisch; Idealische, das: 7, 30, 81, 140 ff, 147, 162, 174, 176, 179 Anm, 200, 207, 209, 211, 216, 227, 321, 414, 482, 499, 504 f, 509, 519, 524, 526, 582, 619, 634

Idealismus: 28, 47, 52, 100, 274, 417, *445ff*, 498 f, 503, 534

Idealität: 166, 196

Idee: 23, *40f*, 50, 51, 70, 87, 89, *90*, 97, 98, 100, 103, 106, 107, 108, 131, 141, 175, 202, 237, 259 ff, 265 f, 292, 305, 309, 314, 317, 319, 327, 342 f, 367, 370, 389, 396, 405, 413, 417, 424 f, 427, 444, 458, 488, 495, 501, 506, 515, 517, 523, 525, 528, 530, 555, 557, 565 ff, 584 f, 592, 605

Idylle: 15, 53, 116 f, 213, 523

idyllisch: 60, 81, 116, 618 f

Imperativ: 6, 16, 33, 119, 273, 278, 323

– *Kategorischer Imperativ:* 6, 33, 278
– *Ästhetischer Imperativ:* 119

Individualität: 40, 46, 51, 56, 60, 65, 83, 89, 96, 126 f, 136, 142 f, 147, 154, 201, 213, 216, 357 ff, 364 f, 420, 460, 502, 509, 516, 524

individuell; Individuelle, das: 30, 33, 117, 118, *130*, 134, 135, 138, 140 ff, 147 f, 154, 171 f, 179, 188 f, 196, 201, 207 f, 213 ff, 220, 222, 224, 260, 271 ff, 279, 297, 300 f, 303, 313, 319, 360, 502 f, 513, 523, 525, 592

Individuum: 12, 16, 26, 29, 31, 34, 35, 39, 41, 42, 48, 54, 56, 72, 77, 78, 83, 88, 91, 94, 96, 100, 101, 130, 143, 148, 201, 204, 215, 225, 232, 271, 312, 319, 350, 352, 354, 371, 420, 422, 499, 525

Instinkt: 7, 21, 30 f, 41, 45, 46, 60, 62, 64, 66, 68, 72, 79, 93, 137, 143, 155, 223, 278, 352, 364, 457 f, 460

interessant; Interessante, das: 17, 33, 34, 78, *115–120*, 126, 130, 141 ff, *147ff*, 152, 154 f, 161, 166, 192 f, 199, 207 f, 215, 228, 341, 344, 359, 364, 366 f, 388, 398, 457, 460, 465, 467 f, 470 f, 483, 488 Anm, 524, 532

Interesse: 29, 39, 76, 93, 101, 117 f, 140, 142, 147, 205, 213, 272, 322, 358, 365, 369, 389 f, 398, 406, 408, 461, 475 f, 483, 513, 554

Ironie: 5, *10f*, 12, *20f*, 30, 40, 56, 62, 79, 84, *97*, 311, 315 f, 336, 340, 363, 366, 375, 378, 459, 463, 501, 504, 523, *533ff*

Italien: 64, 300 f, 393, 402, 484, 545, 549, 555, 558, 578, 600, 604

Italiener: 153, 209, 228, 302, 405, 407, 486 f, 553, 559, 578, 584, 605, 613, 625, 627

italienisch: 11, 71, 117, 124 f, 129, 160, 243, 393, 398, 405 f, 514, 544, 558, 567, 575, 577, 585, 597, 611, 617

Klassifikation: 8, *31*, *38*, 141, 492, 516, 618

Klassiker: 44, 55, 86, 241, 248, 323, 326, 478, 490

BEGRIFFSREGISTER

klassisch; Klassische, das: 6, 7, 9, 13, 15, 16, 21, 23, 30, 43, 44, 46, 48, 49, 52, 54, 55, 74, 76, 100, *114* bis *121*, 173, 199, 213f, 227ff, 241, 243, 248, 280, 291, 298, 323ff, 338f, 351, 365f, 391f, 398, 424, 468, 473, 478, 482, 484f, 487, 514, 523f, 533, 540, 626

Klassizität: 39, 214

komisch; Komische, das: 45, 54, 57, 75, 81, 210f, 229, 308, 316, 365, 456, 462, 470, 478ff, 487, 507, 518

Komödie: 44, 54, 55, 179 Anm, 192, 200, 203, 212, 228f, 376, 458, 462, 467, 480f, 483f, 512, 620

Kritik: 7, 13, 17, 22, 23, 24, 28, 31, 35, 38, 39, 41, 42, 50, 62, 73, 76, 83, 86, 88, 104, 111, 113, 148 Anm, 163, 218, 221, 224, 228, 237, *243*, 283, 289, 312, 316ff, 333, 335, 347, 350, 355, 360ff, 373f, *376ff, 390f, 393-400*, 402, 420, *423ff*, 465f, 473, 478, 491, 508, 558, 599, 617, 631, 646

Kritiker: 8, 15, 32, 46, 204, 209, 219, 243f, 278, 350, 353, 377, 390, 392, 398f, 416, 466

kritisch: 5, 13, 22, 28, 30, 46, 49, 52, 53, 55, 59, 73, 76, 86, 104, 144, 204, 218, 220f, 224, 228, 243f, 246, 249, 274f, 275, 286, 322, 334f, 347, 353, 374f, 377, 398, 425, 488 Anm, 493, 504, 508, 527, 532, 636

Künstler: 5, 6, 9, *13, 14*, 16, 17, 19, 21, 24, 38, 39, 40, 48, 53, 56, 57, 60, 61, 64, 72, 77, 80, 84, *90, 91, 92, 93, 94, 95*, 96, 99, *102*, 103, 105, 106, *107*, 108, 122, 124ff, 130, 135, 137ff, 140, 142 Anm, 145ff, 153, 162f, 165, 173, 175, 179, 182, 188f, 191, 196, 200f, 203, 205, 212f, 217ff, 222, 224f, 228ff, 243, 248, 252, 258, 261, 268, 270, 276, 292, 303, 305, 310, 312ff, 317f, 321, 324f, 341ff, 353f, 358, 364f, 368, 370, 377, 383, 405, 407, 412ff, 419, 427, 448, 456ff, 462, 465f, 468f, 477, 482ff, 493f, 500, 502, 505, 507, 516, 519ff, 523ff, 529, 532f, 538, 541, 551, 558, 579, 581, 583, 584, 600, 603, 605

künstlerisch: 66, 76, 79, 123, 144, 171, 185, 206, 309, 314, 324f, 336, 338, 340ff, 344, 363, 464, 468, 520, 583, 640

künstlich; Künstlichkeit, die: 25, 102, 104, 114, 116, 119, 124, 129, 132 bis 140, 149, 151f, 160f, 175, 180, 190, 201, 204, 206ff, 211, 213f, 217, 247, 255f, 258, 292, 309, 318, 364, 372, 380, 409f, 426, 438, 447, 465, 470, 473, 482f, 488, 493, 497, 500f, 522f, 527, 539, 548, 550f, 554, 563, 566f, 569, 575, 589, 613, 637

Kultur: 48, 52, 93, 128, 131, 156, 158, 167, 221, 255, 344, 533, 633

Kunst: 6, 8, 11, 12, 13, 14, 17, 18, 22, 23, 24, 26, 29, 32, 37, 39, 41, 42, 44, 47, 50, 53, 54, 55, 57, 60, 61, 63, 64, 65, 66, 68, 69, 70, 73, 77, 80, 84, 86, 87, 88, 90, 91, 92, 93, 94, 97, 101, 102, 103, 104, 105, 107, 113ff, 118, 121-230, 236, 240, 243, 246, 248f, 257, 265, 270, 273, 288ff, 299, 301f, 304, 306, 308, 312f, 316f, 338f, 341ff, 345, 350, 352ff, 357, 360, 363, 365, 370, 376ff, 380ff, 387, 391f, 394ff, 399, 409, 412ff, 418ff, 424f, 427f, 430, 444ff, 449ff, 454, 457f, 460, 464ff, 468f, 476, 479ff, 483 bis 488, 490-496, 498, 505, 510, 513, 518, 520f, 525ff, 531, 533f, 540, 543-553, 557ff, 564ff, 570, 576, 582, 584f, 590, 595, 599,

BEGRIFFSREGISTER

601f, 604, 606ff, 611, 613f, 616, 619f, 629f, 644ff
- *bildende Kunst:* 157, 173, 357, 415f, 420, 494, 546, 549 Anm, 550, 595, 645
- *darstellende Kunst:* 140, 141 Anm, 159, 166, 178, 203, 205, 210, 299
- *moderne Kunst:* 316, 486, 616
- *philosophische Kunst:* 144, 146, 376
- *romantische Kunst:* 12, 55, 257, 316, 525, 644
- *schöne Kunst:* 13, 88, 90, 135, 140, 141 Anm, 146, 151, 157ff, 162, 165, 167, 175f, 180, 188, 192, 200f, 203, 215f, 221, 223, 248, 458

Kunstart: 179 Anm, 181, 189, 200, 258

Kunstgeschichte: 11, 23, 24, 32, 113, 120, 122, 221, 225, 300, 480, 487, 490, 519, 559

Kunstlehre: 55, 56, 341, 354, 457, 464f, 494

Kunstrichter: 374, 460, 533, 630

Kunsturteil: 8, 13, 22, 46, 459, 483, *527f*

Kunstwerk: 5, 7, 8, 22, 32, 40, 47, 54, 60, 86, 139ff, 143, 159, 161, 178ff, 196, 200, 202ff, 214f, 244, 254, 263, 270f, 281, 324f, 341, 343, 369, 373, 376, 386, 388, 395, 410, 418, 426, 458, 487, 489, 493, 497, 501, 505, 510f, 523, 525, 544f, 549, 553, 571, 576

Lebenskunst: 20, 51, 458, 462, 468f, 525, 536
liberal: 7, 9f, 22, 32, 42, 52, 84, 86, 200f, 215, 217, 220, 229, 368
Liberalität: 15, 24, 32, 351, 371
Liebe: 6, 13, 30, 35, 39, 68, 79, 91, 98, 99, 101, 102, 111, 114, 127, 142 Anm, 199f, 238, 244, 259f, 265ff, 273–280, 307f, 310, 322, 324, 331, 350, 352, 423, 431f, 435, 439, 452f, 455, 457, 462f, 473, 475, 481, 483, 485ff, 489, 496f, 500f, *513f*, 522, 531, 554, 583f, 597, 603f, 607, 611ff, 620, 634f, *637 bis 643*, 646

Literatur: 8, 16, 43, 58, 64, 73, 86, 100, 287, 289, 299f, 305f, 315, 331, 334f, 339f, 346, 348f, 375, 384f, 391ff, 396ff, 401, 404–410, 421, 423ff, 450, 512, 529, 556, 596, 598f, 608, 617, 624ff

Lustspiel: 605, 608, 617

Lyrik: 179, 181, 203, 212, 227

Lyriker: 182, 217

lyrisch; Lyrische, das: 23, 53, 78, 116, 117f, 123, 139f, 143, 172, 174, 183, 192, 197, 199f, 210, 212ff, 217, 227, 229, 240, 289ff, 294, 298, 300f, 305, 598, 604f, 615, 618f, 621f, 630f, 642

Märchen: 79, 83, 370, 485, 514, 516
Manier: 11, 17, 45, 54, 83, 117, 142, 147, 154f, 161, 204, 207, 209, 222, 228, 236, 251, 254, 285, 293, 334f, 340, 368, 384, 388, 477, 487ff, 509, 515, 519ff, 523f, 534, 537f, 558f, 571, 576f, 582, 607, 637, 639
manieriert; Manierierte, das: 5, 139, 147, 153f, 161f, 213, 224, 368, 521, 550, 559f, 581
Manierist: 583
Materie (s.a. → Stoff): 59, 62, 69, 73, 101, 423, 426, 428, 530, 533
Menschheit: 20, 46, 48, 50, 51, 60, 73, 76, 82, 83, 86, 89, 90, 91, 92, 93, 95, 96, 97, 98, 100, 101, 102, 103, 108, 114f, 122, 131f, 145, 150f, 155ff, 159f, 167ff, 170, 172, 174ff, 184, 186ff, 194, 197ff, 201f, 205f, 221, 225, 229, 231–238, 245, 251, 253, 255, 260, 271, 324ff, 328f, 331, 351, 366, 371, 377, 469f, 474, 498, 503, 505, 518, 532, 540, 602, 619

Metaphysik: 126, 199, 232, 234, 313
Metaphysiker: 59
metaphysisch: 119, 124, 591
Mime: 11, 15, 42, 210, 482
Mimik: 55, 113, 188, 481
mimisch: 11, 46, 55, 142f, 188
modern; Moderne, das: 8, 11, 12, 13, 16, 22, 24, 43, 44, 50, 53, 54, 56, 72, 74, 93, 114–162, 170, 174, 186 Anm, 187, 189, 191, 199ff, 206, 208ff, 214f, 218, 221ff, 226, 243f, 258, 260, 299, 309, 316ff, 320, 397f, 432, 489, 491, 497, 513f, 522, 524, 526, 529, 544f, 562, 571, 579, 583, 603, 613
Modernen, die: 17, 20, 121, 125, 129, 142, 145, 147, 151ff, 161ff, 171, 186 Anm, 192, 199, 211, 213, 216, 223, 280, 392f, 424, 483, 513f, 525f
Moral: 54, 64, 74, 89, 92, 96, 97, 98, 99, 101, 102, 104, 105, 249, 252f, 255, 278, 351, 370, 469
moralisch: 12, 27, 35, 50, 53, 73, 81, 88, 92, 108, 109, 119, 142 Anm, 155f, 158 Anm, 160, 194, 201ff, 220, 242, 255, 279, 299, 351, 469, 483, 606, 642
Moralität: 12, 88, 97, 163, 201, 217, 225, 242
Mysterium; Mysterie: 12, 52, 83, 98, 101, 104, 106, 227, 229, 444, 449ff, 475, 482, 488, 499, 505f, 529, 531, 614
Mystik: 41, 62, 91, 97, 199, 251, 253, 281, 353, 449, 503, 584f
Mystiker: 91, 93, 100, 349
mystisch: 13, 96, 124, 126, 154, 277, 448, 450, 485, 497, 505, 507, 616
Mystizismus: 37, 75, 78, 154, 260, 279, 503, 531
mythisch: 46, 167f, 174, 183, 188, 207f, 211ff, 219f, 294, 297, 480, 483, 594

Mythologie: 45, 62, 71, 93, 96, 98, 106, 129, 284, 296, 394, *497–507*, 514, 526, 529, 592ff, 597, 604, 611f, 614
mythologisch: 499, 529, 618, 631
Mythus: 167, 188, 207ff, 211, 219

nachahmen: 26, 74, 116, 138f, 178, 180, 206, 509
Nachahmung: 10, 56, 88, 116, 124, 129f, 137, 138, 140f, 143, 151, 153, *165*, 167, 171, 177f, 187, 191, 197, 206f, 214, 221f, 225, 248, 292, 405, 420, 483, 559, 583, 585, 600, 605, 615, 630
naiv; Naive, das: 8, *30f*, 52, 62, 64, 75, 116, 130, 201, 519, 521, 531, 585, 624
natürlich; Natürliche, das; Natürlichkeit: 25, 30, 31, 87, 91, 94, 99, 114, 116, 119, 132–138, 156, 166, 168, 175, 180, 188, 190f, 201, 207, 212f, 243, 247, 256, 278, 280, 311, 319, 340, 368, 371, 377, 385, 414, 458, 473, 508, 524, 574, 588f, 604, 622, 630
Natur: 5, 7, 13, 16, 23, 26, 31, 38, 45, 49, 51, 54, 63, 65, 66, 69, 75, 83, 84, 86, 87, 91, 92, 94, 99, 101, 106, 109, 116f, *131ff*, 138f, 141 Anm, 143, 146, 148f, 150, 152f, 155ff, 165ff, 173–178, 181, 186 Anm, 188f, 190ff, 194, 196, 199, 202, 206, 210f, 215, 222, 225, 227, 229, 236, 238ff, 242ff, 248, 255, 260, 264, 266, 268ff, 273, 281, 284, 289, 297, 301, 303, 321, 328ff, 333, 340ff, 345, 351, 354, 364, 372, 381, 396, 412, 414f, 417f, 435, 437, 453, 465, 467ff, 473, 475, 479, 483, 485, 490, 499, 501ff, 506f, 511, 513, 517, 521f, 537, 543, 549f, 559, 564ff, 572f, 578, 583, 585, 593,

602, 604, 611, 613, 615f, 619f, 622, 624, 637f, 640f
- *bildende Natur:* 83, 170, 191, 199, 212, 513
Neuern, die: 18, 27, 31, 53, 70, 432, 479, 549 Anm, 584, 598, 610, 614f
Novelle: 12, 72, *83*, 117, 486ff, 516

objektiv; Objektive, das: 5, 17, 26f, 33, 119f, 146ff, 150, 154f, 157, 161, 164, 172, 189, 193, 195, 198ff, 207, 210, 212ff, 218, 222ff, 226, 228f, 271, 273, 293f, 297, 308, 314, 335, 371, 377, 388, 506f, 524, 577, 582
Objektivität: 115, 137, 150, 154f, 162, 164, 172, 179, 196, 199, 207, 215, 275, 503, 507, 520, 532, 582
organisch: 69, 78, 83, 99, 100, 101, 108, 158 Anm, 180f, 184, 189ff, 210, 317, 377, 564, 590
original:; Originale, das: 26, 43, 51, 125, 165, 239, 246, 256, 322, 348
Originalität: 41, 108, 124, 139, 145, 148 Anm, 171, 189, 206, 290, 484, 502, 510, 585

Perfektibilität (s. a. → Vervollkommnung): 51, 119, *156*, 237
Phantasie: 15, 42, 55, 78, 79, 81, 84, 88, 89, 91, 102, 134, 145, 157f, 169, 174, 208f, 211, 229, 246, 294, 296, 298ff, 302f, 316, 319f, 322, 332, 374, 423, 427f, 473, 475, 486f, 489f, 492f, 497, 500ff, 509ff, 513f, 516, 591f, 594, 596ff, 601f, 605f, 608f, 612ff, 617, 621, 627, 629, 633f, 643f
Philologe: 34, 57, 76f, 103, 305, 504
Philologie: 36, 43, 52, 74, *76f,* 342, 354, 398, 531, 596
philologisch: 13, 15, 19, 60, 64, 74, 76, 298, 350, 354
Philosoph: 18, 21, 24, 30, 31, 32, 36, 38, 43, 44, 46, 54, 55, 58, 60, 61, 63, 64, 65, 67, 68, 70, 71, 72, 77, 78, 84, 93, 96, 106, 118, 142 Anm, 217, 219, 235, 238, 248, 252, 259, 272, 275, 277, 324, 332, 335, 343, 376, 380, 382f, 388, 400, 416, 436, 444, 448, 451, 598
Philosophie: 6, 10, 11, 13, 14, 21, 22, 23, 25, 26, 28, 30, 31, 32, 34, 35, *36,* 37, 38, 39, 41, 42, 46, 47, 48, 49, 50, 53, 54, 55, 56, 58, 59, 61, 62, 64, 65, 66, 68, 69, 70, 72, 73, 74, 75, 76, 77, 78, 80, 81, 85, 86, 87, 88, 89, 90, 91, 92, 93, 94, 95, 96, 97, 99, 100, 101, 102, 103, 104, 107, 108, 115, 119, 123, 142 Anm, 145, 193, 198, 207, 216, 218f, 224, 228, 231, 234f, 237, 242, 252f, 255, 259f, 262, 271ff, 279, 294, 328, 343, 353f, 363, 365, 371, 373, 375f, 378, 384f, 390, 394ff, 398ff, 408, 416, 422, 428ff, 436, 444-451, 458, 469, 478, 482, 484f, 490ff, 498f, 518, 531, 584, 595, 599, 624, 647
- *Kunstphilosophie, Philosophie der Kunst:* 20, 34, 73, 193, 198, 216, 218f, 248, 536
- *Naturphilosophie:* 17, 20, 35, 73, 536
philosophieren: 25, 55, 62, 67, 69, 78, 123, 205, 272, 274f, 363, 436, 449
philosophisch: 13, 14, 19, 26, 29, 30, 33, *36,* 37, 45, 46, 53, 61, 63, 67, 73, 75, 76, 78, 83, 87, 99, 120, 138, 140ff, 146f, 149, 153, 158, 172, 205, 207, 215, 220, 224, 228, 237, 253, 259, 270ff, 274ff, 288, 350, 353, 363, 365, 369ff, 376, 379, 382, 384f, 399, 425, 436, 447, 449ff, 482, 528, 531, 583f, 590f, 594, 597, 599, 603
Poesie: 5, 6, 11, 14, 17, 18, 19, 21, 22, 23, 24, 25, 29, 30, 31, 32, 37, *38f,* 41, 42, 43, 48, 53, 54, 55, 56, 57, 60, 61, 62, 64, 65, 66, 69, 72, 73, 74, 76, 78, 79, 80, 81, 84, 85, 86, 88, 89, 90,

91, 92, 93, 94, 95, 96, 97, 98, 99, 100, 101, 102, 104, 107, 108, 113 bis 230, 239f, 243, 246ff, 252f, 255ff, 279, 288f, 292f, 295–303, 305, 307, 309, 312, 314–320, 324f, 341, 350f, 358, 361ff, 368, 370, 373f, 377, 380, 382, *386f*, 391–397, 401f, 404, 413, 415, 419, 448, 454f, 457ff, 465, 469f, 473ff, 478ff, 482–487, 490–497, 499–508, 510, 513ff, 520ff, 525ff, 534, 539f, 546, 584f, 591f, 594ff, 599–609, 611f, 614, 616ff, 621ff, 625f, 628–634, 636f, 640–647
- *antike Poesie, alte Poesie:* 54, 72, *114ff*, 217, 228, 248, 402, 479f, *497*, *514*, 520, 594f, 641, 643
- *charakteristische Poesie:* 135, 143, 146, 154
- *didaktische Poesie:* *141*, 143, 504
- *griechische Poesie:* 5, 113–121, 166 bis 176, 183, 187–192, 197–202, 207, 210, 212, 215ff, 221, 224, 391
- *klassische Poesie:* *114–120*
- *moderne Poesie:* 22, 43, 55, *114–162*, 174, 186 Anm, 187, 189, 191, 201, 210, 222f, 226, 318, 485, 514
- *romantische Poesie:* *38f*, 129, 134, 151, 170, 256, 318, 393f, 404, 501, 504, 513f, 516
- *schöne Poesie:* 117, 140f, 143, 161
- *Kunstpoesie:* 38, 55
- *Nationalpoesie:* 126, 129, 167, 174, 223
- *Naturpoesie:* 25, 38, 44, 55, 84, 168, 191, 285, 325, 471, 510, 594, 614
- *Transzendentalpoesie:* *53*, 55
- *Universalpoesie:* 38, 43
- *Volkspoesie:* 25, 126, 287, 614

Poet: 64, 65, 84, 88, 106, 219, 299, 391, 490, 584

Poetik: 28, 36, 56, 119f, 220, 354, 357, 390

poetisch; Poetische, das: 5, 13, 19, 20, 23, 28, 30, 38f, 43, 46, 49, 53, 71, 79, 81, 83, 85, 104, 116ff, 135, 141, 145, 151, 153, 154, 158, 173, 182, 204, 207f, 216, 227, 241, 244, 246ff, 263, 270, 276f, 287, 289, 292, 297, 299, 303, 306ff, 319f, 350, 353, 360f, 364f, 369, 373f, 376, 390, 392, 394f, 402, 413, 415, 419f, 430, 458, 461, 463, 466, 505f, 513, 591, 597, 600ff, 604, 607, 612f, 617, 621, 623, 627, 629, 632, 635, 637ff

poetisieren: 48, 123, 211

Polemik: *16f*, 61, 62, 75, 88, 99, 255, 352f, 357, 371, 374ff, *378*, 390, *397*, 425, *429ff*, 433, 448

polemisch: 10, 16, 51, 52, 75, 254, 272, 274, 279, 330, 353, 363, 365, 369ff, 430, 478, 491

Praxis: 56, 61, 62, 64, *125*, 130, 133, 136f, 164, 190, 214

Progression (s. a. → Fortschritt): 132, 156, 198, 380, 532

progressiv: 27, 38, 50, 52, 162, 190, 199, 416, 525

Projekt: 15, *26f*, 49, 71

Prosa: 5, 21, 38, 43, 46, 49, 75, 79, 81, 84, 85, 88, 151, 207, 212, 245, 247f, 256ff, 277, 312, 318f, 324ff, 337, 351, 359, 368, *386f*, 402f, 440, 459, 486, 488, 510, 525, 600, 625f, 634

Publikum: 9, 15, 23, 47, 58, 60, 86, 122, 124, 126, 130, 136, 160, 163, 201, 207, 211, 213, 216, 226, 261, 281, 287, 291, 306, 337, 347, 356, 439, 606

real; Reale, das: 27, 34, 39, 42, 53, 54, 116ff, 176

Realität (s. a. →Wirklichkeit): 39, 117f, 194, 273f, 380, 382, 395, 417, 463f

Reim: 24, *135*, 302f, 485, 556, 630

BEGRIFFSREGISTER

Reflexion: 34, 39, 53, 56, 62, 81, 254, 275, 456, 521, 523 f, 530
Religion: 52, 65 f, 71, 74, 77, 80, *89, 90, 91, 92, 93*, 94, *95*, 97, *98*, 99, 100, 101, 102, 103, 104, 105, 106, 107, 108, 119, 128, 136, 151, 242, *249–256*, 278, 294, 313, 348, 367, 369, 371, 408, *429–437*, 444 f, 448, 450, 468, 485, 551, 556 f, 584, 592 f, 597, 615, 623, 633
religiös; Religiöse, der, das: 52, 65, 98, 99, 106, 107, 138, 201, 250, 252, 254 f, 437, 584, 590, 602, 627, 639 ff, 643, 647
Religiosität: 79, 252, 436
Revolution: 48, 55, *82*, 83, 88, 93, 100, 127, 129, 155 f, *161 ff*, 223, 225, 234, 333 f, 347, 443 ff, 450, 489, 498, 503, 533 f, 544, 547, 626
– *ästhetische Revolution:* *161 ff*, 223, 225
– *Französische Revolution:* 48, 55, 82, 100, 129, 333 f, 443 f, 450, 533 f, 544, 547
Rhetorik: 11, 38, 42, 83, 220, 258, 494, 631 f
rhetorisch: 10, 13, 19, 29, 34, 38, 45, 51, 56, 57, 164, 268, 369, 373, 632
Römer: 12, 24, 43, 44, 49, 55, 96, 102, 116, 119, 152, 201, 208, 217, 224, 236, 365, 393, 405, 483 ff, 555 f, 574, 628
römisch: 20, 22, 31, 43, 44, 46, 53, 88, 111, 113, 116, 119, 173, 208, 213, 217 f, 393 f, 406, 480, 483 f, 523, 557, 560, 573 f, 581, 588, 590, 593, 599, 625
Roman: 7, 10, *16*, 17, 38, 39, 40, 41, 43, 56, *78 f*, 80 f, 83, 90, 227, 251 ff, 258 f, 266, 288, 292, 294, 305, 307, 309, 312 ff, *318 f*, 325, 344, 398, 459 ff, 465, 467 ff, 486 ff, 508, *514 ff*, 523, 600 f, 604, 607

– *Künstlerroman:* 312 f, 525
romantisch; Romantische, das: 12, 14, 23, *38 f*, 42, 43, 44, 55, 56, 78, 79, 111, 129, 134, 140, 145, 151, 158, 170, 208 f, 211, 256 f, 286, 290, 294, 296, 302, 309, 316 ff, 322, 393, 404 f, 410, 458, 469, 471, 477, 487 ff, 501 f, 504, 509, *512*, *514 ff*, 522, 524 f, 529, 571, 584 f, 597, 600 f, 604, *611 ff*, 616 ff, 621 f, 626 ff, 644
Romanze: *83 f*, 192, 210 f, 287, 293 ff, 485 f, 488

Sage: 72, 113 f, 127, 167, 188, 208, 239, 294 ff, 402, 479, 481, 561, 590, 593, 602 ff, 609, 612 f, 617, 627, 634, 640
Satire: 22, *43*, 53, 88, 116 f, 193, 480, 483 f, 511
satirisch: 72, 172, 210, 481, 619
Schauspiel; Schauspielkunst: 23, 142, 174, 238, 290, 343, 367, 389, 453, 457, 462, 467, 469, 475 ff, 482, 488, 504, 507, 510, 514 f, 538, 543, 604 f, 607 f, 615 ff, 620
Schauspieler, Schauspielerin: 110 f, 139, 308, 311, 313, 330, 360, 452, 458, 462 ff, 467, 477, 488, 601
Schein: 37, 46, 62, 102, 117, 119, *160*, 177, 194 f, 289, 311 f, 377, 381, 442, 452, 463, 501, 514
Schicksal: 132, 140, 145, 147, 150, 153, 168, 171, 173, 175, 183 f, 186 f, 193, 205 f, 223, 233, 238, 455, 471, 499, 522, 525, 538, 554, 610
Schöne, das: 7, 20, 24, 38, 56, 104, 113 f, 118 f, 123 f, 127, 134, 136, 140, 141 Anm, *146 ff*, 150, 152, 154 f, 158, 161, 165, 170, *174 ff*, 180 f, 191, *193 ff*, 198, 208 f, 215 ff, 220 f, 223, 230, 253, 268, 280, 292, 317, 330, 337, 341, 352, 415 f, 443, 446, 458, 476, 601 f, 644

Schönheit: 10, 18, 26, 38, 55, 57, 62, 66, 99, 103, 108, 114f, 118, 121ff, 127, 142, 146f, 150, 153, 155, 159f, 162, 166, 168f, 171, *173–180*, 183f, 186f, 189, 191, *195ff*, 199f, 202ff, 210, 220, 226ff, 240, 244, 247f, 252, 270, 281, 288, 290, 296, 303, 307, 329f, 342, 365, 394, 402, 414ff, 438, 455, 470, 474, 481, 485, 487, 490, 497, 502, *505f*, 513, 522, 543, 558f, 560, 563, 566, 568, 578, 583, 595, 599, 608, 611ff, 621ff, 643ff

Schriftsteller: 8, 9, 13, 14, *21*, 23, 64, 67, 227f, 270, 290f, 299, 323f, 329, 332, 336f, 340, 346, 348, 357, 387ff, 391, 405, 407, 409, 416, 427, 478, 490, 617, 625, 629

Selbstbeschränkung: 8, 9f

Selbstbestimmung; selbstbestimmen: 105, 133, 166, 177

Selbstschöpfung: 8, 9f, 30

Selbstvernichtung: 8, 9f, 30, 62, 75, 432, 462

sentimental; Sentimentale, das: 8, 28, 41, 49, 52, 79, 81, 116ff, 510, *512f*

Sinn: 8, 14f, 33, 66, 89, 95, 98, 107, 243, 251, 255, 264, 279, 281, 291, 308, 318, 320, 325, 341, 343, 360, 374, 377, 392, 395f, 419f, 441, 446, 460, 464, 469, 471, 473, 484, 493, 502ff, 508, 529, 544, 548f, 576, 578, 589, 595, 602, 604, 608f, 614

Sittlichkeit: 16, 51, 55, 56, 70, 78, 80, 82, 98, 122, 177, 192, 202f, 205, 225, 231, 236, 238, 242, 277f, 280, 298, 307, 328f, 332, 341, 435

– *ästhetische Sittlichkeit, künstlerische Sittlichkeit:* 202, 341

Skeptiker: 32, 260, 274

Skeptizismus: 36, 47, *75f*, 125, 224, 234

Spanien: 393, 402, 549, 557, 580, 600, 608

Spanier: 302, 405, 407, 487f, 540, 553, 584, 600, 628

spanisch: 117, 125, 257f, 287, 289f, 315f, 398, 405f, 502, 562, 597, 604f, 607f, 612, 615ff

Spekulation: 20, 23, 37, 41, 269, 277, 344, 360, 380, 416, 428, 444

Spiel: 37, 79, 93, 102, 109, 117, 119, 124, 140, 142, 152, 159f, 165ff, 173, 194 Anm, 197, 257, 303, 306, 310, 412, 435, 438f, 441, 464, 471, 474, 481, 491, *504f*, 510, 514, 516, 535, 593, 612, 640, 644, 647

Sprache: 10, 26, 40, 74, 77, 85, 87, 93, 113, 124, 128f, 181, 185, 200, 205, 207, 212ff, 229, 239, 241ff, 247, 287f, 302ff, 315, 320f, 325, 337, 343, 386ff, 391, 394, 398, 401–406, 410, 458f, 482, 486, 488, 491f, 523, 526f, 529, 531f, 534, 550, 553ff, 574, *587–592*, 594, 597f, 602, 605ff, 612, 615, 617f, 623ff, 633ff, 639f

– *Kunstsprache:* 34, 53, 240, 276, 534

Staat: 19, 29, 47, 50, 70, 71, 73, 77, 82, 95, 96, 113, 120, 236, 274, 328, 408, 444, 539, 604

Stil: 20, 45, *48*, 72, 81, 84, 88, 118, 161, 165, 178f, 185f, 191f, 207f, 210, 215, 247, 249, 251, 258, 299, 303f, 306, 317, 322, 335, 351, 353f, 372, 386ff, 410, 414, 423, 427, 459, 463, 468, 480, 482, 484, 486, 491, 516, 519f, 523, 544, 555f, 559, 562f, 566f, 570, 575, 585, 591, 595ff, 623, 625f, 647

Stoff (s.a. →Materie): 8, 22, 33, 39, 47, 53, 59, 68, 76, 88, 116f, 122ff, 126, 129, 134, 138, 140f, 154, 159, 166, 172, 178, 180f, 185f, 192f, 195f, 200, 203, 207–213, 227, 234, 290, 296, 303, 308, 320, 324, 337f, 341, 343, 349, 357, 375, 379f, 383, 405, 407, 417, 426f, 429f, 449, 458,

468, 474, 479ff, 483, 486ff, 512, 514, 525, 537, 553, 566, 601f, 611, 631, 634

Studium: *358*, 392

subjektiv; Subjektive, das: 26, 33, 115, 193, 195, 199, 202, 205, 210, 216, 222, 228, 249, 252f, 259, 272, 293, 297, 300, 335, 379, 502, 524, 534

Subjektivität: 45, 173, 178, 196, 207, 252, 378f

Symbol: 380f, 383, 456, 502

Symbolik: 611f, 614, 622

Symphilosophie: 22, 34, 38, 42

symphilosophieren: 57

Sympoesie: 22, 42

System: 29, 30, 31, 32, 33, 36, 38, 39, 40, 41, 46, 50, 53, 54, 55, 59, 65, 72, 80, 85, 86, 88, 90, 96, 100, 107, 125, 138, 157, 161, 191, 218, 223f, 228, 234, 274, 278f, 288, 317, 332, 342, 369, 377, 380, 387, 395f, 399f, 405, 423, 425, 436f, 445, 451, 456, 461, 478, 481, 490, 499f, 534, 537, 539, 591ff

Talent: 40, 42, 46, 55, 57, 60, 65, 77, 106, 209, 216ff, 226f, 276f, 287, 250, 306, 358, 361, 377, 458, 465, 484, 490, 529, 540, 585, 603, 606f, 624f, 632, 640, 643, 645

Tendenz: 5, 9, 15, 48, 51, 53, 54, 59, 62, 72, 80, 81, 87, 104, 106, 119, 134 Anm, 141f, 149, 172, 189, 222, 229, 234, 253, 262, 267, 272, 281, 363ff, 370, 372ff, 376f, *379f*, 383, 390, 395f, 400, 405, 407, 409f, 415, 429f, 433, 449, 467, 478, 490, 499, 504, 514, 523, 525, 533ff, 646

Theater: 306, 319, 361, 367, 369, 469, 477f, 495, 604f, 607

Theorie: 8, 14, 25, *33*, 39, 53, 56, 59, 62, 106, 119, 123ff, 130, 133, *136ff*, 141 Anm, 144, 146, 148, 156f, 163f, 190, 192f, 197, 204, 207, 214, 218, 220, 222ff, 228, 248, 288, 312, 316, 319, 351, 354, 389, 396, 416, 466, 469, 474, 490ff, 494, 504, *516*, 583, 601, 608

Tragiker: 42, 53, 182, 203, 210 Anm, 211, 613

Tragikomödie: 82

tragisch; Tragische, das: 24, 57, 75, 84, 143ff, 183f, 200, 205, 209ff, 257, 290, 317, 322, 480ff, 507, 521f, 610, 612, 614, 616, 620f, 628, 631

Tragödie: 8, 11, 23, 55, 120, 143ff, 179 Anm, 183, 186, 193, 197, 200, 203, 205, 211f, 227f, 288, 290, 319, 322, 364, 470, 481, 489, 513f, 529, 627f, 646

– ästhetische Tragödie: 143f

– philosophische Tragödie: 120, *143ff*

transzendent: 51, 73

transzendental: 11, 27, 53, 57, 62, 67, 73, 534

Trauerspiel: 605, 608ff, 614f, 621, 627ff

Trieb: 14, 19, 74, 77, 94, 109, 122, 133f, 142 Anm, 154, 158, 160, 175ff, 190f, 195, 197, 234, 240, 259, 279f, 292, 310, 337, 442, 457, 462, 496

Unbedingte, das: 13, 16, 20, 143, 178, 275, 536

Unendliche, das; Unendlichkeit: 12, 13, 37, 49, 77, 89, 90, 92, 93, 98, 101, 105, 117f, 148, 177, 181, 245, 259, 262, 270, 275, 279f, 327, 369f, 382, 386, 396, 436, 449, 454, 468, 513, 534, 564f, 594, 633

Universalität: 43, 44, 49, 55, 60, 62, 64, 82, 85, 86, *87*, *88*, *104*, 251, 350, 352, 354, 375, 388, 426f, 490, 502, 519, 525

Urbanität: 10f, 43, 44, 52, 84, *86*, 116, 484

Urteil (s. a. →Kunsturteil): 20, 113ff

122, 137, 144 Anm, 146, 193, 203, 205, 219, 231, 260, 262, 289, 291, 313, 324, 328f, 335ff, 341, 347, 350, 355, 358, 371, 392, 394f, 415, 464, 487, 521, 527, 554, 570, 629f, 646

Vernunft: 10, 20, 21, 35, 52, 53, 63, 64, 66, 68, 91, 103, 105, 108, 110, 133, 143, 155f, 166f, 188, 225, 232, 237ff, 245, 248, 260, 273ff, 327, 329, 342ff, 366, 395, 423, 427f, 431, 434f, 473, 502, 588

Verstand: 19, 33, 41, 61, 69, 71, 73, 76, 85, 89, 99, 109f, 113, 122, 133f, 137ff, 143f, 156, 163, 166, 179f, 188ff, 198, 202, 233f, 240, 245, 280, 292f, 308f, 320, 341, 343, 351, 363f, 374, 378, 408, 412, 435, 441, 454, 462, 464, 470f, 476, 481, 486, 488f, 504f, 510, 522f, 525, 530, *539f*, 619f

Vervollkommnung (s. a. →Perfektibilität): 51, 114, 119, 133, 139, *156*, 176ff, 180, 225, 231f, 235, 324, 326, 328, 333, 336, 342, 366

Vollkommenheit: 69, 120, 148, 151, 173, 176f, 180ff, 187f, 196, 227, 233, 287, 295f, 318, 341, 363, 391, 413f, 506, 549, 582f, 604, 615, 623, 629

Wahre, das: 56, 119, 123, 140, 141 Anm, 152, 275, 385, 414, 432, 524

Wahrheit: 13, 33, 36, 37, 57, 61, 68, 87, 89, 108, 109, 117, 122, 124, 139, 144ff, 151, 153, 156, 164, 173, 179, 203f, 206, 231, 235, 238, 248, 260, 271ff, 276f, 280, 303, 308, 311, 316, 321, 327, 332, 343, 350, 354, 373, 375, 381, 412, 422, 429f, 432, 437, 440, 446f, 450, 474, 498, 501, 514, 534, 582f, 585, 596, 599, 611, 614, 619, 627, 635, 639, 641

Willkür; Willkürlichkeit: 6, 9f, 14, 26, 29, 39, 51, 62, 71, 72, 80, 84, 90, 133, 136, 138, 167, 188, 255, 314, 328, 351, 376, 392, 457, 460, 467, 470, 511, 522, 592

Wirklichkeit (s. a. →Realität): 157, 159, 177, 179, 248, 292, 310, 319, 417, 454f, 463, 468, 495, 600ff, 613, 617, 634

Wissenschaft: 6, 8, 12, 14, 18, 22, 24, 26, 33, 34, 35, 36, 37, 42, 44, 49, 50, 57, 61, 64, 73, 76f, 86, 87, 90, 91, 93, 97, 101, 102, 103, 105, 115, 119, 122f, 130, 137, 140, 157f, 164, 174, 205, 218f, 221, 224f, 231ff, 236, 238, 248f, 271ff, 326, 342ff, 350, 353f, 357, 376f, 379, 386f, 391, 394, 396, 408, 424ff, 430, 444ff, 449f, 454, 460, 473, 479, 491f, 498, 500, 503, 505, 527, 531, 639

Witz: 6, 10, 12, *13*, *14*, 15, *17*, 20, 21, 24, 28, 38, 39, *40*, 41, 45, 48, 49, 54, 62, 69, *72*, 74, 80, 83, 86, 87, *91*, 102, 104, 202, 210, 245, 257, 296, 343, 351, 364, 374f, 382, 387f, 423, *427f*, 439f, 442, 459, 484, 486f, 489, 495, 501, 509ff, 513, 521, 600f, 617, 620, 625, 634

witzig: 7, 8, 18, 28, 29, 49f, 96, 203, 298, 316, 359, 510f

Zeitalter: 31, 39, 43, 46, 59, 72, 78, 80, 82, 83, 91, 92, 95, 96, 100, 102, 106, 114, 116ff, 121f, 125ff, 129ff, 134, 138, 145, 151ff, 160ff, 164, 166, 168f, 172ff, 175, 180, 183, 187, 189ff, 197ff, 207f, 213ff, 223, 232, 236f, 249, 252f, 255, 260, 274, 281, 284, 286, 288f, 313ff, 317, 325, 328, 345f, 353, 385, 391, 393f, 399, 401, 404f, 407, 410f, 415, 421, 434, 437, 450, 458, 478, 482, 484f, 490, 498, 503f, 509ff,

514, 517, 525, 529, 532f, 535, 553, 558, 602, 604ff, 608, 626, 635
– *goldenes Zeitalter; goldene Zeit:* 43, 91, 116f, 129, 160, 166, 175, 180, 187, 207, 215f, 286, 421, 458, 478, 480, 483f, 490, 503

INHALT

Fragmente 5
   Kritische Fragmente 5
   Athenäums-Fragmente 25
   Ideen 89
Über Shakespeares Hamlet 109
Über das Studium der griechischen Poesie 113
Rezensionen 231
   Condorcets »Esquisse d'un tableau historique« 231
   Schillers Zeitschrift »Die Horen« 238
   Schleiermachers »Reden über die Religion« 249
   Tiecks Übersetzung des »Don Quixote« von Cervantes . . 256
   Jacobis »Woldemar« 259
   Büschings und von der Hagens »Sammlung deutscher Volks-
   lieder« 281
   »Goethes Werke« nach der Cottaschen Ausgabe von 1806 . . 288
Georg Forster 323
Über Lessing 346
Lessings Geist aus seinen Schriften 384
   An Fichte 384
   Vom Wesen der Kritik 390
   Zu den »Bruchstücken aus Briefen« 400
   Zu den »Antiquarischen Versuchen« 412
   Vom kombinatorischen Geist 421
   Vom Charakter des Protestanten 428
   Zum Drama »Nathan der Weise« 438
   Ernst und Falk 443
Über Goethes Meister 452
Gespräch über die Poesie 473

INHALT

Über die Unverständlichkeit	530
Grundzüge der gotischen Baukunst	543
Aufforderung an die Maler der jetzigen Zeit	584
Aus der Schrift: Über die Sprache und Weisheit der Indier	587
Aus den Vorlesungen zur Geschichte der alten und neuen Literatur	600
Über Lamartines religiöse Gedichte	633
Anhang	649
Anmerkungen	651
Verzeichnis der Nummern der Fragmente nach der Zählung von Minor	675
Zeittafel	677
Nachwort	681
Zu dieser Ausgabe	702
Namenregister	707
Begriffsregister	715

Gesetzt in der Monotype Bembo-Antiqua
Offsetnachdruck Passavia Passau
Schutzumschlag: Eugen O. Sporer
Printed in Germany